常宁年鉴

（2018）

常 宁 市 人 民 政 府　主办
《常宁年鉴》编纂委员会　　编

图书在版编目（CIP）数据

常宁年鉴. 2018 / 《常宁年鉴》编委会编. -- 北京：方志出版社，2018.12
ISBN 978-7-5144-3652-5

Ⅰ. ①常… Ⅱ. ①常… Ⅲ. ①常宁-2018-年鉴
Ⅳ. ①Z526.44

中国版本图书馆CIP数据核字(2019)第029252号

常宁年鉴（2018）

编　　者：《常宁年鉴》编委会
责任编辑：顾洁
出 版 人：冀祥德
出 版 者：方志出版社
地址　北京市朝阳区潘家园东里9号（国家方志馆4层）
邮编　100021
网址　http://www.fzph.org
发　　行：方志出版社发行中心
电话（010）67110500
经　　销：各地新华书店
印　　刷：长沙欣发印刷厂
开　　本：889×1194　1/16
印　　张：32.125
字　　数：745千字
版　　次：2018年12月第1版　2018年12月第1次印刷
印　　数：001～600册
ISBN 978-7-5144-3652-5　定价：300.00元

《常宁年鉴》2018编纂委员会

《常宁年鉴》编辑部

编 辑 说 明

一、《常宁年鉴》（2018），是由湖南省常宁市人民政府主办、《常宁年鉴》编委会主编的第11部常宁市综合性年鉴。

二、本年鉴坚持以马列主义、毛泽东思想、邓小平理论、“三个代表”重要思想、科学发展观、习近平新时代中国特色社会主义思想为指导，全面、系统、真实地记载2017年常宁市政治、经济、文化、社会事务等方面的建设情况，重点记载2017年常宁市社会经济所取得的成就。

三、本年鉴采取分类编辑。由于机构改革，部分单位撤并，年鉴的部类内容有所调整，但整体结构与往年基本一致。全书分特载、大事记、概况、市直机关和境内企事业单位领导名录、中国共产党常宁市委员会、常宁市人民代表大会及常务委员会、常宁市人民政府、政协常宁市委员会、纪检监察·综合治理经济环境、群众团体、军事、法治、经济开发、经济综合管理、工业、交通·邮电、旅游、农·林·水·气象、商务·贸易、财政·税收、金融、城乡建设·环境保护、文化·体育·新闻出版·广播电视、教育、卫生与人口计划生育、乡镇概况、人物选介等部类。

四、本年鉴所载内容由各单位提供原始材料，由市史志办委托常宁地方史研究学会安排专人负责撰写，再经《常宁年鉴》编委会进行修改审定。全市国民经济和社会发展的数据以统计公报为准，其他数据由各部门各单位提供。

五、本年鉴刊载的领导名录，均由各单位组织人事部门提供。收录2017年1月1日至12月31日市委组织部门在册的副科级以上领导人员（不含非领导职务）；中央、省、衡阳市及部队驻常单位一般收录副科以上领导人员。

六、人物选介收录2017年1月至2017年12月在常宁新任的副处级（含副处级）以上领导人员，补录部分常宁籍在外专家学者领导人员，《常宁年鉴》（2017）已收录人员不再收录。

七、为增强《常宁年鉴》的直观性，丰富年鉴内容，特在年鉴上刊载了部分彩色专版。

八、本年鉴部类下设分目、条目，以条目为主。部类、分目用不同字号区别，条目用黑体字加【】表示。

九、本年鉴的公开出版发行，涉及方方面面，工程浩大，时间紧、任务重，加之编写人员水平有限，错讹之处在所难免，敬请读者批评指正。

2017年9月14日，省委副书记乌兰（前排左三）莅常调研油茶产业。

2017年11月21日，省委常委、常务副省长陈向群（前排左二）莅常调研环保工作。

2017年10月17日，副省长隋忠诚（前排左一）到莅调研油茶产业。

2017年4月20日，省政协副主席张大方（左四）莅常调研环保工作。

2017年4月17日，衡阳市委书记、市人大常委会主任周农（左三）赴塔山调研精准扶贫。

2017年7月4日，衡阳市委副书记、代市长郑建新（中）莅常调研灾后救助、县域经济。

2017年4月初，衡阳市委副书记邓群策（右二）赴西岭调研精准扶贫工作。

2017年11月24日，衡阳市政协主席廖炎秋（前排左二）莅常调研水口山铜铅锌基地项目。

2017年8月27日，北京市常宁企业商会成立，中央政策研究室原主任、中央文献研究室原主任滕文生（左）到场祝贺并献墨宝。

2017年1月5日，衡阳市委书记、市人大常委会主任周农参加常宁市代表团审议。

2017年7月18日，衡阳市委常委、常务副市长廖健（中）莅常调研瓦松铁路建设。

2017年8月25日，279名贫困学子接受86万爱心捐助。

2017年8月，常宁市关工委开展捐资助学活动。

2017年3月21日，临武县党政代表团莅常考察。

2017年9月6日至7日，衡阳市人大代表扶贫基地现场推进会在常召开。

2017年5月5日，市委书记刘达祥赴塔山瑶族乡开展精准扶贫。

2017年8月3日，市委副书记、市长吴乐胜与深圳正威集团签约。

2017年11月22日，国、省、市三级人大代表开展视察，市人大常委会主任李新华参加。

2017年4月，市政协委员开展“三个一”扶贫，市政协主席王若君参加。

2017年2月6日，市委经济工作会议在常宁大剧院召开。

2017年2月28日上午，市第十七届人大二次会议在常宁大剧院开幕。

2017年2月27日上午，市政协十届二次会议在常宁大剧院开幕。

2017年6月27日，中国五矿·水口山铜铅锌综合基地项目正式签约。

2017年10月11日，衡州经济发展论坛在衡阳市林隐酒店举行，常宁市签约5个项目，引资45.8亿元。

2016年9月22日，市不动产登记中心揭牌成立。改革后房产证和土地证合二为一，同一窗口即可办理。图为市民在中心办证，享受“一站式”服务。

2017年7月24日起，南门湖核电科普馆对外开放，图为工作人员正在给各参观群众普及核电知识。

图为西岭镇石山村残疾人贫困户李洪祥，通过扶贫队结对帮扶，殖养茶山飞鸡，摘掉贫困帽。

瓦松铁路货运列车。

2017年9月10日，我市首批新兵精神抖擞赴军营。

2017年8月10日，市精神病医院揭牌成立。

2017年1月21日，青年志愿者迎接农民工春节回家。

2017年6月14日世界献血日，市民积极参加无偿献血。

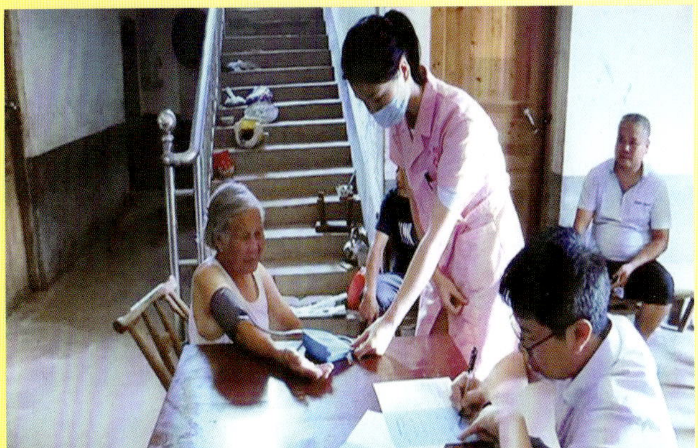

自2017年6月开始，我市在湖南省内率先启动了家庭医生为建档立卡贫困人口签约服务。图为家庭医生上门为兰江乡波江村贫困户服务。

2017年1月3日，2017年常宁新年音乐会奏响。

2017年8月，常宁工业版画集体展出。

2017年7月17日，市人民医院率先开通电子图书室。

2017年5月13日，市首届“兰台杯”乒乓球赛拉开帷幕。

全市6000余盏节能灯，扮靓城市夜景，改善城市人居环境。

2017年7月初，暴雨困宜城，武警官兵解救被困群众。

市城管队员规范、文明执法。

2017年12月5日，市公安机关启动“集中打击突出犯罪”专项行动。

初夏，胜桥荷花惹人醉

春节期间，罗桥百万樱花园开门迎客

五・一期间，

春节将至，兰江元山草莓采摘，成休闲新时尚

塔山茶叶种植基地

谷雨时节，白沙看芍药

农机为“双抢”加速

游客3.5万余人

中秋、国庆“两节”，15万人游常宁

公安巡警开展巡逻，提升群众安全感。

电力职工保群众春节用电。

“小市民”开展环卫巡逻。

秋收从扯花生开始。

2017年7月25日，市党政军代表团在驻耒阳某部过“军事生活日”。

目 录

特 载

大 事 记

市情概貌

中国共产党常宁市委员会

常宁市人民政府

纪检·监察

群众团体

军 事

法 治

经济开发

经济综合管理

工　业

农·林·水·气象

财政·税收

财政

国家税收

地方税收

金 融

银行

中国人民银行常宁支行

中国农业发展银行常宁支行

中国银行常宁支行

中国建设银行常宁支行

旅 游

旅游

交通旅游投资

湖南天堂山国家森林公园管理处

教 育

学校建设

卫生和计划生育

卫生

计划生育工作

市中医院

乡镇概貌

附　录

特　　载

在市委经济经工作会议上的讲话

（2018年1月9日）

市委书记　刘达祥

一、总结成绩，提振信心

回首2017年，是我们干部最忙、压力最大的一年，也是我们工作最实、收获最多的一年。精准扶贫、信访维稳、环保督察、征地拆迁、项目建设、安全生产、抗洪救灾，等等，任务接踵而至，矛盾应接不暇，但我们各级党员干部迎难而上，奋发有为，历经了由虚到实的蜕变，取得了一个又一个工作胜利。

（一）经济运行稳中向好。经济指标是发展的晴雨表。2016年，我市经济指标不尽人意，多项指标排名靠后。2017年，我们找准不足，突出产业和项目建设，经常分析调度，经济运行一路平稳，质量明显好于上年，呈现五个特点：体量更大。实现地区生产总值332.5亿元（全年预计数，下同），增长8.5%。财税更实。全年财政总收入14.30亿元，同口径比增长9.0%，税占比为72.3%，地方税占比为58.8%，比上年高17、15个百分点，高出衡阳市3.6、2.9个百分点。工业更强。新增规上工业企业12家，总数达82家。规上工业增加值增速8.5%，前11个月，居衡阳七县市第一，高于衡阳市平均水平2.2个百分点。完成规上工业总产值255.6亿元，增长30.2%，比上年高20.6个百分点，前11个月居衡阳市第一。投资更多。完成固定资产投资215.3亿元，增长20.3%，前11个月，比衡阳市高5.8个百分点，居衡阳市第一。消费更活。前11个月，存贷款余额分别为281.6亿元、131.5亿元，增幅为16.4%、32.7%，存贷比46.7%，前年为40.9%，存贷差缩小。完成社会消费品零售总额99.0亿元，增长11.0%，为近两年最快增幅，前11个月，居衡阳市第二。城乡居民人均可支配收入29773元、15333元，分别增长8.3%、8.9%。

（二）产业发展前景看好。一年来，我们把培植产业优势作为后发赶超的重点，紧抓不放。产业招商成果丰硕。引进项目41个，合同引资额200多亿元。其中，工业方面：铜铅锌产业基地、泛亚绿洲铜杆项目正式落户；牛仔服饰全产业链项目正式签约；世界500强正威集团供应链已经落地；泰丰和瑞、德邦牧业已签约；安踏集团开始入驻。农业方面：智慧农业园已签约；临武鸭养殖基地已落地；中农批市场建设已经启动。三产方面：长沙银行已经开业；北斗卫星应用管理学院即将签约；铜锣湾广场等城市综合体正在洽谈。产业培育特色鲜明。工业重点发展有色产业集群。经开区已形成以五矿铜业和铜铅锌产业基地为龙头的有色加工企业群，在湖南乃至全国制造版图上赫赫有名。农业重点发展油茶和茶叶全产业链，“公司+基地+合作社+农户”模式初见成效，特别是油茶产业得到了国家和省领导高度重视，80万亩油茶林获得中林天合森林经营认证。另外，无渣姜、再生稻、湘莲等精品农业也在蓬勃发展。我市荣获国家农产品质量安全县、全国百强重点产茶县和全省粮食生产优秀县。服务业重点发展全域旅游，已完成庙前景区、水口山工人运动纪念园和百万樱花园的规划制定，以庙前景区为龙头，以红色工矿游、瑶家风情游、乡村生态游为补充的全域旅游概念已经形成。努力几年后，将成为衡阳市内仅次于南岳的旅游胜地。产业融合行动迅速。通过扶持电商和物流配送业，加速了一二三产业融合。“互联网+”、“农业+”、“工业+”、“旅游+”、“文化+”等业态丰富多样，融合型企业、商铺、合作社遍布各地。

（三）项目建设来势较好。一年来，我们开展“项目建设年”活动，把项目划分为竣工、开工、预备三个类别，明确牵头领导和部门，理顺项目服务组、业主单位和乡镇街道的职能，把责任全部压实。尽管受环保、历史遗留问题、天气的制约，项目进度有快有慢，但总体来看，推动有力，共启动重点项目105个，完成投资147.2亿元。包装储备了一批。推进PPP模式融资，包装策划项目18个，水口山工业新城、宜潭两水防洪风光带等8个项目进入财政部PPP项目库，PPP融资走在衡阳市前列。农村环境综合整治和骨干灌渠2个项目已落地，是衡阳市PPP项目落地最多的县市。开工建设了一批。铜铅锌基地、铜杆项目已经开工。人民医院扩建、二中迁建、第二水厂、军警训练场等项目已动工，宜官大道、印山大道、西一环南段二期、庙前景区改造、尚宇学校、城市棚户区改造和保障房建设、四大骨干灌渠续建及节水改造、广济和白甫水库、幸福老年公寓、水口山园区配套设施等项目推进顺利。瓦松铁路、北二环一期即将建成通车，百万樱花园即将建成开园。华岁商贸城、鸿博高新已进入工程扫尾。竣工投产了一批。宏兴化工、华兴冶化投产见效；金翼铅业、大宇锌业、珍源回选厂开始生产。光伏发电项目建成投产，砚池山公园一期已经开园，城北变电站、青市车站、中国油都1号楼投入使用。另外，要素保障充分。完成融资60.6亿元，批回用地3083亩，在衡阳市排第一，较上年多批937亩。同时，存量储备土地3500亩，规划红线储备土地7000多亩。这都为今后快速发展奠定了坚实基础。

（四）改革创新带来利好。一年来，我们敢于改革，勇于创新，突破条条框框的限制，激活了发展内生动力。理顺经开区管理体制。经过反复酝酿，授予水口山经开区县级经济社会管理权限，建设政务次中心，托管水口山镇，形成“一区两园”管理模式。将扫除体制羁绊，加快园区发展。精简投融资平台。撤销水务投和宜阳投，将环保投并入水口山投，投融资平台由8个精简到5个，领导班子职数由11名精简到8名。将规范投融资工作，避免恶性无序竞争。改革目标管理考核方法。开前门，堵后门，大幅提高绩效奖标准。对当年、连续两年省市排名靠后的单位主要负责人，进行约谈或岗位调整。考核的“指挥棒”作用显现。率先提高村干部待遇。反复调研论证，在衡阳市范围内率先提高村干部及离任村干部待遇，并对在职村干部参加养老保险进行补贴，保护基层干部工作热情。另外，按照上级要求，有力推进纪检派驻、监察体制改革，推进农村集体产权制度改革试点。这都给发展带来诸多利好。

（五）改善民生普遍叫好。一年来，我们提高政治站位，秉承民本情怀，履职尽责，着力化解百姓关心关注的问题。抓好了脱贫攻坚。以打翻身仗的决心抓扶贫。扶贫突出问题全部整改到位。2017年抽派7865名机关干部、人大代表和政协委员与所有的贫困户结对，选派604名干部组建270个驻村工作队，进驻46个贫困村和224个贫困人口百人以上的村，结对帮扶和驻村帮扶全覆盖、实打实。整合涉农资金1亿元，撬动金融资本9600万元，全部用于产业扶贫，这一作法得到省市肯定。健康、教育等行业部门扶贫齐头并进，圆满完成“25个贫困村退出、10927名贫困人口脱贫、3500人易地搬迁、2193户贫困户危房改造”的年度目标，精准识别率、精准退出率和群众满意度大幅提升，顺利通过省市验收。抓好了环境整治。常宁作为环保整治重点区域，经受了国家环保督察风暴的考验，督察反馈问题和交办信访件全部办结。全面实行“河长制”，开展了湘江流域治理第二个“三年行动计划”。康家溪重金属治理等13个历史遗留污染治理项目快速推进。70个村的农村环境综合整治全面完成。采煤沉陷区治理稳步实施。天堂山国家森林公园成功申报“中国森林氧吧”。城市管理年活动全面开展，创卫成果得到巩固。常宁天更蓝、山更绿、水更清，正在形成宜居宜游、宜商宜工的大宜城。抓好了民生实事。财政民生支出占财政总支出的比重达到70%。11项民生实事指标全部或超额完成。全面小康预计实现程度达89.6%，提高6.2个百分点。乡村路网、电网改造顺利。义务教育均衡发展通过国家督导评估。另外，宣传、人社、民政、审计等部门和工青妇等群团组织，立足本职为民服务，都受到群众称赞。抓好了安全维稳。2017年维稳特别防护期时间长，实行领导干部信访包案、轮流接访和主动下访，强化稳控措施，非访下降71%，完成了维稳任务。刑事发案率下降32.9%。没有因为生产运营而发生一起重大安全事故，也没有因为民间借贷活跃而出现重大金融安全风险。抗洪救灾全面胜利。党政军民齐上阵，指挥得力、调度科学、救灾迅速，把损失降到了最低，抗洪救灾取得全面胜利。全年没有因为洪涝灾害死一人，社会大局安定和谐。

（六）干部作风反响良好。一年来，我们坚持全面从严治党，严格执行中央八项规定，落实了“两学一做”学习教育常态化制度化。圆满完成合乡并村之后，408个村（社区）两委班子的换届选举，做到了风清气正。清理不合格党员，落实“三会一课”，建设农村综合服务平台和社区“两化两体系”，夯实了基层党建。完成了“消超”任务。同时，我们坚持问题导向，惩防并举，从严管理科级领导班子和领导干部，率先开展干部家访，启动第一批巡察和交叉巡察，落实党内报告工作制度，加强了党风廉政建设，落实了“两个责任”。各级党员干部讲规矩、守纪律的意识明显增强，作风明显转变。特别是在项目建设、脱贫攻坚、环境整治等复杂工作中，彰显出同心协力、吃苦耐劳、无私奉献的大情怀，涌现出像水口山镇党委委员、副镇长柏平同志那样，扎根基层、勇挑重担、任劳任怨的好典型，创造出铜铅锌基地45天挖填200万土石方的新速度。这充分说明，我们绝大多数党员干部，忠诚干净担当，是一支信得过、冲得上、打得赢的优秀队伍。

同志们，这些工作成绩是在经济下行压力较大的背景下取得的，是在矛盾和问题多重叠加的条件下取得的，伴随着艰辛和汗水。同时，这些成绩的取得，是市几大家正确领导、团结协作的结果，是各级各部门密切配合、加压奋进的结果，也是广大党员干部特别是乡村党员干部，带领全市人民攻坚克难、奋力拼搏的结果。在此，我谨代表市委、市政府，向大家表示衷心的感谢和崇高的敬意！

肯定成绩的同时，也要清醒看到不足。主要是：一是发展质量还不高，项目同质化突出，高新技术类产业不多，高附加值产品少，效益有待提升。二是财政还没有形成新的增长点，还要消除赤字、挤掉水份，而保工资、保运转、保基本民生的刚性支出持续增加，收支平衡难度大。三是城市规划执行不到位，建设品位还不高，城市秩序管理仍然较乱，离市民的期盼差距大。四是部分干部思想还不解放，担当精神不强，存在着不愿为、不敢为、不善为等思想。五是营商环境还不优，一些部门和单位还存在着肠梗阻现象，阻工闹事现象时有发生。六是做经济工作的方法不多，一些干部凭经验办事，缺乏工作激情和创新动力。等等。对这些问题，一定要高度重视，认真研究改进。

二、分析形势，明确任务

今年是贯彻党的十九大精神的开局之年，也是全面建成小康社会、打赢脱贫攻坚战的关键一年。是国家改革开放40周年，也是省市确定的产业项目建设年。我们必须准确把握新要求，认清新形势，明确新思路，做好今年的经济工作。

（一）把握新要求。中国特色社会主义进入新时代，我国经济发展也进入了新时代。基本特征是我国经济由高速增长阶段转向高质量发展阶段。2017年12月18日至20日召开中央经济工作会议，亮点就是提出推动高质量发展。高质量发展就是能够很好满足人民日益增长的美好生活需要的发展，是体现新发展理念的发展，是创新成为第一动力、协调成为内生特点、绿色成为普遍形态、开放成为必由之路、共享成为根本目的的发展。会议还提出，要坚持稳中求进工作总基调、建设现代化经济体系、加强党对经济工作的领导等重要内容，这都为我国经济发展指明了方向。12月22日至23日，省委经济工作会议提出，要继续实施创新引领开放崛起战略，以产业发展为重点，促经济持续健康发展。提出要开展“产业项目建设年”活动，在主攻方向上突出实体经济，在具体抓手上突出“五个100”（即100个重大产业建设项目、100个科技创新项目、100个重大产品创新、引进100个五百强企业、引进100个科技创新人才），在工作导向上突出正向激励。同时要打好“三大攻坚战”，深化供给侧结构性改革，实施乡村振兴战略，深化新时代改革开放，提高保障和改善民生水平。12月28日，衡阳市委经济工作会议提出，要补齐“三块短板”，实施振兴“3311”工程计划，统筹做好稳增长、促改革、调结构、惠民生、防风险工作，推动“五个新衡阳”建设。我们一定要学习领会和贯彻落实好这些会议精神，指导我们的工作。

（二）认清新形势。总的来看，当前经济形势是喜忧参半。忧的是世界经济复苏缓慢、新增长动能缺乏、经济下行压力较大，国内银根地根双双收紧，环保政策越来越严。喜的是我国发展仍处于重要战略机遇期，经济长期向好的基本面没有变。党对经济工作领导坚强有力，特别是十九大胜利召开，为经济发展在理念、战略、举措、预期上注入了强大动能。从常宁来看，我们仍处在欠发达阶段，发展不平衡不充分仍然是矛盾症结所在。谋求高质量发展，既有挑战，也有机遇。但机遇大于挑战。具体来讲，有承接转移的有利条件。常宁是人口大市、资源大市，有扎实的产业和技术人才基础，地理区位优势也开始显现，同时还有用工、用地、用电、用水等方面的比较优势。目前，沿海地区和内地大城市加快产业转型升级，“腾笼换鸟”的力度越来越大，我们承接沿海地区产业梯度转移的优势非常明显。有后发赶超的有利条件。常宁通过这几年的发展，已经形成了鲜明的产业特色。特别是水口山聚集了一批有色金属冶炼加工产业，企业多、规模大、效益好、产业链拉伸空间巨大。一个企业就是一艘航空母舰。还有牛仔服饰全产业链落户，北斗卫星应用管理学院也即将落户，油茶、茶叶等特色农业发展空间也很大。只要我们植优补短，扬长避短，就一定能弯道超车、后发超越。有心齐思变的有利条件。常宁人民勤劳善良、热情淳朴，但由于交通不便，长期闭塞，干部群众的开放意识和上进意识不够强。这些年，随着区位条件大改善，许多干部群众对美好生活的需求，对高质量发展的期盼日益强烈，支持建设、参与发展的愿望越来越浓。只要我们因势利导，众人拾柴火焰高，发展潜力必将全面迸发。

（三）明确新思路。基于对形势的研判，今后的奋斗目标是：奋力跻身全省经济十强县，昂首健步迈向全国经济百强县。这是衡阳市委、市政府对常宁寄予的厚望，也是我们多年孜孜以求的目标。我们有基础、有潜力、有信心，再努力几年，就完全可以实现。今年经济工作的指导思想是：全面贯彻党的十九大精神，以习近平新时代中国特色社会主义思想为指导，加强党对经济工作的领导，坚持稳中求进总基调，按照高质量发展的要求，以“产业主导、工业主打、统筹城乡、全面发展”为主线，补齐三块短板，打赢三大攻坚战，谱写建设“五个新衡阳”的常宁篇章。今年经济社会发展的主要预期指标是：地区生产总值增长8.5%左右，一般公共预算收入增长5%以上，规模工业增加值增长8%以上，固定资产投资增长16%以上，社会消费品零售总额增长11%左右，城乡居民人均可支配收入增长8.5%以上，全面完成省市下达的节能减排、安全生产等约束性指标任务。

三、突出重点，全力推进

实现今年的工作目标，主要抓好以下几项工作：

（一）全面推进产业建设。经济发展的根基在产业、在实体。必须把发展经济的着力点放在产业建设上，通过抓“产业项目建设年”活动，植优补短，振兴实体经济，做强常宁的特色产业。

要抓好招商引资。招商引资是发展的第一菜单。一定要擂响招商引资的战鼓，树起“以招商论英雄”的鲜明导向。要创新招商方式方法，灵活采取以商招商、平台招商、小分队招商、产业链招商等。抓好异地商会建设，引老乡、回故乡、建家乡。要围绕铜铅锌上下游产业、沿海地区转移产业、全域旅游产业、农村一二三产业融合等，进行全方位招商。要设置招商门槛，高能耗、高污染、低税收的项目不能引进来，符合产业发展政策的，有利于做强实体经济的，有利于做强特色产业的，要千方百计引进来。要健全招商机制，制定和完善招商重大项目的优惠政策及奖励办法，重奖招商功臣。要动员各级各部门去招商。经开区、商粮部门和园区作为招商的主体，要尽职尽责，善用老板链、发挥关系链、拉长产业链，做实做细项目前期工作，提高招商的成功率。乡镇街道引进来的企业一律入园区，企业税收本级所得部分给予分成。乡镇街道引进企业达一定数量和规模后，园区可以某乡镇命名集中区，并由乡镇派干部进行跟踪服务。

要做好争资跑项。市委、市政府将出台争资跑项管理办法，并增加在年终绩效考核的权重分值。

各级各部门要有大局意识和争先意识，要在其位、谋其政，不能庸政、怠政、误政。要认真研究国家产业政策走向、项目资金投向，做好项目前期包装工作，加强与国家部委、省直部门的衔接。纪委、发改、财政等部门要研究出台办法，依法保护和提高各级各单位争资跑项的积极性。发改部门要牵头组织相关单位，制定重点项目计划，积极对接省“五个100”项目，力争更多项目挤进国家和省计划笼子。

要做强园区经济。工业主打，关键要筑巢引凤，建好工业园区。要调规扩园。经开区要按“一区两园”的思路，做好水口山工业园和宜阳工业园的调规，提升园区承载力。园区规划要做到产城融合，集生产生活、消费娱乐于一体，让企业招得到工、留得住人，园区才会兴旺。要推进项目。经开区要全力以赴配合中国五矿抓好铜铅锌基地建设，确保今年12月26日点火投产；泛亚绿洲铜杆项目也要加快建设；金铜项目要尽快启动项目二期建设；要动工建设水口山汽配物流城。要加大园区内水电路气讯等基础设施的配套，早日晋升为国家级经开区。宜阳工业园要重点抓好牛仔服饰全产业链项目，打造特色牛仔小镇；建成农副产品精深加工园区。要强化管理。市委全会作出打造水口山千亿级园区的决定，关键是指明园区发展的方向，理顺园区的管理体制。要参照先进园区做法，加快政务次中心建设。各级各部门要削减行政审批事项，简除烦苛，提升效能。

要做强特色农业。要创新产业发展模式。茶油、茶叶两大产业，要学习和借鉴舜华鸭业集团的生产经营模式，推行“公司+基地+合作社+农户”的方式，实行标准化生产、科学化管理、网络化营销，做到公司、合作社、农户三赢。具体做法是，油茶加工龙头企业负责提供油茶苗木、有机肥料、生产技术指导和茶果收购等；基地负责组织好合作社，把油茶林规模做大、做连片；合作社负责组织管理农户，督促其按公司要求进行生产；农户可以凭油茶林地和适宜种植油茶的土地，也可以凭劳动力，申请加入合作社。同时要完善村规民约，出台杜绝农林地抛荒的管理办法。总之，要通过建立一套完整的机制，既保护油茶公司、基地、合作社、农户各个层面的利益，又规范和约束他们的行为，共同来发展好常宁油茶产业。今后，政府只负责扶持几个油茶加工企业，塑造油茶公共品牌。这项工作要尽快启动，先做调研论证，然后推广。同时，要巩固好烟叶生产，力保种植面积和收购任务不减，逐步提高烟叶质量，让烟农增收、乡村得税。另外，要积极发展临武鸭、新河鱼、无渣姜、无公害蔬菜、茶山飞鸡、再生稻、湘莲、贡米、特色中药材等精品农业，促农民增收。

要做活全域旅游。要制订旅游规划。完善天堂山风景名胜区的规划，制订各景区景点详规，构建以“天下印山、古韵庙前”景区为龙头，以水口山红色工矿游，塔山瑶家风情游，百万樱花园等乡村生态游“三驾马车”为补充的全域旅游格局。在常宁境内设计几条一日游、两日游、三日游的精品旅游线路。要建好景区景点。按PPP模式包装旅游产业项目，引入社会资本参与建设。庙前景区按国家5A级标准提质改造。百万樱花园要在春节前开园。水口山工人运动纪念园要加快建设。同时，加快景区停车场、星级公厕、游客服务中心建设，加快塔山、罗桥等旅游道路提质改造。要办好节会推销。通过举办油茶旅游文化节、樱花节等节会，扩大常宁知名度，做响常宁旅游品牌。条件成熟的时候，要在央视和湖南卫视等媒体推销常宁大旅游。

要做旺文体三产。重点推进北斗卫星应用管理学院建设，让常宁早日有一所大学。要加快华岁商贸城建设，再引进1—2个城市综合体项目、1个高档次宾馆酒店，提升常宁城市品位。要加快文化三馆、体育两馆一中心建设，保护和发展好常宁版画、常宁歌剧、常宁剪纸等品牌文化和非物质文化遗产。

（二）坚决打赢三大攻坚战。这是决胜建成全面小康社会的重点。要采取超常规措施，确保取得实效。一是打赢防范化解重大风险攻坚战。重点防范和打击非法集资、高息揽储，遏制金融市场高杠杆投机炒作。对以高回报为引诱的金融诈骗案，要早发现、早查处。对民间借贷的隐患点要积极化解。要禁止领导干部和公职人员，参与任何领域的非法入股和地下经营活动。要防范政府债务风险，相关部门要加强对投融资平台的风险监控。各投融资公司要完成融资任务，又要按照“谁融资、谁还款”的原则，明确债务偿还责任，化解债务风险。二是打赢精准脱贫攻坚战。各级各部门要精确把握“真扶贫、扶真贫、真脱贫、脱真贫”的核心要义，领会“一超过、两不愁、三保障”的内容实质，不做无用功。要进一步选派好驻贫困村工作队，压实驻村帮扶和结对帮扶工作人员的责任。要提高精准识别率、退出率，杜绝错评、漏评和错退。要入户宣传好政策，指导贫困户填好扶贫手册、算好收入账，提高贫困户的获得感和满意度。要加快贫困村通畅工程、电网改造、移动基站、安全饮水等建设，助力贫困村摘帽。要从严监管扶贫资金，严防资金趴账和乱用，守住扶贫领域的红线底线。要实行扶贫基础数据共享，确保行业部门扶贫数据一致、工作步调一致，真正把产业扶贫、健康扶贫、教育扶贫、安居扶贫、兜底扶贫等各项政策，精准落实到户到人。要完善产业扶贫措施，规范合作社经营，用产业扶贫资金，撬动社会资本、新型农业经营主体、农村能人加入进来，让贫困群众稳定增收脱贫。要严格督查问责。对脱贫户开展“回头查、回头帮”，做到脱贫不脱政策。对扶贫工作中存在的问题，整改不到位不放过、成效不符合上级要求不放过、群众不满意不放过。三是打赢污染防治攻坚战。本着对常宁人民、衡阳人民和全省人民负责的态度，推进湘江保护和治理“一号重点工程”，确保不欠新账，还清老账。不欠新账就是要严把入口关，坚决拒绝高能耗和高污染企业入园。还清老账就是要加快产业升级、绿色转型，用发展来解决环境问题。同时，要严厉打击滥采乱挖行为，保护好青山绿水。

（三）统筹推进城乡一体化。要城乡并重，在规划布局、要素配置、产业发展、公共服务、生态保护等方面相互融合，协同发展。一是突出城市扩容提质。设立县级市，初衷是培育新生中小城市，完善城市网络体系。我们要按照中等城市的定位来规划。充分发挥城市规划委员会的管总作用，一张蓝图管到底。任何城建项目的调规，都要上大规委会研究通过。要坚持“敞口秀内”的思路搞建设。敞口方面，要高标准完成城市一环线建设，启动城市外环建设、常宁大道北延、常宁至新河快速干道建设，推动祁常高速建设。要加快宜官大道、印山大道、西一环南延段建设，加快常宁至云集快速干道的立项和建设。秀内方面，继续抓好宜水和潭水风光带建设，提质改造泉峰路、青阳路、群英路三条干道和背街小巷，加快人民医院扩建、二中迁建、第二水厂等工程建设。同时，要继续完善供气、停车场等市政设施。要强化经营管理。严控土地一级市场，通过土地经营提高收益，推动城市良性发展。结合政务中心建设，加快智慧城市“云中心”建设。要深入开展“城市管理年”活动，实施“点亮常宁”工程，加快创建省级园林城市、交通管理模范城市和文明城市，争创国家级卫生城市。重点整治城市秩序，对于车辆乱停乱放、房屋乱搭乱建、摩托车行人乱行其道等现象，要结合媒体曝光、行政处罚等手段，整治到位。城市园林绿化要严格按专项规划实施，精心造绿、时刻护绿、严惩毁绿。二是大力实施乡村振兴。按照产业兴旺、生态宜居、乡风文明、治理有效、生活富裕的总要求，加快推进农业农村现代化。要突出产业带动。培育新型农业经营主体，打造“一乡一特”发展模式，壮大农业加工龙头企业。发展休闲农业、乡村旅游、农村电商等新业态，促进一二三产业融合发展。要深化农村改革。农村集体产权制度改革试点工作，要发挥以点带面作用，既出成绩，也出经验。积极稳妥落实好“第二轮土地承包到期后再延长三十年”政策，加快完善农村土地“三权分置”格局。深入推进农业供给侧结构性改革。要改善村容村貌。在官岭镇、胜桥镇、塔山乡的狮园村和鳌头村，打造农村规范建房样板，要严厉打击农村乱建房，杜绝公路沿线“剥皮式”开发建设。要推行农村垃圾和污水统一收集处理，打造洁净乡村。要通过招商，建设原生态特色小镇，让人记得住乡愁。

（四）万无一失做好底线工作。做底线工作，要坚持三条原则。一是要实事求是，不搞虚的假的。二是要讲究方法，灵活运用。三是要不怕得罪人。具体来讲，一要守住维稳底线。按疏堵结合原则，及时就地解决群众合法合理的诉求，坚决打击非法上访。重点抓好涉法涉诉、征地拆迁、企业改制等信访突出问题。积极开展平安常宁创建和打黑除恶等专项行动，建设现代化防控体系。二要守住安全底线。要开展“落实企业安全生产主体责任年”活动，抓好烟花爆竹等重点行业，车站、学校等重点领域的安全整治。深入开展打非治违，对非法生产经营坚持“露头就打”。三要守住计生底线。加强对乡镇计生综治部门的指导、督促和检查，组织开展好计生服务活动。加强流动人口和特殊人群服务管理，关爱农村留守儿童。

（五）纵深推进全面深化改革。以改革开放40周年为契机，加大对改革创新的宣传，推进改革向纵深发展。一是推进天堂山国家森林公园管理体制改革，促进常宁旅游全面发展。二是推进乡镇机构改革。重点加快乡镇七站八所权力下放，优化乡镇治理结构，减少层级，方便人民群众办事，使乡镇街道由“管理型”向“服务型”转变。三是实行财政资金打捆使用。继续加大扶贫、涉农、教育资金的整合力度，发挥资金效益，集中力量办大事、办成大事。四是开展监察体制改革。统筹抓好监察体制改革的组织实施和具体落实，各相关单位要各司其职、各负其责，共同完成好改革任务。五是支持军队改革。重点抓好国防动员系统、民兵调整、退役士兵安置等改革，推动军民融合发展。同时，按要求抓好生产要素市场化配置改革、“放管服”改革、商事制度改革等。

（六）悉心营造亲清的政商环境。坚持“老板发财、地方发展、百姓受益”和“有求必应、无事不扰”的服务理念，构建“亲”“清”政商关系。打造高效政务环境。全面公开涉企服务事项及办事流程，为企业办事提供明确指引。健全“一站式服务、一窗式受理、一单式收费、一条龙审批、一场式交易”等机制，推行“马上办、现场办、限时办”，高效服务企业。打造优质施工环境。对阻工闹事、车匪路霸、强揽工程、高价供料等行为，做到“零容忍”，发现一起，查处一起。打造亲商安商环境。领导干部要严格自律，不怕和商人打交道，强化担当意识，理直气壮地亲商、安商、护商。要利用电视、广播、报纸、网络等媒体加强宣传，形成人人关心发展环境、个个呵护发展环境的氛围。

四、改进作风，狠抓落实

一分部署，九分落实。各级党员干部要铆足一股劲，以敢抓的狠劲、真抓的实劲、学抓的闯劲、常抓的韧劲、善抓的巧劲，抓好工作落实，确保经济沿着正确方向发展。

（一）转变观念放手干。观念一变天地宽。作为一名党员干部，首先在思想观念上要敢于破旧立新。要增强“四个意识”。把政治意识、大局意识、核心意识、看齐意识牢记于心，自觉维护以习近平同志为核心的党中央权威和集中统一领导，把思想和行动统一到党的十九大精神上来，统一到党中央、省委和衡阳市委对今年经济工作的部署上来。坚决反对经济工作中的分散主义、自由主义、本位主义，确保令行禁止。要发挥党支部服务于经济社会发展的战斗堡垒作用，善于用“战略、历史、辩证、创新、底线”等五个思维抓经济工作。要增强服务意识。为群众、为企业、为基层服务，是我们的天职。要从根本上摒弃“官本位”思想，变群众上访为干部下访，变企业拜访为干部巡访，想他人所想，急他人所急。要有“功成不必在我、建设必须有我”的大度，站在高处、想在远处，为各项工作提供优质服务。要增强开放意识。要有海纳百川的胸襟，敢于揭短亮丑，敢于学习借鉴。市委决定开展“请进来、走出去”活动，把一批专家学者和优秀企业家请到常宁来，为我们传授先进理念和成功经验；同时，分批组织乡镇街道和市直单位党政主要负责同志，到发达地区和先进县市去开阔眼界。

（二）提高本领加油干。党员干部的能力水平，不是看“包装”得如何，要看“武装”得怎样。要提高做经济工作的本领。经济工作有其内在规律，采取一般化、大呼隆、粗放型领导方法，已经行不通。要用心用脑、精准精细抓工作，把经济运行情况摸清楚、把问题矛盾弄明白、把对策措施定具体，做到精准发力、精细管理、精明增长。要用好抓重点、补短板、强弱项这个推动发展的基本方法，把握什么事情该做、什么事情不该做，把握什么事情该什么时候做、做到什么程度。在实践中真正成长为懂经济、会管理的复合型干部。要提高做群众工作的本领。做经济工作，必须发挥和调动人民群众的积极性。我们各级党员干部特别是乡村干部，一定要沉下去，时刻把群众的民生“小事”放在心上，把群众就业、看病、出行等“小事”办好。通过脱贫攻坚、信访维稳、征地拆迁等具体工作，与群众打成一片，做群众信赖的干部。市级领导和市直单位负责人，也要经常到所联系的乡镇街道和村去，经常到所联系的企业和工地去，去调查研究，走访群众，掌握实情，找准问题，把矛盾化解在基层、消除在萌芽状态。只有群众工作做扎实了，经济工作才会顺畅，才能从根本上消除“仇官仇富”的社会现象。要提高做统筹工作的本领。上面千条线，下面一针穿。工作任务繁重，压力很大，这在今后是常态。我们一定要学会“十个手指弹钢琴”。孰轻孰重、是缓是急、该严该松，心中要有一本明白账。要懂得埋头做事，也要学会借力办事。该苦干的要苦干，该实干的要实干，该巧干的要巧干。大事要讲原则，小事要讲风格。要发挥各方面的主观能动性，也要牢牢把握工作的主动权。要安心专注抓工作，也要合理安排休息，注意和保护身体，始终保持一个快乐的心情去干工作。

（三）打牢基础踏实干。要强化基层。基层党组织战斗力如何，直接影响到我们工作成效，直接影响我们党在群众心目中的地位。市委对乡村两级党组织，特别是村级党组织，历来非常重视、非常关心。2017年，我走了许多贫困村，看得仔细，也问得仔细，还是了解了许多真实情况。市委决定率先在衡阳市范围内提高村干部待遇，并决定通过两年的努力，把村级综合服务平台全面建好、改造好，建成一个当地党员群众学习、办事、娱乐、集会的场所。这既有村干部的呼声，也有市委关心基层干部的考量。目的就是要凝心聚力，巩固基层，助推发展。我相信这个目的可以达到。下一步，我们要出台加强村干部管理的办法，把关心和严管结合起来，做到刚柔并济。今后，只要村干部因违法违纪被处理，就要中止他的待遇，取消他的养老保险补贴。对“村霸”要敢于亮剑，对村干部参与其中的，更要严惩不怠。另外，我们也要按照基层党建的要求，抓好其他工作，确保基层组织永葆生机活力。要强化基础。底线工作是基础性工作，与群众密切相关的工作是基础性工作，一些重点项目、重大工程也需要做大量基础性工作。对这些基础性工作，不能急于求成，都要有一种做在眼前、利在长远的耐心，屏声静气、踏实苦干、久久为功。基础不牢，地动山摇。如果抓工作一味追求出彩，而忽视把基础做扎实，迟早会摔跤。一定要静下心，把底子摸清、把问题找准、把工作做实，不留尾巴，不留“后遗症”。

（四）敢于担当带头干。担当是党员干部应该具备的品质和素养。担当才能创造伟业，才能成就英才。要持之以恒纠正四风。对干部作风明察暗访要坚持下去，还要加大力度，决不让“四风”问题反弹回潮。对形式主义、官僚主义的新表现，要高度重视，拿出过硬措施，抓好整改。要重点整治表态多、调门高、行动少、落实差的问题，整治停留于“轮流圈阅”、“层层转发”的问题。杜绝“门好进、脸好看、事难办”，“推绕拖”的现象。对搞形式、走过场、做表面文章的，要坚决禁止。对走马灯式搞检查评比，导致干部疲于应付，没有时间抓落实的，要坚决禁止。对“只求不出事，不愿做点事”，“为官不为、为官慢为”等现象，要坚决禁止，倡导党员干部说实话、做实事、求实效。要建立容错纠错机制。严格落实“三个区分开来”和“四个有利于”，旗帜鲜明为敢担当的干部担当，为敢负责的干部负责。对那些勇挑重担、善解难题的同志，重点培养，大胆使用，让有思路的干部有出路，肯实干的干部有奔头，善作为的干部有位置。要发挥好“关键少数”的作用，率先垂范，形成想作为、敢作为、善作为的好风尚。要引导党员干部勇于担责，不遮掩和回避问题，碰到难题敢于触及，遇到矛盾主动化解。要发挥考核指挥棒作用。健全有利于经济发展的考核办法和奖惩机制。把项目建设特别是产业项目作为绩效考核的重要内容，进行考核。把乡镇街道、经济职能部门和群团组织区别开来，把市级领导、市直单位主要负责同志和普通干部职工区别开来，进行考核。通过考核，对敢做敢当、业绩突出的干部要重奖重用，对无所作为、胡作非为的干部要追责重罚。

（五）清正严明好好干。要坚持党要管党，从严治党，管好班子，带好队伍。要带头优化政治生态。扎实开展“不忘初心、牢记使命”主题教育，提振干部精气神。各级党组织要坚持问题导向，严明纪律，做到有令必行、有禁必止。纪委和监察委，要重点加强对国家公职人员行使权力的监督，严格落实“一岗双责”和“两个责任”。要发挥派驻监督作用，加大巡察工作，重点整治“雁过拔毛式”腐败、“微腐败”、贯彻执行决策部署不力等问题，换来常宁政治生态海晏河清、朗朗乾坤。要主动加强自身建设。当官不易，才是百姓之福。要带头树好清廉的“风向标”，严防“第一次”，拒绝“小意思”，不搞“小圈子”。要增强政治定力、道德定力，清白做人、干净做事，管好家属子女和身边工作人员，反对特权现象，树好家风，树立党员干部应有的形象。

政府工作报告

——在常宁市第十七届人民代表大会第二次会议上

市委副书记、市长 吴乐胜

一、2017年主要目标和任务

2017年，是新一届政府的开局之年，也是我市跻身全省经济十强的关键之年。做好今年政府工作，对我市的发展至关重要。

当前，世界经济在艰难中曲折前进，但我国经济长期向好的基本面没有变，我市仍处在大有作为的机遇期。从发展机遇看，中央大力推行供给侧结构性改革、PPP改革，投资仍是拉动经济增长的主动力。特别是我省大力实施“一核三极四带多点”、“制造强省”战略，为我市加快发展带来了难得的机遇；从发展基础看，我市经济总量和实力持续提升，具备了后发赶超的基础条件。特别是随着金铜项目等一批重大产业项目的竣工投产，随着城市环线、瓦松铁路、华常高速等一批重大基础设施项目加快建设，为我市加快发展打下了坚实基础；从发展趋势看，历届政府坚持一任接着一任干，一张蓝图画到底，各项工作保持了连续性和稳定性。特别是去年同步换届，四大家班子全部到位，为加快发展提供了坚强的组织保障；市第十二次党代会、市委经济工作会议明确提出了“跻身全省经济十强，建设富饶美丽幸福新常宁”的宏伟目标，确定了“产业主导、工业主打、统筹城乡、全面发展”的总体思路，并把今年定为“项目建设年”、“城市管理年”和“作风建设年”，全市上下心往一处想，劲往一处使，干事创业的氛围越来越浓。只要我们保持这股良好的发展势头，倍加珍惜这来之不易的大好局面，坚定信心，抢抓机遇，乘势而上，就一定能推进我市经济社会在高起点上取得更大的进步。

今年政府工作的指导思想是：全面贯彻落实中央、省、衡阳市和市委经济工作会议精神，坚持稳中求进总基调，突出产业主导、工业主打、统筹城乡、全面发展，着力植优补短，加快转型升级，全力稳增长、调结构、促改革、惠民生、守底线，奋力跻身全省经济十强，建设富饶美丽幸福新常宁。

经济社会发展的预期目标是：地区生产总值增长9%，一般公共预算收入增长7%，固定资产投资增长20%，社会消费品零售总额增长12%，城乡居民人均可支配收入均增长9%；完成省市下达的节能减排、安全生产等约束性指标任务。

实现上述目标，必须牢牢把握以下四个方面：

一是必须把解放思想放在首位。以改革创新的精神，打破传统思维定势，进一步解放思想，以更加开放的意识、更加开放的理念和更加开放的办法抓项目、搞融资、促改革，努力营造充满活力、富有效率、更加开放的发展环境，为我市跻身全省经济十强打下坚实的思想基础。

二是必须坚持以产业主导为总揽。产业兴才能经济强。市委经济工作会议明确提出“产业主导、工业主打、统筹城乡、全面发展”的总体思路，我们必须牢牢把握“稳”的要求，明确“进”的方向，坚持植优补短，加快转型升级，做大做强工业、农业和旅游三大产业，全力提升我市产业发展的水平和质量，努力提升市域经济竞争力。

三是必须以项目建设为“主抓手”。坚持把重大项目建设作为全局工作的“头版头条”、重中之重，始终突出“一切为了项目、一切围绕项目、一切服务项目”，深入开展“项目建设年”活动，想方设法动员一切力量，全力以赴争项目、建项目、促项目，做到稳有“压舱石”、进有“大块头”、强有“顶梁柱”，让项目攻坚成为我市发展的最强音。

四是必须进一步强化底线思维。牢固树立安全生产红线意识。安全是最大的民生，我们必须把安全作为第一任务和最重责任，认真落实安全生产各项要求，切实保障人民群众生命财产安全；牢牢守住生态环保这根绿线。生态环境既是重要的发展资源，也是基本民生保障。我们必须顺应人民群众的新期待，扎实推进省政府湘江保护和治理“一号重点工程”，抓好水口山地区重金属污染治理，让广大群众呼吸更清新的空气、喝上更干净的水、看到更蓝的天；切实保障群众基本民生，多雪中送炭，少锦上添花，围绕脱贫攻坚、棚户区改造、就学就医、水电路气等重点民生实事，把更大的精力、更多的财力投入到改善民生上来，努力让广大群众有更多的获得感。

二、2017年政府工作安排

（一）稳增长，让产业变强。产业是稳增长的基石。必须坚持产业主导，加快推进产业转型升级，着力构建现代产业体系。

提速增量强工业。我市的工业有基础、有潜力，必须全力壮大工业经济。年内新增规模以上企业11家，规模工业增加值增长8%以上。强力推进“一区两园”建设。加快水口山国家级循环化改造示范试点园区建设，着力打造“千亿级”园区。推进五矿有色“331工程”，全力承接株冶绿色转型搬迁项目，高标准建设年产30万吨锌、30万吨铜、10万吨铅的铜铅锌产业综合基地，将其建成全国有色冶炼标志性企业乃至国际一流型企业。力促金铜项目一期全面达产，做好金铜项目二期前期工作。按照产业、基础设施、商住各占1/3的思路，抓好园区调规，完善就医、就学、购物等综合配套设施，提升园区承载能力。加强水口山有色金属产业链服务平台建设，引进一批有色金属供应商、贸易商、服务商、物流商，加快有色金属下游产业及相关配套建设，发展有色金属精深加工，年内引进2家以上铜精深加工企业。加快宜阳工业园建设，抓好调规扩园，完善园区水、电、路等配套设施，年内完成一期扩园1500亩征地拆迁，新建标准厂房10万平方米。建设宜阳工业园全产业链招商服务平台，打造“城市运营云中心”，围绕电子信息、制衣制鞋、智能制造、农产品精深加工等方面，实现产业链招商，年内引进5家以上企业落户园区。

提质增效优农业。深入推进农业供给侧结构性改革，以提高农业供给质量为主攻方向，按照“四个一批”的思路，实施品牌兴农战略。建好一批基地。重点培育和提升粮食、油茶、茶叶、果蔬、中药材、畜禽养殖等产业，严控耕地抛荒，确保粮食播种面积118万亩、总产48万吨以上。年内油茶造林6万亩、垦复6万亩。发展油菜40万亩。种植烤烟2.65万亩、收购烟叶6.93万担。新增高山有机茶基地5000亩。新建有机绿色蔬菜基地1600亩、水果3200亩、中药材1600亩，引导发展“茶山飞鸡”、“临武鸭”各100万羽。培育一批龙头企业。发展油茶、茶叶等农副产品深加工，引进、培育一批农产品加工龙头企业，提升特色优质农产品供给能力。扶持农业产业化企业做大做强，年内新增省级农业产业龙头企业2家以上、衡阳市级农业产业龙头企业16家以上。发展一批新型主体。扶持农民合作社、家庭农场、专业大户等新型经营主体，加快培育现代新型职业农民。创建一批品牌。抓好农产品“三品一标”认证工作，打造一批无公害农产品、绿色食品、有机农产品和农产品地理标志。申报“塔山山岚”茶国家地理标志商标，做响常宁茶油、无渣生姜、田尾豆油等特色农业品牌。

提档升级兴旅游。加快编制全域旅游规划，大力发展全域旅游，争创全国全域旅游示范市。庙前景区：加快庙前景区规划编制，抓好景区提质升级。推进停车场、游客中心、公厕等配套设施建设，完成印山、财神洞、中田古民居等景点提质改造，确保庙前景区年内成功创建国家4A级旅游景区。建设庙前景区—罗桥樱花园—大义山—西岭旅游环线公路；水口山景区：挖掘水口山红色文化和矿冶文化，打造水口山红色工矿游品牌。启动水口山工人运动纪念园、江州古城遗址陈列馆建设；大义山景区：加快完善道路、交通指引标识等配套设施。发展乡村旅游，打造乡村自然生态旅游“升级版”。重点将罗桥百万樱花园、蓬塘山田千亩湘莲园及乡情油茶公园、塔山茶旅观光园、西岭五门牡丹园打造成乡村休闲游热门景区。加大对塔山旅游景观的保护力度。深入实施“旅游+”工程，推进旅游与文化、体育、农业等产业融合发展。加大旅游营销力度，举办第四届中国（常宁）油茶旅游文化节，提升常宁旅游知名度和影响力。强力整治旅游景区非法开采，严禁在景区乱采滥挖。

（二）攻项目，让后劲变足。突出项目建设主抓手，以大项目支撑大发展，深入开展“项目建设年”活动，实施第一批重点项目177个，完成投资157.5亿元。

以更大的力度建设项目。全力以赴抓项目推进，力促项目早开工、早实施、早见效。重点突出产业发展、重大基础设施、基本民生等方面的项目。产业项目方面，工业项目：加快金翼铅业、大宇锌业、华兴冶化、鸿博高新材料、北高峰碳酸钙、隆源科技等项目建设，确保年内建成投产。抓好志辉冶化、庙前风电场、板桥和蓬塘光伏发电等项目。农业项目：加快广济水库、白甫水库建设，确保年内竣工。建设大三湘油茶生态文化产业园、玫瑰博览园等一批休闲农业和观光农业产业园。服务业项目：建成华岁国际商贸城，启动水口山汽配物流城、城区中心集贸市场扩容提质及农产品批发市场建设。重大基础设施项目方面，开工建设华常高速祁东归阳至常宁蓬塘段、国道356线宜阳至官岭段、省道347线庙前至塔山段，加快瓦松铁路一期建设，确保7月底竣工通车。做好常云快速干线、瓦松铁路二期、国道234线新河至塔山段、省道347线烟洲至宜阳段、樟木岭车站等项目前期工作。民生项目方面，抓好人民医院扩建、二中迁建、政务综合服务中心等项目建设。推进民政社会福利中心、公交综合停车场建设。

以更强的要素保障项目。资金方面，大力推行PPP模式融资建设项目，撬动社会资本参与公共基础设施和民生工程建设。加大与政策性银行对接力度，积极争取国家专项建设基金，探索运用债券、基金等多种方式融资，确保投融资公司年内融资100亿元；用地方面，全力保障重点项目建设用地需求，对重点项目新增建设用地实施精准保障，及时报批。全面加强土地储备工作，年内储备土地2000亩以上。盘活存量土地，依法处置闲置土地，对工业园区闲置土地一律依法予以收回。服务方面，创新重点项目服务机制，优化施工环境，依法打击强揽工程、强买强卖、恶意阻工等违法行为。

以更严的考核推进项目。建立健全项目督查考核制度，加强对重大项目建设的督促检查和跟踪问效，实行“一月一报告、一季一调度、半年一讲评、年度一考核”。加大对项目的跟踪落实力度，提高合同履约率、资金到位率和项目开工率，确保开工一个、建成一个。加大奖惩力度，对项目推进不力、进展迟缓的实行问责。

以更广的思路谋划项目。以更长远的眼光、更主动的作为，紧盯国家产业政策和投资方向，立足我市资源优势和基础条件，超前谋划一批事关常宁长远发展的重大项目。年内新策划包装项目60个以上，深度开发项目25个以上。积极争资跑项，力争年内15个项目进入国家PPP项目库，全力争取全国农村产业融合发展示范试点市、全域旅游示范市、兴永郴赣铁路过境常宁等一批重大项目落户。

（三）抓统筹，让城乡变美。推进城乡一体化，着力打造精品城区、特色城镇、美丽乡村，努力实现“一年一小变、三年一大变”。

推进城市建设提质。按照“30平方公里、30万人口”规模，高标准推进城市建设，打造宜居宜业宜游的现代宜城。道路方面，高标准完成城市一环绿化、亮化、人行道工程。启动城市外环建设，敞开城区四个出口。抓好尚宇大道、政通路、市府路建设，有序推进群英中路、青阳中路、泉峰路、印山大道、新村路南段提质改造；两供两治方面，抓好城市第二自来水厂、水口山至城区天然气长输管网建设，完成老城区供水管网提质改造，加强垃圾无害化处理和黑臭水体、餐厨垃圾等治理；电力基础设施方面，加快城北变电站建设，确保6月底正式投入使用，启动城南变电站建设；公共空间方面，实施宜水、潭水风光带提质改造，建成砚池山公园、西门湖公园、南门湖公园，加快北门湖公园、培元湿地公园建设。开展“点亮常宁”行动，建好一批亮化工程。

大力发展特色城镇。加快城乡一体化发展，着力构建“一市两城、多点支撑、特色发展”的新型城镇体系，打造一批有产业支撑、特色鲜明的工矿重镇、旅游名镇、边贸集镇。打造水口山工业新城，年内完成新园路提质改造，加快双园路、五矿路、冶金路、文兴路建设。抓好官岭、新河等国家级重点镇及庙前、罗桥、胜桥、洋泉等特色旅游小镇建设，建设西岭、荫田、蓬塘油茶小镇。开展“美丽乡村”创建活动，整合涉农资金予以重点扶持，年内每个乡镇（办事处）确立1个村作为美丽乡村示范村，创建省级美丽乡村3个。突出“空心村”治理，抓好农村垃圾专项治理五年行动，完成49个农村环境综合整治任务，改善农村生产生活环境。

开展城市管理攻坚。开展“城市管理年”活动，争创国家级卫生城市、省级园林城市、省级文明城市和省级交通模范管理城市。支持水口山镇、庙前镇创建省级卫生示范镇。环境卫生方面，落实环境卫生全覆盖，推进“全民卫生日”活动。加大清扫保洁力度，清除卫生死角死面。科学选址新建城区专业积土场，城区所有建筑工地一律实行围挡作业。严格渣土运输管理，严禁渣土运输撒漏、带泥污染路面。核心城区一律禁止燃放烟花爆竹；市容市貌方面，严厉整治城区随意摆摊设点、店外经营等行为，坚决取缔马路市场。规范户外广告设置、道路开挖等行为，弱电管线一律下地。依法打击“两违”建筑，全面终止留地安置，采取货币和实物相结合的方式进行安置，逐步消化城区征地拆迁项目安置存量；交通整治方面，编制交通专项规划，重新规划公交线路，最大限度方便市民出行。打通城区交通主动脉，禁止过境大货车进入城区，对货车穿越城区实行“高峰期限行”。加强车辆停放管理，严禁乱停乱放。在老城区建设一批社会停车场，年内新增停车位1000个以上。逐步取缔城区“老爷车”，依法打击“黑车”运营；园林绿化方面，落实绿化专项规划，实施城区绿化提质改造，力争年内通过省级园林城市验收。

（四）促改革，让机制变活。坚持以供给侧结构性改革为主线，全面深化各项改革，切实增强发展动力和活力。

推进供给侧改革。以增加农民收入、保障有效供给为主要目标，着力推进农村一二三产业融合发展，在调整农业种养结构、发展特色农业和新业态方面加大力度，发展农产品加工、休闲农业和乡村旅游、农村服务等劳动密集型产业，推广代耕代种、联耕联种、统防统治等专业化社会化服务。深化农村综合改革，重点推进农村土地“三权分置”，抓好农村产权制度改革，建成一批农村综合公共服务中心。推进电子商务下乡工程。抓好房地产市场去库存，将去库存与新型城镇化、棚户区改造、保障性住房建设相结合，实现结构性去库存。

加快“放管服”改革。深化简政放权。以“三清单一目录”为抓手，进一步推进简政放权，做到该放的坚决放开，该管的管住管好。扩大乡镇服务管理权限，强化乡镇政府服务功能。探索委托乡镇开展行政执法改革，率先在建设领域下沉规划、国土、住建等部门相关职能，赋予乡镇建设行为审批权限。规范清理各类中介服务及行政事业性收费项目，推动中介机构和行业协会商会脱钩，做好企业“五证合一”和个体工商户“两证整合”工作。完善财政投资评审、招投标、施工监理管理办法。加强政务服务。扩大政府购买服务试点。推进政务中心“两集中、两整合、两公开”，优化服务流程，提高审批效率，探索运用“互联网+政务服务”，让数据多跑路，群众少跑腿。办实“12345”政府服务热线。

深化财税金融改革。深化预算管理制度改革，强化政府预算全口径大统筹，严格控制并逐步降低非税收入占财政收入比重。健全政府性债务风险预警、化解和应急处置机制，加大资金运行监管力度，切实防范财政风险。加强财源建设，发展总部经济，强化财税征管和矿产资源税费统一征收。盘活用好乡镇土地资源，壮大乡镇财政实力。加快置换政府存量债务，规范政府举债行为，妥善安排新增债券。深化投融资体制改革，健全完善投融资公司法人治理结构，建立现代企业制度，加快实现融资平台市场化转型。支持地方金融机构发展壮大，引进长沙银行进驻我市。

抓好园区体制改革。着力理顺“一区两园”管理体制，授予水口山经济开发区市一级经济社会管理权限，托管水口山镇，相关部门在水口山经济开发区设立分局，实行行政审批3号公章制度，做到能下放的职能下放到位，真正实现独立运行；将宜阳工业园纳入水口山经济开发区管理，发展“飞地园区”经济。

（五）惠民生，让民生变实。本届政府将坚持把保障基本民生放在首位，想民之所想，急民之所急，最大限度解决好群众最关注的问题。

坚决完成脱贫攻坚任务。坚持把脱贫攻坚作为“第一民生工程”来抓。加强产业扶贫，按照“四跟四走”产业扶贫模式，支持、引导贫困户发展高山有机茶、中药材种植和淡水养鱼等脱贫产业项目，让贫困户真正从产业发展中受益。推进搬迁扶贫，加快易地扶贫搬迁工作，确保年内完成1000户3500人易地扶贫搬迁任务。

全力办好重点民生实事。农村基础设施建设方面，抓好农村安全饮水工程建设及后续管理，解决1.74万人的农村安全饮水问题，加快推进洋泉集中供水工程建设，确保年内解决洋泉、胜桥、兰江3个乡镇、10万人的饮水问题；实施新一轮农网改造升级工程，年内完成96个村农网改造升级任务；新建农村公路50公里，窄加宽120公里；新建兰江、庙前、泉峰3个乡镇垃圾中转站；棚改方面，推行棚户区改造货币化安置，年内完成棚户区改造货币化安置1567户、工矿棚改房996套。抓好农村危房改造；就业方面，落实创业就业优惠政策，发挥创业孵化基地的作用，推进“大众创业、万众创新”，积极引导帮扶高校毕业生、下岗失业人员创业，大力援助残疾人、低保对象、零就业家庭等困难群体就业，鼓励支持工业园区、劳动密集型企业、中小微企业吸纳就业；社会保障方面，加强社会保险体系建设，推进“全民参保计划”，做好社会保障扩面工作，实现应保尽保。完成城乡居民医保整合，抓好机关事业单位养老保险改革，扎实做好社会保障卡数据采集、发放工作；社会救济方面，加强社会救助体系建设，落实城乡最低生活保障制度、“五保”供养和各项优抚政策。关爱农村留守儿童、老年人。发展社会福利事业、慈善事业和残疾人事业。推进烟洲、柏坊、荫田敬老院建设。

统筹发展各项社会事业。坚持教育优先发展，力争年内顺利通过“义务教育发展基本均衡县”国家级验收。规范发展学前教育，规范办园行为。加快化解城区“大班额”问题，推进宜水、万寿、茶箭、南市、嵩塘、冷水等小学建设，完成莲花、虎溪小学建设。改善农村学校办学条件，抓好18所农村义务教育薄弱学校提质改造。加强教师队伍建设，全面提升教育教学质量。大力发展健康卫生事业。加强基层医疗卫生服务能力和基础设施建设，推进三角塘、柏坊卫生院，宜阳、培元、泉峰社区卫生服务中心建设。提升中医药服务能力，发展中医药事业。规范临床诊疗行为，加强医德医风建设。抓好人口和计生工作，开展出生缺陷干预工作，提高出生人口素质。加快构建公共文化服务体系，实施精品创作和演艺惠民工程，推进全民阅读，加快图书馆、博物馆、文化馆等重大文化设施建设。加强常宁版画、常宁歌剧、常宁剪纸等品牌文化和非物质文化遗产的保护。开展全民健身活动。规范文化市场秩序，整治网吧和新闻出版市场。加强粮食储备保障。抓好市场和质量监管，维护市场经营秩序。加强并村合乡后续管理，完成村（社区）两委换届。抓好统计、调查、编制、档案、市志、消防、地震、气象、水文、邮政、电信、移动、联通、石油、盐务、公积金、供销、商业、民族宗教、外事侨务等各项事业。支持工会、工商联、共青团、妇联、残联、文联、侨联、科协等人民团体工作，用心做好老干部服务工作。加强国防动员、国防教育和人民防空、国防设施保护工作，建设军警综合训练场，开创军政军民团结新局面。

（六）守底线，让环境变优。牢固树立底线意识，加强社会治理创新，建设平安和谐常宁。

严守安全生产红线。牢固树立安全生产工作红线意识和底线思维，建立健全安全生产“党政同责、一岗双责、失职追责、齐抓共管”责任体系，严格落实企业主体责任。保持“打非治违”高压态势，加强非煤矿山、烟花爆竹、危险化学品、道路和水上交通、超限超载、建筑施工、消防、特种设备等重点行业和领域的安全监管，有效防范和坚决遏制较大以上安全事故发生。加强乡镇（办事处）安监站建设，实行安全生产简易执法权下放，委托乡镇（办事处）执法。突出抓好采矿安全监管，建立健全国土、公安、环保、安监等部门联合执法机制，压实乡镇属地管理责任。加强校车安全管理，全面规划、设置校车停靠点及标示标牌。建立健全重大动物疫病联防联控机制，科学做好禽流感等重大动物疫病防控。坚持“严”字当头，强化食品药品质量安全监管。

严守生态环保绿线。扎实推进湘江保护和治理第二个“三年行动计划”，重点抓好水口山地区重金属污染防治。加快推进水口山地区历史遗留含重金属废渣无害化处置二期治理、大园岭矿区历史遗留污染综合治理，完成康家溪重金属污染场地治理。加快推进水口山民生保障居民搬迁。完善环保工作机制，成立环保委员会，设立乡镇环保管理机构，确保有人管事，有钱办事。加强地质灾害防治及矿山生态修复治理。抓好第二次全国污染源普查。加大耕地保护力度，严格落实耕地保护责任。加强南部生态功能区的保护，抓好天堂山国家森林公园、天湖湿地公园建设和管理。狠抓森林防火，实行常态化巡查，严厉打击纵火毁林行为，抓好森林禁伐和生态修复，保护好有限的森林资源。

严守综治稳定底线。民有所求，政有所施。本届政府一定会直面问题、直面矛盾，在法律法规框架内，全力化解各类矛盾，决不推诿、决不逃避、决不拖拉。建立健全依法信访、依法处访的工作机制，畅通群众诉求渠道，重点解决建设领域拆迁安置、产权办证及农林领域权属纠纷等方面信访积案和历史遗留问题，依法严惩不良开发、恶意侵占等行为。深入推进社会综合治理创新，加强社区矫正和法律援助。加强社会治安管理，强化互联网治理，依法打击黑恶势力、黄赌毒等违法犯罪行为，切实增强公众安全感。加强社会信用体系建设，坚决打击非法集资，规范民间融资，严防区域性金融风险发生。

三、切实加强政府自身建设

面对新的使命，本届政府将坚持为发展尽责，为民生倾力，努力提高治理能力和水平，努力建设廉洁高效、人民满意的政府。

坚持法治为上，做到依法行政。坚持把各项法律制度贯穿于政府工作各个环节，深入推进法治政府建设。坚持依法用权。严格按照法定程序和权限行使权力、履行职责。加强政府法制工作，规范行政执法行为和自由裁量权，建立法律顾问制度，预防、化解和减少行政争议。抓好“七五”普法，提高全民法律素质。坚持依法决策。对重大政策措施、重点工程项目和涉及群众切身利益的决策，坚持公众参与、专家咨询、风险评估、合法性审查和集体讨论决定的决策程序，提高决策科学化水平。坚持依法履职。自觉接受市人大及其常委会的法律监督和工作监督、市政协的民主监督，认真办理人大议案、代表建议和政协委员提案，充分听取工商联、各人民团体及无党派人士的意见，广泛接受社会公众和新闻舆论监督。

坚持实干为先，做到高效理政。政府工作重在实干，贵在落实。本届政府一定会把实干作为首要职责，坚持重实干，办实事，求实效。抓落实。把时间和精力凝聚到强化执行、抓好落实、推动发展上，做到说了就办、办就办好，定了就干、干就干成，形成忠实履职、权责明确、政令畅通的工作格局。转作风。巩固扩大“两学一做”学习教育成果，深入开展“作风建设年”活动。坚持以发展为第一要务，以担当为政治责任，强化正确的用人导向，为敢于担当的干部担当，为敢于负责的干部负责，使办实事、求实效、作风扎实、甘于奉献的干部脱颖而出，对不作为、乱作为、慢作为的人和事严惩不怠。严考核。坚持奖勤罚懒、常态化督查，着力解决不想为、不会为、不敢为的问题。今年是“项目建设年”，要把项目建设作为“主战场”，把项目推进的成效作为考核干部、锤炼作风的“试金石”，真正做到以项目考能力，以项目评业绩，以项目论英雄。

坚持清廉为本，做到从严治政。全面落实从严治党责任，始终把严的要求贯穿政府建设全过程。坚持“一岗双责”，坚定不移惩治腐败。坚持用制度管权管事管人，把权力关进制度的“笼子”，规范权力运行，强化对权力集中、资金密集、资源富集部门和岗位的监管，对公共资金、国有资产、国有资源等实行审计全覆盖。持续纠“四风”，治陋习，继续开展“雁过拔毛”式腐败等问题的专项整治，坚决纠正侵害群众利益的不正之风。

附：名词解释

1、PPP（Public-Private-Partnership）：即政府与社会资本通过合作来提供公共产品或服务的一种方式，指的是公共基础设施建设的一种项目融资模式。

2、一核三极四带多点：一核即长株潭核心增长极；三极即岳阳、郴州、怀化增长极；四带即京广高铁、沪昆高铁、环洞庭湖和张吉怀经济带；多点即依托国家级新区、国家级经济技术开发区、高新技术开发区等，形成多个新增长点。

3、城市运营云中心：是指运用云计算、云储存等信息技术，通过数据整合、交换共享、提升城市综合管理水平。云中心主要由电子政务云、应急指挥云、平安城市云、GIS地理空间数据云、城市综合管理云、智能交通云、综治云、教育云、医疗卫生云、社保云、环保云、安监云、旅游云等组成。

4、三权分置：农村土地所有权、承包权、经营权分置。

5、三清单一目录：部门权力清单、责任清单、投资项目负面清单和政府核准的投资项目目录。

6、五证合一：在全面实施工商营业执照、组织机构代码证、税务登记证“三证合一”登记制度改革的基础上，再整合社会保险登记证和统计登记证，实现“五证合一。

7、两证整合：将原有个体工商户登记时依次申请营业执照和税务登记证，改为一次申请、由工商行政管理部门核发一个营业执照。

8、四跟四走：资金跟着穷人走、穷人跟着能人走、能人跟着产业项目走、产业项目跟着市场走。

常宁市人民代表大会常务委员会工作报告

——在常宁市第十七届人民代表大会第二次会议上

市人大常委会主任　　李新华

2017年，是市十七届人大常委会履职的第一年，也是全面贯彻中央和省委、衡阳市委加强和改进人大工作意见精神，推进人大工作创新发展的关键之年。一年来，市人大常委会在市委的坚强领导下，坚持以习近平新时代中国特色社会主义思想为指引，紧紧围绕全市改革发展稳定大局，依法履行职责，扎实开展工作，圆满完成年度各项工作任务，为促进我市经济社会平稳健康发展、推进基层民主法治建设做出了积极贡献。全年共召开人大常委会会议8次，主任会议17次，听取和审议"一府两院"专项工作报告52项，作出决议决定19个，提出审议意见7个、交办函7个，任免国家机关工作人员71人次。

一、聚焦经济中心，服务改革发展

常委会主动适应发展新常态，积极服务全市改革发展大局，紧紧围绕市委重大决策部署，充分发挥地方国家权力机关的职能作用，把依法监督与支持促进有机结合起来，努力保障和促进全市经济社会平稳较快发展。

推动园区发展壮大。围绕打造水口山千亿产业园区，常委会作出《关于同意常宁市水口山经济开发区园区规划（2017-2020）的决议》，科学调规扩园，园区空间布局进一步优化，为铜铅锌产业基地和铜杆铜线等项目入驻腾出了空间。专题调研全市重点工业企业生产经营情况，促使政府按照"一区两园"的发展思路，突出特色打造有色循环产业园和宜阳工业园，园区产业集聚进一步增强；推动理顺水口山经济开发区与水口山镇、水口山投资有限公司之间的关系，园区管理体制进一步完善；帮助企业排忧解难，为46家入园企业办理用地、施工、房产等手续，促成现有企业竣工投产。专题听取政府引进重大工业项目情况汇报，大力支持牛仔服饰产业链和湖南一品新能源开发项目落户常宁。

推动财政健康运行。常委会强化财政预算编制和计划、预算执行的监督，为提升财政保障和服务全市改革、发展、民生的能力作出了积极贡献。认真听取和审议国民经济和社会发展计划执行情况报告，制定出台《政府重大投资项目监督办法》，加大政府重大投资项目监督力度，严格审查2017年政府重大投资项目，调减了一些前期准备不充分的建设项目，促使政府在项目建设和管理上进一步规范。加强预算编制审查，促使财政早编细编预算，完善预算编制体系。加大财政预算执行监督力度，及时审查批准预算调整方案，促使政府做实财政收入，提高财政质量，优化支出结构，严控财政赤字，防范债务风险。及时批准城市棚户区改造、五龙山水库－湘江提水工程等基础设施建设项目融资议案14件，有效地缓解政府投资压力。针对全社会关注的投融资问题，常委会专题调研全市投融资公司融资管理情况，促进政府整合投融资公司，加强投融资管理，防范投融资风险。同时，加强审计监督和审计结果的运用，听取和审议财政同级审计及整改情况的报告，跟踪督查整改落实情况，审计报告反映的9个问题基本整改到位。

推动农业厚植优势。常委会高度重视农业工作，专题调研油茶、茶叶产业发展情况，在解决发展资金、打造品牌、地理标志使用等方面提出意见建议，促进特色产业发展。专题调研农业机械化工作情况，提出改善农机推广硬件设施、加大财政保障力度、稳定农机队伍等建议，大力推进农业现代化。为巩固完善水利基础设施，专题调研骨干灌区水利设施情况，听取我市水利工程管理工作情况报告，促使政府加大水利工程日常维修管护、主要河流治理、行政执法等方面经费的投入保障力度。

推动发展环境优化。针对群众和企业主反响强烈的经济发展环境问题，常委会作出《关于严厉打击破坏经济发展环境违法犯罪行为的决定》。为推进决定落到实处、取得实效，常委会采取定期调度、专题督查、挂牌督办、检查验收等方式对决定落实情况进行跟踪问效。督促政府出台《关于优化园区企业发展环境的若干规定》，打击处理涉众型经济犯罪、涉毒类、涉赌类、招投标领域、破坏施工环境和公职人员渎职等六类影响经济发展环境的违法犯罪行为54起。通过严厉打击，我市项目建设的施工环境逐步好转，部门服务效率逐步提升，全社会法治观念逐步增强，全市经济发展环境明显优化。

二、聚积多方合力，推进依法治市

常委会注重发挥“一府两院”在依法治市中的主体作用，在全社会大力弘扬宪法精神、践行法治理念、强化法律监督、凝聚法治共识，着力推动和促进“一府两院”依法行政、公正司法，为加快我市依法治市进程筑牢社会基础。

大力弘扬法治理念。常委会将庙前镇确定为常宁市首批基层立法联系点，收集关于《衡阳市城市市容和环境卫生管理条例》（草案）意见90余条，征集2018年立法项目建议7条，拓宽了公众参与地方立法的渠道，较好地支持了衡阳市人大立法工作。常委会作出《关于在全市公民中开展法治宣传教育第七个五年规划的决议》，加大全民普法力度，引导市民自觉学法守法用法。认真做好规范性文件备案审查工作，健全报备队伍，修订完善制度，组织开展培训，备案审查工作逐步规范化、常态化。全年共依法审查规范性文件82份，责令制定单位修改1份，有效维护了法制统一。

扎实推进依法行政。常委会加强对市公安局“两所一队”工作的监督，组成三个专项监督小组，聘请15名执法监督员，分别对市拘留所、泉峰派出所、人口与出入境管理大队三个单位进行专项监督，交办37项整改任务。通过跟踪督办，检查验收，督促市政府出台《关于进一步推进户籍制度改革的实施意见》，促使市拘留所停止收取生活费，规范了请假出所、教育转化、档案和代购物品管理；泉峰派出所结案率、破案率明显提高，社会综合监管能力明显提升；人口与出入境管理大队开展户口清理整顿，解决基层户政工作经费，充实队伍力量，提升服务水平，群众办事更方便、更快捷。通过专项工作监督，提升了公安工作水平，解决了多年没有解决的问题，办成了多年没有办成的事情，处理了多年没有处理的积案，收到了以点带面、举一反三的良好效果，真正达到了常委会满意、被监督单位满意、群众满意的目的。

着力促进公正司法。常委会对11个行政执法单位行政执法和刑事司法衔接工作进行专项检查，听取市人民检察院“两法衔接”工作情况报告，促使政府解决案件鉴定、专项工作、信息平台建设经费，推动市公安局、环保局等单位成立检察联络室，全市“两法衔接”意识进一步增强，衔接体制机制逐步完善，工作程序得到规范，有效杜绝了有案不移、有案难移、以罚代刑等现象。为提升市人民法院审判管理质量，常委会专题听取市人民法院审判管理工作情况报告，推动市人民法院案件质效进一步提高，司法行为进一步规范，队伍建设进一步加强。大力推行人民陪审员制度，新任命人民陪审员23名，为人民陪审工作注入了新鲜血液。

不断规范人事任免。进一步优化任前了解、任前考法、任前发言、审议表决等程序，人事任免工作更加规范。实行人大任命的国家工作人员按规定程序、规定仪式向宪法宣誓，不断提高被任命人员的宪法意识、为民情怀和受人大监督意识。强化任后监督工作，组织36名“一府两院”组成人员分别进行会议和书面述职，全面听取任职以来的履职情况并进行测评，进一步提升人大任命干部的法律意识、责任意识和公仆意识。换届以来，对市委提名推荐的35名拟任干部依法进行任命，全部顺利通过，实现党委人事安排意图与人大常委会依法任命的高度统一。

三、聚力依法监督，促进民生改善

常委会始终把督促解决人民群众最关心、最直接、最现实的利益问题作为监督工作重点，加大监督力度，增强监督实效。支持和帮助“一府两院”不断加强和改进工作，回应人民群众新期待，努力推动改革发展成果更公平地惠及全市人民，让群众有更多的获得感。

全力保障人民群众切身利益。针对群众反响强烈的城乡居民基本医疗保险工作，常委会开展专题调研，听取政府专项工作报告，督促政府加强对五保户住院、小病大治、家庭门诊药费、基金征缴比例等问题的整改，建立长效机制，出台了《城乡居民基本医疗保险基金监督管理办法》等4个制度性文件，促进了城乡居民医保健康运行。为推动全民健身运动，常委会开展专题调研，审议全民健身工作，促进政府进一步完善全市体育设施，并将体育中心建设提上议事日程，重新确定建设选址；举办首届元旦环城赛跑，激发了全民健身的热情。针对工会经费收缴难度大的问题，专题听取市总工会关于维护全市职工合法权益情况的汇报，促进政府按政策落实工会经费，保障了职工合法权益。

大力推进社会各项事业发展。常委会作出《关于批准全市2017年城市规划计划的决定》，审议全市2016年环境状况和环境保护目标完成情况报告，督促政府加快乡镇垃圾转运站建设和城区主干道雨污分流管网改造，有力地促进了环境保护和城市基础设施建设。专题听取大义山省级自然保护区工作情况汇报，促使政府完善管理体制，加快自然保护区内采矿权探矿权有序退出，有力地推动了生态保护工作。继续深入开展“三湘环保世纪行”、“三湘农产品质量安全行”、“三湘农民健康行”、“民族团结进步行动”等活动，维护和保障了环境安全，提升了农产品安全水平，促进了农村医疗卫生和少数民族地区各项社会事业快速发展。

倾力助推脱贫攻坚深入开展。为使我市在打赢精准脱贫攻坚战中走在前列，常委会把推动市委脱贫攻坚的重大决策部署贯彻落实作为人大工作的重点，组织开展脱贫攻坚工作调研，审议脱贫攻坚工作。针对脱贫攻坚中存在的问题，下发审议意见。市政府按照审议意见要求，迅速召开会议，统一思想，加大力度，压实责任，规范结对帮扶各项措施，确保全市脱贫攻坚工作取得明显成效。同时，市人大机关干部积极响应市委号召，进村入户，全力帮扶，圆满完成年度扶贫工作任务，有力地推动了我市的脱贫攻坚工作。

四、聚结民智民力，改进代表工作

常委会高度重视代表工作，尊重代表主体地位，密切联系人大代表和人民群众，充分发挥人大代表的桥梁纽带作用，支持保障代表参政履职，为代表了解民情、反映民意、集中民智提供有效渠道，为凝聚全社会方方面面的智慧和力量，保障人民行使当家作主的权利创造良好条件，汇聚了促进基层民主政治建设，推动常宁全面发展的强大正能量。

切实保障代表依法履职。坚持多形式履职学习培训，组织各级人大代表分层分批进行履职学习培训，提升代表履职能力。精心组织代表活动，围绕全市工作大局，组织开展调研、视察和座谈等各类活动40余次，提出建议、批评和意见100余件，为促进常宁经济社会发展作出积极努力。拓宽代表知情知政渠道，先后邀请53名市人大代表列席市人大常委会会议、参加专项工作评议等活动，为代表依法履职创造有利条件。以水口山镇、柏坊镇代表工作站建设为现场，召开全市人大阵地建设推进会，全市大部分乡镇、街道都高标准建立了代表工作站，为代表依法履职提供了有力保障。

充分发挥代表主体作用。积极推进人大代表扶贫工作基地建设，按照有牌子、有场地、有人员、有宣传栏、有资料档案、有示范户等“六有”标准，先后创建14个人大代表扶贫工作基地，通过发展种植业、养殖业、劳动就业、土地流转等方式带动贫困户脱贫。衡阳市人大以我市全国人大代表吴世忠、省人大代表袁浩卿、衡阳市人大代表李伦玉、常宁市人大代表谭丽芳、西岭镇人大代表周社成扶贫工作基地为现场，召开人大代表扶贫工作基地建设推进会，推介我市典型经验。积极开展“为民服务日”活动。6月25日，市人大常委会机关和全市所有乡镇、街道人大组织代表开展了形式多样的履职活动，累计捐款15万余元。一年来，全市涌现了一大批先进典型，共评选出先进人大代表小组18个、优秀市人大代表31个。

竭力提高建议办理实效。市十七届人大二次会议后，常委会及时整理，分类交办，跟踪督办，多次召开督办会议，竭尽全力提高议案建议办理实效。市十七届人大二次会议《关于推进我市全域旅游，建设旅游强市的议案》的办理工作取得阶段性成效，《常宁市全域旅游发展总体规划》已进入评审阶段，庙前创4A景区完成前期工作，水口山红色工矿旅游区启动建设。232件代表建议办理分步骤推进，大部分已经办结，其余的正在加紧办理。12件重点建议中《关于硬化宜潭片区长塘村村级公路的建议》已经办结，其他11件有望在春节前动工或办结。对10月份在走访代表过程中收集到的代表建议、批评和意见，常委会高度重视，组织深入调研，召开会议专门研究，选取16件建议交市政府办理，得到较好落实。

努力提升基层人大工作水平。针对乡镇、街道人大工作形势与任务，常委会切实加强对基层人大工作的指导、联系和考核。认真指导乡镇开好人民代表大会，确保乡镇人代会圆满成功。集中组织基层人大工作者进行学习培训，提高履职水平。适时召开基层人大工作会议，年终对基层人大工作进行考核验收，评选出7个基层人大工作先进单位和10个先进人大工作者，有力地推动了基层人大工作全面发展。去年，我市各乡镇、街道人大结合实际，先后开展了一些监督活动：如宜阳、兰江、洋泉等组织开展代表视察活动，庙前、罗桥等组织代表评议镇卫生院、畜牧站，促使一大批群众关注的问题得到解决。全市人大系统积极作为，人大工作呈现出蓬勃发展的良好态势。

五、聚集整体活力，强化自身建设

常委会主动适应新常态新任务新要求，以“不忘初心，继续前进”为不竭动力，以聚集活力、提升能力为有效抓手，以转变作风、提高效能为目标要求，不断深化思想建设、作风建设、能力建设和机关党的建设，坚定理想信念、探索改革创新、抓好制度规范、强化责任担当，常委会的依法履职能力和机关的服务水平都取得了新进展。

转变作风，切实提高整体形象。扎实推进“两学一做”学习教育常态化制度化，认真开展谈心谈话和领导干部家访活动，严格执行中央八项规定、省委九项规定和衡阳市委十条规定，作风建设取得了明显成效。大兴调查研究之风，先后形成一批有份量、有影响的调研成果运用于工作实践。高度重视人大信访工作，全年共受理群众来信87件，接待群众来访175人次，万象阳光城居民用水难等一批群众反映强烈的问题得到了依法处理和妥善解决。

加强学习，切实提升队伍素质。集中组织常委会组成人员、机关干部和乡镇、街道人大主要负责人专程赴浙江大学学习，积极参加衡阳市人大系统业务知识培训，使人大干部不断适应新形势、新任务、新要求。分批组织人大机关党员干部赴毛主席故居等红色革命教育基地参观学习，党性修养得到加强。深入开展“三学三争”主题实践活动，组织开展人大系统“党章党规”知识抢答赛，全市人大代表和人大工作者的党性意识和纪律观念明显增强。组织机关干部认真学习党的十九大精神和习近平新时代中国特色社会主义思想，强化对人民代表大会制度和中国特色社会主义民主法治的认识，机关工作人员道路自信、理论自信、制度自信和文化自信不断增强。

严格管理，切实改善机关面貌。先后制定完善学习、会议、财务、机关管理等制度，促进了常委会工作的制度化、规范化、程序化。加强机关信息化建设，建立电子表决系统，提高了会议效率和人大工作的透明度。高度重视老干部工作，成功举办衡阳市人大系统“永乐杯”门球邀请赛；充分发挥老干部作用，组织人大系统老干部重阳节视察法院、检察院工作。加大人民代表大会制度和人大工作的宣传力度，在衡阳市人大系统中率先创办“常宁人大”微信公众号，编发信息80余期，扩大了我市人大工作的影响。

各位代表！过去的一年，是常宁人大继往开来、开拓创新的一年，是忠诚履职、奋发有为的一年，是强基固本、提升形象的一年。一年来，市人大常委会认真履职，积极作为，展现了常宁人大新的风貌，开创了常宁人大新的境界，实现了十七届人大常委会工作的良好开局，财政预算和政府重大投资项目监督、代表扶贫基地建设、“两所一队”专项监督等工作得到上级人大的充分肯定和大力推介。这些成绩的取得，是在中共常宁市委的正确领导下，全市各级人大代表、常委会组成人员和全体人大工作者兢兢业业、履职尽责、扎实工作的结果，是市人民政府、市人民法院、市人民检察院和各乡镇、街道人大密切配合、团结协作的结果，是全市人民和社会各界充分信任、大力支持的结果。在此，我代表市人大常委会表示衷心的感谢并致以崇高的敬意！

回顾过去一年市人大常委会工作，与中央和省委、市委加强县乡人大工作的要求相比，与党和人民群众的期盼相比，还存在一些差距和不足，在服务改革发展大局上还需要认真谋划，在依法履行监督职能上还需要继续研究，在发挥代表作用上还需要不断创新等。这些差距和不足，我们将认真听取人大代表和社会各方面的意见，在今后的工作中切实加以解决。

今年工作的主要任务

2018年，是我市全面贯彻落实党的十九大精神、稳步实施“十三五”规划纲要、加快建设富饶美丽幸福新常宁的关键之年。常委会工作的总体思路是：坚持以习近平新时代中国特色社会主义思想为指导，在中共常宁市委的正确领导下，认真贯彻落实党的十九大精神，依法行使各项职权，充分发挥代表作用，努力加强自身建设，为开创我市经济社会发展新局面、推进基层民主法治建设做出新的更大贡献。具体在以下四个方面着力：

一、围绕全市工作大局，依法科学决定重大事项

要坚持依法行使重大事项决定权与推进全市发展战略相结合，与市委重大决策部署的落实相结合，与推进民主法治建设相结合，与事关全市改革发展和人民群众普遍关注的重大问题相结合，通过履行法定程序，推动各项工作深入开展，努力实现市委主张与全市人民意志的有机统一。要进一步健全人大讨论决定重大事项制度，增强重大事项决策权行使的可操作性。重点围绕计划、财政预决算、政府重大投资项目计划、政府投融资计划、城市规划年度计划、环境状况和环境保护目标等方面行使决定权，以此促进新常态下经济增长释放新动能，人民生态福祉持续增加，社会环境更加安定有序、更加和谐文明。要加大督促

检查力度，继续抓好严厉打击破坏经济发展环境违法犯罪行为等决议决定的贯彻落实。要继续规范人事任免工作，依法做好首任监察委员会组成人员的任命工作，把党组织推荐的人选通过法定程序成为国家机关领导人员。要加强对人大选举任命人员的任后监督，不断创新方式，完善年度述职测评制度，督促“一府两院”组成人员更好的为人民服务。

二、围绕经济社会发展，依法有效开展监督工作

要强化监督意识，充分认识人大监督工作面临的新形势、新要求，不断增强做好人大监督工作的使命感和责任感，做到敢于监督，善于监督。要加强立法调研，协助上级人大提高立法质量。要加大规范性文件备案审查力度，着力提高规范性文件备案审查水平。要深化监督方式，完善问责机制，开展工作评议。要突出监督重点，加强对财源建设、政府债务、财政资金绩效评价、PPP项目管理、耕地保护、农业项目实施和资金使用、农村集体土地承包、保健食品和婴幼儿食品管理、全民健身基础设施建设、司法公正等方面的监督，充分发挥人大在促进经济社会发展和维护群众利益方面的作用。

三、围绕代表主体地位，依法保障代表作用发挥

要积极开展代表培训，坚持政情通报制度和寄送学习资料，坚持邀请代表列席常委会会议和参与常委会视察、检查、调研、评议等活动，提高代表素质能力。要扎实开展代表活动，以“6·25为民服务日”、“三学三争”主题实践活动、人大代表扶贫基地建设、代表述职活动为重点，组织代表围绕活动主题，依法执行职务，规范履职行为，发挥好闭会期间的作用。要从提建议的质量、督建议的力度、办建议的效果入手，统筹抓好议案建议督办工作，进一步提高议案建议办结率、落实率、满意率。要继续抓好阵地建设，巩固代表工作站建设成果，密切人大代表与群众的联系。要加强对基层人大工作的指导和监督检查，激发基层人大工作活力，不断提高基层人大工作水平。

四、围绕履职能力提升，全面加强自身建设

要认真学习贯彻党的十九大精神，进一步落实中央、省委、衡阳市委关于加强人大工作的一系列文件精神，积极做好市委人大工作会议的相关筹备工作。要采取“走出去、请进来”相结合的方式，继续加强政治理论、法律知识和人大业务学习培训，不断提高常委会组成人员履职能力。要抓好各项制度的落实，明确工作职责，规范工作程序，提高常委会工作的科学化、规范化水平；要做好人大信访工作，依法依规处理信访反映问题，推动解决群众合法合理诉求；要加强人大理论研究和新闻宣传，继续办好“常宁人大”微信公众号，积极营造民主法治建设良好氛围；要巩固“两学一做”学习教育成果，持之以恒抓作风，始终保持人大机关为民务实清廉形象。

中国特色社会主义已阔步迈入新时代，这对人大工作提出了新的更高要求。我们要以更加饱满的政治热情、更加强烈的使命意识和担当精神，把握新使命，开启新征程，探索新实践，展现新作为。让我们在市委的坚强领导下，不忘初心，牢记使命，开拓创新，奋发有为，为顺利实现本次会议确定的各项目标任务、加快建设富饶美丽幸福新常宁而努力奋斗！

政协常宁市第十届委员会常务委员会工作报告

——在政协常宁市第十届委员会第二次会议上

市政协主席　王若君

一、2017年工作回顾

2017年是十届市政协的开局之年，市政协常委会在中共常宁市委的坚强领导下，高举中国特色社会主义伟大旗帜，坚持团结民主两大主题，认真履行政治协商、民主监督、参政议政职能，为我市经济社会发展和社会主义民主政治建设凝聚了智慧和力量，主要做了以下工作。

（一）凝心聚力，服务大局

一是广泛协商有成效。通过政协全会集体协商、常委会议专题协商、主席会议重点协商、专委会议对口协商等形式，积极参与全市重要工作、重点项目等“三重一大”活动决策之前的协商，全年开展各类协商活动17次，凝聚了各界智慧，汇聚了各方力量，协商意见得到了市委、市政府的积极采纳并实现成果转化。如协商培元小学莲花新校区提质改造工作，市政协领导全程追踪，市政府及相关部门单位采取超常规举措，用一年时间就顺利完成了莲花新校区的征地、拆迁、建设等工作，并为该校配备了全市最先进的教学设备，确保了秋季如期招生，新增学位1400多个，切实解决了附近居民子女就学难的问题。再如协商工业园区建设和大义山风景名胜区保护等工作时，市委、市政府领导高度重视政协委员提出的协商意见，专门出台了支持工业经济发展的若干规定和扶持奖励入园企业的具体操作办法，解决了“调规扩园”的前期准备工作，城区自来水管网成功延伸到宜阳工业走廊。城市公交运行线路得到优化调整并延长了服务时间，极大方便了园区职工出行，促进了园区企业发展。有关部门进一步加大投入，新建并完善了大义山风景名胜区内的公厕、垃圾转运站、垃圾箱等设施，旅游环境大为改善。

二是调研建言有作为。市政协组织政协委员围绕市委、市政府中心工作和人民群众关注的热点难点问题，深入细致抓好调查研究，找准症结并提出合理化建议，为市委、市政府科学决策提供参考。按照正副主席联系常委、常委联系委员的办法，市政协常委会组成6个调研组开展调研，共形成调研报告36个，建言献策190多条，其中有17个调研报告得到市委、市政府主要领导的批示，并及时交由相关部门落实办理，产生了良好的社会效益和经济效益。如《关于加大不良贷款清贷力度，构建诚信社会体系的调查报告》，该报告对我市几大银行的不良贷款进行了深入调研和剖析，并提出了切实有效措施和建议，得到了市委、市政府领导的高度重视，并及时召开专题会议，部署开展了一系列的集中整治活动。通过近两个月的努力，共收回长期拖欠的银行贷款668万元。为了建设美丽乡村，确保全域旅游目标的实现，政协委员针对公益林收益过低、林农保护意识不强等问题，组成两个调查组，对全市公益林的保护和发展问题进行深入调研。通过调研，建议提高天湖湿地公园内生态公益林补贴标准，全面禁伐洋泉水库周边的生态公益林。市委、市政府领导高度重视并作出批示，市政府专门出台文件，吸收、采纳政协委员的建议，明确全面禁伐洋泉水库库区周边的生态公益林，并将洋泉水库库区生态公益林补贴标准由原来每亩每年14.5元提高到50元，有效保护了天湖国家湿地公园周边森林植被。政协委员通过调研我市青年社会组织的发展状况，撰写了《关于我市青年社会组织发展情况的调研报告》，立意深远、观点新颖，得到了省政协的高度重视并在省政协获奖。

三是民主监督有创新。根据《政协章程》赋予的职责，按照中央、省市有关文件的精神扎实开展民主监督。2017年，市政协向市人民法院、市人民检察院和民政、水利、卫计等7个单位派驻了民主监督小组，民主监督小组参加被派驻单位的有关会议和“三重一大”活动，截止当年12月底，民主监督小组向被监督单位提出整改建议21条，就有关事项写出调查报告3个、提交提案7个、反映社情民意信息11条。创新监督模式，将政协民主监督和新闻媒体的舆论监督有机结合起来，市政协联合常宁广播电视台举办“提案追踪”专栏开展舆论监督，将重点提案办理工作实行全程追踪问效，全方位监督重点提案办理的过程和效果，有效地推动了提案办理单位切实改进作风，尽职尽责。政协委员担任市人民法院人民陪审员，积极参与司法，在推进司法民主、促进司法公正、提高司法公信力方面发挥了应有作用。

（二）关注民生，服务社会

一是察民意，解民困。一年来，市政协常委会共收集各类社情民意信息200多条，编印本级社情民意信息12期，向上级反映社情民意信息56条。其中有《扶贫更应“软治理”》等26条社情民意信息被省、衡阳市政协采用，并得到省市党政领导的批示。通过社情民意信息的反映并交有关部门落实办理，一些热点、难点问题得到了有效解决。如政协委员反映我市交通秩序混乱、交警警力不足的社情民意信息，市委主要领导高度重视并作出重要批示，市政协邀请了市政府领导与有关部门负责人、部分政协委员召开专题协商议政会。市政府领导高度重视政协委员的协商意见，切实解决了城市交通秩序整治中的一些突出问题，市公安局从民警队伍内部选调了3名年轻骨干、新聘了50名协警充实到市交警大队，配套解决了120万元工作经费，新组建成立了市交警大队洋泉中队。政协委员以社情民意信息反映洋泉镇土桥至兰田段水渠不畅，经常发生洪涝灾害，威胁沿线群众的生命财产安全，市政协主席会议研究后将其转化为提案，并交由市水利局承办。目前，该项目已经开工建设，项目竣工后将使14个村3万余名村民受益。

二是办提案，促和谐。市政协十届二次会议以来，共收到提案155件，经审查立案134件，其中与民生息息相关的8件提案被列为重点提案督办件。提案交由36个单位承办，到2017年12月底，共办成A类件107件，B类件24件，C类件3件。在市委、市政府主要领导的高度重视和关注下，提案办理卓有成效。

三是真扶贫，见实效。在市政协常委会的组织下，政协委员“三个一”扶贫行动成效显著，267名政协委员全部实现“一对一”帮扶，共捐资600余万元，帮助300多名贫困学子重返课堂。有73名政协委员积极自主创业，让3000多名贫困群众在政协委员创办的企业中务工脱贫。按照主席会议的要求，政协机关派员驻村，委员和机关干部结对帮扶，因户施策开展精准扶贫，帮助联系点加快美丽乡村建设、发展高效现代农业和扶贫产业，成效明显、亮点纷呈。市政协机关从紧张的办公经费中挤出30多万元资金，积极支持美丽乡村建设和贫困村脱贫攻坚，其中拨付给党建扶贫联系点就达20万元，重点帮助了官岭镇虾塘村、中康村两个贫困村改善水、电、路等基础设施。

（三）创新履职，服务委员

一是提升履职能力。加强学习和培训，不断提高政协委员的政治素质和履职能力，是人民政协的优良传统和经常性任务。通过会议和培训等形式，以乡镇政协联工委和市直政协联络组为单位，组织全体政协委员认真学习中共十九大精神及有关法律法规，全年共组织集中培训、学习交流活动12次。2017年3月，市政协邀请了省市政协领导来我市授课，分别就如何履好职，当好政协委员和怎样撰写社情民意信息两个课题为全体委员、政协工作者进行集体培训。2017年8月，市政协组织20多名在本市创办实体经济的政协委员赴广东、浙江、江苏、上海等地，与当地创业的33名常宁籍政协委员开展异地交流学习。2017年9月，市政协组织30多名政协委员赴我省花垣、宁乡、醴陵等地考察学习精准扶贫、融资平台建设的成功经验。2017年11月，市政协邀请了30多名在外创业的常宁籍政协委员返乡与我市经济界政协委员开展履职交流，走访水口山工业园区企业，探讨如何助推我市经济社会发展，积极开展招商引资活动。2017年12月，市政协组织54名优秀政协委员赴厦门大学集中学习党的十九大精神及政协理论业务知识，提升履职能力。通过一系列的学习交流，开阔了委员视野，提升了委员素质，为委员履职增添了强劲动力。文史学习工作稳步推进，开展了知青文史资料征集活动，成功承办了衡阳市知青史料征集现场会，常宁经验在会上得到推介。

二是搭建履职平台。为推动政协委员进一步履职尽责，市政协按照省市政协的要求，搭建了“政协云”平台，267名政协委员全部进入“政协云”平台履职，全体政协委员积极开展调查研究、提出“微建议”、反映社情民意信息，履职成效排名稳居全省前列。为规范委员言行，防止舆情事件发生，市政协专门下发了《规范政协委员言行倡议书》，引导政协委员正确应用“政协云”开展履职，有1名政协委员在“政协云”平台发表不当言论，且履职不到位，已责令其辞去政协委员身份。“政协云”平台开通以来，政协委员通过“政协云”平台积极提出“微建议”，有19条“微建议”及时反馈给市交通、水利、交警大队等相关单位并得到认真办理。其中，委员提出在曲市小学附近路段设立交通标志的“微建议”得到迅速落实。省政协主席李微微来常宁视察工作时，对我市政协委员积极履职、创新履职所取得的成效给予了高度肯定。

三是丰富履职形式。为充分发挥委员主体作用，努力让全体政协委员干事有舞台、建言有渠道、履职有作为。市政协组织相关政协委员积极参政议政，视察重要工作、重点项目和社会关注的热点工作，全年就重点提案办理、重大工程项目建设等组织视察活动6次，参与委员190人次。市委、市政府领导高度重视并与政协委员一同视察，当面听取委员意见建议，与政协委员共商改革发展大计。政协委员在视察中提出意见建议60多条，形成视察报告6份，为党政领导科学民主决策提供了有益参考。加强理论研究和新闻宣传，市政协在全国各级媒体发表理论文章、经验推介材料21份，《人民政协报》、《湘声报》专题报道了我市政协委员的履职成果。

二、工作体会

回顾一年来履职实践取得的成绩，我们深刻的体会到：

一是定好位。人民政协是统一战线组织，是中国共产党领导的多党合作和政治协商机构。只有坚持党的领导，只有始终做到与市委、市政府同心同德、同频共振，才能充分发挥和彰显政协的地位与作用，才能带领各界人士齐心协力、团结合作，汇聚最大正能量，画好最大同心圆。

二是不越位。政协是协商民主的重要渠道和专门机构，市政协常委会始终坚持协商的主体是广大政协委员，做到有事好商量、真商量。始终坚持协商只是“在”政协协商，而不是“和”政协协商。始终坚持献策不决策、监督不指挥、议政不行政。

三是做到位。引领委员按照“懂政协、会协商、善议政”的要求开展工作，扎实提升履职成效，充分发挥职能作用，不求说了算，力求说得对，建言建在需要时、议政议在点子上、监督监在关键处，切实帮助解决人民群众最关心、最直接、最现实的问题，让人民群众感受、认知政协委员的履职成果。

各位委员，过去一年，市政协工作取得了一定成绩，既彰显了政协作用，又扩大了政协影响。说明广大委员都在扎实工作、认真履职，说明各级各部门都能发扬民主、尊重民主。成绩的取得，是中共常宁市委高度重视、坚强领导的结果，是市人大常委会和市人民政府大力支持的结果，也是广大政协委员共同奋斗的结果。在此，我代表政协常宁市第十届委员会常务委员会，一并向你们表示衷心的感谢并致以崇高的敬意！

各位委员，过去一年，政协工作虽然取得了可喜成就，但依然存在问题和不足，一是委员主体作用发挥不够，极少数委员仍然主体意识、责任意识不强；二是调研工作水平仍然不高，极少数政协委员素质较差，从未参与到调研活动中来；三是民主监督职能作用发挥仍较薄弱；四是政协委员的作风建设有待进一步加强，政治素质还有待进一步提高。这些问题，我们将在2018年的工作中切实整改到位。

三、2018年的工作安排

2018年，是中共十九大召开后的开局之年，市政协工作的总体要求是：高举中国特色社会主义伟大旗帜，全面贯彻中共十九大精神，以毛泽东思想、邓小平理论、“三个代表”重要思想、科学发展观和习近平新时代中国特色社会主义思想为指导，在中共常宁市委的坚强领导下，认真履行各项职能，努力做到协商民主有新加强、民主监督有新举措、制度建设有新进展、参政议政有新突破，为推动我市新一轮改革发展、跻身全省经济十强作出新的更大贡献。

（一）抓好政治学习。以高度的使命感和责任感，把认真学习和全面贯彻党的十九大精神作为一项重要政治任务落到实处。要通过学习培训、辅导报告、撰写学习心得等多种形式，组织领导班子、政协常委、全体委员以及政协机关深入开展学习讨论，切实把思想和行动统一到习近平新时代中国特色社会主义思想上来，进一步明确履职方向，不断开创我市政协工作新局面。

（二）加强调查研究。强化问题意识、树立问题导向，积极开展工业园区建设、现代农业发展、民生项目推进、城乡环境治理等重点领域的调研，并提出有价值、有分量的对策和建议，市政协常委会全年调研课题不少于18个。

（三）突出自身建设。深入推进党风廉政建设，全体委员和政协工作者要真正做到“守纪律、讲规矩、重品行”，始终保持“务实、清廉、亲民”的良好形象。加强政协机关建设，充分发挥政协机关的参谋助手、综合协调和服务保障作用，增强专委会工作活力，巩固专委会的基础作用。增强政协机关干部“政治把握、通晓全局、开拓创新、参谋助手”四种能力，更好地服务委员。加强委员管理，完善委员联络制度和委员管理考核办法，做好委员履职全过程的服务和考核，及时淘汰不讲政治、口无遮拦、目无纪律、无所作为的不合格委员。

（四）积极为民代言。人民政协来源于人民、受托于人民、服务于人民，我们要始终与人民心相连、情相系，充分发挥人民政协界别众多、联系广泛的优势，关心群众疾苦、倾听群众呼声、反映群众愿望、体现群众诉求。政协委员要敢于代言、善于代言，做到政治协商想着人民，民主监督依靠人民，参政议政惠及人民，真正成为人民群众的忠实代言人。要按照“言之有据、言之有理、言之有度、言之有物”的要求，和“真诚而不敷衍、热烈而不对立、尖锐而不极端”的原则，用事实和数据说话，把握说话艺术和技巧，使提出的意见建议得到更多的认可、更高的重视、更好的采纳。

（五）强化民主监督。把握民主监督的方向和原则，健全民主监督工作机制，推进民主监督规范化、常态化。重点围绕市委、市政府重大改革项目和民生项目建设推进落实不力、群众呼声较高、社会影响较大的问题，以提案、视察、协商座谈会等方式开展好民主监督，对1-2个单位开展民主评议。民主监督小组应抓住群众密切关注、党政期待推进的工作查找问题，推动解决。

（六）搞好上下联动。按照省、衡阳市政协的安排部署，扎实开展“助力脱贫攻坚，全面建成小康社会”“助推新发展，建设新湖南”等主题活动。继续抓好政协委员“三个一”扶贫行动，为全市脱贫攻坚和民生改善贡献政协力量。各乡镇政协联工委、市直系统各政协联络组全年至少开展2次集体履职活动、提交3份提案、组织4次调研视察并形成报告、撰写5份社情民意信息。

（七）提升履职实效。多建智慧之言、多献务实之策、多尽落实之力。提高提案工作质量，突破提案办理瓶颈，稳步提升提案成果转化率。加大人民政协理论研究和履职成果的宣传力度，深入研究政协理论实践的重大课题，发出政协好声音，增强政协工作影响力。

（八）促进民主团结。坚持“民主协商、平等议事、求同存异、体谅包容”的原则，充分发挥人民政协大团结、大联合的独特优势，继续将“发扬民主、增进团结、协调关系、化解矛盾”作为履职重点，鼓励政协委员和各界人士畅所欲言、各抒己见，参与重大决策的协商讨论，全年组织各类协商活动不少于8次。切实做好教育人、引导人、团结人的工作，继续发挥政协委员“三个一”扶贫、委员爱心慈善基金等载体的作用，广泛团结社会各方力量参与到“跻身全省经济十强”的宏伟征程中来。

新的蓝图已经绘就，新的号角已经吹响，新的征程已经起航。让我们不忘初心、牢记使命，高举中国特色社会主义伟大旗帜，以党的十九大精神和习近平新时代中国特色社会主义思想为指引，在中共常宁市委的坚强领导下，同心同德、锐意进取，为开创常宁政协工作的新局面、谱写富饶美丽幸福新常宁的崭新篇章而努力奋斗！

大 事 记

1月

1月1日，常宁市开始第三次全国农业普查入户登记。市委副书记、市长、市第三次全国农业普查领导小组组长吴乐胜赴官岭镇、新河镇进行现场调研。全市988名普查人员，用3个月时间，深入367个村、2178户，进行信息采集。

1月8日，中华雷氏文化研究会湖南省常宁市分会在常宁城区召开。会议对雷氏的由来、历史、分支、文化，进行了探讨、交流。

1月12日，共青团常宁市委在市教育局会议室举办“精准扶贫、助学筑梦”助学金发放仪式。此次助学活动，共发放助学金20.4万元，其中塔山瑶族乡贫困中、小学生114人，每人1000元，常宁一中、常宁二中贫困高中生30人，每人3000元。

1月13日，全市22名乡镇（办事处）党（工）委书记和2名市直机关负责人就履行基层党建工作责任制集中述职，并接受测评。

1月20日，中共常宁市委书记刘达祥主持召开2017年市委常委第一次（扩大）会议。会议总结2016年度工作，分析当前经济形势，部署2017年度经济工作。

1月23日，市委举行党外领导干部述职测评大会。会上，从党外干部中抽取一定比例人数进行现场述职，5名党外代表人士、非党领导干部就立足本职、做好自身工作依次进行公开述职，并现场接受测评。

是月，常宁市总工会选送的4幅职工绘画作品，获“中国梦·劳动美·喜迎党代会·永远跟党走”湖南省职工书画大赛奖励，刘丽荣获三等奖，肖健、周福明、易承获得优秀奖。

2月

2月6日，市委经济工作会议在城区南门湖歌剧院召开。会议由市委副书记唐奇林主持，市委书记刘达祥作经济工作报告，市委副书记、市长吴乐胜对2017年工作作具体安排部署。

2月9日，中共衡阳市委书记、市人大常委会主任周农到常宁市塔山瑶族乡调研精准扶贫工作。周农指出，脱贫攻坚是一项硬任务、长期任务，各级各部门要带着感情、带着责任，抓好脱贫攻坚工作，突出产业扶贫，巩固工作成果，不让一个贫困户掉队，确保圆满完成脱贫任务。中共衡阳市委副书记邓群策，市委常委、市委秘书长张贺文，衡阳市政协副主席汪维，中共常宁市委书记刘达祥，常宁市市长吴乐胜，常宁市人大常委会主任李新华等陪同调研。

2月13日，湖南省湖湘文化研究会在常宁市西岭镇平安村举行授牌仪式，授予平安村为“湖湘文化示范基地”。省湖湘文化交流协会会长阳盛海、副会长李湘舟，省湖湘文化研究会会长周秋光、副会长李和平，中共衡阳市委常委、市委宣传部部长刘丽华，中共常宁市委书记刘达祥出席授牌仪式。

2月14日，全市境内企业现场招聘会在市人民政府广场举行，108家企业分别设立展棚，提供3000余个岗位给求职者应聘。

2月15日，国家发改委地区司发展处处长潘玛丽率队到常宁，检查常宁易地扶贫搬迁项目施行情况。潘玛丽一行深入西岭镇石山村，通过实地察看、听取汇报、询问交流、家庭走访的方式，从搬迁对象、户型设计、住房造价、政策落实、项目整合、产业发展等方面，了解常宁的易地扶贫搬迁项目实施情况以及存在的困难和问题。

2月23日，国家农业综合开发办公室产业处处长李建民、副处长王伟民率调研组，在湖南省农开办副主任唐满平、衡阳市农开办主任谢树莲的陪同下，到常宁调研油茶产业。李建民一行实地察看了江山公司油茶种植基地、大三湘油茶种植基地。

2月27日～28日，中国人民政治协商会议常宁市第十届委员会第二次会议在常宁城区南门湖歌剧院召开。出席会议的代表应到263人，实到257人。会议审议《政府工作报告》、作出《中国人民政治协商会议常宁市第十届委员会第二次会议政治决议》。市委书记刘达祥、市长吴乐胜出席了会议，刘达祥作了重要讲话。会议共收到委员提案149件。共立案139件，其中委员联名提案78件，个人提案61件。

2月28日～3月1日，常宁市第十七届人民代表大会第二次会议在城区南门湖歌剧院召开。会议应到代表295名，实到代表289名。会议以举手表决的方式，通过关于市人民政府《工作报告》《常宁市2016年国民经济和社会发展计划执行情况及2017年计划》《常宁市2016年财政预算执行情况及2017年预算的决议》。作出《关于确立大会议案的决议》和《关于表彰2016年度基层人大工作先进单位的决定》。市委书记刘达祥出席会议并作重要讲话。会议共收到代表议案21件，代表建议、批评和意见136件。

3月

3月1日，湖南省茶叶行业工作会议重点推介对常宁发展生态有机茶的做法。中共常宁市委常委、市委办公室主任梁宇琦出席会议并作典型发言。

3月4日，常宁市义工协会组织30多名义工到胜桥镇泉峰冠风景区栽下300多株树苗。这批树苗是由义工协会自筹资金购买的。

3月7日，衡阳市国资委总工程师张晓冬率调研组到常宁调研县域经济植优补短综合金融服务和新型城镇化工作。调研组对常宁的工作给予了肯定，并希望进一步构建投融资保障体系，强化项目对接力度，加强投融资平台整合，更好地服务于中小型企业的发展及新型城镇化建设。

3月8日，省水利厅党组成员、纪检组长李金率检查组到常宁，检查2017年备汛工作及在建水利项目。李金一行先后深入烟洲镇亲仁水轮泵站改造和增效扩容现场，罗桥镇两头塘水库、白甫水库、下堰坝工程修复现场，了解水库、堤防、涵闸、泵站情况。

3月18日，上海市湖南常宁商会成立，来自全国各地的商会代表，与在上海的常宁籍各界社会人士参加会议，上海家畅智能科技有限公司董事长李庆文当选为会长。

3月25日，香港艾力彼医院管理中心主办的“2017中国医院竞争力论坛”，在广州正式召开，论坛发布中国中医医院500强排行榜，常宁市中医院榜上有名。

3月27日，常宁市举行农村贫困妇女“两癌”救助金集中发放仪式，为49名患有宫颈癌或乳腺癌的贫困妇女每人发放1万元的专项救助金。

4月

4月3日，在帝煌大酒店举行塔山山岚茶品牌推介交流会，邀请清明返乡祭祖的常宁籍人士，共聚一堂，品味塔山茶。市委书记刘达祥、市长吴乐胜、市人大常委会主任李新华出席推介会。

4月12日，中共衡阳市委书记、市人大主任周农，在中共常宁市委书记刘达祥、市长吴乐胜、市人大常委会主任李新华的陪同下，到常宁水口山镇调研重点工业项目建设和村（社区）“两委”换届选举工作。周农强调，常宁要厚植优势、补齐短板，突出抓好五矿金铜、铜铅锌技改扩能等重大工业项目，推动重点工业项目如期完成、投产达产，力争建成“中国第一，世界一流”的铜铅锌基地，把水口山打造成为有色金属千亿园区。

4月13日，省人大环资委副主任刘尧臣率队到常宁调研，在衡阳市人大常委会副主任伍清明、水口山集团董事长吴世忠的陪同下，先后实地察看水口山地区历史遗留含重金属危险固废无害化处置工程、康家溪重金属污染治理工程、水口山有色金属公司八厂、宜潭片区奉坪畜牧养殖污染防治、人民医院医疗废物处理等工作。

4月16日，召开全市2017年度农村适龄妇女“两癌”免费检查暨出生缺陷防控大会，安排部署2017年度“两癌”免费检查工作，并对2016年度农村适龄妇女“两癌”免费检查工作先进单位和先进个人进行表彰。2016年，全市检查35～64岁农村适龄妇女7560人，查出“两癌”疑似对象454人。

4月19日，市文化市场执法大队对在“打黄打非”行动中收缴的侵权盗版书籍、非法出版物及游戏机，进行集中销毁。此次共销毁侵权盗版书籍和非法出版物1000余册、非法游戏机30台。

4月20日，省政协副主席张大方率调研组，在中共衡阳市委常委、副市长章彰、衡阳市政协党组副书记李平的陪同下，到常宁调研有色金属固体废弃物循环利用产业发展情况。张大方一行先后参观了水口山循环经济产业园、金铜项目、固体废弃物填埋场、华兴冶化等企业。

是月上旬，召开全市全面推行河长制暨防汛抗旱工作会议，会议明确全面建立市、乡、村三级河长体系，对境内涻水、宜水、舂陵水、白水、湘江流域共53条河流，全面推行河长制，明确党政主要领导分别担任行政区域“第一河长”“总河长”，加强水资源保护、河湖水域岸线管理、水污染防治、水环境治理、水生态修复保护、执法监督。

是月中旬，天津市衡阳商会组团到常宁，就常宁的资源优势、投资环境、招商政策等方面进行交流。考察团在常宁市政协副主席盘芳、水口山开发区管委会主任尹建恒的陪同下，先后参观考察了金翼有色、金铜项目、水口山经济开发区、宜阳工业走廊、嘉兴木业、福塔茶叶等企业。

5月

5月3日，市召开会议，启动2017年大中型水库特困移民避险解困工作。该项目的实施，可获得中央财政补贴1796万元，解决898名移民生产生活困难和安居环境。

5月4日，郴州市侨联主席马驰率郴州市各县市区侨联主席到常宁考察侨联工作。在中共常宁市委书记刘达祥、市委副书记唐奇林的陪同下，先后实地考察西岭镇归侨侨眷职业技能培训基地和洪发农林农民专业合作社种植基地。

5月11日，市文物局在白沙镇铁牯岭发现宋代冶炼炉遗址，通过湖南省文物考古研究所和中科院自然科学历史研究所联合考察，发现遗址东部、南部有大量冶炼渣分布，总面积9万平方米，从现场采集到的瓷片、陶片判断，该矿冶遗址年代为宋代。在遗址一断面处发现一条长2米、宽0.7米、高0.3米的红烧土遗迹，推测为冶炼炉遗迹。通过扫描电子显微镜及能谱仪对炉渣的检测分析，初步推测该遗址可能与冶炼铅、银有关。此次发现有望揭开宋代文献中记载的常宁茭河银场的神秘面纱。

5月12日，市召开庆祝“5·12”国际护士节暨优秀护士表彰大会。大会表彰10名最美护士、46名优秀护士、37名30年护龄护士。

5月15日，市召开集中整治“村霸”宗族恶势力专项行动推进会，会议主要任务是对这一专项行动进行安排部署。是年以来，全市侦破涉黑涉恶团伙5个，逮捕、移送起诉涉黑涉恶犯罪嫌疑人40余人。

5月19日，市人大常委会举行拟任人员任前法律考试，26名拟任市人民政府工作部门的一把手、3名拟任市人大常委会工作机构主要负责人、1名拟任街道人大工委主任，进行任前法律知识考试。

5月24日，由市防范和处置非法集资工作领导小组牵头，市公安局、金融办、市场和质量监督管理局等单位联合在东风广场举行打击经济犯罪、防范和处置非法集资大型宣传活动，发放一批《打击和处置非法集资知识手册》。中共常宁市委常委、市委政法委书记张昕到现场指导。

是月上旬，常宁市决定面向社会公开招聘教师254名，其中高中教师51名、初中教师58名，小学教师132名。

6月

6月1日，常宁市首家24小时自助图书馆进驻泉峰广场，免费向市民开放。市民持身份证、100元押金，在自助办证机即可完成办理借阅证。借阅证有效期暂定1年，每次限借2本。

6月2日，省纪委副书记汤军率省委、省人民政府督察组到常宁督察脱贫攻坚工作。督察组坚持“不发通知、不打招呼、不要陪同、不按路线走、直插现场、直面群众、直面问题”的原则，直接深入西岭镇石山村、洋泉镇新瓦村、塔山瑶族乡蒲竹村、胜桥镇高峰村，进行检查督促。3日下午，召开意见反馈会，督查组肯定常宁市前期脱贫攻坚工作取得明显成效，同时指出存在一些问题，并列出整改详细清单。

6月5日晚，市委召开省脱贫攻坚督查组交办问题整改工作部署会。根据省委督查组的意见，中共常宁市委、市人民政府进行自查自纠，明确重点抓好4个方面、22项整改任务。中共常宁市委书记刘达祥要求在6月25日前全部整改到位。

6月8日，中华见义勇为基金会常务副董事长李顺桃率队到常宁慰问“全国见义勇为先进个人”刘训理。中华见义勇为基金会副秘书长帅福贵、云南省见义勇为基金会副秘书长张克诚、中华见义勇为基金会理事刘春龙、湖南省见义勇为基金会副理事长陈岭、湖南省政法委综治三室主任刘晓春等参加慰问，中共常宁市委常委、政法委书记张昕陪同。

6月上旬，常宁市嘉林油茶合作联社在市林业局技术人员的指导下，到西岭镇桐江村成功开展无人机防治油茶林有害生物和叶面施肥试验。各油茶公司、合作社、大户技术人员60余人到现场观摩、体验。这是常宁首次使用无人机作业试验。

6月16日，省政协常委、文卫体委副主任汤浊率调研组来常宁，专题调研“推进教育扶贫”工作。在衡阳市政协教科文卫体主任左琼颖、常宁市王若君、黎才发等领导的陪同下，先后到新河镇中心幼儿园、珠塘学校、市职业中等专业学校实地察看并全面了解学校设施设备、教师队伍建设、贫困学生资助等情况。

6月22日，衡阳市人大常委会副主任李鹏飞率领教育、科技、卫计、旅游等部门负责人到常宁市塔山瑶族乡开展“6·25为民服务日”活动，共捐款1.1万元和部分书籍、教学设备；在塔山卫生院开展免费义诊，共义诊300余人次，免费发放药品；举办科技讲座，为群众传授竹鼠和山羊养殖技术。

6月27日，常宁市与株洲冶炼集团在常宁帝煌大酒店举行铜铅锌综合基地项目签约仪式。五矿有色控股副总经理兼株冶集团董事长、党委书记黄忠民，五矿有色控股副总经理兼水口山集团公司董事长、总经理吴世忠，株冶集团总经理吴朗明，五矿铜业总经理肖功明，中共常宁市委书记刘达祥，市长吴乐胜，水口山开发区主任尹建恒等出席签字仪式。拟投资80～100亿元在水口山工业园新建年产30万吨锌、扩建20万吨铜、改造10万吨铅的铜铅锌基地。

是日，常宁市首个村级妇女联合会在兰江乡铁塘村成立。通过召开第一次妇女代表大会，共推选出妇女代表40名，选举产生主席1名、副主席2名、执行委员17名。

6月28日，市人民医院组织专家医疗队到天堂山开展义诊活动。来自天堂山办事处7个村500多村民接受义诊，人民医院为这些村民免费发放价值3万余元药品。

是月，团中央常委、组织部长、机关党委副书记万速成率调研组到常宁调研共青团工作。中共常宁市委书记刘达祥、组织部长周晓侣陪同调研。

7月

7月1～2日，常宁市最大降雨量227毫米，平均降雨量139.3毫米，全市74034人受灾。全市乡级公路损毁42千米、人行桥10座、房屋10290平方米，冲毁渠道23千米、农田11公顷、经济林4.33公顷、园地0.534公顷，山体滑坡90处，倒塌电杆322根，损坏变压器11台、线路16.1千米，淹没农田439.667公顷、经济作物1372公顷、大棚蔬菜58.73公顷、烟叶281.33公顷、鱼塘9.2公顷，因灾死亡家禽家畜9494羽（头）。灾情发生后，常宁市各级领导分头奔赴一线指导抗洪救灾。7月2日，中共衡阳市委副书记邓群策来常宁指导救灾工作。

7月2日，在中南大学湘雅二医院外科邓幼文教授的指导下，市人民医院骨外科完成常宁市首例治疗特发性脊柱侧凸。

7月10日，市工商联在市民政局举行赈灾捐赠仪式，来自广州市、深圳市、东莞市三地的湖南商会向受灾乡镇群众捐款29.18万元。

7月11日，省住建厅规划处处长黄立率专家组来常宁，召开总体规划实施与修改暨总体规划修改专家审查会。专家组听取《常宁市总体规划实施情况及修改工作情况汇报》后，对总体规划修改申请进行审查，认为常宁是总体规划实施情况及修改工作情况符合国家有关规定，同意上报审批。

7月14日，市纪委组织4000余名党员观看大型反腐倡廉电影《绝不饶恕》。

7月17日，市人民医院电子图书室正式运营，这是常宁市开通的首家电子图书室。用户通过互联网“万方医学网”，查阅论文、期刊、图书，检索论文或科研数据，观看医学教育视频。除电脑访问外，还可以用手机登录。

7月18日，由市文化市场协会举办的首届“农商银行”杯电子竞技赛在华岁国际商贸城启动。竞赛时间4天，竞赛项目为《英雄联盟》，来自全市18支队伍150名高手参加角逐。

7月25日，中共常宁市委书记刘达祥率常宁市党政军代表团，到驻耒阳空军部队体验军旅生活，与部队官兵一道过“军事生活日”，观摩了军事拳、格斗术，参观了空中加油机、轰炸机及荣誉馆，并送上了常宁人民的关心和慰问。

7月29日，由常宁市足球爱好者联盟主办，明珠学校、逸邦整体衣柜、谊城足球俱乐部协办的首届“逸邦·谊城”杯7人制足球赛，在明珠学校正式开幕。本次比赛共有6支球队参赛，比赛采用双循环积分制，于8月13日结束。

7月31日，市委书记刘达祥率几家班子领导到市人武部、后勤旅油料营、市消防大队、市武警中队、水口山雷达部队和市光荣院、军干所，向驻常官兵及退伍老兵致以亲切问候和崇高敬意。

8月

8月8日，香港吴星可慈善基金会会长吴碧和一行，在省侨联机关权益保障部部长肖仕林是陪同下，到常宁胜桥镇开展爱心捐献活动，此次为70岁以上的贫困老人和部分家庭贫困的小孩，共捐款11万元。香港吴星可慈善基金会是吴碧于2002年以其父亲的名字创立的，自2004年以来，已在内地捐款建校、助学扶贫累计超过600万元。

8月10日，常宁市中医院精神病科升格为常宁市精神病医院，并正式挂牌。

8月11日，衡阳警备区政委王信民到常宁调研人民武装及征兵工作。参观了常宁市人武部营房建设，了解常宁基本情况及近年来人民武装开展情况，以及征兵工作情况。

8月15～16日，国家环保部环境发展中心环评中心主任王亚男到常宁，调研水口山经济开发区园区规划环评执行情况，市长吴乐胜陪同。王亚男一行先后到水口山四厂、污染场地治理项目区、重金属废水处理厂等地，就企业生产工艺流程和重金属污染治理情况进行详细了解。王亚男对水口山经济开发区规划环评工作给予充分肯定，并提出具体要求。

8月16日，共青团衡阳市委书记刘英到塔山瑶族乡开展爱心扶贫，给塔山送来10万元现金和10万元扶贫物资。

8月18日，衡阳市人大代表扶贫工作基地现场观摩会在常宁召开，在衡阳市人大常委会秘书长龙雪一的率领下，部分国、省、市、县、乡五级人大代表及扶贫基地人员参观西岭石山村扶贫基地。

8月22日，国家安全监督总局监督三司副调研员陈鸣率国务院安委办督察组到常宁督察安全生产。督察组到水口山第八冶炼厂，对安全生产技术规程执行、隐患排查治理等情况进行检查。

8月25日，市统一战线“金秋助学，爱心圆梦”行动爱心款发放仪式在城区举行。各界爱心人士为助力贫困学子圆梦，共捐款86万元，现场资助贫困学生279人。市委书记刘达祥、市长吴乐胜等领导出席。8月30日，在市教育局举行第二轮爱心款发放仪式，现场发放助学金10.3万元，35名大学新生和33名高中生受助。

是日，国网常宁市供电公司发布《低保户、五保户电费减免公告》，《公告》称，根据湖南省物价局《关于我省居民生活用电试行阶梯电价的通知》精神，城乡“低保户”和农村“五保户”家庭每户每月减免10度电。

8月27日，北京常宁企业商会成立，共有企业会员31名，袁浩卿当选商会会长。原中共中央委员、中央政策研究室主任、中央文献研究室主任、现任国际儒学联合会会长滕文生，原中共中央委员、国家信息产业部部长吴基传，到会祝贺。常宁市人民政府市长吴乐胜为商会授会旗、会牌。

8月28日，全市基层党组织书记集中培训开班，来自全市407个村(社区)党组织书记、533名村（社区）下属党支部书记（其中由村、社区党总支书记兼任下属党支部书记的77人）、111名乡镇（街道）的学校和医院党组织书记、163名“两新”组织书记、23名组织委员，共1160人参加培训。

是月，由衡阳市科协主办，水口山集团公司科协、工会承办的“保护环境、爱我湘江”横渡游泳比赛在松柏大桥湘江河畔举行，水口山集团公司106名游泳爱好者冒雨横渡湘江。

9月

9月1日，中共衡阳市委书记、市人大常委会主任周农到常宁，督察中央环保督察巡视组交办的环保问题整改项目进展情况。中共常宁市委书记刘达祥、市长吴乐胜，水口山集团公司董事长吴世忠，水口山经济开发区管委会主任尹建恒参加。

是日，常宁市人大常委会决定任命李锦明为常宁市人民政府副市长（挂职）。

9月8日，常宁市举行庆祝第33个教师节表彰大会。全市首批150名优秀教育工作者受到表彰。大会宣读表彰通报，授予张永要等95名教师为“常宁市优秀教师”、邓德军等35名教师为“常宁市优秀班主任”、李昌运等10人为“常宁市优秀校长（园长）”、陈京龙等10名教师为“金牌教师”。

9月13日，市召开扩大乡镇政府规划建设管理权限暨保障性住房建设工作部署会。会议根据《中华人民共和国城乡规划法》《中华人民共和国土地管理法》的有关规定，结合常宁实际，市规划局、市国土局、市住建局将对非农用地居民建房规划许可，对乡镇建设工程是否符合规划条件进行实地检查，对乡镇建设工程定位、放线、验线及正负零检查；乡镇域内使用非耕地的临时用地许可、农村居民建住宅使用非耕地审批、执法监察动态巡查；建筑面积300平方以下的建筑工程初步设计审批、非城市危险房屋强制维修等权限，委托下放到乡镇政府。

9月14日，中共湖南省委副书记乌兰到常宁调研油茶产业。乌兰在中共衡阳市委副书记、市长郑建新，中共衡阳市委副书记邓群策，省林业厅党组书记、副厅长胡长清，省油茶办主任蓝成云，中共常宁市委书记刘达祥、市长吴乐胜等的陪同下，先后到湖南大三湘油茶科技有限公司、100亩油茶种植大户周运生家参观访问。之后，听取了常宁关于油茶产业发展的意见和建议。

9月19日，常宁市与祁阳县、金洞林场管理区在官岭镇共商维护油茶收摘秩序边界联防事宜，协商签订《祁阳县·金洞林场管理区·常宁市2017年油茶收摘秩序边界联防公约》。

9月26日，市纪委对58个市一级党和国家机关党组织派驻13个纪检组并现场授牌。

9月28日，市正式将塔山瑶族乡所属双河村、更新村划归天堂山国家森林公园管理处下属机构弥泉林场管理。

是月，省委、省人民政府督查室会同省直有关单位组成联合督察组，来常宁督查道路安全工作。到衡汽集团常宁汽车站检查了候车室、购票大厅、三品检查仪、出站口等重点场所，详细了解客运车辆例检、客运司机培训、客运车辆消防器材和安全锤的配备、客运车辆GPS实时监控等情况。

10月

10月1日，市出台《常宁市公立医疗机构落实药品采购“两票制”实施方案》，规定全市公立医疗机构从10月1日起全面实行药品采购“两票制”，两票制是指药品生产企业到流通企业开一次发票，流通企业到医疗机构开一次发票。

10月7日，市公安局巡警大队在晚上10时巡逻时，在南一环发现并查获飙车社会青年8名，扣押无牌摩托车6辆，将8名青年带到执法办案区审查。

10月10日，全市2017年科级干部培训班在市委党校三楼会议室举行开学典礼。本次培训对象为全市各乡镇及市直部门担任科级领导职务的干部60人。

10月17日，省人民政府副省长隋忠诚率省直有关部门领导和衡阳市人民政府市长郑建新、副市长杨金龙到常宁调研扶贫攻坚工作，在中共常宁市委书记刘达祥、常宁市人民政府市长吴乐胜等的陪同下，深入西岭镇石山村、大三湘油茶科技有限公司，进行调查研究。

10月21日，由衡阳市委组织部党员教育中心和市广播电视大学举办的“万名农民大学生助力脱贫攻坚”志愿服务活动在板桥镇荣煌生态农业农民专业合作社启动，现场120多名农民大学生参加。

10月24日，长沙银行常宁支行暨政银合作签约仪式举行。长沙银行衡阳分行行长朱忠福、常宁市人民政府市长吴乐胜签订常宁市人民政府与长沙银行衡阳分行战略合作协议。

10月27日，中共常宁市委副书记、常宁市人民政府市长、常宁市总河长、湘江常宁段河长吴乐胜率领各分段河长及相关部门负责人，对湘江河（常宁段）水质、水环境等相关情况进行巡查，并现场查找问题，研究措施。

10月31日，常宁市法学会成立暨第一次会员代表大会在法院召开，会议审议通过《常宁市法学会选举办法》，选举产生市法学会第一届理事会会长、常务副会长、副会长、常务理事。市委常委、政法委书记张昕当选市法学会会长。

是月，常宁市首家养老服务中心——西上社区养老服务中心正式挂牌运营。该中心2016年开始筹建，投入资金30余万元。中心依托西上社区老年协会管理和运营，结合西上社区办公用房，设有医疗保健室、厨房、餐厅、棋牌室、图书室、健身室、活动室等设施设备，以老人互助为主，社区工作人员志愿者等力量参与为辅。

11月

11月1日，胜桥镇高峰村陈常鸡等68名贫困户获得国网衡阳供电公司颁发的进网作业许可证，从此可以从事电气安装、试验、检修、运行等作业，为家庭增加一笔稳定收入来源。高峰村是衡阳供电公司的扶贫点，为帮助群众脱贫，公司对77名贫困户进行专业培训，68人通过考试拿到电工进网作业许可证。

11月13日，市委书记刘达祥率部分省、市党代表到宜阳街道办事处城东社区，开展“三联一帮”第二次集中活动，走访困难群众，收集群众诉求，帮助解决困难。

是日，市举办“中国社会扶贫网”上线业务培训，各乡镇、街道办事处分管扶贫工作的负责人、扶贫办主任参加。

11月14日，省人民政府生态环境治理督查组到常宁，在常宁市人民政府市长吴乐胜的陪同下，开展生态环境治理情况工作督查。督查组先后到五矿铜业（湖南）有限公司、水口山地区历史遗留含重金属危险固废无害化处置项目、水口山经济开发区重金属废水深度处理循环利用工程、水口山有色集团有限公司废水外排重金属污染严重超标整改项目和水口山民生保障居民搬迁安置一期工程等现场，通过听、问、查、看等方式，开展督查。

11月17日，中央组织部、共青团团中央第十七批赴湘博士服务团到常宁，为常宁旅游产业发展出谋划策。在常宁市人民政府市长吴乐胜的陪同下，服务团参观了庙前古民居和中国印山。

11月22日，衡阳市人大常委会副主任晏华衡、邹致和率衡阳市全国人大代表和部分省、衡阳市人大代表一行到常宁视察重点工程建设，在唐奇林、李新华、尹建恒等的陪同下，视察组深入铜铅锌产业基地、五矿铜业（湖南）有限公司、水口山第八冶炼厂、瓦松铁路第三标段等重点工程建设现场，并听取各工程负责人的汇报。

11月29日，五矿有色控股铜铅锌产业基地开工仪式在水口山工业园举行。中共衡阳市委书记、市人大常委会主任周农宣布项目开工；中国五矿集团公司副总经理李福利、衡阳市人民政府市长郑建新分别致辞；五矿有色控股总经理赵志顺主持开工仪式；五矿有色控股副总经理、株冶集团董事长黄忠民介绍项目情况；中共常宁市委书记刘达祥发表讲话。

12月

12月4日，召开全市公用企业消费者评议消费维权集体约谈会，从价格收费、公平交易等方面，通过满意度测评、问卷调查、座谈等方式，对6家企业进行了评议，并对这些企业下发了督办令。省消费者协会副秘书长张前参加了评议会。

12月5日，市公安局刑侦大队、巡警大队、宜阳派出所民警对城区公共场所统一开展“集中打击突出犯罪”专项行动，出动50余名警力，清查网吧25家、宾馆14家，盘查嫌疑人员300余人，抓获携带管制刀具的非法嫌疑人8名。

12月6日，国家评审专家组组长刘春明率全国中医药专家到常宁对创建全国基层中医药工作先进单位进行验收，同时对部分乡镇、村卫生室等医疗机构进行实地考核。经评审，国家专家组对常宁市医药工作发展一致给予高度评价。

12月9日，常宁市华侨房地产开发有限公司与碧桂园战略合作签字仪式在南门湖华侨城营销中心举行，标志碧桂园进驻常宁。

12月15日，省脱贫攻坚考核组组长、省就业服务局副局长王鲁普，率2017年扶贫攻坚实地考核组进驻常宁，就脱贫攻坚工作进行考核。

12月19日晚上9时，常宁市林业公安局在交警的配合下在衡枣高速公路粮市收费站拦截一辆大巴，当场从大巴上查获野生动物38只，其中有国家二级保护动物赤鹿27只、“三有”野生保护动物果子狸5只、野猪6头。20日，在市纪委、市委宣传部的见证下，38只野生动物在大义山自然保护区被放生。

12月20日，省环保厅党组成员、总工程师率队到常宁现场督办铜铅锌产业基地建设。

12月26日，国家督学、华南师大副校长胡钦太率检查组到常宁检查评估义务教育均衡发展情况，在刘达祥、吴乐胜、李新华、王若君等人参加了见面会，吴乐胜代表常宁市人民政府向检查组作了《常宁市推进义务教育均衡发展工作情况汇报》。之后，检查组与常宁市人大代表、政协委员、校长代表、教师代表和家长代表分别进行座谈。分两个组，分别到虎溪小学、莲花小学、蓬塘中心小学等10所学校进行实地检查。

是月，为强化对纪检监察系统的内部监督，紧盯纪检干部这一特殊群体，监督全市纪检、监察干部有无违纪行为，严防“灯下黑”，市纪委召开特邀监察员聘任仪式暨座谈会，首批聘请13名特邀监察员，并颁发特邀监察员证。

是年，常宁10927名贫困人口脱贫， 25个贫困村“摘帽”。

市情概貌

地　理

【位置】 常宁市位于湖南省南部，衡阳市西南，湘江中游南岸。地处北纬26°07′～26°36′、东经112°07′～112°41′，市区中心位于北纬26°24′、东经112°23′。东隔舂陵河与耒阳市为界，南与桂阳县相连，西与祁阳县接壤，北濒湘江与祁东县、衡南县相望。

【面积】常宁市土地总面积2046.6平方千米，合204660公顷，约占全省土地总面积1%，幅员为全省县与县级市第52位；占衡阳市总面积的13.36%，在衡阳市所辖县、市中，幅员居第4位。

【地貌】常宁市地势南高北低,大致呈两级阶梯分布,南部是南岭山簇余脉的塔山和大义山,分别呈北东、南北走向，两山之间夹有庙前—西湖的低平谷地，成为常宁市与桂阳县的交通孔道。海拔1000米以上的山峰有16座，800～1000米的山峰63座，群峰巍峨，构成南部的天然屏障，为第一级阶梯；北部的平原、丘陵交错，海拔大约在200米以下，地形起伏，为第二级阶梯；地貌类型以岗地、山地、平原为主，山地占总面积25.56%，丘陵占17.01%，岗地占27.78%，平原占25.41%，水面占4.24%。

【水文】常宁市水系完整，河网稠密。境内河流长度在5公里以上的有53条，总长833.4千米。其中一级支流10条，长257.9千米；二级支流25条，长

湘江及境内主要支流

名　称	全长（千米）	境内长度（千米）	流域面积（平方千米）	境内流域面积（平方千米）
湘　江	856	65	94660	1001
舂陵水	223	69.3	6623	1041
宜　水	84	78.5	1056	400
潭　水	53	49.4	416	286.4
浯　水	42	36.7	330	219
盐湖水	38	38	219	91.5
清溪江	35	31	117	
沙　水	22	22		
兰　江	26	26		
凉　水	26	26		

374千米；三级支流16条，长130.4千米；四级支流1条，长6.1千米。流域面积在100平方千米以上的有湘江、春陵水、白水、宜水、潭水、浯水、盐湖水、清溪江。河川径流量主要由雨水补给,汛期降水较集中,非汛期降水偏少，丰枯流量悬殊，年水位变化幅度大，一般高水位出现在4～7月，低水位则出现在10月至次年2月。湘江干流水位变幅11.0～15.51米，最小流量为30秒立方米，多年平均径流量为487.4亿立方米，径流时空分布总趋势与降水量分布相同，径流量多集中在春夏两季，4～7月径流量占全年径流量的60%以上，多年平均含沙量一般为0.1～0.5千克/立方米，干流低于支流。境内湘江段及其支流宜水、潭水、浯水、春陵水等天然水质好，PH值平均在7.2左右。地下水松散岩类孔隙水、红层孔隙裂水、碳酸盐岩类碎屑岩裂隙水、基岩裂隙水。

【气候】常宁市属中亚热带季风湿润气候,春夏秋冬四季分明。由于地形呈南高北低状，冬春寒潮易进难退，气候湿冷。夏季南风越过南岭经过塔山山脉的丘陵地段，使气流下沉，气温显著增高，夏季酷热。秋季由于对流明显减弱，暖湿气流难以越过南岭山山脉，故秋旱非常明显。所以境内气温为冬春寒，夏季热。春季为3月18日～5月17日，历期61天；夏季从5月18日～9月28日，历期134天；秋季从9月29日～12月13日，历期76天；冬季从12月14日～次年3月17日，历期94天。气温的地域分布呈南低北高，地势每高出1000米，年温差为-5.44℃。山区的塔山多年平均气温为14℃，中部城关年平均气温18℃；北部双坪年平均气温为18.2℃。降水主要是雨，降雪较少，降雹更为稀见。海拔300米以下的农业区，无霜期一般在274天以上。300米以上的地区，海拔每上升100米无霜期减少5～6天。

2017年，常宁市气温继续维持历史较高水平。2016/2017年冬季气温对年气温偏高影响十分明显，夏季气温接近历史同期，较 2016年明显下降。年高温日数仍偏多，与2016年度比较，高温强度减弱，持续时间缩短，未出现40℃以上高温。在冬季，未出现低温冻害和较强固态降水。全年降水接近常年，主要降水集中在5～7月（43.2%），雨季初日提前，结束时间不明朗，洪涝灾害集中在6、7月，境内洪涝灾害相对较严重。年日照数维持在偏低水平，年风速持续减小。6 月气候较特殊，其气温偏低，降水及暴雨日偏多，日照偏少在历史同期排序均靠前。年内主要灾害是暴雨洪涝，高温、倒春寒、连阴雨、大风、雷电均有出现，但强度弱，影响相对较小。农业方面，光、温、雨水等要素基本满足作物生长需求，7～8月降水时空分布均匀，未出现干旱，为全年粮食大丰收奠定了坚实基础。综合评述，2017年气候为偏好年景。

2017年，平均气温19.1℃，比历年平均值偏高1.0℃，极端最高气温39.3℃(8月21日)，极端最低气温0.0℃(12月18日)。通过本年逐月平均气温与历年月平均气温比较，气温均与历年相当。年降水量1546.8毫米，比历年偏多153.2毫米，一日最大降水量69.4毫米(4月17日)，暴雨日数6天，最长连续降水日数10天，降水量356.1毫米(6月25日～7月4日)，最长连续无降水日数17天(10月20日～1月5日)，上半年降水总体偏多，下半年降水除11月明显偏多外，其余月份略偏少。大风日数3天，分别为6月5日（极大风速20.4米/秒）和7月23日（极大风速17.3米/秒）、8月27日（极大风速22.1米/秒），风向北北西风向偏多，平均风速主要集中于1.1～2.1米/秒之间。年日照时数1371.1小时，较历年平均偏少38.5小时，年日照百分率为31%，其中2、4、5月份显著偏多，3、6、10、11月份显著偏少。雾日数27天。无霜期308天。

2017 年，气象灾害相对较少，主要是暴雨洪涝，全年未出现干旱。在农作物生长期内出现了一些不利天气，但强度不大，影响有限。2月9日48小时降温达到7.3℃，达到中等强冷空气标准；21日48小时降温达到15.0℃，且最低温度3.0℃，达到寒潮标准。3月中旬旬平均气温低于历年2.1℃，且低于前旬平均气温，达到倒春寒标准；12～25日连续14日日降雨量≥0.1毫米，且无日照，达到重度连阴雨标准。本月境内受持续阴雨天气影响，30日降雨量52.7毫米，达到暴雨级别，导致部分乡镇山体滑坡，农作物不同程度受损。6月下旬累计降水量218.7毫米，达到轻度洪涝标准。25～30日出现持续性强降水，各乡镇普降暴雨，常宁市气象站27日出现本月最大日降雨量53.1毫米，达到暴雨量级。持续性强降雨导致部分乡镇山体滑坡，农作物不同程度受损。7月最高气温≥35℃的高温天气有15天，12～17、21～29最高气温≥35℃连续分别为6、9天，达轻度高温热害。1～3日全市普降暴雨，过程主要集中在1日7时至3日20时，此时段本站累计降水184.1毫米，乡镇最大累计降水量出现在三角塘镇，为204.6毫米。本次过程中11个乡镇达到大暴雨级别，其余乡镇普降暴雨。8月最高气温≥35℃的高温天气有20天，1～9日、17～23日最高气温≥35℃连续分别为9、7天，达轻度高温热害。

【土壤】全市土壤分地带性土壤和非地带性土壤,共9个土类，22个土属，233个土种。地带性土壤主要有山地草甸土、黄棕壤、黄壤、红壤；非地带性土壤主要有黑色石灰土、红色石灰土、紫色土、水稻土、河潮土。全市以水稻土、红壤土、紫色土、黄壤土面积较大、分布广，利用率最高。土壤的地域分布大体是：水稻土呈树枝状分布于海拔200米以下的岗平河谷地带，约占土壤总面积的20.84%。红壤土呈带状或斑块分布，广泛分布在海拔750米以下的山、丘、岗、平地，是市内主要土类，约占全市土壤总面积的56.54%，其中红壤土亚类约占红壤土类的3/4，分布在海拔500米以下山地，土中铁、铅含量较高，钙质较少，土壤呈棕红色，可种植油茶、杉树等；黄红壤亚类，分布在海拔500～700米之间，常年空气温度大，土中水分含量较少，土壤呈黄红色，氧分含量较高，可种植杉树、马尾松、楠竹；红壤性土亚类成土时间不长，发育不完善，分布在低丘山地上，土层浅薄，酸性强，多系荒山秃岭。紫色土类集中分布在境内西北丘陵地带，约占全市土壤面积的14.24%，由于岩化性的松散，吸热性强，物理风化作用强，化学风化作用好，抗蚀能力弱，水土流失严重，有机质含量较低，钾钙含量较高，根据酸碱度不同，境内有三个亚类，其中质地偏沙，耕性好的酸性紫色土亚类约占53.5%；磷钾含量丰富，宜于栽植油桐、乌桕油茶等作物的中性紫色土亚类约占24%；土层浅薄，有机质含量低，磷钾含量丰富的石灰性紫色土亚类约占21.5%。黄壤土类主要分布在海拔750～1000米之间的山地，约占全市土壤总面积的5.36%，其中黄壤亚类多楠竹、华山松和药材；黄壤土亚类多分布在地势陡、坡度大的山坡上，冲涮严重，土层浅薄。黑色石灰土土类，主要分布在石灰山顶部位的岩隙低处，约占全市土壤总面积的1.2%，土中碳酸钙含量较多，有石灰反应，碱性，土层浅薄，有机质含量较高，土壤呈黑色，多植棕树、油桐等树木和甘薯、黄花菜、生姜等作物。黄棕壤土类主要分布在西岭、庙前、蒲竹等海拔1000～2000米之间的山地、山坡上，水土流失严重，土层浅薄，占全市土壤总面积的0.98%，其中黄棕壤亚类面积约占2/3，黄棕壤性土类面积约占1/3。河潮土土类主要分布在河流沿岸的台阶地，占全市土壤总面积的0.51%，这类土壤土层深厚，层次分明，质地偏沙，地下水位偏高，干湿交替，季节性变化大，有机质含量少，一般种植豆类、花生、棉花等经济作物以及枣、水杉、池杉、桑树等林木。红色石灰岩土土类，主要分布在西岭、板桥等地的石灰山麓坡地、谷地等，面积约占全市土壤总面积的0.25%；多种植油茶、茶叶、马尾松、黄花菜等。山地草甸土土类主要分布在海拔1200米以上的山顶开阔部位，占全市土壤总面积的0.08%。

历史沿革

常宁市属地历代沿革如下：周属荆州南境。战国时期属楚国。秦属长沙郡耒县。汉属荆州桂阳郡耒阳县。三国吴太平二年（公元257年），分耒阳县置新平、新宁二县，新宁县治三峒（今板桥镇福和村八字坪）。新平县治古城廓（今柏坊镇双白村内），均属湘东部。东晋太元二十年（公元395年），新平县并入新宁县，县治设三峒，属湘州湘东郡。南朝属湘东郡。隋朝属衡山郡。唐初属衡阳郡。神龙二年（公元706年）县治移至麻洲，开元九年（公元721年）移至宜江（即今市城）。天宝元年（公元742年）改名常宁县，属衡州。五代及宋属衡州。元至元十九年（公元1282年）升为州，无领地，属湖广行省岭北湖南道。明洪武三年（公元1370年）三月降州为县，属湖广布政使司衡州府。清属湖南衡永郴桂道衡州府。民国元年（公元1912年）废府，属衡阳道。民国11年废道，直属湖南省。民国26年属湖南第五行政督察区。民国29年属第二行政督察区。1949年10月12日常宁县和平解放，人民政府建立，属湖南省衡阳专区。1952年4月改属湖南行政区。1954年7月仍属衡阳专区。1983年7月属衡阳市。1996年11月19日经国务院批准，撤销常宁县，设立常宁市，仍属湖南省衡阳市。

自然资源

【土地资源】常宁市土地资源按地形分:山地523平方千米,折52300公顷,占总面积的25.5%；岗地568.8平方千米，折5.688万公顷，占总面积的21.78%；平原520平方千米，折5.2万公顷，占总面积的25.41%；丘陵348平方千米，折3.48万公顷，占总面积的17.01%，水面86.8平方千米，折8680公顷，占总面积的4.24%。按土地自然属性分：宜农耕地面积37910公顷，占总面积的18.52%；宜林地面积91950公顷，占总面积的44.1%；内陆水域面积14440公顷，占总面积7.05%，园地面积4180公顷，占总面积的2.06%。

【水资源】多年平均地表水量约为162.11亿立方米，其中河川径流量15.36亿立方米，还原水是1.63亿立方米，降水量145.12亿立方米，地下水主要有松散岩类孔隙水和红层孔隙裂水，前者赋存于河流阶地沙卵层中，分布在湘江，舂陵水及其主要支流沿岸，受季节影响变化较大，一般厚度1～5米，均以散流或下降的形式向河谷等地排泄；后者赋存于紫色页岩中，以裂隙水为主，水量贫乏。境内水资源受地形、大气环流等因素的影响，地区分布不均匀。水资源年际年内变化大，一般枯水年径流量只及年径流量40%左右，年内降水多集中于4～6月，这三个月降水量一般占全年降水总量一半左右，同期河川径流量一般占年径流量一半以上，境内水能资源理论藏量（含境内湘江干流一段）共计105610千瓦。除湘江干流由省统一开发外，属市内可开发的小水电蕴藏量30860千瓦，其中舂陵水、宜水、潭水、浯水共29156千瓦，占94.5%，其他水系1704千瓦，占5.5%。已开发小水电站14.3处，共装机202台1598千瓦；开发泉井和机井11000多处，电灌站1282处1332台共装机19700千瓦。

【植物资源】境内存树种75科750种，用材林主要有杉、樟、木荷、泡桐、枫香等，经济林主要有油茶、乌桕、板栗、棕榈、山苍子和李、桃、柑桔等。稀有珍贵树种有花榈木、银杏、金叶白兰、南方红豆杉、三尖杉、山拐枣、青檀、闽楠、滇楸、杜仲等。竹类有16种，主要有楠竹（毛竹），其次有青皮竹、阔叶竹、变形竹、刚竹、水竹、淡竹、金竹、苦竹、黄皮刚竹、箭竹、麻竹、绿竹、紫竹等。药用植物约有150余种，其中实用价值高、药源较丰富的有80余种，如丹皮、白芍、尾参、白芨、山姜、七叶一枝花、黄独、黄精、天南星、细辛、大青、防风、冬青、黄柏、石苇等。

【野生动物资源】 境内属森林动物区划的古北区与东洋区的交叉过渡地带，已知各类动物200余种，其中兽类30种、鸟类70余种。爬行类20种，两栖类20种，鱼类80余种。属国家保护动物有穿山甲、水獭、水鹿、果子狸、斑羚、黄鼠狼、牙獐、华南兔、竹鼠、豪猪、貉、鼬獾、长耳鸮、短耳鸮、猫头鹰、猴面鹰、啄木鸟、竹鸡、五颈雉、董鸡、原鸡、燕隼、平胸龟、鹰嘴龟、虎纹蛙、大鲵、小鲵等。

【矿产资源】 境内矿产资源丰富，包括有色金属、黑色金属、可燃性有机岩（煤）、化工原料、陶瓷原料、建筑材料及辅助材料等矿藏。常宁素有“有色金属之乡”与“非金属之乡”之称，已知有色金属有铅、锌、金、银、铜、锡、钨、锑、汞等矿种，有矿点89处，其中铅储量88.1万吨，锌120.4万吨，金55.3吨，银1678吨，铜6.3万吨，铀11.7吨，硫920.9万吨，以及伴生的多种稀有分散元素储量。非金属矿主要有硼、硅灰石、高岭土、耐火土、白云岩、大理石、水晶矿、冰洲石、钾长石、萤石、雄黄、雌黄、花岗岩、黄铁矿、毒砂矿、石灰岩等16种，且藏量相当丰富，其中硼矿有矿点4处，仅七里坪硼矿品位平均6.42%，最高达11.63%，已探获工业加远景三氧化二硼储量82万吨。已探明含煤点28处，煤炭储量1.6亿吨，以无烟煤为主，其次为烟煤、主焦煤和瘦焦煤。黑色金属中锰矿储量约400万吨，铁矿床总储量约831万吨。

行政区划

2017年，常宁市辖15个镇、5个乡、4个办事处、1个片区、2个社区服务中心、1个国家森林公园、1个林场。14个镇分别是：水口山镇、柏坊镇、烟洲镇、荫田镇、白沙镇、西岭镇、三角塘镇、罗桥镇、庙前镇、板桥镇、胜桥镇、洋泉镇、官岭镇、新河镇；5个乡分别是：蓬塘乡、兰江乡、大堡乡、弥泉乡、塔山瑶族乡；4个办事处分别是：宜阳、泉峰、培元街道办事处、天堂山办事处；1个片区是：宜潭片区；2个社区服务中心分别是：水口山铅锌矿社区服务中心、柏坊铜矿社区服务中心；1个森林公园：即天堂山国家森林公园；1个林场：即国营弥泉林场。

人　口

2017年年末，常宁市有常住户21.51万户，有户籍人口96.13万人，其中男性51.41万人，女性44.71万人。其中有常住人口 82.36万人，其中男性43.02万人，女性39.34万人。出生婴儿9477人，其中男性婴儿5199人，女性婴儿 4278人，人口出生率为9.85‰。死亡人口16295人，其中死亡男性 9010人，死亡女性7285人，死亡率为16.95 ‰。人口自然增长率为-7.1 ‰。

国民经济与社会发展

【概述】 2017年，全市实现地区生产总值（GDP）330.96亿元，按可比价格计算（下同），增长8.7%，增幅居七县市第二位，高于衡阳市平均水平0.2个百分点，高于上年同期0.9个百分点。其中：第一产业完成53.22亿元，增长3.4%；第二产业完成

122.59亿元，增长7.9%；第三产业完成155.15亿元，增长11.5%。一、二、三产业对全市经济增长贡献率分别为6.3%、34.9%、58.8%，分别拉动GDP增长0.6、3.0、5.1个百分点。按常住人口计算，人均地区生产总值39995元，增长9.4%。全市三次产业比为16.1:37.0:46.9。与上年相比，二产业占比下降1.5个百分点，三产业占比提高2.9个百分点，第三产业成为我市经济发展的支撑行业。占经济总量比重达为46.9%，对GDP贡献率达58.8%，直接拉动GDP增长5.1个百分点。新增“四上”企业42个，其中：规模工业企业20个，资质建筑业、房地产、投资企业5个，限上贸易企业13个，规模服务业企业4个。

2017年，全市就业形势总体稳定，新增城镇就业6968人，完成全年任务的100%；失业人员再就业3548人，就业困难对象再就业1198人；新增农村劳动力转移就业5200人，带动城乡就业4325人，开发公益性岗位1030个；“零就业家庭”动态援助率100%。全面落实创业扶持政策，大力推进全民创业工作。开展创业培训762人，新增各类创业主体2681个，完成全年任务的107.2%；组织城乡劳动者就业技能培训3850人。

加大民生投入，办好民生实事。完成农村危房改造2193户，农村饮水安全巩固提升8500人，特困移民解困避险搬迁安置712人，农村公路提质改造158.4千米、安保设施建设89千米，棚户区改造1567套，农村适龄女两癌免费检查10003人，新增养老服务床位84张，新增社会治安视频监控摄像头100个，农村宽带网络升级改造218个行政村，行政村配电网改造8个，孕产妇产前免费筛查5089人，法律援助319件。

【农业】2017年，全市农林牧渔业实现总产值88.82亿元，增长3.5%。其中，农业产值29.75亿元，林业产值9.72亿元，牧业产值41.4亿元，渔业产值5.68亿元，农林牧渔服务业产值2.26亿元。完成农林牧渔业增加值54.53亿元，增长3.5%。2017年，全市粮食播种总面积118.2万亩，总产突破48.3万吨，其中早稻面积48.6万亩；中稻面积8.2万亩；晚稻面积49.4万亩，旱粮12万亩。全市新发展种植水稻30亩以上的种粮大户1370户、家庭农场121家、农民专业合作社46个。全市夏收油菜面积共40.5万亩，较上年增加0.5万亩；总产5.07万吨，较去年增加0.21万吨。实现冬种油菜41.5万亩。新增有机茶园3200亩。全市共有35家企业被评定为衡阳市级龙头企业，已认定无公害农产品产地6700亩。全市共有11家休闲农庄获评省星级休闲农庄，其中五星级1家、四星级4家、三星级6家。出栏生猪115.6万头，牛3.08万头，羊13.9万只，出笼家禽1717万羽，水产品总量3.71万吨，期末存栏生猪61.49万头，牛4.41万头，羊9.56万只，存笼家禽1281.59万羽。完成造林4.05万亩，森林覆盖率达54.5%。

【工业和建筑业】2017年，全市实现全部工业增加值117.28亿元，增长8.0%，其中，规模以上工业企业增加值累计增长9.0%，高于衡阳市平均水平2.2个百分点，高于上年同期1.8个百分点，在衡阳市七县市中排名第一。规模以上工业企业完成总产值258.99亿元，增长31.7%，其中：大中型工业企业增长7.1%，省级及以上产业园区（含集中区）增长43.2%。从轻重工业分：轻工业增长8.8%，重工业增长36.2%。从经济类型来看，外商和港澳台投资企业增长2.3%。规模工业的重点行业中，有色金属冶炼及压延业增长28.2%；化学原料及化学制品制造业增长29.8%；非金属矿物制品业增长32.6%。

全市规模工业企业累计实现工业销售产值258.26亿元，增长32.9%，工业产品销售率为99.7%。主要工业产品产量有升有降，具体情况如下表：

表1　2017年常宁市规模工业主要产品产量

产品名称	计量单位	产　量	增长（%）
铜金属含量	万吨	0.2	0.0
铅金属含量	万吨	1.5	0.0
锌金属含量	万吨	1.6	0.0
硫铁矿石（折含硫35%）	万吨	9.9	-10.0
硫酸（折100%）	万吨	52.6	30.2
合成氨（无水氨）	万吨	3.0	0.0
农用氮、磷、钾化学肥料（折纯）	万吨	1.8	5.9
氮肥（折含氮100%）	万吨	1.8	5.9
水泥	万吨	48.4	5.4
其中：强度等级42.5水泥（含R型）	万吨	48.4	5.4
十种有色金属	万吨	26.8	11.7
精炼铜（电解铜）	万吨	8.1	153.1
铅	万吨	14.2	1.4
锌	万吨	4.5	-33.8
黄金	千克	1167.3	-3.1
白银（银锭）	万千克	21.9	-19.8
锌合金	万吨	1.7	-41.4
自来水生产量	亿立方米	0.2	0.0

全力壮大工业经济，突出园区平台建设。加快调规扩园，将宜阳工业园纳入水口山经开区管理，“一区两园”规划面积从4.99平方千米扩至11.43平方千米，拓展了工业发展空间。加快园区配套设施建设。双园路竣工，市场路、五矿路完成路基工程，工业污水深度处理及中水循环利用项目完成管网铺设。引进世界500强企业深圳正威集团，建设水口山有色金属产业链服务平台。加快园区重点项目建设，铜铅锌产业基地、铜杆项目开工，金翼铅业建成试产，华兴冶化、志辉冶化、宏兴化工、大宇锌业相继投产。宜阳工业园入园企业32家，投产19家。

全市共有质资建筑业企业15家，其中，二级质资建筑业企业2家。全市建筑业完成总产值12.18亿元，增长11.2%；全市建筑业实现增加值5.31亿元，增长5.0%。

【固定资产投资】2017年，全市完成固定资产投资214.84亿元，增长20.0%，增幅高于全衡阳市平均水平5.4个百分点，高于上年同期4.1个百分点，居七县市第一位。其中，房地产完成投资7.48亿元，增长33.9%，商品房销售面积26.39万平方米，增长25.6%。

突出项目引领。2017年，完成策划包装项目84个，深度开发24个。批复项目155个，其中：审批47个、核准3个、备案95个，总投资123.5亿元。招标项目98个，其中：公开招标项目76个，邀请招标项目22个。共争取中央、省预算内资金项目18个，到位资金3.69亿元，其中：资源枯竭型城市获得国家转移支付资金1.68亿元，保障性安居工程基础设施建设获得中央资金7429万元，人民医院扩建综合楼4000万元，新增粮食产能1200万元。着力实施“项目建设年”活动，计划实施重点项目116个，总投资469.43亿元，年度完成投资153.94亿元。全市实施的重点项目已开复工97个，开复工率为83.6%，完成投资133.16亿元，占年度投资计划86.5％。其中竣工类项目已开复工43个，开复工率95.6%，完成投资47.95亿元，占年度投资计划的89.3％；开工类项目已开工54个，开工率76.1%，完成投资85.21亿元，占年度投资计划的85％。

【贸易和旅游】2017年，全市完成社会消费品零售总额98.91亿元亿元，增长10.9%，增幅居七县市第一位。从地域看，城镇零售总额为84.25亿元，增长11.2%，其中：城区为72.74亿元，增长11.7%；乡村为14.66亿元，增长10%。限额以上法人企业零售额为4.04亿元（不包括石油公司和烟草公司的数据），增长16.2%，占全社会消费品零售总额的4.1%。在限额以上批发零售企业零售额中，粮油、食品类增长14.5%、家用电器和音响类增长21.9%、文化办公用品类增长17.1%、汽车类增长17.2%、金银珠宝类增长28.2%、体育娱乐用品类增长8.1%、通讯器材类增长26.5%、服装鞋帽针纺丝品类增长13.8%、化妆品类增长23.1%、五金电料类增长14.9%、书报杂志类增长50.7%，日用品类、中西药品类、其他类运行平稳。

全市进出总额37433万美元，增长21.9%。其中：出口总额4023万美元，增长70.1%；进口总额33410万美元，增长17.5%。共引进项目51个，引进资金47.49亿元；其中，引进内资项目41个，实际到位资金39.67亿元；引进外商再投资项目10个，引进资金12033万美元。全年有业绩的外贸进出口企业有9家，其中新增破零进出口企业4家，倍增进出口企业2家，外贸进出口在衡阳市县市排位第一。

全市实现旅游总收入8.29亿元，增长24.5%，接待游客282万人次，增长23.8%；年末全市共有等级旅游区（点）10个。编制全域旅游发展规划，与北京东方园林公司签订框架协议，对全市旅游资源整体提质和全域开发。庙前景区创建国家4A级景区有序推进，水口山工人运动纪念园、工人运动陈列馆新馆完成选址，天堂山游客服务中心、停车场投入使用，大义山至印山旅游专线完成前期工作。实施“旅游+”工程，加快农旅、文旅等融合发展。罗桥百万樱花园即将开园。天堂山国家森林公园成功申报“中国森林氧吧”、省森林康养示范基地。

【交通和邮电】2017年，全市实现交通运输、仓储和邮政业增加值8.64亿元，增长4.3%,较上年提升了2.7个百分点。全市民用车辆保有量达到10.01万辆。完成货物周转量34.84亿吨公里，增长8.2%；完成客运周转量29.21亿人公里，增长5.5%。国道356（宜阳至官岭段）完成路基工程。常宁—洋泉（兰江段）、县道075（田尾至蓬塘段）、塔山风车口至狮园村公路正在改造。完成车站路等6条主次干道油化，印山大道提质改造扎实推进，改造背街小巷13条。

全市邮电业务总量（按不变价计算）5.84亿元，增长15.7%，其中：电信业务总量5.16亿元，增长15.9%；邮政业务总量0.73亿元，增长21.3%。年末固定电话用户9.04万户，下降7.6%。移动电话用户75.24万户，增长13.9%。年末互联网宽带用户数17.61万户，增长14.3%。

【财政与金融】 2017年，全市完成财政总收入累计完成14.3亿元，较去年减少2.54亿元，下降15.1％。税收收入完成10.34亿元，较上年增加1.06亿元，增长11.4%。地方收入税占比为58.8%，财政总收入税占比为72.3％。其中：国税完成5.87亿元，增长57.2％；地税4.79亿元，下降17.3％。全市全年公共财政支出57.79亿元，较上年同期增加3.67亿元，增长6.78％，其中：民生重点支出

45.47万元，较上年增加6.05万元，增长15.3%。民生支出占财政总支出比重达78.7%，较上年提高了12.4个百分点。

截至12月末，全市金融机构各项存款余额284.44亿元，增长14.7%，其中，住户存款204.27亿元，增长10.7%。各项贷款余额为132.88亿元，增长26.9%。存贷比为100：46.7，较上年提高了2.5个百分点。

【教育和科学技术】2017年，全市有学校215所，在校学生12.75人，普高、职高、初中、小学在校学生分别为15506，5559、33889、72556人，在岗教师7260人。全市适龄儿童、少年入学率达到100%，小学、初中巩固率分别达到100%、98.60%。高中阶段毛入学率为85.1%。争取全市计划教师招聘计划470名（含特岗），实际到岗418人，其中，特岗教师105人，回常任教免费师范生69人，本级招考244人。完成免费师范生定向培养190人。争取偏远学校教师岗位津贴200万元。下发全市教师第14个月奖励性绩效工资。落实了教师体检费和班主任岗位津贴869万元。完成了431套教师周转房建设，改善乡村教师住房条件。2017年，“国培”“省培”送培人数达2500人，争取上级投入国培资金260万元。进一步加大本级教师培训力度，全年培训教师2800人，投入培训资金180万元。大力推动城区学校扩容提质工程建设，莲花小学已于秋季开学投入使用，虎溪小学主体已经完工，学墙小学完成了围墙和护坡，六中综合楼完成了招标，市二中新校区已完成了招标前的准备工作。南市小学、万寿小学、嵩塘小学、茶箭小学、宜水小学、进修附小、桃江小学等几所等几所学校建设的前期工作正在抓紧进行。加大农村学校建设力度，胜桥完小完成了整体搬迁，洋泉小学等农村学校建设正抓紧进行。年内22所合格学校（园）建设初步验收，已投入资金460万元。规划3个“全面改薄”项目，已完成投资3000万元。

2017年，全市高新技术企业17家，比上年增加2家。高新技术产值达94.61亿元，增长21.3%，高新技术产值占规上工业总产值42%。实现高新技术产业增加值30.45亿元，占GDP比重为9.2%，较上年提升了4个百分点。列入省科技计划项目2个，衡阳市科技计划项目7个，全年专利申请186件，其中发明专利申请36件，发明专利申请量增长24.1%，有效发明专利拥有量36件，有效发明专利增幅71.4%。

【文化、卫生和体育】2017年，全市拥有6处省级文物保护单位，30处市级文物保护单位，共登记在册的可移动文物8261件。人均拥有公共文化体育设施面积5.12平方米。全年共发表各类稿件2600余篇，国家级新闻媒体发稿20余篇，省级媒体发稿300余篇，各类网络媒体上稿2000余篇。《常宁：发展异地商会老乡回乡投资兴业》荣获2017年度衡阳新闻奖二等奖。

全市有电视台1个，广播电台1个。新增有线电视基本客户4783户；净增宽带客户5862户；新建宽带专网5条；净增无线数字电视5450户。

全市拥有各级各类卫生机构871所，其中二级医疗机构7所，包括二级综合医院2所、中医院1所、妇幼保健院1所、二级专科民营医院3所，乡镇卫生院23所、社区卫生服务中心3所、村级卫生室367个、民办诊所50所、其他各类医疗机构81所（包括分院、一级民营医院、厂矿医务室等）。卫生技术人员4198人，其中执业医师和执业助理医师1933人，注册护士1509人。各级各类医疗机构总床位3997张。全市全年活产数为8628人，产妇数8526人；孕产妇系统管理8179人，系统管理率91.26%，住院分娩8626人，住院分娩率99.98%。7岁和3岁以下儿童分别为62097人、28609人，保健管理率分别为95.2%、90.79%。

【城市建设、环境保护和安全生产】2017年，砚池山公园一期建成开园，青阳广场完成提质改造，华岁国际商贸城主体完工，青市车站建成启用。南门湖公园、城区第二水厂、城北变电站、二中搬迁、人民医院扩建等重点民生项目稳步推进。城区自来水管网日益完善，新建供水管网18千米，宜阳工业园、城市一环自来水管网全线拉通。铺设燃气管网29.1千米。完成地下管网普查，改造主要路段雨污分流10余千米，仙岭垃圾填埋场污水管网建设完工。完成城市总规修改和17个乡镇总规修编，编制5个“美丽乡村”示范片和3个国家级传统村落规划。加大“控违拆违”力度，规范城乡开发建设行为。大力整治渣土撒漏、“牛皮癣”等城市顽疾，城市环卫、交通秩序持续好转。

重拳整治环境突出问题，关闭停产92家环境违法企业，环保挂牌督办问题全部完成整改销号，水口山区域环境质量持续好转。全面推行“河长制”，落实湘江流域保护和治理第二个“三年行动计划”，圆满完成大渔村废渣治理、康家溪Ⅲ号地块、杨家湾重金属污染场地治理等年度治理任务。采煤沉陷区综合治理稳步实施。强力整治非法采矿企业，乱采乱挖现象得到遏制。完成85个村的农村环境综合整治任务。强饮用水源地及水域功能区环境质量监测，水质达标率均为100%。强化全市固体废物监管能力，全年共受理危险废物转移备案106批91731吨，跨省转移审批12批11100吨，有效防止了一般固体废物、危险废物对环境造成二次污染。

加强防灾减灾体系建设，加强安全生产重点领域隐患排查整治，道路交通、消防、食品药品等重点领域安全工作全面加强，安全事故总量较上年明显下降。全市共发生各类生产安全事故8起，死亡9人，未发生较大以上事故。各项指标均在控制范围以内。亿元GDP生产安全事故死亡率0.0272；火灾事故死亡率0.0363；交通事故死亡率0；无一起群体性食品安全事故。

【人民生活和社会保障】2017年，城镇居民人均可支配收入29773元，增长8.3%；农村居民人均可支配收入15418元，增长9.5%。城乡居民收入差距进一步缩小，收入比为193.1:100，较上年缩小了2.1个百分点。居民人均文教娱乐服务支出2397元，居民文教娱乐服务支出占家庭消费支出比重为17.0%，较上年提高了1个百分点。人均住房使用面积62.6平方米。

基本社会养老保险覆盖率不断提高，参保人数和基金征缴稳中有增。机关事业单位养老保险在职参保20467人，征缴养老保险基金25332万元，为7901名离退休人员发放待遇28784万元。企业养老保险参保人数41928人，共征缴基金21956万元，为31291名退休人员发放养老金53563万元。城乡居民养老保险参保人数485707人，征缴社会养老保险基金2971万元，为11.4万人发放待遇9721.7万元。被征地农民参加社会养老保险1128人。基本医疗保险覆盖率达到100%，其中城镇职工基本医疗保险参保人数58488人，征缴基金11129万元，为15612人发放待遇7589万元。城乡居民医疗保险参保人数73.6万人，征缴基金43804万元，享受待遇182795人次，待遇支出32341.17万元。生育保险参保人数33412人，征缴基金381万元，为1001人发放待遇499万元。失业保险参保人数55010人，征缴基金782.21万元。工伤保险参保人数57377人，征缴基金2405万元，为647名工伤职工支付待遇934万元。

低保与扶贫标准实现“两线合一”，坚持把脱贫攻坚作为首要政治任务和第一民生工程，全市7865名机关干部与15339户贫困户结成对子，对47个贫困村和224个贫困人口在100人以上的村派驻工作队，大力开展结对帮扶、驻村帮扶、定点帮扶，形成了“万名干部齐上阵、三级联动抓脱贫”的强大合力，圆满完成“25个贫困村脱贫退出、10927名贫困人口脱贫、3500人易地搬迁、2193户贫困户危房改造”四大年度目标任务。整合涉农资金1亿元，帮助成立扶贫合作社121个，流转土地19000多亩，大力发展油茶、烤烟、光伏发电等富民产业。7944名贫困学生得到资助。建立完善贫困人口健康档案，对农村贫困人口医保个人缴费部分全部由财政补帖。发放精准扶贫贷款9876万元。兜底救助992户2360人。整合近2亿元资金，用于贫困地区基础设施建设。修建和改造村组道路181.4公里，完成6个贫困村的安全饮水工程，维修山塘水渠131处，新建村部34个，新建小学1所，实施贫困村农网改造57处，贫困村光纤网络和4G信号实现全覆盖。农村低保标准提高到270元/月。五保户分散和集中供养标准分别达到340元/月、550元/月。

中国共产党
常宁市委员会

综　述

【概况】 中共常宁市委工作机构有市纪委(监察委员会)、市委办公室、市委组织部、市委宣传部、市委政法委、市委统战部、市委编办。2017年，市委以党的十八大、十九大精神和习近平新时代中国特色社会主义思想为指导，认真贯彻落实中央、省、衡阳市各项决策部署，以“产业主导、工业主打、统筹城乡、全面发展”为主线，在全市上下共同努力下，经济社会发展取得明显成效。实现地区生产总值330.96亿元，增长8.7%。财政总收入14.30亿元，税占比为72.3%。规上工业增加值增速9.0%，居衡阳7县市第一。固定资产投资增长20.0%，居衡阳市第一。社会消费品零售总额增长10.9%，居衡阳市第一。城乡居民人均可支配收入分别增长8.3%、9.5%。

【产业招商】 2017年，常宁市引进项目41个，合同引资额200多亿元。其中，工业方面：铜铅锌产业基地、泛亚绿洲铜杆项目正式落户；牛仔服饰全产业链项目正式签约；世界500强正威集团供应链已经落地；泰丰和瑞、德邦牧业已签约；安踏集团开始入驻。农业方面：智慧农业园已签约；临武鸭养殖基地已落地；中农批市场建设已经启动。三产方面：长沙银行已经开业；北斗卫星应用管理学院即将签约；铜锣湾广场等城市综合体正在洽谈。

【产业培育】 2017年，工业重点发展有色产业集群。经开区已形成以五矿铜业和铜铅锌产业基地为龙头的有色加工企业群，在湖南乃至全国制造版图上赫赫有名。农业重点发展油茶和茶叶全产业链，“公司+基地+合作社+农户”模式初见成效，特别是油茶产业得到了国家和省领导高度重视，80万亩油茶林获得中林天合森林经营认证。另外，无渣姜、再生稻、湘莲等精品农业也在蓬勃发展。常宁市荣获国家农产品质量安全县、全国百强重点产茶县(市)和全省粮食生产优秀县(市)。服务业重点发展全域旅游，已完成庙前景区、水口山工人运动纪念园和百万樱花园的规划制定，以庙前景区为龙头，以红色工矿游、瑶家风情游、乡村生态游为补充的全域旅游概念已经形成。努力几年后，将成为衡阳市内仅次于南岳的旅游胜地。

【产业融合】 2017年，通过扶持电商和物流配送业，加速了一二三产业融合。“互联网+”“农业+”“工业+”“旅游+”“文化+”等业态丰富多样，融合型企业、商铺、合作社遍布各地。

【项目建设】2017年，市委开展“项目建设年”活动，把项目划分为竣工、开工、预备三个类别，明确牵头领导和部门，理顺项目服务组、业主单位和乡镇街道的职能，把责任全部压实。尽管受环保、历史遗留问题、天气的制约，项目进度有快有慢，但总体来看，推动有力，共启动重点项目105

个，完成投资147.2亿元。包装储备了一批。推进PPP模式融资，包装策划项目18个，水口山工业新城、宜潭两水防洪风光带等8个项目进入财政部PPP项目库，PPP融资走在衡阳市前列。农村环境综合整治和骨干灌渠2个项目已落地，是衡阳市PPP项目落地最多的县市。开工建设了一批。铜铅锌基地、铜杆项目已经开工。人民医院扩建、二中迁建、第二水厂、军警训练场等项目已动工，宜官大道、印山大道、西一环南段二期、庙前景区改造、尚宇学校、城市棚户区改造和保障房建设、四大骨干灌渠续建及节水改造、广济和白甫水库、幸福老年公寓、水口山园区配套设施等项目推进顺利。瓦松铁路、北二环一期即将建成通车，百万樱花园即将建成开园。华岁商贸城、鸿博高新已进入工程扫尾。竣工投产了一批。宏兴化工、华兴冶化投产见效；金翼铅业、大宇锌业、珍源回选厂开始生产。光伏发电项目建成投产，砚池山公园一期已经开园，城北变电站、青市车站、中国油都1号楼投入使用。另外，要素保障充分。完成融资60.6亿元，批回用地205.53公顷，在衡阳市排第一，较2016年年多批62.467公顷。存量储备土地233.33公顷，规划红线储备土地466.67公顷。

【改革创新】2017年，市委敢于改革，勇于创新，突破条条框框的限制，激活发展内生动力。理顺经开区管理体制。授予水口山经开区县级经济社会管理权限，建设政务次中心，托管水口山镇，形成“一区两园”管理模式。将扫除体制羁绊，加快园区发展。精简投融资平台。撤销水务投和宜阳投，将环保投并入水口山投，投融资平台由8个精简到5个，领导班子职数由11名精简到8名。将规范投融资工作，避免恶性无序竞争。改革目标管理考核方法。对当年、连续两年省市排名靠后的单位主要负责人，进行约谈或岗位调整。考核的“指挥棒”作用显现。率先提高村干部待遇。反复调研论证，在衡阳市范围内率先提高村干部及离任村干部待遇，并对在职村干部参加养老保险进行补贴，保护基层干部工作热情。另外，按照上级要求，推进纪检派驻、监察体制改革，推进农村集体产权制度改革试点。

【脱贫攻坚】 2017年，以打翻身仗的决心抓扶贫。扶贫突出问题全部整改到位。抽派7865名机关干部、人大代表和政协委员与所有的贫困户结对，选派604名干部组建270个驻村工作队，进驻46个贫困村和224个贫困人口百人以上的村，结对帮扶和驻村帮扶全覆盖、实打实。整合涉农资金1亿元，撬动金融资本9600万元，全部用于产业扶贫，这一作法得到省、衡阳市肯定。健康、教育等行业部门扶贫齐头并进，圆满完成“25个贫困村退出、10927名贫困人口脱贫、3500人易地搬迁、2193户贫困户危房改造”的年度目标，精准识别率、精准退出率和群众满意度大幅提升，顺利通过省、衡阳市验收。

【环境整治】 2017年，常宁作为环保整治重点区域，经受了国家环保督察风暴的考验，督察反馈问题和交办信访件全部办结。全面实行“河长制”，开展湘江流域治理第二个“三年行动计划”。康家溪重金属治理等13个历史遗留污染治理项目快速推进。70个村的农村环境综合整治全面完成。采煤沉陷区治理稳步实施。天堂山国家森林公园成功申报“中国森林氧吧”。城市管理年活动全面开展，创卫成果得到巩固。

【民生实事】 2017年，财政民生支出占财政总支出的比重达到70%。11项民生实事指标全部或超额完成。全面小康预计实现程度达89.6%，提高6.2个百分点。乡村路网、电网改造顺利。义务教育均衡发展通过国家督导评估。另外，宣传、人社、民政、审计等部门和工青妇等群团组织，立足本职为民服务。

【安全维稳】2017年，维稳特别防护期时间长，实行领导干部信访包案、轮流接访和主动下访，强化稳控措施，非访下降71%，完成了维稳任务。刑事发案率下降32.9%。没有因为生产运营而发生一起重大安全事故，也没有因为民间借贷活跃而出现重大金融安全风险。

【抗洪救灾】2017年，党政军民齐上阵，指挥得力、调度科学、救灾迅速，把损失降到了最低，抗洪救灾取得全面胜利。全年没有因为洪涝灾害死一人，社会大局安定和谐。

【干部作风】2017年，市委坚持全面从严治党，严格执行中央八项规定，落实“两学一做”学习教育常态化制度化。圆满完成合乡并村之后，408个村(社区)两委班子的换届选举，做到风清气正。清理不合格党员，落实“三会一课”，建设农村综合服务平台和社区“两化两体系”，夯实基层党建。完成“消超”任务。同时，坚持问题导向，惩防并举，从严管理科级领导班子和领导干部，率先开展干部家访，启动第一批巡察和交叉巡察，落实党内报告工作制度，加强党风廉政建设，落实“两个责任”。各级党员干部讲规矩、守纪律的意识明显增强，作风明显转变。特别是在项目建设、脱贫攻坚、环境整治等复杂工作中，彰显出同心协力、吃苦耐劳、无私奉献的大情怀，涌现出像水口山镇党委委员、副镇长柏平同志那样，扎根基层、勇挑重担、任劳任怨的好典型，创造出铜铅锌基地45天挖填200万立方土石方的新速度。

【市委重要文件】 2017年2月6日，市委作出《关于表彰全市优秀村(社区)干部的决定》。

2月16日，市委作出《关于批准〈中共常宁市委常委会2016年度民主生活会方案〉的请示》。

3月20日，市委发出《关于成立中共常宁市委非公有制经济组织和社会组织工作委员会的通知》。

5月26日，市委作出《关于同意〈常宁市人民检察院司法体制改革试点方案〉和〈常宁市人民检察院内设机构整合改革方案〉的批复》。

9月19日，市委《关于同意成立中国共产党常宁市委离退休干部工作委员会的批复》。

11月8日，市委发出《关于认真学习宣传贯彻党的十九大精神的通知》。

11月12日，市委作出《关于成立“北斗卫星导航应用管理学院”的请示》。

12月1日，市委作出关于审批《常宁市深化国家监察体制改革试点工作实施细则》的请示。

12月30日，市委作出《关于成立中共湖南天堂山国家森林公园管理处党委的批复》。

12月30日，市委作出《关于成立中共常宁市人民防空办公室党组的批复》。

市委办工作

【概况】 2017年，中共常宁市委办公室内设市委机要局、市保密局、市委政策研究室、市委市政府督查室、综合信息组、秘书组、行政后勤组、政工组。市委全面深化改革领导小组办公室，与市委办一个机构、两块牌子。有所属正科级事业单位市委应急管理办公室。归口管理单位有市史志办、市接待处、市档案局。是年常宁市委办公室获“2017年度全市目标管理绩效考核优秀单位”；市委、市人民政府督查室获“2017年度全省党委督查工作先进单位”“2017年度全市抗洪救灾先进集体”；市委应急管理办公室获“2017年度全市抗洪救灾先进集体”。

【信息工作】 2017年，中共常宁市委办公室坚持天天采、天天报的原则，在保证信息流量的同时，严格信息把关，切实注重质量，畅通报送渠道，小信息发挥大作用。对境内工作中的先进典型和经验，如防汛救灾、扶贫攻坚工作等，及时进行信息采集编报，基本做到不误时、不误事。选派2名工作人员赴省、衡阳市跟班，完成工作任务，受到省、衡阳市领导好评。全年组织上报信息400余条，紧急信息7条。其中《常宁：投资84亿元的中国五矿·水口山铜铅锌综合基地项目正式签约》《基层反映:当前防汛抗灾中的次生问题需引起重视》等多篇信息被省委办公厅采用，为领导决策提供参考。

【督查调研】 2017年3月，中共常宁市委办公室组织有关单位，对春季造林绿化、森林防火、防汛应急、安全生产、地质灾害防治和环境保护等工作进行联合督查。对重点工作，实行跟踪问效，督责任、督进度、督问题、督整改，督效果，常抓不懈。对脱贫攻坚，先后开展易地扶贫搬迁专项督查、47个贫困村驻村工作队脱贫攻坚专项督查、省脱贫攻坚督查组交办问题整改工作情况集中督查、惠民优惠政策落实情况专项督查，做到了扶贫推进到哪里，督查就跟进到哪里。对项目建设，市委、市人民政府督查室牵头起草出台《常宁市“项目建设年”活动实施方案》《常宁市2017年重点项目建设考核办法》《常宁市2017年度投融资公司目标管理绩效考核方案》，实行项目建设一月一督查、每季一通报、半年一讲评，对全市45个竣工类和71个开工类重点项目制作项目督查现场核查表，实行量化督、细化督、具体督，做到每个项目一张表格、一张现场推进图片，平均每次通报达94页28000多字。全年统筹迎接了中央环保工作督查、省村(社区)换届工作督查、省3·20医疗纠纷督查、省脱贫攻坚专项督查、省绩效评估民意调查、衡阳市优抚安置工作督查、衡阳市不动产登记工作督查、衡阳市植优补短暨项目建设情况督查、衡阳市防汛抗旱专项督查、衡阳市十九大期间信访安保维稳专项督查、衡阳市十九大精神宣传贯彻情况督查。

【安全监管】 2017年，中共常宁市委办公室升级市委大院出入管理和院区夜间“亮化”与巡逻，完善门卫值班和物防、技防、人防措施，调整充实人员力量，确保有值班制度、有电子监控设施、有保卫人员严格管理。坚持24小时领导带班、人员值班制度，明确规定值班人员不得随意脱岗，对值班期间的有关事项要求务必在第一时间向带班领导汇报处理，同时加大对值班工作的检查督促力度。另一方面严格落实重点区域保卫制度，确保市委机关的安全运行。

【信访接待】 2017年，中共常宁市委办公室落实信访工作责任制，要求随时关注来访人员的情况，主动询问来访缘由并认真做好登记，及时将来访人员劝解到信访部门。积极应对和处置突发事件，做到积极上报，保证信息畅通。及时处理领导关于信访问题的批办件，对交办的信件做好处理，要求“件件结硬仗”，并及时结案和上报结果。全年，接待来信来访2363批4692人次，其中集访28批781人次，个访2335批3911人次，共处理围堵市委大门等非正常上访8批363人次。领导批示件12件，转办件12件，交办件643件，办结案件216件，未办结案件339件。

【机要保密】 2017年，中共常宁市委办公室坚持机要24小时值班制度，严格值班交接手续，确保万无一失。全市强化保密宣传、督查、信息报送等工作，开展保密工作论文比赛。加大涉密人员管理、保密硬件建设力度，保密能力进一步提升，守住保密底线。

【办文办会】2017年，中共常宁市委办公室做好文件管理工作，使文件的收、发、传、送、批、借、存、销等环节做到程序化、制度化、科学化，做到及时、准确、规范、不错发、不遗失，严格按照保密制度管理、无被盗和失泄密事件发生。严把起草关、审核关、校对关、发送关、时效关，圆满完成文件审核把关、会议记录纪要、综合材料撰写等各项工作。全年共处理各种公文材料150余件。全年常委会议纪要10篇，报送备案文件14个。做好市委常委会议的服务工作，配合其它部门搞好大型会议的会务工作。

【市委办重要文件选登】 2017年4月5日，关于印发《2017年度中共常宁市委办公室主任办公会议成员分工》的通知。

5月16日，关于印发《中共常宁市委全面深化改革领导小组2017年工作要点》的通知。

5月16日，关于《调整市委反腐败协调小组成员及办公室成员》的通知。

5月23日，关于印发《常宁市基层妇联组织改革实施方案》的通知。

6月7日，印发《关于推进“两学一做”学习教育常态化制度化的实施方案》的通知。

7月12日，关于《调整市委保密委员会成员》的通知。

7月17日 关于《组织观看核电科普知识展览》的通知。

7月17日，关于转发《中共中央办公厅关于认真组织收看电视专题片〈将改革进行到底〉的通知》的通知。

7月19日，关于《成立市委巡察工作领导小组》的通知。

9月22日，关于《常宁市“贯彻全会精神 问策常宁发展”征文优秀文稿成果评选结果》的通报。

10月16日，关于《认真组织收听收看习近平同志在中国共产党第十九次全国代表大会上的报告》的通知。

12月20日，关于《调整市委巡察工作领导小组成员》的通知。

12月21日，关于印发《常宁市深化国家监察体制改革试点工作实施细则》的通知。

市委、市政府接待处

【概况】 2017年，市委、市政府接待处内设办公室和接待股两个股室，有在编人员5人。是年，被评为“2017年度全市脱贫攻坚工作优秀单位”和“2017年度全市目标管理绩效考核良好单位”。

【接待工作】2017年，市委、市政府接待处完成接待任务165批2280人次。其中完成省部级4批86人次，市委、市人大、市人民政府、市政协、市纪委、市人民武装部28批437人次，厅局级领导21批378人次，视察团、工作组45批585人次，大型会议、活动3批243人次，专家教授、新闻媒体记者及各界知名人士8批68人次，商务接待56批483人次。年内，接待原中央委员、中央文献研究室主任滕文生，省委副书记乌兰，省政协主席李微微，省委常委、常务副省长陈向群，省人民政府副省长张剑飞、隋忠诚，省政协副主席张大方、胡旭晟，省纪委副书记汤军，衡阳市委书记、市人大常委会主任周龙，衡阳市委副书记、市长郑建新，衡阳市委副书记邓群策，衡阳市政协主席廖炎秋等重要来宾；圆满承办、协办中国五矿铜铅锌基地开工仪式，衡阳市第二次全国地名普查验收现场会，国省衡阳市三级人大代表、政协委员视察活动；同时还协助做好招商引资接待服务工作，促成湘南纺织产业牛仔服饰全产业链项目落户常宁、株冶集团转移转型，成功签约深圳正威集团、湖南一品新能源开发有限公司、北京东方园林环境股份有限公司等，加速上海德邦牧业有限公司的入园步伐，推动香港泛亚绿洲集团铜杆项目开工、宏兴化工、华兴冶化投产，为常宁市植优补短、加快推进产业提质升级、实现互利共赢提供强有力的后勤保障，促进常宁经济社会的发展。

【联村(居)工作】2017年，市委、市政府接待处派出工作人员驻点精准扶贫村洋泉镇新石井村，核实贫困户台账，制定新石井村年度脱贫攻坚计划，拨付15000元扶贫资金，全面推进2.6兆瓦光伏项目并网发电，每年可增加村集体经济收入2.26万元，加强农网改造、道路硬化等基础设施建设，发展大鹏蔬菜，吸纳贫困户入股、就业，加快产业脱贫致富步伐。结对帮扶洋泉镇新石井村和洋洲村邓远文、黄开东、邓长松等12户贫困户，落实“一户一档一策”，帮助梁祥林、易忆成两户解决安居问题，落实易忆成子女上学减免优惠政策，实打实地为贫困户解决实际困难。

组织工作

【概况】 2017年，中共常宁市委组织部内设办公室、研究室、党建先锋网站、组织组、党代表联络办公室、干部一组、干部二组、干部监督组、人才工作组、远教中心、市直属工委、基层办、新两办。有在岗人员32人。紧紧围绕“党要管党，从严治党，切实加强党的执政能力建设”这条主线，进一步加强领导班子、干部队伍及人才队伍建设，抓紧抓实基层组织和党员队伍建设，开拓创新、锐意进取，不断强化组织部门自身建设，努力开创常宁市组织工作的新局面。

【党建机制创新】 2017年，市委组织部5次提请市委常委会议研究调度基层党建工作，建立市委常委基层党建工作联系点制度，市委书记联点亲自抓，其他常委班子成员带头抓好分管领域的基层党建工作。建立以组织部门牵头抓，市纪委、市委办、宣传部、政法委等多部门分工合作的党建工作联席会议制度，每月召开一次例会对基层党建工作进行风险研判和安排部署，每季度联合开展一次党建工作专项督查。把基层党建工作纳入全市目标管理绩效考核和领导班子及领导干部年度考核体系，创新党建+奖牌+奖金模式，完善基层党组织书记党建工作“双述双评”制度，全年约谈7名对基层党建工作推动不力的乡镇党委书记和局长，对党建考核评议排末位的党委书记作组织调整，对4名贫困村党组织“第一书记”因履职不力予以召回并更换。

【基层党组织整顿】 2017年，市委组织部对软弱涣散基层党组织进行集中整顿，建立市级领导整顿软弱涣散基层党组织联系点制度，市委、市人民政府党员领导班子成员全部联系软弱涣散基层党组织，从市直机关选派83名党员任软弱涣散村“第一书记”；选优配强“领头雁”，如期完成408个村(社区)两委班子换届，全市2072名村两委班子成员中有回乡大中专毕业生37名、大学生村官31名、农民大学生380名、致富能手287名、转业退伍军人28名，干部平均年龄51岁。针对“两新”工委党组织基础薄弱现状，选派党建工作指导员305名，覆盖521个非公企业、208个社会组织。

【党建业务培训】 2017年，市委组织部明确乡镇专职副书记分管党务工作，组织委员专职专岗，村(社区)至少配备1名专职党务人员，市直机关单位设立党建办。全年分6批次对全市1751个村(社区)、市直机关企事业单位、“两新”组织的基层党支部书记进行为期3天的党建业务知识专题培训。为加强党建业务信息共享和工作交流，以组织部党建口负责人为群主，分别建立乡镇和市直党务人员工作微信群，及时发布工作提示，快速开展跟踪督办。

【党建阵地建设】 2017年，全市完成2016年计划任务的农村综合服务平台建设23个，部分已投入使用。建设的59个平台全面开工建设，同时争取财政资金90余万元用于各级远教站(点)设备的维护、更换和新置。

【基层组织保障】 2017年，将村均运转经费提高到16万元，乡镇社区提高到8万元，城区社区提高到15万元。落实城区社区平均5万元的惠民项目资金、每村不少于1万元的服务群众专项经费。率先在衡阳市研究出台《关于进一步提高村干部待遇和对在职干部参加养老保险进行补贴的实施方案》。

【“两学一做”学习教育】 2017年，市委组织部牢牢抓住“两学一做”龙头任务，精心组织、周密安排，扎实推进“两学一做”学习教育常态化制度化深入开展。全年3次召开推进会，11次下发工作提示，7次召开联席会议，4次开展专项督查。同时，着力抓好基层支部“三会一课(三会：指定期召开支部党员大会、党支部委员会和党小组会；一课：指按时上好党课。)”“五个日子(每月的党费收缴日、集中学习日、志愿服务日，每年的党员政治生日、组织生活日)”、支部主题党日活动、党员领导干部带头过双重组织生活等基础性工作，推行“千堂党课下基层”，深入开展“岗位作贡献、合格见行动、共建新衡阳”活动，结合党建扶贫组织党员干部进村入户结对帮扶，充分发挥党员先锋模范和主心骨作用。

【七项重点工作“回头看”】 2017年，市委组织部对67名长期失联的党员按自行脱党除名处理，对2起在党员发展中程序不规范等情形予以认定或处置；对存在违纪违法行为的1名衡阳市党代表、12名常宁市党代表和党员组织关系转出的4名常宁市党代表及时作出处理和通报。组织各级党员和党组织结合实际，深入查补问题和短板，列出问题清单、整改清单和责任清单，切实摸清“病症”，注重严抓实改出成效。

【干部选任】 2017年，市委组织部严格按照习总书记提出的好干部“五个标准(信念坚定、为民服务、勤政务实、敢于担当、清正廉洁)”，坚持重视基层、实干当先的用人导向，严格规范干部选任程序。着重抓好各级领导班子队伍建设，积极探索干部能上能下机制，畅通干部出入口；加大年轻干部的选拔培养力度，及时将德才兼备的年轻干部推选到重要岗位任职；稳妥推进干部职数消超工作，全面完成消超任务；严格干部任前审核，杜绝干部“带病提拔”；积极探索市属国有企事业单位改革和人才引进机制，扎实做好工、青、妇群团组织换届和改革工作。全年根据工作需要共及时调整干部7批次，提拔重用干部170余人，全市各级领导班子良性运转，干部队伍平稳发展。认真落实“两代表一委员”推荐提名程序规定，推行联合审查制度。共考察推选常宁市人大代表6名，政协委员4名，配合上级做好8名省人大代表、政协委员的推荐提名考察工作。

【干部教育培训】 2017年，市委组织部共举办主体培训班2期，共调训121人，参训率达到97%；结合开展“干部成长感恩谁”讨论活动，邀请上级领导及专家对全市各级组织人事干部进行集中授课；为加大对十九大精神学习力度，拟对全市所有在职科级干部分批进行集中轮训；先后向上级党校及干部培训学院送训处级干部73人、科级干部21人；加大对干部在线学习教育力度，全市组工人事干部在线教育学习参学率达100%。

【干部监督】 2017年，市委组织部如期完成全市2名省管干部和42名衡阳市管干部的个人有关事项报告、18名领导干部的经济责任审计、700多名的科级领导职数消超任务和1299名科级实职干部特岗人员信息报备；积极配合参与做好村两委换届风气监督工作，及时受理办结12起信访举报件；认真开展领导干部提醒、函询和诫勉，全年共批评提醒干部14人次、函询2人次；抓好《关于从严监督管理党员干部的十项措施》和《关于切实做好干部谈心谈话和领导干部家访工作》等文件的贯彻落实。

【队伍建设】 2017年，市委组织部突出组工业务重点，举办组工干部专题培训班，开展组织工作政策法规业务知识竞赛，积极选派干部参加上级组织部门专题业务培训班，通过专题培训、专题研修、跟班学习等方式，切实推动组工干部提升专业能力。注重调研创新，加强对党的制度建设、干部人事制度改革等新课题调查研究，积极探索干部能上能下机制和人才引进激励机制，全年完成5项党的建设制度改革重点任务，4个重点课题，通过开展各类调研活动，提高组工干部发现问题、分析问题和解决问题的能力。

【机关内务管理】 2017年，市委组织部出台《中共常宁市委组织部关于加强机关事务管理的制度汇编》，对办文办会、学习培训、基层调研、人事财务等内部管理制度进行修订完善，促进机关管理的规范化。关心关爱机关干部职工，成立机关工会，结合支部主题党日开展各类文体活动，积极推行干部谈心谈话和领导干部家访，定期组织机关干部进行健康体检，切实增强部机关干部的温暖感和凝聚力。

【扶贫工作】 2017年，市委组织部针对精准扶贫工作，做好机关结对帮扶工作，成立机关扶贫领导小组，明确扶贫工作队长和队员，组建扶贫工作小分队，制定部机关精准扶贫方案，部机关干部每人结对帮扶3户贫困户，通过结对帮扶，引导机关干部在服务基层、服务群众过程中锤炼党性、增强本领导、改进作风、树立组工干部良好形象。

【工作成效】 2017年，市委组织部参加人民网“两学一做”学习教育网上学习竞赛，获全国一等奖1个、三等奖2个；参加省、衡阳市“两学一做”微视频、微动漫创造比赛，获省三等奖1个、衡阳市二、三等奖各1个；选送的诵读节目《岁月如歌深似海》获衡阳市庆祝建党96周年纪念活动二等奖；党员红星云学习在衡阳市县市中排名第一、全省排名第七；基层党建工作2次交叉检查均排衡阳市各县市第一方阵。

宣传工作

【概况】 2017年，中共常宁市委宣传部内设新闻办、文明办、网管办、办公室、文化产业办、理教组、文艺组、外宣组、宣传组、网宣办。归口管理单位有文体广电新闻出版局、广播电视台、文联、新华书店、常宁报社、网管办。是年，在衡阳市委宣传部的关心指导下，常宁市宣传思想文化工作取得一定成绩。

【理论学习】 2017年，中共常宁市委宣传部围绕党的十九大和习近平系列讲话精神，在全社会掀起理论武装热潮。开展市委中心组专题学习14次，市级领导共撰写理论调研文章近40余篇，在市级以上刊物公开发表理论文章近20篇；邀请著名学者周秋光开展中国优秀传统文化专题讲座；开展“贯彻全会精神·问策常宁发展”征文比赛，收集征文稿800余篇。紧扣十八届六中全会、党的十九大精神，开展常态化巡讲近100场；组织开展“好声音讲坛—‘讲话精神’进基层”百姓微宣讲活动；以“微信群、微博客、微讲堂”为载体的各类“微宣讲”活动，让党的声音及时传播到千家万户；注重文艺宣传，借用舞台剧、小品等开展文艺巡演，推动“十九大精神进基层”。全年共约谈一把手2人，处理公职人员1人，打击网络谣言拘留4人，取缔非法记者站1个。

【推介先进典型】 2017年，共发表各类稿件2600余篇，国家级新闻媒体发稿20余篇，省级新闻媒体300余篇。央视CCTV《新闻联播》刊播《行走魅力茶乡古道千年茶飘香》《常宁：城区内涝紧急转移受困人员》《山水大义擦亮常宁大义文化品牌》等；《湖南常宁创建省级卫生城市：生态立市，创卫为民》《改革创新立潮头活力常宁展新姿》等新闻稿件得到了新华社、人民网、央视网等央媒的着力推介。湖南日报头版头条刊登《常宁能人治村富民强基》；《常宁：发展异地商会引老乡回乡投资兴业》获2017年度衡阳新闻奖二等奖。

【新媒体发展】 2017年，中共常宁市委宣传部新开办“大美常宁”“天下常宁”“湖南常宁湖湘文化”等官方微信公众号；年末，“常宁手机报”粉丝有3万余人，微博粉丝2万余人，新常宁党政客户端已有6万余用户，全年3次大型直播，最大点击量超34万人次。常宁市欢乐潇湘关注度达10万人次以上。

【网络管控】 2017年，中共常宁市委宣传部出台《常宁市自媒体管理扶持奖励办法》，举办新媒体建设管理培训班，定期联络、座谈、培训，引导新媒体健康有序规范发展；进一步加强网管、网宣、网评等“网军”队伍建设。全年报送网络舆情信息3500余条，全市网络舆情平稳安全。

【文物保护】 2017年，中共常宁市委宣传部扶持表彰全市27个非遗项目代表性传承人；“水口山铅锌矿遗址公园”列入全国第七批重点文物保护单位，填补省内工业遗址“国保”空白；南詹正骨正在申报国家级非遗项目；常宁江洲城址、新平城址的考古发掘填补湖南省空白；投入336.5万元修缮常宁县农民协会旧址、刘氏大屋等文物。

【设施建设】 2017年，中共常宁市委宣传部“文化三馆(图书馆、文化馆、博物馆)”体育“两馆一场”、常宁市版画创作基地高标准建成投用；常宁版画院、庙前版画村项目提上议事日程；首家24小时自助图书馆建成投用。

【品牌建设】 2017年，中共常宁市委宣传部高标准举办“常宁版画大型展览暨文化交流系列活动”，“中国工业版画创作基地”“湖南工业版画创作基地”“湖南省常宁版画创作基地”落户常宁；选送作品参加中国工业版画第五回年展入选11幅作品，获奖2件，入选作品数量居全国首位；在“湖南工业版画作品展览”中，常宁共展出作品33幅，占参展作品三分之一强。

【文艺创作】 2017年，大型红色原创歌剧《八百矿工上井冈》，完成剧本初稿等工作；原创民俗舞蹈节目《瑶妹洗足》获省三等奖；《云海中的塔山茶》一歌被国家级刊物《歌曲》登载。联手专业院团及专家策划团队，整合常宁塔山“瑶族谈笑”、胜桥“人龙”、板桥“板凳龙”“棉花龙”“荷花灯”等常宁特色民俗，打造综合性民俗民风实景演出节目。

【旅游产业】 2017年，砚池山公园建设提速，罗桥百万亩樱花园基础设施建设基本完成，“两园”预计于3月正式开园；第四届中国(常宁)油茶旅游文化节提上议事议程；以“天下印山.古韵庙前”为主题的印山AAAA级旅游景区提质升级；大义山脉沿线“灵山秀水·大义福地”生态休闲游项目、水口山“红色文化·矿冶文化”工业旅游项目、塔山瑶乡民俗风情体验游三大项目建设正积极推进。

【核心价值传播】 2017年，建设公益广告、提示牌、图说“我们的价值观”宣传墙5000余平米，投放大中型宣传牌1000余块；印发“告别不文明行为，争当文明市民”等市民宣传教育资料；微视频《善小而为之》成为衡阳市唯一入选第二届新湖南微视频(微电影)展播大赛的作品。常宁市义工协会获衡阳市“2017年优秀志愿组织”称号；“人间爱心超市”发起人吕云峰获评“2017年优秀志愿者”；邓华龙等8户家庭入选衡阳市文明家庭；水口山镇大渔村申报全国文明村；双蹲小学申报衡阳市文明校园；平安村、庙山村、中田村“美丽乡村”建设深入推进。围绕三个倡导，开展“最美宜城儿女”“身边雷锋·常宁好人”“讲文明·树新风”“春联大赠送”“三关爱”志愿服务行动等各类主题实践活动。

统战工作

【概况】 2017年，中共常宁市委统战部内设办公室、干部组、经济联络组、统战网站、政研室。机关有干部职工10人，其中部长1名，副部长3名(含兼职副部长1名)。是年，常宁市委统战部评为全省统一战线聚力扶贫攻坚行动成效突出单位。《推行党外干部述职评议制度》获衡阳市2017年度全市统战工作实践创新成果奖。归口管理的单位有市委台湾工作领导小组(常宁市人民政府台湾事务办公室)、市归侨侨眷联合会。

【阵地建设】 2017年，中共常宁市委统战部积极推进乡镇统战阵地建设，按照有班子、有场地、有台账、有活动、有经费的“五有”标准，乡镇成立统战工作领导小组，设立统战之家，建立统战对象资源库，落实工作经费2.5万元。年中，分组对全市乡镇统战标准化建设进行督查。进一步强化绩效考核，健全和完善基层统战工作考核机制，分基础工作、重点工作、特色工作进行细化打分，提高考核的操作性。

【政治理论学习】 2017年，中共常宁市委统战部深入学习贯彻党的十九大精神，组织全体干部职工观看开幕式直播，在中心组学习中先后组织系统全体干部职工、非公经济人士、党外知识分子参加集中学习，原原本本学习报告原文，撰写心得体会50余篇。印发《党的十九大报告学习手册》“口袋书”300余册，开辟十九大精神及关于统战论述宣传栏20余个，利用微信平台发布解读文章20余篇。深入开展“两学一助”活动，市委统战部、市工商联、市台办、市侨联先后组织党外代表人士集中学习12次。

【党外干部培养】 2017年，中共常宁市委统战部认真做好党外干部的培养、选拔工作，深入各单位、乡镇了解优秀党外干部。积极与组织部门配合，加强党外干部的轮岗和交流。政府工作部门配备了2名党外正职，提拔任用1名党外正职。全市有副科以上党外干部48名，其中正县级干部1人，副处5名，正科5名，副科37名；政府工作部门25名，法院、检察院各1名；党外副乡镇长3名。引导党外干部积极履职，开展了党外干部年度述职评议大会，将评议结果作为提拔交流的重要依据。

【脱贫攻坚】 2017年，中共常宁市委统战部出台《中共常宁市委统战部精准扶贫工作方案》，先后开展3期扶贫知识讲座。在驻村帮扶中，深入塔山瑶族乡东江村20余次走访慰问、调研督查。落实驻村扶贫资金40余万元，改扩建乡村公路5600余米，完成5个组安全饮水工程，成立养殖合作社1个，新开茶园26.667公顷。按要求对21名贫困户开展走访慰问，帮助5名贫困生解决助学金15000元，安排4名贫困户就业。全年有3户成功脱贫。“万企帮万村”活动促成76家非公企业与47个贫困村成功对接，捐款230万元。发动各异地商会、非公经济人士、党外干部等在统一战线“金秋助学·爱心圆梦”行动中捐资120余万元，资助贫困学子420名。胜桥、洋泉、烟洲、白沙等10余个乡镇发挥统战资源，成功组建奖助学基金协会，累计发放奖助学金800余万元。会员和异地常宁商会在洪涝灾害中捐款55万元、被子100套、衣服280套。

【非公“两个健康”】 2017年，中共常宁市委统战部完成400多家企业会员的数据库录入工作，新发展企业会员13家，成立了青年企业家商会和汽车行业协会，组建了上海、东莞、北京、福州4个异地商会，天津、浙江、西安等异地商会筹建之中。举行新春恳谈会、山岚茶推介交流会等活动。关注非公人士成长，推荐刘文玲、龙德福2名非公经济人士为湖南省工商联会员代表，推荐3名企业会员为全市2017年劳动模范和先进工作者。组织青年企业家参加了“青商崛起峰会”，举办了青年企业家政策讲座、主题沙龙等学习交流活动。加强非公党建工作，全市新组建非公党组织9个，其中联合党支部6个，覆盖工商联会员企业40家。创建2个非公组织党建工作示范点。8月，非公党委被裁撤，一部分职能划入市委组织部，一部分职能划入市工商联合会。

【民宗管理】 2017年，中共常宁市委统战部引导非公企业进瑶乡开展扶贫攻坚，集中开发茶园533.33公顷，建立药材种植基地40公顷、动物养殖场16个。结合“万企帮万村”，引导兴华农业开发有限公司对接帮扶狮园贫困村，投入资金3000余万元，硬化道路5400米，架设供电线路1000余米，新开辟茶园266.67公顷，垦复改造老茶园37.333公顷。帮扶建档立卡贫困户68户243人，带动500余农户从事茶叶种植、生产，走上脱贫致富之路。宗教方面，全市正式登记备案的宗教场所50个，其中佛教43个，基督教6个，道教1个，信徒33000多人。积极开展影响宗教和谐矛盾纠纷排查，不断深化“教风”创建活动和“两滥”专项治理，抵御和防范宗教渗透。以市委统战工作领导小组名义出台《关于建立市、乡、村三级民族宗教工作网络和乡、村两级责任制的意见 》。依法依规更换宗教场所登记证，对至圣寺等10个重点宗教场所，市、乡、村、组四级网络全部实行定格、定人、定岗、定责管理。

【对外交往】 2017年，中共常宁市委统战部推行定期主动联络制度，春节前向旅台常宁乡亲寄送贺年卡200余封，清明、端午、中秋、重阳等节日走访特困台胞台属，送去慰问物品传递党和政府关心。开展新侨调研工作，建立“港澳交流群”微信平台，及时传递国内及全市侨界新闻动态。组团赴台考察，与台胞就教育、农业、通讯、网络、电子等领域的项目进行洽谈，为两岸经贸交流与合作奠定良好基础。极引导台侨界人士参与助学、扶贫活动。召开旅台常宁同乡会奖助学基金会第22届颁奖大会，为家乡品学兼优6名学子颁发奖助学金1.2万元。香港吴星可慈善基金会两次到胜桥镇慰问贫困老人和贫困学生，共捐赠11万元、棉被和被套212件。中国华侨公益基金会珠海市司迈科技有限公司捐赠一台价值96万元的医疗设备。

【“四同”创建】 2017年，东宜社区、荣诚鞋厂申报衡阳市级创建示范点，罗桥百万樱花园申报省级同心园区。在同心社区创建中，以“两化两体系建设”为契机，累计筹集资金200余万元，购置装修办公大楼，建好统战之家、统战活动室、同心讲堂等功能室，油化社区道路，举行义诊、义演、统战知识宣讲等活动10余次。在同心项目创建中，市委书记、市长先后两次到荣诚鞋厂现场办公，解决矛盾纠纷5起，助推企业二期拓产项目顺利实施，预计年底完工投产。在同心园区创建中，市委书记召集财政、国土、规划等10余个部门召开推进会，就用地、用电、用水等方面给予政策支持。市委统战部先后10余次深入园区协调解决困难和问题12个，推进项目建设，预计2018年举行樱花节。

【宣传调研】 2017年年初，中共常宁市委统战部开通“常宁统一战线”公众微信号，先后转刊载文章510余篇，被衡阳统战网、衡阳统战公众号采用200余篇，被省委统战部采用15篇，其中《“四同创建”画出“同心圆”》《发展异地商会引老乡回乡投资兴业》《统一战线精准助学让279名困难学子圆梦》先后被《衡阳日报》刊发，《常宁构建四同创建新模式》被衡阳通讯推介。针对基层统战力量薄弱的现象，带队深入全市乡镇开展统战工作调研，了解基层情况，指导基层工作。

【存在问题】 存在的问题主要有：党外干部的配备不尽合理，部分空缺的党外干部岗位未及时补充，政策建议配备党外干部的正科级医院、学校也未配齐。党外知识分子、新的社会阶层人士等统战对象不断扩大，统战部的任务越来越重，统战系统人员有限，面对增加的工作对象往往力不从心、鞭长莫及。基层单位对统战工作缺乏主动性，大多数只是被动执行上级命令，工作难以全覆盖。

对台工作

【概　况】 中共常宁市委台湾工作领导小组办公室(常宁市人民政府台湾事务办公室)(以下简称市台办)是市委、市政府主管全市对台工作的办事机构，实行两块牌子一套人马，归口市委统战部管理的正科级单位，内设综合股、联络股。2017年，围绕“两个服务”(为祖国和平统一服务，为富民强市服务)主题，主动作为,扎实工作,推进对台工作。

【节日慰问】 2017年，中共常宁市委台办利用春节，向旅台常宁乡亲寄送贺年卡200余封，增强同乡情谊。利用清明、端午、中秋、重阳等传统节日走访特困台胞台属，送去慰问物品，传递正能量。

【捐资助学】 2017年，中共常宁市委台办密切与旅台常宁同乡会网上联络交流，向旅台乡亲沟通常宁教育在旅台乡亲的关心支持下取得成果，引导台胞情系桑梓捐资助学。尊重旅台同乡意愿，制订颁奖方案，考察筛选家庭较困难受助学生。8月，举行旅台常宁同乡会奖助学基金会第22届发放仪式，向品学兼优的6名学子颁发奖助学金，共12000元人民币，并在网络媒体宣传旅台乡亲爱心善举。

【服务两岸同胞】 2017年，中共常宁市委台办加强涉台婚姻调查走访工作，做好两岸陆配婚姻对象的工作。根据上级审批的涉台婚姻对象，用1个多月的时间走访调查，补充完善116例陆配婚姻对象资料，走访调查中发现3户台属符合农村低保政策，及时与民政部门联系，为他们解决低保问题。通过加强与岛内台胞交流，增加积累二代、三代的沟通和情感融合。并在市域范围内再摸底、再走访，加强台属联系，夯实服务工作。年内新增联络旅台二代、三代人员60余人。

【服务台企】 2017年6月7日，市委书记刘达祥率相关部门召开荣诚鞋业二期改造和拓产现场办公会，为荣诚鞋业拓产工作解决制约瓶颈。6月15日，市委、市人民政府主要领导召集相关部门召开荣诚鞋业拓产整治洽谈会，要求各职能部门要优化环境、做好服务，物流、交通、政策补贴等工作要做到位，助力荣诚在常宁做得更大更强，做到企业和政府及务工人员三赢。11月底，公司厂房主架落成，餐厅封顶，停车场投入使用，办公楼装修工程扫尾。公司拓产后每月产能由原来的产鞋35万双提升到70万双。市委书记刘达祥，市委副书记、市长吴乐胜等领导专题研究部署常宁田野绿世界(百万樱花园)项目建设推进工作。成立高规格百万樱花园项目服务小组。使园区工程建设紧张有序， 2018年可以如期开园营业。

【台企政策落实】2017年，台企常宁市咏胜农场遇到一系列的问题和困难，市台办主要领导为了解决这一问题，多次到发改委、财政局、移民局、交通旅游局、农开办、林业局等相关单位咨询优惠政策和争资跑项。9月，为保障咏胜农场的油茶收摘秩序，台办牵头组织召开统战部、政法委、政府办、林业局、大堡乡主要负责人参加的维护油茶收摘秩序座谈会，有效保障咏胜农场合法权益。

【赴台交流】 2017年11月，中共常宁市委、市人民政府组团赴台进行两岸经贸文化交流。在岛内宣传了常宁人文、资源、社会等优势，成功交流传递乡情，促进经贸互动。

【精准扶贫】 2017年4月，中共常宁市委台办为深入贯彻落实中央、省、市精准扶贫工作部署，到板桥镇参加精准扶贫工作。为做好扶贫结对工作，成立扶贫工作小分队，制定可行性实施方案，建立精细扶贫管理台账。5月，到板桥镇仙塘村走访、了解精准识别结对帮扶对象，为帮扶对象送帮扶资金，回访帮扶对象，宣传扶贫政策，端午节、中秋节前为帮扶对象送去慰问物品。6月，为帮扶对象制定具体的帮扶计划、措施，后期的政策宣传和督促政策落实工作也正常开展。是年，台办积极联络台商台企献爱心,为寒门学子解决部分助学资金。

【信息传递】 2017年，中共常宁市委台办紧密跟踪台情，积极搜集信息，提高信息工作的实效性、准确性、预见性。向《湘台连线》《衡阳统一战线网》《常宁统一战线》等媒体投稿23篇，采用17篇。

侨联工作

【概况】 根据上级关于群团组织机构改革精神和《中华全国归国华侨联合会章程》的要求，经中共衡阳市委机构编制委员会办公室衡编办【2006】2号文件批复同意，设置常宁市归侨侨眷联合会〈简称常宁市侨联〉，正科级，归口市委统战部管理，是负责、联系全市归侨、侨眷和海外侨胞工作的群众团体。2017年，机关内设办公室、妇委会，共有机关工作人员4人。

【情谊联络】2017年，常宁市侨联通过走访、座谈等方式与6名回乡探亲的华人、华侨、香港同胞、侨眷进行了友好的联络，促进了感情。6月12日，香港知名人士中核建筑有限公司董事长李瑞湘先生及周爱华女士回乡探亲。在市侨联领导的陪同下，回到母校兰江乡中心小学召开座谈会。6月14日，市侨联党组书记周芙晖走访慰问回常探亲的加拿大籍华人陈士先生及其家属，并邀请陈士先生出席党外知识分子座谈会，现场分享国外学校与学生对接资源的经验。11月，走访美国侨胞冠昊生物科技股份有限公司董事长朱卫平先生在常的堂弟朱卫荣先生，表达对朱卫平先生回乡捐资助学的感谢。继续坚持重大节日走访制度，在元旦、中秋、春节等重大节日期间走访慰问归侨侨眷数十人，送去慰问资金生活用品等1万余元。

【爱心活动】2017年，常宁市侨联向上争取中国华侨公益基金会、香港吴星可慈善基金会等项目资金来常捐献爱心，助力常宁社会发展。6月，常宁市人民医院在中国华侨公益基金会开展“侨爱心健康行”的专项公益活动中，接受珠海市司迈科技有限公司捐赠的一台价值96万元的SM10C等离子双极电切电凝系统。8月，香港吴星可慈善基金会到胜桥镇开展“千侨帮千户”精准扶贫爱心捐赠活动，吴碧先生为70岁以上的低保老人和贫困小朋友捐赠现金11万余元。11月，该基金会又为胜桥镇的五保老人、部分困难群众捐赠106床棉被及被套。8月25日，在常宁市委统战部开展的“金秋助学爱心圆梦”行动中，侨联积极发动侨界爱心人士李敦年、欧阳洪山、曾萍、胡小平捐款2万余元。12月19日，常宁籍香港同胞香港孔教学院名誉院长李瑞湘先生及夫人周爱华女士为兰江乡中心小学捐赠一座价值14万元的孔子铜像。

【调研活动】2017年2月24～25日，常宁市侨联组织市侨联委员、侨界人大代表、政协委员、侨联机关工作人员等20余人赴侨资企业“长沙市便装网络科技有限公司”考察调研。

【出谋划策】2017年6月10日，邀请湖南省农科院原副巡视员蔡立湘，省农科院人事处处长、研究员皮业林，科技处贺中华等一行3人到常宁市侨资企业大山生态农业有限公司考察省级林下中药材种植示范基地。

【经验交流】2017年5月4日，郴州市侨联主席马驰一行来常，实地查看市侨资企业西岭镇归侨侨眷职业技能培训基地和洪发农林农民专业合作社种植基地。马驰一行充分肯定“协会+公司+合作社+基地+农户”的合作方式，并表示郴州市侨联将把常宁的成功经验带回去，带动当地经济发展，帮助归侨侨眷和农民发展致富。

【政治学习】2017年，参加省、市学习达6次，参加人员26人。5月25日，市侨联召开工作座谈会，组织市侨联兼职副主席、侨联委员、侨界人大代表、政协委员、省、衡阳市侨商会常务理事、理事等40余人集中学习《中国侨联改革方案》及省、衡阳市侨联会议精神，安排部署2017年重点工作。大家在会上踊跃发言，共谋发展，对侨联工作的开展积累好的经验和建议。

【数据库建设】 2017年11月中下旬，市侨联召开新侨调研工作会议，对全市23个乡镇(办事处)和相关市直单位新侨摸底调查和走访工作进行安排部署。根据调研数据统计，常宁籍旅外华侨、外籍华人、港澳同胞有3180人，海外留学人员有18人。居住在常宁的归侨、侨眷、港澳同胞眷属、海外留学人员眷属6900人。归国留学人员3人。其中在海外具有较高声望和地位的重点人士10人。海外华侨华人大都分布在美国、新加坡、法国、英国、加拿大；海外留学生大都分布在美国、新加坡等。调查完善补充2013年以来的新侨台账，对指导各乡镇(办事处)和相关市直单位做好侨联工作起到了很好的示范作用，对推动全市侨联工作具有积极的意义。

【精准扶贫】2017年，市侨联作为塔山瑶族乡东江村的后盾单位，充分发挥后盾支持作用，开展帮扶行动。积极带领侨界政协委员到东江村走访、精准识别结对帮扶对象，宣传扶贫政策、送帮扶资金。同时着力推进塔山瑶乡东江村的基础设施建设，助力东江村基础设施建设和乡村经济快速发展。先后在塔山乡和胜桥镇共走访帮扶贫困户13户，送去帮扶资金5000余元。

【宣传工作】 2017年，向《衡阳统一战线网》《衡阳市侨联网》《常宁统一战线》等媒体投稿15

篇，撰写调研论文2篇。其中，《发挥侨务优势，助力小康建设—常宁市新侨工作开展情况调研报告》得到了市委、市人民政府领导的表扬。

老干部工作

【概况】 2017年，中共常宁市委老干部局内设办公室、生活待遇股、综合调研股、组织宣教股、财务股。下属机构有常宁市老干部活动中心。管理服务老年群团组织：中共常宁市委老干部党校、市老年大学、市老干部自我协调小组、市老干部(老年人)书画协会、市关心下一代工作委员会、市农村留守儿童爱心之家活动指导中心、市老年摄影家协会、市老年诗词学会、市老年保健协会、市老年人体育协会、市老科技工作者协会。局机关有在编干部职工17人，老干活动中心有工作人员25人，其中聘用人员16人，退休干部9人。全市有离休干部15人，有处级退休干部150人，有离休干部配偶遗孀59人，有建国初期参加革命工作的部分退休干部69人。以突出抓好老干部政治、生活待遇落实为出发点，强化离退休干部党支部建设和思想政治工作，积极引导离退休干部为党的事业增添正能量，为跻身全省经济十强、建设富饶美丽幸福新常宁发挥积极作用。

【班子建设】 2017年，中共常宁市委老干部局始终贯彻民主集中制原则，建立局务会制度，坚持科学决策、民主管理，“一把手”对副职和工作人员做到作风上民主，工作上放手。班子成员主动当好配角，不渎职、不越权、不错位，相互尊重、相互理解、相互支持，形成团结奋进、和谐共事、公道正派、廉洁奉公的领导集体。是年，注重政治素质和业务知识学习，把学习作为提高老干部工作队伍的素质和能力的重要途径，开展学习习近平总书记系列重要讲话精神，学习党的十八届五中、六中全会及十九大精神，学习贯彻中央“八项规定”、省委“九项规定”等活动，统筹推进创先争优活动，不断完善局机关核心价值体系，认真总结经验，深入基层调研，探索进一步做好新形势下的老干部工作的有效途径。

【老干部的政治待遇落实】 2017年，每月10日、16日，中共常宁市委老干部局组织离休干部和退休处级干部，以老干部活动中心和老年大学为阵地，组织老干部系统学习党的十八届五中、六中全会及十九大精神，引导老干部充分利用网络、手机等现代信息手段，学习最新的中央及地方政策方针；注重加强与离退休干部思想沟通，及时掌握老干部的思想动态，让老干部思想常新，永不掉队。坚持做到重大活动邀请老干部参加，重大决策听取老干部意见。市党代会、人大会、政协会都邀请老干部代表参加，市委、市人民政府就政府工作报告等，召开老干部座谈会，面对面倾听老干部心声。重阳节，组织全市离休干部、退休处级干部视察塔山乡扶贫攻坚工作，座谈会上市长通报了2017年全市的经济建设情况，老干部代表纷纷建言献策。坚持落实老干部阅文阅报制度，联系市人社局、财政局等单位向老干部通报部门工作情况，重阳节、春节前走访慰问老干部。

【老干部的生活待遇落实】 2017年，中共常宁市委老干部局按时足额发放离休干部(遗孀)离休费、生活补贴、护理费，建国初期干部各种补贴，对于行动不便的离退休干部还将钱送到其家中。医药费实行用多少报多少，不要离休干部出一分钱；7月，组织全市离退休干部进行健康检查，健全健康档案；继续推行“一对一”亲情服务，做到细致化、常态化，局工作人员每月都走访或电话慰问服务对象，不断更新、完善老干部信息台账，及时发现并解决他们的实际困难，尤其注重对特困老干的帮扶。 春节前对20名特困老干部送去4万余元的扶困资金。

【信访、调研、宣传工作】 2017年，中共常宁市委老干部局信访工作始终坚持 “三必访(即矛盾多、问题多、群众意见大的村必访；对五保户、特困户、军烈属必访；上访户、告状户必访)”制度，将矛盾解决在萌芽状态，老干部信访态势稳定。开展“利用社会资源、整合社会力量做好老干部工作”的主题调研活动，形成调研材料上报衡阳市局。重视对老干部工作的宣传，在《老年人》《老年工作之友》《衡阳日报》《衡阳老干部工作》《衡阳晚报》《常宁报》等刊物上稿40余篇，其中省级6篇，衡阳市级8篇，在《常宁报》刊登专版2篇。在各级老干部工作网站发表稿件110余篇，在红网论坛发主帖120余篇。

【离退休干部党支部建设】 2017年8月，市委办、政府办联合下发《关于进一步加强和改进离退休干部工作的实施细则》。11月，中共常宁市委离退休干部工作委员会正式挂牌成立，对全市的离退休干部党支部书记进行培训，对全市各单位的离退休干部党建工作进行一次调研。健全完善全市的离退休干部党支部资料库，对各党支部的党员和支部书记信息建立档案。各单位由单位的分管党务工作的领导直接分管老干工作，办公室或人事股具体服务指导，做到离退休干部党组织建设与本单位党的建设同部署、同规划、同考核、同表彰，支部学习、活动开展正常，开展“两学一做”学习教育活动，党费按要求全部收缴或补缴到位，党费返还全部返还到位，党员的余热作用得到充分发挥，涌现出一大批优秀典型。

【老年群团组织活动】 2017年，老干部党校举办全市离退休干部党支部书记培训班；开展道德教育活动，开辟《大德讲坛》，号召学员读道德经、唱道德歌、跳道德舞、讲道德故事、评选道德模范学员。老干部自我协调小组集中向市委、市人民政府反映老干部中存在的问题，及时帮助老干部调解矛盾、化解纠纷，维护老干部队伍的稳定。收集、整理、报送《老干部情况反映》，集中向市委、市人民政府汇报各种意见建议50余条。关工委在捐资助学、青少年法制道德教育、帮助后进青年等方面成绩突出，尤其是捐资助学力度大， 组织发放捐资助学资金近百万元，帮助一大批寒门学子实现读书梦。胜桥镇关工委成立“长松爱心助学基金会”，利用基金利息款对该镇优秀老师、优秀学生及贫困学生进行奖励和帮扶。这一模式被多个乡镇学习推广，全市新成立“富成教育基金会”“清溪教育基金会”“鲲鹏教育基金会”等8个助学基金会。老科协组织 建到乡镇村组，遍布全市各个角落，培养一大批科技示范户和致富能人。重点推广富硒肥、吨粮稻Y两优1998、再生稻、台湾泥鳅等项目，开展科技培训72期、培训当家农民2万人次，举办专题报告10次，发放资料5000余册，为农民增收在亿元以上。免费诊治380多人次，健康咨询600多人次。举办第五届老年科技成果展，得到社会好评。农业分会会长刘懿鉴被评为湖南省老年科技精英，西岭分会会长李书斌被评为湖南省老科协工作先进个人。留守儿童爱心之家指导中心负责全面指导留守儿童爱心之家的建设工作，先后在江河中心学校、渔池中心学校、大堡到湖中学建立试点。老年保健协会成立老年保健讲师团，多次举办老年保健知识讲座，编辑出版三期《常宁老年保健》杂志，免费发放给全市各个乡镇和市直单位。是年，市老年大学开设20余门课程，发展学员6000人；第二课堂活动丰富多彩，成为全市广场文化的主力军，编排的节目多次在省、衡阳市获奖。第五届老年文化艺术节深受老年朋友的喜爱，成为大家的盛会。建校30周年的成果展示活动得到上级领导和各兄弟县市区老干部工作部门的一致肯定和称赞。9月，代表常宁市参加衡阳市举行的离退休干部“喜迎十九大·放歌新衡阳”合唱比赛荣获二等奖。老年体协经常开展门球、乒乓球、太极拳等活动，组织队员参加各级老年体育赛事，取得全国门球赛第二名的佳绩。举办“五一”门球赛、第三十一届老年人运动会，对门球场进行大修，并准备将四个门球场改造为室内门球场，健全各项管理制度，在全市41个市直机关建立了体协分会。各分会组织广泛开展联谊活动，参加门球、乒乓球、太极拳运动的人数比以前增加一倍以上。市老年书协经常举行书画联谊、笔会、送春联下乡等活动，选送会员10幅优秀作品参加中共湖南省委老干部局等单位联合举办“喜迎十九大·点赞新湖南”书画作品展，组织会员参加各级书画比赛，举办“纪念建军90周年”、重阳节书画展。老年诗词协会经常举办诗词联谊活动和诗词采风创作活动，出版《常宁诗词》《勿忘国耻 圆梦中华》《反腐倡廉》等多部诗集。老年摄影协会经常组织会员外出采风，拍摄一大批反映常宁新发展新变化的优秀作品，重阳节举办摄影展。

【扶贫工作】 2017年，根据市委的安排，安排1名副局长到贫困村宜潭新建村担任扶贫工作队长，另外安排1名股长担任长期驻村扶贫队员，向该村拨付扶贫资金15万元。

老年教育

【概况】2017年，常宁市老年大学校舍占地面积3公顷，建筑面积9000平方米。开设时政、诗词、书法、绘画、电脑、保健、足疗、音乐、合唱、舞蹈、戏曲(京剧)、二胡、电子琴、葫芦丝、太极拳等16门课程，共有17名教师，均具有中高级教师职称和一技之长。一课堂18个班，全年注册学员1600余人；二课堂49个教学班，5000余名学员分散在各广场、公园、社区等地开展活动。

【校委会成员】 2017年，常宁市老年大学校委会成员顾问：贺礼慈、尹花莲；名誉校长：郭松青；校长：郭晃春；常务副校长：谷爱民；副校长：肖绵书、唐祖佑；办公室主任：雷湘玲。

【办学理念】 2017年，常宁市老年大学继续贯彻国务院《老年教育五年规划》，健全、落实学校各项教学、管理工作制度，完成学校各项教学、管理工作目标；招收、管理好学员，稳定学员队伍，选配、任命好各班班长；做好教学、管理、服务工作，提供一个良好的学习环境，协调、处理好各方面的关系；筹集所需经费，完善教学设备，保证学校各项开支。一课堂5个教室全部配好多媒体设备，维修好电脑班40多台电脑，新增加2台；协商、选好教师，编写好教材。

【教学内容】 2017年，重点办好3个平台，突出3个重点：一是办好大德讲坛，突出思想道德教育；二是办好专题讲座，突出政治理论，党建廉政教育；三是坚持政治常识课，突出党的政策方针和国际，国内形式教育。全年共讲24课，内容涵盖十九大精神、思想道德、家教家风、国学常识、新时代新生活、做有为老人、法制教育、党的建设、反腐倡廉、常宁文化、常宁城市建设、珍惜时间珍惜生命等。

【教育方法】 2017年，常宁市老年大学教育方法：不是在压力下学习，不是在紧张中授课，不是在被迫中接受，而是自觉自愿来学，在自由、轻松、愉快、和谐的环境中学习，对学员在政治上关心，生活上照顾，精神上鼓励；学习中不举行考试，不记分，不交作业，不发证书不搞义务劳动，不交学费(电脑班每人只交电脑维修费100元)，但要遵守学校的规章制度；教学内容精简，易懂，能操作，只学一些基础理论知识，注重实践和操作能力，互教互学，互相促进。尤其是诗词书画，电脑、音乐、舞蹈课，在老师现场指导下，边学、边写、边练、边操作，掌握好所学知识的运用；广场文艺课，由单一的广场舞表演转变为重在参与，实行多样化、大众化、普及化、不把广大学员当观众，不把学员挡在场外。

【教学管理】 2017年，常宁市老年大学校委会5位成员到课堂观摩听课30多次，并进行现场点评。在肯定老师教学优点的同时，也实事求是地指出存在的问题和不足之处。副校长唐祖佑对近几年来老师的教材分学科进行收集、整理，把一些比较好的教材，编辑成13册，约30万字，供后继教师和学员学习参考。针对学员的需求和水平，将时政课改为政治常识课，增加法律常识，老年生活课内容，二课堂增加民族乐器、瑶族舞蹈班等。全年举办骨干学员培训班3期，培训学员骨干400多人，促进和带动各班的教学。

【教学成果】 2017年，常宁市老年大学合唱团参加衡阳市“喜迎十九大，放歌新衡阳”的合唱比赛，荣获二等奖，位列第三名，被省电视台录制向全省播放。校柔力球队参加衡阳市柔力球比赛，捧回金、银奖杯各一个。参加常宁市举办的“欢乐潇湘，幸福衡阳，魅力常宁”的大型文艺汇演，学校3个班队参加演出获二等奖一个，三等奖两个。诗词班全年出《学员习作》12期刊登作品1200余首，在上级诗刊上发表作品247首。举办诗歌吟唱会两场，登台学员达120余人。书法班出《学员习作》8期，选登作品300件，其中发表在省《老年人.书画精粹》上的作品有19幅，同时还举办了两场笔会，创作作品80余幅。绘画班评出优秀画作25幅，其中有两幅被《书画精粹》采用发表。

【第六届老年文化艺术节】 2017年11月，学校承办常宁市第六届老年文化艺术节。全校65个班，1300多演员演出节目49个。每场演出有观众2000余人。

机构编制

【概况】 2017年，中共常宁市委机构编制委员会办公室内设综合组、机构编制组、工资基金组、行政审改组，下辖市事业单位登记管理局和市机构编制信息中心，为副科级行政机构。共有工作人员14人。围绕“控总量、盘存量、优结构”的目标，牢牢把握“财政供养人员只减不增”的要求，围绕大局，履职尽责，扎实推进机构编制工作有效开展。

【行政审批】 2017年，中共常宁市委编办按照《国务院关于第三批取消中央指定地方实施行政许可事项决定》《湖南省人民政府〈关于取消一批行政许可事项的通知〉》要求，开展第三批行政许可事项清理工作。全市行政审批事项消减44项。有效减少政府对经济活动的干预，增强经济社会活力。精准委托下放国土局、规划局、住建局系统审批权限9项，加快乡政府职能转变，强化服务功能，提升服务效能。

【权力清单】 2017年，常宁市取消行政职权38项，将10项行政职权合并为4项，承接上级下放行政职权3项，变更要素行政职权28项。调整后，全市权力清单行政职权事项为2953项。建立事中事后监管机制，推进部门管理重心从事前审批向事中事后监管转变，真正把政府该管的事情管住、管好。

【减证便民】 2017年，中共常宁市委编办根据《关于印发〈衡阳市减证便民专项行动工作方案〉的通知》，对全市政府机关及所属事业单位办理各类事项，要求行政相对人提供证明材料进行全面自查清理。初步完成全面清理自查工作。

【中介服务和行政许可】 2017年，中共常宁市委编办转发《关于印发〈衡阳市行政审批中介服务事项清理规范工作方案〉的通知》，全面清理规范行政审批相关的中介服务事项，年内初步完成全面自查。行政许可标准化工作方面，转发《关于印发〈衡阳市关于推进行政许可标准化实施方案〉的通知》，全面开展自查。

【政务服务事项目录清单】 2017年，中共常宁市委编办转发《衡阳市行政审批中介服务事项清理规范工作方案的通知》，全面梳理编制政务服务事项目录清单、实施清单有关事项。市直相关单位按照《湖南省行政许可事项通用目录库》(2017版)，对本级行政许可实行动态调整，正在自查阶段。

【纪检体制改革】2017年，中共常宁市委编办按照省纪委要求，结合实际情况，设立3个巡察组，采取“一拖二”的工作模式开展巡察工作。根据衡阳市编办《关于设立中共常宁市委巡察工作领导小组办公室的批复》，核定市委巡察办主任、副主任职数。依法依规完成派驻纪检全覆盖。严格按照衡阳市委《关于加强县市区纪委派驻机构建设的意见》设置机构编制。不再保留6家市一级党和国家机关等单位本级内设纪检监察机构，撤销19家市监察局派驻纪检监察机构，新设立9个派驻机构，更名4家派出机构。采取综合派驻和单独派驻两种方式，对58家市一级党和国家机关党组织派驻13个纪检组(综合派驻10个，单独派驻3个)。结合实际，参照衡阳市纪委做法，以转变派驻机构职能为核心，按照“人、财、物、事”监督管理的原则，根据相关政策和工作需要，设置股级内设室13个、拟定行政编制56名；核定纪检组长13名、副组长17名、内设室主任13名(股级)，纪检组成员13名。

【司法体制改革】 2017年，中共常宁市委编办出台《常宁市人民政府办公室关于印发〈常宁市公证体制改革工作实施方案〉的通知》，按照改革相关精神，结合常宁的实际，依法设立常宁市公证处一家公证机构，服务常宁市行政区域。将常宁市公证处由原来的行政体制整体转换为事业体制，原来使用的政法专项编制划至常宁市司法局用于司法行政职能使用。

【政府职能转变和机构改革】 2017年，中共常宁市委编办根据《关于常宁市人民政府职能转变和机构改革方案的实施意见》，按照“编随事走、人随编走”的原则，完成原市建工局、原市房产局等9个涉改单位492名人员划转，确保人员平稳过渡，工作不乱。严把“职能转变、职责理顺、机构编制”关，完成市委巡察办、市全民健身服务中心等5个事业单位“三定”规定，确保改革方向明确“不碰车”，节奏互补“不硬推”。

【控编减编】 2017年，中共常宁市委编办按照财政供养人员“只减不增”的要求，继续落实控编减编工作方案、控编减编月报制度、《全市机关事业单位实行人员编制和经费预算联合管控的通知》、市委市人民政府“三个一律”、《常宁市机关事业单位人员管理办法》。建立控编减编工作台账，严格执行部门“三定”规定，做到“无编不进人、无计划不进人”，控住、控好编制和财政供养人员底数。截至11月底，行政编制消超504人，事业编制消超1551人。全面完成领导职数消超任务。

【机构编制管理】 2017年，中共常宁市委编办围绕贯彻供给侧结构性改革，不断创新机构编制管理理念、方法和措施，探索开展跨部门、跨层级调剂使用编制和政府购买服务等方式，充分盘活现有编制资源。调剂行政编制56名，其中政法专项编制20名，主要用于纪检体制改革。同时，严格落实《关于对全市机关事业单位进人用编实行双控管理的通知》，实行用编核准、出入编登记等实名制管理制度，强化动态管理。全年办理新增人员入编352人。其中省考10人，选调生3人，三类人员招考12人，军转干部1人，复员军人安置190人，三支一扶1人，特岗教师135人；办理调动编制手续64人。

【实名制数据库管理】 2017年，中共常宁市委编办推进实名制数据库信息录入和差错清零，实现机构、编制、人员动态实时监管。加强部门之间协调配合，完善与组织、财政、人社、审计等部门相互配合的共管机制。每半年核对各单位人员调整流动情况，确保各部门数据一致。以实名制数据库为基础，及时更新机构信息台账、编制台账、工资基金台账、领导职数台账。按照省编办完善补充电子照片要求，主动与各单位联系，核对单位人员名单以及身份证号码，统一由专人专机导入，并且提供电子照片导入的咨询和技术服务。导入照片16881张。

【监督检查】 2017年，中共常宁市委编办配合组织部门继续抓好“三超两乱”专项治理工作。畅通12310信访举报渠道，开展违规用编进人清查工作，规范机构编制审批。建立机构编制违纪违规问题整改台账、历史遗留问题整改台账，完善整改工作机制。会同市纪检、组织、人社、财政等部门，开展专项督查，特别是结合实名制数据库的更新，每半年对各单位机构编制管理工作情况进行一次专项检查，规范和约束机构编制管理行为。实现机构编制“零违规”目标。出台《常宁市集中清理“吃空饷”和在编不在岗问题专项工作实施方案》，按照自查自纠、重点督查、整改处理、回头看四个阶段，对吃空饷8类人员和在编不在岗9类人员开展吃空饷和在编不在岗清理工作。

【网站管理】 2017年，中共常宁市委编办将网站管理所需经费列入财政预算，统一支付，解决注册难、续费慢、注册率不高的问题。中文域名注册全覆盖，建立月报注册情况和通报工作制度。采用“三统一(统一向各单位收取资料、统一办理网上注册、统一上缴注册费)”的服务模式，提供“一站式”服务，提高注册效率。共注册中文域名743个，注册率114%。网站标识挂标全覆盖，层层分解任务，落实责任，全市有单独网站单位挂标率达100%。

【年度报告】 2017年，中共常宁市委编办印发《关于做好2016年度事业单位年度报告公示的通知》，编写《服务指南》，以图文并茂的方式呈现网上申报操作流程以及注意事项。充分运用网络平台，通过二维码在“事业单位在线网”填报年度报告。同时，严格审核各事业单位上报资料，开设服务和培训窗口，专门负责对年度报告公示的指导和培训，确保年度报告工作高质高效完成。共完成2016年度事业单位法人年度报告公示356个，设立登记34个，变更登记111个，注销1个。

【“双随机、一公开”监管】 2017年，中共常宁市委编办启动“一单、两库、一细则”工作，完善“抽查对象随机”“执法人员随机”相关条件。建立抽查事项清单、抽查对象名录库和执法检查人员名录库。对17个事业单位进行信息抽查。将抽查结果向举办单位和相关部门通报，并向社会公开。

【实地核查】 2017年，中共常宁市委编办印发《事业单位法人登记管理和机关群团统一社会信用代码赋码实地核查办法》，累计完成210个单位的实地核查任务。对不符合法定条件的，下发限期整改通知书。对不按照登记事项开展业务活动的事业单位，给予警告，责令限期改正，并建议对该单位的负责人和其他直接责任人依法给予纪律处分；情节严重的，按程序予以撤销登记，收缴《事业单位法人证书》和印章。

【事业单位网上登记管理系统数据】 2017年，按现行的实名制系统进行更正完善，确保登记管理系统的法定代表人信息真实可靠。对异常事业单位法人证书给予冻结、废止、注销，并在网上公示。全年废止事业单位法人证书269家，冻结事业单位法人证书137家，校核法定代表人信息245个。同时，对各事项《服务指南》进行完善，配合图片对网上的申报流程进行指导。通过事业单位在线网，实现从填报、受理、审核到办结全流程网上办理。累计完成70个机关群团的统一社会信用代码的赋码工作。

【队伍建设】 2017年，中共常宁市委编办认真学习党的十九大精神和习近平新时代中国特色社会主义思想，不断武装头脑。进一步严明党的政治纪律和政治规矩，牢固树立“四个意识”，认真贯彻《中国共产党廉洁自律准则》和《中国共产党纪律处分条例》，严肃党内政治生活、强化党内监督。落实党风廉政建设责任制，推动“一岗双责”“两个责任”落地生根。落实意识形态工作责任制，开展社会主义核心价值观教育，扎实推进“两学一做”学习教育常态化制度化。加大“纠四风、治陋习”力度，持续深化作风建设。加强队伍能力建设。建立激励机制，加大信息调研力度，累计上报信息24篇，其中，国家事业单位在线网刊发4篇，衡阳市机构编制信息网刊发5篇。

【扶贫工作】 2017年，中共常宁市委编办安排8名帮扶责任人与塔山乡西江村12户贫困户开展结对帮扶，开展走访慰问、调查摸底，落实帮扶措施、完善资料台账等。共送去帮扶资金6000元，米、油等生活用品价值2200元。投入7万元，帮助西江村完善公厕、安全饮水、村部通讯网络等公共基础设施建设。

档案工作

【概况】 常宁市档案局内设档案馆、办公室、业务股、法制股、信息编研股、现行文件服务中心。2017年，有干部职工21人(男14人，女7人)，退休人员8人(男5人，女3人)，在职党员18人，退休党员8人。常宁市档案局(馆)是全市档案安全保管基地、爱国主义教育基地、档案利用服务中心、现行文件服务中心和电子文件管理中心，档案馆现为省二级档案馆，馆舍建筑面积1516平米，库房面积1000平米(5个库房)，馆内有密集架102组，档案排架长度约911米。馆藏档案全宗232个，保存有国家重点档案民国档案3025卷、革命历史档案3卷、建国后全市各单位的各类档案10万余卷，其中文书档案7.2万余卷、专业档案2万余卷、改制企业档案1.1万余卷，音像档案977张，馆藏图书资料4018册(其中26册馆藏书刊被列为国家文物)。为《常宁县解放后大事记》《常宁地名录》《八十春秋》《常宁一千七百年纪事》《中国共产党常宁历史》等30余册书籍编纂提供了丰富档案资料。市档案馆全程实行免费服务，年均接待查阅档案群众约3000人次，调卷6000余卷(册)。是年，常宁市档案馆分别被衡阳市档案局、湖南省档案局评为“2017年度全市档案系统先进集体”“2017年度全省档案宣传工作先进集体”。

【工作机制完善】 2017年，成立由市委副书记任组长、常务副市长和市委办主任任副组长的高规格的领导小组，加强对全市档案工作的领导、协调，特别是对重点工作如扶贫档案工作、农村土地确权档案工作、档案移交工作等，领导小组都亲自部署、调度；市委书记和市长也分别听取档案工作专题汇报。4月召开的全市档案工作大会，领导小组成员全体出席会议并作重要指示，衡阳市档案局王书记到会指导，各级领导的重视和支持，有力地促进全市档案工作的顺利开展。4月12日，召开全市档案工作大会，对2017年的工作进行全面安排，参加人数220余人。会议既总结成绩、点明问题，又突出重点、宣传发动，为全年的工作定下好的基调。是年，分别采取股室负责、业务分组、岗位轮换、业务外包、专项指导等工作方式，日常工作由各对口股室牵头负责完成，全市性业务检查采取分组包片完成，农村土地确权档案工作成立专门指导联络组，目录数字化进行业务外包等方式。对于重点工作任务的部署，以两办的文件发文要求，通过市委督查的形式进行整改落实，并将档案工作纳入到全市目标管理考核内容。根据工作需要，通过积极争取，档案事业经费得到有力保障，并比2016年度增加10%以上，农村土地确权档案工作经费、档案移交工作经费等各种专项经费也按期拔付到位，保证档案移交和馆库建设等各项工作的有效推进。

【档案管理规范】 2017年，常宁市档案局把全市所有建档单位都纳入业务指导范围，全年指导单位135个，其中市烟草局通过省特级档案室复核，市公路局、市畜牧局通过省一级档案室复核；内容涉及到专业档案、项目档案、会计档案、人事档案、扶贫档案等各方面。3月，指导医保、社保等民生档案1000余盒；5月，指导鉴定财政会计档案7300余册；8月，指导银行人事档案410盒；9月，深入塔山狮园村、洋泉新瓦村指导村级扶贫档案工作，立卷166盒等。指导业务总量2万余盒(册)。印发档案检查、档案移交、扶贫档案管理等5个业务指导性文件。建立280人的档案管理员联系网络，各单位分管负责人、办公室主任、档案管理员清楚明了，设立档案公众微信号和工作微信群(92人)、QQ群(123人)，加强相互的工作交流。

【档案资源建设】 2017年，常宁市档案局依法开展全市第四次档案大移交工作。4月，召开大会进行动员部署，印发《关于开展全市第四次档案移交进馆工作的实施方案》；5月，举办首批单位档案移交仪式，市委办、市政协办、市政法委等6个单位率先移交700余盒，起到良好的示范带动作用，促进全市档案整体移交进度。全年有乡镇、市直机关、企事业单位等130个全宗单位移交档案7200余盒，移交完成率96%。所有移交进馆的档案整理规范、目录完整、手续齐备，较好地丰富了馆藏。

【档案依法行政】 2017年，常宁市档案局班子成员带头学习行政执法法律法规，并积极组织参加全省行政执法资格考试，全局共有15人获得档案行政执法证，具备执法资格。3月，由两办下发《关于开展全市档案工作年检年审的通知》， 5～10月，对全市170个副科级以上单位开展档案工作年度检查，做到应检尽检，检查情况作为目标管理综合考核评分依据，检查发现的严重问题列入行政执法对象，对市医保中心、市社保局等4个单位发出问题督查整改通知函，限期整改。7月，组织全市档案工作人员参加“宝葫芦”杯档案法律法规知识竞赛，参赛人员500人；9月，集中学习《市行政执法公示制度》《全过程记录制度》《重大执法决定法制审核制度》；10月，组织全局干部职工参加全省普法学法考试，全部考试合格。

【基础设施】 2017年10月，常宁市档案局对市档案馆西库房进行维修改造，屋顶进行隔热防漏处理，更换破旧木门窗，档案库房增添通风除湿设备9台，档案查阅室等服务场所添置空调10台、电脑5台，改善档案安全保管和利用服务条件，为群众查阅档案提供了舒适环境。

【查阅利用开放】 2017年，常宁市档案局对馆藏档案全面鉴定，除少数限制开放的档案，可开放利用的档案、资料数量在9万卷册以上，档案馆全年接待查阅2600人次，利用档案3870余卷(盒)，取证服务850次，全年无投诉，较好发挥档案资政惠民作用。加强国家重点档案保护抢救项目工作，做好3025卷民国档案目录撰写和数字化录入，录入目录6万条。完成建国初期政权建设档案项目目录输入部分，电脑录入371卷档案的4580条目录并上报。申报抗战档案资料汇编项目，做好项目的前期准备工作，收集好相关编研素材。

【档案安全保管】 2017年，常宁市档案局制订档案查阅利用、库房管理、安全责任、保密等档案管理制度和灾害应急处置预案，坚持日常安全教育和专题安全业务培训结合，全年开展安全学习及会议3次，举办1期消防安全业务培训，全面增强安全危机意识，确保全年档案安全无事故。

【专项业务培训】 2017年4月17～22日，常宁市档案局根据行业和区域特点，分5期举办全市档案移交业务培训班，专项讲解移交业务和注意事项，各单位档案员200余人参加培训，提高档案基础知识和移交业务实际操作能力。

【档案宣传】 2017年5月，常宁市档案局举办全市首届“兰台杯”乒乓球比赛，各单位分管领导、档案员50余人参加，市委分管领导出席开幕式并讲话，电视和报纸进行宣传报道；开展“6.9国际档案日”宣传活动，通过悬挂横幅、散发宣传册、制作展板、现场咨询等形式宣传档案工作和档案法规，让档案知识深入人心。组织节目参加衡阳市档案局开展的“衡阳记忆·兰台颂歌——档案与文明同行”文艺汇演，在人员、资金上大力配合，参演节目获评二等奖，展示档案工作风采；做好新闻宣传报道工作，鼓励工作人员积极投稿，分别在报纸、刊物、手机报、网站等媒体发表信息20余篇，上报利用事迹4篇，同时利用公众微信号、档案微信群、QQ工作群发布信息600余条，及时对档案工作进行宣传，扩大工作影响； 重视“一报两刊”发行，克服征订时间紧、任务重、税票改革等困难，在1个月内完成《档案时空》征订任务。

【扶贫工作】 2017年，常宁市档案局成立局扶贫工作领导小组，由局长任组长，明确1名班子成员具体分管；成立局帮扶工作小分队，由分管领导任队长，组织开展进村帮扶；安排局支部书记驻村开展帮扶，要求每月驻村20天以上。局分管扶贫责任人和驻村队员分别参加市集中培训5次，组织全局帮扶人员开展业务学习6次。6月，召开扶贫专题组织生活会，会上学习上级扶贫精神，对扶贫工作存在的问题和不足进行深入剖析，开展批评和自我批评，提出整改措施，增强做好扶贫工作的积极性、主动性。全局帮扶人员严格按照全市统一部署，落实“六个一”要求，及时进村入户开展帮扶。全面了解贫困户的基本情况，对30户贫困户进行了精准识别，对不符合条件的3户贫困户进行清退处理；根据贫困户的实际情况依户施策、因人施策，制定了产业帮扶、教育帮扶、健康帮扶、危房改造等结对帮扶措施76条，通过帮扶，增加贫困户的家庭收入。全年安排扶贫资金10万余元，对驻村工作队员的相关经费也将按市里文件精神给予落实。6月，到胜桥镇参加贫困户复核工作，复核110余户；11月，参加全市脱贫验收核查，检查22户；10月，开展扶贫日捐款活动，捐款1800元。

【存在的主要问题】 2017年，常宁市档案局主要存在5个方面的问题：一是人才成为制约发展的重要因素；二是档案行政执法是短板；三是档案信息化进展慢；四是馆库建设项目滞后；五是脱贫攻坚存在不足。

史志工作

【概况】 2017年，常宁市史志办内设综合股、党史征集研究股、地方志编纂股，有干部职工10人。在史志编研、资政育人、党史联络等工作上取得一些新成果。征编工作进展顺利，《中国共产党常宁历史(第二卷)》《常宁年鉴(2017)》《常宁市乡镇简志》均完成修改定稿；如期完成《湖南党委工作纪事》(2017年卷)、《衡阳市委执政纪事》(2017年卷)、《湖南年鉴》(2017年卷)常宁部分资料及其他资料的报送；党史宣教联络工作成绩突出；举办“党史进校园活动”；组织征订党史宣传教育刊物《湘潮》近1200份。是年，被中共湖南省委党史研究室评为“平台建设组织工作先进单位”；被衡阳市委党史研究室评为“平台建设标兵单位”；获“2017年度衡阳市地方志系统方志资源开发利用先进单位”；获“常宁市目标管理绩效考核良好单位”“常宁市脱贫攻坚工作良好单位”。

【十九大和上级党史工作会议精神学习贯彻】 2017年10月18日，党的十九大胜利召开。史志办及时组织全办人员认真收看开幕盛况。开幕当天，提前通知全办人员到政府九楼会议室集中收看大会直播，直接聆听习近平总书记代表党中央所做的政治报告。认真组织专题学习。10月27日，组织全体在职人员和离退休人员在市人防办会议室，对十九大精神进行专题学习。特别对习近平总书记在报告中强调的“加强阵地建设和管理，旗帜鲜明地反对和抵制各种错误观点，牢牢把握意识形态工作领导权”“不断推出讴歌党讴歌祖国讴歌人民讴歌英雄的精品力作，讲好中国故事，提高国家文化软实力”等指示精神，进行认真的学习和讨论。积极贯彻省市党史会议精神。省、衡阳市党史工作会议后，三次召开会议，进行学习贯彻。6月8日，召开包括退休人员在内的全体工作人员会议。传达学习衡阳市党史工作会议精神。会上，吕晓毛传达省市党史工作会议有关精神。学习中共中央办公厅《关于加强地方党史工作的意见》(中办[2017]28号)文件精神。6月16日，召开党史联络工作会议。会上，对以上文件进行认真的学习讨论。通过学习，让全办人员充分认识到加强和改进新形势下党史工作的重大意义，明确新形势下党史工作的指导思想和基本要求，确定今后党史工作的主要任务。同时明确要完成新时期党史工作任务，对史志队伍建设提出更高的要求。会后，及时将中央、省、衡阳市会议精神和文件精神及学习贯彻情况向市主要领导作了汇报。为贯切落实衡阳市委党史宣教联络工作会议精神，11月28日，召开党史联络工作会议，全办人员和党史联络组成员参加。会上传达了党史宣教工作耒阳现场会议精神，对如何搞好常宁党史“三红”工作，与会人员进行讨论，并对下阶段的工作进行认真谋划。

【《中国共产党常宁历史》第二卷(1949—1978)编纂出版】 2017年年初，常宁市史志办按照初评意见要求，史志办组织力量对第二卷书稿进行修改、完善，充实部分内容，对有误的地方进行纠正。同时增加和收录一些附录。6月，全面征集本市市委常委及衡阳市内各兄弟县市区意见和建议。7月，召开审稿会，特邀请衡阳市委党史研究室领导、专家，中共常宁市委相关领导、党史联络组领导及本市有关部门负责人参加。会上，对书稿的篇目结构、史料事实、语言文字等方面提出许多中肯的意见和建议。会后，编写组成员认真综合大家的意见，逐一消化并加以修改。同时，要求编写组成员进行交叉审稿，认真校对，尽可能减少差错。10月，完成修改定稿，12月，呈送中共党史出版社公开出版。

【《常宁年鉴》(2017)征编】 2017年3月，常宁市政府办下发《关于做好〈常宁年鉴〉(2017年卷)组稿工作的通知》，对《常宁年鉴》(2017)征编工作进行部署。4月，办公室召开年鉴工作会，决定年鉴继续实行公开出版，随即组织专门机构负责年鉴资料征集、编纂。6月，完成资料的征集工作。经过两个月的编纂，8月形成初稿。9月，办公室召集人员对书稿进行了审核，修改完善，10月底完成审核定稿。12月，呈送海南出版社公开出版。

【“衡阳国有工业历史资料”征集】 2017年3月，衡阳党史研究室下发《关于征集衡阳国有工业历史资料的通知》，对衡阳国有工业历史资料征集工作进行部署。按照通知要求，及时向市委、市人民政府分管领导进行汇报，得到市委、市人民政府的高度重视和支持。4月28日，在市委常委会议室召开座谈会，邀请常宁市国有工业企业原有关负责人参加，发动大家踊跃撰写回忆录，提供反映国有工业企业发展的相关资料和线索。5月底，完成征集《回忆衡阳国有工业企业》回忆文章10篇，图片20余张，被衡阳市采用8篇。

【《新时期衡阳城市建设回忆录》资料征编】 2017年8月1日，中共衡阳市委办公室下发《关于做好〈新时期衡阳城市建设回忆录〉征编工作的通知》，决定征编《新时期衡阳城市建设回忆录》专辑，主要收录改革开放以来衡阳城市建设方面的文章。要求在8月20日以前报送。时间短，任务重，办公室迅速行动。按照市委指示，8月4日，由市史志办牵头，召集市住建局、市城乡规划局、市交通运输局、市城市管理执法局办公室主任开会，对通知精神进行传达，就这项工作的意义和如何完成征集任务进行安排和动员。经过20天的努力，完成《城市建设综述》(约10000字)和城市建设回忆录文章2篇(各5000字)的上报工作。

【“常宁改革开放40年”历史图片征集工作】 2017年，常宁市史志办为纪念2018年的改革开放40周年，充分展示常宁改革开放以来政治、经济、文化、社会、生态环境等方面的发展成就，经市委、市人民政府同意，将“常宁改革开放40年”历史图片征集工作予以立项。8月1日，由中共常宁市委办公室下发《关于开展“改革开放40年”历史图片征集工作的通知》(常办[2017]12号)，决定征编出版《常宁改革开放40年图片选辑》精装画册，还将举办图片展览。通知下发后，办公室人员分组下到各单位进行宣传动员，并安排专人负责征编。截至12月底，征集图片300余幅。

【党史进校园活动】 2017年6月29日，常宁市史志办在水口山希望中学举办“讲党史故事，传红色基因”党史进校园活动。市分管领导、市党史联络组领导出席活动。活动由市委常委、市委办主任梁宇琦主持。受市委委托，史志办主任科员傅建平作地方党史专题知识讲座。活动现场，向该校捐赠《中国共产党常宁历史》《常宁市志》《回忆录》《常宁年鉴》《湘潮》等地方党史图书34册。市委正县级干部许群光代表市委作重要讲话，对这次活动给予了高度评价，并要求将党史进机关、学校、军营、企业、社区、农村活动扎实推广。本次活动旨在纪念建党96周年，普及地方党史知识，激发青少年爱党、爱国、爱人民的家国情怀。

【党史宣传及联络】 2017年，常宁市史志办继续推进党史宣传六进活动。以《湘潮》杂志为平台和载体，加大《湘潮》杂志的发行力度。全办工作人员深入全市各机关单位、学校、社区及各乡镇，积极发动宣传，取得较好效果，实现市直机关、各乡镇街道全覆盖，发行《湘潮》近1200份，出色完成为上级党史部门的宣传目标任务。加强与组织、宣传、文化、教育等部门的纵向联系和横向合作，先后与宣传部门、文化部门进行资源共享，与党校联合进行党史讲座。使越来越多的人关心党史、热爱党史、学习党史，形成发展党史工作的强大合力。配合宣传部接受长江日报记者专题采访“中共五大选举的首届中央监察委员会成员”萧石月，并在《长江日报》6月29日第一版专题报道。配合常宁电视台开展历史纪念系列活动，在重要纪念日播放“常宁农民运动”“抗美援朝”“早期共产党员肖石月”等党史题材故事。注重发挥党史联络组的作用，让他们能积极指导参与党史征研、宣教育人等工作，多为党史部门助力鼓劲。继续发动老干部撰写回忆录，抢救历史资料。发动老干部参与《衡阳国有工业印记》常宁篇撰写。年内两次组织老干部对《中国共产党常宁历史》(第二卷)进行审议。发动联络组人员撰写《新时期城市建设回忆录》文稿，上报衡阳市2篇。

【机关党建和队伍建设】 2017年，按照衡阳党史研究室提出的“五室”标准，通过抓实机关党建设工作，不断提高党支部的凝聚力、战斗力，进一步加强党的思想、组织、作风和党风廉政建设，形成“头雁效益”，为确保全年工作任务目标的完成，为史志工作再上新台阶提供组织上的支持与保障。抓好支部班子的学习。坚持每月学习一次，做到带头抓、带头学、带头用，形成良好的学习氛围。把支部班子的学习，作为加强支部思想建设的首要任务来抓，以支部班子的学习带动全体党员和全办职工的思想政治学习，把支部班子努力建成学习型、务实型、创新型、和谐型的战斗集体。要求班子成员带头开展政治学习和理论学习。坚持领导干部网上在线学习，按规定修满学分，及时参加网上在线测试。全办党员加入红星云进行学习，并按要求修满150分以上。坚持“三会一课”制度。保证每月一次的党支部会，每季度一次的党员大会和上党课活动，加强对积极要求入党的人员进行党的基本知识的教育，完善组织生活，保证在职党员100%参加组织生活，离退休党员每半年参加一次。加强作风建设，建立健全机关管理制度。扎实开展“两学一做”活动。结合上级精神，按时召开动员会，制订活动方案。按步骤如质如量完成整个活动的全部流程。在活动中，结合衡阳实际，开展“讲规矩守纪律扬正气树形象”建设政治清明新衡阳大讨论活动。在党员中深入开展学习，展开讨论，并将活动上升为全办范围，在全体干部职工中广泛开展，扩大并巩固教育成果。加大人才交流和培养力度。完善内部工作制度，充分调动全办工作人员的积极性和创造性。积极争取市委市政府重视，加大交流力度。通过选派干部参加史志业务培训班，挂职锻炼等方式，提升能力素质，培养史志行家，为史志干部成长搭建平台。

【精准扶贫】 2017年，常宁市史志办按照全市的统一安排，办公室抽调精干力量与市财政局组成扶贫工作队，下驻洋泉镇新瓦村，指导帮助该村搞好脱贫攻坚、基层党建、计划生育、化解矛盾、发展经济、美化环境等工作。单位成立6人扶贫分队，结对帮扶贫困户20户。扶贫工作队员经常深入贫困户家中，了解其家庭情况，帮助帮扶对象制订脱贫措施。全年征求群众意见38条，帮助群众解决热点、难点问题12件。对困难群众实施结对帮扶，支持村里脱贫帮扶资金4万余元。

（张泽湘）

市委党校

【概况】2017年，中共常宁市委党校内设教研科、教务科、总务科、办公室、函授科，共有教职工26人，其中高级讲师5人，讲师5人，助理讲师4人。在市委、市人民政府的领导和上级党校的指导下，认真贯彻落实《干部教育培训工作条例》，围绕全市工作大局，以提高干部培训质量为核心，以建设高素质教师队伍为重点，积极服务全市经济社会发展。先后被衡阳市委党校评为“教学比赛一等奖”“精品课评选一等奖”，被常宁市委、市人民政府评为“全市计划生育目标管理工作先进单位”“年度全市目标管理绩效考核优秀单位”“全市社会管理综合治理工作先进单位”。

【突出主业抓教学】 2017年，中共常宁市委党校在主体班的课程安排上，党的理论教育和党性教育的专题占比达到70%。积极运用案例分析、现场教学、交流讨论、课题调研等教学方法。组织学员到华西村和广西等地进行异地教学，开拓了学员视野，丰富学员知识，提高参训学员的学习积极性。注重从培养学员收心、静心、留心、上心入手，加强干部教育培训的学风建设，收到实效。学员们普遍反映心灵受到洗礼，党性得到锻炼。是年，在衡阳市委党校组织的两年一度党校系统教学比赛中，常宁党校的参赛课题《让中华文化肩负“中国世纪”的时代担当》获得一等奖。在衡阳市委党校2017年组织的精品课评选中，参赛课题《红花绿叶总相宜——当好领导正职和副职的艺术》获得一等奖。在衡阳市委组织的党课讲稿《把党规党纪牢牢刻印在党员干部的心上》获得衡阳市“送党课下基层”和开设“五个课堂”、开展“四类党课”评选活动中获得专家学者类三等奖。

【突出阵地抓干训】 2017年，市委干教领导小组下达党校调训任务2期，上半年举办中青年干部培训班1期，学制2个月，培训59人；下半年举办科级干部培训班1期，学制1个月，培训50人；在完成市委干教领导小组下达任务的同时，完成入党积极分子培训班3期，每期三四天，培训400人。还协助举办十九大精神宣讲班10期，6个讲师及高级讲师参加宣讲，培训1200人次。此外，走出去协助地税局举办十九大精神专题培训班1期，时间4天，培训150人。全年总共培训1859人次，超额完成市委、市委组织部下达的调训任务。

【突出决策咨询抓好科研】 2017年，中共常宁市委党校在全省、衡阳市以上刊物发表论文或获奖论文总计35篇(次)。其中，在衡阳市党校系统2017年度理论研讨会上，常宁党校有12篇文章获奖，其中一等奖1篇，二等奖4篇，三等奖3篇，入选论文4篇；在全省党校系统2017年度理论研讨会上，有1篇论文获二等奖；在省级以上刊物公开发表论文10篇，在县级以上刊物(文集)发表调研文稿3篇。在《常宁报》、常宁红网、常宁手机报、常宁党建、常宁党政门户网上发表很多有价值的工作46条信息。同时，牵头筹建常宁市县域经济研究会，围绕全市的经济社会发展开展调研，较好地发挥智库的作用。其中，《加强培植与管控，化解我市财政困难》的调研材料在“两会”上作为政协发言材料，得到市委、市人民政府主要领导批示；市纪委举办的“全面从严治党这五年”征文中，党校有3篇文章获奖；常宁市委举办的“贯彻全会精神，问策常宁发展”?征文比赛中，党校有3篇调研文章获奖。

【**党建工作**】 2017年，中共常宁市委党校以“两学一做”学习教育常态化制度化为契机，补齐短板，抓好单位党建工作落实。落实责任抓党建。多次校委会、专题会、党员大会研究“两学一做”和基层党建设工作，建立班子基层党建联系点制度，班子成员带头走访调研、带头讲党课、带头指导罗桥镇瑶寨村基层支部落实“三会一课”“三有两评(党组织有服务计划书、党员有年度服务承诺、企业有志愿服务队伍,服务情况接受上级党组织评估和群众评议)”等制度，严格落实党组织主体责任，党支部书记第一责任，支部书记认真履行一岗双责。结合活动抓党建。结合活动抓党建。首先完成了规定动作，开展了四次专题学习讨论，将每周五定为党员学习日，组织党员进行集中学习，班子成员及支部书记上党课4堂以上，组织全体党员登录红星云学习，其次做到学用结合。结合党校中心工作，开展一进二访。落实帮扶资金近10万元，走访困难群众300多人次，帮助解决实际困难5项，在扶贫中加强对两学一做教育活动的认识，锤炼党性，提升作风。紧紧围绕市委部署的七项重点党建任务，扎实开展工作。全面排查党员党组织关系，规范党员档案管理，全面排查党员违纪违法现象，全面排查党费收缴情况，全面抓实党员学习教育，全面加强规范化建设。

【**精准扶贫**】 2017年，中共常宁市委党校成立党校扶贫工作领导小组，由主持党校日常工作的党总支书记颜青任组长，副校长吕志勇任副组长，科室负责人为成员，并明确各自职责。领导小组下设办公室，负责处理扶贫工作的日常事务。结好队帮好扶。每个教职工结对帮扶3户贫困户，全校共结对帮扶60户300多名贫困人口。解决扶贫资金7万元，在村部建一个爱心小屋，捐赠衣服3000多套，送慰问金2万元。

【**十九大精神宣讲**】2017年，围绕党的十九大精神，中共常宁市委党校专门组织6名“讲师团”为全市党员干部宣讲，全年外出宣讲30多场次，受众超过3000人次。

常宁报社

【**概况**】2017年，常宁报社紧紧围绕市委、市人民政府的中心工作，围绕迈进全省经济十强的目标，不断创新工作方法、丰富报道形式，使报纸质量和宣传效果得到稳步提升。报社团队运作团结、和谐、高效、富有战斗力，全年共编排报纸约200期300万字，发挥引导正确舆论导向、营造良好舆论氛围的作用。

【**开设专栏宣传脱贫攻坚**】 2017年，常宁报社开设“脱贫攻坚在行动”专栏，对全市扶贫工作进行全方位报道，在报纸头版头条多次报道脱贫攻坚工作，以专版形式深入挖掘脱贫典型，起到很好的示范带动作用，并在国家扶贫日当天出版“专报”进行全方位宣传。

【**宣传学习贯彻党的十九大精神**】2017年，党的十九大胜利召开以后，报纸开办“学习贯彻党的十九大精神”专栏，宣传引导全市各级各部门共同学习十九大，形成浓厚的学习氛围。

【**项目建设巡礼**】2017年，是全市“项目建设年”，围绕项目的大干快上，《常宁报》主动出击开展重点项目建设巡礼，跟踪报道各重点项目建设情况，宣传各项目的纷呈亮点，推动项目加速推进。

【**“常商风采”专题采访报道**】2017年，报社派记者分赴全国各地常宁商会，采访常宁籍的优秀企业家，挖掘他们的创业故事，集结成“常商风采”系列报道，并在报纸上以专版形式刊发，形成全市重商、爱商的良好氛围。

【宣传阵地拓展】2017年，常宁报社为适应读者掌上阅读需求，多渠道宣传市委、市人民政府的中心工作，以更接地气的方式靠近群众。5月1日，报社创办“常宁报”微信公众号；12月，上线“常宁报”手机客户端，并启动报纸数字化，拓展宣传阵地，提高传播效果。

【其他活动】2017年，常宁报社深入夏联小学、板桥小学、市八中等多所学校，开展小读者见面会，为学生进行写作培训，并提高报纸的传播面；与市作协、摄影协会、原创音乐协会等组织开展采风、作品征集等活动，并在报纸上刊发优秀作品；工会组织员工开展篮球赛、羽毛球赛、生日慰问等活动，丰富职工日常生活；开展捐资助学、扶贫帮困等系列活动。

常宁市人民代表大会及常务委员会

【综述】2017年，常宁市第十七届人民代表大会常务委员会设有“九委三室”，即：办公室、信访室、研究室、财政经济委员会、法制委员会、内务司法工作委员会、预算工作委员会、教育科学文化卫生工作委员会、农业与农村工作委员会、城乡建设环境与资源保护工作委员会、选举任免联络工作委员会、法制工作委员会。在职干部职工48人。全年召开常委会会议8次，主任会议17次，听取和审议“一府两院”专项工作报告52项，作出决议决定19个，提出审议意见7个、交办函7个。任免国家机关工作人员71人次，新任命人民陪审员23名，依法选举和补选常宁市第十七届人大代表4人；接受常宁市十七届人民代表大会常务委员会委员辞职2人、代表辞职10人。全年共依法审查规范性文件82份，责令制定单位修改1份。全年共走访人大代表350余人次，组织开展调研、视察和座谈等各类活动40余次，提出建议、批评和意见100余件，受理群众来信87件，接待群众来访175人次。创办“常宁人大”微信公众号，编发信息80余期。

【市十七届人大二次会议】2017年2月27日至3月1日，常宁市第十七届人民代表大会第二次会议在市区召开，出席会议代表295人，特邀人员70人，列席人员475人。大会选举产生会议主席团成员和秘书长。会议听取和审议市人民政府工作报告，并作出相关决议。会议通过关于常宁市2016年国民经济和社会发展计划执行情况及2017年计划、关于常宁市2016年财政预算执行情况和2017年财政预算的决议。会议通过关于确立大会议案的决定。大会执行主席张志斌宣读关于表彰2016年度基层人大工作先进单位的决定。市委书记刘达祥到会并讲话。

【市十七届人大常委会第一次至第八次会议】2017年2月20日，市十七届人大常委会在人大机关二楼会议室举行第一次会议。会议审议和表决市人民政府关于2016年全市国民经济和社会发展计划执行情况与2017年计划(草案)的报告、关于2016年财政预算执行情况与2017年财政预算(草案)的报告，同意将上述两个报告(草案)提请市十七届人大二次会议审议。会议听取和审议了市人大财经委关于《政府重大投资项目监督办法》(草案)的报告，通过《常宁市人大常委会关于政府重大投资项目监督办法》。会议听取市十七届人大二次会议议程、日程草案和大会主席团和秘书长名单、临时党委、常务主席、执行主席、特邀人员、邀请在主席台就座人员、列席人员、议案审查委员会名单草案的报告，同意将各项名单草案提请市十七届人大二次会议审议。会议审议市人大常委会主任会议关于提请设立市十七届人大常委会代表资格审查委员会及组成人员的议案，会议决定设立市十七届人大常委会代表资格审查委员会，通过市十七届人大常委会代表资格审查委员会组成人员名单，决定李支农为代表资格审查委员会主任委员，褚书福为代表资格审查委员会副主任委员，王元春、胡观宝、贺建文、唐辉、廖聪敏为代表资格审查委员会委员。会议审议和表决市人大常委会主任李新华提请的人事任免议案。决定免去褚书福的市人大常委会研究室主任职务；胡观宝的市人大常委会选举任免联络工作委员会主任职务；刘春华的市人大常委会信访室主任职务；袁诗月的市人大常委会教育科学文化卫生工作委员会副主任职务。决定任命褚书福为市人大常委会选举任免联络工作委员会主任；刘春华为市人大常委会法制工作委员会主任；詹时机为市人大常委会信访室主任；袁诗月为市人大常委会研究室主任。会议还通过市人大常委会2017年工作要点，决定市十七届人民代表大会第二次会议于2017年2月27日至3月1日在市区召开。

3月28日，市十七届人大常委会在人大机关二楼会议室举行第二次会议。会议认真学习《中共中央关于健全人大讨论决定重大事项制度、各级政府重大决策出台前向本级人大报告的实施意见》。会议听取和审议市人民政府关于2017年政府重大投资项目计划(草案)的报告及市人大财经委关于2017年全市重点工程项目调查情况的报告，决定批准市人民政府提出的2017年政府重点工程项目建设计划。会议听取和审议市人民政府关于水口山经济开发区园区规划(草案)的报告，决定同意《常宁市水口山经济开发区园区规划(2017-2020)》，由市人民政府按程序上报审批。会议还听取和审议市人大常委会内司工委关于严厉打击破坏经济发展环境违法犯罪行为的决定(草案)的报告，原则通过《常宁市人大常委会关于严厉打击破坏经济发展环境违法犯罪行为的决定》。

5月23至24日，市十七届人大常委会在人大机关二楼会议室举行第三次会议。会议分别审议和表决市人大常委会联工委关于修订《常宁市人民代表大会常务委员会人事任免办法》(草案)的报告、市人大常委会办公室关于修订《常宁市人民代表大会常务委员会对拟任国家机关工作人员进行法律知识考试办法》(草案)的报告、市人大法制委关于修订《常宁市人民代表大会常务委员会规范性文件备案审查办法》(草案)和《常宁市人民代表大会常务委员会规范性文件备案审查程序规定》(草案)的报告。会议听取市人民政府关于全市2016年城乡规划实施和2017年城市规划计划情况的报告，审查批准全市2017年城市规划年度计划。会议听取和审议市人民政府关于水务投、交通旅游投、棚改投融资情况的报告，原则同意市人民政府提出的投融资计划。会议听取市人民政府关于全市新农合资金(城乡居民医疗保险)征缴管理使用情况的报告》及市人大财经委关于全市新农合资金(城乡居民医疗保险)征缴管理使用调查情况的报告。会议还审议和表决市人大常委会主任李新华和市人民政府市长吴乐胜分别提请的人事任免议案。会议决定任命易泽忠为市人民政府办公室主任；王经余为市发展和改革局局长；刘文春为市经济科技和信息化局局长；封红伟为市教育局局长；廖勇为市公安局局长；许智维为市监察局(预防腐败局)局长；肖卫东为市民政局局长；朱桂虎为市司法局局长；罗更生为市财政局局长；滕文为市人力资源和社会保障局局长；刘荣辉为市国土资源局局长；邓耀龙为市住房和城乡建设局局长；李国儒为市交通运输和旅游局局长；郭文锋为市农业局局长；欧秋生为市水利局局长；谢金山为市林业局局长；刘湛艳为市商务和粮食局局长；殷庆忠为市文体广电新闻出版局(市版权局)局长；雷青元为市卫生和计划生育局局长；詹先辉为市审计局局长；吕秋明为市环境保护局局长；廖宁为市统计局局长；张建军为市安全生产监督管理局局长；段曙辉为市市场和质量监督管理局(市食品药品监督管理局、市食品安全委员会办公室)局长(主任)；张晓军为市人民政府法制办公室主任；李秀英为市人民防空办公室主任。决定免去刘秋生的市人大常委会农业和农村工作委员会副主任职务；邓凤英的市人大常委会预算工作委员会主任职务；刘小咏的市人大常委会教育科学文化卫生工作委员会主任职务；唐辉的市人大常委会内务司法工作委员会主任职务；吴煜斌的培元街道办事处人大工作委员会主任职务；邓凤英的市人大财政经济委员会副主任委员职务，报市十七届人大三次会议备案。决定任命文志新为市人大常委会预算工作委员会主任；朱俊清为市人大常委会教育科学文化卫生工作委员会主任；刘秋生为市人大常委会内务司法工作委员会主任；陈春雷为培元街道办事处人大工作委员会主任。

6月28日，市十七届人大常委会在市人大机关二楼会议室举行第四次会议。会议听取和审议市人民政府关于市十七届人大二次会议议案办理方案的报告、关于2016年全市环境状况和环境保护目标完成情况的报告及市人大常委会城环工委调研情况报告。会议审议和表决市人民政府关于将常宁市采煤沉陷区域周边乡镇安置小区棚改建设项目的本息纳入财政预算的议案。会议决定接受廖宁辞去常宁市第十七届人民代表大会代表职务。

9月1日，市十七届人大常委会在市人大机关二楼会议室举行第五次会议。会议听取市人民政府关于2017年上半年国民经济和社会发展计划执行情况的报告、关于2016年财政预算执行同级审计情况的报告、关于市十七届人大二次会议议案和代表建议办理工作情况的报告及市人大常委会督办情况的报告、关于全市全民健身工作情况及市人大常委会调查情况的报告、关于中心城区近期建设规划情况的报告。会议听取市人民政府关于2017年上半年财政预算执行情况和2016年财政决算(草案)的报告及市人大财经委审查结果的报告，审查批准市人民人民政府提出的常宁市2016年财政决算。会议听取市人民检察院关于全面推进“两法衔接”工作情况及市人大常委会内司工委专项督查情况的报告。会议还审议和表决了、市人民政府市长吴乐胜提请的人事任免议案，决定任命李锦明为常宁市人民政府副市长(挂职)。

11月3日，市十七届人大常委会在人大机关二楼会议室举行第六次会议。会议听取市人民政府关于2017年财政预算调整(草案)的报告，审查批准市人民政府提出的常宁市2017年财政预算调整方案。会议听取市人民政府关于全市脱贫攻坚工作情况报告及市人大常委会农工委调研报告、市人大常委会办公室关于走访人大代表情况的报告。会议听取市人民政府关于在全市公民中开展法治宣传教育第七个五年规划决议(草案)的报告，通过《关于在全市公民中开展法治宣传教育第七个五年规划决议》。会议还审议和表决市人民法院院长张永灵、市人民检察院检察长王胜利分别提请的人事任免议案。免去刘祝融的常宁市人民法院副院长职务；曾媛娉的常宁市人民检察院副检察长职务；龙国玉、张振春、曾香花、江颖绉、刘小兰、汤娉的常宁市人民检察院检察员职务。任命左小琳、胡美菊、关新阳、王莉、张癸连、邓立萍、柳加桂、彭文、尹荣、罗红、雷桂洋、李建华、何春凤、刘雅宁、魏荣、阳世伟、胡吉虎、刘妍、杨建华、刘春桃、吴毅勇、陈敏、胡兴发为常宁市人民法院人民陪审员。

12月6日，市十七届人大常委会在市人大机关二楼会议室举行第七次会议。会议听取衡阳市公安局直属分局关于提请批准对常宁市第十七届人大代表刘志清采取刑事强制措施的报告，决定许可衡阳市公安局直属分局对常宁市第十七届人大代表刘志清采取刑事强制措施。会议决定接受刘湛艳等辞去市十七届人民代表大会代表职务。会议还听取市十七届人大常委会代表资格审查委员会关于市十七届个别人大代表的代表资格审查报告，会议确认廖宁、刘湛艳、吴瑞嵘、周林文、黄小华、彭文忠、雷发清、漆詹洪、欧秀兰的代表资格终止，常宁市第十七届人民代表大会现实有代表286名。会议决定常宁市第十七届人民代表大会第三次会议于2018年1月10日至13日在市区举行。

12月28日至29日，市十七届人大常委会举行第八次会议。会议听取市人民政府关于常宁市2017年国民经济和社会发展计划执行情况与2018年国民经济和社会发展计划(草案)的报告、关于常宁市2017年财政预算执行情况和2018年财政预算(草案)的报告、关于2016年财政预算同级审计整改情况的报告。会议听取市人民政府关于贯彻落实《市人大常委会关于严厉打击破坏经济发展环境违法犯罪行为的决定》情况的报告及市人大常委会检查验收情况的报告，对检查验收的27个部门进行满意度测评，全部获得通过。会上，部分“一府两院”组成人员和部分衡阳市人大代表向市人大常委会会议述职或书面述职，并进行满意度测评，36名“一府两院”组成人员和9名衡阳市人大代表述职全部通过测评。会议听取市十七届人大三次会议有关事项的报告，原则通过市十七届人大三次会议列席人员名单。会议决定接受廖聪敏辞去市十七届人民代表大会代表职务。会议还听取市十七届人大常委会代表资格审查委员会关于市十七届个别人大代表的代表资格审查报告，会议确认胡少华、朱俊清、李文彬、文志新的代表资格有效，廖聪敏的代表资格终止，常宁市第十七届人民代表大会现实有代表289名。

【园区发展调研】2017年1月1日，围绕打造水口山千亿产业园区，市人大常委会作出《关于同意常宁市水口山经济开发区园区规划(2017-2020)的决议》，科学调规扩园，优化园区空间布局，为铜铅锌产业基地和铜杆铜线等项目入驻腾出空间。专题调研全市重点工业企业生产经营情况，促使市政府按照“一区两园”的发展思路，突出特色打造有色循环产业园和宜阳工业园，园区产业集聚进一步增强；推动理顺水口山经济开发区与水口山镇、水口山投资有限公司之间的关系，完善园区管理体制；帮助企业排忧解难，为46家入园企业办理用地、施工、房产等手续，促成现有企业竣工投产。专题听取市政府关于引进重大工业项目情况汇报，支持牛仔服饰产业链和湖南一品新能源开发项目落户常宁。

【财政运行推动】 2017年，常委会强化财政预算编制和计划、预算执行的监督，为提升财政保障和服务全市改革、发展、民生的能力作出积极贡献。认真听取和审议国民经济和社会发展计划执行情况报告，出台《政府重大投资项目监督办法》，加大对市政府重大投资项目监督力度，严格审查2017年度市政府重大投资项目，调减一些前期准备不充分的建设项目，促使政府在项目建设和管理上进一步规范。加强预算编制审查，促使财政早编细编预算，完善预算编制体系。加大财政预算执行监督力度，及时审查批准预算调整方案，促使政府做实财政收入，提高财政质量，优化支出结构，严控财政赤字，防范债务风险。及时批准城市棚户区改造、五龙山水库一湘江提水工程等基础设施建设项目融资议案14件，有效地缓解政府投资压力。针对全社会关注的投融资问题，常委会专题调研全市投融资公司融资管理情况，促进市政府整合投融资公司，加强投融资管理，防范投融资风险。同时，加强审计监督和审计结果的运用，听取和审议财政同级审计及整改情况的报告，跟踪督查整改落实情况，审计报告反映的9个问题基本整改到位。

【农业发展调研】 2017年，常委会高度重视农业工作，专题调研油茶、茶叶产业发展情况，在解决发展资金、打造品牌、地理标志使用等方面提出意见建议，促进特色产业发展。专题调研农业机械化工作情况，提出改善农机推广硬件设施、加大财政保障力度、稳定农机队伍等建议，大力推进农业现代化。为巩固完善水利基础设施，专题调研骨干灌区水利设施情况，听取全市水利工程管理工作情况报告，促使政府加大水利工程日常维修管护、主要河流治理、行政执法等方面经费的投入保障力度。

【发展环境优化】 2017年，针对群众和企业主反响强烈的经济发展环境问题，常委会作出《关于严厉打击破坏经济发展环境违法犯罪行为的决定》。为推进决定落到实处、取得实效，常委会采取定期调度、专题督查、挂牌督办、检查验收等方式对决定落实情况进行跟踪问效。督促政府出台《关于优化园区企业发展环境的若干规定》，打击处理涉众型经济犯罪、涉毒类、涉赌类、招投标领域、破坏施工环境和公职人员渎职等六类影响经济发展环境的违法犯罪行为54起。通过严厉打击，常宁项目建设的施工环境逐步好转，部门服务效率逐步提升，全社会法治观念逐步增强，全市经济发展环境明显优化。

【法治理念弘扬】 2017年，常委会将庙前镇确定为常宁市首批基层立法联系点，收集关于《衡阳市城市市容和环境卫生管理条例》(草案)意见90余条，征集2018年立法项目建议7条，拓宽公众参与地方立法的渠道，较好地支持衡阳市人大立法工作。常委会作出《关于在全市公民中开展法治宣传教育第七个五年规划的决议》，加大全民普法力度，引导市民自觉学法守法用法。认真做好规范性文件备案审查工作，健全报备队伍，修订完善制度，组织开展培训，备案审查工作逐步规范化、常态化。全年共依法审查规范性文件82份，责令制定单位修改1份。

【“两所一队”专项监督】 2017年，常委会加强对市公安局“两所一队”工作的监督，组成三个专项监督小组，聘请15名执法监督员，分别对市拘留所、泉峰派出所、人口与出入境管理大队3个单位进行专项监督，交办37项整改任务。通过跟踪督办，检查验收，督促市人民政府出台《关于进一步推进户籍制度改革的实施意见》，促使市拘留所停止收取生活费，规范请假出所、教育转化、档案和代购物品管理；泉峰派出所结案率、破案率明显提高，社会综合监管能力明显提升；人口与出入境管理大队开展户口清理整顿，解决基层户政工作经费，充实队伍力量，提升服务水平，群众办事更方便、更快捷。通过专项工作监督，提升公安工作水平，解决多年没有解决的问题，办成多年没有办成的事情，处理多年没有处理的积案，收到以点带面、举一反三的良好效果，真正达到常委会满意、被监督单位满意、群众满意的目的。

【“两法衔接”专项检查】 2017年，常委会对11个行政执法单位行政执法和刑事司法衔接工作进行专项检查，听取市人民检察院“两法衔接”工作情况报告，促使政府解决案件鉴定、专项工作、信息平台建设经费，推动市公安局、环保局等单位成立检察联络室，全市“两法衔接”意识进一步增强，衔接体制机制逐步完善，工作程序得到规范，有效杜绝有案不移、有案难移、以罚代刑等现象。为提升市人民法院审判管理质量，常委会专题听取市人民法院审判管理工作情况报告，推动市人民法院案件质效提高，司法行为规范，队伍建设加强。推行人民陪审员制度，新任命人民陪审员23名，为人民陪审工作注入新鲜血液。

【人事任免规范】 2017年，优化任前了解、任前考法、任前发言、审议表决等程序，人事任免工作更加规范。实行人大任命的国家工作人员按规定程序、规定仪式向宪法宣誓，不断提高被任命人员的宪法意识、为民情怀和受人大监督意识。强化任后监督工作，组织36名“一府两院”组成人员分别进行会议和书面述职，全面听取任职以来的履职情况并进行测评，提升人大任命干部的法律意识、责任意识和公仆意识。换届以来，对市委提名推荐的35名拟任干部依法进行任命，全部顺利通过，实现党委人事安排意图与人大常委会依法任命的高度统一。

【人民群众利益保障】 2017年，针对群众反响强烈的城乡居民基本医疗保险工作，常委会开展专题调研，听取政府专项工作报告，督促政府加强对五保户住院、小病大治、家庭门诊药费、基金征缴比例等问题的整改，建立长效机制，出台《城乡居民基本医疗保险基金监督管理办法》等4个制度性文件，促进城乡居民医保健康运行。为推动全民健身运动，常委会开展专题调研，审议全民健身工作，促进政府完善全市体育设施，并将体育中心建设提上议事日程，重新确定建设选址；举办首届元旦环城赛跑，激发全民健身的热情。针对工会经费收缴难度大的问题，专题听取市总工会关于维护全市职工合法权益情况的汇报，促进政府按政策落实工会经费，保障职工的合法权益。

【社会事业发展】 2017年，常委会作出《关于批准全市2017年城市规划计划的决定》，审议全市2016年环境状况和环境保护目标完成情况报告，督促政府加快乡镇垃圾转运站建设和城区主干道雨污分流管网改造，促进环境保护和城市基础设施建设。专题听取大义山省级自然保护区工作情况汇报，促使政府完善管理体制，加快自然保护区内采矿权探矿权有序退出，推动生态保护工作。继续深入开展“三湘环保世纪行”“三湘农产品质量安全行”“三湘农民健康行”“民族团结进步行动”等活动，维护和保障环境安全，提升农产品安全水平，促进农村医疗卫生和少数民族地区各项社会事业快速发展。

【脱贫攻坚】 2017年，为使全市在打赢精准脱贫攻坚战中走在前列，常委会把推动市委脱贫攻坚的重大决策部署贯彻落实作为人大工作的重点，组织开展脱贫攻坚工作调研，审议脱贫攻坚工作。针对脱贫攻坚中存在的问题，下发审议意见。市人民政府按照审议意见要求，迅速召开会议，统一思想，加大力度，压实责任，规范结对帮扶各项措施，确保全市脱贫攻坚工作取得明显成效。同时，市人大机关干部积极响应市委号召，进村入户，全力帮扶，圆满完成年度扶贫工作任务。

【代表依法履职保障】 2017年，坚持多形式履职学习培训，组织各级人大代表分层分批进行履职学习培训，提升代表履职能力。精心组织代表活动，围绕全市工作大局，组织开展调研、视察和座谈等各类活动40余次，提出建议、批评和意见100余件，为促进常宁经济社会发展作出积极努力。拓宽代表知情知政渠道，先后邀请53名市人大代表列席市人大常委会会议、参加专项工作评议等活动，为代表依法履职创造有利条件。以水口山镇、柏坊镇代表工作站建设为现场，召开全市人大阵地建设推进会，全市大部分乡镇、街道都高标准建立代表工作站，为代表依法履职提供有力保障。

【代表主体作用发挥】 2017年，推进人大代表扶贫工作基地建设，按照有牌子、有场地、有人员、有宣传栏、有资料档案、有示范户等“六有”标准，先后创建14个人大代表扶贫工作基地，通过发展种植业、养殖业、劳动就业、土地流转等方式带动贫困户脱贫。衡阳市人大以常宁全国人大代表吴世忠、省人大代表袁浩卿、衡阳市人大代表李伦玉、常宁市人大代表谭丽芳、西岭镇人大代表周社成扶贫工作基地为现场，召开人大代表扶贫工作基地建设推进会，推介常宁典型经验。积极开展“为民服务日”活动。6月25日，市人大常委会机关和全市所有乡镇、街道人大组织代表开展形式多样的履职活动，累计捐款15万余元。全市涌现一大批先进典型，共评选出先进人大代表小组18个、优秀市人大代表31个。

【建议办理】 2017年，市十七届人大二次会议后，常委会及时整理，分类交办，跟踪督办，多次召开督办会议，竭尽全力提高议案建议办理实效。市十七届人大二次会议《关于推进我市全域旅游，建设旅游强市的议案》的办理工作取得阶段性成效，《常宁市全域旅游发展总体规划》进入评审阶段，庙前创AAAA景区完成前期工作，水口山红色工矿旅游区启动建设。232件代表建议办理分步骤推进，大部分已经办结，其余的正在加紧办理。12件重点建议中《关于硬化宜潭片区长塘村村级公路的建议》已经办结。对10月在走访代表过程中收集到的代表建议、批评和意见，常委会高度重视，组织深入调研，召开会议专门研究，选取16件建议交市人民政府办理，得到较好落实。

【基层人大工作】 2017年，针对乡镇、街道人大工作形势与任务，常委会切实加强对基层人大工作的指导、联系和考核。认真指导乡镇开好人民代表大会，确保乡镇人代会圆满成功。集中组织基层人大工作者进行学习培训，提高履职水平。适时召开基层人大工作会议，年终对基层人大工作进行考核验收，评选出7个基层人大工作先进单位和10个先进人大工作者，推动基层人大工作全面发展。各乡镇、街道人大结合自己的实际，先后开展一些监督活动：如宜阳、兰江、洋泉组织代表开展视察活动，庙前、罗桥组织代表评议镇卫生院、畜牧站，促使一大批群众关注的问题得到解决。

【作风建设】 2017年，市人大常委会重视人大信访工作，全年共受理群众来信87件，接待群众来访175人次，万象阳光城居民用水难等一批群众反映强烈的问题得到依法处理和妥善解决。

【学习教育】 2017年，集中组织常委会组成人员、机关干部和乡镇、街道人大主要负责人专程赴浙江大学学习，积极参加衡阳市人大系统业务知识培训，使人大干部不断适应新形势、新任务、新要求。分批组织人大机关党员干部赴毛主席故居等红色革命教育基地参观学习，党性修养得到加强。深入开展“三学三争”主题实践活动，组织开展人大系统“党章党规”知识抢答赛，全市人大代表和人大工作者的党性意识和纪律观念明显增强。组织机关干部认真学习党的十九大精神和习近平新时代中国特色社会主义思想，强化对人民代表大会制度和中国特色社会主义民主法治的认识，机关工作人员道路自信、理论自信、制度自信和文化自信不断增强。

【制度建设】 2017年，市人大常委会先后制定完善学习、会议、财务、机关管理等制度，促进常委会工作的制度化、规范化、程序化。加强机关信息化建设，建立电子表决系统，提高会议效率和人大工作的透明度。高度重视老干部工作，成功举办衡阳市人大系统“永乐杯”门球邀请赛；充分发挥老干部作用，组织人大系统老干部重阳节视察法院、检察院工作。加大人民代表大会制度和人大工作的宣传力度，在衡阳市人大系统中率先创办“常宁人大”微信公众号，编发信息80余期，扩大常宁人大工作影响。

常宁市人民政府

综　述

【概况】　2017年，全市实现地区生产总值332.5亿元，增长8.5%；财政总收入14.30亿元，税收收入占一般公共预算收入72.3%，比2016年提高17个百分点；固定资产投资215.34亿元，增长20.3%；社会消费品零售总额99.03亿元，增长11%;城乡居民人均可支配收入为29773元、15333元，分别增长8.3%、8.9%。全年引进产业项目41个，到位资金39.67亿元。成功争取重点生态功能区、保障性安居工程等专项资金4.15亿元;策划包装18个PPP项目，城市环线等8个项目进入财政部PPP项目库，其中骨干灌区等2个项目已经落地，是衡阳市唯一有PPP项目落地的县市。做实城乡投等投融资公司，全年完成融资60.6亿元。

【产业建设】　2017年，将宜阳工业园纳入水口山经济开发区管理，“一区两园”规划面积从4.99平方千米扩至11.43平方千米。工业污水深度处理及中水循环利用项目完成管网铺设；引进世界500强企业深圳正威集团，建设水口山有色金属产业链服务平台；铜铅锌产业基地、铜杆项目开工，金翼铅业建成试产，华兴冶化、志辉冶化、宏兴化工、大宇锌业相继投产；宜阳工业园入园企业32家，投产19家。全市新增规模工业企业12家，总数达82家，规模以上工业增加值增长8.5%；引进央企中农批和湖南农商通公司，建设农副产品交易中心和农村商贸综合服务平台。新培育衡阳市龙头企业13家、农民专业合作社46个；实施洋泉、梅埠桥、西塘、野马四大骨干灌区续建配套及节水改造工程。广济水库、白甫水库工程顺利推进，136座小二型水库完成除险加固；播种粮食78800公顷，总产量48.3万吨；新造油茶林1366.667公顷，低产林改造3400公顷；夏收油菜27000公顷；种植烟叶1866.667公顷；新建有机茶园342公顷 跻身全国百强重点产茶县，中央电视台赴常宁拍摄《行走魅力茶乡》专题片。获评国家农产品质量安全县、全省粮食生产优秀县；与北京东方园林公司签订框架协议，对全市旅游资源整体提质和全域开发。庙前景区创建国家AAAA级景区有序推进，水口山工人运动纪念园、工人运动陈列馆新馆完成选址，天堂山游客服务中心、停车场投入使用，大义山至印山旅游专线完成前期工作。实施“旅游+”工程，加快农旅、文旅等融合发展。罗桥百万樱花园即将开园。天堂山国家森林公园成功申报“中国森林氧吧”、省森林康养示范基地。

【城乡建设与管理】　2017年，国道356(宜阳至官岭段)完成路基工程。常宁—洋泉(兰江段)、县道075(田尾至蓬塘段)、塔山风车口至狮园村公路正在改造。完成车站路等6条主次干道油化，印山大道提质改造扎实推进，改造背街小巷13条。砚池山公园一期建成开园，青阳广场完成提质改造，华岁国际商贸城主体完工，青市车站建成启用；南门湖公园、城区第二水厂、城北变电站、二中搬迁、人民医院扩建等重点民生项目稳步推进。城区自来水管网日益完善，新建供水管网18千米，宜阳工业园、城市一环自来水管网全线拉通。铺设燃气管网29.1千米。完成地下管网普查，改造主要路段雨污分流10余千米，仙岭垃圾填埋场污水管网建设完工；完成城市总规修改和17个乡镇总规修编，编制5个“美丽乡村”示范片和3个国家级传统村落规划。加大“控违拆违”力度，规范城乡开发建设行为。整治渣土撒漏、“牛皮癣”等城市顽疾，城市环卫、交通秩序持续好转；加快“土地换设施”项目清理结算，有效化解城市建设的存量债务。集中解决了一批房屋产权办证、征地拆迁安置等历史遗留问题。严格土地一级市场管控，加强土地集约节约利用，促进了房地产业稳健发展。

【精准脱贫】 2017年，全市7865名机关干部与15339户贫困户结成对子，对47个贫困村和224个贫困人口在100人以上的村派驻工作队，大力开展结对帮扶、驻村帮扶、定点帮扶，形成“万名干部齐上阵、三级联动抓脱贫”的强大合力，圆满完成“25个贫困村脱贫退出、10927名贫困人口脱贫、3500人易地搬迁、2193户贫困户危房改造”四大年度目标任务，顺利通过省脱贫攻坚考核评估；整合涉农资金1亿元，帮助成立扶贫合作社121个，流转土地1266.67公顷，发展油茶、烤烟、光伏发电等富民产业。板桥、洋泉光伏发电项目并网发电。7944名贫困学生得到资助。建立完善贫困人口健康档案，对农村贫困人口医保个人缴费部分全部由财政补帖。发放精准扶贫贷款9876万元。兜底救助992户2360人；整合近2亿元资金，用于贫困地区基础设施建设。修建和改造村组道路181.4千米，完成6个贫困村的安全饮水工程，维修山塘水渠131处，新建村部34个，新建小学1所，实施贫困村农网改造57处，贫困村光纤网络和4G信号实现全覆盖。

【民生保障】 2017年，新建村道49.2千米，改建67.5千米，加宽120.3千米；建设23处管网延伸工程，解决67600多人的安全饮水问题；完成78个村电网改造；行政村客运班车开通率98.7%；完成棚户区改造货币化安置1567户、工矿棚改房997套。新建7个城乡养老服务示范点；新增城镇就业6968人，农村劳动力转移就业5400人，帮助失业人员再就业5136人。企业养老保险实现“十三连调”。基本社会养老保险覆盖率不断提高。基本医疗保险覆盖率达到100%。低保与扶贫标准实现“两线合一”，农村低保标准提高到270元/月。五保户分散和集中供养标准分别达到340元/月、550元/月；义务教育均衡发展通过国检。城区学校扩容提质有序推进，二中新校区建设有序推进，莲花小学投入使用，虎溪小学主体工程完工，新增城区学位近2000个。公立医院改革全面推开，人民医院扩建项目动工，中医院列入省三级医院规划，社区卫生服务中心建设稳步推进，成功创建全国基层中医药工作先进单位、省妇幼健康优质服务示范工程。爱国卫生工作扎实推进，庙前成功创建省级卫生镇。“常宁版画”参加中国工业版画年展，获奖数居全国之首。

【底线工作】 2017年，环保挂牌督办问题全部完成整改销号，水口山区域环境质量持续好转，得到中央环保督察组充分肯定。全面推行“河长制”，落实湘江流域保护和治理第二个“三年行动计划”，圆满完成大渔村废渣治理、康家溪Ⅲ号地块、杨家湾重金属污染场地治理等年度治理任务。采煤沉陷区综合治理稳步实施。强力整治非法采矿企业，乱采乱挖现象得到遏制。完成85个村的农村环境综合整治任务。完成造林2700公顷，森林覆盖率54.48%；加强防灾减灾体系建设，面对历史罕见的特大洪水，全市上下迅速行动、奋力抢险，安全转移安置群众1.6万多人。加强安全生产重点领域隐患排查整治，道路交通、消防、食品药品等重点领域安全工作全面加强，安全事故总量较上年明显下降，安全生产工作受到省表彰。获评省消防先进县；强化信访源头治理，开展市级领导轮流接访和“信访积案清零行动”，有效化解信访积案，圆满完成十九大安保维稳任务。积极防范和处置非法集资，金融生态持续优化。推进“平安常宁”建设，深入开展“大排查”“大管控”“大整治”等专项行动，加强社区矫正、社区戒毒，严厉打击各类违法犯罪行为，刑事案件发案率比上年同期下降33.8%，社会大局平安稳定。

【改革深化】 2017年，“12345”政府服务热线运行良好，村(居)两委换届圆满完成。深化产权制度改革，农村集体产权制度改革试点工作全面铺开，林权登记工作走在全省前列。不动产统一登记改革加快推进。纪检监察体制改革、群团组织改革、供销合作社综合改革、公车改革、行业协会商会与行政机关脱钩稳步推进；全面落实依法行政，自觉接受人大及其常委会法律监督和工作监督，主动接受政协民主监督。办理人大代表议案1件，建议、批评和意见231件，办理政协委员提案127件。“七五”普法扎实开展。建立法律顾问制度，法治政府和法治社会建设稳步推进；全面推进从严治政，深入推进“两学一做”学习教育常态化制度化。加强效能监察，实现巡察和派驻监督全覆盖，以“零容忍”态度惩治腐败，大力开展“吃空饷”、在编不在岗和国家公职人员违规参与涉矿经营等专项整治，强力整治“雁过拔毛”式腐败。

市人民政府重要会议

【市政府〔2017〕第1次(17届1次)常务会议】 于1月4日在市人民政府九楼多功能会议室召开。会议研究了如下事项：（一）春节前困难群众生活安排工作。会议决定：一是各级各部门要把走访慰问活动作为当前的重要工作。二是市财政及时拨付民政资金，民政、财政及相关单位对全市困难群众和各类社会福利机构进行走访慰问并发放慰问金；各相关部门要安顿好本系统困难职工。三是人社、住建、公安、工会组织要配合各乡镇对所辖区域用人单位农民工工资问题及时进行调度、安排和整治。（二）水口山居民保障搬迁工程拆迁住房补贴工作。会议决定：原则同意《关于水口山民生保障居民搬迁工程拆迁住房补贴相关问题处理的请示》中的处理意见，项目服务组及相关部门要根据《衡阳市集体土地征收与房屋拆迁补偿安置办法》(衡政办发〔2015〕73号)、衡阳市国土资源局《关于常宁市水松地区房屋拆迁有关问题的复函》(衡国土资函〔2016〕165号)，结合当地实际情况，对涉及房屋住房补贴方面的问题进行处理。（三）引进长沙银行工作。会议决定：同意引进长沙银行在常宁设立支行，市金融办做好对接工作。（四）常盛驾考中心土地出让有关工作。会议决定：一是按照市人民政府2013年第2次专题会议纪要“用地性质为商贸物流用地，土地价格为工业用地成本价”。二是原国土、规划部门收取的罚金全额安排用于常盛驾考中心项目建设。（五）国有资产归集处置工作。会议决定：同意此次提出的处置项目方案，将村部的处置纳入全市国有资产处置，防治资产流失，各融资公司要积极加快投融资平台建设，提高融资能力。（六）消防工作。会议决定：一是原则同意培元消防站的建设由市住建局牵头负责，相关职能部门要加大支持力度。市消防大队做好衔接工作。二是明确由市自来水公司负责将全市(包括水口山工业园、宜阳工业园及华岁商贸城)缺建或损坏的市政消火栓建设到位。（七）市人民医院、中医院职工养老保险(含职业年金)和医疗保险单位缴费部分纳入财政预算有关工作。会议决定：原则同意将市人民医院、中医院在编在岗职工的养老保险(含职业年金)和医疗保险单位缴费部分纳入财政预算。市财政局牵头，市卫计局、市编办、市人社局协助做好人员的统计核实申报工作。(八)五龙山水库—湘江提水工程项目、城区基础设施建设工程项目、交通旅游投公司项目融资有关工作。会议决定：原则同意五龙山水库—湘江提水工程项目。城区基础设施建设工程项目包括西一环(南段)道路建设工程、东一环道路建设工程、北二环(东段)道路建设工程、北一环道路建设工程、宜阳路、朱家山路建设工程、城市部分环线绿化提质改造建设工程、青阳北路提质改造及市府路新建建设工程、西门湖公园建设工程、砚池山公园建设工程、宜水防洪风光带建设项目、潭水防洪风光带建设项目、歌剧院工程建设项目。交通旅游投公司项目包括塔山瑶族精准扶贫生态旅游区基础设施建设项目、常白公路(三湾至茯西段)道路改建项目、县道073(烟洲至喜石段)道路改建项目、大义山脉旅游专线公路建设项目、县道07(宜阳至依湖段)道路改建项目、常宁市新能源充电桩建设项目纳入政府购买目录，市财政局为项目的购买服务主体，年利率控制在7%以内。(九)讨论《常宁市农村环境综合整治PPP项目实施方案》(草案)、《常宁市骨干灌区建设及改造水资源配置工程PPP项目实施方案》(草案)。会议决定：原则同意这两个方案。市环保投和农业投按程序进行报批，市财政局、发改局、环保局、水利局等单位做好向上对接申报入库工作，尽快推动项目建设。

【市政府〔2017〕第3次(17届3次)常务会议】于3月14日在市人民政府九楼多功能会议室召开。会议研究了如下事项：(一)关于安全生产工作。会议决定：一是落实2017年2月27日衡阳市环境保护和安全生产工作会议精神，各级各部门要按抓好分管行业及领域的安全生产及监管工作，做到安全生产“零事故”。二是市人民政府主要领导要每年对分管部门、行业、系统的安全生产进行检查不少于2次，分管领导不少于4次。三是常宁市相关乡镇要组织专门的队伍打击非法开采、滥采乱挖等现象，建立常态化的监管机制。四是原则同意成立乡镇(办事处)安监机构，市编办要统筹环保、安全等底线工作机构设置。五是市委党校、安监局、人社局要积极做好从乡镇(办事处)主要负责人到安监机构工作人员及企业的业务培训，提升基层安监人员的监管水平，强化企业负责人的主体责任。六是市安监局综合会议意见，报市委常委会议研究。(二)环境保护工作。会议决定：一是原则同意由市环保局代拟的《常宁市人民政府关于成立常宁市生态环境保护委员会的通知》《常宁市人民政府办公室关于成立常宁市迎接中央环境保护督察协调联络工作组的通知》《常宁市人民政府办公室关于成立常宁市创建国家环境保护模范城市领导小组的通知》等文件，市环保局进一步修改完善后，报市委常委会议研究。二是建立常宁市生态环境保护委员会。三是成立迎接中央环保督查协调领导小组。(三)讨论《常宁市争资跑项工作考核奖励暂行办法》(讨论稿)《常宁市重点项目建设管理考核办法》(讨论稿)《常宁市政府投资项目管理暂行办法》(讨论稿)，会议决定：一是原则同意这两个文件内容。市发改局进一步修改完善后，报市委常委会议研究。二是同意市重点办升级为正科级单位，市编办按程序报批。(四)优化经济发展环境工作。会议决定：一是同意将“常宁市治理经济环境办公室”更名为“常宁市委、常宁市人民政府优化经济发展环境办公室”，归口政府序列管理，市纪委业务管理，机构性质为参照公务员管理事业单位，编制人数由5人增至10人。二是优化办在年内要处理3起以上移交纪委立案的影响经济发展环境和机关效能的案件。三是强化市政服务中心管理，落实“联合审批四项制度”。各乡镇、街道办事处和相关职能部门要明确分管优化经济环境工作的负责人，建立督查问责制度。四是确定在每年的元月份召开测评会议，测评结果纳入年度目标管理绩效考核，并实行测评末位淘汰制。(五)精准扶贫工作。会议决定一是原则同意由市教育局代拟的《常宁市教育精准扶贫实施方案》(草案)、市卫计局代拟的《常宁市健康扶贫工程实施方案》(草案)、市人社局代拟的《常宁市劳务协作脱贫工作方案》(草案)，三个部门分别修改完善方案，然后报市委常委会议研究。二是扶贫办机构升格问题和环保、安监等机构设立统筹考虑。(六)美丽乡村建设工作。会议决定：一是原则同意由市农业局代拟的《常宁市2017年美丽乡村建设实施方案》(讨论稿)，农业局要进一步修改完善方案，报市委常委会议研究。二是美丽乡村建设要与乡村休闲旅游相结合，打造“布局美、生态美、生活美、风尚美”的美丽乡村建设新格局。三是各相关乡镇及部门要出台工作方案，确保工作落到实处。(七)全面推行河长制工作。会议决定：一是成立常宁市河长制工作委员会和河长制办公室。委员会由第一总河长、总河长、副总河长及委员组成，邀请市委书记任第一总河长，市长担任总河长，市委常委、常务副市长及分管水利工作的副市长任副总河长，市河长制委员会成员由组织部、宣传部、法制办、发改局、经科信局、环保局、公安局、财政局、人社局、国土资源局、住建局、交通旅游局、水利局、林业局、卫计局、审计局、市场和质量监督管理局、国资局等单位组成，具体工作由市水利局负责。二是原则同意由水利局代拟的《常宁市全面推行河长制的工作方案》(草案)，市水利局要进一步修改完善方案，报市委常委会议研究。(八)林业工作。会议决定：一是原则同意在2017年11月举办第四届中国(常宁)油茶旅游文化节。二是市财政适当解决工作经费，市林业局与市财政局拿出具体方案。(九)关于讨论《常宁市城乡规划委员会议事规则》(草案)《水口山经济开发区园区规划》(草案)原则同意市规划局代拟的《常宁市城乡规划委员会议事规则》(草案)《水口山经济开发区园区规划》(草案)，市规划局要根据本次会议提出的意见及建议，进一步修改完善，再报市委常委会议研究。

【市政府〔2017〕第4次(17届4次)常务会议】于4月21日在市人民政府九楼多功能会议室召开。会议研究了如下事项：(一)开展大中型水库特困移民避险解困搬迁工作。会议决定：一是成立市大中型水库特困移民避险解困工作领导小组，相关移民乡镇成立相应的领导小组。二是原则同意由市移民局代拟的《常宁市大中型水库特困移民避险解困工作实施方案》，进一步修改完善后报市人民政府发文。三是由市财政适当解决工作经费。(二)2016年城乡规划实施和2017年城市规划工作。会议决定：原则同意市规划局代拟的《常宁市2017年城市规划年度计划》(草案)，市规划局进一步修改完善后，报市委常委会议研究。(三)讨论《常宁市人民政府关于城市规划区政府拆迁安置遗留问题处理的有关规定》(草案)。会议决定：市规划局根据会议讨论的建议，进一步广泛征求各相关部门意见，市人民政府再另行召开会议研究。(四)讨论《扩大乡镇政府规划建设管理权限暂行办法》(草案)。会议决定：一是原则同意由市编办代拟的《扩大乡镇政府规划建设管理权限暂行办法》(草案)，市编办要进一步修改完善方案，报市政府发文。二是乡镇(办事处)要结合当前的特色城镇、美丽乡村建设，做好乡镇规划建设管理。三是规划、国土资源、住建三个主管部门要加大对乡镇建设工作的业务指导力度，强化对乡镇建设审批环节的监督检查。(五)职工社会保险费统一征缴工作。会议决定：一是由市委常委、常务副市长郭松青牵头，市人社局具体负责，按照衡阳市相关文件要求落实，在6月底前，实现职工社会保险费统一征缴；二是同意恢复“常宁市社会保险费征缴管理中心”，作为市人社局下属副科级一类全额拨款事业单位，市编办按程序办理；三是各媒体单位要做好五险统征相关政策的宣传工作。(六)强制隔离戒毒所建设工作。会议决定：一是同意启动强制隔离戒毒所建设；二是成立市强制隔离戒毒所建设领导小组，由市人民政府副市长廖勇任组长，市财政局、国土资源局、发改局、规划局、住建局、宜潭片区主要负责人为成员，领导小组下设办公室，办公地点设市公安局；三是由市规划局按程序出具规划红线图；四是由市强制隔离戒毒所建设领导小组确定一家投融资平台公司作为项目建设业主单位，市发改局、公安局要积极向上争取政策，做好项目申报工作。(七)城市棚改项目实行政府购买服务工作。会议决定：原则同意常宁市东湖村城中村棚户区改造，常宁市宜水、潭水城中村棚户区改造，常宁市泉峰城中村棚户区改造，常宁市水口山新华棚户区改造4个项目实行政府购买服务，采购方式为单一来源方式，由市棚改投公司作为唯一购买服务单位，将购买服务资金纳入相关年度财政预算。(八)交通旅游投融资工作。会议决定：一是原则同意启动市交通旅游投资公司提出的融资项目：国道234常宁新河至塔山段线、省道347常宁庙前至塔山公路、省道338烟洲至宜阳公路、大堡至新河公路提质改造、泉峰至依湖段公路提质改造(泉峰—板桥—依湖)、云常快线、省道222北门至黄桥、常宁市庙前至桂阳辉山旅游道路、常宁市水口山“世界铅都”工业遗址保护及红色旅游区项目、梅埠桥水库—大义山—樱花园—印山(旅游专线)、常宁市青市车站前广场建设工程项目、常宁市公交综合停车场项目、樟木岭车站项目、常宁市安全新能源美丽乡村建设项目、通客运班车线路窄路加宽项目(PSL)、重要县乡道项目(PSL)、县乡路网硬化项目(PSL)、联通公路项目(PSL)、危桥改造项目(PSL)。二是同意项目实行政府购买服务，由市交通旅游投作为唯一购买服务单位，将购买服务资金纳入相关年度财政预算。三是明确项目采用融资代建及PPP模式，由市交通旅游投资公司作为项目的建设业主单位；四是各相关部门要大力支持，加快项目规划、国土、环评、立项等前期的手续办理，市发改局要认真依规对项目予以把关。(九)农网改造工作。会议决定：原则同意由市发改局代拟的《常宁市农村电网改革与改造升级三年行动方案》、由电网常宁供电公司代拟的《常宁市电网建设与农村电网改造升级管理考核办法》《常宁市农网升级改造“保护性施工”工作实施方案》，市发改局、国网常宁供电公司要进一步修改完善方案，报市政府发文。(十)讨论《〈常宁市人民政府 株洲冶炼集团股份有限公司〉合作总协议》(草案)。会议决定：原则同意此文件草案，根据本次会议提出的意见及建议，进一步修改完善，由市法制办审核后，再报市委常委会议研究。(十一)二水泥厂改制工作。会议决定：原则同意按破产程序启动二水泥厂改制工作，由水口山投资公司先行垫付改制成本，依法处置好资产，确保顺利改制。(十二)水口山经济开发区入园企业闲置土地处理。会议决定：一是原则同意将华兴冶化、大宇锌业、宏兴化工等企业原厂区地块性质由工业用地调整为商住用地，市规划、国土资源部门按程序予以办理；二是对以上企业原厂区需要进行重金属污染治理的土地，各相关部门要制定治理方案，积极向上争取资金，企业治理后的土地由相关部门办理交付使用手续；三是同意其土地出让金按规定提取相关基金后，按照85%返还给原土地使用者，用于弥补取得土地使用权的支出、补偿地上附着物支出和环境污染治理，剩余部分由市人民政府建立企业发展基金。(十三)润东学校等八宗土地用地性质变更问题。会议决定：原则同意将润东学校地块由居住用地(R2)变更为中小学用地(A33)；宜水小学地块由行政办公(A1)、居住(R2)、绿地(G1)变更为中小学用地(A33)；工人文化宫地块由车站用地(S3)变更为文化活动设施用地(A22)；石洲加油站地块(宜N-03)由居住用地(R2)变更为加油站用地(B41)；仙岭加油站地块(泉B-08)由居住用地(R2)变更为加油站用地(B41)；常宁市雨泉纯净水厂地块(培F-07)由工业用地(M1)变更为教育用地，用于建设幼儿园(R22)；青阳北路B2地块由加油站用地调整为商住用地；青阳新区A7(原博文小学)地块由商业用地(B1)变更为商业兼容居住用地(B1兼容R2)。(十四)关于伍义生等五人所犯错误处理意见。会议决定：根据《行政机关公务员处分条列》有关规定，同意对伍义生(市经济科技和信息化局正科级干部、党委委员、副局长)、欧后保(水口山中心学校校长兼水口山高级中学校长)两人行政撤职处分；对周小平(烟洲镇副镇长)、崔昌辉(常宁市荫田法庭庭长)、唐爱明(烟洲镇主任科员)三人开除公职处分。

【市政府〔2017〕第5次(17届5次)常务会议】 于5月25日在市人民政府九楼多功能会议室召开。会议研究了如下事项：(一)2017年人大代表建议和政协委员提案重点督办件办理工作。会议决定：一是各承办单位要高度重视代表建议和委员提案重点督办件的办理工作。二是各承办单位及部门要按照会议研究决定的意见，将办理工作纳入单位的重点工作安排，提前纳入计划，整体打捆办理，整体招标。发改、财政、规划、国土、环保、各融资平台等部门及相关乡镇要加大支持力度协助承办单位做好办理工作。三是各承办单位要加强办理工作的事前沟通。对因受政策、资金等因素限制，一时难以办结的建议和提案，要及时向市人大报告和市政协函告。并加强与代表、委员的沟通，共同做好政策法规解释工作。(二)精准扶贫工作。会议决定：一是认真组织实施，完善好相关资料，确保所有资料台账规范、完整，不出差错。二是重视产业发展与扶贫开发相结合，调整产业结构，抓好特色种养项目，切实为群众解决实际问题。三是脱贫后盾单位及乡镇、村、驻点工作队要帮助贫困对象分析贫困原因，制定脱贫办法。(三)2017年交通系统人大议案及重点建议办理工作。一是原则同意市交通旅游局代拟的《关于实施全域旅游战略建设旅游强市的决定》(草案)，市交通旅游局要根据会议讨论的意见，进一步修改完善方案，报市委常委会议研究决定。二是市交通旅游局要积极向省、市争取项目计划，多方筹集资金，加强与代表的沟通，办理好5个交通重点建议。(四)祁常高速公路常宁连接线建设工作。会议决定：一是同意启动祁常高速公路常宁连接线工程建设。二是明确常宁连接线道路总长5.688千米按照城市主干道标准建设，同意将原设计方案的路基宽12米调整为50米，包括连接线向西延伸的600米。三是明确项目建设业主为市城乡投公司。(五)讨论《常宁市妇女发展规划(2016～2020年)》(草案)和《常宁市儿童发展规划(2016—2020年)》(草案)。会议决定：原则同意市妇联代拟的两项文件草案，市妇联要根据会议讨论的意见，进一步修改完善方案，报市人民政府发文。(六)常宁市资源枯竭城市转型发展规划工作。会议决定：原则同意市转型办制定的《湖南省常宁市资源枯竭型城市转型发展规划(2017～2020)》(初稿)，市转型办要根据会议讨论的意见，进一步修改完善方案，报市人民政府发文。(七)民政工作。会议决定：一是开展低保和社会保障兜底脱贫对象认定清理整顿工作。成立认定清理整顿工作领导小组。同意市民政局制定的《常宁市城乡低保和社会保障兜底脱贫对象认定清理整顿工作方案》，市民政局要进一步修改完善方案，报市人民政府发文。重点清理涉军等成建制纳入的特殊群体，精准认定城乡低保和社会保障兜底脱贫对象，规范城乡低保制度。2017年农村低保标准和国家扶贫标准“两线合一”，国家扶贫标准为 3026元/年/人(全市按照3120元/年/人的标准执行)；农村分散特困供养人员340元/月/人(4080元/年/人)，全失能特困人员护理标准为2500元/月/人，半失能特困人员护理标准减半执行，资金不足部分由市财政配套；一是按照实际需要由市财政解决工作经费。二是全市医疗救助资金缺口由市财政适当解决，市民政局要积极向上争取资金。三是原则同意出台《常宁市养老院服务质量建设专项行动实施方案》，对2016年12月前建成运营的福利机构，相关手续的办理作为遗留问题处理。四是同意将市林业局位于原沿河风光带的老办公楼面积约130平米的国有土地按程序依法划拨给劳动路社区作为“两化两体系”建设场地。市林业局要做好周围群众矛盾的调处、老办公楼的腾空清理工作。市国土资源局、国资管理中心、规划局要给予配合支持，办理好相关手续。(八)教育工作。会议决定：一是同意城区新扩建南市小学、茶箭小学、冷水小学、嵩塘小学、宜小万寿分校、宜水小学、虎溪小学等7所小学由投融资公司融资建设。新征地建设学校的用地手续由市规划局、国土资源局统一打捆办理。二是原则同意市教育局制定的《常宁市2017年秋季高中、初中、小学招生计划》，市教育局要进一步修改完善方案，报市人民政府发文，并在媒体进行公布。(九)宜阳工业园企业入园工作。会议决定：一是同意中山辣过瘾食品有限公司收购衡阳市顺发精密针织机械有限公司的资产入驻宜阳工业园区；同意解除顺发公司和园区签订的合同。二是同意华洋鞋业恢复投产。三是同意中联天地农业科技公司入驻宜阳工业园。四是同意按照常发〔2016〕2号文件。五是园区内三宗闲置土地，由市人民政府收回土地，再按程序为入园企业办理用地手续。六是市法制办要对新入园企业的入园协议予以把关审定。(十)常宁市劳动模范和先进工作者推荐、评选、表彰工作。会议决定：同意表彰常宁市劳动模范和先进工作者25名，市总工会拿出具体方案，报市人民政府审批。成立常宁市劳模评选工作领导小组，领导小组负责劳模推进评选日常工作。(十一)同意给予“135”项目被拆迁户适当经济补偿。(十二)同意中国供销湖南常宁农副产品交易中心项目选址三角塘镇玉沙村地段(东二环两侧、南三环以北)，总用地13.333公顷。项目土地出让方式为公开招拍挂，土地用途为商业用地，由市人民政府负责项目土地的“五通一平”。(十三)市人民政府部分领导工作分工安排。会议决定：王颂、张石玉协助副市长王一花工作，段金良协助副市长彭晓洪工作，吴岳清协助副市长段鸣工作，邹求荣协助副市长阳青工作，周继成协助副市长郭松青工作。

【市政府〔2017〕第6次(17届6次)常务会议】 于8月1日在市人民政府九楼多功能会议室召开。会议研究了如下事项：(一)讨论《深化供销合作社综合改革工作的实施意见》(讨论稿)。会议决定：一是原则同意由市供销社代拟的文件讨论稿，市供销社要根据会议讨论的意见，进一步修改完善方案，报市委常委会议研究决定。二是同意成立深化供销合作社综合改革工作领导小组，由市委常委、常务副市长郭松青任组长，相关职能部门主要负责人为成员，领导小组负责协调相关具体工作。三是按照实际需要，由市财政解决经费。(二)讨论《常宁市全民健身实施计划(2016—2020年)》(草案)会议决定：一是各级各相关部门要积极推进设施建设，进一步增加公园、小区供给总量，确保市民有健身的空间。二是原则同意由市文体广新局代拟的文件草案，市文体广新局要根据会议讨论的意见，进一步修改完善方案，报市人民政府审批发文。三是原则同意授予常宁市水务投资集团有限公司供水特许经营权，特许经营期限为30年，区域范围为城市规划区范围。具体事项由市水务投公司报市人民政府审批。(四)关于农机化工作：一是同意按照相关规定，明确村级农机安全员及相应责任。二是由市财政解决乡镇农机站执法经费。三是同意继续留用原选送到政府部门的43名农机工作人员在公安部门担任辅警。四是同意按照“市场运作、政府购买、社会办学”的原则，选址建设好农机驾驶员考试培训中心。五是同意维修改造农机便民服务大厅。五是讨论创建省级、国家级妇幼健康优质服务示范县工作。会议决定：一是同意市妇幼保健院创建省级、国家级妇幼健康优质服务示范县，原则同意由市卫计局代拟的

《常宁市2017年创建妇幼健康优质服务示范工程工作实施方案》，市卫计局要根据会议讨论的意见，进一步修改完善方案，报市人民政府审批发文。二是成立创建领导小组，市卫计局拟定初稿报市人民政府审批发文。三是同意建设妇幼保健计划生育服务中心大楼。六是社区矫正工作。会议决定：原则同意继续留用2014年从原煤炭局选派的15名全额拨款人员协助社区矫正工作，选派时间为两年，由市财政按照700元/人·月的标准发放补助到市司法局。七是明确宜阳工业园企业的土地使用税征收标准，按土地使用证净用地面积征收，从2017年10月1日起，由政府依程序公布执行。(八)调整政府工作部门权力清单工作。会议决定：原则同意市编办按照省、市相关文件精神，代拟的《常宁市本级政府权力清单动态调整目录》，市编办按程序报市人民政府审批发文，并予以公布。(九)原则同意启动企业债券和中票发行工作，水口山投公司要依法依规按程序办理相关手续。(十)讨论《关于贯彻落实〈市人大常委会关于严厉打击破坏经济发展环境违法犯罪行为的决定〉工作实施方案》(草案)。会议决定：一是原则同意由市打击破坏经济发展环境行动领导小组代拟的文件草案，市打击破坏经济发展环境行动小组要根据会议讨论的意见，进一步修改完善方案，报市人民政府审批发文。二是迅速召开动员大会，加快实施推进。各相关部门要严厉打击破坏经济发展环境违法犯罪行为。(十一)讨论《常宁市城市规划区征地拆迁安置遗留问题处理办法》(草案)。会议决定：原则同意由市国土资源局代拟的文件草案，市国土资源局要根据会议讨论的意见，进一步修改完善方案，报市人民政府审批发文。(十二)讨论《重新组建规划综合执法队伍的工作方案》(草案)一是同意组建常宁市规划综合执法大队，机构定为正科级全额拨款事业单位，隶属常宁市城乡规划局，定编110人，市编办依法按程序办理，由市财政解决工作经费。二是原则同意由市规划局代拟的《重新组建规划综合执法队伍的工作方案》(草案)，市规划局要根据会议讨论的意见，进一步修改完善方案，报市人民政府审批发文。(十三)讨论《常宁市中心城区近期建设规划》(送审成果)。会议决定：原则同意由市规划局代拟的《常宁市中心城区近期建设规划》(送审成果)，市规划局要根据会议讨论的意见，进一步修改完善方案，报市人民政府审批发文。(十四)讨论《常宁市城乡生活垃圾资源化综合利用项目BOT特许经营协议》(草案)。会议决定：原则同意此文件草案，需要进一步修改完善，市法制办予以把关审核。(十五)关于大义山自然保护区实验区内部分企业调规工作。根据“企业采矿权设置在前，大义山自然保护区设置在后”和“自然保护区实验区边界微调”的原则，同意市林业局和大义山自然保护区管理局提出的对涉及大义山自然保护区实验区范围内的部分采矿企业予以调规。(十六)公安机关辅警配备工作。会议决定：同意市公安协辅警按上级要求的标准予以配齐，增加公安协辅警人员200名，并纳入财政预算。协辅警的招聘工作由市人社局牵头，市公安局依法按程序组织实施。(十七)常宁市市民之家项目建设工作。会议决定：同意启动常宁市市民之家项目建设，同意项目选址市府路以北，市人民政府大院东侧(以市规划局出具的红线图为准)，总建筑面积不超过20000平方米。项目由市城乡投作为建设业主，青阳广场和政务中心项目建设服务组负责建设的协调调度等事宜。

【市政府〔2017〕第7次(17届7次)常务会议】 于8月31日在市人民政府九楼多功能会议室召开。会议研究了如下事项：(一)关于环保工作。会议决定：一是各级各部门要高度重视中央环保督查工作，切实抓好省人民政府环保督查交办问题和常宁市存在的突出环境问题的整改工作。原则同意市环保局代拟的《常宁贯彻落实中央环境保护督查组反馈意见整改方案》，成立常宁市突出环境问题整改工作领导小组，并开好动员部署会。二是原则同意市环保局代拟的《常宁大义山自然保护区矿业权差别化退出和矿业复绿工作方案》(草案)，市环保局要按照会议讨论的意见，进一步修改和完善，报市人民政府审批发文。三是原则同意市环保局代拟的《常宁市生态保护红线划定方案》(草案)，市环保局要按照会议讨论的意见，进一步修改和完善，报市人民政府审批发文。四是原则同意市环保局代拟的《常宁市2017年生态环境保护工作目标考核办法》，并由市生态环境委员会认真组织实施。(二)优化企业发展环境。会议决定：原则同意市经科信局代拟的《扶持奖励入园民营工业企业的实施方案》(草案)、市优化办代拟的《关于优化园区企业发展环境的若干规定》(草案)，市经科信局、优化办要根据会议讨论的意见和建议进一步修改和完善，报市人民政府审批发文。(三)盘活常宁市存量开发建设用地相关工作。会议决定：同意盘活常宁市存量开发建设用地，市规划部门要尽快做好城市规划调整工作。同意市国土资源局制定的《2017年8～10月拟公开出让用地计划表》，原建工局、房产局、妇幼保健院青阳路门诊楼、劳动就业局、洋泉镇国策楼等行政事业单位用地一并纳入公开出让存量开发用地计划。(四)水口山至城区天然气建设和加强天然气安全保护工作。会议决定：一是各相关职能部门要大力支持水口山至城区天然气建设和加强天然气安全保护工作。二是市公安局、安监局、消防大队要加强对中油金鸿在常宁设立的天然气站点的日常监管，公安局在此站点设置流动执勤点。(五)终止《祁东、常宁边界河流湘江Ⅲ标程大堡可采区砂石开采权出让合同》工作。会议决定：一是原则同意依法依规按程序终止《祁东、常宁边界河流湘江Ⅲ标程大堡可采区砂石开采权出让合同》，市水利局具体办理。二是同意退还祁东东开建材有限公司30%的中标价款825万元，市水利局会商市财政局按程序办理。(六)塔山乡双河村、更生村林农上访处理工作。会议决定：一是原则同意塔山乡双河村、更生村按“四个不变”原则由塔山乡转为天堂山国家森林公园管理处代管，授权委托弥泉林场具体管理，并成立社会事务服务中心。二市在扶贫政策上，对更生村予以支持。三是天堂山国家森林公园管理处尽快出台发展规划。(七)2017年推进义务教育均衡发展工作实施方案》(草案)。会议决定：一是同意市教育局代拟的文件草案，市教育局要根据会议讨论的意见和建议，进一步完善方案，报市人民政府审批发文。二是由市财政解决2000万元资金，用于学校的义务教育均衡发展工作，市教育局要扎实做好各项工作，确保通过国检。(八)推进行政执法三项制度改革和全面建立党政机关法制顾问制度工作。会议决定：一是成立试点工作协调小组，由市公安局、城管执法局、环保局三个单位先行试点，市财政适当安排试点工作经费。二是原则同意市法制办代拟的《关于行政执法公示制度、执法全过程记录制度、重大执法决定法制审核制度试点实施方案》(草案)《关于党政机关全面建立法律顾问制度的实施方案》(草案)，市法制办要根据会议讨论的意见和建议进一步修改和完善，再报市委常委会研究。三是同意加强法制机构力量建设，市法制办拟定方案报市编委会研究决定。(九)开展农村集体产权制度改革试点工作。会议决定：原则同意市农村经营服务中心代拟的《常宁市农村集体产权制度改革试点工作实施方案》(草案)，市农村经营中心要根据会议讨论的意见和建议进一步修改和完善，报市人民政府审批发文。(十)讨论《深圳正威(集团)有限公司、常宁市水口山开发建设投资有限公司合作协议》工作。会议决定：原则同意签订《深圳正威(集团)有限公司、常宁市水口山开发建设投资有限公司合作协议》。市法制办予以把关，再报市委常委会研究。(十一)交通旅游投融资建设相关工作。会议决定：下次常务会议再研究。(十二)筹建常宁通用机场有关工作。会议决定：一是原则同意成立市通用机场项目筹建服务工作组，由市委常委、常务副市长郭松青牵头，副市长李锦明协助负责机场建设前期筹建服务工作。二是市发改局要向上级积极争取项目立项，机场建设具体事宜报市委常委会研究。(十三)关于市水泥二厂破产改制相关问题。会议决定：一是原则同意由政府土地储备中心收回水泥二厂地块使用权，再由国土部门依法变更土地性质，同意由工业用地变更为商住用地。二是市规划局要对此宗土地出具规划条件。三是将土地变现收入金额返还企业以弥补职工安置费。(十四)2016～2017年度衡阳市人民政府对县(市)人民政府质量工作考核相关工作。会议决定：质量工作考核是对常宁的宏观质量、产品质量、工程质量、服务质量、环境质量等方面的全面考核，意义重大，各相关质量管理部门务必要高度重视，在市质量强市领导小组的统一部署下，认真做好质量强市相关工作；原则同意调整市质量强市工作领导小组成员。

【市政府〔2017〕第8次(17届8次)常务会议】 于12月12日在市人民政府九楼多功能会议室召开。会议研究了如下事项：(一)学习十九大会议精神。会议传达学习了十九大会议精神，安排部署学习宣传贯彻党的十九大精神工作，号召全市政府系统迅速行动起来，以党的十九大精神为统揽、以习近平新时代中国特色社会主义思想为指导，加快建设富饶美丽幸福新常宁，奋力跻身全省经济十强，谱写好实现中华民族伟大复兴中国梦的常宁篇章。会议强调，要进一步强化理论武装，强化学习效果，持续、深入、扎实学习报告，努力将十九大提出的新思想、新理念、新战略，尽快转化为推动常宁发展的具体举措。(二)安全生产工作。会议决定：一是同意由市财政解决企业的“安全体检”费用，由市安监局从“危险化学品、烟花爆竹、工商贸”三个行业中筛选部分经营生产单位进行深入的“安全体检”，全面改善提高全市三个行业的安全生产条件，确保安全生产。二是原煤炭局二级机构编制划转问题由市编办另行提交会议研究。三是解决安全生产风险抵押金退还问题。同意由市财政解决退还风险抵押金资金缺口。四是同意加大对安全生产先进单位和个人的奖励，由市安监局拿出具体方案报市人民政府审批。(三)关于环保工作。会议决定：一是解决涉重金属产业结构调整遗留问题的奖补资金问题。由市人民政府另行召开会议研究。二是同意由市财政解决重金属治理项目的配套资金，市环保投公司要做好项目结算工作。三是明确由市自来水公司作为饮用水水源保护区规范化建设项目业主单位，建设经费自行解决，另市水利局积极向上争取项目资金。四是同意启动宜阳工业园污水处理厂项目，由水口山投作为业主组织实施。五是对省人民政府交办和常宁巡查组发现的9个突出环保问题，务必在12月底整改到位。(四)2016年度财政预算执行和其他财政收支审计发现问题整改情况有关问题。会议要求，各相关部门要高度重视，对审计发现的问题予以整改，对承诺整改的事项进行再检查，对尚未完全完成整改的问题，要进一步加强督促检查的力度，加强财政预算管理，规范财政资金的使用；由市财政局牵头，国税、地税、发改、住建、国资中心等部门配合，确保整改落实到位。(五)调整农村道路客运票价有关问题。会议决定：一是原则同意调整全市农村道路客运票价。1.全市农村道路客运票价统一车型为中级客车；2.中级客车基本运价为0.28元/公里(含8%的运营利润)；3.起止地在市城区的班车可收取旅游站务费0.5元/人次，其他线路班车不收取旅游站务费；4.儿童票和优待票按票价全额的50%计算；5.燃油附加费免收。二是各相关部门要各负其责，确保安全稳定营运。(六)西门湖公园项目建设有关问题。会议决定：同意西门湖公园项目39.926公顷土地中，除已经报批的建设用地1.22867公顷，拟报批的建设用地1.4公顷外，其余37.2973公顷土地采用土地租赁的模式，参照现行土地拆迁补偿政策，与村集体经济组织签订土地租赁协议。(七)土地换设施项目清算工作。会议决定：原则同意对宜水新城、东一环、青阳北路、南三环、台资工业园(荣诚鞋业项目)等土地换设施项目进行用地清查及结算，具体问题报市委常委会议研究决定；先由市人民政府办牵头组织国土资源、规划、财政、审计、监察、法制、各项目服务组、投融资平台公司等单位，成立工作专班，待市委常委会议研究后，代表市人民政府再与各项目投资方结算兑付。(八)城市公共立体停车场建设有关问题。会议决定：同意城市公共停车场项目按照立体停车场建设，由市住建局作为项目监管主体责任单位、棚改投公司作为项目业主单位，采购方式为公开竞拍选择投资商，签订特许经营协议，期限为30年。(九)私房建设有关问题。会议决定：市规划部门不再为申请新建私房(没有任何合法土地权属)出具规划条件，停止审批未取得土地权属的私房，三临(临水、临路、临绿)私房建设禁止单家独户建设，实行组团建设，并做好修建性详规；老城区从严控制私房改建，确需改建的严格实行等面积改建，做好立面规划，且满足消防、通风、采光等基本要求；各相关部门要切实按照会议要求予以落实。(十)讨论《关于全力打造水口山“千亿级”园区的实施意见》(讨论稿)。会议决定：原则同意水口山经济开发区代拟的文件讨论稿，水口山经济开发区要根据会议讨论的意见和建议，进一步完善方案，报市委常委会议研究。(十一)宜阳工业走廊部分工业用地收回使用和衡丰公司入园有关问题。会议决定：一是同意依程序收回投融资平台公司摘牌的宜阳工业走廊部分工业用地，其土地回购款和其他具体事项，另行召开会议研究。二是同意中森衡丰竹基纤维板材项目入驻宜阳工业走廊，市宜阳工业园、市规划局按程序予以办理相关手续。(十二)民政工作。会议决定：一是同意撤销宜阳街道办事处(宜潭片区)由市村、上洞村及泉峰街道办事处学墙村村委会，分别改设为由市村社区居委会、上洞村社区居委会及学墙村社区居委会，并同时设立社区服务站。二是同意调整市退役士兵安置工作领导小组。对于常宁2名退役时已经领取自主择业一次性退役金的退役士兵安置，一并纳入此次安置，同时将已经领取的一次性退役金退缴财政。在2017年12月30日前完成2016年退役士兵安置工作，安置工作的遗留问题报市退役士兵安置领导小组研究。(十三)解决全市部分军退人员公益性岗位和社保补贴有关问题。会议决定：同意按照衡阳市范围内周边县市的标准，由市财政解决全市部分军退人员公益性岗位补贴和社保补贴资金，市人社局、市民政局商市财政局拿出具体方案，报市人民政府审批。(十四)黄标车提前淘汰有关问题。会议决定：同意按照省、市有关文件精神，常宁黄标车提前淘汰由市财政予以补贴，市财政局、交警大队参照周边县市的标准，出台具体补贴方案报市人民政府审批。(十五)政法委机关和司法局工作人员津贴的有关问题。会议决定：原则同意按照湘人社发〔2017〕70号文件精神，从2017年1月起纳入财政统发。(十六)关于刘小芬所犯错误、阳福生申诉案件处理意见。会议决定：根据《行政机关公务员处分条例》第三十一条的规定，同意给予刘小芬(市政府办正科级督办员)行政撤职处分；根据《中国共产党纪律处分条例(试行)》第八十七条和《中国共产党纪律检查机关控告申诉工作条例》(1993年)的规定，同意撤销2000年12月29日常宁市纪委给予阳福生(原任常宁市人民政府农村工作办多种经营组组长)开除党籍处分，同意给予阳福生恢复党籍，给予党内严重警告处分；同意恢复公职，并保留副科级级别。

【人民政府重要文件通知】 2017年1月13日，常宁市人民政府《关于防范投资风险打击非法集资的通告》。

1月23日，常宁市人民政府《关于在城区限制燃放烟花爆竹的通告》。

3月7日，常宁市人民政府关于印发《2016年第十七届人民代表大会第一次会议政府工作报告重点工作责任分解表》的通知》。

3月30日，常宁市人民政府关于印发《常宁市工程项目审计监督办法》的通知。

3月30日，常宁市人民政府关于印发《常宁市政府投资项目管理暂行办法》的通知。

3月30日，常宁市人民政府关于印发《常宁市重点工程项目服务组财务管理办法》的通知。

3月30日，常宁市人民政府关于印发《常宁市国有投资工程项目监理规定》的通知。

3月31日，常宁市人民政府关于印发《常宁市工程项目审计监督办法》的通知。

3月31日，常宁市人民政府关于印发《常宁市重点工程项目服务组财务管理办法》的通知。

3月31日，《关于开展全市集中式供水、二次供水、涉及饮用水产品经营单位专项执法检查的通知》。

3月31日，常宁市人民政府关于印发《常宁市政府投资项目管理暂行办法》的通知。

4月1日，常宁市人民政府关于印发《常宁市国有投资工程项目监理规定》的通知。

4月5日，常宁市人民政府《关于进一步规范我市政府投资项目招标投标工作的实施意见》。

5月23日，关于印发《常宁市妇女发展规划(2016～2020年)》和《常宁市儿童发展规划(2016～2020年)》的通知。

9月20日，常宁市人民政府关于城市规划区征地拆迁安置遗留问题暂行处理办法。

10月25日，常宁市人民政府关于召开《常宁市城镇基准地价更新成果》听证会的通告。

12月19日，常宁市人民政府关于对农副产品批发行业实行划行归市管理的通告

12月20日，常宁市人民政府关于调整和取消一批行政许可事项的通知。

12月20日，关于做好2016年退出现役士兵接收安置工作的通知。

常宁市人民政府办公室

【概况】 2017年，常宁市人民政府办公室内设综合研究室(2017年12月撤销)、秘书一组、秘书二组、秘书三组、秘书四组、秘书五组、秘书六组、秘书七组、秘书八组、行政事务组、政工组、政务督查组、值班室(应急办)。归口管理单位有市人防办、法制办、外事侨务办、城管办、政务中心、电子政务管理办公室、经济研究中心(2017年成立)、禁毒办(2017年成立)。主要负责市人民政府行政事务、社会服务、公文处理、上传下达等工作。

【政务工作】 2017年，充分发挥“以文辅政”作用，对各类文稿实行“谁起草、谁负责”的责任追究制度和层层把关审批制度，精心锤炼文字，确保文稿质量。先后起草市委经济工作报告、市人民政府工作报告、市人民政府全会报告及其它各类材料300余篇150万字。做好公文起草、审核、送呈、办理工作,全年共起草审核办理各类规范性文件50个，整理起草各类会议纪要77个。围绕全市总体部署和重点工作，筛选出关系大局、有针对性的课题深入调研，先后开展了电力、一环建设、旅游等专题调研，形成了一批高质量的调研报告，组织各部门撰写调研论文，为领导科学决策提供了重要依据。在省、市公开刊物发表署名文章13篇，为推广经验、加强交流发挥了积极作用。认真总结全市各级各部门的好经验、好做法，即时上报。全年共上报省、市政务信息300余条，被衡阳市人民政府办公室采用20余条，编发《常宁政务信息》20期。

【协调督查】 2017年，配合安监、国土、环保等多个部门，在全市范围内进行安全生产、环境保护、综治维稳等综合督查，对突出问题进行跟踪督办，定期通报督办结果，落实到人。市人大向市人民政府交办人大代表议案和建议205件。为使议案和建议办出实效，受市人民政府领导委托，按照“分级负责、分工管理”的原则，加强办理工作督促和调度，较好地完成了议案和建议办理工作，得到人大代表和政协委员的充分肯定。尤其是在严厉打击破坏经济发展环境违法犯罪工作中，出台优化经济发展环境测评方案，对市直相关部门开展优化经济发展环境和机关效能建设公开测评，其测评结果直接纳入市委、市政府年度目标管理考核的重要分值，作为单位年度绩效目标管理考核和个人提拔重用的重要依据；同时下发《2017年常宁市经济发展环境集中整治行动实施方案》，在全市范围内开展为期3个月经济环境问题集中整治行动，有力净化了经济社会发展环境。认真贯彻落实市委、市人民政府脱贫攻坚决策部署，成立扶贫工作领导小组，向水口山镇派出42名机关干部职工，结对帮扶83户贫困户，落实扶贫资金近12万元。

【综合管理】 2017年，会务组织细致严密。加大办公改革力度，严控会议规模和数量，提高会议筹备服务水平，规范会务管理。全年共承办了8次政府常务会，会议次数较2016年同期有所下降，会议质量明显提高。另承办全市各类部门会议1600余次，保障部门职能的高效运行。应急值守常抓不懈。坚持实行主要领导带班、分管领导坐班、工作人员值班的24小时值班制度。特别是加强了节假日值班、重大防护期值班工作。加强应急信息上报，没有出现漏报、延报、误报现象。认真做好“5.26”氯气泄漏事件、“7·22”广告牌坠落事故的信息报送，尤其是在是年的特大洪涝灾害中，坚持每天一报、有新情况即报，及时准确反映情况，为领导组织救援和善后处置工作提供决策依据。机关管理规范运行。健全和完善各项规章制度，提高工作质量和效率。加强保卫工作，确保机关工作人员安全。规范车辆管理，确保市人民政府领导公务用车需求，做到“随叫随到”，全年政府用车未出现交通违规和重大安全问题。规范财务管理，坚持“一个笼子、一支笔、一本账统管统用”的原则，会议开支严格按预算执行，公务活动就餐严格按接待标准。公务接待热情周到。严格按照中央八项规定和省、市有关文件要求，秉着“勤俭节约”的原则，热情接待来宾，服务水平进一步提高。

【党风廉政建设】 2017年，市人民政府办党组高度重视党风廉政建设责任制工作，始终把党风廉政建设责任制摆上重要议事日程，把履行党风廉政建设主体责任纳入全办中心工作，统一研究部署、统一组织实施、统一检查考核。成立以党组书记为组长的党风廉政建设领导小组，健全“一把手负总责，分管领导各负其责、班子成员齐抓共管、市纪委派驻纪检组协调督查”的领导体制和工作机制。规范权力运行。按照市委、市人民政府和市纪委相关要求，结合市政府办工作实际，完善党组议事决策制度，对重大问题决策、干部任免、重大财务开支等涉及“三重一大”事项均认真贯彻执行民主集中制，坚持集体研究决定，派驻纪检组长全程参加，主要领导末位表态，并严格落实主要负责人“三个不直接分管”制度。加强作风建设。班子成员带头深入贯彻落实中央八项规定、省委九项规定、市委“约法十章”，突出节庆假日等重要时段对执行纪律规定的落实检查力度，深入学习贯彻落实习近平总书记关于进一步纠正“四风”、加强作风建设的重要批示，认真落实市委、市纪委相关文件要求，以铁的纪律确保政令畅通、执行到位。

【市人民政府办公室主要文件通知】 2017年

1月23日，常宁市人民政府办公室关于印发《常宁市2017年义务教育合格学校、农村公办幼儿园建设规划》的通知。

1月23日，常宁市人民政府办公室关于印发《常宁市消除大班额专项工作规划》的通知。

3月20日，常宁市人民政府办公室关于印发《常宁市“落实企业安全生产主体责任年”2017年实施方案》的通知。

4月6日，常宁市人民政府办公室关于印发《常宁市城乡规划委员会议事规则》的通知。

4月6日，常宁市人民政府办公室关于印发《常宁市突发事件预警信息发布管理办法》的通知。

4月10日，常宁市人民政府办公室关于印发《常宁市生产建设项目水土保持预防监督管理办法(试行)》的通知。

4月11日，常宁市人民政府办公室关于印发《湘江保护和治理第二个“三年行动计划”(2016-2018年)实施方案》的通知。

4月14日，常宁市人民政府办公室关于印发《常宁市宜阳至官岭道路提质改造工程项目城市规划区内(西二环至西三环)房屋拆迁安置补充方案》的通知。

4月18日，常宁市人民政府办公室关于印发《常宁市产业精准扶贫规划(2016～2020年)》的通知。

4月27日，常宁市人民政府办公室关于印发《常宁市农村集体产权制度改革试点工作方案》的通知。

5月3日，常宁市人民政府办公室关于印发《常宁市农村电网改革与改造升级三年行动方案》的通知。

5月3日，常宁市人民政府办公室关于印发《常宁市2017年出生缺陷防治工作实施方案》的通知

5月3日，常宁市人民政府办公室关于印发《常宁市2017年大中型水库特困移民避险解困工作实施方案》的通知。

5月4日，常宁市人民政府办公室关于印发《常宁市农村电网改革与改造升级三年行动方案》的通知。

5月15日，常宁市人民政府办公室关于印发《常宁市扩大乡镇政府规划建设管理权限暂行办法》的通知。

5月24日，常宁市人民政府办公室关于印发《常宁市建设领域农民工劳动报酬保证金管理实施办法》的通知。

6月2日，常宁市人民政府办公室关于印发《关于加强市政基础设施项目建设和维护管理的实施意见》的通知。

8月15日，常宁市人民政府办公室关于印发《2017年常宁市生猪价格指数保险实施方案》的通知。

9月11日，常宁市人民政府办公室关于印发《常宁市安全生产违法案件查处及举报奖励办法》的通知

9月14日，常宁市人民政府办公室关于印发《常宁市推行行政执法公示制度 执法全过程记录制度重大执法决定法制审核制度试点实施方案》的通知。

9月20日，常宁市人民政府办公室关于印发《常宁市城区200台巡游出租汽车经营权到期收回和重新授予工作实施方案》的通知。

10月12日，常宁市人民政府办公室 关于转发《衡阳市政府和社会资本合作项目 工作导则(暂行)》的通知。

10月24日，常宁市人民政府办公室关于印发《常宁市胜桥镇棚户区改造项目征地补偿方案》的通知。

11月28日，常宁市人民政府办公室关于印发《常宁市培元街道社区卫生服务中心建设项目征地拆迁补偿方案》的通知。

12月6日，常宁市人民政府办公室关于印发《湖南常宁大义山省级自然保护区管理办法》的通知。

12月11日，常宁市人民政府办公室关于印发

《常宁市实施河长制行动方案(2017～2020年)》的通知。

12月15日，常宁市人民政府办公室关于印发《常宁市治理拖欠农民工工资问题三年行动计划(2017～2019年)》的通知。

12月22日，常宁市人民政府办公室关于转发《衡阳市人民政府办公室关于印发〈2017年衡阳市降低实体经济企业成本实施方案〉的通知》的通知。

12月25日，常宁市人民政府办公室关于印发《常宁市治理拖欠农民工工资问题三年行动计划(2017～2019年)》的通知。

12月26日，常宁市人民政府办公室关于印发《常宁市中国供销常宁农副产品物流交易中心一期工程建设项目征地拆迁补偿方案》的通知。

民政

【概况】 2017年，常宁市民政局机关内设局办公室、人事股、计划财务股、优抚股、退役士兵安置办公室、救灾救济股、区划地名办公室、社会福利和社会事务股、救助申请家庭经济状况核对办公室等股室，有城乡社会救助服务中心、殡葬事业管理处、慈善总会办公室、军队离退休干部休养所、老年人服务中心、民间组织服务中心、社会组织综合委员会、儿童福利院、社会福利院、婚姻登记服务中心、救助管理站、中心敬老院、福彩站、社区服务中心、园艺场、福利公司等二级机构，共有干部职工187人，担负着全市城乡特困群体最低生活保障、救灾救济、退伍军人安置、优待抚恤、双拥、婚姻登记、基层政权建设、社区服务、行政区划、社团、老龄、社会福利、殡葬、救助、收养、五保供养等各项社会保障和社会管理工作。民政工作事关民生、民权、民利，与人民群众生活息息相关。被中共常宁市委、常宁市人民政府评为全市老干部工作先进单位、常宁市文明单位、全市目标管理绩效考核良好单位、全市脱贫攻坚工作先进单位、市社会管理综合治理工作先进单位，被衡阳市民政局评为县(市)区、园区民政重点工作综合评估优秀单位。

【社会救助】 2017年，对符合条件的992户，2360名农村贫困人口实施兜底保障。全面实现低保与扶贫标准“两线合一”，农村低保保障标准提高到270元/月，新标准从元月份执行。五保集中供养787人，分散供养4178人，供养标准分别达到550元/月、340元/月。住院医疗救助17876人次，发放救助金1275万元。对2016年因灾倒房户进行恢复重建，共计40户，发放资金70.6万元。发放冬春救助资金390万元，发放60年代精减下放职工和其他定期定量对象生活困难补助资金37万余元。在6月25日至7月3日的洪涝灾害中，充分发挥民政职能，较好的完成抗灾救灾工作。

【专项社会事务管理】2017年，共接待和劝导流浪乞讨人员2036人次，救助率达到100%；全国第二次地名普查工作顺利通过省、衡阳市验收，并村工作通过省、衡阳市、常宁市三级验收，村级奖补资金全部发放到位，乡镇区划调整改革后续工作稳步推进；全面完成367个村、41个社区“两委”换届工作；全市28个无房社区全部纳入村级活动中心建设项目之中，正在加紧推进；办理婚姻登记6221对，补办结婚登记1703对，办理离婚登记948对，合法登记率达100%。

【慈善福利】2017年，全市533名孤儿基本生活得到保障，其中集中供养34人，月人均发放1000元；分散孤儿499人，月人均600元。全年募集各类慈善捐款410万元，救助困难群众2428人，发放救助金385万元。重点做好“中福在线”视频彩票的宣传和销售，视频彩票销量750万元，全福利彩票销售总量达到3500万元。新建7个城乡养老服务示范点。落实基本养老服务补贴、高龄补贴等政策，其中基本养老服务补贴覆盖率达100%。

【优抚安置】 2017年，完成退役士兵相关数据采集工作，共采集到全市退役士兵有效数据5207人，部分信息缺失的人员555人。对1999年至2015年的退役士兵待安置期间的生活费进行摸底测算。2016年共接收退役士兵442人，其中安置对象43人，自主就业对象399人，报名参加培训人员256人，实际培训人员197人。发放2016年自主就业退役士兵一次性经济补助268.7万元。全年共计发放各项优抚抚恤金3784万元，100%按政策发放到位。

【村(居)“两委”换届选举】 2017年，常宁市辖20个乡镇(片区)、3个街道办事处，共367个行政村，41个社区居委会，7973个村(居)民小组。截至6月底，圆满完成全市所有村(社区)党支部和村(居)委员会换届选举任务。8月31日，省委第六巡视组对常宁市村(社区)“两委”换届选举工作情况进行督查，给予充分肯定。整个换届选举工作市财政投入386.4万元，全市共悬挂横幅(条幅)4500余条，出动宣传车40余次，张贴标语7000多条，在主要交通路口和公路两旁树立固定标语200余块，印发“致选民公开信”40余万份。在换届选举中，共查处典型案例8起，追责38人。

【救灾工作】 2017年6月25日至7月3日，境内受强降雨影响，造成全市各乡镇(街道)不同程度受灾。全市受灾人口共计15.5万人，倒损房屋108户223间，严重损房131户255间，直接经济损失2.1亿元。面对灾害，举全局之力投入到抗灾救灾和灾后恢复重建工作中，局班子成员带队，成立10个查灾核灾工作小组，分赴各乡镇开展救灾，设立9个集中安置点，紧急转移安置1.38万人次，其中集中安置约2000人，紧急生活救助1.6万人。对因灾倒房户进行恢复重建，共计118户，其中67户已经通过验收。常宁市局被评为2017年衡阳市“抗洪救灾工作先进集体”。

【退役士兵权益保障】 1999～2016年，全市共安置城镇退役士兵2999人。2011年退役士兵安置条例修改以来，累计安置退役士兵580人，自主就业1517人，培训退役士兵930人，发放地方一次性经济补助860.7万元。退役士兵合法权益得到有力保障，安置工作基本做到零矛盾、零上访。在全省退役士兵权益保障工作视频会议上，常宁市作典型经验介绍。

【精准扶贫】 2017年，农村低保和社会保障兜底脱贫对象认定清理整顿工作全面完成，达到“应保尽保、应退尽退、按标施保”的要求。农村低保提标，实现“两线合一”。按照《常宁市驻村帮扶责任分工》的要求，全面落实驻村帮扶工作队的责任，确保帮扶的贫困村按期摘帽，驻村工作队做到吃、住在村，工作重心在村，按照贫困村退出的标准，有针对性地制订帮扶规划。局党组带领全局共70名帮扶队员分别结对帮扶11个村的200户贫困户，帮扶人员深入帮扶对象家中进行走访调查，全面掌握情况，把准贫困脉络，制订帮扶计划，提供资金、信息、技术支持，帮助他们解决困难，发展生产，增强造血功能，实现当年的脱贫目标。通过统筹协调各部门、各股室的职能和资金，建立在局党组统一领导下的各司其职、各负其责的救助扶贫工作长效机制，把低保救助、医疗救助、急难救助、慈善救助、自然灾害救助的重心放到扶贫攻坚上来，对贫困人口进行重点倾斜，做到及时准确救助。

【第二次全国地名普查】 截至2017年年底，共采集11大类60个子类的地名信息20526条，其中陆地水系名称23条，陆地地形名称1786条，行政区域名称28条，群众自治组织名称8633条，非行政区域名称68条，居民点名称7421条，交通运输设施名称421条，水利、电力设施名称821条，纪念地、旅游景点名称58条，建筑物名称56条，具有地名意义的单位名称1223条，历史地名400条。地名标准化处理91个，设置重要地名标志39块，采集地名多媒体信息45000余条。基本完成“二普”工作的各项任务。

【存在的主要问题及困难】 2017年，存在一些困难和问题，主要表现在：一是涉军维稳压力大。近年来抚恤补助标准虽有所调整增加，但享受对象认为跟不上物价上涨幅度，普遍反映标准仍然偏低。另外，涉军群体诉求不断增多，各群体之间政策不统一，因“攀比心理”造成的上访情况不断增多，给涉军维稳工作带来很大压力。二是“五化民政”建设底子差。根据省厅要求，各县市区要争取创造条件，开展“五化”民政建设。但是，常宁市民政系统软、硬件建设，离“五化”民政都有较大差距。三是养老服务发展慢。近年来，在发展养老服务业方面采取了一系列措施，如结合本地实际，出台了养老服务业发展实施意见，加快城乡养老服务示范点、小型养老机构的建设等。但是，民办养老机构缺失，养老服务远远满足不了养老需求等矛盾和问题仍然存在。

人力资源和社会保障

【概况】 2017年，常宁市人力资源和社会保障局内设办公室(信访维稳办公室)、行政审批服务股(政策法规股)、规划财务股、就业促进与失业保险股、职业能力建设股、人才开发与人力资源市场管理股、军官转业安置股、专业技术人员管理股、事业单位人事管理股、劳动关系股、工资福利股、养老保险股、医疗生育保险股、工伤保险股、社会保险基金监督股、综合信息股、城乡居民养老保险股、组织人事股、公务员管理股(市公务员管理办公室)等19个股室；下辖社会劳动保险中心、城镇职工医保服务中心、城乡居民医疗保险管理服务中心、就业服务中心、机关事业单位社会保险中心、劳动保障监察大队、工伤保险基金管理中心、城乡居民社会养老保险中心、劳动人事争议仲裁院、人力资源服务中心等10个二级机构；全市22个乡镇、街道(办事处)及宜潭片区服务中心均设有人力资源和社会保障站，共有工作人员110人。是年，在省、衡阳市上级部门和市委、市人民政府的领导下，紧紧围绕市委、市人民政府的中心工作，坚持“民生为本、人才优先”的工作主线，深化改革求作为，保障民生促和谐，改进作风惠民生，努力打造就业创业的高地、全民社保的福地、人才创新发展的洼地，扎实抓好各项指标任务的落实。

【脱贫攻坚】2017年，继续向西岭镇石山贫困村派驻扶贫工作队，落实25万元驻村帮扶资金，同时向2个乡镇(办事处)9个村派出156名机关干部职工，结对帮扶297户贫困户，送去扶贫资金16万余元。严格落实上级工作要求，坚持每月走访两次，走访率达到100%。全局300多名干部职工完成社会扶贫网爱心人士注册，并为120余名贫困户成功发布需求信息。开展“我要上学、我想有个家”公益募捐活动，共募集款项17000余元，并将款项全额汇至市慈善总会。完成对516名农村贫困户的创业培训，安排42名农村贫困劳动力到公益性岗位上就业，帮助农村贫困劳动力转移就业927人；将2017年全市建档立卡的49179名贫困人口全部纳入城乡居民社会养老保险和城乡居民医保，实行政府兜底代缴，对建档立卡的贫困人口就医费用报销比例提高10%，贫困人口大病保险起付线降低50%，大病保险报销比例提高5%。共有53810人次享受健康扶贫优惠政策，涉及金额395万余元。

【城乡就业】 2017年，开展“春风行动”“民营企业招聘周”“高校毕业生就业服务月”“就业扶贫行动日”“助力精准扶贫，献礼党的十九大”系列主题招聘活动，围绕“帮人才就业，促民企发展”主题，积极为民营企业和求职者搭建平台，满足项目建设和境内企业用工需求。重点帮扶建档立卡贫困人员、高校毕业生、农村劳动力等群体实现就业，积极开展下乡送技能培训活动，多形式、多渠道送技能促就业。实施就业优先战略，落实各项就业政策，强化就业服务，推动实现更高质量、更加稳定的就业。全市新增城镇就业6303人，完成全年任务的100%；失业人员再就业3548人，完成全年任务的108%；就业困难对象再就业1198人，完成全年任务的120%；新增农村劳动力转移就业5200人，完成全年任务的104%；带动城乡就业4325人，完成全年任务的108.1%；开发公益性岗位1030个；“零就业家庭”动态援助率100%。

【就业培训】 2017年，全面落实创业扶持政策，推进全民创业工作。开展创业培训762人，新增各类创业主体2681个，完成全年任务的107.2%；组织城乡劳动者就业技能培训3850人。

【劳动关系处理】 2017年，全市已建工会组织企业工资集体协商建制率达90%。共收到劳动人事争议案45起，调解结案42件，正在办理3件，调解率达到72%，为劳动者挽回经济损失和争取待遇200余万元。劳动监察执法力度不减，共排查198家用人单位，涉及职工0.78万人，共立案查处6起，涉及人数143人，涉及金额79.75万元，结案率100%，与2016年同期相比，劳动维权案投诉比例下降较大。在设立外省劳动维权联系点的基础上，建立“常宁市建设领域农民工劳动报酬保证金”制度，农民工维权机制建设得到加强。

【基本社会养老保险】 2017年，基本社会养老保险覆盖率不断提高，参保人数和基金征缴稳中有增。机关事业单位养老保险在职参保20467人，完成全年任务的148%，征缴养老保险基金25332万元，完成全年任务的100%，为7901名离退休人员发放待遇28784万元。企业养老保险参保人数41928人，共征缴基金21956万元，完成全年任务的74%，为31291名退休人员发放养老金53563万元。城乡居民养老保险参保人数485707人，征缴社会养老保险基金2971万元，完成全年任务的119%，为11.4万人发放待遇9721.7万元。被征地农民参加社会养老保险1128人。

【基本医疗保险】 2017年，基本医疗保险覆盖率达到100%，其中城镇职工基本医疗保险参保人数58488人，征缴基金11129万元，完成全年任务111%，为15612人发放待遇7589万元。城乡居民医疗保险参保人数73.6万人，征缴基金43804万元，享受待遇182795人次，待遇支出32341.17万元。

【生育和工伤保险】 2017年，生育保险参保人数33412人，征缴基金381万元，完成全年任务100%，为1001人发放待遇499万元。失业保险参保人数55010人，完成全年任务的100%，征缴基金782.21万元，完成全年任务的71.11%。工伤保险参保人数57377人，征缴基金2405万元，完成全年任务200%，为647名工伤职工支付待遇934万元。

【社保资金监管】 2017年，社保资金监管严格按照资金管理办法，坚持专款专用，全年争取上级社保资金3.85亿元，社保资金支付全面实行“一事双岗双审”和“收支两条线”制度，社保资金安全完整率和规范运作率均为100%。

【人事人才工作】 2017年，继续做好全市机关事业单位“吃空饷”、在编不在岗和编外聘用人员的清理工作；规范企业军转干部的管理，全面核实了个人信息，简化待遇领取程序，提高服务能力；完成181名退伍军人安置服务工作；配合上级部门做好2017年公务员招录计划工作，协助衡阳市公务员局做好16名新招录公务员的资格审查和考察工作；指导教育部门完成常宁市2017年240名中小学教师的公开招聘工作；为200余名专业技术人员进行合同鉴定；办理档案托管1322份；做好4名在岗“三支一扶”大学生服务和管理工作，为其办理养老、工伤、医疗、生育等各项保险；完成73名工作人员调动审批工作。完成各类技能培训4000余人，职业能力鉴定800余人，引进各类高层次人才50余人，全市人才总量达到5万余人，人才队伍结构得到改善。

【信息化建设】 2017年，社会保障卡发行与应用方面，社会保障卡数据采集完成69万人，社会保障卡持卡人数62.8万人，开通应用项目、设立服务窗口、业务专网覆盖到乡镇(办事处)，5项指标全面完成。

【信访工作】 2017年，重视群众来信来访，做到件件有着落，事事有结果，及时化解各类矛盾。共接待来信来访1500余人次，书面答复市委、市人民政府领导信访批示件及党政门户网上信件155余件，书面回复率100%。

【“两案”办理】2017年，把3件人大代表建议和4件政协委员提案办理当作一项严肃的政治任务，狠抓落实，坚持做到4个100%和4个满意办理人大代表建议、政协委员提案，召开专题会议部署人大代表建议、政协委员提案办理工作，逐个逐项认真抓好落实，并将工作落实情况通过召开面商会及时向人大代表、政协委员汇报。“两案”办理工作多次得到上级部门的表扬。

【宣传工作】 2017年，将新闻宣传工作纳入对各二级机构的目标管理绩效考核内容，并制定严格的奖惩措施，全年共在国家、省、衡阳市、本市等各类媒体发表新闻稿件370余篇，有力地宣传了人社事业的好经验、好做法、好典型。

【存在的主要问题和困难】 2017年，主要存在五个方面的问题：一是就业形势不容乐观。虽然通过人力资源市场举办多期招聘会解决了部分用人单位缺工现象，但劳动力总量供大于求，“招工难”和“就业难”问题仍然存在，城乡劳动者就业结构性矛盾依然突出，部分企业缺工现象客观存在，行业性、季节性差异明显。二是基金支付形势严峻。随着人口老龄化日益加剧，退休人员数量不断增长，社保覆盖面不断扩大，扩面征缴空间收缩，基金缺口不断扩大，社保基金支付压力越来越大；全市国有企业基本改制、破产，失业保险金征缴扩面难度较大，基金发放缺口较大；城镇职工医保基金连年亏损，改制企业医保预留经费严重不足，本级改制企业没有收入，城镇职工医保基金每年还要承担改制企业退休、退养、协保人员的巨额医疗费用支出，城镇职工住院人数增多，参保人员医疗待遇、最高支付限额标准逐年提高，导致统筹基金支出增长过快，城镇职工医保运行举步维艰；城乡居民医保监管力量薄弱，医保违规行为层出不穷，基金运行危机四伏。三是社保扩面难度大。一些企业法人对社会保险重要性认识不够，部分企业不愿为企业职工办理社会保险、缴纳社会保险费，存在着应保未保、已保未缴、已缴停缴等现象，特别是一些民营企业，认为参保缴费影响企业的经营生产能力；一些企业职工对社会保险的认识程度、参保意识不够，有的企业主虽然愿为劳动者参保，但部分劳动者尤其是年轻的劳动者不愿参保。同时，部分农民工参加城乡居民社会养老保险，也为企业职工社保扩面工作增加了一定工作难度。四是高层次人才引进难。常宁市处于中部省份南部，经济社会发展水平较沿海城市存在较大差距，副高以上职称、高学位等高层次人才引进难，有竞争力的薪水，户口、编制、档案、子女上学、出入境管理等“后勤保障”问题破解难度大，高层次人才流失严重，导致各单位高层次、专业性人才紧缺。五是维权任务依然繁重。近年来，由于部分用人单位诚信度不高、法律意识淡薄，没有建立规范的劳动关系，造成维权事件时有发生，特别是部分建设工地拖欠农民工工资问题仍然比较普遍。同时，劳动监察机构和劳动人事争议仲裁机构办案条件较差、人员较少，执法力量薄弱，维权任务相当繁重。

烟叶生产服务

【概况】 2017年，常宁市烟叶生产办公室内设综合组、技术推广组、财务室，有干部职工29人,其中领导班子成员5人，是年，坚持“稳中求进”的总基调，牢牢把握“控规模、提质量、增效益、促发展”的工作思路，落实烟叶种植面积1986.667公顷，分布在13个种烟乡镇，128个种烟村，1073户烟农，户均种植1.7733公顷,超额完成衡阳市分配的6.93万担任务，收购均价和收购量继续保持衡阳各产烟县(市)第一，实现烟叶税超过2000万元。广济水库完成总工程量的85%，被省两烟协调领导小组评为“现代烟草农业建设先进单位”。

【烟叶生产政策】 2017年，全市烟叶政策仍然按照常政办函【2014】24号《关于进一步做好烟叶工作的通知》，进一步优化烟叶生产布局，提升烟叶产业发展水平。各产烟乡镇要根据“计划种植，优化布局，适度规模，相对集中”的原则，优先保障“种烟基础好、烟叶质量好、职业烟农多”的种烟区域。各产烟乡镇在完成合同计划的情况下，结合烟叶生产阶段性工作考核结果，在提取“两金一费”(烟叶风险基金、烟叶发展基金、烟基维护费)后，市、乡、村的烟叶税分成比例，由市长办公会议确定。烟叶风险基金按照合同收购计划10元/担提取，用于烟叶生产过程中自然灾害的投保和其他意外风险的保障。烟叶发展基金按当年实现烟叶税的10%提取，用于培植员管理、合作社扶持、烟基项目配套、阶段性工作考核、年终总结表彰、领导小组工作经费及不确定因素的调节。烟基维护费按当年实现烟叶税的3%提取，用于烟叶生产基础设施的管理和维护。

【抗洪救灾】 2017年6月26日至7月2日，全市普降大到暴雨，13个种烟乡镇均遭受不同程度的洪水袭击，全市约1333.333公顷烟田受灾，烟叶生产工作形势空前严峻，为防灾保收，切实维护烟农利益，在市委、市人民政府的领导下，主要从“谋”“策”“督”“筹”4个方面开展抗灾救灾工作：一是统一认识，提前谋划，及时开展救灾行动。二是实时统计，科学决策。全体工作人员第一时间奔赴灾情一线，一方面组织烟农排洪抢险，一方面实地查看各村烟叶受灾情况，统计数据，掌握第一手资料，并于7月2日晚，连夜召开抗洪救灾紧急会议，出台《关于开展烟叶生产自救工作的意见》。三是落实责任，加强督查。为确保各项措施落实到位，成立“抗灾救灾督查组”，严明纪律，严格督查。四是多方筹措，减损保收。主动配合保险公司逐村逐户对受灾烟田开展查勘、定损，确保烟农合法利益；积极与民政部门衔接，向上海中烟、广东中烟等出具求援报告，为烟农争取救灾资金；三方(烟办、烟草局、乡镇)联动筹资80多万元紧急购买烤房器材免费提供给受灾烟农用于抢烤受损烟叶。通过一系列措施的落实，对增强生产自救信心、稳定受灾烟农情绪起到良好效果，虽遭受特大洪灾，仍然确保全年烟叶收购任务圆满完成，最大限度减少烟农损失。

【烟叶生产专业化】 2017年，在宜城烟业农民专业合作联社的基础上，新成立烟粮农机农民专业合作社，并实现土地流转2000余公顷，烟农入社率100%；开展专业化农机服务、无人机植保服务，对全市烟田统一实施翻耕起垄，水稻机插秧200余公顷，完成2200公顷烟田、666.667公顷油茶林、333.333公顷水稻的病虫害无人机植保任务；同时，积极推广新技术，与“湖南农大”“隆平高科”合作，引进“三一水稻栽培”专利技术，推广早稻200公顷，中晚稻200公顷，实现亩平增产100公斤；积极招商引资，分别在罗桥镇、荫田镇建设两处万吨级大型稻谷烘干中心，有效解决农民粮食销售、烘干、仓储难题，在三角塘镇建设年产1～2万吨的有机肥生产厂。

【精准扶贫】 2017年，把扶贫开发作为全市烟叶生产的中心工作，成立常宁市烟叶生产办公室扶贫工作领导小组，先后出台《常宁市烟叶产业精准扶贫实施方案》《关于开展结对帮扶推进精准扶贫工作的实施方案》《“中国社会扶贫网”上线推广工作方案》，确保精准扶贫各项工作有序推进。是年，烟办派出18名党员、干部到胜桥镇泉峰冠村开展扶贫工作，每月走访2次以上，通过各种帮扶措施，泉峰冠村脱贫摘帽。在产业扶贫上，全市共发展25户贫困户种植烟叶，帮助416户贫困户参与烟叶产业劳务工作，产生利润100余万元。

安全生产监督管理

【概况】 2017年1月，常宁市安监局根据2015年市人民政府机构改革方案，原安监局和原煤炭局实行合并，把原煤炭局成建制整体划入安监局，组建新的安监局，局机关内设7个股室，下设市煤炭生产服务中心、市安全生产行政执法大队(市安全生产应急救援指挥中心)等两个副科级公益类事业单位和市安全生产教育培训中心、重点乡镇安全生产监督管理站等3个股级事业单位。年末，全局在职干部职工由原来的98人增加到159人，退休职工由原来的2人增加到55人。是年，全市安全生产工作在市委、市人民政府的领导下和上级主管部门的指导和支持下，围绕安全生产工作总体目标任务，以“落实企业安全生产主体责任年”活动为主线，以“三大一严(三大：安全生产大宣教，安全生产大检查，安全生产大整治；一严：严格安全生产监管执法)”为抓手，狠抓责任落实，深化专项整治，强化基层基础，扎实开展安全生产“打非治违”、烟花爆竹“清剿”、危险化学品大排查大整治等专项行动，把安全隐患消除在萌芽状态，有效地预防和遏制了各类事故。全年发生各类生产安全事故8起，死亡9人，未发生较大以上事故，全市安全生产形势保持稳定向好的态势。在衡阳市安全生产工作年度考核中成绩名列前茅。

【企业主体责任年落实】 2017年3月，市人民政府出台《常宁市“落实企业主体责任年”2017年实施方案》。4月27日，市安委会组织召开“落实企业主体责任年”暨二季度安全生产工作会，明确活动的具体要求，市委、市人民政府与各级各部门、重点企业主要负责人签订责任状，督促企业严格落实安全生产主体责任，建立健全机制，加强安全管理，加大资金投入，强化安全培训，不断推进企业安全标准化建设，有力夯实企业安全生产基础。全市完成安全生产标准化建设的企业72家，其中，非煤矿山企业13家、危险化学品生产经营储存企业42家、工商贸企业17家。

【安全生产大检查】 2017年，全市领导带队检查560次，开展各类检查720次，参与检查人员3081人，检查单位1201家，排查各类安全隐患2719处，整改2627处，下发各类执法文书2180份，关闭取缔各类生产经营企业(网点)44家，罚款310万元，移送并拘留9人。

【打非治违】 2017年，全市共开展联合执法29次，查处非法经营储存烟花爆竹行为9起，收缴烟花3000余桶、鞭炮8000万发，取缔关闭非法违法销售网点28家，立案9起。7月27日，市安监局联合公安、交通、市场和质量监管等部门，对上半年执法收缴非法经营储存的劣质烟花爆竹(价值30余万元)进行集中销毁。与三角塘镇、市国土部门开展联合执法，对镇内乱采乱挖行为进行全面整治，共开展执法行动4次，出动执法人员106人，关闭取缔非法违法采锰点2处，煤矸石点1处，采瓷泥点1处，扣押货车1台、挖机2台，移送公安机关1人。

【重大事故隐患治理】 2017年，全市建立重大事故隐患清单，严格按照交办制、台账制、销号制、通报制管理，实现“一单四制”运行常态化、规范化、高效化，并向纵深推进，深入到各乡镇、办事处、市直单位逐步形成事故隐患登记、交办、治理的长效机制。对大坪电站、忠玉烟花仓库、莲花恒温游泳池等3处重大安全隐患落实“一单四制(一单：一个重大事故隐患清单；四制：交办制、台账制、销号制、通报制)”制度，实行闭环管理。

【危险化学品综合治理】 2017年，为了吸取“5·26”氯气泄露事件的深刻教训，市安委制订《常宁市危险化学品大排查大整治专项行动实施方案》，组织召开全市危险化学品大排查大整治专项行动部署会议，全面开展危险化学品安全综合治理，加大涉氯企业的隐患摸底排查力度，对照《涉及危险化学风险的品种目录》全面并有效管控危险化学品安全风险，进一步强化全市高危化学品、危险化工艺、重大危险源、储存场所、使用环节、运输环节、化工园区、规划布局和源头准入等安全监管，有效防范和遏制危险化学品事故。建立全市危险化学品综合监管联席会议制度，对危险化学品生产经营单位形成部门联运，齐抓共管的监管格局。

【安全生产考核】 2017年第二、三季度，常宁市在衡阳市安全生产季度考核中排名末位和倒数第二，被衡阳市进行约谈，给全市安全生产工作形成压力巨大。针对考核扣分存在的问题，进行全面分析总结，并大力推进短板工作，各项工作齐头并进，在年度考核中常宁进入全市优秀单位行列。

政务服务

【概况】 2017年，常宁市市政务服务中心内设综合股、业务股、监督股，共有干部职工12人，其中党员9人，属市人民政府直属事业单位。中心全年共受理、办理各类事项101776件，办结101776件，办结率为100%，收取各种规费约6.8亿元，政务服务逐步规范运转。

【组织领导】 2017年，成立常宁市政务服务工作协调领导小组，由市长任组长，市委副书记、组织部长、纪委书记、常务副市长、市委办主任任副组长，相关单位负责人为成员，办公室设市政务服务中心，具体负责全市政务服务工作的组织开展。市长吴乐胜专题听取市政务中心工作情况汇报，常务副市长郭松青就政务服务工作多次听取市政务服务中心的工作汇报，要求市政务中心根据《湖南省人民政府办公厅关于印发<湖南省政务公开政务服务工作考核办法>的通知》和《衡阳市人民政府办公室关于印发<衡阳市政务公开政务服务工作考核办法>的通知》的要求和工作实际，制订政务公开政务服务工作考核办法等相关文件和制度，对政务公开政务服务工作各项指标进行分解，逐步形成政府政务公开政务服务制度体系、政府信息公开报送和考核制度等，做到有章可循，切实加强对全市政务公开政务服务工作的监督、检查。

【政务公开政务服务工作经费保障】 2017年，制定下发《2017年政务公开政务服务工作考核办法》，并就全市政务公开政务服务工作解决专项经费10万元，市人民政府将全市政务公开政务服务工作纳入政府绩效年终考核内容，年底组织考核评估，并公布考核结果，对表现突出的进行表彰，对工作存在问题的不得参加评奖、评优、评先。

【检查监督】 2017年，定期对辖区内政务公开政务服务工作进行指导、监督、检查。先后多次组织相关人员对全市各乡镇(办事处)及市直相关单位政务公开政务服务工作进行检查，对存在的问题进行登记并现场反馈整改。对窗口工作人员进行业务培训和廉政教育，开展廉政风险防控管理，查找廉政风险点，制定防控措施，并组织开展全市政务公开工作业务培训。

【进驻项目和单位优化】 2017年，按照机构改革和“两集中、两到位”的要求，优化进驻单位和办事项目。开展内设机构调整工作，对现有的内设机构职责和审批职能进行整合。明确基本建设项目和涉及项目审批的发改、规划、住建、环保、人防、消防、市场质量监管等26个部门进驻市政务中心大厅；由于场地制约，其他涉及行政审批业务量大的单位如国土、国税、地税、公安、民政、人社、交警等部门都设为分中心，并统一挂牌，统一规范运作。明确部门行政审批事项由一个内设机构办理，并成立行政审批协调领导小组，单位分管领导任驻窗口首席代表，实行工程建设项目联合审批与验收，统一使用行政审批专用章办理行政审批事项。

【服务态度优化】 2017年，市政务中心设立专门接待窗口和值班长制度，对群众来信来访、窗口工作人员按时上下班及服务态度等都建立系统的评议制度，每月定期对窗口工作人员工作、办事、出勤等情况实施综合考评，并及时将情况进行公开通报。从而促使窗口受理、办理的各项申请、投诉都能全部及时、有效答复，促进窗口工作人员服务态度的优化。

【互联网+政务服务优化】 2017年，以“互联网+政务服务”为抓手，着力构建政务服务拥抱互联网，线上、线下相结合的政务服务体系，努力拓展服务内容，削减群众办事繁冗手续，倾力提升政务服务效率和透明度。紧盯“两集中、两到位”，夯实进“厅”上“网”基础。按照“部门事项应进必进”“前台受理、后台分类审批、统一窗口出件”的原则，16个行政审批部门均成立行政审批科室，事项受理权、审核上报权、审批决定权全部授权到位，并明确到具体人员，16个部门事项、人员全部进驻政务大厅受理办理业务。狠抓事项梳理，编制事项目录和指南，从细推进政务服务目录标准化。对照国、省、衡阳市取消和下放行政审批事项文件要求和常宁市权力清单，完成195项行政许可、217项公共服务事项梳理规范，按照政务服务事项目录编制要求，对全市行政许可、公共服务事项进行再梳理、再完善。狠抓三级政务体系优化升级，构建“网上办、集中批、联合审、代办制”政务服务模式，建立全市投资项目(企业投资项目、政府投资项目)并联审批改革规程。企业施工许可证办理时间由以前的20个工作日减少到7个工作日，办理环节由13个减少到4个，要件资料由17份减少到11份，70%的资料一次性网上提供。

【基层政务服务优化】 2017年，根据《湖南省人民政府办公厅关于进一步加强乡镇(街道)便民服务中心建设的通知》和衡阳市的要求，全市有16个乡镇(街道)建立便民服务中心，明确机构和人员承担政务公开政务服务工作；政务公开政务服务工作经费有保障，并按照七统一(机构设置、场地建设、设置设备、服务项目、运行方式、办事制度、人员管理)的要求，加强规范化管理。各企事业单位按照办事公开的要求，编制公共服务事项目录，制定本单位办事公开实施方案，建立相关制度和监督机制。如自来水、电力、天然气、公交、医院等公司设立办事公开宣传栏，公示办事流程、收费文件及标准、用户须知、服务承诺、客户投诉等，让办事群众一目了然；各学校通过校务会、教职工大会、公告栏等形式，将重大政策、重要决定、意见和建议予以适时公开，接受学生、学生家长和社会的监督。

【存在的问题】 2017年，主要存在3个方面的问题：一是平台建设相对滞后。市政务中心从2002年成立以来，一直是租用城市开发公司几百平米的场地一个大厅进行办公，办事大厅面积狭小，直到2009年通过协调，扩租几百平米才建成三个大厅总面积近1000平方米，且基础设施滞后，从而影响了政务公开工作进一步发展，使该进入政务中心大厅审批窗口的事项及工作人员，因场地问题不能进驻，导致政务中心一部分事项不能实行一站式受理、办理。二是工作机制还不够完善。少数部门和领导对政务公开、政务服务工作的重要性缺乏深刻认识，有的存在畏难情绪甚至抵触情绪，“两头受理”的现象依然存在。三是对互联网+政务服务的意识还有待进一步加强。少数部门主动公开的意识还有待进一步加强，网上政务服务覆盖面不广，工作人员业务水平参差不齐。互联网+政务服务尚处在探索阶段，全面推广还需要时间。

政府法制

【概况】 2017年，常宁市人民政府法制办公室内设综合室、规范性文件管理股、依法行政指导监督股、行政复议应诉股(市人民政府行政复议办公室)。9月22日，根据中共常宁市委机构编制委员会印发《关于设立常宁市政府法律顾问室的批复》，设立常宁市人民政府法律顾问室，为法制办所属正股级全额拨款事业单位。共有在编人数5人，其中主任1名，副主任3名，副科级督察员1名。

【领导干部学习法律法规】 2017年，市人民政府及其部门领导通过上级组织培训，政府常务会或其他工作会议、专题会议，定期或不定期集中或分散的形式认真学习相关法律法规。为适应新形势下的招商融资新模式和现行国家法律、法规、政策不相冲突，市长高度重视，邀请湖南省人和人律师团队在常宁进行PPP项目培训和实践指导，而且自始至终参加为期两天的培训，其他市人民政府领导干部及部门一把手也都参加培训。通过学习，政府领导和部门领导的依法行政意识明显增强，依法管理水平不断提高。

【政府部门学习法律】 2017年，为提高执法人员的依法管理水平，绝大多数政府部门都开展学法培训活动。交通旅游局、审计局、环保局、林业局、城管执法、国土局、卫计局、市场和质量监督管理局、安监局等部门，组织集中学习，请有关专家为其讲课。执法人员通过培训学习，法律素质、业务水平，有了明显长进。

【宣传教育】 2017年，为增强市民知法、守法和依法维权的能力，营造一个良好的社会法制环境，行政机关采取灵活多样形式进行宣传教育，诸如召集行政管理相对人集中培训、集中学习，利用信息、网络、广播等媒体宣传工具进行宣传。使法律的普及率提高到新的水平，为依法治理工作创造条件。

【制度建设】 2017年，为加快法制政府建设，规范行政权利运行，经市委、市人民政府研究决定，将市法制办调整为市政府工作部门，并在人员调整、财政预算上给予重点考虑。对责任制考核目标及时修改，只要有新的法律法规出台或已有法律的修改，在明确实施主体的基础上及时增减考核内容，同时与衡阳市依法行政考核内容予以衔接。出台了行政机关负责人出庭应诉办法，并将其列入考核内容。根据上级安排，常宁市就“两清单”的编制工作分别召开动员大会，由政府法制办和编办牵头，其他部门参与配合，历时3个月完成并公布“两清单”。其中市法制办牵头编制的“责任清单”涉及55个市直部门，理清各部门主要职责共计1627项。市编办牵头编制的“权力清单”涉及52个部门，理清权力事项2995项。“两清单”的编制完成，为行政机关用好权、履好职，让权力在“笼子”内运行，在“阳光”下行使起到更加规范的约束作用。

【依法管理】 2017年，市人民政府及其部门，以“问题”为导向，切实加大对重点领域、重点行业的执法管理，做到既不越权、又不失职，坚持“有法必依、执法必严、违法必究”的基本原则，重点解决那些市民普遍关注的重点、热点问题。及时禁止“以土地换设施”的做法，加大对违法用地的打击力度，严格“土地使用权”审批，查处和拆除一批违法占地建筑设施。为争创“省级卫生城市”，一方面加大资金投入，完善主要交通道路隔离栏杆设施，添置垃圾贮存运送设施。另一方面健全管理制度，落实“网格化”管理责任，与此同时，以城管局、交警大队为主，其他部门配合，对主要道路、街道进行强力整顿、依法处罚，使城市市容市貌、卫生状况得到大为改观。成功进入全省卫生城市的行列。7月，根据国务院、省、衡阳市有关文件精神，市行政审批领导小组及时对许可事项进行清理。取消行政许可审批项目2项，并同时在市政府网站向社会公示。进一步完善并严格执行执法程序制度，梳理执法依据。规范执法流程，明确执法步骤、环节和时限、加强人员资格管理，坚持持证上岗、亮证执法。按照省市关于“两证”换发要求，积极组织指导各市直单位执法人员搞好培训和考试，年内完成“两证”换发工作。6月22日，全市“不动产登记中心”正式挂牌营业，由过去多部门的颁证实现由一个部门统一办理。

【重大事项决策】 2017年，将“依法决策、民主决策、科学决策”有机结合起来，把依法决策视为其他决策的前提和重要保障，政府各部门，凡重大事项的决策，一是邀请法制部门或法律专家参加，首先从法律上把好关，保证其合法性；二是充分调研、论证；三是征求各方意见、广纳民意、达成共识。对重大项目规划的确定，国民经济和社会发展第十三次五年规划，持优势、补短板、发展县域经济等，法制办严格程序进行听证、论证才最终作出决策。

【规范性文件制发】 2017年，按照行政程序规定“三统一(统一制定、统一登记、统一编号、统一印发)”原则，制定《常宁市规范性文件制定程序》，凡出台规范性文件实行“三关、五不发、二个无效、双向备案”制度。并且增加在办文报备前必须写出制发文件“说明”。说明必须提供办文的法律、政策依据和发文的必要性。在此基础上，扩宽到对一些专题会议纪要也要通过法制部门审查。据统计，全年以市人民政府或政府办下发的文件共103件，各部门下发文件6件，从文件的实施情况看，未发现存在严重的法律问题。

【行政合同法制审查】 2017年，招商引资项目建设越来越多，其中很多项目都是政府主导的，也是政府与其签订合同。根据上级要求，市法制办把合同项目纳入了法律审查范围。凡“项目引进、谈判，具体合同的敲定，除征求相关部门意见外，必须经过法制部门就合法性审查后才能正式签约。是年，经由市法制办进行合法性审查的合同共计50余件。

【重大行政行为备案审查】 2017年，为加强对部门在作出重大行政行为的监督，市人民政府出台《关于加强行政执法监督有关工作的规定》明确要求：“对公民处以5000元以上，对法人或其他组织处10000元以上的罚款，在作出《行政处罚决定书》前，必须先报经市政府法制办对其法律依据的适用、违法事实、法定程序、裁量基准的量处”进行审查。由于监督提前介入，全年经市法制办审查后执行的行政处罚案件有40起，向法制办备案各类案件200余份，法制办在审查中，指出和纠正环保、公安、质监、安监等执法单位各类问题100余项 。

【行政诉讼】 2017年，积极引导和支持当事人通过复议或司法途径化解行政争议。凡是向政府复议的，政府当好裁判员；是状告政府或部门的，积极应诉当好运动员，有问题决不回避、推诿。全年市人民政府受理行政复议4件，全部案结事了。引发行政诉讼案17件，除了状告部门，政府也是被告。 结案16件，其中维持10件，驳回6件。在审理中1件。

【“两法”衔接】 2017年，为全面推进依法治市，促进市直各行政执法单位依法行政， 出台《常宁市行政执法与刑事司法衔接工作实施细则》，对实施细则的落实情况开展专项检查，促进和规范行政执法。

【行政执法三项制度推行】 2017年，按照《国务院办公厅关于印发推行行政执法公示制度执法全过程记录制度重大执法决定法制审核制度试点工作方案的通知》精神，衡阳市被确定为三项制度的试点区域，常宁市出台《常宁市推行行政执法公示制度执法全过程记录制度重大执法决定法制审核制度试点实施方案》，明确市环保局、公安局、城管执法局3个单位率先启动三项制度的试点工作，为全市行政执法三项制度工作全面推行开好路。

【提案办理】 2017年，市人民政府共收到议案1件、建议提案358件，其中代表建议231件，(重点件12件);委员提案127件,(重点件8件)，涉及38个承办单位。办理中，得到了市人大、市政协的大力支持，市人民政府高度重视，各承办单位努力工作，整个319件建议提案如期办理完毕，取得了建议提案办结率、与代表委员面商沟通率、代表委员满意(或基本满意)率均接近百分之百的良好成效。解决一批人民群众普遍关注的热点、难点问题，促进全市经济和各项社会事业的全面发展。

信息化和电子政务

【概况】 2017年，常宁市电子政务管理办公室内设综合股、数字城市推进股、网站管理股、信息公开股、网上办事股(加挂工程项目管理股牌子)5个职能股室，有干部职工11人。落实国、省、市的指示精神，各项工作任务完成较好，常宁市党政门户网全面升级改版且运行良好，“12345”政府服务热线在衡阳市各县、市、区率先开通并实现有序、平稳、高效运行；互联网+监督在衡阳地区首家实行，现按照衡阳市的部署，最先完成县级网站集约化建设。被评为衡阳市“电子政务工作先进单位”“12345热线服务工作先进单位”“数字城市及电子政务外网建设先进单位”“互联网+政务服务(政务信息资源)工作先进单位”和常宁市“语言文字工作先进单位”。

【健全政府网站管理制度体系】 2017年，加强网站管理制度建设，先后发布《“中国常宁”政府门户网站建设管理暂行规定》《关于加强“中国常宁”政府门户网站部门网页和子网站建设的通知》《关于报送政务信息公开相关资料的紧急通知》《关于进一步加强常宁党政门户网站管理工作的通知》《常宁市党政门户网站信息发布审核制度》等重要通知、制度，逐步完善网站的管理制度。

【网站更新维护机制】 2017年，设立专门的工作人员，对政府门户网站所有栏目和部门子网站的实时更新、更新量等维护情况进行分工明确，具体明确到分管领导、股长、股室人员。保障政府网站栏目信息的来源，获取信息资源。工作人员经常走出去采访，通过参与社会活动获得第一手新闻素材；与常宁电视台和常宁报社、常宁手机报的信息实行共享；建立特约信息员，各单位建立信息直报员、信息员把各单位工作新闻动态及时上报。最后是对政府网站栏目及时更新发布。办公室专门人员每天对网站各栏目按照信息发布机制及时发布网站信息，对各专题栏目进行更新，对两学一做、重大社会活动、征兵、核电站安全、扶贫等热点专题进行跟踪报道。

【网站安全监管】 2017年，制订网络与信息安全预案，加强网站安全监测。每天安排专人浏览网站并测试网页浏览速度和链接的可用性，对网站安全漏洞，发布的信息文字，标点符号等进行监管。定期对服务器操作系统和网站系统补丁进行升级，对杀毒软件病毒库进行升级、病毒查杀等，对网站数据进行备份。强化网站管理技术人员的技术培训，规范技术人员操作，严格网站服务器管理，同时继续加大网站安全软硬件投入。每周对网站进行不定期的安全检查，每年11月份向市人民政府办公室提交网站自查工作报告。

【国家、省重要信息同步转载】 2017年，按照中办发〔2016〕8号等文件要求，常宁市党政门户网站及时转载国务院、省人民政府重要信息，截止12月15日，共转载中国政府网重要信息2100条，国务院常务会议图解610条，国务院文件109条；转载省政府门户网站重要信息2001条、省人民政府常务会议及图解400条、省人民政府文件100条。

【监督举报平台入口添加】 2017年，所有纳入全国政府网站信息报送系统处于正常运行的网站均已在首页添加“我为政府网站找错”监督举报入口；各相关部门安排专人处理，按统一格式、操作程序和规定时限内予以答复反馈。常宁党政门户网全年收到网民留言举报4条，各相关网站主管部门均及时进行处理和反馈，回复率100%。

【“测一测，2017政府工作报告知多少”专题学习及答题活动完成】 2017年，印发《关于组织做好“测一测，2017政府工作报告知多少”专题学习及答题活动的通知》，印发资料10000多份，组织常宁市各部门踊跃参与，参与率在95%以上；活动结束后向市电子政务办上报本地区在线答题活动工作报告。

【政府网站“问题地图”清理】 2017年，根据《湖南省人民政府办公厅关于贯彻落实国办秘〔2017〕20号精神有关事项的通知》要求，市电子政务办与市国土资源局积极对接，共同梳理辨别“问题地图”，截至11月10日，国土规划部门共清理问题地图2个。

【基础信息公开】2017年，通过常宁党政门户网信息直报系统主动公开政府信息2768条，其中，向衡阳市报送政务公开信息900条，常宁市本级信息公开专栏发布信息2000条，2017政务公开专栏发布信息3000条；各部门向常宁市党政门户网站平台报送信息2000条。公开常宁市政府常务会议7次，各级各部门专题会议30次，政策解读及图解市级以上重要政策文件、会议精神和工作要点2000个。举行新闻发布会5次，听证5期；公开各类应急突发事件处置及宣传演练活动5个。常宁本级共收到依申请公开信8件，其中网上申请5件，书面3件，均已按时进行答复处理。“书记、市长”信箱收到来信410件，有效信件400件，已回复389件。开展网络征集、问卷调查、图文访谈共计11个，形成结果反馈11个。主动公开常宁市人民政府文件、常宁市人民政府办公室文件、规范性文件及国省市部门文件50个，解读政策文件40个，重大政府文件10个。公开常宁各级各部门“三公”经费预算140家，做到“公款姓公”；公开权力清单、责任清单、审批中介服务事项清单4000余项。

【政府政务公开】 2017年，贯彻上级政务公开工作文件精神。按照政务公开工作要点考核要求，主动与全市政务公开工作相关职能部门探讨政务公开工作，明确各自责任。组织全市25个职能部门按照深化改革、改善民生、政务服务、政府建设、政务参与、公开时效六个方面的政务要点工作要求，进行信息梳理，确保在规定时间内网上及时全面公开。加大食品药品安全、安全生产、环境保护、重点项目、招标投标、劳动就业、社会救助、财政资金等行业信息的公开，确保全部及时公开，全年公开各项信息3000多条。全年受理各级各部门依申请公开信件6件，纸质公开4件，电子公开2件，都依法依规及时受理回复。并指导国土、发改部门按程序依法依规开展依申请公开工作。抓好各级重大政策解读，第一是解读上级政策文件。紧盯国、省、市政策动向，及时将各级出台的重大政策、重要文件通过文字、图标等方式进行解读转载，确保政策的执行与各级党委政府保持高度一致，把国家政策意图传达到广大人民群众。第二是解读本级政策。联合宣传部门通过常宁党政门户网站先后对市委经济工作报告、政府工作报告、市委全会报告进行解读，将市委、市人民政府的重大工作意图传达到全市各级各部门干部职工及人民群众。全年解读各级政策文件5000多条。推行重点服务事项公开，第一是公开与市民相关的教育、社保、就业、医疗、交通、住房、公用事业等12大行业领域的信息服务；第二是公开生育服务证办理、老年福利待遇、残疾人服务、随迁子女入学、住居证办理、高校毕业生创业重点办事服务相关的工作流程图、办理地点，办事材料、相关政策等工作办理事项，方便市民办事。

【完善三清单一目录】 2017年，对全市政府部门机构改革单位审批的权力清单、责任清单、负面清单、投资项目目录进行清理。通过市审改办对各单位上报的行政审批事项，对照相关法律法规和机构编制“三定”规定进行逐一审核，完成34个单位的权力清单和责任清单。

【非涉密事项全面纳入网上办理】 2017年，依托常宁党政门户网站和电子政务支撑平台，建立网上虚拟办事服务大厅。公众和企业通过该大厅，实现办事程序查询、政策法规咨询、资料表格下载、审批材料申报、办理结果反馈和违规投诉举报等六项主要功能。行政责任人，通过该大厅，实现在线答疑、实时受理、任务查询、材料预审、并联办理、统计分析、即时催办、信息发布等8项功能。网上行政审批系统实行系统升级，更便于老百姓办事。网上行政审批办理共计60438件。

【互联网+监督】 2017年，通过电子政务外网接入与省相连，省两法衔接平台、省互联网+监督平台、省涉企信息统一归集公示平台等应用在全市全面铺开，对全市数字城市的推进工作意义重大。联合25个相关单位，对行政许可事项进行录入，在网上一一公开，其中互联网+监督与市纪委合作，在全省政府网站建设管理培训会上受到领导点名推介。

【“12345”政府服务热线运行保障】 2017年，共接听群众来电14310个，受理群众有效诉求8015件，其中前台接线员直接办结4706件；派发成员单位工单3309 件，包括咨询473件、求助2001件、投诉246件、建议 185件、举报404件，年内未办结889 件，办结率为88.9%；重办工单138件，重办率为4.2%；工单回访满意率为98.0%。受理书记、市长等领导信箱来信410件，办结389件；受理衡阳市“12345”政府热线转办工单18件，全部办结。开通常宁市12345政府服务热线网站，整合书记、市长等6个领导信箱，开设12345政府服务热线微信，实现电话、网络、信箱、微信四位一体的全方位受理市民诉求，搭建一个全天候、全方位的政民互动平台。

【“平安常宁”创建】 2017年，为加强社会治安防控体系建设，更好服务民生和精准打击效能，全市进一步加大“平安常宁”“数字常宁”建设力度，进行“平安常宁”五期建设，市公安局新增200个视频监控点，20个电子卡口。办公室对其建设进行监管。

【信访信息网络平台建设】 2017年，推进信访信息网络平台建设，打造便民、快捷、高效、公开的网络信访平台，推行网上信访，阳光信访，促进信息流、管理流、业务流的有机融合，切实提高全市信访工作的质量和管理水平。是年，全市第一批48个单位网线全部连接到位。部分乡镇和市直单位已经连接到电脑，数字证书到位后可以正常使用。

【扶贫工作】 2017年，电子政务办根据本单位实际情况制定科学合理的脱贫攻坚制度、定期走访制度。领导班子成员、各股室成员、党员干部每个季度至少定期走访6次帮扶联系点，深入村、户、点，了解实际情况，认真细致地搞好调查摸底，及时掌握贫困村、困难家庭、孤寡老人、孤儿情况，做好基础性服务工作。在脱贫攻坚领导小组的带领下，组织领导班子、股室、党员干部多措并举的帮扶机制，深入开展“一帮一”和“一帮多”结对工作，采取领导班子成员联系村帮扶、股室成员联系户帮扶、党员干部联系孤寡老人、孤儿帮扶的形式，深入兰江乡洞山村及天堂山办事处广济村困难户中认真了解情况，根据实际情况，解决他们眼前的困难，制定长期有效的脱困措施和帮扶制度，尽力帮助他们解决生产和生活中的实际困难，逐步使贫困户脱贫解困、贫困辍学儿童复学、孤寡老人生活有保障。严格按照市委、市人民政府的文件要求做好“联乡包村”“扶贫帮困”等包保工作；较好完成“送温暖、献爱心”捐助任务。全年共走访慰问、帮助困难群众27户，648次，单位拨付扶贫专项款给洞山村13500元，广济村35000元，个人捐款1200元，购买过年过节慰问物资近2000元。

【存在的主要问题】 2017年，存在的不足主要表现在5个方面：一是有些基础性日常工作还有待加强；二是智慧城市建设及信息资源整合共享要进一步强化；三是政府政务公开力度要进一步加大、信息公开内容需要进一步加深；四是“12345”政府服务热线等工作机制需要进一步完善等；五是互联网+监督要继续创新工作方法，突破新的瓶颈，取得更大实效。

信访工作

【概况】2017年，常宁市信访局内设办公室、接访股、办信办案股、督查股和复查复核办公室。全年接待来访群众498批次，2640人次，其中个访396批841人次，集访102批次，1799人次，化解省市交办信访积案54个，化解率90%，网络系统办结信访件142件。群众来访比2016年下降20%，非正常上访下降71%，涉军群体零越级上访。

【机制建设】 2017年年初，召开全市信访维稳工作会议，市委书记刘达祥专题听取信访联席会议汇报，落实将信访责任压实到基层党政一把手、签订明确责任书等推进“责任落实年”活动。市委书记刘达祥、市长吴乐胜等主要领导亲自召开16次专题会议，四大家领导出席会议，就信访工作进行安排部署，对信访工作坚持常态调度研判，严格要求、细化措施，将中央、省和衡阳市有关信访工作决策部署情况，贯彻落实到每个乡镇(办事处)和市直机关单位，确保上级精神入脑入心，工作落实到位，压力传导到基层。

【干部责任压实】 2017年，贯彻落实中办、国办《信访工作责任制实施办法》和湖南省《信访工作责任追究办法》，组织学习《湖南省信访工作责任制实施细则》等系列文件，常宁市修订出台《常宁市市级领导接访实施办法》《关于实行重点信访案件领导包案责任制的通知》《关于信访“积案清零百日攻坚”活动实施方案》，实行信访工作目标管理制度，与各乡镇、部门签订信访工作责任书，进一步明确职责压实责任，强力推进“源头治理”“积案清零”两大行动。

【下访接访机制】 2017年，坚持领导干部接访下访和联合接访机制，依托人民来访接待中心，压实部门责任，领导干部亲自参与、各部门通力协作化解信访问题，主要领导坚持亲自接待来访群众。定期通报越级走访事项，对因基层未及时受理有理诉求，因责任未落实导致赴省进京上访的，实行责任倒查。通过市委、市人民政府的决策，按人大程序，理顺管理体制，有效推动弥泉林场代管塔山乡的双河村、更生村，有助于多年的问题矛盾的化解。5月22日，湘汇公司出租车司机到衡阳市集体上访，市委副书记唐奇林、市委常委、政法委书记张昕第一时间发现并深夜赶赴衡阳，面对面沟通，做一天一夜的工作，成功劝返。当天下午，市长吴乐胜、市委副书记唐奇林又召开现场协调专题会议，与司机当面交流，并定期召开工作主题协调会议，进一步做好湘汇公司系列问题的稳控化解工作。

【领导包案制度】 2017年，严格落实“一岗双责”和领导“联点包片”责任制，不断完善领导包案、点评曝光、责任追究等制度。坚持领导“开门接访”。周一由市委书记、市长、市委副书记和常务副市长轮流接访，周二到周五由市委常委、副市长等实职领导轮流接访，市领导对老百姓反映强烈的、突出的问题“零距离”倾听，亲自过问、亲自督办，特别是市委书记刘达祥带头示范、亲力亲为，通过接访，依法依规解决“李某”房屋积水、“曹某”安置等一系列信访问题。市委书记刘达祥联系督办塔山瑶族乡，市长吴乐胜联系督办水口山镇，在市主要领导高度重视下，亲自督查督办、带头包案、协调处理下，信访工作发生显著改观，主要领导联系督办的信访案全部得到有效化解，未发生一起进京非访，未发生一起本地规模群访，未发生一起因信访问题引发的舆情。

【节点稳控】 2017年，围绕 “零非访”工作目标，高标准、严要求、抓联动、强督查，做好防护期期间的信访稳定工作。特别是全国“两会”期间、“一带一路高峰论坛”和党的“十九大”期间，启动“战时”维稳机制，成立稳控小组和驻京劝返组，进驻京、省、衡阳市，加强劝返，层层把关做好稳控工作。市领导一线指挥调度，政法与公安默契协作，实现预知预警、预防预控，掌握主动权，下好先手棋，坚决防止“神不知、鬼不觉”的情况发生。对突发情况果断采取措施，确保不发酵、不蔓延，及时稳控到位、化解到位、打击到位，强化属地稳控和接访劝返工作。通过认真做好上下沟通和协调工作，及时将群众特别是涉军群体吸附在本地，保障“北京不去、本地不聚、零非访”的工作目标。

【分类施策】 2017年，根据不同风险系数，分类施策，围绕“风险点”设置五道防线，即：乡村盯守、车站巡查、建立电子围栏、路地协作互动、京地联动。主要领导亲自安排部署，在全面布防的基础上，对有可能进京上访的重点信访人，因案施策，精准发力，根据不同情况，采取相应化解措施，该化解的化解，该疏导的疏导，该训诫的训诫，坚决防范进京赴省越级非法上访行为。

【基层化解】 2017年，开展“三无”乡镇创建活动，强化属地化解，开门接访，处小处早、及时处理初信初访，要求当天问题当天消化，控制信访增量。市领导主动深入基层，主动到所联系乡镇(办事处)和分管领域下访约访，深入一线化解问题，基层采取组织巡逻安保队、培训班等多种措施稳控信访对象。一些潜在的信访隐患如村两委换届选举引发的矛盾、精准扶贫出现的新问题等，做到“发现得早，控制得住，化解得了”。

【常督细查】 2017年，在党的“十九大”等特护期间，坚持每日一简报，及时通报情况，加强调度督查。按照“属地管理，分级负责”“谁主管，谁负责”和“一岗双责”的要求，推进“积案清零百日攻坚”行动。与市委督查室等多部门联合开展信访督查，倒逼工作落实，压实基层责任，构建齐抓共管工作格局。切实把好源头治理关、风险管控关，打通联系服务群众的“最后一公里”，筑牢化解矛盾的“第一道防线”。

【依法打击】 2017年，对于合理诉求已解决到位，经反复进行法规政策宣传，还执意缠访闹访扰乱正常信访秩序的，严格追究法律责任。对于多次缠访闹访、组织策划越级上访的重点人员，适时依法处理，对非正常上访中有严重违法犯罪行为的极少数人，坚决绳之以法，决不允许极个别人胡作非为。对组织、煽动、串联其他人员信访的行为进行“轻刑快判”，规范信访秩序。全年稳控吸附46人次，对组织、煽动、抱团等行为坚决依法打击，轻刑快办3起，行政拘留12起。

【源头治理】 2017年，开展“信访问题源头治理”专项行动，从源头着手，坚持每月一次集中排查化解，基层每半个月一次排查化解矛盾隐患行动，各级主要领导“开门接访”，大量矛盾在乡镇、街道、村组、社区就得到化解，保证矛盾不上交，纠纷不上移，有效地解决各种矛盾。信访局开展定期调研，提供信访风险分析报告，与相关部门、镇(街道)、驻外应急力量整体联动，实时互动，突发处置迅速有效。

精准扶贫、信访救助等民生保障到位及时，有效减少矛盾产生，形成党政主动抓，干部共同抓，社会参与抓的良好格局。东方百货业主上访案在相关乡镇、部门的通力协作下，通过细化工作措施，与全部44户业主签订综合补偿协议，矛盾得到化解。

【分级疏导】 2017年，完善信访听证制度，落实“第三方”处理信访事项，开展“第三方”日常信访矛盾调解工作。市人大内司委及公检法资深法律人士与信访部门、责任单位等部门多次专题研判信访案件。引导群众正确上访，合理上访，理性上访。办实初信初访，“消化存量，控制增量”“注重抓早、抓小、抓了”，始终坚持从源头防止新的信访问题进入“信访怪圈”。

【追责问责】 2017年，深入开展“积案清零百日攻坚”行动，对重大疑难信访问题，落实领导包案限期化解，包案领导负责做好信访人的思想疏导教育工作，一旦信访人员出现缠访闹访、越级上访情况，第一时间由市级包案领导带队劝返接回。对不及时劝返接回和未有效稳控的单位或个人，实行通报批评、诫勉谈话，直至进行党纪政纪处分。是年，全市因信访维稳对1名乡镇党委书记、1名乡镇长进行免职处理，通报批评14人，约谈8人，责令书面检讨6人次，党纪处分13人，起到了较好的警示作用。

【网上办信办案】 2017年，建立网下办理、网上流转的群众信访事项办理程序。对群众网上的信访事项，实现办理过程和结果可查询、可跟踪、可督办、可评价，增强办案工作的透明度和公正性，推行信访事项办理群众满意度评价。全年上级网上转送常宁的信访案件168件，按时回复率98.9%，办结率100%，群众满意率 100 %。

【督查考核】 2017年，市信访联席办交办案件后，根据情况，采取单独或联合市委督查室等多部门的方式进行督查督办，开展一次信访工作专项督查行动，将督查情况列入年终目标考核，对超期办理的，实行挂牌督办，列入下次重点督查案件，限期办结。全年下发督查通报7份，对住建局、烟洲镇、西岭镇等单位进行通报。三角塘、大堡乡、荫田镇等信访维稳工作较为落后乡镇，通过相关领导的约谈、督查督办，责任意识增强，工作成效明显进步

【“五包一”制度落实】 2017年，全面清理近两年来未化解的信访积案，按规定落实领导包案制度，细化领导包案化解信访积案，将包案任务分解到实职市级领导、责任单位以及具体责任人，并建档立册报市信访联席办备案。倒逼领导干部提高信访案件办结效率。60件省、衡阳市交办的案件全部由市级实职领导包案，包案领导直接与信访当事人见面，了解情况、找准症结、化解矛盾。通过深入细致做工作、召开听证会等多种形式，核准事实，找准症结。带头攻坚克难，已化解54件，其中“周某”“黎某”等6件多年信访积案被成功化解。

优化营商环境

【概况】 2017年，中共常宁市委、市人民政府优化经济发展环境办公室内设综合组、案检组、财务组。全年共受理案件和群众来信来访26件，其中衡阳市优化办交办案件1件，办结26件，办结率 100 %。与2016年同比损害经济发展环境案件明显减少，全市经济发展环境总体状况进一步优化，促进全市经济健康快速发展。

【经济发展环境优化】 2017年3月，市人大常委会出台《关于严厉打击破坏经济发展环境违法犯罪

行为的决定》，市人民政府就落实市人大决定召开专题会议安排部署，下发实施方案，并要求全市各级各单位尽快行动、重拳出击，形成严厉打击破坏经济发展环境违法犯罪行为的高压态势。为优化园区企业发展环境，保障园区企业和创业投资者的合法权益，促进常宁经济持续快速健康发展，根据上级有关指示和领导安排，市优化办起草出台《常宁市关于优化园区企业发展环境的若干规定》。根据衡阳市优化办的要求，下发《2017年常宁市经济发展环境集中整治行动实施方案》，在全市范围内开展为期3个月经济环境问题集中整治行动，要求全市各级各部门制定相应的工作方案，按照方案要求，集中时间，集中力量抓好整治工作。与市纪委、监察局联合下发《关于开展治理“三乱”、严查“不作为慢作为乱作为”专项活动的实施方案》，要求全市各单位对照方案要求，认真排查和整改。

【经济环境纠纷调处】 2017年年初，市委办出台文件，要求一名市级领导联系一家企业，主动搭建政企“连心桥”。46名市级领导与46个重点企业进行结对帮扶，帮助企业解决生产经营和发展中存在的困难，为企业排忧解难。是年，市优化办共走访调研两个园区企业30家，省、衡阳市重点工程项目20个，帮助企业解决实际问题20余起。

【典型案件查办】 2017年8月16日，市优化办与市纪委、监察局联合下发《关于开展治理“三乱”、严查“不作为慢作为乱作为”专项活动的实施方案》，要求全市各单位对照本方案，在8月底前认真开展自查自纠，排查问题上报市纪委。并要求各乡镇(街道、片区)设立“破坏经济环境违法犯罪行为举报箱”，公布举报电话，鼓励、保护市民通过多种方式举报，每半个月向衡阳市优化办通报一次。全年共查处向企业索拿卡要等行为1起，处分1人；整治上班无故迟到、早退、擅离职守，工作时间炒股、玩游戏等从事工作无关事项的行为20余起，处分20余人。同时，严厉查处破坏经济发展环境典型案件。按照市委、市人大、市人民政府要求，对破坏经济发展环境违法犯罪行为进行专项打击，共收集案件线索3起，分别为：市环保局固废站肖某存在收受企业红包礼金、市畜牧水产局存在渔政执法不作为、市林业局主任科员文某强揽工程、非法阻工等问题线索，全部移交市纪委监察局进行查处，立案3起,结案2起，给予党纪政纪处分2人。截至11月，市公安局共侦破破坏经济发展环境的各类刑事案件122起，刑拘104人，逮捕起诉389人；办结各类行政治安案件394起，抓获违法行为人749人，治安拘留695人次，强制隔离戒毒168人次，收缴毒品26公斤。在打击强揽工程、强装强卸、阻工扰工、堵门堵路、收取保护费、敲诈勒索、寻衅滋事等破坏施工环境的违法犯罪行为方面，全年办理相关案件65起，移送起诉80人，治安拘留9人。

【企业减负318.6万元】 2017年，根据湖南省、衡阳市《关于印发2017年降低实体经济企业成本实施方案的通知》和市委、市人民政府领导的指示精神，联合市发改局开展为企业减负工作。由市发改局下发《关于2017年版政府定价的涉企行政审批服务收费目录清单和涉企经营服务收费目录清单的通知》，对全市政府定价的涉企行政审批服务收费目录清单和涉企经营服务收费目录清单进行动态调整；又下发《关于公布2017年版常宁市行政事业性收费目录清单的通知》，将调整后的常宁市行政事业性收费目录清单予以公布，目录清单之外的行政事业性收费，一律不得执行。对涉企收费进行全面清理，大刀阔斧地取消、放开和降低一批涉企经营服务性收费和行政事业性收费,市本级降标的行政事业性收费为企业减负总金额318.6万元。

【集中整治经济发展环境】 2017年，根据衡阳市优化办下发的《2017年全市经济发展环境集中整治行动实施方案》要求，及时出台《2017年常宁市经济发展环境集中整治行动实施方案》，在全市范围内开展为期3个月经济环境问题集中整治行动，要求全市各级各部门制定相应的工作方案，按照方案要求，集中时间，集中力量抓好整治工作。市公安局、监察局、发改局、国土局、水口山经济开发区和宜阳工业园等牵头单位共协调处理强揽工程、强买强卖、非法阻工行为30余起；市纪委监察局查处规避招标、越权招标、利用职务之便违法干预招投标等行为1起，处分1人；整治不履行或不及时履行信访工作责任，推卸责任造成恶劣影响的行为2起，处分10人；整治上班无故迟到、早退、擅离职守，工作时间炒股、玩游戏等从事工作无关事项的行为20余起，处分20余人。

【推行民主测评淘汰制】 2017年，按照市委、市人民政府的安排，于11月底制订出台优化经济发展环境测评方案，对相关职能部门开展优化经济发展环境和机关效能建设公开测评，采取大会集中打分的方式，现场公布结果，对分类排名最后2名的重要岗位负责人就地免职。其测评结果直接纳入市委、市人民政府年度目标管理考核的重要分值，作为单位年度绩效目标管理考核和个人提拔重用的重要依据。

政协常宁市委员会

【概述】 2017年，政协常宁市委员会内设办公室、提案和委员联络工作委员会、财政经济委员会、人口资源环境和法制委员会、教科文卫体委员会、文史学习委员会、研究室等机构。是年，在中共常宁市委的领导下，围绕市委、市人民政府的中心工作，坚持团结和民主两大主题，认真履行政治协商、参政议政、民主监督三大职能，为促进常宁经济社会发展作出积极贡献。

【政协常宁市第十届委员会第二次会议】 2017年2月27～28日，中国人民政治协商会议常宁市第十届委员会第二次会议在常宁城区南门湖歌剧院召开。出席会议的代表应到263人，实到257人。会议审议《政府工作报告》、作出《中国人民政治协商会议常宁市第十届委员会第二次会议政治决议》。市委书记刘达祥、市长吴乐胜出席了会议，刘达祥作了重要讲话。会议共收到委员提案149件。共立案139件，其中委员联名提案78件，个人提案61件。

【广泛协商】 2017年，通过政协全会集体协商、常委会议专题协商、主席会议重点协商、专委会议对口协商等形式，积极参与全市重要工作、重点项目等“三重一大”活动决策之前的协商，全年开展各类协商活动17次，凝聚各界智慧，汇聚各方力量，协商意见得到市委、市人民政府的积极采纳并实现成果转化。协商培元小学莲花新校区提质改造工作时，市政协领导全程追踪，市人民政府及相关部门单位采取超常规举措，用1年时间完成莲花新校区的征地、拆迁、建设等工作，并为该校配备全市最先进的教学设备，确保秋季如期招生，新增学位1400多个，切实解决附近居民子女就学难的问题。在协商工业园区建设和大义山风景名胜区保护等工作时，市委、市人民政府领导高度重视政协委员提出的协商意见，专门出台支持工业经济发展的若干规定和扶持奖励入园企业的具体操作办法，解决“调规扩园”的前期准备工作，城区自来水管网成功延伸到宜阳工业走廊。城市公交运行线路得到优化调整并延长服务时间，极大方便园区职工出行，促进园区企业发展。有关部门进一步加大投入，新建并完善大义山风景名胜区内的公厕、垃圾转运站、垃圾箱等设施，旅游环境大为改善。

【调研建言】 2017年，市政协组织政协委员围绕市委、市人民政府中心工作和人民群众关注的热点难点问题，深入细致抓好调查研究，找准症结并提出合理化建议，为市委、市人民政府科学决策提供参考。按照正副主席联系常委、常委联系委员的办法，市政协常委会组成6个调研组开展调研，共形成调研报告36个，建言献策190多条，其中有17个调研报告得到市委、市人民政府主要领导的批示，并及时交由相关部门落实办理，产生了良好的社会效益和经济效益。如《关于加大不良贷款清贷力度，构建诚信社会体系的调查报告》，该报告对常宁市几大银行的不良贷款进行深入调研和剖析，并提出切实有效措施和建议，得到市委、市人民政府领导的高度重视，并及时召开专题会议，部署开展一系列的集中整治活动。通过近两个月的努力，共收回长期拖欠的银行贷款668万元。为了建设美丽乡村，确保全域旅游目标的实现，政协委员针对公益林收益过低、林农保护意识不强等问题，组成两个调查组，对全市公益林的保护和发展问题进行深入调研。通过调研，建议提高天堂湖湿地公园内生态公益林补贴标准，全面禁伐洋泉水库周边的生态公益林。市委、市人民政府领导高度重视并作出批示，市人民政府专门出台文件，吸收、采纳政协委员的建议，明确全面禁伐洋泉水库库区周边的生态公益林，并将洋泉水库库区生态公益林补贴标准由原来每亩每年14.5元提高到50元，有效保护天堂湖国家湿地公园周边森林植被。政协委员通过调研境内青年社会组织的发展状况，撰写出《关于我市青年社会组织发展情况的调研报告》，立意深远、观点新颖，得到省政协的高度重视并在省政协获奖。

【民主监督】 2017年，根据《政协章程》赋予的职责，按照中央、省、衡阳市有关文件的精神，扎实开展民主监督。向市人民法院、市人民检察院和民政、水利、卫计等7个单位派驻民主监督小组，民主监督小组参加被派驻单位的有关会议和“三重一大”活动。截至12月底，民主监督小组向被监督单位提出整改建议21条，就有关事项写出调查报告3个、提交提案7个、反映社情民意信息11条。创新监督模式，将政协民主监督和新闻媒体的舆论监督有机结合起来，市政协联合常宁广播电视台举办“提案追踪”专栏开展舆论监督，将重点提案办理工作实行全程追踪问效，全方位监督重点提案办理的过程和效果，有效地推动提案办理单位切实改进作风，尽职尽责。政协委员担任市人民法院人民陪审员，在推进司法民主、促进司法公正、提高司法公信力方面发挥应有作用。

【民生关注】 2017年，市政协常委会共收集各类社情民意信息200多条，编印本级社情民意信息12期，向上级反映社情民意信息56条。其中有《扶贫更应“软治理”》等26条社情民意信息被省、衡阳市政协采用，并得到省、衡阳市党政领导的批示。通过社情民意信息的反映并交有关部门落实办理，一些热点、难点问题得到有效解决。如政协委员反映常宁交通秩序混乱、交警警力不足的社情民意信息，市委主要领导高度重视并作出重要批示，市政协邀请市人民政府领导与有关部门负责人、部分政协委员召开专题协商议政会。市人民政府领导高度重视政协委员的协商意见，切实解决城市交通秩序整治中的一些突出问题，市公安局从民警队伍内部选调3名年轻骨干、新聘50名协警充实到市交警大队，配套解决120万元工作经费，新组建成立市交警大队洋泉中队。政协委员以社情民意信息反映洋泉镇土桥至兰田段水渠不畅，经常发生洪涝灾害，威胁沿线群众的生命财产安全，市政协主席会议研究后将其转化为提案，并交由市水利局承办。年末，该项目开工建设。

【提案办理】 2017年，市政协十届二次会议以来，共收到提案155件，经审查立案134件，其中与民生息息相关的8件提案被列为重点提案督办件。提案交由36个单位承办，到12月底，共办成A类件107件，B类件24件，C类件3件。在市委、市人民政府主要领导的高度重视和关注下，提案办理卓有成效。

【扶贫工作】 2017年，在市政协常委会的组织下，政协委员“三个一”扶贫行动成效显著，267名政协委员全部实现“一对一”帮扶，共捐资600余万元，帮助300多名贫困学生重返课堂。有73名政协委员积极自主创业，让3000多名贫困群众在政协委员创办的企业中务工脱贫。按照主席会议的要求，政协机关派员驻村，委员和机关干部结对帮扶，因户施策开展精准扶贫，帮助联系点加快美丽乡村建设、发展高效现代农业和扶贫产业，成效明显、亮点纷呈。市政协机关从紧张的办公经费中挤出30多万元资金，积极支持美丽乡村建设和贫困村脱贫攻坚，其中拔付给党建扶贫联系点就达20万元，重点帮助官岭镇虾塘村、中康村两个贫困村改善水、电、路等基础设施。

【履职能力提升】 2017年，加强学习和培训，不断提高政协委员的政治素质和履职能力，是人民政协的优良传统和经常性任务。通过会议和培训等形式，以乡镇政协联工委和市直政协联络组为单位，组织全体政协委员认真学习中共十九大精神及有关法律法规。全年共组织集中培训、学习交流活动12次。3月，市政协邀请省、衡阳市政协领导来常宁授课，分别就如何履好职、当好政协委员和怎样撰写社情民意信息两个课题，为全体委员、政协工作者进行集体培训。8月，组织20多名在本市创办实体经济的政协委员赴广东、浙江、江苏、上海等地，与当地创业的33名常宁籍政协委员开展异地交流学习。9月，组织30多名政协委员赴花垣、宁乡、醴陵等地考察学习精准扶贫、融资平台建设的成功经验。11月，邀请30多名在外创业的常宁籍政协委员返乡与常宁经济界政协委员开展履职交流，走访水口山工业园区企业，探讨如何助推常宁经济社会发展，积极开展招商引资活动。12月，组织54名优秀政协委员赴厦门大学集中学习党的十九大精神及政协理论业务知识，提升履职能力。通过一系列的学习交流，开阔委员视野，提升委员素质，为委员履职增添强劲动力。承办衡阳市知青史料征集现场会，常宁经验在会上得到推介。

【履职平台搭建】 2017年，为推动政协委员进一步履职尽责，市政协按照省、衡阳市政协的要求，搭建“政协云”平台，267名政协委员全部进入“政协云”平台履职，全体政协委员积极开展调查研究，提出“微建议”，反映社情民意信息，履职成效排名稳居全省前列。为规范委员言行，防止舆情事件发生，市政协专门下发《规范政协委员言行倡议书》，引导政协委员正确应用“政协云”开展履职，有1名政协委员在“政协云”平台发表不当言论，且履职不到位，责令其辞去政协委员身份。“政协云”平台开通以来，政协委员通过“政协云”平台积极提出“微建议”，有19条“微建议”及时反馈给市交通、水利、交警大队等相关单位并得到认真办理。其中，委员提出在曲市小学附近路段设立交通标志的“微建议”得到迅速落实。省政协主席李微微到常宁视察工作时，对政协委员积极履职、创新履职所取得的成效给予高度肯定。

【履职形式丰富】 2017年，为充分发挥委员主体作用，努力让全体政协委员干事有舞台、建言有渠道、履职有作为。市政协组织相关政协委员积极参政议政，视察重要工作、重点项目和社会关注的热点工作，全年就重点提案办理、重大工程项目建设等组织视察活动6次，参与委员190人次。市委、市人民政府领导高度重视并与政协委员一同视察，当面听取委员意见建议，与政协委员共商改革发展大计。政协委员在视察中提出意见建议60多条，形成视察报告6份，为党政领导科学民主决策提供有益参考。加强理论研究和新闻宣传，市政协在全国各级媒体发表理论文章、经验推介材料21份，《人民政协报》《湘声报》专题报道常宁市政协委员的履职成果。

纪检·监察

【概况】中共常宁市纪律检查委员会、常宁市监察委员会内设办公室、组织部、宣传部、党风政风监督室、信访室、案件监督管理室、第一纪检监察室、第二纪检监察室、第三纪检监察室、第四纪检监察室、第五纪检监察室、第六纪检监察室、第七纪检监察室、案件审理室、纪检监察干部监督室、信息技术保障室，共有工作人员136人，其中机关69人，派驻纪检组48人，退休人员19人。全年市纪检监察机关受理群众来信来电来访631件次，立案206件，结案195件，处分违纪人员195人，其中科级干部28人，立案件、结案件、处分人数与2016年比上年同期分别增长10.2%，4.3%，4.3%。被评为“2017年度湖南省纪检监察信息工作先进单位”“2017年度衡阳市纪检监察信息工作先进单位”，被常宁市委、常宁市人民政府评为2017年度“安全生产先进单位”“全市目标管理考核优秀单位”“脱贫攻坚优秀单位”“社会管理综合治理先进单位”。

【安排部署】 2017年，协助市委全面抓好“两个责任”的落实，认真传达贯彻上级关于党风廉政建设会议精神，把思想和行动统一到中央对反腐倡廉建设的判断上来。先后组织召开十二届市纪委二次全会、多次市纪委常委会、中心组学习会议、专题学习讲座，认真传达贯彻党的十九大和中央、省、衡阳市各级纪委全会等会议和文件精神，为履好职、尽好责，夯实思想基础，将“两个责任”深化、细化、具体化，层层传导压力，筑牢责任体系。

【责任分解】 2017年，将党风廉政建设工作任务进行细化分解，明确市级责任领导、牵头部门和责任单位，层层签订责任状，形成上下联动、一级带着一级干，一级做给一级看的工作格局。在纪委全会上，全市22个乡镇(街道)党(工)委书记和所有市直单位党委(党组)书记向市委递交了党风廉政建设责任状，实行“签字背书”。4月，由市纪委牵头，对全市各乡镇(街道)和市直单位落实“两个责任”情况进行督查，下发督察通报，并对如何落实“两个责任”提出明确要求。市委主要领导坚持率先垂范，带头落实主体责任，上半年共批示、交办、督办有关党风廉洁工作13件次。市委、人大、政府、政协领导，按照“一岗双责”要求，主动抓好分管范围内的党风廉政建设，确保党风廉政建设人人身上有责任、个个肩上有担子。

【责任追究】2017年，市委明确规定，各个单位一年内有2名班子成员或有4名一般干部受到党内严重警告以上处分的，要从严追究单位“一把手”的主体责任和纪委书记的监督责任。市纪委严格执行市委要求，从严查处“两个责任”落实不力问题，确保“两个责任”落地生根。对市畜牧水产局局长刘志刚、市城市管理执法局局长雷知生、市发改局局长王经余、市住建局局长邓耀龙、市环保局局长吕秋明、西岭镇党委书记刘新华、新河镇纪委书记周爱国等

“一把手”履行主体责任不力和纪检监察干部履行监督责任不力，进行责任追究，给予党纪、政纪处理。

【廉洁宣传】 2017年，联合常宁电视台开设《廉政视窗》专栏，设置热点播报、人物专访、家风家训家规、廉政聚焦、作风在线、法纪镜鉴等六大板块，深入推进党风廉政建设和反腐败工作，驰而不息纠四风除陋习；联合市教育局组织开展“全面从严治党”作品征选活动，共收到“正风反腐这五年”稿件517篇，“劝廉家书”稿件193篇，“清风常宁”廉政文艺作品242篇；全力做好常宁廉政网、“廉洁常宁”官方微信和《廉政视窗》专栏的宣传影响力，确保全市所有党员干部添加关注；截止11月20日，常宁市廉政网刊发新闻稿件387篇、转载290篇，“廉洁常宁”刊发新闻稿件94期316篇。截止12月6日，在《中国纪检监察报》上稿3篇、《湖南日报》上稿3篇、《衡阳日报》上稿14篇、衡阳电视台上稿5篇、人民网上稿9篇、新华网上稿24篇、中纪委网站上稿4篇、三湘风纪网和微信客户端上稿58篇、红网上稿51篇、衡阳反腐网和清风衡阳客户端上稿230篇，在《常宁廉政网》发表信息、调研类材料13万余字，有力的推进党风廉政新闻宣传工作向纵深推进、落地生根。

【廉洁教育】 2017年，以十九大学习为契机，以新修订的《中国共产党党章》等党纪条规为载体，着力加强廉洁教育，筑牢党员干部拒腐防变思想防线。先后举办重点岗位、重要部门廉洁教育培训班3期、廉洁教育讲座25场次；组织征订《中国纪检监察报》300份、《中国纪检监察杂志》1000份、《清风杂志》400份、《党风廉政》120份、《学思践悟》800份、《两准则四条例》400份，在全市形成知责明责、履责尽责的浓厚氛围；组织4000余名党员干部集中观看反腐倡廉电影《决不饶恕》和《迷失》，通过以案释纪说法，提醒和告诫各级党员干部任何时候都不能丧失理想信念、党性立场和党性原则，党纪国法不容挑战，政治底线不容触碰；认真抓好党委(党组)书记讲党课活动，各级党委(党组)书记带头讲党课200余场次；授予水口山工人运动陈列馆为常宁市廉政教育基地，多次前往中共首届中央监察委员会候补委员萧石月烈士故居进行调研；组织市国税局100余名党员干部赴衡阳雁北监狱、组织市委党校的70余名中青班学员赴衡州监狱、组织罗桥镇政府40余名工作人员赴常宁看守所开展警示教育课，让党员干部接受一场触及灵魂深处的警示教育活动。

【舆情处置】 2017年，健全涉腐涉纪网络舆情的监测、报送和处置工作机制，联合宣传、公安、新闻、网管等部门共同处置反腐倡廉网络舆情，对发现反腐倡廉舆情信息，第一时间报告、第一时间调查、第一时间引导，确保掌握舆情应对的主导权。稳妥处理“常宁市松柏交警中队长收受红包”“举报常宁某单位民警公车私用”等重大舆情，发挥网评员的作用，正面引导网络舆情。

【执纪审查】 2017年，严肃查处十八大后不收敛不收手、问题线索反映集中、群众反映强烈的党员干部，特别是加大领导干部这个“关键少数”的查办力度，敢抓敢管、敢于碰硬，持续发力，步步深入。集中力量查办市政协原党组成员、教科文卫体委主任提名人选胡观清严重违纪案、市国土资源局原党组成员、工会主席廖桂成涉嫌严重违纪案、市公安局交警大队原副科级干部廖小华严重违纪案、衡山县交通旅游局长李待琪严重违纪违法案等一批大案要案。在查办大要案的同时，对发生在群众身边与民争利、侵害群众利益的消极腐败案件坚决查处，形成惩治腐败的高压态势。重点查处兰江乡元山村原支部书记李庆应非法倒卖集体土地案、松柏镇独石村原支部书记李建平、原村秘书李诗华贪污水利资金案、三角塘镇市群村原支部书记王文生虚开发票贪污集体资金案等案件，维护了群众利益。

【“四种形态”实践】 2017年，正确运用监督执纪“四种形态”，坚持抓早抓小抓常，让咬耳扯袖、红脸出汗成为常态，初步实现执纪审查工作由单一强调重处分，向批评教育、诫勉谈话、轻处分、通报曝光等多种方式并用转变。强化问题线索管理，建立案件线索处置集体会商制，严格按照五类标准、四种形态要求妥善处置每一条线索。全年共函询21次，诫勉谈话34次，提醒谈话125人次，约谈200余次，7月中旬至8月上旬，市纪委主要负责人对全市22名乡镇纪委书记及部分乡镇党委书记开展“一对一”、面对面廉政约谈，进一步督促乡镇党委和纪委落实全面从严治党主体责任和监督责任。

【乡镇纪委办案指导】 2017年，针对乡镇纪委办案力量不足，业务不熟等实际情况，市纪委建立“市纪委常委联乡镇，办案室当后盾”的指导乡镇纪委办案工作制度，每位纪委常委联系2～3个乡镇，督促和指导乡镇纪委办案。安排办案室作为乡镇纪委办案后盾，有力解决乡镇纪委办不了案、办不好案的问题。全年全市22个乡镇(街道)纪(工)委立案查处案件共90件，平均每个乡镇4件。

【领导示范】 2017年，市委始终把作风建设责任扛在肩上，认真组织教育、督查和规范活动，把作风建设内化为信念、外化为习惯、固化为制度。市委常委班子成员对作风建设工作的各项规定做到率先垂范、身先士卒，不碰底线、不越边线、不踩红线，亲自安排部署、亲自调度落实、亲自督促检查，实现既“°挂帅”±又“°出征”±，确保作风建设的各项规定不走过场，落到实处。4月，市委常委班子以上率下，带头签订《坚决拒绝违规收送红包礼金公开承诺书》和摆放警示牌，在市委的示范带动下，市纪委组织全市各级各单位党员干部3000余人统一签订《坚决拒绝违规收送红包礼金承诺书》，主动接受全市人民监督，带动全市作风建设的明显改善。

【督查强化】 2017年，加强对收送红包礼金、公款吃喝、为官不为等群众反映强烈的问题进行专项整治，抓住春节、端午、中秋等重要时间节点，由纪委牵头，联合市委组织部和市委、市人民政府督查室，市纪委书记、组织部长亲自带队携带针孔摄像头、录音笔等设备开展明察暗访。

【建章立制保障】 2017年，围绕“反四风、转作风、树新风”，全市以开展“纠‘四风’、树新风”专项整治工作为契机，继续完善“五个一律免职”等65项作风建设规章制度。重申公务接待相关纪律，严禁违规接待、严禁超标接待、严控接待费用、严禁相互吃请，做到同城零接待，本年度公务接待费用比2016年度下降20%。同时，加大制度督查落实力度，杜绝“一阵风”，重点整治当前党员干部队伍中存在的违规公款吃喝、违规发放津补贴或奖金福利、违规操办婚丧喜庆事宜、违规收送红包礼金及礼品、涉赌涉毒等“四风”问题以及认“干亲”、党内称呼庸俗化等陋习问题。全年共下发通报4期，查处典型案例22起，给予党政纪处分22人。其中典型案例有市人民政府办正科级督办员刘小芬吸毒案，市水利局党委副书记、副局长蒋红军工作日中餐饮酒、对抗组织审查案，市规划局副局长廖小群等3人借培训学习之机公款旅游并违规报销费用案，市水利局水政水资源河道管理股股长周满元公车私用案等。

【“雁过拔毛”式腐败专项整治】 2017年，按照“纪委协调、部门负责、分级清理”的原则，继续深入开展各类项目资金大清理，在全面清理排查后，进行“立项”回头看，对群众反映强烈的危改资金、社保资金等领域进行重点整治，着力发现跑冒滴漏、截留私分等问题线索，进一步加大查处曝光力度。全年发现“雁过拔毛”式腐败问题线索54起，立案20起，党政纪处分20人，追缴违纪金额45.2万元，退回群众资金6.97万元。进一步建立完善制度机制，对“雁过拔毛”式腐败中查处的问题，列出问题清单，认真剖析根源，立行立改，制定可操作、可防控的整治措施，从源头上防范“雁过拔毛”式腐败问题。督促建立健全涉农惠民资金管理、使用和监督制度，切实做好项目资金管理方式改革。

【开展经营性活动专项整治工作】 2017年，根据省、衡阳市相关文件精神，专题下发《常宁市开展清理国家公职人员违规参与涉矿等经营性活动专项整治工作实施方案》，成立整治工作领导小组，召开专项整治工作动员大会，对专项整治工作进行全面安排部署，在全市进行广泛宣传。并要求全市各级各单位积极配合，抓好落实。按照《通知》要求的时间节点，要求各单位先完成自查自纠工作，各单位“一把手”是整治工作第一责任人，对本单位、本辖区内国家公职人员自查自纠报告表实行签字背书。市专项整治办根据个人报告和自查自纠情况进行梳理，发现问题线索，并从市食品药品工商质量监督管理局调取涉矿等六类企业法人代表及股东信息，通过到人社局身份信息比对后，初步认定有8名国家公职人员涉嫌参与涉矿等经营性活动，没有主动呈报市纪委专项整治办，将上述8人涉嫌参与涉矿等经营性活动情况上报衡阳市纪委专项整治办进行核查处理。通过此次专项整治，建立健全防范国家公职人员违规参与各类经营性活动的规章制度，尤其加强对重点领域、关键环节和敏感岗位的制度建设，促进公职人员廉洁从政，遵纪守法。

【“吃空饷”和在编不在岗问题专项治理】 2017年，市纪委牵头，组织部门、编办、财政、人社等相关部门配合，明确全市各级各单位的主要负责人为专项清理工作的第一责任人，纪检监察部门(机构)负责人为监督责任人，分管人事和财务的负责人为直接责任人，在全市机关事业单位中开展对“吃空饷”和在编不在岗问题的集中清理工作。全市共有87个机关事业单位上报《常宁市集中清理“吃空饷”和在编不在岗自查情况统计表》，清出“吃空饷”71人，在编不在岗1490人,清理出编制218个。全市179人返岗上班，7人办理到龄退休手续，1人核减工资福利待遇，1人完善休病假手续，1人办理辞职手续，1人办理调动手续。

【“互联网+监督”工作启动】 2017年，按照省、衡阳市的工作要求，出台《常宁市关于加快推进“互联网+监督”工作的实施方案》，按照“党委统一领导、政府统筹协调、纪委监督推动、部门分工负责、社会共同参与”的工作机制，市财政局、市移动公司、市电子政务办等相关单位根据分工，各司其职，共同推进“互联网+监督”工作。市纪委作为协调机构，发挥牵头管总作用，及时制定各阶段的工作规划。先后组织召开工作协调会、推进会、调度会10余次进行部署安排。坚持挺纪在前，加强对相关单位数据采集对接情况的监督检查，重点督促乡镇、村做好村级财务公开工作。同时，建立工作进度日通报制度，每天通报各单位数据录入进度，公开排名，对工作不重视、录入进度慢、排名靠后的单位，严格按照执纪问责流程，从严追究单位主要责任人及相关责任人责任，确保工作落实。

【牵头开展“四个专项检查”】 2017年，接到

《衡阳市人民政府办公室关于开展“四个专项检查”的通知》后，多次召开专题会议进行部署和安排。成立了四个专项检查”工作领导小组，组长由市委常委、常务副市长郭松青担任，副组长由市领导周继成担任。随后，专题印发《常宁市人民政府办公室关于开展“四个专项检查”的通知》要求各乡镇人民政府、街道办事处、市直单位开展自查自纠。在各单位自查的基础上，从市财政局、市审计局抽调20名人员组成四个检查小组，对公安局、农业局等31个单位进行重点检查。重点检查共查出问题金额1429.28万元，其中公用经费检查发现问题金额749.48万元，财政专项资金专项检查发现问题金额196.69万元，政府采购专项检查发现问题金额483.11万元。

【换届选举】 2017年，成立全市换届工作督查领导小组，由纪委书记任组长，市纪委主管党风政风的副书记、常委和市委组织部分管干部工作的副部长任成员。各乡镇也相应成立换届风气监督机构。多次部署和强调换届风气监督工作，专题召开严肃换届风气监督大会，统一签订承诺书，层层压实责任。下发《关于加强换届风气监督方案》《关于严肃乡镇换届纪律的通知》等文件，严明纪律要求。编印下发《严肃换届纪律确保换届风清气正》口袋书和《常宁市严肃换届纪律正气歌》2200余份，发放1200余册纪律监督手册，切实让“九个严禁、九个一律”“约法三章”“三个一律”和“九个不准”的纪律要求入心入脑。严格落实四必看，组织全市党员干部集中观看《镜鉴》《不可触碰的底线》600场次，重温中央关于“两案”的通报和各项要求，加强警示教育。多渠道进行宣传，在常宁党政门户网、常宁廉政网、常宁电视台、常宁报、廉洁常宁客户端上，广泛宣传换届纪律，及时报道换届动态，实现换届纪律宣传全覆盖。成立9个纪律监督组，采取个别访谈、随机抽查、实地走访、查阅资料等方式开展巡回督查400余次，重点对各乡镇严肃换届纪律等情况进行了督查，对出现的问题责令限期整改并跟踪问效。在市纪委、市委组织部分别开通了举报电话，实行24小时专人值班，在常宁党建网上开通了网上举报信箱，各乡镇分别设立了举报箱，在市委大院和市人民政府大院专门设立举报箱，构建电话、信访、网络和短信“四位一体”多渠道综合举报体系，对反映换届问题的举报实行限时办理。

【巡察监督】 2017年3月，市委巡察工作领导小组办公室正式成立。5～7月，组织4个巡察组对市规划局、市人民医院、市水利局和兰江乡开展专项巡察，发现各类问题线索118条，向市纪委移交问题线索82条。市纪委根据移交线索进行调查，共处理问责9人，其中科级干部2人。11月，根据上级关于交叉巡察要求，组织3个巡察组赴衡山开展巡察。

【派驻监督夯实】 2017年，按照省、衡阳市纪委派驻机构全覆盖工作要求，采取综合派驻和单独派驻的形式，于9月底全面完成派驻机构改革工作。全市共设置13个派驻纪检组，负责对58家市一级党和国家机关进行监督，实现派驻监督在组织上、制度上、工作上的全覆盖。同时，对派驻机构统一领导，对派驻机构业务、干部、编制、职数直接管理，13个派驻纪检组由5个纪检监察室对口联系，真正发挥派驻监督作为全天候“探照灯”的作用。

【监察改革】 2017年，严格按照中央和省委部署，把改革试点工作作为当前一项重大政治任务，紧扣时间节点，主动思谋、细化分工，积极主动推进监察体制改革。坚持将专责落到实处，成立深化监察体制改革试点工作小组，制定《常宁市深化国家监察体制改革试点工作实施细则》，对标对表十九大精神，制定施工图，倒排时间表，监察体制改革试点准备工作正稳步推进，于2018年1月召开市人大会选举产生常宁市监察委。

【环境保护领域查处】 2017年，查处环保领域问责案件8起，下发问责通报2期，纪律处分11人，组织处理18人，重点对宜潭新五丰养殖场排放物超标、常宁市水口山历史遗留含重金属废渣无害化处置二期工程项目进度严重滞后等问题进行追责。

【脱贫攻坚领域查处】 2017年，制定《常宁市脱贫攻坚问责办法(试行)》，明确对扶贫领域7大类46种具体情形予以问责。查处扶贫领域案件18起，下发通报5期，党政纪处分12人，组织处理39人。严肃查办培元办事处培元村和板桥镇先峰村挪用扶贫资金案。

【信访维稳领域查处】 2017年，对信访维稳工作不力的单位和个人进行严肃问责，重点查处烟洲镇谭祥生赴京非访案、蓬塘乡柏长贵赴京上访案、西岭镇6人集体赴京上访案等3起案件，追责36人。

【干部队伍建设】 2017年，加强系统内外的人员流动，市纪委机关1人交流提拔为副处级干部，8人提拔、重用为正科级干部，7人提拔、重用为副科级干部，从其他单位交流12人进纪检监察系统，从纪检监察队伍交流出7人到其他单位任职。

【内部监督管理】 2017年，出台《常宁市纪检监察干部行为规范》和《常宁市纪委领导干部谈心谈话和家访工作》等规定，积极推出净化委局机关纪检干部“生活圈”、家访制度、定期体检制度、干预和插手重大事项留痕备案制度、公开述廉评廉制度等多项举措，把对委局机关纪检干部的监督从工作圈监督向社交生活圈监督、从单项监督向全面监督、从党内监督向社会监督拓展和延伸，织密监督之网，开启监督全天候“探照灯”。市纪委监察局领导班子成员利用晚上或休息日时间，对全体干部职工开展干部谈心谈话和领导干部家访工作，了解委局机关纪检干部“八小时”以内的工作心态和“八小时”以外的生活状态以及工作生活中遇到的困难和问题情况，进一步加强对委局机关干部职工的监督管理和关心爱护，提升纪检监察机关的凝聚力、向心力。

【乡镇纪委考核】 2017年，制订《常宁市纪委对乡镇(街道)纪(工)委书记年度考核办法》，压实乡镇纪委书记责任，加强对乡镇纪委书记的管理和监督，激发乡镇纪委书记的创新能力，推动全面从严治党向纵深发展。考核结果作为乡镇纪委书记评先、交流、提拔和调整的重要依据。在日常工作和专项考核中，从表现优秀的乡镇纪委书记中，交流1人到市纪委机关担任室主任，交流1人担任市纪委派驻纪检组组长，重用3人担任乡镇党委副书记，有效地激发乡镇纪委书记的工作积极性。对工作失职、履职不力的乡镇纪委书记进行责任追究。先后对工作失职的大堡乡纪委书记李波、未正确履职的新河镇纪委书记周爱国给予党内警告处分；对工作不力的荫田镇纪委书记蒋能宇、庙前镇纪委书记唐智明、和白沙镇纪委副书记阳正龙分别进行约谈。

群众团体

常宁市总工会

【概况】常宁市总工会是全市各基层工会组织的管理部门，下辖931个基层工会组织。2017年，机关内设即办公室、组织宣传部、生产生活部、财务部、女工部、经审办公室，下设市困难职工帮扶中心(全额事业)和市总工会职工服务部(自收自支)，另有社会组织市职工技术协会。共有在职职工32人、退休职工17人。是年，市总工会获衡阳市工会年度考核良好单位，常宁市计生和社会综治、安全生产工作先进单位，衡阳市十佳禁毒预防教育示范单位。

【党的建设】 2017年，高标准、规范化建设支部活动室和远程教育站点，做到制度全部上墙，党员教育设备不断完善，为开展党员集中学习、干部教育培训提供良好条件。党组中心组学习经常化，学习范围扩大到全体党员部门负责人。“三会一课”加强纪实管理，党组对支部活动开展及党员参与进行督查。党员领导干部带头学习，全面完成干部在线教育学习任务，红星云学习面达到100%。落实党员积分管理制度，党员信息管理等，开展在职党员进社区活动，认领服务岗位30余个。深入学习贯彻落实十九大精神，组建理论宣传小组进工业园区企业宣讲。

【开展扶贫工作】 2017年，市总工会机关干部25人分别结对帮扶西岭镇桐排村和桐江村贫困户37户，是年脱贫26户，105人，计划2018年预脱贫11户，38人。落实各项帮扶措施，突出抓好无渣生姜、中药种植、茶山飞鸡等产业扶贫，五门牡丹、菩提洞天等乡村旅游扶贫，稳定增长村集体经济收入5万元。完成农电网升级改造，村组公路全面硬化，移动电信网络全面覆盖，新建安全饮水工程，覆盖8个村民小组。

【建会工作】 2017年，全市净增工会组织法人单位60家，净增工会会员 7000 人(农民工6185人)。其中独立工会委员会58家，联合工会2家(涵盖企业法人单位100家)，全市各类法人单位建会率和职工入会率动态保持在90%以上，企业建会率和职工入会率动态保持在90%以上。完成统计任务1850家，全市各基层工会征订《湖南工人报》380份，《工人日报》90份。全年新增办理工会法人资格证书单位10余家。

【工会组织动态管理】 2017年，积极转化基层工会组织核查、复查、抽查成果，按时完成全总新导入“全国第四次经济普查”未建会企业名录的核查比对、工会组建和信息录入工作，实现数据内单位建会率和职工入会率动态保持在90%以上。实现模范职工之家、干部教育培训、工会领导班子信息、社会化工会工作者等内容的动态更新。向衡阳市总工会申请2名社会化工会工作者，工作努力、业务能力强，深入两个工业园区加强了组织建设、政策宣传、矛盾调处等工作，有效打通工会服务职工最后一公里。

【职工之家管理】 2017年，组织全市基层工会开展会员评家工作，对2017年以前的国、省、衡阳市三级模范职工之家进行复查，建立全市模范职工之家数据库，加强建家工作动态管理力度。按照“双争”活动确定的标准要求，按照逐级创建、分级管理的原则，层层组织开展合格职工之家、“五型(学习型、安全型、清洁型、节约型、和谐型)”模范职工之家创建，培育和发现常宁市人民法院，常宁市档案局等典型。

【工会干部教育】 2017年，整合社会资源，建立全市工会干部教育培训师资库和干部培训教育数据库。组织全市部分基层工会主席以及工会班子成员、部室负责人计55人前往浙江大学进行为期5天的考察学习。

【法律援助】 2017年，成立工会法律援助工作站，聘请司法局原工会主席易志华为工会法律援助咨询顾问，为全市合法权益受到侵害的职工和工会组织等提供法律服务和援助。年内法律援助律师与水口山镇6家民营化工企业工会签订法律援助对口协议书，帮助企业完善劳动合同制度，当场调解企业劳动争议纠纷3起，办理职工维权诉讼和非诉讼案24件，涉及标的500万元，援助兰江乡雷长林装修跌落死亡案、佳盈鞋业女工张运莲工伤仲裁案、布凡女装店广告牌砸死农民工廖常春子女案，帮助农民工、职工挽回经济损失250万元。

【金秋助学】 2017年，经各基层工会审核推荐，市总工会实地走访调查核实困难情况，并经党组集体研究确定，最终确定受助学生50人，争取和发放助学金11万元。

【困难帮扶】 2017年5月，市总工会举办电器安装与维修免费培训班，30余名困难职工和农民工及其子弟参加，培训20天44个课时，学习期满考核合格者颁发全国通用的职业资格证书。开展第七期特困职工大病救助项目帮扶，对全市符合第六期特困职工大病救助条件的困难职工开展项目帮扶和特别关爱，确定大病救助对象18人，帮扶8000～15000元/人，共计188000元。

【医疗互助】 2017年，全市共有190家单位参加医疗互助活动，参加医疗互助活动的职工14579人，筹集互助费874740元；参加特殊疾病保障的单位190家，参加职工14597人，筹集费用145970元。截止12月21日，住院医疗互助项目申报人次707次，补助费用支出941665元，人均补助金额1332元人次；特殊疾病项目申报人数为2人，补助费用支出20000元，两项合计支出961665元。第五期职工医疗互助全市有94家单位参加医疗互助活动，参加医疗互助活动的职工7133人，筹集互助费499310元。

【工资集体协商】 2017年5月，开展年度工资集体协商指导员培训班，对新上任的企业工会主席、各乡镇办事处工会主席、各主要战线的工会主席等35人进行专项培训，切实发挥专职队伍在集体协商工作中的积极作用。全市全年工资集体协商总覆盖企业654家，职工43781人，其中6大区域性覆盖470家企业，职工22751人，3大行业性覆盖148家企业，职工7953人，单签36家企业，职工13077人。

【加强民主管理】 2017年，巩固提升国有企业、事业单位民主管理，深入开展非公企业厂务公开、职代会建制专项行动。在中小型非公企业集中的地方，大力推行区域(行业)职代会制度。通过各项措施，确保已建工会的百人以上非公企业职代会、厂务公开单独建制率，达到并动态保持在80%以上。举办一期职代会职工代表培训工作班，推动企事业普遍开展“公开解难题、民主促发展”活动，结合本地实际推出“民主管理立新功、职工代表在行动”“我为企业发展献一计”“金点子”等形式多样的具体活动，丰富厂务公开民主管理形式。

【劳动保护】 2017年，加强高温季节职工劳动保护和防暑降温工作，提升广大职工高温期间自我保护意识，维护职工劳动安全卫生合法权益，8月，市委、市人民政府、市总工会、市公安局、市城管执法局，开展“夏送清凉，关爱相伴”走访慰问活动。共筹集资金2.86万元，慰问高温作业职工505人，其中交警145人，特巡警100人，环卫工人260人。

【劳模档案建立】 2017年5月，市总工会、市电视台、常宁报联合推出劳模宣传月活动，共推出劳模宣传报道6篇，制作劳模专题宣传片10部。对全市省部级劳动模范及享受省级、市级劳模待遇者的43名劳动模范进行摸底调查，并发放慰问金，对省级、市级职工劳模收入情况的摸底调查，通过健全困难劳模档案，对劳模困难情况实施动态管理。为每一位省部级以上劳模建立个人信息档案(含纸质档案和电子档案)，全面掌握劳模基本信息，做到一人一档、动态更新，并在此基础上完善困难劳模档案。

【常宁市首届劳模评选】 2017年，成立劳模评选推荐工作领导小组，制定下发《常宁市人民政府办公室关于评选常宁市劳动模范和先进工作者的通知》，计划评选25人，年内评选，2018年“五一”前集体表彰。召开劳模评选动员会议，以宣传、政法、城环、财贸12个系统为基础，在本系统内进行广泛的宣传发动，确保基层推荐的候选人具有代表性。坚持依规操作，做到公平公正。严格按照市政府下发的《通知》要求，对推荐劳模候选人把关审核，11位候选人有不同程度的违法违纪和违反国家政策情况作出否决认证。

【女工素质教育】 2017年3月，举办“健康快乐 幸福‘三八’常宁市女职工素质大讲堂”，从衡阳市工会女职工素质教育讲师团中，精选部分课程，聘请社会知名专家南华大学附属二医院乳腺、甲状腺外科主任刘国文开展健康知识及早期预防讲座和女职工体检、女职工健康咨询，受益女职工3000余人。

【女工维权月】 2017年，深化女职工权益保护专项集体合同工作，推动《女职工劳动保护特别规定》贯彻落实，发放书籍资料1000余份。组织全市2000多名女职工参加由湖南省总工会开展的《特别规定》知识竞赛网上答题活动。

共青团常宁市委

【概况】 2017年，中国共产主义青年团常宁市委机关内设办公室、组织宣传部、青工青农部、学校少年部，共有机关工作人员7人。是年，按照中共常宁市委和共青团衡阳市委的工作要求，以迎接和服务党的十九大为核心，深化共青团改革，全面推进从严治团，全力构建共青团“四维(凝聚青年、服务大局、当好桥梁、从严治团)”工作格局，完成市委和共青团衡阳市委交办的工作任务。

【青少年思想道德建设】 2017年，以主题读书班、专题学习会、报告会、团员骨干座谈会、团课等形式，组织各级团组织深入开展“青春喜迎十九大不忘初心跟党走”主题活动30余次，覆盖青年团员1200人次。组织“向上向善好青年”陈林源、满孝斌走进学校、社区，开展宣讲活动，分享优秀典型事迹，引导青年团员树立正确的人生观、价值观。联合市委统战部开展“四同创建”活动，以“同心同德、同心同向、同心同行”为宗旨，组织青年团员深入园区、项目、乡村、社区开展“学教”活动，以实践为基础，进一步增强思想道德建设。通过“三微一网”组织全市团员青年共同学习党的十九大精神，在各级团组织中掀起学习、贯彻、宣传热潮，引导青年团员坚定信念跟党走，汇聚青春正能量。

【“一学一做”教育实践】 2017年，成立以团市委书记为组长、其他干部为成员的“一学一做(学习总书记讲话，做合格共青团员)”教育实践领导小组，印制下发了《常宁共青团“一学一做”教育实践实施方案》，组织全市各级团组织负责人开展“一学一做”教育实践动员会，并以此次动员会为契机，在全市共青团系统中全面开展“一学一做”教育实践活动，把争做合格共青团员，学习习近平总书记系列重要讲话精神和治国理政新理念新思想新战略引向深入。

【网络宣传阵地建设】 2017年，及时更新、充实团市委官方网站、微博、微信公众号内容，全年累计发稿315篇，点击20.6万余次。不断强化“青年之声”互动社交平台，加强青年团员线上交流；逐步完善“1+100”数据管理系统，明确要求每名团干联系的青年，都要关注团中央、团省委、团衡阳市委官方微博、微信。成立新媒体工作矩阵，统筹运用微信、微博、QQ等媒体工具，“共青团常宁市委”“常宁青年在线”“党政门户”等有影响力的微公众号，组织团员青年在重大舆情和突发事情面前敢于亮剑、善于发声，传递青春正能量。

【加强农村基础设施建设】 2017年，按照3年扶贫建设计划，基本完成既定目标计划，村内基础设施建设得到大力改善。全面完成15户贫困户，共计59人易地搬迁安置工程，总共投资236万。新增11户危房改造和房屋修缮指标，每户补贴7500到22500元不等，共计16万元。8月，启动新村部建设，总投资80万元，年末主体工程已基本建成。9月，启动原波江村农村电网改造工程，投资167万元，年末基本竣工。按每户3000元标准，补贴105户，投资近100万元，启动波江村农村安全饮水改造工程，年末完成原波江片和麦田片贫困户的管道安装。启动波江村通讯设施改造项目，建设通信铁塔一座，选址原波江村袁家岭二组计划列入常宁市移动公司和铁塔公司2018年建设规划。争取扶贫资金15万元，实施麦田片至洋泉镇村道拓宽工程，完成工程招标程序。

【产业扶持兴村】 2017年，实施光伏扶贫计划，按每人2000元的标准，补贴359人，共计71.8万元；维护山地养羊场一个，存栏40只；栽种经济林10公顷12000株；成立波江村林业产业合作社(13.333公顷山地)，村集体经济全年收入5万余元。同时，帮助有职业技术学习意向的青年，推荐加入“雨露”计划和“授渔”计划，接收职业培训教育，学习技术特长，帮助就业。

【结队帮扶】 2017年，实施贫困家庭特惠保方案，按每人60元的标准，为贫困户购买大病医疗、意外伤害保险；实施家庭医生计划，组织医生与贫困户签约，定时上门为贫困户做医疗检查。同时，团市委机关针对结对帮扶建章立制，发动机关干部与贫困户“认干亲”，明确要求每名机关干部每月下村帮扶不少于2次，每名机关干部联系帮扶至少2户贫困户，每名贫困户直接资助力度不少于500元，在兰江乡波江村结对帮扶14户贫困户，年内全部脱贫。

【助学助困】 2017年，团市委以助学为切入点，争取资金20多万元，帮助全市160个贫困青少年正常就学。协助共青团衡阳市委走进西岭镇石山村、塔山瑶族乡狮园村，开展“青春助力精准扶贫行动”。加大对兰江乡波江村的助学扶持力度，让想上学、能上学的贫困学子都能踏入校园。

【青年创新创业引领】 2017年，开展青年创业企业与青年创新项目暨“双创”典型调查摸底行动，共收集优秀青年企业及创新项目资料87份。大力实施“雨露计划”，帮助贫困村学子走进职业学校校园。借助市农广校、人社局教育培训平台，开展“新型职业农民培训”，开展大学生返乡创业暨农村电商培训班，帮助创业青年500人次。积极响应中央“大众创业、万众创新”号召，对接常宁青年联合创业需求，按照“整合资源、建立平台；凝聚力量、共享创建；促进创业、助力脱贫”的思路，通过精心筹备、积极组织，于2017年12月4日，与市工商联一同创建常宁市青年企业家商会，拥有正式会员20人，预备会员16人 ，其中，会长1人，副会长3人，秘书长1人。商会成立以来，在“百企帮百村”助力脱贫攻坚、“青春下基层，毅行扶贫路”等活动中，发挥了较好的作用。

【青年志愿服务组织】 2017年，开展春运“暖冬行动 接您回家”为返乡市民提行李、送热水，提供温暖服务。7月1日至3日，常宁爆发洪涝灾害，面对灾情，志愿者们再次行动，走进新河镇走访慰问受灾群众，送去干净的食品和饮用水。以“宣传环保、净化生态、锻炼意志、增进友谊”为主旨，组织广大团员青年开展“天堂山环保志愿行”，切实维护好景区生态环境。组织社会各界爱心人士，走进波江村，结队帮扶孤寡老人、贫困学子，捐赠爱心物质及善款共计10万余元。与此同时，与市文明办合作运营，将常宁市义工协会转正为独立运行的慈善组织，进一步扩大志愿服务组织的影响力。

【服务困难青年打造希望工程中转站】 2017年，常宁市希望工程工作取得长足发展。争取共青团衡阳市委助学金10万元，定向扶助塔山狮园村120名贫困学子；通过“国酒茅台”“芙蓉学子”“华融助学”“希望工程一元捐”等爱心项目，资助大中小学生34人次，共计8万元；组织市直机关团委书记60余人，先后走进塔山乡、兰江乡、西岭镇，开展“青春助力精准扶贫行动”，累计捐款捐物5万余元，对兰江乡波江村品学兼优的贫困户学子朱某，开展“一对一”帮扶，助其重新踏入校园。

【青少年合法权益维护】 2017年，开展《未成年人保护法》和《预防未成年人犯罪法》宣传活动，建立重点青少年群体系统台账，针对“五类”重点人群分类开展引导服务。利用便民服务中心，“青年之声”，微信、QQ群等平台，为广大青少年提供成长发展、法律维权、创业辅导、婚恋交友、困难帮扶等全方位服务。6月26日，协助市委、市人民政府在常宁一中开展“无毒青春 校园禁毒”宣传活动，组织学生及社会人士共3000人参加，市长吴乐胜、市委政法委书记张昕参加，并作重要指示，随后参观“谷家洲”禁毒教育基地。

【团组织建设】 2017年，抓好全市村(社区)团组织换届工作，大力推行村(社区)年轻成员兼任团组织书记，探索实施“一村一群”工程，在每个行政村建立一个青年交流微信群，实现以村建群、以群连村，更好更快的联系服务青年。全市408个村(社区)完成387个村团支部团员青年及35周岁以下青年的的建档造册，90%的村已经召开团员大会圆满完成换届选举。及时完善各级团组织班子配备，对市经科信局、市烟办、大堡乡、官岭镇等19个团组织举行换届选举。

【团员队伍建设】 2017年，严控团员发展数量，优化团员发展质量，规范团员注册归档，全年发展团员3160人。以学校和社区为主体，完成团员造册3.3万人，青年登记7万人，定期开展团组织主题活动，增强组织凝聚力，全年开展青年团员活动260多次。同时，对全市流动性团员，利用微信群、QQ群、青年之声等媒体，加强日常交流与管理，增强向心力、凝聚力。

常宁市妇女联合会

【概况】 常宁市妇女联合会内设办公室、组织部、宣传部、少儿部、权益部、事业发展部、妇儿工委办等机构，机关有工作人员9人。下辖常宁市人民政府妇女儿童工作委员会办公室，有工作人员2人。

2017年5月，被省妇联评为“全省妇联系统宣传工作先进单位”；9月，被中共常宁市委、常宁市人民政府评为2016年度目标管理绩效考核良好单位。

【信访接待】 2017年，市妇联共接待来信来访来电56件，结案率达100%。对于妇女合法权益受到侵害的信访案件，市妇联高度重视，主动介入，加强与公安、司法等部门的联系，积极为受困妇女排忧解难，通过合法的方式表达利益诉求，帮助妇女维权。

【宣传工作】 2017年，市妇联在“三八”“六一”活动期间，组织巾帼志愿者在人流密集地带设立维权咨询台，发放《中华人民共和国妇女权益保障法》《中华人民共和国未成年人保护法》《中华人民共和国婚姻法》等保护妇女儿童的政策、法律、法规宣传资料，倡导“妇女、儿童优先”“尊重妇女、儿童”“支持妇女、儿童”的意识，大力宣传普及“男女平等”基本国策，扩大宣传覆盖面，增强广大妇女群众的维权意识，从而促进广大妇女学法、用法的自觉性，增强妇女用法律保护自己的能力。5月28日，市妇联联合司法局、法律援助中心在市东风广场开展“法治衡阳、巾帼同行，万家联动、送法到家”普法宣传活动，活动现场共发放维权知识手册和宣传资料2000余份，现场组织一批经验丰富的律师，就婚姻财产纠纷、子女抚养、家庭暴力应对等热点问题为广大妇女同胞提供专业的法律咨询服务，接受咨询上百人次。5月29日，市妇联在市邮政局五楼大会议室组织各乡镇妇联主席、市直机关单位妇委会主任学习《中华人民共和国婚姻法》，提高妇女对婚姻法的认识。

【关爱行动】 2017年，市妇联与市卫计、财政部门合力推进民生实事项目全市农村妇女“两癌”免费检查工作，为全市10003位农村妇女免费提供乳腺癌和宫颈癌初筛检查。是年，为32名贫困“两癌”患病母亲发放了每人2000元的救助金，共计6.4万元；向湖南省争取(省级专项彩票公益金)救助款10.8万元，救助“两癌”患者9人；争取49万元中央彩票公益金让49名农村贫困母亲得到项目救助。

【“三八”活动】 2017年3月6日，市妇联组织各乡镇、办事处妇联主席及各单位妇委会主任在常宁市大义山至圣寺举行“巾帼心向党，扬帆新征程”徒步登山比赛。此次登山活动，让大家不仅享受到运动的快乐，增进沟通与交流，而且激发对体育健身的热情，陶冶情操，增强妇女组织的凝聚力和战斗力。

【“六一”活动】 2017年“六一”期间，市妇联紧扣 “欢乐六一　和谐社会”这一主题，组织开展富有新意的“阳光童年 放飞梦想”主题教育活动及丰富多彩的校园文艺汇演、经典诗文诵读、歌唱比赛、才艺展示、义卖小物品筹集爱心基金、慰问留守儿童等庆祝活动。

【“巾帼志愿者”行动】 2017年，市妇联针对农村留守流动儿童长期与父母分离，亲情缺失、缺少关爱的情况，组织巾帼志愿者，结对帮扶“留守流动儿童”，为留守流动儿童提供家庭教育、心理抚慰等志愿服务。6月，动员所有巾帼志愿者都参与禁毒工作，联合市公安局禁毒大队，划分工作区划，明确帮教对象，让广大志愿者深入到企业、社区和每一个对象的家庭中，对戒毒康复人员做好谈心谈话等思想工作，开展现实表现评估、诫勉谈话、就业扶持、生活帮困等帮教工作，指导爱心企业向戒毒康复人员献爱心，提供就业机会等，帮助戒毒康复人员远离毒品、重合信心、融入社会。

【知心屋揭牌】 2017年10月10日，湖南省留守儿童第三批“知心屋”示范点(兰江中心学校知心屋)在兰江中心学校建成投入使用，举行揭牌仪式。标志着常宁市第一家关爱农村留守儿童心理健康辅导中心的成立。“知心屋”配备含心理测试软件的办公电脑，心理挂图，心理专业图书，沙盘器具，哈哈镜等设备，由1名专职人员负责运行和管理。每周一至周五下午15：40至16：40专门为学生提供免费咨询服务，每月组织一批心理辅导对象进行团体辅导，并建立学生心理档案。

【“文明家庭”活动】 2017年，市妇联联合市文明办常态化推进寻找“文明家庭”活动，并大力宣传文明家庭的先进事迹，通过微信视频分享30户“文明家庭”平凡而温暖的故事。这些文明家庭，有的孝老爱亲，有的热心公益，有的患难与共。通过这项活动在全市树立“注重家庭、注重家教、注重家风”的鲜明导向，让文明之风润浸每一个家庭，吹遍常宁大地。

【先进典型宣传表彰】 2017年，市妇联召开全市妇女工作总结会议，大会分别表彰8个优秀先进单位以及22位2017年度优秀妇女工作者。加大妇女先进典型宣传力度，并在妇联公众号进行专题报道。

【扶贫行动】 2017年，市妇联根据市委、市人民政府的要求，开展巾帼扶贫行动，做好结对帮扶工作，单位9名工作人员每人均帮扶3户，每人每月不少于3次下乡入户，为贫困户送去温暖与帮助，实现巾帼脱贫。

【其他活动】 2017年，市妇联联合市就业局为常宁市兰江乡铁塘村妇女开展为期5天的编织培训。5月，联合常宁市广播电视台举办的首届“万象壹号杯·常宁辣妈”活动，历时两个月，60多位女士报名参加，经过初赛、复赛和决赛，充分展示新时期常宁女性的多才多艺和积极乐观的精神风貌。联合司法局举办“巾帼在行动 送法进万家”为主题的徒步普法活动。开展以法律维权、家庭教育等内容的讲堂4场。

【组织建设】 2017年，市委成立由市委副书记唐奇林担任组长，市委常委、组织部长周晓侣、分管副市长彭晓洪为副组长，市妇联、民政等部门负责人及各乡镇(街道)党(工)委书记为成员的工作领导小组，并以市委办名义下发《常宁市基层妇联组织改革工作方案》。常宁市共408个村(社区)均完成改革工作，完成率100%； 22个乡镇(街道)，均完成妇联换届工作。

常宁市工商业联合会

【概况】 2017年，常宁市工商业联合会机关内设办公室、会员部、经济联络部。下辖咨询服务部和维权服务中心。按照年初工作计划，紧紧围绕市委、市人民政府的中心工作，把握“两个健康(指非公有制经济健康发展和非公有制经济人士健康成长)”工作主题，充分发挥桥梁纽带助手作用，较好地完成各项工作任务。

【会员组织建设】2017年，引导、鼓励优秀的非公有制经济企业和个人加入工商联组织，全年新发展企业会员13家，新成立汽车行业协会、上海常宁商会、东莞常宁商会、北京常宁商会、市青年企业家商会等行业商(协)会5家。推荐刘文玲、龙德福两名非公经济人士为湖南省工商联会员代表，推荐3名企业会员为常宁市劳动模范。

【青年企业家培育】 2017年年初，组织青年企业家参加“青商崛起峰会”，成功举办青年企业家政策讲座、主题沙龙等学习交流活动，近30名会员参加学习、交流经验，推介优秀项目。3～4月，组织15名青年企业家代表到沿海城市参观学习，对接各异地常宁商会会员，联络乡情，交流经验。12月4日，召开青商会成立大会。

【数据库建设】 2017年，完成400多家企业会员的数据库录入工作，并对数据库中的各项统计数据进行认真统计，加大会员数据核实力度，为下一步会员数据库信息采集打下基础。

【参政议政】 2017年，组织工商联界政协委员认真撰写提案议案，积极参政议政。会员刘文玲、阳晓辉、刘妍在政协第十届二次会议上分别作《强化乡村规划，建设美丽乡村》《加快发展我市电子商务工作的建议》《建好园区“孵化器”，引来更多“金凤凰”》课题的议政发言。市工商联赴上海、广州、东莞、韶关、江门、长沙等地考察，走访60多家企业后，形成《常宁市异地商会建设考察报告》，就如何发挥异地商会载体作用，打造招商引资新平台向市委、市人民政府提出意见和建议。

【服务会员】 2017年，开通“湖南省常宁市工商业联合会”微信公众平台，通过该平台发表工商联(总商会)组织建设、商会建设、精准扶贫、公益慈善、招商引资动态信息报道30篇。

【扶贫工作】 2017年3月，制订《市工商联2017～2020年“百企帮百村”精准扶贫行动计划》《市工商联“百企帮百村”精准扶贫行动实施方案》，将全市76家会员企业与47个贫困村成功实现对接。截止11月，在 “百企帮百村”精准扶贫行动中，共帮扶贫困人口660人，其中产业帮扶项目投入资金5800万元。累计就业帮扶发放工资810万元，技能培训资金40万元，组织企业会员参与捐资助学、村部建设等公益活动，捐助资金共计230万元。贯彻落实中央、省、市脱贫攻坚精神，落实结对帮扶责任，机关干部职工多次深入罗桥瑶寨村开展“一进二访(即进村入户、访困问需、访贫问计)”结对帮扶活动，共结对帮扶贫困家庭15户，帮扶贫困人口84人。市政协委员在“三个一”扶贫行动动员会上，工商联联络组共捐款1万余元。

【抗洪救灾】 2017年7月，全市因持续暴雨引发的洪涝灾害，给人民的生产生活造成严重损失，企业会员和异地常宁商会纷纷主动募捐，个人和商会共捐款55万元现金，捐赠被子100套、衣服280套。

【捐资助学】 2017年8月，各商会参与全市统一战线“金秋助学 爱心圆梦”大型公益活动，帮助寒门学子圆梦校园。商会和个人共捐款64万元。

常宁市科学技术协会

【概况】 2017年，常宁市科协内设办公室、科普部、学会部，机关人员参照国家公务员管理。全市各乡镇、办事处设有基层科协，基层科协主席由主管科技的党委或政府组成人员担任。围绕常宁市委、市人民政府的中心工作，认真开展科普宣传、科技咨询、学术交流及青少年科技竞赛活动，紧紧抓住精准扶贫帮困工作这一大局，以农民增收为重点，以全面脱贫摘帽为目标，明确责任、细化措施，积极动员科协干部职工深入基层、农村开展工作，市科协积极发挥科协的桥梁纽带作用和党员的先锋模范作用,开展一系列有影响、有特色、有亮点的工作和活动，获“衡阳市科协系统先进集体”称号。

【开展流动科技馆巡展】 为贯彻实施《湖南省科协、湖南省财政厅关于印发“中国流动科技馆湖南巡展实施方案”的通知》精神，中国流动科技馆湖南巡展于2016年12月至2017年3月在市宜阳小学进行为期3个月的巡展。期间，招募讲解员等科普志愿者30余人，轮流值班老师为参观人员答疑解惑，共组织全市41888余人进行有序参观。巡展结束后，科协与教育局组织各学校学生积极撰写以参观“体验科学、启迪创新”为主题的各类文稿，收到各学校优秀文稿1000余份。经科协和教育局组织专家评选，评选出50篇优秀论文，予以表彰奖励。巡展活动结束后，科协及时将本站巡展活动情况进行收集整理和书面总结。2017年6月，省科协对2016年8月至2017年6月开展“中国流动科技馆湖南巡展”活动的29个站点进行绩效评估，常宁站被省科协、省科技馆评定为优秀巡展站。

【科普大篷车巡展】 2017年，为启发全市青少年创新意识，开拓青少年视野，培养青少年科技创新能力及宣传核电科普知识，提高学生对核能安全的认识，经研究决定：常宁市科协、教育局、核电办三家单位共同进行宣传和巡展工作。通过开展科普大篷车进校园巡展活动以此促进中小学的科普教育工作，丰富学生的课余生活，培养学生“用心探索、敢于创新”的精神。原则上每个乡镇、街道(办事处)各安排一所学校，共安排19所学校进行为期一周的巡展，观展师生人数达11400余人。此轮巡展得到师生们的一致好评，各学校积极组织参与，学生热情参观，效果良好。

【“基层科普行动计划”项目申报】 2017年，根据上级科协、财政部门关于进一步加强基层科普服务能力建设的有关意见，创新提升和深入实施“基层科普行动计划”，使用好国家“基层科普行动计划”转移支付资金。做好向上级“科普惠农兴村计划”项目的申报。通过考查、评选和公示，常宁市荣煌生态农林协会被省科协、财政厅列为2017年湖南省“基层科普行动计划”支持项目名单；新河镇宝山村王世荣获得科普带头人，获中国科协资金5万元。这是常宁市项目开展以来获得中国科协、省科协第10个项目的补助。做好“科普惠农兴村计划”项目的管理。认真做好资料库的及时整理审核，对前期已评获得奖励的单位积极跟踪，了解需求，帮助解决困难。

【全国科普日活动】 2017年9月20日上午，举行以“创新驱动发展、科学破除愚昧”为主题的科普日启动仪式，市级领导唐奇林、周晓侣、彭芳楠、唐高峰、阳青、廖爱国出席活动，市全民科学素质领导小组各成员单位、市核电办、市教育局及科协所属学协会的科普工作者和科普志愿者积极行动深入社区、学校面向广大人民群众进行讲座、展示、咨询等内容丰富形式多样的活动。参与展览活动的有市级各学

(协)会12个，展板52块，资料发放3000余份，医疗义诊200人次，参与人员2000多人。同时，开展科普知识培训进社区活动。活动在东宜社区活动中心进行，市级领导唐高峰、阳青，廖爱国等同志参与活动，培训深受当地社区居民欢迎。

【青少年科普工作】 2017年5月，常宁市宜阳小学、宜城小学科幻画《海底研究所》《植物汽油站》《美味疫苗机》《神奇的太阳伞》、常宁一中优秀科技创新项目《探究浮球式液位自控器原理》，《常宁版画的现状与发展》等9个优秀项目入围第38届湖南省青少年科技创新大赛决赛，获省二等奖1个，三等奖3个。至11月，共收到创新作品24件，择优评出19件优秀作品参加衡阳市第32届青少年科技创新竞赛。常宁科协获大赛优秀组织奖。11月22日，2017全国青年科普创新实验暨作品大赛(长沙赛区衡阳站)在常宁一中举办，大赛分"火星探索""风能利用"两个组，有72名学生34支队伍参赛，其中"火星探索""逆风小车"共4支队伍进入复赛。

【科普橱窗】 2017年，有电子大型显示屏2块、科普橱窗34块，为了发挥橱窗和显示屏应有的宣传效果，市科协定期更新内容，进行日常管理和维护，保证橱窗内容贴近，人民生活实际、方便市民观看。

【健全学会组织管理和服务理念】 2017年，常宁科协所属学(协)会15个。根据上级文件规定和市民政局的指导意见，取消对超级稻优质稻协会的业务主管，修改协会章程，相关资料报民政局和国有资产管理局备案。西岭烟农协会因为资金紧缺，长期没有开展活动，对该协会申请注销资料进行审批，并报民政局备案。各学(协)会不断加强自身建设，完善各项制度，规范办事程序，坚持民主办会，定期召开理事会议和会员代表大会，及时做好年审年检、换届选举及变更登记工作。

【对学(协)会的指导服务】 2017年，主动加强与学(协)会的联系，及时了解情况，为学(协)会提供指导服务。组织学会加强会员的继续教育工作，动员科技工作者积极参与各项科普宣传活动。3月初，组织各学校辅导老师10余名参加衡阳市第三届机器人教练员培训。4月28日，组织常宁一中、常宁八中等5个学校11名辅导老师现场观摩第38届湖南省青少年科技创新大赛。9月初，组织7名优秀辅导老师参加衡阳市青少年科技创新教育辅导和组织工作者培训。11月29日，组织明珠学校优秀教师陈妍参加湖南省少儿科学幻想绘画骨干教师培训班。

【学术交流】 2017年5月，在全市所属范围内开展优秀学术论文征集评选工作，评选出《关于C—erbB2过表达对骨肉瘤患者预后影响的meta分析的评论》《常宁市茶叶有机肥当量试验研究》《前入路与后入路手术比较治疗胸腰椎爆裂性骨折的Meta分析》《早稻配方施肥效果及肥料利用率分析》《后外侧腰椎融合术与后路椎间融合术比较治疗腰椎滑脱症疗效的Meta分析》等11篇高质量学术论文参加衡阳市第22届优秀自然科学学术论文评选活动，获一等奖1个，二等奖3个，三等奖7个。

【举办农民及专业人员技术培训】 2017年，各学会举办培训班116期，培训农民和各类专业人员5万余人次，发送资料10余万份，推广实用技术20余项。其中农学会开展各类培训151期，培训农民达15000余人次，发放资料20000余份，提供技术咨询6000余次，编印《常宁农业》4期，有效地指导了农业生产。油茶学会开展油茶科普知识讲座6期，发放资料2000余份。在科普日启动仪式上。各学(协)会共发放科普宣传资料、科普书籍约6000份(册)，医学会现场义诊500余人次，超级稻优质稻协会新产品“再生稻”亮相活动现场，吸引众多市民了解新产品的种植技术、产量等相关知识。西岭中药材协会多种多样药材成品现场展览。

【精准扶贫】 2017年，成立以党组书记为组长的扶贫工作领导小组，组长亲自抓落实，多次带领全体工作人员深入到洋泉镇香湖村、阳桥村贫困户家中进行调研和入户调查摸底，了解具体情况和贫困原因，了解贫困户的生产生活情况。听取党员干部、群众对村委班子评价，了解当地民情风俗、经济发展情况、村发展计划、村急需解决的问题等。按照精准识别要求，通过调研访问本村种养能手、老党员、困难户等不同层次的村民代表后，在真正了解群众想什么、盼什么，需要解决哪些问题的基础上，制定科协扶贫工作计划。副科级以上干部按每人2户的标准进行结对帮扶，科协共帮扶34户困难户。按照国家和省、市要求对建档立卡的贫困户、低保户进行精准识别，选派出1名熟悉科普工作的干部驻村专门负责，严格执行清理工作和精准识别贫困户工作。按照“不脱贫不收队”的工作要求进行帮扶。科协开展“春风行动送温暖”活动，勒紧裤带拿出5万元资助扶贫村，科协全体工作人员自掏腰包把每户500元的慰问金，一袋大米，一桶菜籽油，一一送到困难户手中，拉近干群关系，为贫困户尽一点绵薄之力。

【党建工作】 2017年，明确党组书记是科协党建工作第一责任人，并确定一名党组成员专抓党建，是党建工作直接责任人，科协党组每半年听取一次党建工作汇报，研究党建工作。认真履行职能，切实加强对机关党建工作的领导和指导，充分发挥规划指导、管理监督、协调服务等职能作用，不断提高科协党组织的服务能力和指导水平。切实转变作风，注重党建工作的新思路、新方法，加强与兄弟单位机关党建工作的联系和交流，学习借鉴兄弟单位的好经验、好做法，推动机关党建工作再上新台阶。开展组织生活会。科协党支部坚持三会一课制度，领导带头参加组织生活会，认真过好组织生活，及时处理党务，落实支部学习计划，组织党课教育，上好党课，党费收缴实行公示。有专人抓党建工作，由党组成员、副主席陈波同志具体负责科协在洋泉镇香湖村的党建工作。开展党风廉政建设工作，严格按照市党风廉政建设工作领导小组的要求，把党风廉政建设工作列入党组会议的重要议事日程，党政“一把手”亲自主持研究反腐倡廉工作，明确党风廉政建设的工作任务、工作重点，保持经常与市纪委派出驻人大工作组保持沟通协调，自觉接受监督和指导。

常宁市老科协

【概况】 2017年，常宁市老年科协在市委、市人民政府的领导下，在上级老科协的指导下，在各有关部门的大力支持下，经过全体会员的积极努力，完成了全年目标工作任务，取得了较好的成效。

【组织学习】 2017年，组织全体会员继续深入“两学一做”，重点学习十九大文献。同时结合学习全国老科协会长陈至立的重要讲话和省委书记杜家毫的批示，学习省、衡阳市老科协有关文件。每月组织常务理事学习一次，各分会组织会员每月或双月学习一次，畜牧水产分会、林业分会、农机分会每月25号学习，雷打不动。为了深入学习贯彻湘老科协《关于认真学习贯彻习近平总书记在省部级领导干部专题研讨班开班式上的重要讲话精神的通知》和《关于学习贯彻湖南省委书记杜家毫重要批示的通知》，8月15日，常宁市老科协组织老科协领导班子、理事、各乡镇办事处和市直各分会会长、老科协驻村扶贫科技特派员及科协、科技局、人社局、老干局、农业局等部门负责人共80多人，以召开农业科技示范基地现场会的形式进行学习贯彻。衡阳市老科协会长谢军、常务副会长兼秘书长屈定东、办公室主任田勤和中共常宁市委常委、市委办主任梁宇琦到会指导并作重要讲话。与会者参观板桥镇南阳村张立新种植的14.4公顷超级稻——再生稻生产基地，亩产粮食可超一吨。张立新带动周边社员，形成“创建--示范--带动--致富”的示范效应。

【科技扶贫】 2017年年初，市委组织部下文派遣市老科协会长赵中福等6名具有中、高级职称的老科协会员进驻6个乡镇、办事处的6个贫困村，其中省级贫困村2个、市级贫困村4个，进行科技精准扶贫工作。与此同时，常宁市老科协还自行安排12名中高级职称的会员配套辅助并跟踪服务。基本做到农、林、水、机、教、卫等门类齐全，超级稻、水果、养殖等种养项目完备。宜潭片区新建村给贫困户购了48头大杂白小猪分发给24户、购进1350羽小鸡分发给20户、15只羊分发给5户贫困户饲养，为了保证存活率和提高养殖技术，科技特派员马上组织这些养殖户和村组干部办学习班，讲授养殖技术和疫病防治知识，并跟踪服务。为了帮助这个村壮大集体收入，科技特派员带领村“两委”一班人到西岭镇和白沙镇参观学习，并引进药柑(枳壳)种植8公顷。兰江乡珠琳村吴冬青种植18.667公顷沙糖桔，长势不好，市老科协采用韩国原产矿物机油喷洒，迅速控制病情。同时还带动周边20多户沙糖桔种植户进行防治，效果明显。蓬塘乡新田村村民陈经如是赵中福结对帮扶的贫困户，赵中福耐心细致地为其量身定制了脱贫计划，采取养猪、养鸭、放塘、种柑桔等4个项目，让其提高效益。初步统计，全年帮扶160多个科技示范户，带动180多个村，5万多农民捧上“金钵子”。《衡阳电视台》在《新闻联播》节目以“最美扶贫人——赵中福”给予专题报道。

【服务“三农”】 2017年，重点是推广新技术、引进新项目、培育新品种、提高新效益，如推广优质稻、再生稻、旱稻，推广种植红心柚，攻关解决罗桥镇红心柚基地开花不挂果、兰江乡杨梅基地开花不结实等问题，提高种植户的收益。

常宁市文学艺术联合会

【概况】 2017年，常宁市文学艺术联合会内设办公室、组联部，有干部职工10人，3人退休，7人在编在岗。在市委、市人民政府和市委宣传部的领导下，以十九大精神为指针，以繁荣常宁文化为己任，用心组织原创，积极开展活动，推进艺术交流，加强队伍建设，服务发展大局，取得可喜成绩。被衡阳市文学艺术界联合会评为“2017年度衡阳市文联系统先进单位”。

【音乐电视(MV)拍摄】 2017年，常宁文联紧紧围绕常宁人自己创作的歌曲来拍写音乐电视，拍摄《云海中的塔山茶》《版画情缘》MV，配合协助其它单位拍摄《山岚茶语》《蛮湘红》MV。同时，与塔山乡、市茶叶办合作，制作《塔山茶叶香如酒》音乐电视片。尤其是市文联拍摄的《版画情缘》音乐电视在常宁市举行的“欢乐潇湘，和风衡州，美丽常宁”的大型歌舞比赛中荣获银奖。《云海中的塔山茶》一歌被国家级音乐刊物《歌曲》登载在2017年第一期的杂志上，社会效益明显。

【歌曲创作组织】 2017年，常宁文联紧紧围绕常宁的本土文化，组织广大艺术工作者又创作一批歌颂常宁、赞美常宁、描绘常宁的新歌曲10多首。

【《常宁民间故事》和《常宁民风民俗》挖掘整理】 2017年，常宁文联与民间文艺家协会合作，继续挖掘整理《常宁民间故事》和《常宁民风民俗》相关资料，年底书稿收集并打印完毕，且编辑成样书，进入审稿阅稿阶段。

【原创优秀文艺作品】 2017年，在市委办策划的"贯彻全会精神，问策常宁发展"为主题的征文活动中，市文联撰写报送的《对加快常宁旅游业发展的思考》一文获二等奖。另外，撰写的《常宁文艺似百花》一文被中国文联收录进由经济日报出版社出版的《中国文联发展实务》一书。市作家协会在市级以上媒体发表的小说、散文、诗歌、杂文、报告文学66篇。《常宁文学》出版10期、11期、12期。《创新是全面深化改革的灵魂》一文在湖南日报上登载；《千娇百媚》在新华书店公开发行；《激情燃烧》一文在市级报刊连载。部分作协会员陪CCTV－7频道《乡土》栏目摄制组到印山、天堂山采风，创作诗歌、通讯10余篇，并公开发表。美协会员有近30幅作品入围省市主办的展览；常宁诗词学会出版了第14期《常宁诗词》和《诗词习作第354期特刊》。书法家协会有多幅作品在省政法系统(26届)书画摄影展中获奖。楹联家协会为迎接庆祝十九大，写出主题楹联126幅。《常宁楹联》第三期准备付梓。其它协会也创作了一些作品。

【策划活动】 2017年8月1～5日，协助市委宣传部在南门湖歌剧院举办"开拓、坚守、创新、奋进"常宁版画大型展览暨文化交流系列活动。邀请全国工业版画院领导和中国美术家协会会员数十人参加这一活动。社会各界上万人士参观这一原创性的工业版画展。港深珠澳摄影报用半个版面的篇幅对这一艺术活动进行深度报道。10月28日至11月5日，在市人民政府广场举办常宁市第一届观赏石展示会，展示会"以魅力石城，风情常宁"为主题，将常宁山山水水的奇形怪状的石头和周边省市、周边邻国的部分奇石进行展出，设展位100个，展出奇石1万余块，近10万人参观展览。7月30日至8月5日，市文联协助常宁市人民武装部组织中国人民解放军建军90周年"军魂·墨韵"书法展，展出军地人员创作的艺术作品100余幅。9月29日，在常宁市老干局举办"湖湘文化、常宁风采、文明小康"的书法篆刻艺术作品展览，共展出200余幅作品。全市慕名而来的书法爱好者近万人参观这一展览。

【艺术交流】 2017年8月2日，在市文联的支持下，艺术家交流协会邀请全国著名艺术家程风子、全国著名书法家刘教授来常进行艺术交流指导，与衡阳市兄弟县市及隆回、柳州、成都、山东等地知名艺术家开展艺术交流。旗袍文化协会推出的歌舞剧《江南旗袍秀》，赴香港参加文化艺术交流活动，受到好评。常宁市京剧协会选送京剧《麻姑拜寿》节目参加湖南省第二届戏曲艺术节演出，其视频还在中央电视台11频道播出。

【加强画界人员培训】 2017年，配合宣传部举办为期近半年的常宁市版画骨干培训班，常宁市版画界骨干近30人参加培训，全国著名版画家、中国美协会员10余人来常宁进行艺术指导。同时，组织版画家赴常宁市各地，尤其是铅锌工业的摇篮——水口山采风，创作出一批工业题材的版画。

常宁市残疾人联合会

【概况】 常宁市残疾人联合会是维护全市残疾人合法权益，听取残疾人意见,反映残疾人需求,为残疾人服务的群团组织。2017年，机关内设股室有办公室、信访室、康复股、教就股、财务股、就业服务所、妇委会，全会有干部职工23人。为324名符合条件的残疾人落实每人每年260元的燃油补贴。通过从各乡镇、各学校挖掘有体育特长残疾人，输送3名残疾人运动员苗子接受衡阳市试训。

【规范办证程序】2017年，明确规定办理相关证件由理事长曹仕军负总责，副理事长肖荣具体负责，办公室负责证件审核办理。规范办证申请程序、残疾等级升(降)级程序、丢(遗)失补证程序、证件破损换新程序、证件注销程序，出台《关于从严做好残疾人证件办理的通知》文件，再次从严规范了办证。做到“一坚持”：坚持“谁审核、谁签字、谁负责”的原则；“二做到”：做到实事求是，做到廉洁办事；“三不办”：本人未到场不办，资料不齐全不办，残疾不属实不办。全年办理各类各级残疾人证1839本。

【动态更新管理】 2017年内，成立动态更新工作领导小组；制订动态更新培训方案、实施方案；组织乡镇、办事处(含宜潭片区)民政办主任和残联机关工作人员参加动态更新业务培训，并要求各乡镇搞好村级调查员培训；完成入户调查数据核实、表格填写等工作；全市共完成动态信息数据更新20904条，注销死亡残疾人信息1221条，清理户口迁出对象残疾人信息134条。

【残疾人组织建设】 2017年，常宁残联建立健全肢残协会、盲人协会、聋人协会、智残亲友协会、精残亲友协会5个专门协会，每个协会选举产生主席、副主席；完善村(社区)残疾人专职委员配备工作；建立志愿助残服务队，开展志愿助残活动，大力倡导志愿助残风尚；全年在中残联、省残联、衡阳市残联网站等其他媒体报送有关残疾人信息稿件60余篇。

【完成康复救助5614人】2017年，常宁全市有康复需求的人数13182人，实际完成5614人，超过精准康复规定比例40%的标准。完成“0～6岁残疾儿童抢救性康复救助69名；为残疾人服务和发放轮椅、拐杖、坐便椅、助听器、盲杖等完成3330名；完成衡阳市假肢装配项目28例(大腿14例，小腿14例)；完成湖南省假肢矫形康复中心装配假肢30例(大腿10例、小腿20例)；完成装配矫形器任务数9例。为境内14名贫困白内障患者免费实施白内障复明手术。

【资助30名残疾人就业】 2017年，常宁全市有30名残疾人高中生、20名大学生或贫困残疾人家庭子女获取资助，完成特教中专招生任务4人。上半年，发放重度残疾人护理补帖10141人，发放困难残疾人生活补贴4351人，两项金额累计4351200元；下半年，发放重度残疾人护理补帖10277人，发放困难残疾人生活补贴3657人，两项金额累计4156900元。定点在柏坊镇大坪村，在该村结对帮扶10户贫困残疾人家庭。完成120名符合条件的残疾对象居家托养，为每人发放600元。审查20名符合创业扶持残疾人的台账资料，到现场进行查看核实，完成审核和资金发放工作。建立3个基地，其中1个残疾人就业基地、2个残疾人扶贫基地；扶贫基地享受300万元的贴息贷款。

【无障碍指标】 2017年，中央、省、衡阳市分配常宁市贫困残疾人无障碍设施项目指标共100户。其中，中央、省分配贫困残疾人家庭无障碍改造50户，本级财政配套资金10万元；市级分配精准扶贫无障碍指标50户，本级财政配套资金40万元。共完成残疾人无障碍改造100户任务，累计投入资金75万元。

【信访工作】 2017年，常宁市残联分析残疾人信访形势，重点加强“十九大”期间信访工作。全年共受理来信来访150余人(件)次，办结率100%。未出现越级上访、缠访、集体上访现象，确保全市残疾人群体的稳定。

【就业服务】 2017年3月，常宁市残联启动年审工作，以邮寄方式向市各单位发出书面通知，对部分私营企业上门走访；4月，对残疾人进行就业年审。全年完成就业保障金征收累计金额380万元，完成助残款征收42万余元。全年残疾人培训12期，培训残疾人350名，经考核获得结业证书。建立残疾人就业信息库，推荐优秀残疾人就业。

【精准扶贫】 2017年，常宁市残联明确帮扶对象、制定帮扶计划，选派刘琼同志为驻村工作队员，进驻残联扶贫点柏坊镇太坪村。共帮扶24户贫困户，按照党组班子成员每人3户结对，其余党员干部每人2户实施结对帮扶。每名帮扶干部制定个体贫困户帮扶计划，争取让贫困户早日脱贫。将有帮扶任务的党员干部分成两个小分队，明确进村时间安排表，分组入户扶贫，每月不得少于2次的进村入户任务。填写帮扶手册、做好社会扶贫网注册。将交谈内容记入到帮扶手册中，让贫困户签字留迹；注册好中国社会扶贫网，积极发布需求和搞好对接工作。

军　　事

人民武装

【概述】 2017年，常宁市人武部坚决落实上级决策部署，紧盯“听党指挥、能打胜仗、作风优良”这一根本目标，按照“围绕改革主线，落实改革工作，抓实打仗本领，推进军民融合，营造管武氛围、持续整风整改，推动各项建设创新发展”的基本思路，动真格、出实招、使长劲，民兵预备役工作和国防后备力量建设得到创新发展。9月，市人武部被省军区评为“抗洪抢险先进单位”，政委陈苏杭被省军区评为“抗洪抢险先进个人”。12月，市人武部被衡阳警备区评为“安全工作先进单位”。

【思想政治建设】 2017年，常宁市人武部坚持党建引领、理论武装，紧紧围绕打仗备战、强化忠诚、固牢根基，把思想政治建设抓长深灌。利用民兵整组、民兵训练等时机，加强思想政治教育，强化官兵理论武装，把事事讲政治、人人听党话作为党建目标，夯实听党指挥的政治基础，确保官兵忠实听党的话、铁心跟党走。始终把团结看成是共事的基础、人品的反映、情感的体现，自觉把个人的目标追求和价值实现融入到共同的理想和事业之中，把个人的成长进步融入到单位的发展和战斗力的提升之中。坚持民主办事，在副部长缺位的情况下，正副书记带领2名委员团结共商，坚持集体领导，主动献计献策，保证党委决策的科学民主。始终把官兵的思想摆在政治教育的首位，通过组织谈心、集体上党课、撰写心得体会等方式，不断打牢干部服从大局安排，正确对待进退走留的思想基础，按照新体制编制各项工作开展顺利，定岗的干部都能够安心本职，继续坚持勤奋工作，转业的干部能够走的舒心，做好起航再出发。

【“两学一做”教育】 2017年，常宁市人武部在2016年开展学习教育活动的基础上，深入理解上级将学习教育常态化的指示精神，准确把握学习教育活动的精神实质，不断总结活动开展经验，紧密结合本单位实际，科学制定学习教育活动常态化开展的计划方案，严格对照方案计划完成学习任务，始终让所有党员做到时时守纪律、处处显作风、事事讲规矩，确保常态化活动扎根开花结果。

【战备工作】2017年，常宁市人武部按照“实案化、系统化、具体化”的要求，坚持把民兵整组与作战问题研究、战备方案修订完善结合进行，组织力量熟悉了解作战背景，修订战备方案预案，实现任务需求与力量编组匹配、方案计划与防卫行动一致，确保方案上下对接、军地配套、实战实用。加强了作战值班系统综合整治，两年共投入20余万元升级改造营院监控系统，确保营区监控全方位无死角，结合任务和民兵点验等时机，组织民兵应急连进行实战化演练，全年就战备拉动3次。

【军事训练】 2017年，常宁市人武部围绕能打仗、支援保障打胜仗这个核心，深入贯彻落实省军区和警备区决策部署，突出战斗力生成根本标准，扭住能力建设，贯彻实战实用性训练，研究和探索了新形势下军民深度融合发展的新路子。

【干部在职训练】2017年，常宁市人武部坚持以岗代训、以岗促训，大力开展岗位练兵活动，不断提高干部干好本职工作的基础业务能力。结合任务需求，大力开展略图调制、“三网三系统”操作等训练。每天坚持一个小时的体能训练，夯实干部的体能基础。市人武部被省军区评为军事训练先进团级单位。

【专武干部训练】 2017年3月，常宁市人武部组织全县24名专武干部进行业务集训，学习党管武装有关法规，对民兵整组、征兵工作、军事训练进行重点培训，打牢专武干部业务基础，为下一步开展武装工作打牢了坚实基础。同时，选派4名乡镇武装部长和8名民兵训练骨干参加警备区集训，不断提升专武干部组织民兵训练能力。

【民兵训练】 2017年，全市民兵军政训练主要突出抗洪抢险、森林防火、应急防暴、实弹射击、通信保障等科目的应用训练和演练，加强快速收拢集结、应对突发事件和维护社会稳定的针对性训练，专业技术分队以专业知识及相关操作技能训练为主。5月，第一期民兵训练，主要突出入队训练和森林防火训练，为应对全市防火救灾打下基础。6月，组织第二期民兵训练，主要进行防汛救灾、冲锋舟操作骨干训练。在应对7月份洪涝灾害时，民兵应急连抗洪抢险分队战斗精神顽强、专业技术精湛、发挥作用显著。10月和12月，分别组织第三、第四期民兵训练，主要突出支援保障专业的民兵建制分队训练，不断打牢民兵分队应急应战的能力基础。

【党管武装】 2017年，市委始终把武装工作的领导作为一项重要政治责任，尽力履职尽责。坚持把武装工作摆上市委的重要议事日程，定期召开常委议军会，加强武装工作调查研究，健全党管武装措施。为人武部门解决重点难点问题。坚持把党管武装工作纳入全市目标考核范围。及时支持部队停止有偿服务， 7月，完成民兵训练基地移交托管工作。始终秉持“再难不能难部队，再穷不能穷武装”的思想观念，在全市财政紧张的情况下，仍高标准抓好武装建设。采取“融资代建、交钥匙”的模式，投入近6000万元，高规格建设面积8.67公顷的军警综合训练场，并首次将新兵先训后补(入伍前训练)纳入建设规划。投资2.5亿元计划建设面积33.33公顷的水口山工人运动红色纪念园，力争打造成国家级国教主题公园。还清2010年来，人武营院建设欠款848万元。投入近120万元，维修营院路面；种植一批桂花树、樟树等；改造安装营院路灯，将用电问题纳入市政统一管控，营院全面硬化、绿化、亮化。免费为人武部接入4G网络、开通网络电视、接通煤气。公车改革中，将人武部行驶40多万千米的办公用车调整为较新车辆。

【国防教育】 2017年，常宁市人武部举办“中国梦、强军梦”文艺晚会，“忠诚担当、再续光荣”建军90周年晚会。组织庆祝建军90周年“军魂、墨韵”书法展。开展一个月的“唱红歌”进村入户活动。核电站建设有序推进，核电展览馆建成并向市民开放。“八一”建军节，组织80余市级领导和市直单位主要负责人，到耒阳空八师过“军事日”，邀请国防大学教授易金务为全市市级领导，乡镇和市直单位主要领导讲授国防教育课，增强全市主要领导的国防意识和做好武装工作的自觉性。

【拥军优属】 2017年，常宁市人武部深化“双带双促”推进军民融合发展，召开“双带双促”工作典型推介会，表彰先进典型45人。协调安排1名随军家属到环保投工作，一次性兜底安置历史遗留复转军人187名，共为430名困难优抚对象发放临时解困救助金430万元，全市关心国防、建设国防的理念不断深入，爱军拥军的氛围不断浓厚。

人民防空

【概况】 2017年，常宁市人民防空办公室内设人秘股、工程管理股、指挥通信股、政策法规股、财务股、监察室，下辖市人防指挥信息保障中心。共有干部职工33人。其中正科级4人，副科级2人，科员6人；技师1人，高级工1人，中级工9人，初级工10人。被市委、市人民政府评为“全市社会管理综合治理工作先进单位”“全市脱贫攻坚工作良好单位”。

【人防工程维护管理】 2017年，常宁市人防办对现有能用的人防工程进行维护管理，做到有专人负责，有制度和管理方案。年初，对人防工程所在单位下达《关于做好人防工程消防检查和防汛工作的通知》，并现场查看人防工程的维护情况。要求其编制人防工程应急抢险预案，建立人防工程巡查制度，做好人防工程消防检查，强化汛期和地质灾害时人防工程的安全防护。

【人防行政审批】 2017年，安排2名专职人员在政务中心“人防窗口”做好民用建筑结合修建防空地下室的行政许可、初审呈报、报建联审等工作，防空地下室易地建设费全部通过服务“窗口”收取。

【人防指挥所建设】 2017年6月12日，常宁市人防办召开人防基本指挥所建设调度会，市委、市人民政府及相关部门对项目的选址、规模、模式、资金、时间节点安排等方面进行认真的研究讨论，并形成一致意见。明确(15026工程)建设的指导思想是“适度超前，确保需要”；确定建设项目业主单位为常宁市人防办。

【易地建设费征收】 2017年，常宁市人防办制定《常宁市在建项目人防稽查一览表》，掌握项目建设的基本情况、手续办理情况、建设情况，做到心中有数。加大与法院的协调联系，对个别既不配套建设防空地下室又拒不缴纳人防地建设费的项目，按时间节点下达人防执法文书并收集相关证据，及时申请衡阳市中级法院依法强制执行。在人防易地建设费征收过程中，始终坚持“以建为主，以收促建，建收结合”的原则，始终坚持“依法行政”的宗旨，严格执行湘价费[2014]60号文件精神，杜绝减、免、缓现象。全年征收防空地下室易地建设费112万元。

【警报设施维护管理】 2017年4月，常宁市人防办对本市内的9台警报器进行全面维护，平时也做到定时定人检查，始终使警报器长期处于良好状态。11月1日，警报鸣放鸣响率和覆盖率达到100%。确保战时能够拉得响、用得上，平时能够应急救援，以满足信息化条件下局部战争城市防空作战的需要。加强机动指挥通信车的管理和维护，为战时防空平时防灾确保可靠的通信保障。根据省人防办“指挥通信在讲堂”学习计划，常宁人防办6次派员到衡阳市人防办参加学习，通过多次学习，提高人防组织指挥和通信保障能力，提升人防“战时应战、平时服务、应急支援”水平。

【人防宣传】 2017年，对房地产开发商和相关部门，市人防办将涉及人防地下室建设及易地建设费的法律法规政策条文专门打印成册，上门宣传，以得到更多的理解与支持。对机关单位和社区居民，发放

“三防”知识宣传品，普及战时防空和平时防灾知识，让广大市民学到突发事件下自救互救等方面的知识。对小学专门发放《人防小博士》，与学校协调安排课时，让学生初步了解“三防(对核武器、生物武器、化学武器的防护)”知识和防空警报的鸣放规律，增强国民防空意识。在常宁市党政门户网站及时更新人防工作动态，强化网络宣传。切实做好日常管理工作，涉密资料管理手续严格，作废的资料及时处理，无任何泄密事件。“5·12”全国防灾减灾宣传日，市人防办在市人民政府广场摆设宣传画板、设立咨询服务台、悬挂横幅、播放宣传片，10多名工作人员身穿人防制服参与现场咨询互动、发放资料，向广大市民普及战时防空和平时防灾知识，共发放宣传资料1000余份，让广大市民学到突发事件下自救互救等方面的知识。

【存在的问题】2017年，主要存在3个方面的问题：一是人防工程建设有待加强。人防指挥所建设选址虽然已初步确定，但发改、规划、国土等部门的前期工作还未启动，整体工作进展缓慢。人防结建工程项目不多，面积不够，全市人平防护面积难以达标。二是全民人防意识有待加强。领导层面和房产开发业主层面对人防法规政策有所了解，但整个社会层面仍存在“没必要”“没有用”两个思想误区，人防宣传教育工作任重而道远。三是人防队伍整体素质有待提高。

法　　治

市委政法委及综治工作

【概况】 2017年，中共常宁市委政法委员会内设办公室、综治办、稳定办、常防犯和处理邪教办、执法监督室、综治中心、法学会办公室。共有工作人员27人，其中处级干部3人，正科级干部11人，副科级干部11人，科以下干部2人。全市政法综治工作取得明显成效，没有发生重大群体性事件，没有发生重大恶性刑事治安案件，没有发生重大安全事故，没有发生重大网络舆情事件，社会治安秩序持续良好，社会大局总体持续平稳，人民群众的安全感和满意度明显提升。

【党政齐抓政法综治工作】 2017年，市委书记刘达祥多次主持召开市委常委会议专题研究政法综治工作，多次专题现场调研政法综治工作，及时解决一大批瓶颈性、基础性问题。市委副书记、市长、综治委主任吴乐胜亲自部署严打整治、禁毒、信访维稳、安全生产等重点工作，并多次深入政法各家现场办公，为政法系统提供坚实保障。其他市级领导和全市各级各部门对政法综治工作十分重视、抓得紧、做得实，形成政法综治工作齐抓共管的良好局面。

【专项行动】 2017年，常宁市先后通过深入开展“卫士之光”百日竞赛行动、禁毒风暴行动、追逃行动和集中整治“村霸”和宗族恶势力行动、交通整治“畅安”行动、打击破坏经济发展环境等专项行动，全面发力专项整治各类治安乱象乱源，有效推动各项专项治理工作。4月，在衡阳市“卫士之光”百日竞赛总结表彰大会上，常宁市公安局被衡阳市委书记、市人大常委会主任周农亲自颁奖。

【各类违法犯罪打击】 2017年，全市共侦破各类刑事案件650起，刑拘563人，逮捕248人,移送起诉638人；办结各类行政治安案件394起，抓获违法行为人749人，治安拘留695人次，强制隔离戒毒207人次，收缴毒品31公斤，追回逃犯219人，其中20年命案逃犯2人；共受理各类刑事批捕案件277件355人，受理移送起诉案件502件677人，提起刑事公诉案件426件588人；全年审结刑事案件393件，判处罪犯533人，共受理各类诉讼案件5801件，审结、执结案件3801件，结案率为98.9%，结案周期90.9天，结案率和结案周期两项指标在衡阳地区排名靠前。

【“一把手”工程】 2017年，在年初全市政法工作会议上，明确指出各级各部门“一把手”是信访维稳第一责任人，要求各级各部门“一把手”要对信访维稳工作要亲自研究、亲自安排、亲自听取汇报，凡涉事单位必须限期结办，市维稳办实行跟踪督办，一抓到底，直至问题解决到位。

【重点领域服务管控】 2017年，常宁市政法委为切实增强对涉军群体、上访老户、特殊人群的管控，全市要求各相关责任单位分别成立工作专班，制订应急预案，实行专人专班教育稳控，及时掌握其思想动态和行为动向，确保稳控在当地。

【安保维稳】 2017年，常宁市政法委为切实开展敏感期的维稳工作，十九大期间中共常宁市委、市人民政府先后召开3次高规格的安保维稳和安全生产工作推进会议，认真贯彻落实衡阳市委、市人民政府有关“十九大”安保维稳工作的总体安排部署和要求，要求全市各部门按属地管理原则，提高认识、精心组织、压实责任、讲究策略、形成合力，努力实现“五个不发生”工作目标。全市共依法处置各类非访闹访案件14人，全国两会、省党代会、“一带一路”高峰论坛、党的十九大期间等四个特护期没有发生重大群体性事件，没有发生重大恶性刑事治安案件，没有发生重大网络舆情事件，以常宁的安全稳定助推全国、全省、全衡阳市安全稳定。是年，全市各级人民调解组织共排查调处各类矛盾纠纷1169起，成功率达99%，其中化解疑难积案42件，防民转刑1起，防群体性上访6起。

【综治中心建设】 2017年，按照中央、省、衡阳市的要求，常宁市要建成市级综治中心、25%的乡镇要建成乡级和村(社区)综治中心。为切实推动该项工作，专门成立领导小组，并出台《常宁市综治中心信息系统》建设方案，将市级综治中心建在常宁市公安局，购置办公桌椅和制作好标志标牌，综治中心配套设备和其他建设6个乡镇、10个村(社区)综治中心的任务，通过市财政局评审，进入采购阶段。

【网格化管理】 2017年，常宁市政法委在全市各乡镇(办事处)划分网格，以西岭镇平安村作为“。试验田”±，通过做活文化、做强产业、树立新风等举措，把网格化管理与产业发展相融合，逐渐探索出一条推进社会治理创新的成功之路，形成良好的“平安现象”，实现精神文明和物质文明双丰收，其成功经验和做法全市予以借鉴总结推广。

【“雪亮工程”建设】 2017年，常宁市政法委落实中央、省、衡阳市的部署，以“全域覆盖”为目标，在城乡结合部、农村地区公共区域安装视频监控系统，把视频监控系统向重点部位、复杂场所和农村薄弱地区延伸。是年，新装高清探头100个。年末，全市共有视频探头676个。

【队伍建设】 2017年，常宁市政法委围绕“两学一做”常态化制度化教育活动和深入学习贯彻党的十九大会议精神，通过专题研讨、专题督查、封闭式培训等形式，全市政法队伍政治素质明显提高、履职能力明显不断增强、纪律作风明显不断改进，人民群众对政法队伍满意度正在逐渐上升。政法委自身建设不断加强，内设机构人员、编制全部到位，法学会顺利成立。政法各部门为切实维护群众合法权益，促进社会公平正义，全市政法机关认真推行司法责任制改革，积极引导广大政法干警进一步端正执法理念，提升执法水平，解决执法突出问题，各部门坚持狠抓队伍规范执法工作，不断健全裁量权基准和案例指导制度，进一步明确工作职责、流程、标准，在立案、侦查、起诉、审判和执行各个环节，切实做到有法可依、有章可循，为建设“法治常宁”提供法治保障。

【存在的困难和不足】 2017年，常宁市政法委工作存在的困难与不足：一是维稳保安压力愈来愈大。常宁属于人口大市、农业大市，与5个县市交界，治安形势复杂，近年来经济发展加快，城镇化提速，各类利益诉求集中显现，各类矛盾纠纷叠加，维稳安保形势十分严峻。特别是“10.12”进京非访事件的发生，全市维稳压力更大。二是警力不足瓶颈突出。全市公安机关存在警力不足的问题；特别是法医、痕检、训犬等专业技术人才严重缺乏；全年全市政法队伍共流失干警16人，其中研究生以上学历 7人；三是基础建设欠账较多。水口山公安分局，城区泉峰、培元派出所，乡镇江河、渡口派出所仍租房办公，政法委、司法局办公用房亟待改善，公安装备落后。四是综治民调形势严峻。上半年，全市综治民调总体得分稳步提升，在衡阳市排名第六，但是下半年综治民调排名下滑，工作措施亟待加强。

公 安

【概况】 2017年，常宁市公安局内设政工室、督察大队(信访室)、指挥中心、警务保障室、法制大队、国内安全保卫大队、治安管理大队、 刑事侦查大队、禁毒大队、人口与出入境管理大队、经济犯罪侦查大队、巡特警大队、网络安全保卫大队、交通警察大队；直属机构有拘留所、看守所。原内设机构纪委(监察室)由于体制改革，实行市纪委派驻制，机构设置为市纪委驻公安局纪检组。派出机构分别为：水口山公安分局、宜阳派出所、泉峰派出所、培元派出所、松柏派出所、白沙派出所、宜潭派出所、洋泉派出所、柏坊派出所、荫田派出所、盐湖派出所、西岭派出所、烟洲派出所、罗桥派出所、新河派出所、官岭派出所、板桥派出所、蓬塘派出所、胜桥派出所、三塘角派出所、兰江派出所、大堡派出所、庙前派出所、塔山派出所、江河派出所，水口山经济开发区分局。是年，共立刑事案件1484起，比2016年下降756起，发案率比2016年下降33.8%，破案率上升10.5%。共侦破各类刑事案件613起，刑拘563人，逮捕248人,移送起诉638人；强制隔离戒毒207人次，收缴毒品27公斤，追回各类逃犯 219人，其中追回20年命案逃犯2人。2月，常宁市公安局被省公安厅评为全省收缴整治枪爆物品专项行动成绩突出集体、“三实”信息集中采集专项行动成绩突出集体；4月，常宁市拘留所被公安部评为全国一级拘留所；6月，常宁市公安局被湖南省烟草专卖局、湖南省公安厅评为全省卷烟打假工作先进集体；7月，常宁市公安消防大队党委被省公安消防总队评为基层先进党委班子；11月，常宁市公安消防大队被公安部评为“十九大”消防安保先进集体。12月，常宁市公安局被省公安厅评为全省公安机关“微改革微创新”铜奖。常宁市公安消防大队荣获省公安厅“十九大”消防安保集体三等功。此外，市公安系统还获得(县)级以上29个奖项。

【党建工作】 2017年，常宁市公安局持之以恒抓好党建工作，建立了常态化、制度化的学习制度，以夯实“两学一做”为契机，开展一系列党建活动，如“七一”表彰活动、演讲比赛、最美警察评选活动，建立党建微信群，提升全局民警参与度和参与激情。完成支部改选，选举成立机关党委，深入开展争先创优活动，党组织的战斗堡垒作用和党员干部的先锋模范作用得到加强，在抗洪抢险、十九大安保、精准扶贫和各项危难险重任务中，党员干部冲锋在前、模范带头。在百年一遇的特大暴雨洪灾中，共转移被困群众上千人，车辆166台，有力地确保了人民群众的生命财产安全，为夺取抗洪抢险的最终胜利作出突出贡献。按照市委、市人民政府的安排部署，派出驻村扶贫队深入白沙镇观坪村开展“精准扶贫”工作，投入各项扶贫资金近70万元，“五一”、中秋、国庆假期，党员干部放弃休假深入贫困户家中开展“一对一”帮扶，为打赢脱贫攻坚战、全面建成小康社会作出积极贡献。

【维稳保安】 2017年，常宁市公安局全力以赴打好“政治安全、公共安全、反恐防恐、社会稳定”四大保卫战，做好大排查、大管控、大整治、大研判、大演练、大宣传工作，国庆假期和十九大安保特护期周末，全市公安民警全部取消休假，坚守岗位，加班加点录入风控系统和重点人员管理系统，加强肇事肇祸精神病人收治工作，确保“五个不发生”，实现“六个严防”目标。突出情报信息和重点对象“一体化”管控，情报信息灵敏，全年搜集各类情报信息96条，其中预警性深层次的情报38条，多次获得内幕性、行动性情报，成功处置涉军群体越级上访事件，开展代号为“清流—7”的反恐怖大排查和涉恐隐患排查整治专项行动，有效防控了风险，多次被省、市通报表扬。安保工作给力。圆满完成国省市“两会”“五一”“一带一路”高峰论坛、香港回归20周年庆祝活动、建军90周年纪念活动、端午节“龙舟赛”、高考、国庆中秋“双节”、厦门金砖峰会、十九大特别防护期等重要会议、重要节点的安保任务；组建市委、市人民政府保卫中队，派驻警力8人，维护好两院的工作秩序。与信访部门、乡镇、维稳办建立良好的协同联动机制，对各乡镇涉稳情况进行摸底排查、专题研究，一手抓重点信访问题包案化解，一手抓专案打击，严打非访闹访缠访行为，先后组建5个专案组对官岭、三角塘、西岭镇、宜阳、培元街道办事处等信访问题进行重点解剖、线索梳理，先后查处了雷某生、段某纯、谭某生等人非法上访案，刑拘10人，判刑3人，治安拘留16人，整治了信访秩序。出台相关制度，打击12人，治安拘留4人，医闹得到有效遏制。妥善处理各类非正常死亡案件65起。建立网上巡查机制，对重大事件、影响较坏的新闻舆情强力引导，如“E租宝”“7.5”敏感期、十九大特护期、涉网络政治谣言等重要事件，共开展各类引导100余次，作出正面引导评论共计1000余条，并及时关闭造谣传谣网络群组5个。在抓好打击的同时，不断完善立体化治安防控体系建设，加强特警交警联勤巡逻，带犬带枪武装巡逻，加大首脑机关和重点部位的巡逻防控，确保社会治安大局稳定。

【打黑除恶】 2017年，常宁市公安局开展“卫士之光”百日竞赛行动、“迎接十九大、忠诚保平安”百日攻坚大会战、禁毒风暴行动、追逃行动和集中整治“村霸”和宗族恶势力行动；全年共破命案5起，实现现行命案全破目标。8月25日，在案发现场被严重破坏的情况下，刑侦专案组连续奋战，15小时内快速侦破洋泉镇刘某抢劫杀人案。通过所队联动，坚持不懈，追逃工作成效显著，追逃清网近70%，在衡阳市排名领先。抓回西岭镇20年前灭门命案逃犯李某运和胜桥镇22年前命案逃犯杨某荣。

【侵财类犯罪打击】 2017年，常宁市公安局全面贯彻落实全国公安机关“三打击一整治”专项行动部署会议精神，严厉打击传统盗抢骗犯罪、电信网络诈骗犯罪和网络贩枪犯罪，全面推进地域性职业犯罪重点地区打击整治工作，五类侵财案件总体同比大幅下降，“两抢一盗”及诈骗、敲诈勒索等多发性侵财犯罪同比下降35.5%，其中，盗窃案件发案下降29%，抢劫案件下降42.85%，抢夺案件下降63%，诈骗案件下降52.6%，敲诈勒索案件下降33.3%；“5·4”专案组成员经过近10天的缜密侦查，抓获烧毁3台挖机、价值100余万元的犯罪嫌疑人刘某，破获一起重大故意毁财案件。培元派出所、市刑侦大队联动作战，打掉桂阳籍偷车团伙案，破获盗窃货车肢解销赃案件1起，带破盗窃摩托车案5起。

【禁毒工作】 2017年，常宁市公安局坚持禁制、禁贩、禁种、禁吸四禁并举，坚持预防为主，堵源截流，严格执法，采取标本兼治综合治理的工作方针，以宣传、教育、防范、打击等多种手段拓宽禁毒工作渠道和范围，全年共查处吸毒人员564人，强制戒毒177人、缴获各类毒品27千克。抓获制贩毒人员李某，并在李某家中查获冰毒4.976克、咖啡因271.9克，和用于制造麻古的磨机和烘干等设备；在衡阳市局禁毒支队和技侦支队的大力支持下，禁毒大队成功侦破“401”“02”省督毒品案件，抓获贩毒人员20人，查处吸毒人员26人，缴获毒品27千克，缴获枪支一把，禁毒社会化工作有序推进，禁毒教育基地建成，社区戒毒工作得到落实，规划启动戒毒所建设。

【经济犯罪打击】 2017年，常宁市公安局坚持“露头就打、打早打小”，对打击金融领域各类刑事犯罪保持高压态势，经侦大队多次联合市人民政府金融办对全市金融机构、金融环境进行摸底评估，同时，积极开展宣传活动。5月，在市东风广场分别开展以“防范风险、护航发展”为主题和以“远离非法集资，拒绝高利诱惑”为主题的宣传活动，共悬挂横幅30条、悬挂宣传展板40个、发放各类公安防骗宣传资料5000余册；全年共受理经济犯罪案件94起，立经济案件82起，破案51起，抓获犯罪嫌疑人86人，移送起诉117人，涉案总金额1.4亿元，为国家、集体、个人挽回经济损失3000余万元；成功查处涪洲岛农业休闲度假有限公司非法吸收公众存款案，涉案金额591.11万元。查处湘汇出租车公司非法吸收公众存款案，涉案金额4544万余元。成功查处黄某劳等人组织领导传销案，抓获13人，逮捕10人；根据市委主要领导的指示，成立专案组全力查处盐湖镇李某祝等人乱采煤矸石案，抓获李某祝等涉恶团伙成员6人，有力整顿盐湖煤矸石乱采乱挖现象。成功侦破“6.19串通投标案件”，打响全市打击串标围标第一枪，实现此类案件零的突破。针对水口山镇、城区的大型项目开工建设多的实际，公安机关主动与项目对接，一方面协助当地党委、政府化解社会矛盾，同时对强揽工程、强迫交易、强行阻工等违法犯罪严厉依法打击，共刑拘 4人，行政拘留 13人，确保中国五矿铜铅锌项目、铜杆项目开工仪式，金铜项目迁建工程、湘南纺织产业基地(牛仔项目)、砚池山公园、常宁二中迁建工程等项目的顺利推进。

【“食药环”侦破打击工作】 2017年，常宁市公安局与工商、食品药品监督、盐业、质监等部门协调配合，突出打击重点，狠抓案件侦办；全年“双打”立案28起，破案20起，刑拘20人，逮捕3人，移诉19人；成功破获中盐皓龙销售“臭脚盐”案，破获天堂日丽小区假烟销售案。

【基层基础建设】 2017年，常宁市公安局针对警力严重不足等影响常宁公安事业发展的瓶颈性问题，按1:1的比例为常宁局配备400名协辅警，全部充实各基层派出所。正式启动戒毒所建设，完成项目立项，年末进入征地环节。投入资金800余万元，高标准建成“侦查作战中心、基础防控中心、指挥情报中心、新闻舆情中心”四大中心。推动警务工作全领域、全流程转型升级，公安机关警务效能得到大幅提升。侦查作战中心自创的卡口数据结构分析法，被省厅评为衡阳地区唯一的微改革微创新项目，得到省厅和同行的高度肯定。推行警务机制改革以来，常宁局通过合成作战共捣毁团伙22个，破案300余起，抓获嫌疑人220余人。通过召开退赃大会，一次性为群众公开退还赃物共计456万元，人民群众纷纷点赞。

【严优治警】 2017年，常宁市公安局坚持从严治警和从优待警两手抓，抓落实。坚持挺纪在前，铁腕治警，年内查处违纪违法民警3人，1名大队长被行政撤职，1名交警涉嫌雁过拔毛式腐败被移交市纪委查处。为基层一线民警配备警务通和单警装备250余套。对表现突出的民警及时记功奖励，以工作业绩论英雄的用人导向，顺利完成科级干部职务调整，提拔正科级7人，副科级20人，重用副科级干部13人。对侵害民警合法权益的人和事打击到位，坚决维权，充分保护民警的积极性，维护民警合法权益，年内慰问因公负伤民警达18人次。民警队伍士气高昂，典型尤为出彩，涌现了省优民警、“全市优秀政法干警”詹纯智、“雁警之星”邓华龙、“常宁劳模”周湘涛等一批优秀中青年民警。

道路交通安全

【概况】 2017年，常宁市公安局交通警察大队下辖内务中队、执法监督与宣传中队、车管所、事故处理中队、巡逻中队、城区中队、松柏中队。有在编人员68人，其中民警52人，干部3人，职工13人。(民警3人调出、1人调入、1人退休，职工解除聘用合同1人)。截至11月15日，共有红绿灯13个、电子警察8个、电子卡口4个、电子监控点2个；新增交通标牌10块、标线2000平米。全市有交通标志157块、标牌141块、标线43481平米。辖区检测站检验机动车7280台；交通事故快处快赔服务站处理的交通事故430起。辖区共发生交通事故4545起，死亡41人，受伤812人，直接经济损失65.25万元，与2016年同期相比，事故起数上升3%，死亡人数上升8%，受伤人数上升3%，直接经济损失上升25%，立刑事案件60起，逮捕16人，直诉46人，行政拘留64人，刑事拘留18人，机动车注册登记7713台，车辆年检8101台，办理机动车驾驶证1253人次，补证换证5536人次。不间断开展各项整治行动，共查处各类交通违法行为37120起，酒驾352起，无牌无证4350起，未按规定悬挂号牌3起，准驾不符24起，超载36起，超员85起，非客运车辆违法载人581起，超速7514起，未年检1140起，改装改型984起，乱停乱放3810起，闯禁区1204起，闯红灯3454起，查扣报废车12台。是年，被评为常宁市目标管理绩效考核先进单位、常宁市社会管理综合治理先进单位、常宁市脱贫攻坚先进单位、常宁市计划生育目标管理工作先进单位、衡阳市道路交通事故逃逸案件侦破成绩突出集体。

【整治城区交通秩序】 2017年，常宁市公安局交通警察大队在城区各路口设置卡口，每天早、中、晚三个时段维护好上下班、上放学交通秩序，通过设置固定执勤点和巡逻查扣的方式，强化查纠管控力度，对摩托车安装遮阳伞、酒驾、乱停乱放、闯红灯、闯禁区、无牌无证、未保险、未年检、夜间不按规定使用灯光等违法行为严肃查处。将群英路、青阳路灯塔至北一环路段设为“严管街”，货车、三轮摩托车、客运车辆在规定时间限行。积极开展“鬼火”摩托车专项整治，深入学校附近路段，重拳整治“鬼火”，打击非法改装摩托车，共查扣“鬼火”摩托车75辆。

【农村地区交通违法整治】 2017年，常宁市公安局交通警察大队在农村赶集等活动时段，深入荫田、白沙、洋泉、富贵、罗桥、官岭等乡镇，采取流动巡逻执法与定点设卡相结合的方式，重点查处农用车违法载人、违法超载等严重交通违法行为。10月，以“十九大”道路交通安保工作为契机，开展三轮摩托车非法载客专项整治行动。10月22日，大队联合派出所、乡镇，在板桥镇开展集中整治，共查处三轮摩托车违法行为20起。

【“酒驾、毒驾”整治】 2017年，常宁市公安局交通警察大队在辖区主要路段、重要点段合理设置临时执勤点，重拳出击，严厉查处酒驾、毒驾违法行为。大队还开展统一整治行动、异地用警行动，提高执法的有效性，确保整治到位。10月6日，市大队和市纪委干部在东风广场路段联合开展酒驾整治行动，当天共查处3起酒驾违法行为。

【重点车辆整治】 2017年，组织民警全面检验辖区“两客一危一校”车辆，完善车辆管理档案，确保车辆安全技术状况良好；加强路面管控，依托岳临高速常宁互通执法站、宜潭治超站两个固定执勤点，对过往“两客一危一校”车辆逢车必查，并做好登记，及时查处客车超员、货车严重超载、违法运输危险品等严重交通违法。共查处客车超员79起。

【车辆和驾驶人管理】 2017年，常宁市公安局交通警察大队开展安全大检查，由大队领导带队，每周至少一次，深入客运站场、企业，检查客运企业主体责任落实情况、GPS卫星定位系统监控平台使用情况、“三不进站、六不出站”落实情况。对排查出来的安全隐患下发整改通知书，要求企业限期整改到位；对企业负责人进行约谈，督促企业落实主体责任。共开展安全检查40次，排查动态监控制度不落实企业1家，下发整改通知书16份，约谈“两客一危”企业23次。排查五类车辆安全隐患，大队对公路客运、旅游客运、危化品运输、校车、“营转非”大客车等五类车辆及其驾驶人的安全隐患开展大排查，逢车必查、登记造册，检查车辆是否有三角木、安全锤、灭火器等安全设施，灯光、轮胎安全状况情况，GPS监控情况，“五不两确保”落实情况。及时对逾期未检验、逾期未报废、交通违法未处理的车辆进行清理、查处和曝光。开展校车安全管理联合检查，深入全市各学校、幼儿园，对校车使用许可审批、校车驾驶人资格审批和管理情况进行排查。

【道路交通安全隐患排查】 2017年，常宁市公安局交通警察大队组织人员对城区道路、国省干道、县乡道开展排查，对交通标志、标线和安全防护、警示设施缺乏的安全隐患点段逐一建档，按照“一单四制”要求，及时书面报告市人民政府，函告相关部门和单位，敦促落实整改措施。全年共排查道路隐患60处，督促整改道路隐患23处。

【道路交通宣传】 2017年，常宁市公安局交通警察大队通过出动宣传车、在车站播放安全宣传提示语、在市区主要路口及高速出口等地悬挂宣传横幅、发放宣传单等方式，营造春运道路交通宣传氛围。每天通过电视台不定时用字幕以交警提示的形式播送交通安全宣传用语；6月，参加市安委办在市人民政府广场组织的“安全生产月”咨询日活动，通过摆放宣传展板、发放宣传资料、利用宣传车喇叭、面对面交流等方式向来往群众、驾驶员朋友普及交通安全知识使广大群众充分认识到安全出行、文明出行的重要性以及增强交通安全意识和文明交通素质的重要意义，结合现场宣传展板的交通事故案例，以案说法，重点宣传酒后驾驶、无证驾驶等违法行为的严重危害性，活动当天发放宣传资料3000余份，摆放宣传展板8块，接待前来咨询的群众1000余人。深入学校、农村、企业、社区、家庭，大力开展“五进”宣传活动，交警民警走进中小学校，通过上交通安全知识课、发放《中小学生道路交通安全常识》宣传资料等形式，提高学生交通安全意识和自我保护意识。同时，深入湘运、湘汇、顺通等运输企业上交通安全教育课，通报近期全国各地发生的重大以上道路交通事故、播放交通安全宣传教育警示光盘等形式开展交通安全宣传教育活动。国庆前夕，大队专门组织全市外卖公司的“骑手”开展交通安全知识培训。深入庙前、洋泉、松柏等乡镇，在农村集镇密集地点通过散发交通安全宣传单、播放交通安全宣传片、展出交通事故宣传展板、发放宣传资料等方式，讲解交通安全知识和典型交通事故案例，增强村民的法制与安全意识。在常宁电视台设立专栏，每月对终生禁驾人员、多次违法车辆、交通安全主体责任不落实企业等予以公开曝光。组织本地媒体记者召开新闻通气会，宣传近期工作内容和重点。通过短信平台对重点企业、重点驾驶人开展点对点安全警示提示。利用“双微”平台对辖区重点对象安全管理、重要节点出行、恶劣天气安全行车、公安部交管局通报的重特大交通事故案例开展针对性交通安全预警。

【道路安全保卫】 2017年，常宁市公安局交通警察大队部署安排，做好元旦、春节、清明、端午、中秋、“五一”“十一”期间道路安保工作。节假前夕，制定好道路安保方案及值班表，做好各项事故预防措施，节日期间，全警动员、全警上路，做好值班备勤工作，加强路面交通管控，维护交通秩序，确保道路交通安全、畅通、有序。

【存在的问题】 2017年，常宁市交通管理存在4个方面的问题：一是农村道路交通管理难度大，道路交通安全形势仍不容乐观，道路交通安全工作还存在不少薄弱环节和突出问题。二是城市规划与交通发展不同步，交通设施滞后，公共设施的建设不能满足人口、机动车辆增长的需要，城区道路窄，人流、店铺、商贩集中、一些街道无非机动车道、无过街天桥或地下通道，造成人车混行，行人随意横穿马路的状况，每遇高峰期或节假日人流、车流集中时，交通拥堵现象尤为突出。城区主要街道路口电子监控太少，无法适应交通安全管理的需要，新建道路的配套交通设施不同步。三是城区交通综合管理效能差，有关职能部门从各自的管理需要出发，各行其是，造成管理力量的内耗，无法形成责任明确，齐抓共管的合力，交警在交通管理中“单打独斗”状况没有得到有效改善。四是交警警力不足，交通管理任务繁重，人车流量不断增加，城区范围不断扩大，民警担负着全市交通秩序管理，给集中时间、集中警力开展日常的交通管理工作带来一定的困难。

消 防

【概况】 2017年，常宁市公安消防大队围绕地方经济社会建设发展大局，全警动员、全力以赴，团结拼搏、扎实工作，忠实履行《中华人民共和国消防法》赋予防火、灭火和应急救援工作职责，全面推进部队正规化管理和社会面火灾隐患排查整治，保持部队内部与社会面火灾形势的“双稳定”，圆满完成党和人民交给各项消防安全保卫任务，为保障常宁经济健康快速发展、构建和谐社会营造良好消防环境做出应有的贡献。是年，大队陆续被总队评为“先进基层党组织”，被衡阳市人民政府评为“抗洪抢险先进集体”，荣获省厅集体三等功，被部局评为“党的十九大消防安保先进单位”等称号。

【队伍建设】 2017年，常宁市公安消防大队通过进一步执行党的组织生活制度，加强党员教育管理，使之自觉践行“听党指挥、能打胜仗、作风优良”的基本要求；通过规范党委的议事程序，保证重大问题集体研究决定，杜绝个人和少数人说了算，确保党委决策的民主性、科学性；加强党团组织建设，切实充分发挥了党、团员的先锋模范作用；在大队党委的带领下，大队全体官兵自觉摆脱私心杂念，认真贯彻落实支队和当地市委、市人民政府的各项指示精神，工作分工不分家，对党委形成的决议按照分工，积极开展工作，认真贯彻落实，在正规化建设、普训普考、入党、学技术、立功受奖、经费开支等各项工作中，都充分的体现了党委战斗堡垒作用。大队党委吸收预备党员2名，召开专题民主生活会4次，开展党委中心组学习12次。7月，被总队评为“先进基层党组织”。

【政治教育】 2017年，常宁市公安消防大队围绕党中央、中央军委和部消防局党委的决策部署，坚定不移地贯彻执行党的路线、方针、政策。以党的十八届三中、四中、五中、六中全会精神为指导，组织全体党员官兵认真学习党的十九大精神及习总书记系列讲话精神，要求每位党员严格按照十九大报告精神及党章的规定和要求，积极加强自身理论知识的学习，不断提高自己的思想水平，自觉遵守党章、党纪、党规，做合格党员，积极发挥党员的模范带头作用，确保在行动上和上级党组织保持高度一致。特别是党的十九大召开完毕后，大队党委先行一步，先学一步，组织全体官兵原原本本学习党的十九大报告，并积极参加上级组织各类十九大精神宣贯会议10余次，大队组织官兵授课20余次，撰写心得体会120余篇，专题板报10块。

【队务公开】 2017年，大队党委严格按照“集体领导、民主集中、个别酝酿、会议决定”十六字方针的要求,确立“创先争优”的工作理念，充分发挥官兵的主人翁意识，提高官兵参与大队建设的热情，进而进一步完善党委议事规则，为促进大队建设创造良好条件。大队一直坚持党委集体领导制度，班子成员之间坦诚相待，对于大队建设重大决策、事关官兵切身利益敏感问题和经费物资管理使用情况，如评功评奖、战士学技术、考学、经费使用、党员发展等工作积极听取和收集了官兵的意见或建议，坚决杜绝一言堂和“暗箱”操作，保证了重大问题集体研究决定，杜绝个人和少数人说了算，确保党委决策的民主性、科学性。

【党风廉政建设】 2017年，大队党委十分重视廉政建设工作，经常利用党组织活动、政治学习、警示教育等时机进行教育、提醒、告诫，使党员干部自我反省、自我激励、自我鞭策，努力提高每位党员干部拒腐防变和抵御风险的能力，自觉遵守党员干部廉洁自律的有关规定。严格遵守“五条禁令”“八条高压线”“六条铁规”、全军禁酒令等。在党风廉政建设方面，大队狠抓制度建设和思想教育，并重点抓好老兵退伍、重大节日、部队出现倾向性问题法纪教育，集中开展“清风思廉读书做伴”“集中警示教育”“作风建设警示教育”等专项活动，落实每月一次廉政学习，把贯彻执行禁令作为廉政建设的长效机制，做到内植于心，外践于行，令行禁止。同时，结合“执法回访”活动，向辖区企事业单位发放《消防服务意见反馈单》《行风建设征求意见表》，掌握部队官兵廉洁自律情况和执法服务质量，听取社会单位对加强和改进消防监督执法工作意见和建议；在窗口公布监督电话，设立投诉、举报箱，把党风廉政建设置于群众监督之下，提高执法、执勤的“透明度”和公信力；定期与干部家属保持电话联系、召开家属“助廉”座谈会等形式，多渠道了解干部“八小时外”实际情况，取得家属的配合，共同做好干部“八小时外”监管工作；针对消防监督执法、经费使用、物资采购等重点防范环节，强化了对内部权力运行制约监督，建立一系列内控机制，有效保证权力正确行使，促进官兵执法为民、严格自律。

【实战业务能力建设】 2017年，常宁市公安消防大队严格落实执勤业务训练计划，深入推进执勤岗位练兵活动和成建制中队实战化训练，围绕 “建筑结构调查摸底和内攻避险训练”“四类灾害事故专项训练”等专项行动开展灭火救援准备工作。强化传统科目训练，如水源调查和“六熟悉”训练，突出实战化训练的工作要求，认真开展全队军事、体能、业务、技能训练，狠抓基层正规化建设，不断提高服务意识，加强部队管理、执勤备战和信息化建设的管理力度，同时进一步深化灭火救援工作和扩展执勤岗位练兵活动，让每一名消防官兵熟悉辖区灭火救援预案、抢险救援预案;熟悉火场通信器材的操作使用;熟悉本辖区内的重点单位数量、预案，熟练操作器材装备;掌握部队管理和安全防范工作中的重要环节。中队在重新修订《六熟悉手册》的同时，对全市所有重点单位开展1次实地演练，并建立“演练影像资料库”，提升干部的组织指挥能力和班组之间的协同作战能力。全年大队共开展演练100余次，其中，夜间演练30次，出水演练30次。完成水口山镇氯气泄漏事故、“7.1”特大洪水抢险救援任务以及党的十九大消防安保任务。

【正规化建设】 2017年，常宁市公安消防大队以科学发展观的重要思想为指针，以基层正规化管理为核心，认真贯彻落实正规化管理方案，按照总队下发的《湖南省基层消防部队正规化建设实施细则》和《正规化建设图文册》的要求，开展“正规化建设”“作风纪律教育整顿”等活动，组织官兵排查整改，建立和健全大队各项规章制度。

【内部教育管理】 2017年，常宁市公安消防大队落实军政主官分工负责制，抓好班长骨干队伍，落实士官量化考评制度，落实管理教育形势定期分析制度。以“条令条例月活动”为契机，严格落实条令条例、“五条禁令”“公安部三项纪律”“作风纪律整训活动”、安全工作大检查等活动为契机，大力创建和谐警营。每月定期召开安全工作会议、战斗班每周召开班安全例会，安全制度落实到位，安全意识深入人心。其次，加强部队精细化管理，干部、战士每月精细化考评，有效调动官兵工作积极性，部队内务卫生，一日生活制度，作风养成等有了提高，确保了部队高度安全稳定。

【执勤、训练任务】 2017年，常宁市公安消防大队共组织队员开展条令及法规、业务基本理论、战术训练、体育训练、技术训练等科目训练，军事共完成120个训练日，共840个小时。军事业务训练坚持以战斗力标准，立足岗位，突出重点，按纲施训，狠抓规范化训练，在支队比武、队列比赛中取得较好的成绩，参加总队、支队普训普考7次。全年接警出动144起，出动消防车269辆次，消防人员1561人次，抢救被困人员149人，疏散人员515人，抢救财产价值398万元。全年无较大以上火灾事故，社会消防安全环境明显好转。

【信息建设】 2017年，常宁市公安消防大队按编制要求配齐1名中队专职通信员和1名兼职通信员，并全部通过总队2017年度通信员培训考核，按计划完成一体化消防业务信息系统，提高工作效率，同时配齐对讲机、值班干部警务通等应急通信装备，确保中队全体官兵人手一台，全年无“一机两用”和网络泄密、违规等事故，信息网络安全取得喜人成绩。

【消除隐患】 2017年，常宁市公安消防大队围绕全年消防监督工作重点，扎实开展“今冬明春”消防工作、夏季消防大检查，文物古建筑专项整治、在建工程专项整治、电气火灾专项整治、重大节假日商场市场消防检查、消防产品专项整治、易燃易爆场所专项整治、社会福利机构专项整治及重大火灾隐患消防安全专项整治及党的十九大消防安全保卫等一系列消防安全专项治理行动，对检查发现的火灾隐患，严格按照公安部“七个一律”刚性执法措施，坚决依法督促整改到位，为全市社会经济发展营造良好的消防安全环境。共计检查单位2512家，发现火灾隐患或违法行为5305处，督促整改火灾隐患或违法行为1716处，下发责令改正通知书1261份，下发行政处罚决定书74份，临时查封单位(场所)58家、重大火灾隐患3家，责令“三停”单位(场所)25家，拘留9人，罚款68万元，以强有力的措施坚决遏制重特大火灾，尤其是群死群伤恶性火灾事故的发生，以高压态势为党的十九大顺利召开奠定坚实基础。建立住建、安监、质监、工商、文化、教育、民政、卫生等行政部门与公安消防部门联合执法机制和“并联审批”机制和信息互通函告制度，凡行政许可或监管事项涉及消防安全的，务必将消防安全条件作为前置审批条件，予以审批和监管。全年受理建设工程消防设计审核8起，消防验收4起，消防设计备案8起，抽查11起，竣工验收备案3起，抽查8起，公众聚集场所投入使用、营业前消防安全检查9起。按照支队工作要求，大队在充分排查摸底的基础上，通过组织召开达标创建工作推进会、组织人员培训、组织现场参观学习等形式，深入推进消防控制室和微型消防站达标创建工作，大队先后组织10家社会单位参加消防控制室培训，并保质保量的完成消防控制室达标创建任务。

【建立健全体系】 2017年4月19日，市人民政府召开全市消防工作会议，就全市消防重点建设目标及《二〇一七年消防工作责任状》进一步明确了乡镇政府、各职能部门的消防安全职责，要求各乡镇政府、各职能部门要做到各司其职，各负其责，增强齐抓共管的合力，切实提高社会抗御火灾的能力。3月15日、5月15日、5月26日、8月11日、9月20日，市人民政府陆续召开相关会议，专题研究常宁市培元消防站建设，并完成项目立项工作，就日后工作做详细部署和明确要求。进一步规范了派出所消防监督三级管理制度，提请市公安局将派出所的消防工作纳入了全面的工作绩效考评体系，明确全市24个派出所的消防监督三级管理责任领导和责任民警，并严格依照市局考核办法每月对全市公安派出所工作进行量化考评，推动公安派出所消防监督工作的深入开展。积极组织所有消防监督执法人员深入学习消防执法相关法律法规和消防技术规范，并落实好法律法规每月一考制度。每半年组织全市24个派出所集中培训一次，每月定期派专人去派出所现场指导。

【社会化消防格局】 2017年，常宁市公安消防大队为提高全市人民群众的消防安全意识，有效遏制和防控火灾事故的发生，大队多措并举，拓宽宣传路径，创新宣传形式，开通消防微信平台，每日定期通过手机微信的方式向全市人民群众发送消防安全知识，使消防宣传深入人心，取得显著效果。争取市人民政府的支持，投入20万元稳步推进消防宣传外包服务工作；为全面推动社会化消防宣传工作的进程，联合重点单位，用LED屏滚动播放消防宣传标语、消防公益广告和消防形象大使等方式向全市人民宣传消防安全知识，宣传消防形象，初步形成立体化社会大消防宣传格局；为实现消防宣传的广覆盖，一方面在辖区中学开展消防安全知识巡回讲座，培训教育师生20000余人，收到良好的教育效果。另一方面组织全市社区、家庭消防安全管理员600余人开展免费消防安全知识培训，进一步强化家庭消防安全意识，提高预防家庭火灾的能力，为全市消防工作奠定良好的基础。

【消防装备改善】 2017年，为适应新形势下消防部队灭火抢险救援的实际需要，常宁市公安消防大队拓宽资金渠道，多方争取经费，确保各项建设任务的圆满完成，严格财务管理，确保资金安全。全年争取地方业务经费602万元，其中车辆购置经费260万元，追加预算133万元，共投入60余万元购置常规器材、抢险救援器材、个人防护装备和消防监督器材装备，实现器材装备“零缺账”。全年购置城市主战车1台、行政车1台、生活保障车1台。

检　察

【概况】 2017年，常宁市人民检察院内设机构13个。有政法编制73个，实有在编人员63人，班子成员7人。是年，在市委和上级检察机关领导、市人大及其常委会的监督和市人民政府、市政协以及社会各界的关心支持下，认真深入学习贯彻党的十八大以来各次会议和十九大会议精神，紧紧围绕常宁经济社会稳定发展大局，忠实履行法律监督职责，各项工作取得新的成绩。

【非公经济发展保护】2017年，常宁市人民检察院先后主动联系“帝棉纺织”“华兴实业”等非公企业，针对侵犯非公企业合法权益、损害非公企业正常经营秩序等突出问题，不断强化检察服务手段，坚持化被动为主动，联合建立3个驻企业“检察联络室”和3个驻企业“流动维权岗”， 先后深入全市13家非公企业联络调研，积极为全市非公经济的发展壮大保驾护航。

【破坏经济发展犯罪打击】2017年，常宁市人民检察院按照市人大常委会的部署，始终坚持对强揽工程、阻拦施工建设等带有黑恶势力性质的犯罪，以及非法吸收公众存款、集资诈骗、传销等涉众型严重扰乱市场经济秩序等6类破坏经济发展环境的犯罪行为依法予以严厉打击。共依法批准逮捕破坏经济发展环境违法犯罪案件51件76人，起诉73件112人。其中按照市人大常委会督办要求，依法处理黄某华、黄某劳等涉嫌组织、领导传销活动罪等一大批案件，对先后辗转于南宁、合肥、成都、武汉多地，涉案金额高达6768.15万元的1040传销组织，依法予以打击，对涉嫌组织领导1040传销活动的13名犯罪嫌疑人全部依法提起公诉。

【经济发展环境优化】 2017年，常宁市人民检察院为保障重大项目建设顺利推进，坚持积极主动延伸检察职能，创新工作机制，充分发挥行贿犯罪档案查询在市场准入和诚信体系建设中的审查把关作用，主动为企业提供行贿犯罪档案查询服务582件1938人次。同时，为进一步优化政风行风，坚决服务保障打赢脱贫攻坚战，市检察院先后配合市委、市人民政府相关部门认真开展系列职务犯罪专项预防活动，就各项重要工作、相关重点环节先后发出5份检察建议，积极为优化全市经济发展环境提供法律服务。

【严重刑事犯罪打击】2017年，常宁市人民检察院共受理审查逮捕案件277件355人，受理移送审查起诉案件502件677人，共依法批准逮捕各类刑事犯罪案件206件260人，提起公诉398件536人。坚持严厉打击严重影响社会稳定，危害人民群众生命财产安全的刑事犯罪，共批准逮捕故意杀人、强奸、“两抢一盗”犯罪嫌疑人84人，提起公诉139人；批准逮捕涉枪涉爆、涉黑涉恶、涉毒犯罪嫌疑人85人，提起公诉83人；共批准逮捕非法集资、网络传销等涉众型犯罪嫌疑人15人，提起公诉14人,有效遏制严重刑事犯罪不断上升的势头。

【轻微刑事案件依法从宽处理】 2017年，常宁市人民检察院对主观恶性不大、双方达成和解、邻里纠纷引发的以及未成年人初犯、偶犯等轻微刑事犯罪案件，坚持积极深化刑事和解、检调对接、释法说理等工作，经审查依法不批准逮捕91人，不起诉88人。其中，证据不足存疑不批捕45人，无社会危险性不批捕27人，刑事和解不批捕13人，可能判处徒刑以下刑罚不批捕16人，审查决定证据不足存疑不诉24人、情节轻微相对不诉62人，法定不诉2人，附条件不起诉1人。

【社会治理法治化建设】 2017年，常宁市人民检察院为加强对未成年人的法制教育和犯罪预防工作，专门成立未成年人检察工作组，认真配合衡阳市人民检察院在衡阳地区各县、市、区开展“法治进校园”巡讲活动，为常宁市第六中学等10余所学校数万名师生上了14场法制公益教育课。同时，为切实配合十九大安保维稳工作，坚持诉访分离原则，积极引导群众依法信访，有效稳控多名重复信访人员。全年共接待人民群众来信来访125件151人次，受理并办结各类信访案件13件。为切实保护劳动者合法权益，以“两法衔接”工作为契机，先后督促并办理常发砖厂、和鑫鞋厂、三湘建材厂3起拒不支付劳动报酬案，依法帮助76名劳动者追回工资458751元。

【职务犯罪查办】 2017年，常宁市人民检察院共立案侦查涉嫌贪污贿赂犯罪案件6件6人、渎职侵权犯罪案件2件4人。其中，大要案4件，涉嫌犯罪的副科级以上国家工作人员5人。根据全省检察机关侦查办案一体化机制的指定管辖和交办，全年集中力量查办省卫计委原副主任方某兵(副厅级)、省肿瘤医院原副院长梁某平等系列受贿案，以及衡阳市安监局原调研员周某辉、衡阳市裕民煤矿原矿长华某谷等滥用职权系列案。同时与市纪委密切配合，立案查处市国土资源局原党组成员、工会主席廖某成受贿案。

【职务犯罪预防】 2017年，常宁市人民检察院对重点行业、重点领域开展犯罪分析5件，在扶贫搬迁、国土资源等领域开展预防调查2件。通过提出整章建制、规范管理的检察建议，帮助相关部门积极预防职务犯罪。推进预防职务犯罪警示教育进学校、进企业，先后深入常宁市六中和五矿铜业(湖南)有限公司举办2场职务犯罪警示教育活动，为290余名相关国家公职人员和国有企事业单位干部提供“法制营养餐”。

【监督职责履行】 2017年，常宁市人民检察院共督促侦查机关立案3件，监督撤案4件，追捕21人，追诉31人，追诉遗漏罪行12人；提出刑事抗诉3件5人；积极履行刑罚执行监督，全年共发出检察建议和纠正违法通知书10份；共办理民事行政类监督案件51件，其中督促行政机关履职案件45件，依法发出检察建议45份，均得到回复并采纳，对行政履职不力造成社会公益损害的，依法发出公益诉讼前置程序检察建议1份。

【“两法衔接”工作】 2017年，常宁市人民检察院为认真落实市人大常委会制定的《常宁市行政执法与刑事司法衔接工作实施细则》，以市人大常委会审议“两法衔接”工作情况报告为契机，分别在市公安局、市环保局、市市场质量监督管理局等3个单位挂牌设立检察联络室；同时积极配合市人大内司委组织的行政执法专项检查活动，坚持以问题为导向，对全市11个重要行政执法单位采取听取行政执法情况汇报、查看执法台账、查阅行政处罚决定等相关法律文书等方式，抽查行政执法案件213件，提出纠正意见17条，建议行政执法机关向公安机关移送刑事案件9件；全市27个“两法衔接”联席会议成员单位通过政务外网全部接入全省“两法衔接”工作信息平台，为实现案件网上移送、受理、立案、监督的无障碍对接奠定坚实基础，常宁市检察院“两法衔接”工作在衡阳市基层检察院中处于领先位置。

【公益诉讼探索与实践】 2017年，常宁市人民检察院根据《中华人民共和国民事诉讼法》和《中国人民共和国行政诉讼法》的规定，迅速开展公益诉讼探索与实践，对庙前镇刘某某非法开采山砂，破坏生态公益林损害公益案，通过深入调查取证，依法发出诉前检察建议，认真督促相关部门依法履职，积极监督恢复植被。

【司法体制改革】 2017年，按照中央司法体制改革精神，常宁市检察院被省检察院确定为全省司法责任制改革试点单位，在省检察院的指导下，开展以司法责任制为核心的司法体制改革试点工作，制定《司法体制改革试点工作方案》《内设机构整合改革方案》《检察权配置方案》《司法责任制实施意见》《司法办案内部监督管理办法》《检察人员绩效考核方案》，为全省基层检察机关司法体制改革贡献“常宁方案”，得到省检察院的充分认可，被推荐为全省政法系统司法体制改革试点工作先进单位。年末，市检察院司法体制改革完成检察人员分类管理、办案组织组建，落实司法责任制，初步建立与检察权运行、检察权监管、检务保障等相适应的新的机制。

【监察体制改革试点配合】 2017年，按照党的十九大的部署，国家监察体制改革在北京、山西、浙江三地试点工作的基础上在全国推开，检察机关反贪、反渎、预防3个部门整体转隶到国家监察委员会。为全面贯彻落实党的十九大精神，推动全面从严治党向纵深发展，始终坚持高度负责的政治站位，无条件支持配合全市监察体制改革试点工作，始终积极保持同市委监察体制改革领导小组的紧密衔接，认真配合市委整合反腐败资源力量，快速稳妥完成相关机构、职能、人员的整体转隶工作，确保试点任务如期推进。

【综合素质建设】 2017年，结合各级党委推进“两学一做”学习教育常态化制度化有关工作要求，以及深入学习贯彻宣传党的十九大精神的相关部署，始终坚持全覆盖、常态化、重创新、求实效，坚持以党章党规规范党组织和党员行为，积极教育引导全院干警以习近平总书记系列重要讲话精神武装头脑、指导实践、推动工作。聚焦队伍职业素能建设工作，推进党风廉政建设，弘扬积极进取、开拓创新精神，不断强化队伍执行力，激发队伍活力。先后涌现出一大批国、省、市、县各级先进典型。其中，有两人荣获“全国检察机关侦查骨干人才”荣誉称号，1人被评为全省检察业务标兵，全院队伍建设以连续4年一年一位全省检察业务标兵的业绩，不断刷新基层检察队伍建设成效。

【检务公开】 2017年，常宁市人民检察院共依法公开程序性信息583条，法律文书216份，发布重要案件信息11条，预约网上辩护与代理4件，共制作电子宗卷903件1958卷19317页。为切实深化全方位接受监督，始终坚持在市人大及其常委会的监督下依法履职，认真落实市人大各项决议和要求，自觉主动向人大常委会报告工作，认真办理市人大议案和常委会交办事项，积极接受市人大常委会专题审议工作。认真举办“检察开放日”活动，主动邀请代表、委员和社会各界走进检察机关，了解、监督检察工作。并主动接受政协民主监督和社会舆论监督，结合推进案件程序性信息查询、法律文书公开等工作，不断创造条件，认真核查涉检舆情反映的问题，及时回应社会关切。

【存在的问题】 2017年，常宁市人民检察院主要存在3个方面的问题：一是法律监督职能的发挥与人民群众的司法需求还有差距，对司法活动、行政执法活动的监督依然存在薄弱环节；二是队伍建设有待进一步加强，办案力量不足、办案骨干断层、优秀人才外流等问题亟待有效解决；三是检察体制改革的配套建设有待加强，对司法改革的研究和推进还需进一步深入。

法 院

【概况】 2017年，常宁市人民法院内设监察科、政工室、办公室、立案庭、刑事审判一庭、刑事审判二庭、民事审判一庭、民事审判二庭、行政审判庭、审判监督庭、执行局、审判管理办公室、司法警察大队、司法技术室、政策研究室，下辖松柏、柏坊、荫田、罗桥、官岭、洋泉人民法庭。共有在编在岗干警为125人。全年受理各类案件4941件，审结和执行各类案件3894件。其中，审限内结案率98.9%，比上年同期上升10.1%；平均结案天数89.6天，同比缩短50.6天；案件调撤率41.3%，同比上升2.1%；案件上诉率6.9%，同比下降1.3%，呈现出“两升两降”的喜人局面。是年，被评为常宁市扶贫、综治工作、人口和计划生育工作先进单位，1名干警获全省法院系统先进个人称号。

【社会稳定维护】 2017年，常宁市人民法院坚持依法打击犯罪与保障人权相并重的原则，认真贯彻落实市人大常委会《严厉打击破坏经济发展环境违法犯罪行为的决定》，全年审结各类刑事案件408件，判处罪犯554人，其中依法严惩杀人、爆炸、抢劫、强奸、故意伤害、涉黑恶势力等严重暴力犯罪，审结案件43件，判处罪犯51人。如被告人王某因无事生非，随意殴打他人，在公共场所起哄闹事，犯寻衅滋事罪被依法判处有期徒刑3年2个月，并赔偿被害人各项损失4.4万元。加大对“两抢一盗”、涉“黄赌毒”等危害人民群众生命、财产安全、毒害社会风气犯罪行为的打击力度，共审结该类型案件126件176人。如被告人蔡某鸿、欧某勇无视国家法律，分别贩卖毒品氯胺酮691.7克、739.5克，均被依法判处有期徒刑15年，并处没收财产3万元。积极参与社会治安综合治理等活动，发布涉毒、涉恶犯罪等专题布告2期，组织集中公开宣判大会1次。严厉打击非法传销、金融诈骗、非法吸收公众存款等破坏社会主义市场经济秩序犯罪，审结案件21件27人。如被告人吴某平违反金融管理法规，未经批准向社会公众吸收存款，数额巨大，被依法判处有期徒刑3年6个月，并处罚金10万元。依法惩处职务犯罪，审结贪污贿赂、挪用公款、玩忽职守、滥用职权等职务类犯罪5件7人，严厉惩处人民群众身边的腐败，积极推进反腐倡廉斗争的开展。贯彻宽严相济的刑事政策，为教育失足者、感化失误者、挽救违法者，对未成年犯、初犯、偶犯，主观恶性较小的，区分不同情况，在法定幅度内从轻、减轻或者免除处罚。同时，积极参与社区矫正工作，社会反响较好。

【社会和谐促进】 2017年，常宁市人民法院共受理民商事案件2612件，审结2204件，结案标的额1.26亿元。妥善处理民生热点纠纷，共审结婚姻家庭、继承、房屋买卖、医疗纠纷等案件889件。针对民间担保、民间借贷、小额贷款、侵权责任等新类型经济纠纷不断涌现的新情况，及时审结该类案件153件。在审理原告段某诉被告某汽车贸易有限公司产品销售者责任纠纷一案中，因汽贸公司未按约定款型交付汽车，双方争议较大，调解未果，依法判决被告某汽车贸易公司退还原告段某购车款，并增加赔偿三倍购车款损失，从而保护消费者的权益，维护社会的公平交易秩序。平等保护市场主体，审结买卖、租赁等合同纠纷案件1018件。针对涉规模企业、涉招商引资项目和重点工程建设案件实行优先受理、审理和执行，避免因诉讼而影响企业生产、工程建设，促进经济健康有序发展。

【行政诉讼】 2017年，常宁市人民法院受理行政诉讼案件21件,审结16件。其中，依法判决维持行政机关具体行为案件5件，依法确认行政行为违法案件1件，依法判决驳回起诉案件8件，原告自动撤诉2件；共审查非诉行政执行案件189件，既支持行政机关依法行政，又保护行政行为相对人合法权益。通过联席会议制度、通报行政审判工作、选派资深法官授课等方式促进司法与行政的良性互动。延伸审判职能，向行政机关发出司法建议2份，有效地推动法治政府的建设。

【司法查控】 2017年，常宁市人民法院建立执行指挥中心，拓展“互联网＋”方式，与银行、公安、国土、房产等单位建立“点对点”查控机制，加大对被执行人及其财产的查控力度，共查询被执行人银行存款、房产、股票、车辆等各类财产信息2380条，查封、冻结、扣划金额562.76万元，缓解“被执行人难找、执行财产难查、执行线索难寻”等执行难题。坚持专项执行与集中执行相结合，开展“清理执行积案”和“涉市农商行金融债权’夏日亮剑’”等集中专项执行活动。

【失信被执行人曝光】 2017年，凡未主动履行生效判决的，被申请强制执行人和单位均列入失信被执行人名单，并在电视、报纸、网络和繁华地段公开曝光，共曝光“老赖”328人次，禁止其乘坐飞机、高铁、软卧，限制其金融贷款、办理信用卡、参加招投标，向有关机构建议不得让其担任企业法人代表等高级管理人员。

【拒不执行追究】 2017年，常宁市人民法院坚持失信惩戒与司法惩罚相结合，用足用好惩罚手段，对拒不执行判决裁定的，坚决依法制裁，共司法拘留27人，移送公安机关追究刑事责任3人。被执行人贺某国1993年因交通事故致一死一伤，此后对法院的生效判决一直逃避执行。年初，法院查实其在外打工的具体情况后，迅速移送侦查起诉，在案件审理期间，贺某国及其家属主动履行赔偿款及延期履行金共计77100元，并取得受害人的谅解，一起长达20多年的执行积案终于得以圆满解决。被告人贺某国因犯拒不执行判决罪，被判处有期徒刑6个月，缓刑1年。

【整章建制从严管理】 2017年年初，常宁市人民法院研究制定《岗位责任制》《审判流程管理》《法官培训》《财务管理》《案件质量评查办法》《案件质量评查标准(试行)》等20余项规章制度，并编印成册，狠抓落实。

【改革创新优化管理】 2017年，为顺应司法体制改革的新形势，常宁市人民法院积极探索员额法官审判团队办案机制。从2016年6月开始，在民一庭、民二庭成立6个审判团队，由副庭长以上职务员额法官担任审判长，依法审理民商事案件。适用简易程序案件的裁判文书由员额主审法官签发，适用普通程序案件的裁判文书由审判长签发。同时，入额的院、庭长带头审理重大疑难复杂案件，共办结案件483件，院、庭长办案成为常态化。加强数字信息化应用，提高干警网上办案水平，将历年来的纸质案件档案扫描制作成电子档案，并要求在2017年10月1日以后立案的所有案件按流程完成信息录入，自动生成电子卷宗。常宁法院在衡阳市中院组织的数字信息化应用考核中名列前茅。

【强化措施提升质效】 2017年，常宁市人民法院将审判管理作为贯穿全院工作始终的突出任务，建立院长亲自抓、分管领导具体抓、其他班子成员协同抓、审管办直接抓、各部门共同抓的管理体系，突出把好立案源头、审限审批、信息录入、质量评查、兑现考核这“五关”。开展“院领导旁听庭审”“案件质量交叉评查” 和“裁判文书评比”等活动，推动案件质效大幅提升。年末，在全市法院系统案件质量检查中，衡阳市中院抽查常宁法院10件案件，全部合格，平均得分98分，其中有3件得满分。

【创新司法利民举措】 2017年，常宁市人民法院升级诉讼服务平台，将诉讼服务中心打造成集立案登记、诉讼指引、信息查询等多项功能为一体的综合性诉讼平台。创新便民措施，方便群众诉讼。设立“导诉台”，推行“网上立案”、案件信息短信提示等司法便民新举措。加大涉诉矛盾化解力度，坚持院领导和部门负责人日常接访制度，确保上访的当事人接待有序，转办信访案件得到有效处置。建成了连通最高法院、省高院的远程视频接访系统，组织远程视频接访2人次，运用信息技术手段，努力化解涉诉信访矛盾。

【司法服务渠道拓宽】 2017年，常宁市人民法院深入基层，贴近群众，扎实推进精准扶贫工作，开展“大走访”“送法进企业、进学校、进社区”等活动。利用官方微博、公众微信号、本院网站等媒体向社会推送工作动态。开展“庭审观摩”“法院公众日”等活动，让群众走进法院，了解法院工作，感受司法公开、公平、公正，让群众“看得见、摸得着、感受到”司法服务就在身边。

【公正司法】 2017年，常宁市人民法院坚持阳光司法，裁判文书上网率100%，实施人民陪审员“倍增计划”，新增人民陪审员23名，并举办专题培训，人民陪审员参审率100%。开展专项案件清积活动，对过去立案两年以上未结的诉讼案件进行集中清积，受到上级法院的通报表扬。加大巡回办案力度，巡回办结案件68件，零距离为群众服务。落实司法救助政策，共为生活困难当事人减、缓、免交诉讼费50余万元。

【司法能力建设】 2017年，常宁市人民法院构建学历教育、业务培训、实践锻炼三位一体的能力培养模式。参加和举办各类培训班，优化知识结构，提高职业技能，全年开展业务培训85人次、庭审观摩15次，通过轮岗交流、案件点评、信息技术应用培训考核等活动，增强法官综合素质。深入推进审判业务学习研讨活动，及时研讨司法实务中的热点、难点问题，提高审判水平。

【党风廉洁建设】 2017年，常宁市人民法院全面落实党风廉洁建设“两个责任”，严格执行“五个严禁”“十个不准”、法官任职回避、过问案件全程留痕等规定，及时防控审判执行方面的廉政风险。加强纪律作风建设，实行上班指纹考勤，转变工作作风，以严明的纪律推进全面从严治院。全年约谈干警10人次，诫勉谈话2人次，开除公职2人。

【人大监督】 2017年，常宁市人民法院向市人大及其常委会报告法院工作，落实市人大常委会的决定，对挂牌督办的重点案件从严从快审判，配合市人大常委会开展专题调研、视察活动，加强与人大代表的沟通联络，在审判法庭设立人大代表、政协委员绿色通道，邀请部分人大代表临案听审、旁听公判大会。认真办理代表建议，广泛听取代表意见，增进代表对法院工作的理解与支持。

【民主监督、法律监督和社会监督】 2017年，常宁市人民法院自觉接受政协民主监督，主动配合市政协派驻民主监督小组开展监督工作，认真办理政协提案。接受检察机关的法律监督，邀请市检察院检察长列席法院审判委员会会议7次。加强与公安机关、司法行政机关和律师的联系，认真听取意见，不断改进工作。

【审判监督强化】 2017年，常宁市人民法院充分发挥审判监督程序的功能，坚持实事求是、有错必纠。全年依法审结再审案件2件，均予以改判，彰显司法公正。

【存在的困难与问题】 2017年，常宁市人民法院主要存在以下困难和问题：一是司法服务与人民群众的需求有待适应。经济转型时期各种矛盾凸显，很多尖锐的矛盾需要通过司法手段解决，法院受理案件数量持续增长，疑难、复杂、敏感和新类型案件不断涌现，“案多人少”仍是当前面临的主要困难，审判执行的工作压力有增无减。二是少数法官政治和业务素质尚有待提高。部分法官素质不能适应司法改革需要；少数法官作风不正，能力不强，效率不高；极个别法官甚至违法乱纪，严重损害了法官形象，影响了司法公信力。三是司法环境尚有待改善。“执行难”、涉诉信访仍然比较突出，扰乱法庭秩序，拒不执行法院生效裁判，威胁侮辱法官的现象时有发生。四是“?两庭”?建设尚有待加强。新的审判法庭虽已投入使用，但后续配套项目和基层法庭建设任务仍然繁重，资金来源严重不足，规范化、现代化、信息化建设面临的困难和压力巨大。

司法行政

【概况】 常宁市司法局位于常宁市青阳中路181号。2017年，局机关内设办公室、法制宣传股、基层司法工作股、公证律师管理股、政工室、行财装备股、法规股，下设22个基层司法所。下属单位有公证处、社区矫正局、法律援助中心。归口管理单位有兴常律师事务所、明正律师事务所、功崇律师事务所；东风、宜阳、宜城、洋泉法律服务所；宜诚司法鉴定所。共有在编干部、职工118人，其中局机关33人，社区矫正局、公证处、法律援助中心14人，基层司法所71人。主要承担人民调解、法制宣传、法律服务、法律援助、社区矫正等工作职能。是年，人民调解宣传工作被中华全国人民调解员协会评为先进单位；泉峰司法所所长吴婷婷被司法部评为全国模范调解员。综治维稳、人口计生、精准扶贫等3项工作被中共常宁市委、市人民政府评为先进单位。

【人民调解】 2017年，常宁市司法局组织在全市开展“三调联动解纠纷，防控风险促发展”专项调解活动，化解大量矛盾纠纷。全市各级人民调解组织共排查调处各类矛盾纠纷1169起，成功率99%，其中化解疑难积案42件，防民转刑1起，防群体性上访6起。调处成功非正常死亡纠纷案件30余起。同时，在全市组织开展2017年度优秀案卷评选活动，塔山司法所办理的水电站生产经营纠纷等6个案件分别获得一二三等奖。8月，在全市开展婚姻家庭矛盾纠纷集中排查化解专项活动，共排查化、调处家庭纠纷108起。9月，在全市开展“喜迎十九大，全力保平安”矛盾纠纷排查化解专项活动，共排查、调处纠纷66起。成立由市委常委、政法委书记任组长的常宁市医疗纠纷应急处置领导小组，并设立常宁市医疗纠纷调解中心，成立常宁市医疗纠纷人民调解委员会。

【法制宣传教育】 2017年2月，常宁市司法局在全市开展打击非法集资“三走、三解、三清”专项法律服务活动，印发宣传资料和图册1万余份，并将反非法集资宣传资料发放给各司法所，由各司法所在各乡镇再次深入进行宣传。4月5～15日，与国安办联合进行第二个“4.15全民国家安全教育日”宣传活动，以“深化农村法治宣传，健全基层自治机制，建设生态优美新常宁”为主题，开展农村法治宣传月的宣传活动，发放宣传资料1万余份。5月25日，与市教育局联合，在常宁职中举行“法治电影进校园”的启动仪式活动，常宁职中1500余名教职员工观看法治电影。根据省、衡阳市《关于“法治示范村(社区)”建设的通知》等文件精神，申报的衡阳市第三批“民主法治示范村(社区)”三个单位(常宁市兰江乡铁塘村、常宁市柏坊镇联合村、常宁市泉峰街道办事处东宜社区)，于4月19日被正式授予“民主法治示范村”“民主法治示范社区”称号。8月， 4人被评为衡阳市“法律明白人”称号、1人被评为省“法律明白人”称号。天堂山办事处、新河镇、蓬塘乡、泉峰街道办事处等4个乡镇积极开展“法治乡镇”创建活动。全市各学校的法制副校长在各校开展法制课教学40余场次。针对青少年违法犯罪持续上升的态势，联合市关工委、共青团、教育局等有关部门开展青少年法制宣传教育，编印资料2万余册，以案释法列入各中小学校讲法，收到良好效果。全市各系统各单位各乡镇全面参考，实现机关公职人员、企事业单位职工的学法考法在网上完成，并将考法情况与全市评优评先工作挂钩实行一票否决。同时，全市各部门认真贯彻“谁执法、谁普法”精神，积极组织开展各部门法的宣传活动。

【矫正安帮】2017年，全市累计接收社区矫正人员1436人，累计解矫1083人，在册人数为352人，其中管制5人，缓刑321人，假释17人，暂予监外执行9人，所有社区服刑人员全部建立文书档案和电子档案，实施GPS手机定位监管。规范完善社区矫正工作措施，结合《社区矫正实施办法》和《湖南省社区矫正实施细则》，印发《常宁市社区矫正工作暂行规定》《常宁市社区矫正考核实施细则》等规范性文件资料和10多种台账档案，探索性地规定矫正人员首次市局报到制度和期满解矫统一移交档案制度。建立公、检、法、司联席会议制度和工作通报制度，各司法所与公安派出所建立情况通报和报告制度。认真开展审前调查，在监狱开展释前调查的基础上，司法部门探索性地实行非监禁刑审前调查工作，着重对社会危害性、社区服刑可操作性及相关基础工作进行评估，向法院提出是否适用非监禁刑的相关建议和意见。是年，全市共出具审前调查1173份，为监狱、人民法院和检察院提供有力的基层意见依据。8月，抽调30名骨干工作人员到塔山进行为期1周的社区矫正行为规范教育活动封闭式集训活动。全市的社区服刑人员严格落实指纹采集，脸模及“两个十小时”的要求。

【法律保障和服务】2017年，全市律师共担任法律顾问113家，办理各类案件364件，其中民商案件85件，为当事人挽回经济损失1500余万元，为外出务工人员提供法律服务118起。受理外出农民工伤亡索赔案件12件，索回金额达600余万元。律师参与处置突出信访案件15起。在《常宁报》、常宁电视台、常宁党政门户网站公示全市律师、法律工作者、公证员、司法鉴定人员的执业信息。对法律服务队伍实行教育与监督管理并重，法律服务收到社会和经济双重效益。

【法律援助】 2017年，常宁市法律援助工作坚持申请、审批、登录的环节，杜绝不审判也登录的情况。287件法律援助案有275件指派到3个律师事务所和法律服务所。全年结案116件，占40%。案卷质量初步检查合格率98%。所有的案件在如法网上信息全部公开，经过省、衡阳市和市中心的抽查未发现有律师违纪违法情况，也未接到当事人的投诉案件。全市22个乡镇(办事处)成立公共法律服务工作站，并全部挂牌，制度、阳光台、工作站流程等上墙公示。看守所和法院也进行法律援助工作站的挂牌。如法网建立使用，援助案件登录转移到如法网，经过培训和学习，内勤人员掌握新系统的操作方法。专项法律援助活动收到较好的成果，其中援助中心律师参加常宁市有影响的非法集资援助案件就有3件。如犯罪嫌疑人吴某平的天怡大酒店非法吸收公众存款罪案，涉案金额2800万元。受害人80多人多次到市委、市人民政府上访，通过律师努力工作促成受害人与吴小平达成债转股协议，之后受害人再未上访。犯罪嫌疑人吴某平被移送起诉。

【公证行业司法鉴定】2017年9月30日，市政府办以常政办发〔2017〕62号文件下发《常宁市公证体制改革工作实施方案》，公证体制改革任务基本完成，公证业务办理工作连续稳定。全年公证处办理各类公证事项912件，其中涉外公证231件。宜诚司法鉴定所出具各类司法鉴定文书993份。

【队伍建设】2017年5月，经过局党组研究并报市委组织部批准，司法局机关分设3个支部，原老干支部保留不变。组织机关党员到红色革命根据地进行红色革命教育，写心得体会。3个支部党建工作互相进行比、学、看，党员的学习与工作积极性得到极大提升。是年，机关签到制度进行改革，机关人员每天早上8点和下午2:30(夏季3:00)准时到指定位置签到，过期不能补签。司法所所长由所在乡镇负责考勤，每月由乡镇出具考勤意见交局。司法助理员由司法所所长考勤，每月将考勤情况汇总到局。局组织考勤考核组不定时进行抽查，并每月通报一次考勤情况，通过改革考勤方式，局机关和司法所面貌焕然一新。

【扶贫工作】 2017年，常宁司法局机关44名机关工作人员全部安排到三角塘镇的6个村开展精准扶贫工作。每个机关干部分别联系3个贫困户，按要求全部到贫困户家中进行走访，了解家庭情况，进行精准识别，并落实一户一策帮扶措施，全局安排帮扶资金15万余元。

经济开发

水口山经济开发区

【概况】 2017年，常宁市水口山经济开发区内设办公室、财政局、产业发展局、建设局、社会事务局、政务服务部、纪检监察室。是年，围绕创建国家级经济开发区和打造“千亿级”园区工作目标，凝心聚力抓建设，千方百计广招商，推动园区建设发展迈上新台阶。

【经济指标】 2017年，常宁市水口山经济开发区园区技工贸总收入220亿元，比2016年增长18.9%；工业总产值185亿元，完成工业增加值38.9亿元，比2016年增长27.6%；完成税收5.3亿元，固定资产投资15亿元。

【项目建设】 2017年，金铜项目、宏兴化工、华兴冶化投产见效；金翼铅业、大宇锌业、珍源回选厂进入试产阶段，即将进入正式投产；铜铅锌产业基地项目和香港泛亚绿洲集团铜杆项目正式开工建设；鸿博高新材料厂房建设进入扫尾阶段，；一品新能源将年产40万吨甲醇燃料转产为30万吨石油储备及10万吨硫酸装卸平台项目，正在做前期规划、设计、环评等相关手续。上海德邦牧业正在办理相关入园手续，已完成工商注册、征地拆迁、土地报批等前期工作。

【配套设施建设】 2017年，园区水、电、路、通讯、燃气等配套设施基本完善，主供水管网已经开通，燃气管道直通园区，电力设施基本健全，道路骨架基本形成。城区大桥路、常青路、渡口路、新园路等主干道完成提质改造，工业区双园路完成绿化、亮化、油化，冶金路和五矿路、皂新东路正在抓紧建设中。拉通原湘江河排污口接生活污水处理厂管网、原曾家溪主接污水管网和FC线工业污水管网，并启动工业污水处理厂二期扩容和中水循环利用工程。是年，用于环保设施建设资金2000余万元，上级交办的整改事项，由于调度及时，整改到位。5月，中央环保督查顺利通过，得到中央环保部门的一致好评。

【招商引资】 2017年，常宁市水口山经济开发区招商引资超过110亿元。铜铅锌产业基地正式落户园区，拟投资超过100亿元，新建30万吨锌、扩建20万吨铜、改造10万吨电铅的铜铅锌产业基地，11月正式开工建设，计划2018年12月建成投产，投产后年产值可达200亿元，实现年利税3亿元。与香港泛亚绿洲集团签订合作协议书，项目计划投资10.2亿元，建设年产8毫米铜杆32万吨、深加工2.6毫米铜线10万吨，年产值232亿元，上缴税金2.1亿元。引进上海德邦牧业有限公司年产5万吨饲料级有机微量元素项目落户园区。总投资6000万元，以生产有机微量元素为主，复合微量元素为辅；与深圳正威(集团)有限公司签订投资合作协议，并共同设立衡阳正威供应链有限公司，主要从事矿产资源供应链管理及配套服务，解决园区企业资金15亿元短缺问题。引进深圳找铅网与金翼铅业合作，建设全省最大的固体废物处置冶炼平台。

【征地拆迁】 2017年，常宁市水口山经济开发区承接株冶绿色转型项目，启动30万吨锌冶炼项目。4月，启动铜铅锌基地征地拆迁工作，共需拆除房屋163户，拆迁面积3.3万平方米。11月底，正式开工建设。水口山工人运动纪念园项目初步估算投资2.5亿元，占地面积500亩，包括工人运动广场、纪念园、雕像等，已启动征地工作，一、二季度进行项目前期立项、可研等工作，三季度、四季度进行招投标、施工作业阶段。德邦牧业有限公司、香港泛亚绿洲集团征地拆迁工作基本完成。

【调区扩区】 2017年，为建设国家级经济开发区和打造“千亿级”园区，确保株冶等项目落户园区，常宁市水口山经济开发区启动调区扩区工作，将规划面积由原来的499.6公顷调整到1140公顷。将宜阳工业园纳入水口山经济开发区管理，形成“一区两园”的管理模式，两园合一形成优势互补和产业聚焦发展，构成产业招商链条。推动调区扩区工作，完成园区规划编制(2017～2020),规划环评 、土地规划调整、城市规划及各项评审工作，各项基础工作全部到位，已报省待批。

【精准脱贫】 2017年，常宁市水口山经济开发区发挥机关干部的主体作用，成立扶贫工作领导小组，切实把握精准扶贫政策措施，以结对帮扶为主要形式，落实“五个一批(发展生产脱贫一批、易地扶贫搬迁脱贫一批、生态补偿脱贫一批、发展教育脱贫一批、社会保障兜底脱贫一批)”，安排管委副主任带队到天堂山白竹村入驻开展扶贫工作。全年投入产业扶贫资金30万元，组织全区40余名工作人员到水口山镇双发村、大渔村开展帮扶，累计走访次数在12次/人以上，帮扶资金1000元/人以上。

【存在的困难和问题】 2017年，常宁市水口山经济开发区主要存在3个方面的困难和问题：一是园区基础设施还相对落后，园区路网还未形成，特别是冶金路、五矿路、文兴路等路网工程仍未完工，停滞不前，严重影响相关项目建设进度。二是土地储备供应不足，导致许多意向入园的企业无法入园。虽然株冶项目入园用地完全可以保证，但其关联企业和其他意向入园企业用地指标缺口还很大。三是历史遗留问题处理缓慢，虽然处理了很多遗留问题，但新园路安置小区项目、金铜项目安置小区等民生工程推动较慢，小区水、电、路、气等基础设施建设尚未完善，严重影响居民建房及日常生活。与周边村组相关遗留问题尚未完全解决。

水口山开发建设投资

【概况】常宁市水口山开发建设投资有限公司于2015年7月经常宁市人民政府批准成立，公司性质为国有独资企业，隶属于常宁市人民政府。是一家集投融资业务、基础设施建设与公共服务项目代建、房地产开发、新农村建设、工业地产投资等为一体的多元化投融资企业，承担着水口山经济开发区和水松地区的总体开发建设的任务。2017年12月，为适应市场经济的发展，进一步优化整合利用资源，市委、市人民政府将原常宁市水口山开发建设有限公司、常宁市环境保护投资有限公司、常宁市宜阳工业园投资有限公司进行整合重组，组建成立新的常宁市水口山开发建设投资有限公司。公司内设综合部、财务部、审计部、工程部、市政建设部、农环部、资产部、投融资部、协调部、重点办、运营管理部、人力资源部、纪检监察室、工会等部门，下辖常宁市水口山中天投资有限公司、常宁市鸿骐阳建设有限公司、常宁市环境保护投资有限公司、常宁市融鑫投资有限公司、常宁市宜阳工业园投资有限公司5个子公司，注册资本2亿元。公司有干部职工66人，其中干部9人，职工57人。是年，实现融资到位18.91亿元，完成土地批复133.333公顷，正在批复土地近100公顷，开工建设重点项目45个，支付项目进度款近6亿元，工程投资总额15亿元。

【多元融资模式】 2017年，常宁市水口山开发建设投资有限公司选择投资大且有特色的项目开展融资工作，通过综合分析项目成本优势、市场前景、盈利状况，突出特色和优势，吸引金融机构前来投资。先后与多家金融机构及公司签订融资协议，授信金额17.52亿元。全年到位融资资金10.912亿元，其中邦银金融租赁股份有限公司到位1.5亿元、长沙银行衡阳分行到位3.66亿元、远东国际金融租赁股份有限公司到位5.12亿元、国家开发银行湖南省分行到位0.366亿元、深圳崇融资产管理股份有限公司到位0.266亿元。其余资金2018年可以到位。在融资模式上紧抓企业债券和中票发行这个重心为突破口，计划发行企业债券和中票20～40亿元，期限为5～7年，募集资金10～20亿元，用于基础设施建设等专项债券所规定的募投项目，其中募集资金20亿元可用于补充企业流动资金，年末发行方案已经市人民政府常务会研究通过，前期发行准备工作有序进行。

【实用化积累优良资产】 2017年，常宁市水口山开发建设投资有限公司积极争取市委、市人民政府的大力支持，如期完成对水松自来水厂、生活污水处理厂、工业污水处理厂等一批优良资产的归集，有效的充实财务账面，为融资等相关工作创造良好的新局面。与国土、规划部门开展无缝化紧密对接，充分掌握第一手资料，对可利用的边角余料进行整合利用，对低丘缓坡土地进行统计造册，对项目建设用地进行明确报批时限，通过细化分工，明确任务，全面推进土地报批工作,水口山有色金属物流园、二医院边角余地、株冶铜铅锌项目第二、三期等项目共计94.6933公顷土地办理了规划条件书、国土预审等手续，全部以批次用地上报国土厅，等待批复。其中取得批单的有株冶铜铅锌第一期、金铜安置小区、民生搬迁安置工程、居民避险搬迁安置二期、稀土抛光粉项目等地块64.56公顷。

【在建项目竣工】 2017年，水口山独立工矿道路改扩建项目施工任务全部完成，水口山中天投资有限公司铜压延加工业区配套道路，完成部分路段路基工作；水口山经济开发区道路新建及提质改造项目，市场路完成路基工程98.2%，排水工程完成70%，路基路面和排水工程施工正常进行；五矿路建设完成路基工程79%、排水工程40%，路基路面和尾沙坝土方进行处理、铺设弱电管网及新建小桥工程如期进行，完成尾砂坝测量；双园路全面完工；水口山经济开发区重金属废水深度处理循环利用扩建，及管网建设工程和水口山经济开发区工业污水深度处理和中水循环利用项目，管网铺设基本完工，正在进行厂房规划设计；水口山经济开发区循环化改造项目，完成工程量的50%，其中的电子铜带项目、余热收集项目正向省发改委申请调整。

【新开工项目】 2017年，水口山经济开发区皂新东路完成招投标工作，完成工程量的20%；水口山经济开发区园区农民搬迁安置住房建设项目，开工18栋，其中8栋主体竣工，2栋预计2018年1月竣工，其余8栋正在进行基础或主体施工，完成了水电进小区、活动中心设计、规划评审等工作；采煤沉陷区水松地区安置小区建设项目一期工程基本完成，二期正在场地平整；水口山经济开发区汽配物流城建设项目完成规划、用地、环评、立项、招标等前期手续，在进行三通一平施工。

【PPP项目】 2017年，筹备建设的PPP项目常宁市水口山工业新城开发、常宁市水口山工业园区基础设施建设项目，经过前期与咨询机构湖南人和人律师事务所的紧密对接，均已纳入PPP项目库，并初步确定合作企业。其中常宁市水口山工业新城开发项目总投资134203万元，建设期限3年，与中国水利水电第八工程局签订初步合作框架协议；常宁市水口山工业园区基础设施建设项目总投资144480万元，建设期限为3年，与五矿二十三冶集团有限公司签订初步框架协议。

【产业升级】 2017年，常宁市水口山开发建设投资有限公司在促进工业园区产业转型升级上积极作为，依托有色金属等优势资源，与世界500强企业深圳正威(集团)有限公司开展战略性合作，注资1600万元合资设立正威供应链(衡阳)有限公司。通过建立有色金属供应链服务体系，从金融、信息、物流、采购、销售、交易等方面为有色金属企业提供系统解决方案，并提供产业基金2亿元支持发展园区企业，重点发展铜、铅、金、银等有色金属矿产资源综合回收、循环利用和精深加工，以整合和重新配置产业资源及社会战略性服务资源的方式，助推常宁有色金属废料资源利用行业资源整合，实施工业转型升级行动计划，将常宁打造成为全国具有重要影响力的有色金属精加工基地、有色金属产业循环经济示范基地。

【存在的问题和困难】 2017年，常宁市水口山开发建设投资有限公司工作体制尚未理顺，园区土地报批从买地、征地拆迁、缴纳税费及招拍挂所有费用都由公司承担，但最后产权不归公司，直接由开发区卖给园区企业，土地出让补偿费用也不归公司所有，税费缴纳负担太重，在项目前期审批手续办理过程中，需缴纳规划服务费、交易服务费、土地出让金、契税、开垦费等各种相关税费，税费过多且繁重，2017年报批的40公顷土地仅出让金一项就高达2.876亿元，无形中增加项目建设成本，同时也进一步加重了企业资金压力；工作协调配合不够，项目的提出到项目开工建设的全过程，包括立项、规划方案审批、用地审批、施工图设计、工程招投标、征地拆迁等。牵涉到众多职能部门和乡镇村组，补办相关审批手续、征地拆迁、杆线搬迁、当地居民协调及历史遗留等一系列问题都需要各相关职能部门的全力支持配合，以利于项目的顺利开展。

宜阳工业园

【概况】 2017年，常宁市宜阳工业园内设办公室、招商服务部、财务室、规划建设发展部、社会事务部、纪检监察室等部门。共有园区机关工作人员17人。入园企业32家，投产企业19家、在建企业3家、停产企业6家、新进企业4家。2017年，完成投资28亿元，比上年增长10%；生产总产值60亿元，同比增长15%；上缴税收5000余万元，同比增长10%。

【调规扩园】 2017年，常宁市水口山经济开发区园区一直以“调规扩园”为主线，集中精力做好“调规扩园”前期各项准备工作。年末园区总体环境评估报告编完报批，宜阳工业走廊的建设被纳入常宁市城市总体规划中并与之一起报省规划厅审批，宜阳工业走廊2平方公里的土地利用规划和100公顷用地指标由市国土部门向省国土厅申报审批。园区安排专人跟踪督促，并定期汇报进度。不定期组织学习“PPP”模式项目建设和投资公司运作相关知识，加强知识武装头脑，为“调规扩园”全面开展打下坚实的基础。

【落实遗留问题】 2017年，常宁市水口山经济开发区主要负责人带队到园区所有企业走访调研，针对企业反映的难点和问题，逐一梳理总结，制定任务跟踪表，确定任务责任人和完成时间节点。全年共帮助11家企业协调办理好施工许可证；协调客运处增设发至园区线路及高峰时段班次，延长运营时间至晚上19点10分；落实尚珂伊公司、泰森鞋业、波峰板材、和谐服饰4家企业的护坡工程建设；解决帝棉、新宝峰、嘉兴木业施工中的矛盾问题；解决枫坪村安置地遗留问题；通过将城市自来水管网延伸到工业走廊将有效解决企业用水难问题；为解决企业融资难，园区组织农商行与园区所有企业开展“银企对接会”；为解决企业招工难，园区组织人力资源服务中心开展“企业用工平台搭建交流会”等等。对于“135”工程专项标准厂房奖补基金的拨付、地税部门收取的土地使用税(6元/平方米每年)标准过高、优化园区政务环境、办证难收费高等需要协调政府相关部门解决的问题，向市主要领导汇报，制订相应的解决方案。对于走廊生活配套设施缺乏、基础设施落后等需要逐步完善的系统问题，安排专人长期跟踪、定期汇报，催促相关部门加快建设脚步。

【招商引资】 2017年，常宁市水口山经济开发区多次主动与广州“牛仔项目”、中森衡丰、正德鞋业、中联天地油茶进行洽谈，4家企业将有计划入驻园区，其中正德鞋业已建成投产。广州“牛仔项目”将分二期建设，总投资600亿元，一期计划投资300亿元；中森衡丰计划投资2亿元，分两期建设年产3万立方高性能竹基纤维板材生产线项目；中联天地油茶计划投资8000万元，建成年产值1亿元以上，年产茶油3000吨的现代化油茶生产基地；正德鞋业已有1条成品鞋流水生产线投产，全面达产后年产值1000万元以上，年创税100万元以上，可安置劳动力就业200多人。

【园区发展】2017年，常宁市水口山经济开发区采取多种措施鼓励现有投产企业通过精益创新和“互联网+”相结合，加速企业结构调整，改变过去单一的接单加工模式，加大研发投入，加强自我品牌的创建，提升企业核心竞争力，以实现企业的提质增效。中粮江山提质项目列入省重点项目建设；泰森鞋业年初新增2条成品鞋生产线，预计年产鞋100万双，计划年产值突破8000万元；喜宝鞋业自主开发的“熏风”系列羽鞋全面投产，打造成为全国十大羽鞋品牌之一；诚创鑫科技年初新上一条LED灯管生产线和一条吸顶灯生产线，预计年生产LED灯管50万根，吸顶灯10万个，产值同比上年增长50%；华泰集团全面投产；隆源科技办公楼完成装修，生产设备调试，进入试产阶段；宝峰板材标准厂房及办公楼建设完成。

【存在的主要问题和困难】一是园区体制不健全，园区管委会自成立以来，虽然作为市人民政府的派出机构，但一直以来未真正按照既定的管委会体制来运作，仅相当于替园区企业办事的服务性机构。建议参照水口山经济开发区模式运作，把该放的权下放给园区，逐步设立财税、规划、国土、环保部门的二级机构，主要履行的职能是为园区企业服务与独立审批代办，服从园区的统一协调管理，其他有关部门在园区内所行使的相关管理职能如项目立项、资本运作、招商引资等，应尽可能实行统筹协作，通过统筹园区的服务效能，强化园区的管理职能，逐步理顺园区的相关体制，给予园区更为宽松的发展空间。二是“调规扩园”难开展，园区的总体规划在省住建厅一直无法审核通过；宜阳工业走廊扩建无土地利用指标。导致工业走廊“调规扩园”工作很难开展。三是政策不完善，在企业优惠政策方面，一方面市委、市人民政府下发的【2016】2号《关于进一步支持工业经济发展的若干规定》可操作性不强；另一方面国家、省、衡阳市等上级部门下发的一些企业减免政策，难以落实兑现。四是环境不优，经济环境在全国经济压力下行较大，企业发展举步维艰；部分企业反映存在部门多渠道执法、交叉执法、执法过程不规范、处罚不合理、审批流程繁琐、部门与部门之间推诿扯皮等现象；周边矛盾比较突出，强揽工程、强买强卖、当地老百姓无理阻工闹事现象时有发生。

经济综合管理

发展和改革及物价管理

【概况】 2017年，常宁市发展和改革局内设办公室(人事和计财股)、国民经济综合运行调节和发展规划股、综合法规股(行政审批服务股)、固定资产投资股(两型社会建设股)、农村经济股、社会发展股、招投标监管办公室、能源股(对外称常宁市能源局)、工业和基础产业股、资源节约和环境保护股(节能监察中心)、经济贸易和财政金融股、重大项目稽查办公室、价格调控股(价格监测中心、价格信息中心)、商品价格管理股、服务价格管理股、收费管理股；下辖市价格监督检查局、市价格成本调查队；市资源枯竭城市经济转型办公室、市重点工程项目前期工作办公室、价格调节基金征收管理办公室为市发展和改革局所属公益一类事业单位，市价格认证中心为市发展和改革局所属公益二类事业单位，市宏达价格事务所为市发展和改革局所属经营类事业单位。全局共有干部职工167人(含离退休26人)，班子成员共15人(10月调出1人)。全年实现地区生产总值330.96亿元，比2016年增长8.7 %，其中第一产业完成53.22亿元，比2016年增长3.4%；第二产业完成122.59亿元，比2016年增长7.9 %；第三产业完成155.15亿元，比2016年增长11.5 %。完成固定资产投资214.84亿元，比2016年增长20%；社会消费品零售总额98.91亿元，比2016年增长10.9 %；财政总收入14.3亿元，其中税收收入占一般公共预算收入72%，比2016年提高17个百分点；城镇、农村人均可支配收入分别达到29773元、15333元，比2016年增长8.3 %、8.9%；固定资产投资、规模以上工业增加值增速等指标在衡阳市七县市排名前列。

【发展计划编制】 2017年，常宁市发改局在总结2016年经济社会发展现状、深入分析当前发展形势的基础上，编制完成《常宁市2017年国民经济及社会发展计划》。在计划实施过程中，坚持对全市国民经济和社会发展计划执行情况进行定期监测，认真分析全市经济运行走势，及时了解和掌握经济运行中存在的突出矛盾和问题，提出对策和建议，引导经济社会持续健康发展。

【深化改革】 2017年，重点对市发改局牵头的园区改革、公务用车制度改革、社会信用体系建设等几项改革任务主动谋划、积极作为，确保改革顺利推进。推进项目审批制度改革，逐步落实省发改委三年滚动计划，推进网上审批平台建设。做到优化流程、简化程序、公开透明、优质服务，方便办事群众，提高工作效率。

【项目前期】 2017年，常宁市完成策划包装项目84个，深度开发24个，超过衡阳市下达任务数。形成包装一批、开工一批、建成一批、储备一批滚动发展的良性循环机制。共批复项目160个，总投资178.38亿元；共核准招标项目104个，其中公开招标项目80个，邀请招标项目24个，不断加强项目节能审查。

【项目设立】 2017年，常宁市共争取中央、省预算内资金项目16个，到位资金4.36亿元，其中资源枯竭型城市获得国家转移支付资金1.68亿元、保障性安居工程基础设施建设获得中央资金8918万元、人民医院扩建综合楼4000万元、新增粮食产能1200万元。

【项目建设】 2017年，常宁市实施“项目建设年”活动，计划实施重点项目116个(分竣工、开工两大类)，总投资469.43亿元，年度完成投资153.94亿元。开复工105个，完成投资147.18亿元

【项目稽查】 2017年，常宁市发改局落实国家发改委“权利和责任同步下放，调控和监管同步强化”要求，对教育、卫生、住建、环保、农业、水利、保障性住房等单位43个项目开展稽查，其中配合省、衡阳市稽查组检查中央预算内投资建设项目12个，发出督查通报25份，约谈项目单位3家，发现和纠正一批项目在建设程序、招投标、财务管理、资金使用等方面存在的问题，确保中央投资项目的效益。

【价格改革】 2017年，全市5所县级公立医院全部完成医疗服务价格改革。深化水、电、气价格改革，全年分3次下调一般工商业用户、大工业用户等电价水平，出台水松地区居民生活用水“一户一表”改造价格，以及常宁市城区天然气管网安装延伸服务价格；深化环境服务价格改革，出台《关于开征城区生活垃圾处理费的通知》。年底，开征部分乡镇污水处理费，并将城区现行征收标准调整至国家规定幅度。开展农村客运票价调整工作，拟将中级客车基本运价调整为0.28元/公里，调整方案报市人民政府审批。

【价格监管】 2017年，常宁市发改局根据湘财综[2017]16号和湘财综函[2017]20号文件精神，结合《湖南省涉企行政事业性收费目录清单》，坚持清费减负、优化经济发展环境。全市共取消收费13项、停征收费16项，降低收费标准2项。同时，出台常宁市行政事业性收费、涉企行政事业性收费及经营服务性收费3个目录清单，并通过常宁党政门户网及时向社会公示，要求各单位对目录清单之外的一律不得收费。

【价格检查】 2017年，常宁市发改局共查处各类价格违法案件72起，查处违法金额19.44万元，有效查处各类乱收费、乱涨价行为，增强价格执法的有效性和威慑力。

【价格服务】 2017年，常宁市发改局加强价格监测及民生价格信息公开力度，密切关注市场价格及供需动态；加强重要商品及服务价格成本监审，同时做好价格认证工作。全年共受理各类价格认证案件198件，涉案金额460万元，无一起行政复议及行政诉讼案件发生。

【精准扶贫】 2017年，常宁市发改局成立以局长为组长的扶贫工作领导小组，制定《常宁市发展和改革局2017年扶贫工作方案》。对照常宁市《行业(部门)单位扶贫责任清单》分工安排，积极推进易地扶贫搬迁、贫困村农网改造、驻点村扶贫、扶贫专项资金争取等各项工作。是年，在19个乡镇实施易地扶贫迁计划，共需安置1038户、3500人。至年末，住安置房建成率达95%，搬迁入住率达85%以上。

【存在问题】 2017年，常宁市发改局存在的主要问题是：一是主动和超前研究经济发展深层次问题还不够深入有力，参谋助手职能有待进一步强

化，涉及全局性重大改革、发展战略研究还不够；二是忙于对上对外跑项目多，深入基层调查研究、对基层的指导不够得力，在谋划项目上立足点不够高。三是思想解放不够，改革与创新意识不强，对如何应对国家宏观调控政策、加快常宁经济社会发展、推进项目建设的办法不多。

金融管理

【概况】 2017年，常宁市人民政府金融工作办公室内设综合法规股、金融稳定股、小贷担保股，定编10人，实有8人。围绕“加快金融体制改革，提高金融服务实体经济效率，优化金融生态环境”的总体思路，全面落实“三个推进”。不断加大对地方金融机构的政策引导，协调服务银企合作，加强融资担保公司和小额贷款公司的监管，积极对接券商基金类金融机构，持续优化信贷结构，为中小企业提供过桥转贷，续贷资金款，降低融资成本，减压非法高利贷放贷空间规范区域内民间融资行为 ，维护地方金融生态稳定，助推全市实体经济供给侧改革。获全市目标管理绩效考核、全市社会管理综合治理工作先进单位。

【案件处置】 2017年，常宁市金融办进一步加快案件处置进度，以追赃挽损为第一任务，继续采取多项手段，持续加大资产追缴力度，依法处置涉案资产，及时做好资产变现，全力搞好资金兑付，让群众看到希望、增强信心。一方面要加大对欠款企业的诚信教育，督促企业和欠款人树立诚信经营理念，认真履行合同义务。另一方面，对犯罪行为和故意不还款的老赖企业，要坚决依法严厉打击，深挖老赖的资金和财产，避免转移资产。

【风险排查】2017年，常宁市金融办坚持“属地管理、行业管理、分级管理”原则，建立市、乡镇(街道办事处、片区)、村组(社区)三级网络，建立“横向到边、纵向到底”的网格化责任体系，创建平安企业、平安市场、平安社区，实现防范非法集资工作“信息更灵敏、防范更有效、工作更落实、群众更满意”的目标，确保全市非法集资隐患“减少存量、不增新量”。要重点做好民间融资风险企业处置工作的督查督办，确保排查实效。

【稳定维护】2017年，常宁市金融办做好处非各方面的信息综合工作，及时向市领导及有关部门通报情况。在职责范围内，市处非办要依法依规做好处非接访，及时掌握群访动态，做好政策解释、情况通报等工作，化解矛盾，维护稳定。

【宣传教育】 2017年，常宁市金融办继续利用各种传媒手段，开展处非常态化、制度化宣传，以宣传教育“五进”活动(进社区、进学校、进企业、进机关、进家庭)为抓手，持续开展常态化宣传，加强对广大老百姓的投资风险教育，提高风险防范能力。让群众知道非法集资“法律不保护、政府不买单、风险需自担”。

【打非处非】2017年，常宁市金融办坚持“辖区负责、行业监管，谁主管，谁负责”原则的基础上，各乡镇(街道办事处)、各有关部门协调配合，履职尽责。市委、市人民政府对煽动策划、挑头闹事、组织串联大规模上访、封门堵路等行为甚至赴省到京上访的重点人员，依法严厉打击，坚决遏制集体上访、非法上访势头。确保全市打非处非工作取得实实在在的效果。

【金融扶贫】 2017年，市委、市人民政府成立金融扶贫工作组，由市委常委、常务副市长郭松青任组长，市金融办、人民银行、农发行、农业银行、农商银行、邮政银行等相关单位主要负责人为成员。为切实帮助贫困农户解决产业发展资金困难，加快贫困农户脱贫致富步伐，根据《湖南省农村信用联合社 湖南省扶贫开发办公室关于开展金融产业扶贫工作的指导意见》，结合常宁实际，出台《常宁市金融产业扶贫试点工作实施细则》，确定年内对建档立卡贫困户投放规模为7000万元。全年实际累计发放产业扶贫贷款9876万元。为加强金融产业扶贫风险防控，规范金融产业扶贫风险补偿资金管理，出台《常宁市金融产业扶贫风险补偿资金管理办法》。金融产业扶贫风险补偿资金初始资金规模为300万元，其中省扶贫资金安排100万元、市本级财政安排200万元。风险补偿资金全额存入常宁农村商业银行股份有限公司，实行专户管理，封闭运行。根据上级文件精神，以及财政扶贫资金管理的有关规定，结合常宁实际，制定《常宁市金融产业扶贫贷款贴息管理办法》。对参与产业扶贫贷款的贫困户每半年分红一次，参与“分贷统还”的两家企业分红410.54万元，金融办协助扶贫办落实对企业贴息252.39万元。全市建档立卡的贫困户15347户，49529人全部购买“扶贫特惠保”意外伤害保险保障。

审　计

【概况】2017年，常宁市审计局在岗67人，内设办公室、财政金融审计股、行政事业审计股、农业审计股、经贸审计股、经济责任审计办公室、固定资产投资审计一股、固定资产投资审计二股、计算机股、内审法规股、人教股、信访室、妇委会、团委。是年，在湖南省审计厅组织的全省审计项目评比中，常宁有1个审计项目获得省表彰；在衡阳市审计局组织的全市审计项目评比中，常宁有1个审计项目获得衡阳市表彰；在衡阳市2017年计算机审计成果评审评比中获得优秀组织单位称号。并被评为“湖南省文明单位”“衡阳市县市区审计局目标管理考核先进单位”、常宁市“文明单位”“社会管理综合治理先进单位”“依法行政工作先进单位”“信访工作优胜单位”、“党风廉政建设先进单位”“先进基层党组织”等。

【跟踪审计】 2017年，常宁市审计局坚持把监督检查省、衡阳市和常宁市委、市人民政府重大决策部署的落实作为审计的重要内容，始终关注重大项目落地、重点资金保障、重大政策落实情况，注重时效性，及时反映新情况新问题，发挥政策落实的“督查员”作用；持续组织对稳增长、促改革、调结构、惠民生等政策措施落实情况的跟踪审计；围绕贯彻中央八项规定、省委九项规定、常宁十项规定和有关作风建设的要求，在日常审计工作中加强对职务消费、会议费等支出和楼堂馆所建设等情况的监督检查，并重点对“违规公款吃喝”和“雁过拔毛”式腐败问题等开展专项治理，促进建立健全作风建设的长效机制。

【同级财政审计】 2017年4～8月，常宁市审计局组织全局财务审计力量，注重电子数据的采集与利用，加大对财政预算内、外资金的监管，顺利完成本级财政预算执行情况现场审计。在财政“同级审”中，注重转变审计理念，创新工作方式方法，实现“四个突出”，不断提高审计监督成效：一是审计理念上突出宏观性。把查处违规问题与规范预算管理结合起来；把查处违规问题与国家的稳增长促改革调结构惠民生防风险政策落实情况结合起来；把查处违规问题与有利于市人大常委会的有效监督结合起来，进一步提高“同级审”质量，促进完善预算制度，规范财政资金。二是审计方式上突出绩效性。充分运用比率、对比和结构分析以及核算等方法，研究财政性资金投向、增量和使用效益，对财政资金在重点项目产生的经济效益和社会效益进行科学评估,查找预算编制和执行中存在的问题，从而提高预算编制的科学性、规范性。三是审计内容上突出全面性和重点性。拓宽审计的范围、内容，加强预算执行全过程监督。在财政收支审计的基础上，对市本级预算执行情况、非税收入管理情况、各项专项资金的拨付和使用情况、税收征管情况、财政部门内部控制制度执行情况、以前年度审计发现问题的整改情况以及社会关注的热点问题进行全面审计。四是审计成果上突出审计结论的可行性。针对市人大关心、群众关注的热点、难点问题，审计组成员对审计情况进行认真分析提炼，从体制、机制和制度层面提出有针对性和可操作性的审计意见和建议，更好地服务经济社会发展、小康社会构建大局。

【经济责任审计】 2017年，常宁市审计局受市委组织部门的委托，对13个单位的党政一把手进行了经济责任审计。在审计实践中，树立科学审计理念，以政府性资金为主线，结合审计单位实际，以制度建立和执行及财政规范管理为重点，着力做好“四个关注”“四个坚持”，即关注审前调查，坚持看听结合，摸清政府性资金总体构成；关注审计实施，坚持内外结合，了解政府性资金管理状况；关注审计评价，坚持点面结合，重视政府性资金运作效果；关注方法创新，坚持人技结合，努力实现计算机审计技术新突破。同时注重审计成果运用，发挥审计服务功能。针对审计过程中发现的单位预算编制和执行不够严肃，超标准超范围列支招待费用、挤占挪用专项资金、部分重大经济事项未经集体讨论、基本建设项目操作和管理不符合规定等问题，及时向被审单位通报反馈，并将结果上报市委、市人民政府，督促整改落实，为市几大家管理、考察和任用干部服务，从服务国家治理的高度“详实”经济责任审计。

【政府投资项目审计】 2017年，共完成固定资产投资竣工结算审计项目15个(其中计划内项目3个，政府安排的临时项目12个)，审计资金总额9808.17万元，核减净值1520.27万元，核减率15.5%。审计过程中做到“三个到位”。一是跟踪服务到位。实行审计关口前移，对是年正在施工项目提前介入审计，提前丈量隐蔽工程，按施工进程进行工程量核对，对设计变更比较多的造价进行审计查核，强化政府投资项目跟踪审计。加强与项目实施单位联系，积极为各相关单位出谋划策，帮助解决工程实施过程中的问题，促使项目更加规范、高效地实施。二是质量控制到位。严格按程序实施政府投资项目审计，坚持工程造价审计、财务收支审计和工程管理审计“三审”并举，以工程造价的真实、合规审计为重点，以节约政府投资、减少损失浪费、促进提高投资效益为目标。重点抓好审前准备、审计实施和审计报告三个关键环节，加强审计项目实施现场管理，实行审计组内部协调会、审计机关业务会、建设单位协调会、施工单位协调会“四会”制度，搞好审计项目三级复核，确保每个项目事实清楚、定性准确、处理合法，守住审计质量无诉讼、审计行为无投诉、廉政问题无举报“三条底线”。三是整改落实到位。针对审计发现政府投资项目工程建设中存在多计、重计工程量，高估冒算，工程未按规定办理立项、开工、质量监督等手续，工程未设立基建专户等问题，及时提出规范基本建设工程运作的建议，不但为政府节约大量的建设资金，而且对基本建设工程规范运作起到促进作用。

【财务收支审计】 2017年，市委、市人民政府部署税源情况调查、投融资公司清查、 扶贫资金检查等几个专项检查工作，审计部门作为其中几项工作的牵头单位，将专项检查中的有关内容，纳入常态审计范围，进一步强化财务收支审计。审计中，加强对有关政策规定落实情况的督促检查，重点关注“三公”经费和会议费的支出情况，扶贫、国土等专项资金的使用合规、合理及效益性，及时发现和纠正上有政策、下有对策，有令不行、有禁不止等行为，做好有重点的“全覆盖”，不断优化经济发展环境，提高政府的公信力和执行力。

统计

【概况】常宁市统计局内设办公室、业务股、综合研究室、政策法规股、网络信息股、普查中心、统计执法队。2017年，常宁市统计工作以党的十九大会议精神为指导，按照中共常宁市委、市人民政府经济工作会议的部署和要求，以提高统计数据质量为中心，着力统计改革、服务优化，队伍建设，开拓统计工作新局面，被衡阳市统计局评为统计工作先进单位。

【统计监测】2017年2月28日，常宁市第十七届人民代表大会第二次会议确定，2017年全市经济社会发展预期目标为：地区生产总值增长9%，固定资产投资增长20%，规模工业增加值增长8%以上，社会消费品零售总额增长12%，一般公共预算收入增长7%，城乡居民人均可支配收入均增长9%。1～10月，全市经济运行整体发展趋稳，结构逐步优化，特别是三季度以来发展加速。全市实现国内生产总值(前三季度)220.37亿元，比2016年同期增长7.5%。规模以上工业增加值累计增长8.8%。固定资产投资165.38亿元，增长21.3%。社会消费品零售总额79.31亿元，增长10.8%。一般公共预算收入14.26亿元，增长14.2%，税收收入占一般公共预算收入比61.2%，地方一般公共预算收入中非税收入比54.4%。全体居民人均可支配收入(前三季度)16896元，增长8.8%，其中：城镇居民人均可支配收入23199元，增长8.1%；农村居民人均可支配收入11604元，增长8.9%。万元GDP能耗降幅3.7%。规模以上工业增加值增速、固定资产投资增速、一般公共预算收入增速达到年度预期目标，并分别超过0.8、1.3、7.2个百分点。地区生产总值增速、社会消费品零售总额增速、全体居民人均可支配收入增速距离年度预期目标分别差1.5、1.2、0.2个百分点。地方一般公共预算收入中非税收入占比、万元GDP能耗降幅没有确定年度预期目标。

【统计调查】 2017年，常宁市统计局做到“一新增、两培训、三调度”。一新增：积极与发改、经科信、商粮、住建、工商、税务等部门联系，强化名录库维护工作，摸清“四上企业(指规模以上工业企业、资质等级建筑业企业、限额以上批零住餐企业、国家重点服务业企业)”新增对象，及时把符合要求的企业纳入直报笼子。全年新申报14家企业，其中工业8家，投资2家,贸易3家，服务业1家。两培训：一是年报培训，全市175家“四上企业”全部参加年报业务培训，280多家单位参加劳动工资业务培训；二是新手培训，针对调查对象统计员不稳定的现象，及

1～10月常宁市经济社会发展主要指标对照表

经济类指标	增长(%)	市政府工作报告目标值
地区生产总值(前三季度)	7.5%	9%
规模工业增加值	8.8%	8%
固定资产投资	21.3%	20%
社会消费品零售总额	10.8%	12%
一般公共预算收入	14.2%	7%
地方一般公共预算收入中非税收入占比(%)	54.4%	未定目标
全体居民人均可支配收入(前三季度)	8.8%	9%
万元 GDP 能耗降幅	3.7%	未定目标

时对新统计员进行专项培训，全年培训统计员35人次。三调度：主要对联网直报单位报表，及时开网调度、纠错调度、汇总调度，高质高效、应统尽统。

【联席会议制度】 2017年，常宁市统计局为加强统计数据与部门数据趋势性、协同性的分析，积极向市委、市人民政府汇报，经主要领导同意，成立统计工作联席会议领导小组并以市人民市政府名义下文，建立《常宁市经济运行调度联席会议工作制度》和《2017年常宁市经济运行跟踪监测报表制度》，规范联络方式、明确奖罚措施、细化跟踪监测，紧紧抓住部门协同推进这根主线，有效推动统计工作。

【直报平台】 2017年，常宁市统计局向市委、市人民政府申请专项经费，筑好联网直报指挥中心这个巢。年末，直报平台正式投入使用，所有联网直报相关专业和人员集中办公，统一指挥和交流，确保发挥指挥中心的作用。

【基层体系建设】 2017年，常宁市统计局完善乡镇统计网络，实行行政首长负责制，加强统计站的建设。设立宜阳和水口山两个总站，宜阳总站侧重商贸、服务业，具体指导省道214线以南各乡镇统计站业务。水口山总站侧重工业、投资，具体指导省道214线以北各乡镇统计站业务。

【全国第三次农业普查】 2017年，常宁市统计局按照国家、省、市数据检查要求，积极配合做好数据检查清理工作，按时完成修改任务。安排专人做好前期数据采集纸质档案资料整理保存工作，分普查区装袋，分普查区装箱，确保不丢失、不错漏。高度重视农业普查乡村两级表格采集录入工作，搞好普查员培训工作，确保数据准确无误。

【扶贫工作】 2017年，常宁市统计局选派一名副局长任庙前镇石铺村第一书记，支助村里2万元进行经济建设；支助胜桥镇渣石村3万元，用于该村新农村建设；支助新河镇合心村5.3万元，用于精准扶贫工程，并为村里新修6.7千米的村级公路，为67户贫困户接通自来水，完成农网改造16个组，完成异地搬迁5户。

调　查

【概况】 国家统计局常宁调查队内设办公室、业务股、监测股。2017年，常宁调查队在省总队、衡阳市队、常宁市委、市人民政府的领导下，围绕年度工作目标，以提高统计调查数据质量为中心，强化“三大能力”、深化“三大建设”、精塑“三大品牌”，抓好基础建设和队伍建设，提高统计服务水平，优化统计工作环境，圆满完成全年各项统计调查工作任务。

【统计制度建设】 2017年，国家统计局常宁调查队制订《国家统计局常宁调查队2017年工作要点》《国家统计局常宁调查队2017年党风廉政建设工作要点》，修订《常宁调查队干部岗位目标管理实施细则》《常宁调查队财务管理制度》《常宁调查队党支部工作制度》《常宁调查队出差管理制度》《常宁调查队下乡管理制度》等一系列的制度，努力使各项工作做到有章可循、有条不紊。定期组织学习《统计法实施条例》和新《中华人民共和国统计法》及统计相关分析讲座。

【扶贫工作】 2017年，国家统计局常宁调查队成立扶贫工作领导小组，制订扶贫工作规划和实施方案，并选派1名干部长期驻村扶贫，帮助扶贫村做好党建工作。动员党员帮扶贫困户，走访帮扶对象，了解贫困户的家庭情况和致贫原因，制定一户一策扶贫措施。年内，全队党员干部到扶贫点120人次、资助帮扶资金50000余元、制定扶贫措施30条、指导贫困村党支部党建工作5次，并送去电脑打印设备1套，价值6000元。

【城乡住户调查】 2017年，是住户样本轮换年，为了做好这项工作，国家统计局常宁调查队成立以队长为组长的领导小组，严格按照调查方案，分组下到各乡镇、办事处调查，制订全面摸底、集中攻坚、稳步推进的工作方法，选聘好辅助调查员并对他们进行基本业务培训。制定《常宁市住户样本轮换工作方案》，召开全市住户轮换工作会议和培训4次，共有200多人次参加；购买住户记账PDA160多台，记账户全部实行电子记账；投入宣传物资、设备、资料等总共20多万元。完成住户样本轮换工作。

【统计执法】2017年，国家统计局常宁调查队建立健全各项工作机构，配齐统计调查执法人员和纪检监察人员。加强《中华人民共和国统计法》《中华人民共和国统计法实施条例》《统计违法违纪行为处分规定》等统计法律法规知识的学习宣传。建章立制抓管理，完善内部监督机制。加强对行政决策执行情况和各项调查活动的开展情况的监督检查，制定工作责任书，贯彻落实好党风廉政建设责任制，加强统计调查人员、统计调查对象的普法教育，树立依法开展调查、依法提供统计调查数据的工作理念；在统计执法工作中，把经常性检查和重点检查相结合。在日常工作中，结合本单位各专业报送报表情况，完善报表报送登记制度，重点检查调查对象的拒报、迟报、提供不真实或不完整资料的违法行为，并依法严肃查处。全年共检查调查统计单位数200余个，发现有情节较轻统计违法行为的单位2个，并作不予立案处理。

【调查服务】 2017年，国家统计局常宁调查队与市农业局撰写的《常宁遭受百年一遇特大洪水灾害，经济损失惨重》《常宁市农业生产状况》，与市人社局撰写的《常宁市大中专毕业生就业情况》，与市畜牧水产局撰写的《常宁市2017年生猪生产现状调研报告》，与市粮食局撰写的《常宁市中晚稻收购情况》，及专门开展调查的《“五险一金”成常宁企业用工不得不承受之重》等调查报告，引起有关领导的高度重视。全年共写出各种分析材料80余篇，其中有20篇分别被《湖南信息》、省总队内网、《衡阳信息》《常宁经济》《常宁信息》等各级刊物采用。

【存在的问题】 2017年，国家统计局常宁调查队存在的主要问题是：一是与上级的要求比，与先进的县(市) 队比，还有一定的差距；二是调查工作任务年年增多，而调查工作的人手远远不够，给工作带来局限性。三是在调查方法上灵活性不够，跟不上全市社会、经济发展的步伐。

国土资源管理

【概况】 2017年，常宁市国土资源局有在编干部职工530人，其中局领导班子成员10名(含挂职副局长1名)，局机关工作人员322人，基层国土资源所工作人员208人。局机关内设办公室、人事宣教股、财务股、规划股、耕地保护股、建设用地股、地籍管理股、不动产登记股、矿产开发管理股、地质环境储量股、法制股、测绘管理股；下属二级机构有：不动产登记中心、国土资源执法监察大队、土地收购储备中心、土地开发整理中心、土地矿产交易中心、地质公园管理所、地质环境监测站7个副科单位，土地测绘队、国土资源信息中心等2个正股级单位。下辖水口山国土资源分局、宜阳国土资源中心所、泉峰国土资源中心所、培元国土资源中心所、洋泉国土资源中心所、罗桥国土资源中心所6个副科级单位，宜城新区国土资源所、柏坊国土资源所、蓬塘国土资源所、烟洲国土资源所、荫田国土资源所、白沙国土资源所、西岭国土资源所、盐湖矿区国土资源所、三角塘国土资源所、庙前国土资源所、弥泉林场国土资源所、板桥国土资源所、胜桥国土资源所、塔山国土资源所、兰江国土资源所、官岭国土资源所、大堡国土资源所、新河国土资源所、江河核电城国土资源所、天堂山国土资源所、松柏国土资源所等21个正股级基层所。被常宁市委、市政府评为全市目标管理绩效考核优秀单位、全市项目建设先进单位、全市脱贫攻坚工作优秀单位、全市安全生产工作先进单位、全市人口和计划生育工作先进单位。

【项目用地】 2017年，常宁市国土资源局共向省国土资源厅组卷上报项目29个，共批回用地205.56公顷，比2016年同期多批回62.50公顷，批准数排衡阳市首位。其中共争取省国土资源厅下达常宁市新增建设用地计划指标82公顷，比2016年度多争取20公顷。主要解决田野绿世界(百万樱花园)、五龙山水库—湘江提水工程、社区卫生服务中心等省市重点项目、民生项目、基础设施建设项目用地需求。解决铜铅锌产业园一期占用水田27.88公顷；争取省国土资源厅批准从华容县借占用水田指标51.31公顷，保障祁常高速公路的用地报批；借用水田面积51.85公顷，保障铜铅锌产业园二、三期的用地需求。

【土地储备】 年初，常宁市国土资源局制订2017年度土地储备计划及土地供应计划。计划储备土地542.4余公顷，供应土地260余公顷。年末，存量储备土地235.33公顷，规划红线储备土地466.67公顷，全面完成年初政府工作报告下达的133.33公顷以上储备土地目标任务。

【去存量工作】 2017年，常宁市国土资源局围绕提高土地利用效率这一目标，组织对全市经营性存量用地进行了清查清理。提请市委多次召开市委常委会，市人民政府市多次召开常务会议行专题研究，并制定出台《关于全市盘活存量建设用地的实施意见》。召开全市去存量用地动员大会，明确“五定”激励措施，即定目标任务、定责任单位、定责任人、定办结时限、定奖罚对象和奖罚尺度。每拆迁一户(一栋、一厂、一店均为一户)直接奖励到个人4000元，如不能按期完成任务的，要核减当年征地工作经费总额的30%。同时，对承办单位年终考核要减分，对单位一把手和分管负责人要约谈，对具体负责人要评定为不称职，对工作结帐排在后两位的单位不能评为2017年度优秀和先进单位。建立健全“批而未供”存量建设用地消化利用长效机制和严格“净地”出让制度。明确征地、拆迁及安置工作实施的主体责任单位和协办责任单位，形成“政府领导、部门负责、上下联动”的新格局，大力推动全市土地存量盘活工作。全年共出让土地62宗，出让土地面积为45.54公顷，总成交价款42715.3万元，收取交易服务费538万元，共盘活存量土地200公顷。

【耕地保护】 2017年，常宁市国土资源局与各乡镇(办事处)签订耕地保护目标责任状(书)。划定责任保护区域，完善基本农田保护资料，全面建立耕地保护巡查台帐，把保护责任落实到田间地块和村组责任人。全年与乡(镇)办事处签订耕地保护责任状22份，与村(社区)签订责任书408份，与农户签订责任书22.3万份，基本农田落实到丘块为813457块。全市落实耕地保有量不少于46666.67公顷，基本农田保护面积40000.04公顷，高于上级部门下达的40000.04公顷的保护目标。

【“十三五”土地整治规划修编】2017年，常宁市国土资源局全面启动“十三五”土地整治规划修编工作。完成土地整治潜力调查评价，编制土地整治规划初稿，完成市、县两级评审，并将该修编成果报送到省国土资源厅。

【耕地占补】 2017年，常宁市国土资源局严格执行非农建设用地“占一补一”“占水田补水田”等耕地保护政策。年度内实现耕地占补平衡并略有节余。全市建设占用耕地项目18宗，占用耕地面积61.48公顷。其中，占用水田59.29公顷，占用旱土2.19公顷，全部实现“先补后占”。全年共征收本级耕地开垦费2357万元，为实现耕地占补平衡提供可靠的资金保障。

【农村土地整治】2017年，常宁市国土资源局共组织实施土地开发整理项目14个。其中，2017年省级整治项目3个，2017年市县整治项目4个，建设总规模948.02公顷，总投资2093.82万元；2016年衡阳市级旱改水项目1个，2016年常宁本级开发项目6个，建设总规模75.89公顷，总投资957.39万元。年末，通过省、衡阳市验收确认的土地整治项目实现新增水田指标72.8498公顷。

【土地卫片执法检查】 2017年，国土资源部下发给常宁市的土地卫片监测图斑236个，总面积255.67公顷，其中耕地面积115.67公顷。通过对每个图斑进行现场核查后，最终确定土地违法图斑14个，矿山违法图斑1个，违法用地总面积23.27公顷(其中耕地面积13.62公顷)，违法用地比例为5.1%，较往年有较大幅度下降，实现“零约谈、零问责”的目标。

【中央环保督察整改要求落实】 2017年，常宁市国土资源局根据省、衡阳市矿产资源领域“打非治违与环保整治”工作的安排和部署，组织开展无证勘查、非法开采矿产资源清查工作。全年开展联合执法行动12次，共关停100余家非法砖厂和采矿企业，行政立案查处27家，移送公安机关刑事侦察6家。对所有非法采矿企业，严格按照国务院关于矿业秩序整顿“不留井口、不留人员、不留厂棚、不留设备、不留电源、不留后患”等“六不留”标准整治到位，震慑违法当事人，有效打击非法采矿行为。提请市人民政府制定下发《常宁市大义山自然保护区矿业权差别化退出和矿山复绿工作方案》。对涉大义山自保护区矿业权进行“全面退出、全面复绿”，对不宜纳入大义山自然保护区范围的区域申请微调，拟将春达矿业萤石矿、常宁市硼锡矿、鑫裕矿业双安高岭土矿、香里颜矿业石灰岩矿、狮形岭锡多金属探矿权项目等几个矿山调出大义山自然保护区范围。该“调整草案”经省环保厅、省林业厅专家评审会讨论通过，正在报请省政府审批发文。

【矿山超深越界检查】 2017年，常宁市国土资源局从市财政争取60余万元专项工作经费，对全市52个持证矿山(含过期)全面实施超深越界检测，一并做好矿区范围拐点坐标实地放样定桩工作。年底完成全部外业工作。该项工作顺利完成后，其成果可以全面运用到矿政管理、矿山企业动态巡查、日常监管、地质环境恢复治理、矿业权属矛盾调处等一系列工作中。

【精准扶贫】 2017年，常宁市国土资源局先后对塔山瑶族乡狮园村贫困户和党员干部开展调查走访20余次，资助资金50余万元用于狮园村公用设施建设，推进生态旅游、有机茶叶、特色种养业等产业发展，切实帮助群众解决实际问题和困难。是年，狮园村人均收入5260元，较2014年提高3200元，村集体收入6.8万元，贫困村如期脱帽，贫困群众基本实现“两不愁”(不愁吃、不愁穿)和“三保障”(义务教育有保障、基本医疗有保障、住房安全有保障)。

【不动产登记】 2017年4月，全省召开地籍管理和不动产登记工作会议。会上，常宁市作典型发言，介绍成功经验。会后，先后有郴州市国土资源局、永州市国土资源局等40余个兄弟单位来常宁局交流学习，取得较好的社会效果。在不动产登记窗口管理上，努力做到“五个好”“五不让”(“五个好”：即说好每一句话，接听好每一个电话，接待好每一位群众，耐心解释好每一项政策，干好每一天的工作；“五不让”：即不让办事的群众在我这里受到冷落，不让工作差错在我这里发生，不让工作事项因我而延误，不让不良风气在我这里出现，不让国土部门形象因我而受到损害)。自觉开展延时服务。消化登记积压件，不断提高办事效率。至年末，全市颁发不动产权证书(明)21015本，其中证书9776本、证明11239本。

【地质灾害防范】 2017年，常宁市国土资源局编制完成《常宁市2017年度地质灾害防治方案》和制定印发《常宁市突发性地质灾害应急预案》。继续实行市级领导联点，部门和乡镇捆绑包干责任制。有序开展地质灾害隐患排查工作，对排查确认的重点地质灾害隐患点，全部编制应急预案，设立避险警示牌，制定避让隐情的路线和落实监测责任人，汛期期间，安排专人24小时值守。开辟地质灾害防治资金新渠道。根据原来的相关规定，常宁市地质灾害防治资金是从两权价款中提取10%列入财政预算。经请示市委、市人民政府领导批准同意，从土地出让金收益中提取5%作为地质灾害防治基金，开辟地质灾害防治资金来源的新途径。全年下拨新增地质灾害应急处置补偿资金200余万元，发放更新明白卡3600余份，发布预警信息4000余条，有效减少因地质灾害造成的损害。

【信访维稳】 2017年，常宁市国土资源局按照“属地管理，分级负责，谁主管、谁负责，依法、及时、就地解决问题与疏导教育相结合”的原则，对信访人的信访诉求，努力做到诉求合理的解决到位、诉求无理的思想教育到位、生活困难的帮扶救助到位、行为违法的依法处理到位，真正做到信访有人抓，矛盾有人处理，问题得到落实和解决。全年共排查各类信访隐患18件，排查疏通准备赴省上访案件5起，将2起有进京上访苗头的多年积案给予控制并成功处理。共受理来电50件(起)，人民来信来访91件(起)，其中上级交办56件(起)，本级受理35件(起)，结案率98.9%。对省、衡阳市交办的信访案件和重大、疑难、复杂的信访积案，实行局领导包案息访制度。按照“一个积案，一名领导，一套班子，一个方案，一抓到底”的“五个一”包案责任制，由包案领导牵头，包案小组和责任单位组织专门力量，集中时间，因案施策，包掌握情况、包思想教育、包解决化解、包息访息诉、包信访稳控，维护群众的合法权益。

【土地变更调查】 2017年，常宁市国土资源局结合卫片执法检查工作，出台《2017年度全市土地变更日常调查与遥感监测工作实施方案》。对全市301块遥感监测图斑已经现场勘测核实、现场举证；汇总形成全市年度土地利用变化情况，及时更新土地调查数据库；公布年度变更调查主要数据；满足国土资源“一张图”建设和“批、供、用、补、查”日常监管需要，确保土地管理工作的顺利开展。

【机构改革】 2017年，因机构改革从原房产局划转102名工作人员到国土资源局，其中有60名，经请示市委、市人民政府主要领导和分管领导，并通过与相关单位积极协调沟通，将该60名非财政统发人员的工资全部纳入财政全额拨款。

【规费征收】 2017年，常宁市国土资源局成立规费征收领导小组，设立非税收入征缴保证金考核制度。全年共完成各项非税收入4405.23万元，其中行政事业、服务性收费1047.25万元，罚没收入626.99万元，重点项目耕地开垦费2357万元，预算外收入373.99万元。按照市财政年初下达的非税收入征收任务3360万元，超额完成1045.23万元。

【基准地价更新】 2017年，常宁市国土资源局完成新一轮基准地价成果更新前期相关工作。举行基准地价成果更新听证会，上报省国土资源厅组织评审验收后即可颁布实施。

【门户网站迁移】 2017年，常宁市国土资源局按照上级统一要求，将国土资源门户网站统一整合到常宁市党政门户网，并及时做好更新维护工作，每月国土资源动态更新不少于5条，其他各类型栏目全年更新总量600多条。

【党风廉政建设】 2017年年初，常宁市国土资源局结合各级纪委全会精神和市委、市人民政府中心工作，局党组与局属各单位签订《党风廉政建设责任状》，明确主要领导在党风廉政建设责任制工作中的主抓责任，严格实行“一岗双责”，建立“一把手”抓班子成员，班子成员抓分管单位的工作机制，形成一级抓一级、一级对一级负责的责任体系，切实做到业务工作管到哪里，党风廉政建设就抓到哪里。全局干部职工签订《坚决拒绝违规收送红包礼金公开承诺书》，并将承诺书悬挂在办公室醒目处时刻予以提醒。8月17日，局党组组织国土资源系统干部职工在市剧院召开党风廉政建设大会，邀请常宁市纪委常委肖红洲对党风廉政建设工作授课。组织党员干部集中学习《中国共产党党员领导干部廉洁从政若干准则》《违反土地管理规定行为处分办法》《中国共产党纪律处分条例》《习近平关于严明党的纪律与规矩论述摘编》和《中国共产党党内监督条例》等与国土工作密切相关廉政建设法规政策，编印法律法规政策书籍1000余本，印刷《落实党风廉政建设两个责任操作手册》80余本。组织局干部职工观看《打铁还需本身硬》《决不饶恕》等多部教育片，让干部职工从反面典型案件上汲取了教训。积极开展廉政谈话、约谈活动，落实党风廉政建设。

为贯彻落实中央八项规定精神，切实有效整治“四风”突出问题及预防”雁过拔毛”式腐败问题，组建国土资源系统督查工作领导小组。围绕“六项纪律、四个着力”开展督查工作，对全市国土资源系统全方位、全覆盖进行督查。对土地开发整理中心、不动产登记中心、矿产开发股、泉峰国土资源中心所、三角塘国土资源所、大堡国土资源所进行首轮督查。对督查发现的问题线索已上报局党组，并责令相关单位予以整改。

【存在的问题】 2017年，存在的主要问题有：一是新增建设用地指标趋紧，全市土地报批工作将面临新的挑战；二是耕地开发后备资源十分有限，耕地占补平衡、土地开发整理难度进一步加大；三是国土资源执法监察的手段比较单一，执法压力日益增大；四是征地拆迁与安置等关系群众切身利益的问题有待进一步取得突破；五是闲置土地处置和低效用地开发力度需要进一步加强；六是不动产登记工作效能还需进一步提升。

住房公积金管理

【概况】 2017年，衡阳市住房公积金管理中心常宁市管理部内设个人贷款组、归集支出组，有正式员工6人、劳务派遣2人。在中心班子的领导下，在中心各部门的全力支持下，通过管理部的全体人员的共同努力，圆满完成年度工作目标。

【业务完成情况】 2017年，衡阳市住房公积金管理中心常宁市管理部归集住房公积金2.68亿元(其中利息995.62万元)，比2016年增长38.18%；提取住房公积金12000人次，金额1.59亿元，比2016年增长28.91%；发放住房公积金贷款635户，金额1.87亿元，比2016年增长13%；回收贷款本金9248万元，实现业务收入2069.47万元，增值收益952.33万元。是年，累计归集住房公积金13.88亿元；累计提取住房公积金6.25亿元，缴存余额7.63亿元；累计发放住房公积金贷款9002户，金额11.37亿元。尚有存量贷款3820户，金额6.03亿元，个贷率79%，较全市金融机构平均存贷比46.7%高出32.3个百分点，与商业银行基准利率对比，全年共为住房公积金贷款职工节约利息支出1000余万元。

【营业大厅升级】 2017年3月1日，管理部从原房产局搬迁至玉虹豪庭办公。新的服务用房仅营业大厅的面积近300平方米，大厅设计功能完善，业务办理区、等待区、自助区分区明确，可同时容纳50人办理业务。实现一站式办公，所有的住房公积金业务均可在营业大厅办结。

【单位缴存规范】 2017年，衡阳市住房公积金管理中心常宁市管理部根据《住房公积金管理条例》的要求，将规范单位缴存行为作为一项重要工作纳入管理。一方面积极与常宁市财政局衔接，争取财政工资统发中心每月将扣收职工的个人部分住房公积金转至管理部账户；另一方面及时与单位联系要求单位按照规范填写住房公积金汇缴表，以便及时将到位资金记入职工个人住房公积金账户。同时，积极配合单位与财政联系，争取财政补贴部分尽早到位。是年，常宁市教育系统3700万元的2017年财政住房公积金补助部分拨付至管理部账户。

【资金风险化解】 2017年，衡阳市住房公积金管理中心常宁市管理部加大逾期贷款的催收力度，并对所有的逾期贷款进行全面的摸底，将严重逾期的100多户贷款列入重点关注对象，贷款余额达1000余万元。共收回上述贷款本金500余万元。年末结清34户，收回本金约300万元。加强与中心法规科、律师、法院及部分当事人的联系，争取得到最大支持。并于2016年初，对24户可能造成损失的贷款向法院提起诉讼。在诉讼过程中，相关当事人结清贷款2笔，收回本金10万元；有18户进入法院强制执行阶段，通过强制执行，共收回贷款本金36万元。其中，结清贷款5笔，收回本金34万元。

【政府决策落实】 2017年，衡阳市住房公积金管理中心常宁市管理部根据中共常宁市委、市人民政府的统一安排部署，在精准扶贫、新农村建设中，均被列为后盾单位。多次往返衡阳市中心汇报相关情况，争取中心领导的支持，拨付2万元，用于洋泉祁元村精准扶贫，拨付1万元，用于白沙镇上洲村新农村建设。

市场和质量监督管理

【概况】 2017年，常宁市食品药品工商质量监督管理局机关内设23个股室，下辖8个直属事业单位，22个基层监管所，有在职工作人员362人。围绕市委、市人民政府“跻身全省县域经济前十强，建设美丽富饶幸福新常宁”发展目标，融“市场健康、食药安全、质量提升、消费维权、服务发展”五位于一体，攻坚克难，砥砺前行，各项工作取得一定的成效。

【食药监管】 2017年，常宁市食品药品工商质量监督管理局开展学校食品安全“护苗行动”、网络食品安全“清网行动”、保健食品“护老行动”“正源行动”、化妆品“护美行动”、肉及肉制品市场专项整治行动、流动领域食品安全专项整治、餐饮行业专项整治、茶叶加工小作坊专项整治、食用植物油生产加工专项整治、酒类市场专项整治、医疗机构在用分子筛制氧设备的专项检查、处方药未凭处方销售专项整治等一系列专项整治行动，并加强食品检验检测和食药安全监测，将“四个最严”落实到实处。全年共检查和巡查食品、餐饮经营户4000余户次，抽检各种食用农产品、肉及肉制品240个样品、工业产品230个样品；查办各类食药安全案件60件，处罚没款100余万元，下达责令整改通知书200余份，责令停产停业5户；收集和上报食品、化妆品、药品、医疗器械监测报告597份，100%完成食品药品风险监测任务，有效防范禽流感、毒蘑菇事件的发生。

【专项整治】 2017年，常宁市食品药品工商质量监督管理局持续开展查处无照(证)经营、校园及周边环境综合治理、商标广告市场整治、产品质量稽查工作、人口和计划生育综合治理、反不正当竞争、产(商)品质量“利剑行动”“瘦身钢”清查和整治行动等专项整治工作，全力维护全市市场经济秩序，为常宁经济健康发展保驾护航。全年查处无照经营案件21起、商标广告违法案件19件、不合格商品案3件、不正当竞争案件1起、网络交易领域案件2起，取缔“瘦身钢”加工厂1家、无照砖厂16家、洗涤企业3家，共处罚没款200余万元。

【品牌战略】 2017年，常宁市食品药品工商质量监督管理局全面实施商标品牌战略，形成“常宁品牌”集群效应。全市有效注册商标1184件，新增223件。其中农产品商标36件，中国驰名商标1件，湖南省著名商标6件，地理标志证明商标1件，衡阳市知名商标3件，湖南名牌产品5件，衡阳市名牌8件，国家地理标志保护产品1个，衡阳市市长质量奖品牌3个。其中“常宁茶油”获得国家地理标志保护产品，“常宁茶油”地方标准已在加紧制订。

【消费维权】 2017年 3月15日，常宁市食品药品工商质量监督管理局举办以“网络诚信、消费无忧”为主题的大型3.15国际消费者权益日纪念活动，并启动常宁市公用企业消费者评议工作。消费者评议工作在市“四大家”和市委宣传部等部门的重视和支持下，进行现场满意度测评、微信投票、问卷调查、现场检查、整改提高等环节。各公用企业纷纷结合评议活动积极开展自查自纠，服务质量显著提高。活动期间，受理12315消费投诉举报74件、12345交办投诉38件、12331投诉案件24件、网络投诉8件，做到件件受理，件件回复，处理率达100%，满意率在90%以上。开展强检计量器具检定工作和产品质量监督抽检工作，维护市场公平公正。完成强制检定加油机366枪、地秤35台、天平24台、压力表118块、电子台秤160台。11月，按照市人大常委会意见，开展重点民生领域计量器具计量专项监督检查。共抽检水表50块、电表50块、燃气表30块、加油机8台。

【完办件办理】 2017年，常宁市食品药品工商质量监督管理局对领导批示交办的事项做到件件有部署、件件有落实、件件有报告，全部处理回复到位；

按时报送年初工作计划、工作要点、季度工作进度、半年工作总结、重点工作进展情况、年终工作总结和2018年工作打算。办理党代表提案1件，人大建议1件，政协委员提案2件，处理回复均获代表和委员满意。按照市委、市人大常委会的安排，圆满完成人大代表分组讨论会议承办服务工作。

【脱贫攻坚】 2017年，常宁市食品药品工商质量监督管理局按照市委、市人民政府的安排，向塔山瑶族乡塔山村派出扶贫工作队，由党组成员、副局长王耀群任工作队队长，长期驻塔山村帮扶该村脱贫攻坚；全局派出15个扶贫分队共计160余人进驻胜桥镇14个村开展结对帮扶工作。全年扶贫出动干部职工287人，共结对503户。共投入帮扶资金70多万元，发放帮扶物资800多份。10月17日，组织开展“我要上学，我要有个家”扶贫日，捐款35800元；组织开展“慈善一日捐”活动，捐款10750元。在联点的胜桥镇扶贫村，捐款合计211880元，发放食用油500桶。全年，局机关支付扶贫资金累计18万余元，22个基层监管所投入扶贫资金16万余元。支持塔山村扶贫资金10万元，扶贫工作经费1万元。支持蓬塘乡蓬塘村扶贫资金2万元，支持蓬塘乡满江村(派出第一书记)资金1万元。

【综治信访】 2017年，常宁市食品药品工商质量监督管理局以“平安单位”创建、巩固创卫成果、迎接省级文明单位复核检查为载体，将综治、维稳、信访工作融入日常、抓在经常。积极开展周五全民卫生日和巡逻劝导活动，关注民生问题。抓好综治民调工作，坚决不拖后腿。认真办理信访案件，全年受理信访案件3件，办结3件，将矛盾和纠纷解决在萌芽阶段。

【商事制度改革】 2017年，常宁市食品药品工商质量监督管理局继续深化商事制度改革，不断优化登记服务，简化办事流程，降低企业发展成本，减免注册登记费，取消信息检索费、计量检测费等涉企费用；改企业巡查制为抽查制，实施“多证合一”改革、“两证整合”改革、登记制度改革、注册登记便利化改革、全程电子化登记改革、简易注销改革等改革措施，办事流程和办事时限大为缩短，做到注册登记“让企业最多跑一次”。全年共当场办照颁照700余本。企业注册登记服务得到进一步优化，为常宁招商引资、发展经济营造了好的登记政务环境。年末，全市市场主体总量为27874户，其中企业3308户，新增624户，比2016年增长34.2 %；农民专业合作社1167户，新增396户，比2016年增长79.2%；个体工商户23399户，新增2392户，比2016年增长 0.8%。累计换发“多证合一”企业营业执照3647本，完成率在90%以上；核准“两证整合”个体工商户营业执照4958本。企业名称登记改革正式启动，共核准“冠湖南”企业名称及营业执照8本，“冠衡阳”企业名称及营业执照2本，有11户企业通过网络平台自主申报名称。启动注册登记电子化，共颁发电子营业执照2本。引进企业简易注销机制，受理企业简易注销申请20余件。

【“事中事后”监管】 2017年，推动企业年度报告公示制度，为健全企业信用信息公示机制和信息共享机制打下坚实基础。继续落实“双随机一公开”等监管措施，监管力度进一步强化、监管手段进一步创新和多样化。10月以来，开展涉企信息统一归集公示工作，切实发挥牵头作用，加紧对各部门涉企信息归集公示工作的调度，主动与电子政务办对接，为39个涉企信息归集部门开通电子政务专网，并对部门涉企信息归集工作进行逐一培训、调度和核实，共归集行政许可信息3218条，行政处罚信息136多条，接收和反馈双告知信息4611条，下载经营异常名单

367条，基本实现本部门信息归集公示率100%，各部门涉企归集率不少于70%的目标，扩宽信用信息共享、联合惩戒的范围。

【招商引资】2017年，以“服务经济社会、发展市场主体”为工作主题，充分发挥职能作用，积极服务招商引资和项目建设，全力帮扶该企业做大做强。是年，引进四川人罗绒达瓦来常宁创办湖南省牧良生态农业科技有限公司，总注册资金1180万元，新建牛棚、猪棚，固定资产总投入1800万元；继续支持台资企业常宁一滴香油茶有限公司，新建茶油加工车间2个，固定资产新投入500万元。

【安全生产】 2017年，严格执行重大事故隐患治理“一单四制”制度，全面开展“三大一严”“安全生产大检查”“打非治违”等安全生产专项整治工作，突出安全生产整治重点，集中力量加强对特种设备、非煤矿山、危险化学物品、烟花爆竹等行业的安全生产监管。提前完成3件上级交办或通报的重大安全生产事故隐患督办件的办理工作，相关安全生产事故隐患均得到有效治理。全年检查安全生产企业160户次；排查各类特种设备安全隐患178处，下发安全监察指令书64份；查扣灌装液化气24瓶，取缔无证经营液化气经营户2家；发现烟花爆竹领域无照经营5户、无证经营户65户，全部抄告市安监局和市安委办。

【行政执法】 2017年，常宁市食品药品工商质量监督管理局制定《重大案件案审制度》，联合会审重大案件，确保重大案件依法、按程序、高质量办结，重点抓好行政执法规范工作。以“3·15”保护消费者权益日等活动为载体，开展普法活动和法制培训，提高市场监管法律法规的普及率。以涉企信用信息归集、公示、共享和人大代表、政协委员综合评价(联合审查)为平台，强化行政执法成果运用，实现“一处违法，处处受挫”的执法效果。

【公文办理】 2017年，常宁市食品药品工商质量监督管理局共计发文97件，全部按规定签发。收文严格执行签收制度，共计收文476份，全部按规定签收、下发及存档。政务信息严格执行政务公开制度，在常宁市人民政府网站等网站公开政务信息65条、公开行政处罚信息110多条、行政许可信息3000多条。政务工作严格执行保密规定，凡涉密事项、重大事项和公开事项均实行审批制度，重要文件、事项只通过内网自动化办公系统OA发布，保密文件按保密规定进行传阅。加强档案标准化建设，建有标准化档案室1个，所有企业档案、行政许可档案资料进档案室保存，共存档6000余册，综合资料按规定移送市档案局存档，共移送110多册。

【宣传调研】 2017年，常宁市食品药品工商质量监督管理局上报新闻130条，其中被国家级媒体采稿3篇，被省工商局红盾网、省局刊物《市场和质量监管》采稿20篇，被衡阳市工商红盾网采稿和通过OA报送新闻报道64篇，被《三湘都市报华声在线》《今日头条》等媒体采稿43条。同时，起草调研报告《深化商事制度改革助力常宁高速发展》(获优秀奖)、《常宁市商标品牌发展形势与分析》，积极为食品药品工商质量监督管理事业和常宁市发展建言献策。

【财务管理】 2017年，完成非税收入任务，并积极争取上级资金。全年完成非税收入485.3万元，全部入库市财政，完成比例为121.25%；全年争取上级资金71.12万元。

资源枯竭城市经济转型

【概况】 常宁市资源枯竭城市经济转型办公室于2013年正式挂牌成立，为正科级事业单位。共有工作人员4名，配主任1名，副主任2名。编制上隶属于常宁市发展和改革局。2017年，以《国务院关于促进资源型城市可持续发展的若干意见》《湖南省人民政府关于促进资源型城市可持续发展的实施意见》及《全国资源型城市可持续发展规划(2013-2020年)》等文件精神为指导，紧扣资源枯竭城市转型发展主题，深入学习贯彻“十九大”精神，推进扶贫攻坚等中心工作，完成各项工作目标任务。

【转型规划修编】 2017年，常宁市资源枯竭城市经济转型办公室根据国家发改委[2017]52号文件及省发改委《关于开展资源型城市转型发展规划或实施方案编制的通知》文件要求，特邀湖南省第一工业设计研究院专家团队，根据常宁的实际，编制新的《常宁市资源枯竭城市转型发展规划(2017-2025)》。新规划共纳入建设项目132个，总投资859.81亿元。其中包括规划背景和基础、总体考虑、构建多元化工业新体系、加快推进农业现代化、打造知名文化旅游目的地、大力发展现代服务业、优化产业布局、切实保障和改善民生、推进生态修复与环境整治、增强转型发展支撑保障、保障措施等11个方面的内容。“规划”共征求意见29条，经完善修订，由市人民政府［2017］第5次常务会议研究通过，报送省发改委评审。

【绩效评估】 2017年，常宁市资源枯竭城市经济转型办公室配合国家发改委进行考核评估，制订工作方案，加强与其他单位和部门的沟通协调，充分保证报送资料和数据的准确性、真实性和逻辑性，并认真组织、归纳报送材料和指标数据，主持编制《湖南省常宁市资源枯竭城市转型2017年度绩效考核评价自评报告》，自评报告获得评审专家的一致好评，经省发改委报审定后报送给国家发改委。常宁2017年度绩效考核评级为良好等次，在全省排名第二，圆满完成年度资源枯竭城市转型绩效评估工作。

【示范市创建】 2017年9月，常宁市资源枯竭城市经济转型办公室根据国家发改委办公厅下发的《关于全面总结宣传资源枯竭城市“转型十年”工作情况的通知》文件精神，及省发改委相关要求，每个资源枯竭城市需全面梳理总结转型进展情况和工作成效，系统宣传转型升级成效和经验，积极开展可持续发展示范市创建活动。为圆满完成各项工作任务，制定《常宁市人民政府关于迎接国家发改委开展全面总结宣传资源枯竭城市“转型十年”工作情况的实施方案》。“方案”明确由资源枯竭城市经济转型领导小组牵头，召开“迎接国家发改委开展全面总结宣传资源枯竭城市‘转型十年’动员调度会议”，并成立报告撰写组、转型宣传与资料收集组、后勤保障组3个工作小组，分工合作，抢抓时间节点，对常宁2011年以来转型升级工作进行全面调查研究和总结分析，认真、全面、系统编制10万字的《常宁市资源枯竭城市转型升级工作实施情况报告(2012～2017)》，为常宁争创“全国资源枯竭城市转型发展示范市”奠定坚实基础，并按要求上报给国家发改委。

【转型宣传】 2017年，常宁市资源枯竭城市经济转型办公室为积极引导社会舆论，提升转型发展意识，根据国家和省发改委有关文件要求，以“转型十年”为契机，制订《常宁市资源枯竭城市“转型十年”宣传活动方案》，充分利用各级新闻媒体宣传平台，对常宁资源枯竭城市转型工作进展和成效进行有针对性的宣传，采用丰富多样的宣传形式，开展“转型十年宣传月”及“五个一”宣传活动。编制一份总结评估报告，评估报告作为宣传的主要载体，是迎接国家考核评估最有力的成果展示，高质量完成总结评估报告的编制工作，并上报国家发改委；拍摄一部电视专题片，积极筹划与市电视台以“转型十年”为主题，拍摄一部常宁资源枯竭城市转型发展专题片；制作一本转型宣传画册，面向全市征集在经济发展、民生改善、环境治理等方面的重大项目建设的图片和影像资料，制作一本精美的资源枯竭城市转型发展宣传画册；策划一批大型宣传牌，以资源枯竭城市转型发展目标、发展模式及“转型十年”为主要内容，在高速路口、工业园区等区域树立4幅大型广告宣传牌；采写一版党政报刊专栏，于11月24日在湖南日报以《绿色发展看常宁》对常宁转型工作进行了专版报道；衡阳日报头版以《转型升级：常宁走出绿色发展新路》为题进行重点推介。

【扶贫攻坚】 2017年，常宁市资源枯竭城市经济转型办公室深入贯彻习近平总书记扶贫开发系列重要讲话精神，认真落实市委、市人民政府扶贫相关工作部署，做到帮扶对象、帮扶责任人、帮扶任务、帮扶措施和帮扶效果“五个落实”。为联点塔山乡东江村支付5万元扶贫建设资金；每位包村领导、每个包扶党员干部每月走访贫困对象两次以上，上门宣讲扶贫政策，为贫困村和贫困户找路子，及时解决贫困户面临的困难和问题，并如实记录台账。

工　业

经济科技和信息

【概况】 2017年，常宁市工业和信息化局机关在编63人，其中班子成员11人，内设办公室、经济运行股、投资与规划股、中小企业股、产业政策与法规股、节能与综合利用股、能源运行股、计划成果与知识产权股、高新技术股、农村社会与发展股、信息化综合服务股，下辖墙改办(散装办)、地震局、电力行政执法队、节能监察中心和科技咨询中心5个二级机构。工业经济运行监测协调、电力依法行政和知识产3项业务工作获得全省先进单位。

【规模工业经济】 2017年，全市现有规模以上工业企业91家，完成工业总产值258.9亿元，比2016增长31.6%，增加值增速9.0%，排衡阳7县市第一位。全市新增规上企业20家，退出规上企业4家，净增规上企业16家，全市共有重点工业项目5个，其中完成投产项目2个。

【科技创新】 2017年，全市列入省科技计划项目2个，衡阳市科技计划项目7个，全年专利申请306件。其中发明专利申请93件，有效发明专利拥有量47件，有效发明专利增幅27.6%。全市新增高新技术企业5家，高新技术产业增加值29.1亿元，增加值增幅达60%，高新技术产值占GDP8.8%，研发经费6.54亿元占GDP1.98%。

【项目设立】 2017年，全市获得各类资金总计6540万元，其中特色产业重点县项目继续获得6000万元，中小企业专项资金343万元，省、市科技项目150万元。

【行政执法】 2017年，局党组把依法行政工作作为对外形象宣传的窗口，狠抓执法队伍建设。要求执法人员在执法活动中严格做到文明、规范。电力执法、知识产权执法和墙改执法有序开展。先后对烟洲、西岭等电力秩序混乱区域进行重点整治，完成西岭镇石江村用电秩序整治和荫田镇张栗村、柏坊镇新河居委会特殊电价整治；对烟洲的亲仁、新龙两村派执法队员长期驻村进行整治，线损从最高时98%到年末该区域线损控制在5%以内，电力依法行政工作获得省先进单位。

【国企改制和维稳】 2017年，经直17家国营企业完成改制的有16家，剩下的1家重新启动改制，年内完成破产程序。随着改革的深入，伤残军人的伤残待遇，企业退役志愿兵、参战人员和“4050”人员的社保医保等等信访问题层出不穷、交织出现，维稳的压力巨大。处理信访过程中，方法得当，责任到位，整个系统没有出现越级上访和群体性异常上访现象，维护了工业大局的稳定。

【脱贫攻坚】 2017年，常宁市工业和信息化局共分配扶贫任务200户。同时，还牵头负责全市的科技扶贫和信息扶贫工作。对全市46个贫困村选派科技特派员，组织科技人员到贫困村开展科技培训和科技服务。确保全市46个贫困村4G网络覆盖率达100%，光纤到村通达率达100%。

【电力建设】 2017年，随着城市化进程加快，城区用电瓶颈日益突出，为改变这一现状，通过积极向上协调，同时不断优化电力建设施工环境，电力项目建设工作成绩斐然。年内，城北110 kV变电站于1月底正式投运，城区的供电质量和供电能力得到提高，白沙35kV变电站在3月份建成投运。

【协调服务】 2017年，常宁市工业和信息化局多次提请市人民政府召集相关职能部门专题研究解决相关企业生产中水、电、路等实际问题的会议。及时帮助解决工业企业生产经营中遇到的困难和问题。多次举办银企对接签约活动为广大中小企业搭建融资平台，为各类企业解决融资瓶颈。积极争取领导重视，在全市实行市级领导联系企业制度，同时对照省、市出台的政策，出台《关于进一步支持工业经济发展的若干规定》，34条硬措施为工业企业发展提供支撑。

湖南水口山有色金属集团有限公司

【概况】2017年，湖南水口山有色金属集团有限公司完成铅锌铜精矿含量33354吨、铅锌产品产量187276吨、黄金862千克、白银219吨，实现营业收入55.06亿元，较好地完成年度工作目标。

【HSE管理】2017年，公司在安全管理创标和整改环保隐患中，推进安全管理升级，加大环保投入和强化环保管理，安全环保状况持续稳定。以压实安全环保责任、构建“双重预防”机制、建设安全标准化矿山、创建HSE精细化和清洁化生产标杆单位、打造安全亲情文化为抓手，公司全年安全事故总量和千人负伤率实现双下降，年度千人负伤率3.69‰，为历史最好水平，连续实现第二个安全生产年。并获得全国“安全生产月”和“安全生产万里行”活动先进单位。

【改革深化】2017年，公司分流安置1856人，从业人员由2014年初的10571人，降至5124人，人员总量降到近30年来最低。人工成本与2014年相比，降幅为8.64%。主产品全员劳动生产率较2013年增长25.68%。全面完成公司分立重组。“三供一业”等社会职能移交取得重大突破，供水、供电移交进入快速实施期。法人单位“压减”、辅业分离退出等均进展顺利。中层干部竞争上岗并签订任职承诺书，中层干部总数精简率31.45%，平均年龄下降3岁。

【经营管理】2017年，康家湾产矿石44.6万吨、铅锌精矿含量3.02万吨，分别创近7年来、13年来最高水平；完成黄金含量430公斤，为年计划的134%，比2016年增加36%，创效2000万元，为历史最好水平；选矿回收率指标取得较大突破，铅、锌、硫选矿回收率分别为89.67%，89.69%，62.93%,比2016年上升0.05、0.03、3.2个百分点。八厂积极开展底吹炉“粒煤+铅泥”处理实验，有效地降低库存、盘活资金，并为大规模处理基地项目渣料储备了技术；四厂实施次氧化锌分类处理攻关，提高铅泥含铅品位5%以上，提升了铅泥后续处理的经济性。年末，全公司库存资金同比下降2739万元，降幅30.47%。

【从严治企】2017年，湖南水口山有色金属集团有限公司坚持把督查与问责作为从严治企的核心环节。建立管理督查机制和工作责任清单制度，形成问责追责常态化。对前期发生的安全、设备、经营、财务等方面的问题进行严肃问责，是年，处理、考核29人。通过有效整治，干部执行力、员工履职状况得到明显改善。

【财务管理】 2017年，湖南水口山有色金属集团有限公司逐步退出高息负债，降低财务费用，资金状况得到改善；严格子分公司资金管控，形成公司资金管理“一盘棋”局面。推动“两金压减”工作，债权债务催收取得初步成效。为2018年全面实施一级核算和一级管理做准备，积极筹划一级核算。

【风险管理】 2017年，湖南水口山有色金属集团有限公司坚决贯彻“制度管人，流程管事”原则，按照《中央企业全面风险管理指引》要求，对公司本部及各分、子公司开展风险管理情况进行全面检查，出台公司风险管理工作要点和内控工作方案。促使风险管理工作由风险揭示型向风险预警型转变，为公司稳健发展保驾护航。

中国五矿铜业（湖南）有限公司

【概况】 中国五矿铜业(湖南)有限公司(以下简称“公司”)成立于2013年10月。公司座落在常宁市水口山镇，占地面积86.67公顷，有正式员工400余人，中高级技术职称60余人，内设9个管理职能部门、三个生产厂、一个中心，专门实施水口山金铜综合回收产业升级技术改造项目(以下简称“金铜项目”)。

金铜项目是2009年12月中国五矿与湖南省人民政府加强战略合作，对湖南有色控股实施战略重组，以水口山集团柏坊铜矿铜冶炼系统升级改造为契机，以采用水口山自主研发的SKS炼铜法实现多金属的资源综合回收为目的，以常宁市人民政府承担相关配套设施等支持为引力，同时契合湖南省加快落实《湘江流域重金属污染治理实施方案》而选择在水口山地区上马的铜冶炼综合回收及环保项目。金铜项目是中国五矿涉铜冶炼的“开篇之作”，为衡阳市建国以来投资额最大的工业项目之一。项目实施填补了湖南省有色产业大金属铜冶炼的空白。

金铜项目一期工程总投资30亿元，其中建设投资20.89亿元。项目年处理含铜、金、银、硫物料55万吨,年产一级阴极铜10万吨，金锭2.44吨，银锭200吨，硫酸50万吨。项目采用中国自主知识产权的水口山炼铜法(又称氧气底吹炼铜工艺)。该工艺是目前世界上先进的铜冶炼技术之一，由其对于处理复杂铜精矿、金精矿具有突出的优势。

2014年5月1日，启动项目工程建设，2016年5月实现竣工投产。2017年，产出阴极铜8.1万吨、硫酸37万吨，完成营业收入40亿元，利润-1870万元，实现投产以来第二个“平安年”，主要技术经济指标达到设计值。

【HSE管理】 2017年，公司通过加大环保整改投入、夯实HSE基础管理，成功获得环评竣工验收批复，并通过中央环保督查。年内，公司获得危化品安全生产许可、危废经营许可，以及国内有色行业首张新排污许可证。顺利通过省环保厅清洁生产审核。全年工亡及重伤事故为零、环保事故为零，连续两年实现“平安年”，公司的环境信用等级为“合格”，相关合规生产证照全部齐备。

【生产组织】 2017年，公司通过优化生产组织、强化设备管理、保障原料供应，底吹炉平均每月处理量达55000吨/月以上，底吹炉单月处理量实现达产。阳极铜单月产量全年有5个月保持9000至10000吨左右，其中12月份阳极铜产量达11012吨。至年底，电解系统持续满负荷生产。公司全年产出阳极铜

9.7吨、阴极铜8.1万吨、硫酸37万吨。此外，关键技术经济指标得到提升，熔炼渣含铜、渣尾矿含铜等部分指标已经达到或优于设计值。

【成本管理】2017年，公司推进财务制度建设。基本建立财务管理制度体系，初步形成全员、全过程、全方位的成本管理格局。12月，公司EAS财务业务信息一体化系统上线运行，为夯实财务管理基础、规范业务流程提供有效的技术支撑。针对公司1～5月份出现的亏损，公司成立专门的止亏增效领导工作小组，确定12项降本增效任务，一定程度上止住了亏损面和亏损额度的扩大。

【内部市场打造】2017年，公司分别与五矿国际就进口原料采购、国内电解铜销售、融资及保值等业务开展紧密协同；与五矿发展国际共建港口货权监管及绿色配送通道模式；与中冶宝钢协同开展生产设备维保业务；与水口山公司就水、电、气等展开全方位协同；与株冶和水口山公司就硫酸销售展开价格协同，稳定硫酸销售价格。与中国恩菲、中冶宝钢、五矿国际、水口山公司等单位业务协同金额达到46亿元。

【科研技改】 2017年，公司与长沙矿冶院合作建立铜资源综合利用开发实验室。实验室在“污酸处理渣的减量化、资源化及无害化处置技术研究”和“铜冶炼烟灰清洁处置及高值化研究”等方面取得突破性进展，有望在冶炼废渣减量化处置和综合回收利用方面探索出新路子。成立14个科技攻关小组，开展降低渣含铜、底吹炉炉寿、提升转炉冷料处理率、提高阳极板质量、优化污酸处理等攻关工作，取得一定成效。取得湖南省科技厅颁发的高新技术企业认证，为以后的科技研发工作奠定基础。在科技人才培养方面，与湖南有色金属职业技术学院签订了校企战略合作协议，成为该院“实训基地”，这将为公司科技人才队伍建设提供有力的支撑。

【工作中存在的不足】 2017年，污酸及污酸渣处理压力大，公司硫酸系统酸浓偏高，年产渣量3万余吨，污酸综合渣处理成本达到1000元/吨，年度处置费用需要3000万元左右，目前仍有大量污酸渣处于积压堆存状态；中间物料积压金属占存偏高，公司的吹炼渣、烟灰、炉存、槽存的中间物料金属占压量在元月末有2.1万吨，两金占用元月末在13亿元以上，造成公司资金积压大、流动资金紧张，财务成本居高不下；公司电解液净化系统的净化除杂能力不足，净化效果不佳，制约设计产能的充分发挥，对产品质量也十分不利，因电解铜质量不高，全年销售颗粒铜9652吨，平均贴水266元/吨，仅此一项全年贴水减利250余万元；规模效益和综合回收效益不高，公司10万吨的设计产能在行业内属起步规模，单位产品的固定成本分摊较高，公司的土地及部分公辅设施是按30万吨产能设计的，需多承担公辅费用成本；冶炼过程中产生的阳极泥因产量偏少不具备进一步处理的经济性，为全部外销，其中的金、银等有价金属综合回收价值很难得到充分体现；基础管理薄弱，决策体系、制度体系、运营体系、风险控制体系等仍处在逐步完善的过程中，人员的素养和技能仍处在爬坡期，基础管理有待加强，与行业先进企业比存在较大差距；干部职工的思想理念和作风亟待转变。

煤炭工业

【概况】 2017年1月，按照市委机构改革方案，市煤炭工业局和安全生产监督管理局合并，在人员、资产、财政方面进行全面整合，原煤炭局人员的编制全部划转到安监局，所有退休人员全部纳入安监局统一管理。新设立常宁市煤炭生产服务中心，为安监局所属副科级事业单位。原煤炭局局长、党组书记李月初任煤炭生产服务中心主任。机构合并后，煤炭生产服务中心暂留35人，其他人员因工作需要调整到安监局机关和局执法大队上班。7月，原借调到司法局的15人因借用期满，全部转入到安监局。市煤炭生产服务中心根据职责职能，内设办公室、煤矿服务股、资源保护股、经济运行股、档案管理股5个职能股室，并上报市编委审批。

【卫生城市创建】 2017年，常宁市煤炭生产服务中心加大对分管路段(解放北路)交通、卫生的创卫管理，并作为中心的一项日常性工作，明确具体责任人，充分发挥路段长的作用，加强与责任单位之间的工作衔接。增派人员、加大规劝力度，完善奖罚制度，并对上街规劝人员的劝导时间作出硬性规定，上、下午上街劝导均不得少于2个小时，上街劝导动态图片不少于10张上传至市创卫群。增加创卫经费，为规劝工作人员配备雨伞、卫生钳、垃圾斗等保洁工具。

【煤矿排查】 2017年，按照省、衡阳市文件精神和安全责任要求，市煤炭服务中心持续不断地开展对全市所有关闭煤矿的回头看和安全巡查。明确带班组长责任制，安排两个小组，每组5人，排查安全隐患，防止煤矿死灰复燃和乱采乱挖行为。特别是在雨水季节和重大节假日，积极配合涉煤乡镇对关闭煤矿开展联合排查整治，严厉打击矿区乱采乱挖行为，对井口坍塌和沉陷区进行填埋，确保关闭矿区生态环境安全和周边村组人身安全。

【精准扶贫】 2017年，按照市委、市人民政府及扶贫办的要求，市煤炭生产服务中心的帮扶点定在新河镇五家围村。为开展有针对性的结对帮扶活动，中心选派13名工作人员进村进行一对一结对帮扶，摸清底子，制订措施，着力解决贫困户的实际问题。全年，送去扶贫慰问品等物质约2万余元，并拨付1万元给贫困户郭红军(因小儿麻痹留下残疾)作养殖启动资金，积极帮其向市扶贫办，政府相关部门争取帮扶助资金建设羊舍，养殖黑山羊30余只。

【信访维稳】 2017年，调整中心综治维稳机构，进一步明确相关职责，完善信访应急预案。对不稳定因素进行摸底，及时收集汇总，建立台账，事事项项登记在册。实行领导包矿制，侧重关注煤矿企业动态，及时发现矛盾，协同乡镇一同处理化解。同时，加强对群访人员的思想工作，做到讲政策、讲原则，统一步调，把不稳定因素消灭在基层。全年度派人进京接访6次、广州接访3次、长沙接访10次以上。

【存在的问题及困难】 常宁市煤矿关闭后，社会矛盾突出，这些不稳定因素随时会爆发，将给社会维稳带来巨大的压力；两个未改制的国有煤矿(田尾煤矿、红旗煤矿)下岗职工多，企业负债多，上访反映诉求多，强烈要求政府纳入改制程序，予以改制；对市政府明确的包案对象，多次接访做工作都无效，没更好的办法妥善解决。

石油

【概况】 2017年，中国销售有限公司湖南衡阳常宁石油分公司共有在职员工89人，其中正式工3人、劳务工86人；退休人员9人，内退人员1人。全年上缴税金2227193.72元，其中上缴国税1467388.35元，上缴地税759805.37元，连续几年被评为央企在常纳税大户。公司原有在营站15座(用工人数89人)、年内收购兆美加油站，其中自有加油站14座，租赁加油站1座； IC卡发卡充值网点6个(中心站、松柏站、城东站、城西站、青阳北路站、南一环站)。常宁市罗桥镇瑶寨村驻村扶贫，先后组织20余次进村扶贫帮困。

【经营情况】 2017年，公司共完成轻油销售30266吨，其中汽油销售20342吨、柴油销售9924吨。全年完成非油营业额944.8万元，毛利额63.55万元。

【存在的问题】 2017年，公司加油机布局不合理，汽油销量为主的直管站汽油枪数量明显不足，如中心站每月汽油销量300余吨，占任务总量的85%以上，而汽油枪只配备5条，只占到该站油枪总数的63%；站加油机数量不足，如盐湖、新河、西岭站都只有两台单枪加油机，官岭站只有一条汽油枪，若有加油机出现故障，就会造成油品脱销的问题。各站发电机存在不同程度的问题，市区停电较频繁，南一环加油站(月销量400吨左右)发电机老化较严重，经常出现故障，严重影响加油站的正常运转；中心加油站发电机电瓶急需更换；鹏宇站发电房电线布线不合理，无电瓶；西岭站无发电房；依湖站无发电机；盐湖站、新河站发电机损坏；柏坊站发电房渗水严重。

轻工业

【概况】 2017年，常宁市轻工业总公司机关内设办公室、行业管理指导股、资产财务股、组织人事股，总人数为13人。推进企业产权制度改革，切实维护企业稳定，全心全意为企业和职工服好务，基本完成年度任务。

【企业改制】 2017年，常宁瓷厂部分职工上访请求市人民政府督促尽快改制，总公司先后召开5次党委会议专题研究，成立由联点领导为组长的专门领导小组，组织职工见面座谈会5次。8月27日，召开职工代表会议，采用无计名投票表决，同意启动企业产权制度改革，按程序推动瓷厂改制清产核资等下一步的工作。

【档案管理】 2017年，轻工企业全部停产倒闭，企业人事、文书和财务档案资料处于无人管无条件管的状态，一些企业档案资料存在严重的遗失和腐烂损毁现象，导致企业改制时矛盾重重又无法理清。总公司吸取历史教训，下决心筹措资金，配备专门的企业档案室，购置10余个档案柜，将所属未改制企业的所有档案进行集中归集管理，消除隐患，为企业改制创造条件。

【维稳工作】 2017年，通过深入开展“学起来、严起来、干起来”专项行动，把解决信访问题与改善党员干部作风问题结合起来，进而促进干部作风建设、服务型机关建设、反腐倡廉建设，实现干部作风持续转变、轻工企业持续稳定。调处瓷厂职工李某康等到市信访局反映“请求政府督促瓷厂尽快改制，解决职工养老金”的信访案。协调社保部门，为40余名职工参加城镇职工养老保险，解决老有所养的问题；为300余名职工争取帮扶资金9余万元。全年接访30余起，50余人次，没有一起越级访和重大集体访发生。

【安全生产】 2017年，公司先后制订实施安全生产“三大一严”“打非治违”“安全生产月”“落实企业安全生产主体责任年”四个实施方案，并与下属企业全部签订《安全生产承诺书》。履行党政同责、强化一岗双责、严肃失职追责，压实企业主责，明确监管职责、严格属地责任，开展节日期间安全生产大检查，及时上报情况，切实落实无隐患“零报告”制度。 年内继续开展主要领导带队的“三大行动”，要求下属企业负责人，对辖区安全生产进行自查自纠，并对下属企业存在消防隐患的地方进行全面摸排。抽调10余人次组织开展安全生产大检查，对4家未改制的下属企业、5个车间、2个仓库、1个烟囱、所有线路进行安全彻查，共发现安全隐患5处，下发隐患整改通知书5份。在全面摸排安全隐患的基础上，落实整改相关责任人，及时上报并跟踪督促整改到位。在6月份安全大检查中，发现租赁羽绒厂厂房进行废旧塑料制品回收的车间存在严重的消防火灾隐患，立即下达安全隐患整改令，责令该厂停产整改，督促租赁的塑料废品回收车间在半个月内搬离厂区。坚持重大节假日、重点领域监管排查。建立健全领导带班制度，严格执行领导干部到岗带班制度，执行工作人员24小时值班制度和信息及时报送制度；建立应急预案，为职工群众生命财产安全提供安全保障。

【扶贫攻坚】 2017年，按照市扶贫办的安排，总公司主要帮扶大堡乡双音村和培龙村两个贫困村，共结对帮扶30户贫困户。安排一名业务骨干到贫困村工作队驻村帮扶，机关干部10人与30户贫困户的结对帮扶；以村为单位组建两个帮扶小分队，每个小分队安排1名领导班子成员担任队长，全面负责本小分队的工作，分期分批进村入户开展帮扶。是年，总公司为联点村解决帮扶资金7万余元，发展致富项目一个，为贫困户解决实际困难30余起。

电　力

【概况】 2017年，国家电网常宁市供电公司内设综合管理部、财务资产部、营销部、运维检修部、电网发展部、安全质量监察部、雁能集团常宁分公司和农电服务有限责任公司，下辖宜阳、盐湖、松柏、烟洲、官岭、洋泉、罗桥、西岭等8家供电所，共有员工453人。境内有220千伏变电站2座(印山变和烟洲变)；110千伏变电站3座(松柏变、坦岭变、刘家岭变)，变电容量164.5兆伏安；110千伏线路9条，总长222千米。35千伏变电站8座，变电容量70.9兆伏安。35千伏线路15条，总长202.26千米。10千伏线路70条，总长2650.59千米。公用变压器1870台，客户专用变压器666台。是年，公司被常宁市委、市人民政府评为全市目标管理绩效考核优秀单位、全市脱贫攻坚工作优秀单位、全市抗洪救灾先进集体、全市项目建设先进单位4项荣誉称号。

【经营指标】 2017年，常宁市供电公司完成供电量7.03亿千瓦时，售电量6.24亿千瓦时。完成台区供电量4.08亿千瓦时，售电量3.78亿千瓦时，台区线损7.34%，较2016年9.25%，下降1.91%。台区同期线损率88.33%，较年初34.55%上升43.78%。电费回收率100%。售电均价690.96元/千千瓦时，较2016年年减少22.45元/千千瓦时。成本“三费”控制在衡阳市公司下达的预算范围之内。

【安全生产】 2017年，常宁市供电公司突出开展输电“六防”和变电“五防一保”。未发生省、衡阳市公司安全生产考核事件，安全生产保持持续稳定。持续推动配网砍青和综合治理，配电线路跳闸率同比下降31.28%，运检类投诉偏差率实现控制目标，配网线损完成衡阳市公司考核值。严格落实安全生产严抓严管，加强现场管控,强化预控及惩处并重管理。全年安全稽查共查处各类违章48起，共计处罚金额102100元，下岗2人次，工作负责人列入“黑名单”2人次，施工队列入“黑名单”1个，1个项目部挂“黄牌”警告一个月1次。公司已连续安全生产5449天，获衡阳市公司示范现场5个。

【营销服务】 2017年，公司坚持推进警企联动，坚持降损反窃，刑拘和治安拘留12人，查处窃电户610户，追补电费及违约金181.83万元，超额完成衡阳市公司年度目标。集抄建设全面完成，实现全面覆盖。通过持续维护，同期线损合格率不断提高。全年公司累计完成高压客户项目130个，新装低压用电客户18669户。积极推进水口山集团“三供一业(指国有职工家属区供水、供电、供热、供气及物业管理。)”用电分离前期的勘查设计工作。构建营销现代化新模式，全面推广费控模式，新型交费方式占比提高。按周开展问题的跟踪、督办、闭环，夯实营销基础工作。

【电网建设】 2017年，常宁市供电公司共完成电网建设总投资9512.4万元。改、扩建坦岭变、柏坊变、洋泉变，新增变电总容量66.85兆伏安。完成80个行政村的农网改造，新建改造10千伏线路53公里，0.4千伏线路176 千米，变压器台区118个。完成53858户集抄建设，实现集抄全覆盖。完成白沙镇10个村2999户小水电供电村的移交接管工作。完成2018年度农网升级改造优选排序项目的规划编制工作。配网建设专业在衡阳市公司年度排名第二名。

【农电管理】2017年，公司以农电精益管理为主线，推进全员量化绩效管理，完善激励约束机制；以创建“星级供电所”为目标，抓基础、促发展、求突破，较好地完成全年各项目标任务。盐湖供电所通过省公司四星供电所复验合格，洋泉供电所通过省公司四星供电所。

【创先创新】 2017年，下辖洋泉供电所被省公司授予《企业文化示范点》《党支部标准化建设示范点》；《10kV配变吊芯专用便携检修装置的研发》获得省公司优秀QC成果四等奖，并获得省公司运检类职工技术创新三等奖；《高压电气设备带电润滑防锈装置》获得省公司科技创新成果三等奖；《检查配电箱内电气设备和电气元件运行情况的探视器》《网线安全防护装置》2项专利授权；《户外隔离开关润滑防锈装置的研制》在核心期刊《电工技术》发表。

交通·邮电·通信

交通运输

【概况】 2017年，常宁市交通旅游局内设办公室(加挂“人事宣教股”牌子)、财务会计股、政策法规股(加挂“行政审批服务股”牌子)、规划基建股、安全监督股、道路运输和港航管理股、路政管理股、旅游行业管理股、旅游市场开发股。下辖常市公共交通道路运输管理处、市农村公路管理所、市交通运输和旅游综合执法大队、市旅游服务中心、市地方海事处、市交通工程质量与安全监督管理所、市公共交通有限公司、市泉峰汽车站、市顺通客运有限公司、市民间渡口管理站、市客货运输站场管理站、市汽车综合性能检测站、市交通战备办公室及22个乡镇交管站。是年，在市委、市人民政府的领导下，局党委把握形势，迎接挑战，大力推进交通基础设施建设，提升交通旅游行业管理和服务水平，深化交通旅游各项改革，优化交通发展环境，努力构建快捷、高效、绿色、安全的现代化综合交通运输体系，为实现常宁市经济社会的平稳较快发展提供有力保障。是年，常宁市地方海事处被衡阳市地方海事处授予2017年度安全目标管理先进单位；常宁市公共交通道路运输管理处被衡阳市道路运输管理处授予目标管理综合考核一等奖；常宁市交通旅游综合执法大队被衡阳市治理超限超载治理工作领导小组办公室授予衡阳市超限超载治理工作2017年度考核第一名；常宁市交通工程质量与安全监督管理所被衡阳市交通工程质量与安全监督管理处授予2017年度全市交通工程质安机构质量安全监督管理工作优秀单位；常宁市公路所被衡阳市公路管理局授予农村公路危桥改造和桥隧养护优秀单位。

【交通工程项目建设】 2017年，全市重点民生实施农村公路窄路加宽计划项目37个，120.29千米。其中，县乡道改建13个，52.91千米；村道改建24个，67.35千米。争取中央车购税投资及成品油价格和税费改革财政资金共1804万元，地方自筹2975万元，总投资4779万元用于成品油改革。是年，农村公路(重要县乡道旅游资源产业路)计划项目3个，9.51公里，计划总投资641万元，其中中央车购税投资及成品油价格和税费改革财政资金共348万元，地方自筹293万元；农村公路(县乡道路面硬化边界路、断头路)计划项目12个，39.68千米，计划总投资6360万元，其中中央车购税投资及成品油价格和税费改革财政资金共1721万元，地方自筹4639万元。

【危桥改造】 2017年，全市完成危桥改造项目16个(2017年省厅计划8个，2016续建项目8个)。其中，小桥15座，中桥1座，计划投资1642.16万元。年内开工7座，在建4座；还有5个项目完成财政评审、招标等前期工作，拟开工建设。

【安防工程】 2017年，部、省下达常宁农村公路安防工程计划项目为39个，其中县道1条，乡道1条，村道37条，共计隐患里程66.48千米，总投资

1351万元，其中部补助53万元，省补助412万元，地方配套886万元。

【公路养护】2016年12月8日，《常宁市“四好农村路”建设活动实施方案》出台。2017年，完成示范乡镇农村公路管理办公室的筹备，打造养护示范乡镇紧张有序进行，并推荐柏坊镇为省级农村公路养护示范乡镇。

【公路执法检查】2017年，宜潭治超检测站共检测货运车辆11279台次。其中，查处违法超载运输车辆442台，处罚442台，卸货442台，卸载货物1574.01吨，纠正各类违法违章行为500余起，处罚金额75.48万元。依法拆除非公路标志牌470块，清理路障2起，下发《责令改正通知书》280份，整改合格280起，消除安全隐患20起。是年，全市公路安全畅通，未发生一起破坏公路和公路设施的违法行为，未发生一起因公路影响长时间货物运输滞留和堵车事件，确保旅客和货物物资、农产品运输准时运到。

【海事行政执法】2017年，海事处在水上交通行政执法中，始终坚持依法行政，不断完善执法机制，从严管理。全年检查200余天，出动巡查车、船230余次，检查船舶600艘次，共查处安全隐患90余起，下达整改通知书75份，消除安全隐患67起，行政处罚20例，处罚金额5万余元。

【工程质量监督】 2017年，全市公路所报监公路5条、危桥改造6座、渡口码头2处。交通投资公司报监庙前镇财神公路改装工程、2016年工程续建项目1个。在施工过程发现的问题，对工程质量影响较轻的提出口头警告，较重的工程项目下发整改通知书，对偷工减料的、不按规范施工的坚决责令停工。组织单位质监工作人员不定期下乡抽查，发现存在问题的工程对其下达整改通知书。年内，抽查36次，现场整改12处，下达整改通知书8份，停工令1份。

【水上交通安全】 2017年，实施水上监控区域共计8处。监控中心共发现安全隐患60余次，发布预警信息30余条。其中，1起重大安全隐患移交衡阳市监控指挥中心协调督办。较大安全隐患20起， 移交本处相关股室处理。其余39起隐患，通过视频监控CCTV系统现场整改到位。

【企业效益】 2017年，顺通客运有限公司完成营运收入104万元，创税8.5万元，创利润6.9万元。春运实现零事故，实现安全行车465万千米，安全行车300天，实现载客量153.4万人，旅客周转量7357.68万人/千米，无死亡事故及同等以上重大安全责任事故发生，一般事故与2016年同期相比降低60%。泉峰汽车站进一步完善硬件设施建设，提升旅客服务质量与服务水平，完成站务收入259万元。

铁路建设投资

【概况】 2010年，为争取中国五矿金铜项目落户水口山，衡阳、常宁两级人民政府承诺由政府主导，投资新建瓦松铁路专用线，以解决水口山运输瓶颈问题。2011年4月，为解决项目建设资金问题，常宁市人民政府独资注册成立湖南省瓦松铁路建设投资有限责任公司(简称瓦松公司)。2013年，湖南省人民政府明确，由常宁市国有资产管理局、衡阳弘湘国有投资(控股)集团有限公司、湖南基础建设投资集团有限公司和湖南水口山有色金属集团有限公司四家各出资1亿元在原公司基础上增资扩股，增资后公司的注册资本4亿元，四方各占公司股份的25%，公司主要负责瓦松铁路项目和铜铅锌产业基地项目的建设、投资、管理、运输服务。2017年，公司设股东会、董事会、监事会、总经理，下设综合部、工程部、财务部、运营发展部、社会事务部。

【工程进度】2017年，瓦松公司项目累计完成投资7.58亿元，占总投资8.17亿元的92.3%，其中2017年度完成投资10600万元，超出年计划投资600万元。路基土石方工程基本完成，涵洞工程全面完工，区间7座桥墩已全部完成，控制性工程春陵水大桥墩身全部完成，连续梁挂篮施工正在加紧进行，挡土墙及护坡等附属工程完成95％，铺轨工作启动并完成瓦园站方向4公里轨道的铺设(含站线)；瓦园站改工作于11月5日圆满完成。各项工作均有序推进，项目建设呈现良好态势。

【安全生产】 2017年，瓦松公司强化瓦松铁路施工质量安全管理，督促代建单位华南监理落实质量安全管理主体责任，不定期开展质量安全大检查，深入排查整治质量安全问题和管理漏洞，实现全年无质量安全事故发生。

【相关手续办理】 2017年，松柏站场17.4公顷土地使用证完成重新办理，项目国有土地使用证、建设用地规划许可证、建设工程规划许可证、施工许可证全部取得，国铁接轨许可证已完成延期，临时用地手续、危化品运输资质办理进展顺利。

【投资控制与制度建设】 2017年，全线设计变更的现场核定、报审、方案审查、设计和交付实施等相关工作基本完成，重新组价工作已在开展。出台《设计变更管理办法》《验工计价管理办法》《签证管理办法》《工程进度考核办法》及安全管理相关制度，并予以实施。

【矛盾协调】2017年，瓦松公司加强同衡阳市、各县市、铁路沿线各乡镇(办事处)瓦松铁路指挥部的联系和沟通，实事求是、依法依规处理大量铁路建设过程中的矛盾。主持参与召开协调会30余次，协调各施工单位解决施工中的矛盾30余起，协调各施工单位解决阻工事件20余起；协调解决征地拆迁遗留矛盾、全线水系路系矛盾及其它施工矛盾；协调衡阳市指挥部和重点办对强揽工程、强运地材、无理阻工等恶性行为进行依法打击。

【财务管理】 2017年，瓦松公司为解决项目一期铁路建设资金，与多家金融机构洽谈项目融资合作事项，于1月底成功实现项目一期全部融资3.17亿元的资金到位。与北京银行、招行、长沙银行、进出口银行、浦发银行等进行全方位的沟通。在验工计价、个案处理等重点工作中均做到按时拨付，确保相关工作顺利推进。在日常工作中，严格执行《中华人民共和国会计法》和各项财务管理制度，在财务收支、费用审核、账务处理、税务申报、会计报表等各项工作均有序开展。

【铜铅锌基地专用线】 2017年，瓦松公司召开股东会、董事会专题研究铜铅锌基地专用线建设问题，通过了投资决议，开展项目可行性研究，并听取广铁集团的评审意见。年内完成基本农田调规、土地利用规划调规、项目选址、地质灾害评估、土地预审等全部项目核准前置工作，并向省发改委报送项目核准报告。12月28日，中共衡阳市委书记周农会见中铁交投相关领导，就铜铅锌基地支线建设模式及融资作了沟通，年底，公司与中铁交投对接中铁交投对基地专用线实施总承包并垫资相关事宜。

【运营发展】2017年，参照广东阳江专用线、茂名石化专用线、广州港专用线、永耒铁路、贵州瓮福集团专用线等铁路专用线运营模式，结合行业先进的运营管理方案和瓦松铁路专用线实际情况，制订瓦松铁路专用线运营方案。与水口山集团公司储运分公司以水口山集团劳务派遣的形式参与专用线的运营对接。先后与广铁株洲车辆段衡阳运用车间、广铁长沙货运中心耒阳车间就专用线通车后驻点和日常运营工作进行衔接。

公路建设管理

【概况】2017年，常宁市公路管理局内设办公室、财务室、工程股、人事宣教股、养护计划股、机务安全股、工会；共有干部职工107人。其中，中级职称18人，初级职称6人，员级职称1人。完成目标管理指标和各项工作任务，实现全局各项工作持续发展。

【养护生产】 2017年，常宁市公路管理局以“七无三有”为日常养护标准，推进规范化养护和“三全养护”(企业的质量管理实行全员、全过程、全方位的质量管理)，狠抓日常养护督查。在养护站实行月度工作清单，局养护督查小组对照工作清单加强日常检查和月底考核，及时整改问题，加强劳动纪律和养护质量的管理，实现年末公路优良率90.35%。全年共处治翻浆路面8860立方米，修补路面13446平方米，处治严重龟裂网裂油路近10公里，省道320线、214线及各支线清灌缝103公里。4～5月，组织一个民工队对管养公路损坏的石砌水沟进行修复，计1033米；组织2台挖机对支线县道075线、079线淤积水沟和反坡路肩进行清理，共清理淤积水沟10331米，清整路肩78公里，计87600平方米，清除塌方13121立方米，处治山体和路基滑坡6处，新建挡土墙6处，共计1339立方米。是年3月，在县道074线、075线、077线、078线、079线、082线、106线，080线和省道214线、320线新栽胸径5厘米樟树23750余株。认真执行桥梁养护“三个一”责任制，确保桥梁运行安全。启动官岭东西桥改建工程开工建设。加强对桥梁汛期值班职守力度，防止安全事故发生。5月，委托长沙理工大学完成桥梁定期检查，共发现四、五类危桥2座，进入省危桥库2座。是年，添置3台收集式扫路机，安排专人管理养护机械，合理调配使用机械，提高养护机械的利用率，有效地减轻职工的劳动强度。完成省道214线罗桥服务区、省道320龙门服务区的新建工作，并对站内办公物品全部新置，重新进行绿化美化，总投入达500万元。

【防汛抗灾】 2017年，常宁市公路管理局明确班子成员的防汛责任，安排部署各股室、养护站的防汛任务。成立6个突击队分派各线路救灾前线抢险。落实领导带班制和实行24小时值班，及时处置、报告突发事件，保证安全畅通。召开6次防汛工作会，对防汛工作进行调度。共投入抢险资金103万元，累计出动抢险人员302人次，投入机械设备10台，出动抢险车辆20多台，增设标志、标牌138块，安全锥1000个，清除塌方4320立方米。

【工程建设】2017年，常宁市公路管理局先后对县道075线实施大修3.5公里，投资833万元；对县道080线兰江集镇段实施改线800米，投资650万元；对省道320线实施水泥路换板处治7177.5 平方米，投资140万元；对省道320线实施2.3公里大修，投资695万元。实施危桥加固维修2座。其中，加固县道074线西岭桥，投资251万元；加固县道075线渔池桥，投资225万元。对全市25处水毁公路，实施修建挡土墙，清挖涵洞，石砌护坡等建设，投资774.13万元。

【“交通杯”劳动竞赛】 2017年，常宁市公路管理局成立以局长、书记为组长、其他领导为副组长、股室负责人为成员的竞赛领导小组，全面实行领导包线，股室蹲点的责任制，形成了局上下齐抓共管的良好竞赛格局。在4月28日公路工作会上对劳动竞赛进行动员，并下发竞赛通知。通过强有力的宣传发动，使广大职工牢牢树立争一流的思想，迅速掀起劳动竞赛的高潮。并有针对性地开展职工业务培训，让技术能手传经验，带徒弟；有针对性的业务培训，使职工业务技能、操作水平有了很大的提高。

【安全生产】 2017年，成立以局长为组长，副职领导为副组长的安全领导小组；建立和健全安全生产三级管理网络，即局机关股室、站班和工地三级安全生产管理组织机构。多次召开安全专题会议，制订一系列的安全工作计划和安全工作制度，精心制定“打非治违”“安全生产月”“一单四制”等方案。全年共组织安全学习教育4次，邀请专家讲课3节，观看国内、外发生重、特大事故警示片2次，组织全局职工进行安全知识考试1次。投入8万余元，购置反光背心600件、安全柱700个、标志牌300余块，购置消防器材1万余元、车辆财产保险2万余元；利用黑板报、墙报、横幅、安全标志牌、会议等形式，进行广泛的宣传教育，营造了浓厚的安全环境。对渔池桥、西岭桥进行加固维修；对省道214线松柏大桥处航标规范设置；对省道320线回水湾设置安全标志标牌、换板处治等措施，消除安全隐患。每月坚持一次安全检查、一次安全例会、一次安全通报，做到安全隐患早发现、早处理、早通报，及时消除安全隐患。开展“打非治违”“安全生产月”“一单四制”等各项活动，落实市安全委员会每季度安全会议精神及市局安全会议精神。

【党建工作】 2017年，常宁市公路管理局积极推进党务政务公开，建立健全党内情况通报制度。认真落实“三会一课”、民主评议、民主测评、民主生活会等制度，严肃党的组织生活。配备专门的党员活动室、党员档案室。开辟党建宣传栏，悬挂宣传标语图板，营造党建工作浓厚氛围，完善党建工作宣传载体。组织党员干部参加共产党员、红星云等在线教育，开展“党员重温入党誓词”活动，接受革命传统教育。安排党建工作经费12.6万元。组织全局57名党员干部参加扶贫攻坚结对帮扶活动，帮扶贫困户171户，帮扶资金20余万元，发挥党员先锋模范作用。

【党风廉政建设】 2017年年初，常宁市公路管理局制订《2017年党风廉政建设工作要点》，按规定与局属各股室及基层站班签订《党风廉政建设责任书》。对工程建设项目和大宗物资采购都是依法依规进行招投标或政府采购，施工队伍的选择均严格按照工程监察办法通过集体研究做出决策，杜绝暗箱操作。落实《工程管理制度》、《工程监察制度》，并结合工程建设的实际情况采取有针对性的监管措施。做到工程监察全过程跟踪，全领域覆盖，改善工程监察方式，强化工程监察效果。坚持工程项目集体结算制度，重点审查工程变更项目；加强工程质量自检、工程管理自查力度，及时纠正工程建设不规范行为，整改存在的工程管理问题。

公共交通道路运输管理

【概况】 2017年，常宁市公共交通道路运输管理处内设办公室、人事宣教股、财务统计股、货运股、道路客运股、公共客运股、站场股、安全股、机动车维修股、机动车驾驶员培训股、信息化办公室，下辖驻常宁汽车站办公室、驻泉峰汽车站办公室、驻水口山汽车站办公室。是年，在市委、市人民政府的正确领导下，全处认真学习贯彻党的十八三中、四中、五中全会精神和十九大精神，以习近平新时代中国特色社会主义思想为指针，以“办人民满意交通”为目标，以提高道路运输发展质量和效益为中心，以强化落实企业安全生产主体责任为重点，以规范市场秩序为抓手，以提高队伍和行业人员素质为突破口，紧紧围绕年初工作目标任务，坚持依法治运，强化行业安全监管，在全处干部职工的共同努力下，维护全市道路运输市场安全稳定。在衡阳市运管处2017年度工作目标综合考核中，荣获一等奖。

【道路供给】 2017年，全市道路运输行业稳步发展。全市拥有客运企业5家，客运车辆360台，客运班线105条；城区出租车公司2家，出租车200台；公交车177台；普通货物运输经营业户1812家，个体经营业户1762家，公司44家(物流公司12家，渣土公司7家，混凝土公司10家，其它公司15家)；道路危险货物经营业户1家(水口山有色金属有限责任公司)；普通货物运输车辆1057台，货物专用运输车辆17台，非经营性危货运输车辆5台，车辆动态监控设备车辆(总质量12Ｔ以上)164台；20万吨源头企业6家。其中，审验货车769辆，客车360辆，办理新增货车213台。受理客运许可事项120次，客运行政许可事项41件，县内客运班线经营15件，县际客运班线经营26件，办结率100%。全市31家维修企业、驾校8所、教练车236台、等级客运站3个、农村招呼站167个，顺利完成“春运”“五一”“国庆”黄金周等重大节假日应急运输和重点物资运输工作。

【城乡客运统筹发展】 2017年，常宁市公共交通道路运输管理处精心组织城区免费公交车日常管理。报请市人民政府出台《常宁市城区200台巡游出租汽车经营权到期收回和重新授予工作实施方案》，成功实行出租经营权第三轮招投标，确保行业稳定大力实施公交优先发展战略。全市新能源公交车不断增加，更新节能环保型公交车30台，延伸调整优化公交线路4条。城区免费公交线网日趋完善，实现城区公交线路全覆盖。村村通客班车纵深发展，全市行政村通班车率98.7%，百姓出行日益便捷。

【站场设施建设】 2017年，常宁市公共交通道路运输管理处按照年初计划，对全市农村客运招呼站进行实地考察，科学选址。计划建农村客运招呼站33个，年内全部完成并交付使用。新增城区公交车候车亭8座，全市有3个站创建为“群众满意客运站”。其中，常宁汽车客运站排名跃进全省前5名。

【信访维稳】 2017年，常宁市公共交通道路运输管理处化解湘汇公司河南籍、贵州籍出租车驾驶员群访事件。全年共受理各类投诉20件，先后接访12余次，召开矛盾协调会10余次。参与市人民政府专题研究解决出租车登记机动质押上访问题，由市政府牵头，妥善解决贵州籍和常宁本地57台被质押在4Ｓ店和农商行的出租车机动车登记证书，确保湘汇公司出租车和公交车平稳过渡到新公司。

【行业基础夯实】 2017年，常宁市公共交通道路运输管理处按照职能设立15个职能股室。建立企业、站点燃油补贴基础台账、重大安全隐患“一单四制”整改台账。完善营运车辆，从业人员档案。完成12吨以上货运车辆ＧＰＳ安装140余台。收集整理运输企业及经营户资料，进行数据互联互通，为道路运输经济持续健康发展夯实基础。

【“五不二确保二公示”制度】 2017年，制作下发“五不两确保安全承诺”提示卡500张，摄制“五不两确保安全告知”光碟5本，全部发放到客运企业和驾驶员手中，张贴、安装到营运车上，让每个驾驶员时刻牢记安全驾驶的承诺，将“五不两确保”制度落到实处。

【行业动态监管】 2017年，常宁市公共交通道路运输管理处贯彻落实湘交安监[2016]127号文件精神，开展对辖区内客运企业进行抽查，每天抽查不少于3家企业和20台客运、危货运输车辆，对发现的问题责令限期整改，并每月一通报。切实监督运输企业履行好安全生产主体责任。全年查处客运企业各类违规行为累计603条，整改到位603条，约谈企业负责人5次。“两客一危”车辆上线率达到100%，在提升服务、保障安全、改进管理等方面发挥突出作用。

【专项整治】 2017年，常宁市公共交通道路运输管理处按照营运客车类型划分等级评定要求，对全市360台运营客车进行实车核定，对达不到要求的34台车进行整改，降放3台。安装356台营运客车标准安全锤。查处85家非法维修企业，下达停业经营决定书85份。吊销安全隐患整改不到位的企业4家，查封汽车维修喷漆废气处理设施不到位企业16家，吊销整改不达标的经营许可维修企业2家，有效地消除安全隐患。开展驾培行业经营秩序专项整治，查处非法设置培训点3起，处罚3人次。积极开展“金牌教练员”评选活动，促进培训质量提高。

【安全管理】2017年，常宁市公共交通道路运输管理处按照“管行业必须管安全，管业务必须管安全”的原则，实行“党政同责、一岗双责”，各负其责的要求，坚持“谁主管谁负责、谁审批谁负责、谁发证谁负责、谁经营谁负责”的原则和安全责任追究制，严格落实“三关一监督(三关：严把运输经营者市场准入关、严把营运车辆技术状况关、严把营运车辆驾驶员从业资格关，一监督：加强客运站场的监督)”和安全经费落实到位。各股室、站、办负责人向主任签订“一岗双责”责任状。在日常监管的同时加大对“春运”、“五一”、“十一”假期的监管，把安全隐患消除在源头。与客运企业、客运站场、危货运输企业签订安全生产责任状，实行目标管理和安全责任考核，做到考核有目标，奖惩有力度，层层分解安全责任，构建安全生产监督核查长效机制，推行道路运输安全监管分级分片包干责任制。全市360台道路客运车辆，安全监管责任已全部分解到位，横向到边，纵向到底，责任到人的网格化管理基本形成。是年，相继开展“‘两节’、‘两会’大检查”“道路旅客运输大整治”“落实企业主体责任年”“安全隐患清零”“‘三大一严’行动”“‘两客一危’车辆动态监控专项整治”“安全生产月”“安全生产大检查、集中整治”等执法活动。分别对辖区5家道路客运企业、4家城市公共客运企业、3家客运站场、1家危货运输车队、8所驾培学校以及30家维修企业进行循环式检查。主管领导每月以“四不两直(不发通知、不打招呼、不听汇报、不用陪同接待、直奔基层、直插现场)”的方式不定期进行抽查、督查。年内，共出动执法人员2344人次，检查企业282家次，发现安全隐患53起，均整改到位。交办隐患4批，检查包括公交及出租车企业共18家，出动125人次，参加企业交办处置大会9次，约谈重点违章企业3家，约谈重点违章驾驶人员39人，督促指导企业消除违章信息455条。是年，组织各客运企业开展消防演练或旅客紧急疏散演练等应急预案演练6次，参与演练学习的人员291人。特别是通过组织水口山危货车队开展一次较大型的柴油泄漏事件演练，使危货运输人员更全面的掌握应急处置知识，提高了应急预案的有效性和操作性。为了把道路运输安全隐患消除在萌芽状态，督促辖区“两客一危”企业开展自查自纠，要求企业严格落实安全隐患排查的责任，在企业的自查自纠中，企业自身发现隐患19起，整改合格

19起。督促“两客一危”企业严格落实安全警示教育制度，共计督促企业开展警示教育30次，参训从业人员达2345人次。

【法律法规学习】 2017年，常宁市公共交通道路运输管理处抓好运管队伍教育培训工作，坚持定期重点学习《中华人民共和国政许可法》《中华人民共和国行政处罚法》《中华人民共和国道路运输条例》及交通运输部道路运输配套规章等法律法规。将道路运输行业法律、法规编印成册，人手一本，进行认真学习，使依法行政能力、文明执法水平得到提高。

【扶贫工作】 2017年，常宁市公共交通道路运输管理处挤出5万元资金，帮扶塔山瑶族乡西江村安装22盏日光灯，方便百姓夜间出行。结对帮扶三角塘镇石岭村、幸福村等10个村民小组，贫困户210户。全年共投入扶贫资金33万余元。

邮政

【概况】 2017年，常宁邮政分公司有从业人员240人，其中在岗职工144人，聘用工44人，劳务工52人。公司机关设一室五部，即综合办公室、市场营销部、金融业务部、渠道平台部、集邮与文化传媒部、包裹快递部；下辖10个农村支局，9个农村邮政所，6个城区邮政所，2个纯邮政业务网点，共计营业网点27个；有6个纳入湖南省为民办实事工程的空白乡镇邮政所。邮路总条数5条，其中自办汽车邮路1条，委托代办汽车邮路4条，单程总长度120千米；城区投递段道22条，单程总长66千米；农村投递路线44条，单程总长98千米；步班投递段道1条，单程总长55千米；服务面积2046.6平方千米，总户数28.22万户，服务人口100余万；邮政汽车22辆；ATM机自动柜员机55台；邮政计算机268台，其中内部生产用125台，综合管理用81台，教育培训专用电脑10台，网络路由器28台，设备终端102套。

【邮政经营】 2017年，常宁邮政分公司实现业务收入8130.02万元，同期增幅18.75%。其中，代理金融实现业务收入6940.25万元，同期增幅 22.08%；文化传媒累计实现业务收入621.61万元，完成年计划的103.43%；快递包裹实现收入343.87万元，同期增幅128.68%。

【包快业务】 2017年，常宁邮政分公司在城区设立4个营揽投部，市场辐射范围逐渐扩大，投递时效大大缩减，对邮件处理、揽投和客户用邮体验等都有明显的提升。1～10月，业务量为39.88万件，完成年计划92.7%，同比增幅137%。其中快递包裹完成业务量37.56万件，比上年同期增幅150%。

【金融业务】 2017年，常宁邮政分公司抓好金融网点转型，加强营销人员培训，用好“三大系统”，完善村社建档，精准走访，吸收农特资金，做好代发资金。截止10月30日，全司储蓄余额规模44.37亿元，新增7.27亿元，全省排名第九位，与2016年同期相比增加24957万元，点均净增2911万元，净增增幅19.62%，全省排名第八位。实现保险收入380.01万元，同期增幅28.37%，完成市公司下达收入计划的111.77%，收入进度排名第六位，增幅排名第五位。

【“三农”服务】 2017年，常宁邮政分公司利用农资配送绿色走廊的网络优势，贯彻落实中央一号文件精神，组织乡邮员、分销人员、技术人员上门服务，指导和帮助农户正确使用农药、化肥，有效培植种苗等。全年配送农药8万余元、酒水分销130余万元、日化品分销2万余元。建成综合服务平台站点610个，服务涵盖便民、公共、政务3大类共20余项。至年末，注册激活线上邮乐小店7881户，累计开发4个农特单品项目，代购20720笔，代收电费28万余笔。组织开展精准电商扶贫，在9个扶贫村建立精准邮政便民服务站。“919扶贫助农电商节”当日，创下145万元销售额，为贫困村带来近5万元的收入，为全市扶贫工作助力。

【邮政管理】 2017年，常宁邮政分公司重点抓好营业窗口和投递服务质量管理。执行邮政基本制度，每月一检查，每月一通报，杜绝人为原因造成的通信质量事故。严格投递频次时限要求，确保投递质量。开展对邮政营业员、投递员用户满意度的评定工作。制订全公司干部职工按月考评制度，用制度管理人、以制度约束人。同时，开展经常性的职工思想教育，各项业务技能培训，以提高全公司职工的思想素质和综合业务素质。定期召开职代会和职工大会，采纳职工合理化建议并具体落实。对重大事情实行民主决策和监督。加强领导干部和各级管理人员的党风廉政建设，实行精细化管理和财务一体化管理。严格执行以收定支、财务预算制度，控制企业成本支出，创建“节约型”企业。

【基础建设】 2017年，常宁邮政分公司加大邮政营业网点基础建设投入力度，先后对城北等网点进行改造，为客户提供优质高效的用邮环境。致力于精准电商扶贫项目，可以通过邮掌柜平台购买到物美价廉的商品，同时可以将扶贫村的特色农村品上架到平台，为贫困村增加收入。在9个扶贫村建立邮政便民服务站,并统一设计了门头标识和形象背景墙，全部配备电脑、打印机等一系列电子设备，点均投入约5000元资金，总计投入约5万元。通过邮政系统为当地村民代收电费话费、代收代投包裹，全方位的为扶贫村村民服务。

【安全生产】 2017年，常宁邮政分公司继续加强企业内部的安全防范、防火、安全生产、内部治理、综合治理等各项工作。对邮储、营业、封发等重点部门进行资金管理和安全防范的检查，同时加强对员工邮件收寄验视教育，确保邮件寄递安全。加强安全生产、安全保卫工作，不断提高员工的安全防范意识和法制观念。

【存在的问题】 2017年，邮政正处于深化转型时期，需要员工具备更高的思想素质和自律意识，创造性地履行好岗位职责，更好地为邮政事业献策献力，但是部分管理人员学习自觉性不高、深入思考不够，缺乏主动意识和开拓创新精神，思想认识还跟不上形势发展变化，眼界不够宽，思路不够活，开拓创新办法不多，工作意识常与家族观念相牵连，这与当前邮政转型发展的要求不相适应。同时，内部管理滞后，资源浪费严重，支局、所管理乏力，资源严重超标，利用率低下；便民服务站真正发挥作用不到一半，创收能力低，资源浪费严重；内控管理有待加强，短报少刊现象依然存在，投递服务质量有待提升，对投递频次和投递服务检查力度不到位。

电　信

【概况】 2017年，中国电信股份有限公司常宁分公司下设综合部、销售服务部、网络部、14个支局(所)、9个生产班组，共有员工116人。其中合同工71人，D类员工45人；女员工29人；具有大专以上文化员工78人；获得专业技术职称的员工42人。是年，常宁分公司核心平台稳步增长且增幅较大；渠道运营能力和网点数量提升明显；信息化建设进程得到飞速发展；员工收入增长超越预期，员工士气大有可为。

认领收入预算完成101.23%，超时序进度1.23%；截至11月，市场份额内部收入份额比2016年提升0.2%；移动过网份额年末确保在21%以上；宽带份额占比67%。

【党风廉政建设】 2017年，严格落实“两个责任，主要责任人履行第一责任人职责，班子其他成员履行“一岗双责”通过约谈提醒、督促主要负责人和班子成员强化主题责任意识，把责任追求作为关键环节，以问责倒逼责任落实。强化防腐倡廉教育，认真开展防腐倡廉形势教育、案例教育和法纪教育，坚守底线。推进三道防线教育，重点对公车、“小金库”、选人用人、围绕企业经商、采购等领域，加强监督，整合各级力量，形成合力。健全长效机制，巩固省、市公司巡视整改内容，健全规章制度，强化对权利运行的制约监督，筑牢制度的“笼子”。

【扶贫工作】 2017年，中国电信常宁分公司通过产业扶贫，全面建设乡村光纤。除原弥泉乡双河口村因政策需整体搬迁外，全部建设完成主体光纤到村，普遍服务也全部到村。积极参与新河镇五家围村联村、联户扶贫，严格遵守工作纪律，落实扶贫政策。

【抗洪抢险】 2017年7月，常宁市发生特大洪灾。在洪灾预警前期下，分公司迅速启动及加强紧急预案，成立通讯保障队、后勤保障队、应急预备队。在整个洪灾阶段，常宁分公司完成通讯保障任务，将企业损失降到最低。

【渠道建设】 2017年，中国电信常宁分公司新增网点20家，其中商圈2个、社区3个、农村15个；确保全年有销网点达到79家，12月底可实现净增11家的目标，实现企业有价值的规模增长。针对渠道经理队伍人员不足，渠道队伍整体素质薄弱，员工不愿意到渠道工作，帮扶支撑不到位等问题，公司出台四条禁令、营维分离等举措，不断开展自查，发现问题，实时纠偏整改；公司对自有物业进行公开招商一年一签，对不法商实行实时优胜劣汰，确保渠道生态环境的持续公平公正。

【营销组织】 2017年，中国电信常宁分公司针对商圈、社区、小区、农村、政企、商客六大版块，根据各自市场定位制定月/周度营销计划，按天执行，按周管控。要求各板块每天上报营销效果，按日通报、周点评、纠偏，按月汇总业绩；对周/月排名靠后四级经营单元负责人由主管领导进行约谈，同时按月及时兑现激励考核。强化日常营销组织的实施，分不同版块、明确责任人和营销目标，分不同时段、聚焦工作重点，有效组织营销活动的持续开展，对未按计划执行的四级经营单元实时提醒、通报并考核相关责任人月度KPI。分版块树标杆，促使四级经营单元负责人之间和渠道/网格经理个人之间有效形成“你追我赶”的良好发展氛围。

【网络建设】 2017年，常宁作为政府普遍服务试点县，公司投资485.5万元，铺设光缆268.53皮长公里，完成461个行政村的主干光缆建设。截至到11月底，除弥泉乡的双河口村因属于新建水库的淹没区外，全市705个老行政村光缆主干全部建设到位，实现100%行政村通光纤，为农村电商产业的发展架起信息高速桥梁。城区家庭宽带接入能力达到200M/S，新增6个主干光交，完成12.57皮长公里主干光缆建设。通过新建光缆等方式，建设完成IPRUN环路4个、链路4个、光缆距离35.17千米。积极协调督促铁塔公司对存在问题的29个基站进行更换。全年完成800M4G站 36个、RRU站82个、CDMA 站19个、RRU站30个的建设。

【装维服务】 2017年，公司向社会正式发布对农村装维6项服务。实行对农村装维人员统一专业化管理、统一调配队伍、统一专业化培训和支撑。从体系到位、人员到位、培训到位、工具到位、职责到位、薪酬到位6个方面进行提升，制订和指标挂勾的激励和考核细则。采取四位一体的举措，保证营维协同，做好公众客户的攻守和防流失：一是定期巡视，清理异网寄挂线路，维护企业利益；二是积极支撑现场营销，巩固品牌，提升价值；三是随时收集信息，提供商机并关注异网动态；四是ITV沉默用户的上门激活；五是光衰用户整治服务。实行“政企项目经理制”，制定详细的激励考核办法，在加强一点响应的基础上，强化专业支撑，做好过程管控，确认每笔业务在服务时限内开通。加强通信机房安全整治及员工安全生产意识的学习培养，做好下挂C网基站多的模块局和重要节点的电源整治工作。注重安全生产，全年人员无伤亡事故发生。

移　动

【概况】 2017年，中国移动通信集团湖南有限公司衡阳市常宁市分公司下设3个部室、2个中心、2个自办营业厅和1个城区营业部、7个乡镇营业部。有在职员工68人，其中合同制员工60人，劳务派遣制员工8人；退休退养人员15人。12月25日，中国移动通信集团公司宣布公司制改制，企业类型由全民所有制变更为国有独资企业。12月28日，在湖南移动党群工作部开展的“十百千”先锋工程“四优”评选活动中，常宁分公司党支部获评“优秀党员先锋队”荣誉称号，公司被中共常宁市委、市人民政府评为“全市目标管理绩效考核优胜单位”。

【精准扶贫】 2017年，公司领导班子成员及党员干部与扶贫户精准结对4个贫困家庭、19口人。申请省、衡阳市公司扶贫专项资金5万元，发动党员和全员募集精准扶贫资金1.75万元。经常性上门了解和掌握贫困户基本情况，并在传统节日前多次走访送温暖和送上慰问金。6月，组织员工开展对因病致贫结对贫困户李开生因白血病住院募捐，爱心捐款5000元。响应市委、市人民政府的号召，开展“我要上学、我想有个家”公益募捐，存入慈善总会账户资金3750元，超额完成捐款指导数(2000元)；响应市公司党委号召，开展“凝心聚力献爱心、精准扶贫奔小康”专项捐赠活动，全员捐赠金额8750元；落实结对帮扶项目和措施，参与收益分红，稳定脱贫。春节前，协同驻村工作队对庙前镇西湖村开展扶贫慰问调研活动，送去慰问金3000元。12月30日，庙前镇西湖村给公司送来“情系群众解民忧、精准扶贫促发展”锦旗。

【廉洁风险防控】 2017年，中国移动常宁市分公司深入落实“五个嵌入”(即思想嵌入、系统嵌入、流程嵌入、岗位嵌入、制度嵌入)，注重廉洁风险防控与生产经营管理高度匹配、同步运转。印制同步专业领域的《嵌入式风险防控分册》，共颁发各类制度文件12个，防控措施253条，其中A类25条，B类77条，C类151条，并结合分公司实际，分解到部门、落实到具体责任人，增强风险防控能力，实现管控关口前移。

【业务情况】 2017年，中国移动常宁市分公司完成通信服务收入1.7亿元。运营收入连续5年保持较高增长，与本地友商通信公司之间的收入差距持续提升。期末通话客户27万余户，市场份额64.89%。4G客户渗透率59.73%，渠道总体规模专营份额提升至63.31%。有社会一级渠道129家，二级渠道81家，宽带电视服务站28家，小微渠道15家，直销渠道38家。全年累计净增宽带客户12000余户。全市移动数据流量客户普及率72.85%，信息化项目拓展稳步发展，数字化服务收入16.66%。

【网络支撑】 至2017年年末，中国移动常宁市分公司有4G基站规模555个，2G基站241个。率先在全市完成新建4G站点132个，并100%开通和归档。依托专项行动，强化全业务支撑,有线宽带网络能力和支撑能力快速增长。运维管理方面以“I家”行动和“政企阳光服务支撑”为契机，狠抓基础管理，全面提升短板指标。宽带能力建设方面，行政村全年完成建设123个，建设端口数8896个，覆盖住户数16311户。全年围绕不断提升4G质量，LTE网络短板指标呈逐月压降趋势，4G客户时长驻留比，由年初的87.45%提升至95.78%。城区MR覆盖率从91.47%提升至94.35%。县域网络健康度，从60分提升至100分。全年新增光缆230千米，新增管道7.42千米，新增二级分纤点26个。完成ONU主干弱光整治28处、光缆隐患整治35处。全区试通管道30.27公里，并对管道管孔资源畅通情况和移动、电信、联通等运营商光缆占用情况，进行详细登记。为后期网络扩容、业务发展提供有力支撑。实现质量安全管理工作常态化。加强工程建设安全质量检查、通报和后评估考核。全面提升网络安全管理基础，保障抗洪救灾和冰雪天气的正常网络通信，确保网络安全和人员安全。G网和LTE小区退服率有效控制在省公司目标之内。铁塔平均退服时长由18分钟下降至10分钟，超长故障由24起下降至12起，发电及时率一直在90%以上。完成不合格数据整改700余条，存量资源数据质量由99.67%提升至99.96%。

【队伍建设】2017年， 中国移动常宁市分公司优化机构与人员结构，积极适应转型发展需要，并根据公司要求，撤销分公司全业务中心，成立城区营业部和7个乡镇营业部。8月，组织开展员工竞聘8人次、56人次双向选择工作，22人次职级进行调整，大大减少后台管理人员数量，进一步充实一线人员力量。同时，积极鼓励员工下乡工作，进一步规范乡镇营业部机构设置及人员配备。根据省市公司关于推行员工薪酬改革的有关政策，调整优化员工薪资曲线和薪酬结构，使员工每月固定薪酬收入调增25%以上。坚持抓好员工队伍全员培训，统筹开展经营管理、专业技术、营销服务、职能管理4支队伍的培训，共培训96人次(省市级)。搭建管理人才与专业人才晋升双通道，培养员工的自学意识。

【企业管理】 2017年，中国移动常宁市分公司实施降本增效措施，行政管理支出大幅压降。全年会议费、招待费分别按市公司财务要求进行严格列支，在预算内报账。车辆维修费按合同报账。车辆油料费、差旅费实际开支，未超预算金额。分公司车辆管理及审计模板，在衡阳市公司内推广。按进度全面完成省、市公司下达的固定资产清查工作。多方协调地方税务工作，补缴“营改增”前铁塔资产转让产生的各项税金121.8万元。完成国税2016年10月至2017年9月多缴退税125.59万元。按省、衡阳市公司集采要求，持续扩大集中采购范围，采购集中度达到100%。进一步规范合同管理，加大风险管控力度。全年组织实施4次安全大检查，强化安全隐患的自查、整改和上报工作，全年未发生重大安全责任事故。

联通

【概况】中国联通常宁市分公司是中国联合网络通信有限公司在常宁地区的全资分公司，下辖兰江、西岭两个乡镇网格，现有职工26人。其主要职能是为常宁地区广大客户提供移动及宽带多媒体综合信息服务。2017年,新建各类渠道10多家,有效渠道总数60多家,在网用户规模超过10万户；新建4G站点近

40个,新增公众宽带端口5000多个,新增光网村宽带覆盖30多个。

【网络建设】 2017年,中国联通常宁市分公司聚焦用户集中使用的重点场景、道路沿线、重点区域等,持续加大4G网络建设,确保用户网络使用感知。进一步强化深度覆盖,开通人流密集区域20个站点,实现主城区面积90%的4G信号覆盖。大力推动光纤到户宽带网络建设,加大乡镇和村组宽带建设投入力度,进一步扩大农村宽带覆盖范围,持续推动现网宽带用户免费提速工作。完善项目建设质量评价体系,降低网络故障率,不断提升用户感知。

【业务发展】 2017年,中国联通常宁市分公司推出4G新套餐,整合终端厂商资源打造完善的终端销售服务一体化体系,移动用户总量超过10万户。加大对乡镇和村组宽带建设投入力度。聚焦明星战略产品,坚持高带宽引领,全面实施装维一体化。构建线上线下联动的立体化营销装维服务体系,不断降低网络故障率缩短故障历时,打造宽带产品核心竞争力。宽带在网用户数环比提升30%,宽带用户市场份额环比提升3%,行业应用得到拓展。致力于打造以信息产业、"互联网+"为代表的智慧经济。公司在教育信息化领域开发的平安校园、校车监控等业务,为全市中小学生的安全保驾护航,赢得广大师生和学生家长的好评。

【客户服务】 2017年,中国联通常宁市分公司强化户投诉闭环管理,主动维护客户权益,建立投诉快响机制,确保用户投诉解决率达到100%。强化实名管控,确保新入网用户实名率100%。开展系统服务升级活动,通过"精彩为您10分满意"、渠道及员工"找茬""我为客户代言"等活动。打造"以客户为先"的自营连锁品牌,实行"一户一策"个性化精准营销与服务,对用户实行全生命周期关怀服务。持续深化渠道分层分级存量经营体系,引导渠道执行标准化服务营销动作,打造存量经营标杆渠道,带动全市社会渠道存量经营氛围。年末,基本实现每个乡镇,拥有1家社会渠道作为示范性服务网点,确保每个示范性服务网点都能针对不同用户提供一对一个性化服务。

农·林·水·气象

农 业

【概况】 2017年，常宁市农业局内设办公室(市农业应急管理办公室)、人事宣教股、计划财务股、政策法规股(行政审批服务股)、市场与经济信息股、综合调研股、科技教育股(市农业转基因生物安全管理办公室)、新农村建设股、农业产业化指导股、农产品质量安全监管股(绿色食品管理办公室)、蔬菜股(市人民政府蔬菜工作领导小组办公室)、农村经济发展股、重点项目办公室和农业核算中心；下辖市农业环境监测管理站、植保植检站、土壤肥料工作站、粮油作物工作站、农业经济作物工作站5个专业股站以及23个乡镇(办事处、片区)农技站；管辖市农业技术推广中心、农业行政执法大队、种子管理服务中心、农业科学研究所、原种繁育场、农村能源办公室和农产品质量检验检测中心7个副科级单位。全局在职的干部职工共有476人，比2016年减少6人。其中，专业技术人员207名(含高级农艺师8人、农艺师46人、助理农艺师122人、农业技术员22人、其他技术职称人员9人)。是年，在市委、市人民政府的领导和上级主管部门的指导下，该局紧紧扣住“农业增效、农民增收、农村增绿”的发展目标，以全面深化农业供给侧结构性改革为重点，以产业扶贫为根本，以粮食安全为基础，以农业产业化为支撑，以品牌带动为突破，以机制创新为动力，凝心聚力，攻坚克难，创新方式方法，高质量地推进农业农村各项工作开展。全市实现农业总产值 89.2亿元，比2016年增长3.4 %；农民人均现金收入15389.4元，增长9.3%。被国家农业部授予“2017年全国农产品质量安全县(市)”，被农业部办公厅评为“全省农业行政处罚优秀案卷”，被省省粮食生产领导小组评为“全省粮食生产优秀县(市)”，被省农村能源领导小组评为“全省农村能源建设先进单位”，被衡阳市评为“全市农产品质量安全监管工作先进单位”“全市粮油生产先进单位”“市场与经济信息工作先进单位”“全市农业系统国有单位人事劳动统计工作先进单位”。

【粮油生产】 2017年，全市粮食播种总面积78800公顷，总产突破48.3万吨，其中早稻面积32400公顷；中稻面积5466.67公顷；晚稻面积32933.33公顷，旱粮8000公顷(其中已落实玉米、大豆、小麦等旱粮作物5066.67公顷)。是年，全市新发展种植水稻2公顷以上的种粮大户1370户、家庭农场121家、农民专业合作社46个。大力发展“稻—油”“稻—稻—油”生产。全市夏收油菜面积共27000公顷，较2016年增加333.33公顷，总产5.07万吨，较2016年增加0.21万吨。实现冬种油菜27666.67公顷。

【经济作物生产】 2017年，常宁市实施“菜篮子”市长负责制。全面完成100公顷城镇蔬菜基地建设任务。新增罗桥镇依波村、板桥镇长冲铺村和西岭镇石山村3个13.33公顷城镇专业蔬菜基地建设。新增有机茶园213.33公顷。柑橘、棉花、葡萄、蓝莓、中药材等生产提质增效。

【三产融合】 2017年，全市有各类农产品生产、加工企业309家，其中省级龙头企业2家、衡阳市级龙头企业35家。农庄总数20家，其中省星级休闲农庄10家。全市通过实施2016年度全省农村一二三产业融合发展项目，引领耘茂农业、福塔农业、兴华农业等企业，发展优质稻、茶叶产业，带动旅游和休闲观光，促进产业提档升级，加快产业融合发展。年内全市共有35家企业被评定为衡阳市级龙头企业。其中，复评企业22家、新增13家。认定无公害农产品产地446.667公顷。认证耘茂农业、金源农业、国洪农业、辉煌农林、兴华农业等企业生产的稻谷、水果、生姜、茶叶等8个无公害农产品。

【休闲旅游业】2017年，全市共有11家休闲农庄获评省星级休闲农庄。其中，五星级1家、四星级4家、三星级6家。罗桥百万樱花园、蓬塘山田千亩湘莲园、塔山茶旅观光园、西岭五门牡丹园成为常宁农村休闲游的热门景区。

【农业生态环境保护】 2017年，常宁市扎实推进湘江保护和治理第二个“三年行动计划”，认真做好中央环境保护督察迎检工作，取得较好成效。加大耕地保护力度，严格耕地质量管理。大力推广测土配方施肥和秸秆还田技术，实施土壤有机质提升项目。开展全方位巡查，全面禁止秸秆露天焚烧和推进综合利用，降低农业面源污染。全市推广测土配方施肥和秸秆还田面积66666.6667公顷，全年节肥总量达到900吨。以西岭镇桐江村为试点开展农业面源污染防治，推广清洁生产技术。

【农资市场监管】 2017年，常宁市农业局强化种子农药肥料市场监管，开展农资打假专项整治，规范农民使用农业投入品的行为。是年市农业行政执法大队出动执法人员80人次，共检查农资批发商17家、经销商110余家，立案查处违法经营种子案件5起、违法经营农药案件5起、违法经营肥料案件1起，涉案金额80万元。

【重大动植物疫病防控】 2017年，常宁市农业局开展农作物病虫害预测预报，印发《病虫情报》12期6.9万份。指导水稻、油菜、蔬菜水果生产病虫害防治，并在罗桥、西岭等乡镇开展水稻病虫害专业化防治10800公顷。

【农产品质量安全监管】2017年，常宁市农业局建立“市、乡、村、组”四级监管体系，加大监测监管和整治力度。是年，市农产品质检中心共检测各类农产品样品7125个，不合格样品41个，平均合格率99.42%；查处各类农产品生产经营违法案件5起，销毁有毒有害蔬菜水果270余公斤，下达责令改正书57份，保障人民群众“舌尖上的安全”。6月，常宁市被国家农业部授予“国家农产品质量安全县(市)”。

【脱贫攻坚】2017年，常宁市农业局坚持把脱贫攻坚作为“三农”工作头等大事和第一民生工程，将产业扶贫作为实现贫困群众脱贫增收的根本之策来抓。市级实行优质企业帮扶全覆盖。从全市的农业产业、工业企业、三产服务业中遴选5～10家优质产业企业，由市财政整合资金1个亿元，通过发展产业，帮扶贫困对象脱贫。乡村实行“村社合一”全覆盖，通过“村党支部+合作社+农户(贫困户)”模式，把广大农户及贫困户组织起来，发展生产和拓展农产品销售，带动贫困对象增收。办理金融小额贷款实现全覆盖。对符合条件的贫困户发展产业，为其提供1～5万元、3年期内免抵押、免担保、基准利率全额贴息的扶贫小额贷款，助推贫困群众增收“再造血”。全市新建茶叶、中药材、油茶等种植业扶贫示范基地666.667余公顷，高标准养殖基地110个，助力贫困户增收8000余万元。抓好光伏扶贫。2016年10月，在扶贫村——柏坊镇东白村建成首座18.75千瓦光伏电站，并网发电。截止2017年末，共发电1.6万多度，为所在贫困村和贫困户增加收入1.8万余元。与湖南光聚有限公司合作建设洋泉新石井村光伏扶贫项目，装机容量2.6兆瓦，年内投入使用，并网发电。常宁市瑶园生态农业有限公司(天堂塔山合作社)自筹资金450万元，建立38.667公顷高山有机茶基地，发展茶叶产加销，公司年盈利200余万元，带动106户贫困户以务工和入股分红等方式，人平增收2400元。

【美丽乡村创建】 2017年，常宁市实行“市级领导联乡镇、后盾单位联村、工作队驻村”新机制，大力开展美丽乡村创建。重点抓好西岭镇石山村、罗桥镇庙山村、西岭镇桐排村等3个省级美丽乡村创建。抓好塔山、胜桥、洋泉、官岭、西岭5个示范片(包括27个村)和面上21个示范村的美丽乡村创建。会同市城乡规划局组织邀请省、市规划设计院规划设计组，深入镇村调研，编制形成塔山、胜桥、洋泉、官岭、西岭等5个示范片美丽乡村建设规划“五图一书(五图：是现状图、用地规划图、道路管线工程规划图、环保环卫绿化规划图、近期建设 规划图,一书：是规划说明书)”草案。是年，本级财政安排示范村和示范片财政引导资金265万元，引导群众自筹资金1600万余元，在各示范村(片)启动实施生产发展项目97个、基础设施项目112个、环境整治项目92个、乡风文明项目105个。推进全市美丽乡村示范村(片)建设，初步打造出平安村、庙山村、蓬塘村、塔山示范片、西岭示范片、胜桥示范片等一批环境优美的乡村旅游示范典型。

【农村能源建设】 2017年，常宁市在兰江、烟洲、西岭、宜潭、洋泉、官岭等15个乡镇建成3～7千瓦的农户分布式电站36个，先后完成水口山镇红星大型沼气工程和胜桥镇亿成大型沼气工程，并投入使用。全市新安装太阳能路灯4000余盏。

【推进项目建设】 2017年，常宁市农业局加强与省、衡阳市主管部门的对接，积极主动争资跑项。争取水稻集中育秧、农村一二三产业融合发展、新增粮食产能田间工程、农技推广补助、农作物病虫害统防统治、土壤有机质提升、国家农产品质量安全创建、新型职业农民培育等农业项目落户常宁。

【农技服务】2017年，常宁市农业局加强与湖南农大的校地合作，实行局领导班子包片、技术骨干联乡、农技人员蹲点制度，先后派出186人联乡驻村，开展技术服务。服务组在罗桥、三角塘、蓬塘等乡镇创办双季稻高产示范11000公顷，共举办各类技术培训班40多场，培训种粮大户、家庭农场主9100多人次，发送技术资料22万多份；在三角塘镇江南村开展13.33公顷早稻、晚稻品种展示示范；在宜潭片区塘湾村开展中稻、油菜品种展示示范13.33公顷，共筛选出早稻新品种11个、中稻新品种12个、晚稻新品种15个。选择70名科技指导员，遴选558户科技示范户，推广集中育秧、测土配方施肥、病虫害绿色防控等关键技术12项，创办蓬塘乡杨塘村6.67公顷粳稻试种、6.667公顷再生稻新品种示范基地。完成农情和农产品市场信息调查。全年共完成报表148份，没有出现漏报、迟报、不报、错报等情况。

【农业机械化】 2017年，全市农机总动力73万千瓦，较2016年增长4.3%，机具总量66.7万台，增长1.2%。完成水稻机械化育插秧20866.67公顷，油菜生产全程机械化18066.67公顷，机耕率98%，机插秧

55%，动力机械化植保84%，机械化收割81%，田间运输79%的预期目标。

【存在的主要问题】 2017年，常宁市生产条件相对滞后，部分地方农田水利工程及配套设施老化，农田排灌能力、土壤培肥能力和农机作业能力依然低下，农业生产条件现状堪忧；基地规模相对弱小，境内有优质粮油、优质果蔬等优势产业，但规模基地不大、龙头企业不多，科技含量较低，市场竞争力不强，难以保证产业效益；产业链条依然较短，从全市农业看，有产品无精深加工、有加工无充足原料、有销路无更大市场的状况仍然存在；品牌建设相对滞后，农产品营销网络不健全，销售渠道相对狭窄，三产融合发展亟需加强；体制机制依然不顺，农村土地确权纠纷日益突出，调处艰难，土地适度规模经营管理粗放，新型农业经营主体竞争乏力；鼓励和引导工商资本进入农业发展阻碍较多，在带动农民持续增收上亟待提高。

林 业

【概况】2017年，常宁市林业局内设办公室(与信息化管理办公室合署办公)、人事宣教股(与监察室合署办公)、计划财务股、营林股、资源林政股(与森林资源管理站和生态公益林管理办公室合署办公)、法制股(与林权纠纷调处办公室合署办公)、野生动植物保护股、林产品行业管理办公室，归口管理的机构有市油茶管理办公室、湖南常宁大义山省级自然保护区管理局，下属单位有市森林公安局、市林业技术推广中心(与市林业调查规划设计队合署办公)、市林权管理服务中心、市林业行政执法大队(与市竹木检查站、市林业基金征管站合署办公)4个副科级单位。下辖退耕还林办公室、绿化办、森林防火值班室、国营湖南省常宁市苗圃、常宁市油茶科研所、市三木林场及26个林业工作站。全局共有398人，其中在职人数322人，退休职工76人。坚持绿色发展理念，紧紧围绕“建设生态强市，打造油茶品牌”目标，推进林业重点生态工程建设，不断加强林业队伍自身建设，强化森林资源保护管理，深化林业改革发展，加快推进现代林业建设，各项工作取得实效。市林业局被湖南省林业厅评为“林业宣传和生态文化先进单位”“岩溶地区第三次石漠化监测通报表彰单位”“全省依法办事窗口单位”“全省林业政务信息先进单位”，获衡阳市第二届森林消防队伍大比武县级专业队伍第三名。

【造林绿化】 2017年，常宁市完成人工造林合格面积3366.67公顷；完成重要通道裸露山地造林266.667公顷；完成封山育林3333.33公顷；完成退化林修复7133.33公顷；完成低产低效林改造3600公顷；完成中幼林抚育1666.67公顷。完成2333.33公顷天然商品林商业性停伐补助试点区划界定。完成21533.33公顷紫色页岩普查工作。6月，市营造林工作代表省接受国家营造林综合核查，营造林面积核实率和成林率均达到100%。

【种苗产业】 2017年，全市林木种苗育苗面积23.5733公顷，育苗数量1615.7万株，可产合格苗木1066.1万株。其中，油茶育苗面积19.667公顷，育苗数量1484.3万株。实行造林业主按需自主购苗，年度检查合格后按造林面积和类型补助苗木费用，提高林木种苗资金使用效率。

【科技服务】 2017年，主要是强化林业科技项目管理。选派13名科技特派员到13个贫困村实施科技扶贫。在丽水蓝天合作社开展生物肥料、叶面肥试验，鲜果亩产提高一倍；加强测土配方宣传应用，信息系统查询突破4.1万人，查询次数27万人次，查询率98%，信息系统造林使用率达100%。

【油茶产业】 2017年，常宁市完成新造油茶林1333.333公顷，低产林改造3400公顷。其中完成低改示范样板7个，面积200公顷；幼林培管13333.333公顷。举办油茶森林认证运营技术培训班和无人机防治油茶病虫害培训班两期，360人参加培训。齐家油业新建年产1万吨精炼茶油、洗发水和肥皂洗涤剂等茶油附属产品生产线。大三湘油茶生态文化产业园项目，完成总体规划编制工作，正在办理项目审批、征地等手续。小王子5条油茶鲜果脱壳生产线试验成功。中林天合（北京）森林认证中心对全市53333.33公顷油茶林颁发森林经营认证证书。

【林下经济】 2017年，常宁市大力发展林下经济，拓宽林农增收渠道，打造新的经济增长点，林下经济产值达78390万元。小王子生态种养专业合作社，在油茶林内养殖鸡、鸭、鹅等2.3万羽，年产值230万元。大三湘科技油茶有限公司，在西岭镇平安村油茶林内，养殖茶山飞鸡10万羽，年产值1000万元；大户刘明湖在油茶林内培育绿化苗木、发展养猪，实行生态立体种植，年产值400万元。

【产业管理】 2017年，为小王子生态种养专业合作社等企业申报林下经济省级扶持项目。兰亭雕刻艺术有限公司参加湖南省第四届家具博览会暨首届林业博览会，获得金奖。推进林产品加工，衡阳市嘉兴木业有限公司生产胶合板年产值突破亿元。

【森林防火】 2017年，常宁市完善党政同责、一岗双责、部门联动、社会参与、高位推动的工作机制，实行市、乡、村三级网格化管理，综合防控能力明显增强。森林防火期内，市林业局、乡镇等相关单位及时出动宣传车辆，加大巡逻宣传密度；创建市森林防火指挥部工作交流群，市人民政府、林业局、乡镇等单位主要负责人进群交流、调度工作；全年印发《禁火令》16万份、《一封信》12万余份。开展“祭祀有新尚，‘金桶’树文明”主题活动，发放祭祀桶1000个。在全市中小学开展“小手拉大手活动”，翻印3万册森林防火宣传小册发放到学校。严格野外用火审批制度，审批炼山整地92起。组织开展火灾隐患排查，消除火灾隐患。对全市436名护林防火员实行“森林卫士”信息化管理。严格实行24小时值班和领导带班制度，确保上下信息和政令畅通。开展全市森林消防半专业队伍技能大比武活动。加强防火物质储备，市本级采购森林防火物资30多万元，乡镇集中采购森林防火物资120多万元。

【林政管理】 2017年，常宁市实现森林资源双增长，森林覆盖率54.58%，森林蓄积量272.8万立方米。切实做好生态公益林保护管理，确保重点公益林管护面积和补偿资金到位率均达到100%。开展重点区域的违法占用林地清理专项行动，清理排查10起，面积13.9588公顷。

【森防野保】 2017年，全市林业有害生物发生面积2666.67公顷，防治率100 %。防治广西灰象2133.33公顷、马尾松毛虫133.33公顷、松褐天牛66.67公顷、油茶炭疽病333.33公顷。开展松材线虫病普查和除治工作，普查松林面积6180公顷，普查率100%。在西岭镇举办爱鸟周宣传活动，展出展板15块，发放宣传资料1000份，悬挂横幅12条，出动两台宣传车。对集贸市场、车站、宾馆饭店等开展专项清理和执法检查。开展“世界湿地日”活动，财政投入200万元，继续开展天湖湿地公园和南部生态功能区生态补偿试点。在柏坊镇大新村租地304亩，开展湘江流域治理，退耕还林还湿项目试点工作。做好中央环保督察迎检工作，落实督察整改措施，对涉及自然保护区采探矿企业实施联合执法，一律实行关停和无差别退出。初步完成大义山自然保护区区牌、界碑、界桩的设立工作。

【深化改革】 2017年，常宁市农业局加强林权流转管理工作，依法管理和规范流转行为。全年受理林权流转宗地956宗，面积968.87公顷。扎实开展林权评估业务，受理评估业务7笔，评估宗地41宗、面积373.467公顷，价值3537万元，通过抵押登记发放贷款1766万元。对林业贷款实行全额贴息，为林业企业、大户等办理2016年度林业贷款贴息资金298.41万元。

【精准扶贫】 2017年，常宁市农业局编制《常宁市林业精准扶贫实施方案》《常宁市林业行业精准扶贫规划(2016～2020年)》，项目资金向建档立卡贫困户倾斜。安排局机关工作人员97人，到塔山瑶族乡和宜潭片区的6个村与213户贫困户进行结对帮扶。贫困户优先享受林业生态年度补偿，2014年至2016年度林业资金发放到贫困户总金额为5175978.6元，其中生态公益林2827539.3元，7528人受益；退耕还林补助金206953.8元，1054人受益。建立中央财政森林抚育补贴、油茶丰产示范林建设、家庭农场+油茶林下经济、油茶低产林改造、林下经济生态种植养殖等林业产业5个扶贫项目库。投入油茶产业扶贫资金1984132.6元。中联公司在烟洲镇推行家庭农场管理模式，贫困户提供劳力，实现脱贫致富。组织开展“我要上学，我想有个家”公益募捐活动，筹款10700元。

【林业投资】 2017年，全市林业投资共计11865.64万元，其中本级财政资金7417.38万元，上级资金4448.26万元。同时，加强项目稽查，强化资金管理，对项目资金使用实行全过程监管，确保所有项目资金安全和落实到位。

【宣传工作】 2017年，加强林业宣传工作，开通“常宁林业”腾讯微博，“中国油茶第一市常宁市”“常宁森防”微信号。在各级报刊、新闻媒体发表稿件90篇，湖南卫视、衡阳电视台播报新闻30余次。在电视台黄金时段定时滚动播放森林防火宣传标语，播放油茶收摘秩序通告和森林防火知识，推介先进典型、曝光违法案例3起；在湖南林业信息网刊发常宁林业信息70条。实现“报刊上有文章可读、电视上有新闻可看、网络上有信息可搜”的目标。

【存在的问题】 2017年，常宁市森林质量总体不高，生态强市任务艰巨；林业产业品牌效益不强；森林防火综合防控能力还有待提高；林业基层条件差。

常宁市弥泉国有林场

【概况】 常宁市弥泉国有林场地处常宁市南部，属南岭山簇余脉，距常宁市城区35千米，距衡阳市城区85千米。东与常宁市罗桥镇和庙前镇接壤，南与郴州市桂阳县交界，西与常宁市洋泉镇和塔山瑶族乡毗邻，北与常宁市板桥镇和胜桥镇相连。林场为湖南天堂山国家森林公园主体部分。全境东西横跨80公里，南北纵长10千米。林场土地总面积6693.33公顷，森林蓄积量14.5万立方米，占全市森林总蓄积的6.1%。生态公益林3380公顷，其中国家重点生态公益林2280公顷，省级生态公益林1600公顷,是常宁市唯一的国有林场。常宁市弥泉国有林场始建于1958年，1995年湖南省撤区并乡，将原国营弥泉林场和国营铜钟岭林场合并成立弥泉乡，实行场乡合一的管理体制。2015年6月，湖南省国有林场改革试点，撤销弥泉乡人民政府，恢复林场建制。10月，确定弥泉林场为一类公益性全额拨款正科级事业单位，主要功能是保护森林资源、维护国家生态安全。2017年，林场内设办公室、护林股、生产股、计财股，下设三个营林管理区。根据省、衡阳市、常宁市的决策和部署，林场结合工作发展，围绕“培育好林，保护好树，建设好队伍、守护好底线、打造好景点”五大项工作，推动弥泉生态旅游开发增效。

【植树造林】 2017年，常宁市弥泉国有林场完成景观林彩叶树种提质改培6.734公顷，并顺利通过省、市、县三级主管部门验收。完成乡土珍贵树种(楠木、南方红豆杉、银杏)新造87公顷。全年分2次对新造林地和46.56公顷未成林，进行抚育培管与中幼林抚育。整合资金120万元，完成鳌头优质有机绿茶采择体验基地26.67公顷、铁茅冲附近8公顷培育。投资50万元，全程打造河垄里生态景观公路带1550米。投资100万元，绿化沿线山体66.67公顷。家桥的森林康养中心基地主体工程全部完工。按照工程进度安排，完成园林绿化规划设计初稿，年底开始实施森林康养中心基地园林绿化提质。

【森林保护】 2017年，常宁市弥泉国有林场规划“林区道路、护林道、旅游步道、工班、防火监测系统、瞭望台、生物防火林带”7项基础性工作。重点抓好林区现有道路的维护保养，通工班(新规划集中工班)公路的规划申报，护林道路的开拓维修，生物防火林带的规划申报，森林防火监测系统的实地考察规划上报，旅游步道的开设施工。向上争取资金30万元，添置森林防火设备和防火服装。年内林场无一起森林火灾发生。

【基础建设】 2017年，常宁市弥泉国有林场投入管护资金25.7万元，完成护林道修复任务128.68千米，分夏秋两次修复，共计里程257千米；投资8万元，新开八角湾路基宽0.8～1.2米旅游景点步道1300米；投资528万元，建设方家桥森林康养中心建设与公租房，建筑面积2250平方米；与此同时，林场组织专业技术人员完成碳汇基线调查规划，面积2800.02公顷；开展天然林保护规划调查，共区划界定面积4653.33公顷。

【争资跑项】 2017年，常宁市弥泉国有林场实施公租房建设项目，争取资金120万元；实施公租房附属工程建设项目，争取项目资金400万元；实施国家储备林提质改培项目66.67公顷，争取项目资金50万元；实施天然商品林停伐补助项目，争取项目资金58万元；争取国家储备林提质改造项目200公顷，项目资金150万元。申报国有林场独立工矿区建设项目；申报省级森林经营示范基地(碳汇开发)建设项目，完成碳汇基线调查规划面积28000.3公顷；完成天然林保护区划界定面积4653.33公顷；申报森林防火预警监测系统建设项目；申报湖南常宁市弥泉国有林场森林氧吧。

【民生建设】 2017年，常宁市弥泉国有林场结合林场的经营现状，积极争取建立林场全域的森林生态补偿机制，提高生态补偿标准，守住生态底线；想方设法解决山区林农实际生活困难，同时争取国家政策倾斜扶持，缓解山林权属矛盾纠纷，守住面积底线；争取市委、市人民政府重视，建立便民服务机构，配齐工作人员，落实惠农政策，深入村组为山区林农搞好便民服务，为山区林农产业发展提供科技服务，搭建供需平台，实施服务增效。

【存在的问题】 2017年，林场在职职工的定编到人未落实，亟待上级部门解决；项目建设启动资金有缺口，需要社会多方资金的注入，全面带动林场生态建设项目的加快实施；权属矛盾有待化解、人员素质有待提高，山林权属矛盾还未完全化解；林场各方专业人才缺失，林业发展新思想、新理念领会偏差，同样影响林场生态发展。

水 利

【概况】 2017年，常宁市水利局内设办公室、人事科教股、规划建设股(水利工程管理股)、水政水资源河道股(水政鉴察大队)、财务审计股、行政审批服务股。是年，在市委、市人民政府的领导下，局党委紧紧围绕市委经济工作会议精神，以确保人民群众生命财产安全为目标，以水资源管理和“河长制”工作为重点，深化水利改革，全面推进人水协调现代水利体系建设，为全市经济社会发展提供防洪安全、供水安全、水生态安全保障。1月，被衡阳市人民政府授予“衡阳市2016年度市级园林式单位”；3月，被市委、市人民政府授予“2016年度全市安全生产工作先进单位”；6月，被中共衡阳市委授予“衡阳市脱贫攻坚优秀驻村后盾单位”；9月，被中共衡阳市委、衡阳市人民政府授予“2017年度全市抗洪救灾先进集体”；2018年3月，被市委、市人民政府授予“2017年度全市安全生产工作先进单位”。

【防汛工作】 为贯彻国家防总2017年5月29日下发的《要求做好强降雨防范工作》的通知精神，从6月4日18时起，全市启动防汛IV级应急响应。晚上20时，市防指组织防指成员单位召开关于应对当前强降雨防范工作紧急会商会，要求各级各部门通力合作，严格落实责任，积极做好防范工作，做到早部署、早防范、早应对，确保全市安全度汛。同时，抢抓时机在强降雨前对病险水利工程进行拉网式排查，对全市269座中小型水库、203处地质灾害隐患点(重点监控点13处)、5座尾矿库都严格执行预案和度汛方案。针对检查中发现的问题，做到立行立改，把安全隐患消除在萌芽状态中。严格落实行政首长负责制和防汛值班制度，在主汛期间，主要领导都坚守岗位，严格落实值班值守制度。全面加强督查，真正把防汛责任制落实到每一个环节、每一个工程、每一处险工险段、每一个责任人。9月，常宁市水利局被衡阳市委、市人民政府评为2017年度全市抗洪救灾先进单位。

【水库工程建设】 2017年，申报的蛤蟆塘水库已列入国家“十三·五”规划，计划投资8520万元。广济水库和白甫水库工程项目建设按进度推进。

【四大灌区工程改造】 2017年，常宁市投资1400万元，完成农开项目梅埠桥水库中型灌区续建配套项目；采用PPP模式，融资6.49亿元，实施洋泉、梅埠桥、西塘、野马四大骨干灌区续建配套及节水改造，改善灌溉面积8166.667公顷，增加灌溉面积5353.33公顷。

【农田水利建设】2017年，常宁市水利局完成投资1904.36万元，实施2016年农田水利项目工程建设任务，新增粮食生产能力0.23万吨，经济效益和社会效益明显；投资1207.3万元，开工建设2017年农田水利项目县建设，实施后可新增和恢复灌溉面积133.33公顷、改善灌溉面积238.67公顷，新增粮食生产能力47.2万千克，年节水量83.9万立方米。

【水利扶贫】 2017年，常宁市水利局局党委把扶贫工作摆上水利工作重要议事日程，纳入局年度目标管理绩效考核工作一起研究、统筹部署，做到认识到位、领导到位、责任到位、措施到位，坚持精准扶贫、科学扶贫、全力推动水利扶贫工作任务落实。积极争取资金5500万元，解决全市46个贫困村的农村安全饮水问题；派驻1名副科级干部和1名工作队队员常驻西岭镇五冲村进行精准帮扶，确保水利扶贫工作扎实开展、取得成效。

【涉水案件处理】 2017年，在中央环保督查期间，按时、优质、高效地完成交办、督办件共10件，得到中央督察组及市委、市人民政府的肯定。全年共接受各类群众电话、来信、来访举报100余起，做到件件有回复，事事有落实，有效维护全市水事秩序。

【水政监察】2017年，常宁市水利局联合衡南、耒阳、祁东对湘江、舂陵水开展5次大规模专项整治活动。对存有安全隐患的经营企业进行全面整改；对破坏水生态环境、存在安全隐患的涉水违法建筑和一批重点涉水违法案件，依法进行严厉查处。全年，共下达责令停止水事违法行为通知书169份，共立案调查50起，下达行政处罚决定书并处罚到位24起，经济处罚11.74万元。

【河道采砂整治】2017年， 常宁市水利局全面摸底调查常宁市湘江、舂陵水、清溪江、宜水、潭水段砂场、砂船情况。全年，总计巡查河道长度约3800公里，投入执法巡查1200余人次，现场制止河道非法采砂行为90余次，遏制非法采砂活动。

【水源水质管理】 2017年，常宁市水利局开展饮用水源地安全达标保障方案编制工作，共核查登记全市入河排污口63处。加强水库水质和水功能区监测，禁止化肥养鱼。配合衡阳市完成2016年度水质检测和监测工作，确保水质达标和有效监测。是年，全市水功能区水质监测达到100%。

【取水行政许可】 2017年，常宁市水利局出台《常宁市取水许可整改方案》。按照“一证一档”的要求，分阶段对全市26家取水用户进行整改。是年，有12家取水企业通过省水利厅专项督查验收。全年预计征收水资源费150万元，已征收到位130万元。

【推行“河长制”】从2017年4月起，常宁市水利局在全市江河湖库全面推行河长制。建立健全“河长制”工作机构和五项工作制度。开展河流流普查，摸清河流情况，对全市所有河流进行清理登记。明确全市53条河流，501名市、乡、村三级河长，并安装500块河长公示牌。

【中小河流治理】 2017年，常宁市水利局完成投资2190万元，进行潭水河长江洞、庙前段治理工程项目建设；完成中央投资300万元，实施常宁市宜水河官陂洞、宜潭片区、方家洲河段治理工程项目建设。

【河道整治】 2017年，常宁市水利局重点整治黑臭水体。完成夏联渠黑臭水治理，草桥渠黑臭水体动工整治。开展治理河流面源污染，完成55个行政村垃圾治理任务。全面完成湘江常宁段、舂陵水、宜水城区等下游河道保洁工作任务。

【安全生产和信访维稳】 2017年，常宁市水利局按照上级要求，严格落实“一把手负总责”和班子成员“一岗双责制”，层层签订安全生产、信访维稳工作目标责任书，并印发工作目标管理考核办法，对安全、信访维稳工作实行单项目标考核；加大安全隐患排查治理和矛盾纠纷的调处力度，全年水利建设工程未发生一起安全事故，没有出现一件进京越级上访和集体性上访事件。

【存在的问题】 2017年，防洪减灾能力仍然不强；干旱死角与农村饮水安全隐患仍然存在；部分水库安全隐患仍然存在；河道采砂专项整治任务依然艰巨。

水文资源

【概况】 常宁市水文水资源局于2015年4月批复成立，地处宜阳街道办事处万寿村七组，属社会公益性和基础性事业单位。2017年，共有职工7人。管理常宁市辖区内常宁水文站、洋泉水位站，以及3个委托雨量站、13个中小河流洪水易发区水文自动监测站、22个山洪灾害预警系统监测点、10个水资源保护监测站。其中，常宁水文站于2010年1月设立，位于湘江一级支流宜水流域上，东经112° 23′，北纬26° 26′，集水面积910平方公里，水文监测项目有：降水、水位、流量、水质、土壤墒情等。

【汛前准备】 2017年，常宁市水文水资源局为确保安全生产和平安度汛，在汛前准备工作上做到早落实、早安排、早动手，扎实做好“思想、人员、制度、物资、技术、安全”六项准备工作。全体职工发扬“自己动手，艰苦奋斗”的精神，积极开展水尺零点高程测量、大断面测量、雨量站检查、自动测报站点检查维护、备用物资准备、设施设备安全检查等基础性工作。修订完善各项规章管理制度，落实岗位责任制，圆满完成辖区内各项汛前准备工作。

【水文监测】 2017年，常宁市水文水资源局坚持每月校测一次直观和自记水位，汛前汛后校测水尺零点高程。认真做好雨水情监测工作。1月1日至12月31日，常宁市累计面平均降雨量1492.7毫米，较历年同期均值1471.1毫米，偏多1.5%。受降雨影响，常宁站于7月2日21时15分出现全年最高洪水位71.29米，水位变幅5.62米。汛期洪水期，全体职工积极主动做好高中水位级ADCP和雷达波流量比测工作，顺利完成比测工作任务。同时，做好内业资料整理工作，严格执行“四随”(随测、随算、随整理、随分析)工作制度，各种资料做到日清月结，达到一算二校，测验资料质量成果记录工整，清楚，并及时录入月报程序上传监测科，并按《衡阳水文水资源勘测局水文监测资料管理办法》要求，及时送审。

【自动测报维护】 2017年，常宁市水文水资源局共管理自动测报站点38个，其中水文监测站点18个，山洪灾害预警监测站点20个。为确保各自动测报站点设施设备正常运行，汛前准备期间，组织职工对各站点仪器进行全面的检查维护，对山洪灾害预警站点7个福建四创的仪器更换新的蓄电池，对西塘、野马水库仪器进行更新改造。与此同时，坚持每天上网检查各站点工况信息及降雨信息，当发现有站点工况信息出现故障或降雨无数据显示时，及时组织技术人员对故障站点进行全面维护，确保各站点仪器正常运行。建立自动测报仪器检查情况表及自动测报系统检查日记表，详细记录故障站点的维护时间、出现的问题以及处理的方法。每日8时，查看自动测报站点降雨信息平台，并记录日降雨量信息，以便及时发现问题并排除故障。对于自动测报系统中出现的水位、雨量值偏离正常值的奇异信息，及时给予确认和更正。

【雨水情服务】 2017年，常宁市境内共遭遇12次大范围的强降雨过程。每次暴雨洪水期间，全局积极主动收集各站点降雨信息及各主要河流水情信息，第一时间将雨水情信息发送到常宁市防汛抗旱指挥部微信平台，及时准确向市防汛抗旱指挥部汇报雨水情实况，为各级领导抗洪抢险决策提供可靠技术支撑。特别是7月2日特大暴雨洪水期间，根据全市20多个监测站点日降雨量超过100毫米的紧急情况，及时电话向市长汇报这一重大的雨水情情报，告知境内将有重大的险情。7月2日晚上20:30，市委、市政府召开防汛扩大会，专门听取水文对湘江水情的预测预报。洪水期间，局负责人积极配合市委、市政府进行洪水调研，及时与衡阳市局水情科沟通会商，准确向市防指汇报湘江干流常宁段洪水预测预报信息。与此同时，24小时保持与市防汛指挥部联系，及时汇报全市水情演变趋势，认真答复各级领导及沿河两岸群众水情咨询，努力为常宁市防汛抗灾做出贡献。据统计，“7.2”高洪水期间，汇报及答复雨水情咨询300余次。在湘江干流常宁段出现50.23米超历史最高洪水位时，坚持每半个小时用手机短信和防汛抗旱微信平台向各级领导发布实时水情信息，为各级领导决策抗旱抢险及确保沿河两岸老百姓的生命财产安全提供可靠的技术支撑。

【水功能区水质监测】 2017年，按照衡阳市局下发的水质监测工作任务，坚持每月认真做好全市10个(单月10个，双月8个)水质监测断面的取样、送样及分析工作，保证取样时现场测定的水温及透明度资料合理，送样单填写正确，送样及时。坚持每季度做好26个新增入河排污口的取样监测工作及8个新增市级水功能区监测断面查勘取样工作。积极开展与水资源相关的工作，协助水行政主管部门做好水资源管理服务工作。编制《常宁水文水资源》向各级领导及相关单位和部门汇报常宁市主要河流水质状况及达标情况。

【精准扶贫】 自2017年5月上旬开始，局负责人亲自驻村开展精准扶贫工作，深入到常宁市塔山瑶族乡板角村的结对帮扶对象家中走访慰问。

【宣传工作】 2017年，常宁市水文水资源局利用《湖南日报》《常宁报》及省、衡阳市水文公众信息网，积极宣传常宁水文的工作动态和精神风貌。全年在《湖南日报》发表文章1篇，湖南红网1篇，《常宁报》发表3篇，常宁手机报2篇，衡阳水文网发表23篇。

【安全生产】 2017年，常宁市水文水资源局认真落实安全生产“一岗双责”制度，建立健全安全生产责任制，制定安全生产规章制度和操作规程，严格落实各项安全措施，积极开展安全生产大检查。认真检查水位井、观测码头、雷达波测流等测报设施，设立安全警示牌。全面检测用电线路、报汛通讯线路、传输网络的畅通情况以及监测工具车的运转情况。认真开展安全生产自查自纠，建立安全生产检查工作台账，认真消除安全隐患，确保测得到、测得好、报得出。

农业机械

【概况】 2017年，常宁市农业机械化管理局内设机构有办公室、人事宣教股、计划财务股、监督管理股(公共服务股)、科教质量股、政策法规股；二级机构有农机安全监理站、农机技术推广站、农业机械化学校；下辖23个乡镇(办事处)、片区农机站，共有236人。是年，在市委、市人民政府和省、衡阳市农机主管部门的领导下，局党组全面贯彻落实党的十八届六中、七中全会和党的十九大会议精神，以“两学一做”为契机，着力抓好党的建设、精准扶贫、抗洪救灾补损、水稻和油菜生产全程机械化等工作，努力做好农机补贴、科技推广、安全生产监管执法、管理培训和公共服务等工作，进一步加强队伍建设，开创农机化发展的崭新局面，被中共常宁市委、市人民政府评为“全市目标管理绩效考核先进单位”“脱贫攻坚工作先进单位”“人口计生工作先进单位”，被衡阳市评为“全市农机工作先进单位”“全市水稻全程机械化技术推广先进单位”“全市农机购置补贴工作先进单位”“全市油菜机械化生产推广工作先进单位”，被湖南省评为“全省农机购置补贴工作先进单位”“全省油菜生产机械化工作先进单位”“全省项目管理工作先进单位”。

【全程机械化】 2017年，常宁市农业机械化管理局继续巩固发展水稻生产全程机械化和油菜生产全程机械化。先后在罗桥、庙前、三角塘、宜潭、烟洲、西岭、兰江、洋泉、新河、胜桥等乡镇创办机械化育插秧示范片，带动全市机插秧技术普遍应用。全市机插面积达13333.33公顷以上，机耕90%、机插36.5%、机收80%、烘干30%，水稻生产全程机械化程度有所提高。油菜生产继续以宜潭曹同、塘湾示范片为样板，并创办官岭、洋泉、烟洲等示范片，带动油菜生产机械化快速发展。

【农机补贴】2017年，常宁市农业机械化管理局制订和完善农机购置补贴绩效管理考核办法，加大工作考核力度。建立“谁办理、谁负责，谁核实、谁负责，谁审批、谁负责”的责任倒查和追究制度。进一步强化机具核实，坚持阳光操作，规范管理。全年，录入补贴机具410台，核查395台次，受益286户，补贴金额530.4万元。

【安全生产】 2017年，常宁市农业机械化管理局根据省和衡阳市农机局的文件精神，在全市范围内开展“农机安全生产源头管控治理年”活动。开展进村入户大排查活动，出动宣传车制作宣传栏，张贴宣传通知、标语，全面宣传安全知识；建档立册大管控，对报废、灭失、长期未检车辆进行登记造册，对农机安全隐患排查归档；层层签订4000余份《农机安全生产责任状》；由市政府牵头，组织农机、安监、公安交警等部门成立联合执法组，对严重的交通违法行为和存在较大安全隐患的车辆，实行查扣，及时消除事故隐患；做好年检审工作，平时做到随到随检，7月上旬到8月中旬，进行集中年检，并组织送检下乡，到各乡镇办理年检审相关手续，方便广大农机驾驶员；以柏坊镇为示范样板，创办“农机平安示范乡镇”。

【农机合作化建设】 2017年，常宁市农业机械化管理局以湖南省“百千万”工程为契机，以兴机富民为目标，大力抓好农机合作社建设和农机公共服务工作。全市新增申报省级现代农机合作社7家、衡阳市级现代农机合作社3家，支持和引导农户走合作化机械化的发展之路。年末，全市发展农机专业合作社51家。共有社员295户，拥有大、中、小型农机具4000台(套)，注册资产总额8600万元，承担全市80%的水田耕、种、收和烘干作业任务。

【推广培训】 2017年，常宁市农业机械化管理局重点推广谷物烘干机和水稻秸杆还田技术。全市有烘干机55台套，日烘干能力在1000吨以上，解决晒谷难，阴雨天气谷物霉烂发芽等难题，节省大量人力物力。推广水稻秸杆还田解决稻草焚烧和环保等问题。全年举办免费培训班3期，共培训学员396人次。通过培训，促进推广普及先进农机新技术。加快适用农机具的更新和换代，提升农业装备水平。全市有农机总动力792500千瓦，21.8万台次。其中有拖拉机1864台，耕整机1.03万台，插秧机186台，水稻联合收割机1200台，饲草加工机械680台，茶叶加工机械560台，农田基本建设机械190台，水泵6380台。

【扶贫工作】 2017年，常宁市农业机械化管理局按照市委的安排部署，作为后盾和队长单位局里抽派2人组成工作队到塔山乡参加扶贫攻坚。同时，抽调机关干部，参加塔山乡敖头村和洋泉镇坦冲村60个贫困户的结对帮扶工作。集中全局人力、物力、财力，全力投入扶贫攻坚工作，人平15次以上进村入户，做到精准识别，调查研究发展新路，经常走访了解实情，一户一策，因人而异制订出脱贫计划。塔山乡敖头村有60个贫困户年底脱贫，摘除贫困村的帽子。

【抗灾补损】 2017年7月初，全市遭遇特大洪涝灾害。灾情发生后，在市委、市人民政府的统一安排下，第一时间派出应急小分队赶赴到新河镇和烟洲镇沿河多个乡镇等地值班驻守，帮助排洪保安全。随后，在柏坊镇和新河镇创办改种示范点，动员全市930名农机操作人员投入抗灾补损工作，组织17个农机合作社全力做好耕翻失收农田近万亩，将灾害损失程度降到最低。

【存在的主要问题和困难】 2017年，常宁市基础设施还不完善，尤其是机耕道不配套，现有的机耕道基本是上世纪八十年代修建的，大多破败不堪，机械无法提高作业效率；技术培训力量较弱，全市的农机技术培训工作现在是“三缺”(缺场地、缺设施、缺技术)；示范窗口建设相对滞后，农机监理办证窗口和农机购置补贴窗口都很拥挤，而且设施老化，不方便群众办事，急需增加投入加以改善。

畜牧·水产

【概况】 常宁市畜牧水产局属全民事业单位(参照公务员管理)，内设办公室、人事宣教股、财务审计股、法制股、兽药饲料管理与质量安全股5个股室和工会、妇联、纪检监察室，下辖畜牧兽医工作站、动物疫病预防与控制中心、动物卫生监督所、渔业及水生动物防疫检疫站、渔政监督管理站、牲畜定点屠宰管理办公室、农产品质量安全检测检验中心和种猪场、种禽场、鱼苗鱼种场及23个乡镇(办事处)动物防疫站。2017年，全局在职干部职工117人，其中中级畜牧兽医师6人，助理畜牧兽医师15人，中级水产工程师2人，助理水产工程师7人。是年，在市委、市人民政府的领导和上级业务主管部门的指导下，按照“规模适度、设施齐备、环境优美、产业升级”的发展思想，着力提升主要畜禽水产品保障供应能力，稳量提质做强生猪产业，因地制宜发展草食牧业，优化结构发展特色渔业。年内，全市出栏生猪115.6万头，牛3.16万头，羊13.41万只，出笼家禽1638.67万羽，水产品总量3.7万吨。年末，存栏生猪60.69万头，牛4.63万头，羊9.85万只，存笼家禽1234.89万羽。

【动物疫病防控】2017年，常宁市畜牧水产局针对全国重大动物疫情的严峻形势，为确保养殖业健康发展和人民群众身体健康，市动物防疫工作做到严要求、早部署、早落实。及时召开全市动物防疫工作调度会议，对全市春秋两季重大动物疫病防控工作进行全面安排部署。市防重指挥部制订印发《动物防疫工作实施方案》。市人民政府与各乡镇签订《动物防疫工作责任状》，明确工作目标，细化工作任务，把任务分解到人，责任落实到人，把防疫任务完成情况与乡镇干部、村干部、动物防疫员的工作报酬及年终考核挂钩。春秋“两防”期间，全市应免动物、免疫密度均达到100%。春秋“两防”结束后，开展免疫效果监测，对每一个乡镇动物防疫员包片区域内养殖场的畜禽采血监测，以监测结果来科学评定动物防疫员的免疫注射工作。监测结果与免疫密度挂钩，与防疫员的绩效工资和年终考核挂钩。是年，共监测畜禽血清样品6734份，免疫抗体效价均达到农业部对禽流感等重大动物疫病评价的要求，有效免疫抗体合格率为70%以上，没有发现疑似携带高致病性H7N9型禽流感病毒的阳性样品。

【屠宰场监管】2017年，全市18个生猪定点屠宰场，均派出专职驻场检疫人员实施同步检疫，既实行动物检疫，又开展“瘦肉精”快速检测。严把“四关”，落实宰前、宰后的检疫及消毒和无害化处理工作，记录完整。确保“四个100%”，即进场畜禽的产地检疫率100%、屠宰检疫率100%、出场产品持证率

100%、病害畜禽无害化处理100%，有效地杜绝不合格动物产品出场上市。定期对屠宰场和屠宰设备、污水排入、污物处理和各种兽药卫生制度的建立情况进行检查，不合格的限期整改，有效地促进屠宰检疫工作的顺利进行。

【病死动物无害化处理专项整治】 2017年，常宁市畜牧水产局开展病死猪无害化处理情况的收集、统计、汇总、上报。以湘江流域及其支流生猪家禽主产乡镇(办事处)、规模养殖场(小区)周边地区为重点区域，以动物疫病易发的春夏季节为重点时段，对乱抛乱弃、非法收购、贩卖、加工、销售等非法处置病死畜禽的违法行为进行集中治理，整改和完善无害化处理设施78处。防止重大动物疫病发生，保障动物产品安全，彻底消除安全隐患，保证市民的菜篮子安全。

【病死畜禽无害化处理】 2017年，开展病死畜禽无害化处理及补助上报工作，严格要求各地各养殖场无害化处理病死畜禽，不移动、不屠宰、不出售、不食用病死动物，在动物卫生监督人员的指导下采用深埋、化制或焚烧处理。及时将无害化处理的情况上报衡阳市财政局与衡阳市畜牧水产局，并积极申报病死猪无害化处理补助。通过强制实施无害化处理与积极开展补助上报工作，帮助养殖户减少养殖损失，增强其防止疫病传播意识和保护环境卫生意识。

【质量安全监管】 2017年，常宁市畜牧水产局按照守土有责、党政同责的要求，将畜禽水产品质量安全监管纳入乡镇绩效考核范围，严格落实生产经营者主体责任。与所有养殖业投入品生产经营企业和规模养殖场(户)签订《畜禽水产品质量安全责任状》，告知其主体责任、失责后果等。对有质量安全不良记录的生产经营者，依法列入“黑名单”管理，在项目安排、认证许可、产业扶持等方面实行一票否决。各乡镇把畜禽水产品质量安全监管与动物防疫工作同时纳入村级年终考核。

【生猪检疫与“瘦肉精”抽检】 2017年，常宁市畜牧水产局对上市生猪在出栏前全面开展“瘦肉精”等违法添加物抽检。抽检不合格的不得发放检疫证明。加强对定点屠宰场的“瘦肉精”监管抽查，对含“瘦肉精”等违法添加物的生猪和肉品进行无害化处理，并对发现“瘦肉精”案件将移送公安机关立案查处。

【监管制度】 2017年，常宁市畜牧水产局建立对养殖场(户)、养殖业投入品生产经营企业、屠宰企业的日常监督检查档案，加强日常监督与巡查，实施痕迹化管理。建立完善畜禽水产品质量安全事故应急预案，强化应急知识宣传和培训。规范责任主体的生产经营档案，按照“记录如实完整、质量安全可追溯”的要求，督促畜禽水产品生产企业和规模养殖场(户)建立畜禽水产品质量安全生产档案。安全使用饲料、兽药等养殖业投入品。兽药饲料生产经营企业按要求建立购、销台账，屠宰企业如实记录畜禽来源、数量、检疫检测等情况，规范生产、经营行为。建立病死动物以及含“瘦肉精”等违禁物质的畜禽水产品无害化处理机制。

【专项整治】 2017年，常宁市畜牧水产局按照全省统一部署，全面抓好兽用抗菌药、水产“三鱼两药”、生猪屠宰、饲料和饲料添加剂、“瘦肉精”、养殖业农资打假等专项整治工作。并加强行政执法和刑事司法的衔接，强化大要案督办、案件移送等工作机制，有针对性查处大要案，并及时曝光，震慑违法犯罪行为。

【无公害认证】 2017年，常宁市畜牧水产局开展常宁市幸福生态农业专业合作社和常宁市三湾生态农业有限公司的无公害水产品与产地的复查换证。申报常宁市伟大农业发展有限公司无公害藏香猪产地与产品认证、常宁市过龙岭无公害鲜鸡蛋产品与产地认证和常宁市康盈生态养殖有限公司的无公害生猪产品与产地认证。

【养殖业技术推广】 2017年，常宁市畜牧水产局从县乡两级养殖专业技术人员中挑选11名技术骨干作为技术特派员，明确其工作责任，在洋泉镇、塔山乡等6个乡镇举办养殖技术讲座6期，进驻养殖大户现场技术指导62人次。继续搞好基层农技补助项目建设，培育养殖业科技示范户，建设养殖业试验示范基地。全市培育养殖业科技示范户146户，辐射带动1400户农户发展养殖生产。

【养殖业粪污治理】 2017年，常宁市畜牧水产局经实地调查、实践对比和邀请有关专家现场指导，总结推介三种养殖污染治理模式：大规模养殖场采用工业化治理模式，建设大型沼气工程、沼气发电、曝氧发酵、生物氧化塘和有机肥料加工厂等设施；中小型规模户采用“猪 ——沼——果(渔、菜、牧草)”等种养平衡综合治理模式，实现粪污资源化利用；养殖密集区域的养殖散户推广生态平衡循环养殖污染综合治理模式。是年，全市建成年生产10万吨有机肥厂两处，年处理利用粪污150万吨。建设干粪堆积发酵池3000立方米、沼气池 20万立方米、沉淀池20万立方米，购置干湿分离机等污水处理设施17套、粪污专用运输车辆9台、沼液沼渣运输罐 40个。利用生猪标准化规模养殖场(小区)项目建设和粪污治理专项资金，利用菜篮子扶持项目和部、省级标准化规模养殖场示范创建活动，指导养殖场完善粪污处理设施，促进粪污达标排放，并以点带面，带动全市养殖粪污治理。

【养殖区域划定】2017年4月，市人民政府颁布《常宁市人民政府关于畜禽规模养殖区域划定的通告》，将畜禽规模养殖区域科学划分为禁养区、限养区和适养区三类。明确禁养区和限养区内不得新建、扩建各类畜禽养殖场。适养区内现有畜禽养殖场，严格落实污染防治措施，确保污染防治设施正常运行。养殖场的选址、规划设计和建设必须符合环境保护的相关规定，养殖设施的建设必须与粪污处理设施建设同时设计、同时施工、同时使用。

【集中整治】 2017年，对全市2014～2016年湘江沿岸500米范围养殖场实施的功能性拆除养殖场是否复养的督查工作进行安排部署，定期或不定期进行抽查，沿河乡镇动物防疫站站长为监管直接责任人，无一处复养现象。全年关停、拆除一级水源保护区规模养殖场5个，关停城市建成区规模养殖场1个，面积共6000平米。根据辖养殖量大小，分批确认养殖污染治理挂牌督办对象，逐月督查、分季排名、公开公示。对通过信访渠道和网络举报及排查中发现的违规养殖场，做到发现一起，处理一起。全市完成治理生猪养殖场126个，栏舍面积12.6万平方米。

【环评督查】 2017年，市人民政府出台《生猪调出大县奖励资金实施方案》，将猪场环保情况与奖励资金申报及发放挂钩，凡是未取得环评手续的一概不予申报，不能享受任何惠牧政策。3～5月，市畜牧局分成10个组对各乡镇规模畜禽养殖场进行督查，通过督查整改，全市有146家养殖企业办理环评手续。

【“种养结合”模式推广】 2017年，常宁市畜牧水产局在柏坊、胜桥、板桥、宜潭、烟洲、荫田等乡镇，推广“猪—沼—苗木、猪—沼—果树、猪—沼—蔬菜、猪—沼—草”等粪污处理与利用模式，实现种养结合，生态效益与经济效益明显。

【招商引资】 2017年，常宁市畜牧水产局引进病死动物无害化处理企业，全面处理各地收集来的病死动物，既可将高温处理后的动物尸体用作生物肥料或动物饲料原料，又可防止化制或深埋动物尸体造成二次污染，真正实现病死动物无害化和废物再利用。引进大型食品加工企业，带动畜产品加工产业的发展，增加畜产品附加值，打造延伸产业链条，提高养殖经济效益，填补常宁市畜产品精深加工空白，推动全市畜牧业发展。

【项目设立】 2017年，常宁市畜牧水产局争取的项目主要有4个：草食动物养殖大县，中央投资300万元；渔业生产大县，中央投资300万元；水生动物疫情测报站项目，中央投资300万元；生猪良种补贴县项目，中央投资560万元。

【私屠滥宰专项整治】 2017年，常宁市畜牧水产局共开展14次打击私屠滥宰执法行动，出动执法人员300余人次，捣毁私屠滥宰窝点4个，没收处理私宰肉1000千克；立案查处案件2件，其中媒体曝光1件，罚没生猪产品782千克、屠宰刀具8把，电子秤2台，挂钩4把，共罚没金额5310元；检查定点屠宰场50个次，宣传教育40个场点，发动媒体宣传1次，打击生猪私屠滥宰行为成效显著。

【春季禁渔】 2017年，常宁市渔政执法人员按照“江面无渔船、岸边无网具、市场无河鱼”的目标要求，坚持进行巡江执法检查，坚持24小时值班，采取自查、联合检查、重点部位专项整治检查等灵活多样的办法，确保禁渔工作落到实处。禁渔执法检查中，为严厉打击电、毒、炸鱼等违法捕捞行为，执法人员主动与各涉渔乡、镇派出所及渔民代表沟通，形成联合打击的高压态势，对非法电鱼者进行严厉打击。春季禁渔期间，开展经常性巡查172次，628人次。开展夜间集中专项整治12次，出动执法车、船112次。查处违禁捕捞8起，取缔违法网具1000余米。清除地笼子65个，没收电鱼逆变器4台，缴获渔获物30余千克，全部放归湘江。立案3起，行政处罚10000元。

【人工增殖放流】 2017年6月12日，常宁市畜牧水产局在水口山镇大渔村码头投放4大家鱼夏花403.5万尾，价值16万元。其中，青鱼苗10万尾，草鱼苗85万尾，鲢鱼苗165万尾，鳙鱼苗137.5万尾。放流全程由市公证处公证员监督并公证。放流所在地的渔民代表、渔业居委会、局领导及当地群众共300余人参与放流活动。

【脱贫攻坚】 2017年年初，常宁市畜牧水产局成立常宁市畜牧水产局行业扶贫工作领导小组，局长任组长，其他班子成员任副组长。及时制定《扶贫工作实施方案》，明确人员和职责，细化工作任务，制定工作措施 。5～6月，扶贫队员每月进村帮扶4次以上；7～11月，每月进村帮扶不少于2次。全年扶贫队员进村入户1600多人次，落实驻村帮扶资金9万余元，给贫困户送去慰问金共计11.7万余元。替贫困户在网上发布需求信息200多条，对接成功率90%以上。

农村经济经营管理

【概况】 2017年，常宁市农村经营管理服务中心(原农村经济经营管理局)机关内设办公室、财务审计股、人事宣教股、农村财务管理股(加挂村账乡代管办公室)、农村土地承包合同指导股、新型农业经营主体管理股(加挂农村土地流转指导服务中心)。下辖市农民权益维护和监督管理领导小组办公室(简称市维监办)、市农村土地承包纠纷仲裁委员会(设仲裁庭)，办公地点都设市经管局，与市经管局合署办公，配专职工作人员3名。下设24个乡镇(办事处、片区)经营管理站，乡镇经管站的管理体制为主管局与乡镇党委政府双重管理。共有在职人数84人，退休人员22人，其中机关有在职人数36人、退休人员11人。是年，市农村经营管理服务中心被评为“湖南省农村经营管理工作先进单位”“湖南省农村集体“三资”管理工作先进单位”“衡阳市农村经营管理工作目标管理一等奖”“常宁市目标管理绩效考核先进单位”“常宁市党风廉政建设先进单位”“常宁市维护社会稳定工作考核先进单位”“常宁市脱贫攻坚工作考核先进单位”。

【确权颁证】2017年，常宁市农村经营管理服务中心为了确保农村土地确权颁证工作进度，多次深入各乡镇现场开调度会，组织各技术单位到柏坊镇、官岭镇现场观摩学习。11月，全市21个乡镇(办事处)摸底调查已全部完成自检、资料的归档及颁证工作。树立质量意识，严把业务技术培训关、测绘过程监督关、确权结果复核关，确保土地确权的质量经得起时间检验和群众监督。确权办根据自检自查汇总情况，对全市确权工作中存在问题举一反三，全面整改，完善资料，精确数据，为数据汇交打好基础，把好第一道关口，确保质量，以省里统一的技术标准，全面完成省、衡阳市验收。

【农村集体资产清产核资】2017年，常宁市农村经营管理服务中心在2012年农村集体“三资”清查的基础上，中心安排部署农村集体资产清产核资。按照“摸底核查、审查核实、公示确认、上报结果、账务调整、规范管理”的要求，对全市经营性资产、非经营性资产、资源性资产进行全面清查核实，彻底摸清农村集体“三资”家底。

【集体“三资”监管体制】 2017年，市人民政府成立由市长担任组长，分管农业副市长担任副组长，相关部门主要负责人为成员的农村集体“三资”管理工作领导小组。各乡镇(街道)成立相应的领导机构，并依托乡镇(街道)经管站成立了村集体“三资(集体所有制下，农村集体所有的资金、资产和资源)”代管服务中心，与乡镇(街道)经管站及村级财务核算中心，实行一套人马三块牌子的管理模式。

【集体“三资”管理制度】 2017年，常宁市农村经营管理服务中心统一订制财务收入、开支审批、财务预决算、资金管理岗位责任制、财务公开、资产清查、资产台账、资源登记簿、资产和资源招投标、资产处置、资产经营以及经济合同管理等13块制度牌，发放到各乡镇(街道)统一张挂上墙。全市各村(社区)都成立村(居)务监督委员会。整合民主理财小组、党风监督员等监督力量，依法依规对村级重大事项决策、财务公开、村干部履职等情况进行有效的监督。坚持问题导向，把村级财务公开与农村集体“三资”管理结合起来抓。健全村务公开常态化长效机制，打通政府与群众密切联系的“最后一公里”。各村(社区)新建村务公开栏，明确村务公开重点内容、公开形式、时间要求，建好“互联网+监督”平台村务公开栏目。同时，将村级财务收支情况按要求在“互联网+监督”平台进行公开，财务公开率100%。随着“村账乡代管”工作的全面推开，及时地转移审计监督重点，变事后审计为事前、事中审核。市局负责对“核算中心”的日常稽查，严防乡镇(街道)违反规定平调、挪用村级资金，确保村级集体资金安全。“核算中心”负责对村级财务手续和开支真实性、合理合法性进行审查。同时，各乡镇(街道)经管站，对村级财务开展年度审计，对村(居)组织成员进行任期经济责任审计，审计面达100%。

【农村集体产权制度改革】 2017年，市委、市人民政府成立由市委书记任组长，市长任常务副组长，市委、市人民政府分管领导任副组长，相关单位主要负责人为成员的市农村集体产权制度改革试点工作领导小组。领导小组下设办公室，设在市农经服务中心。建立“市级领导牵头、乡镇(街道)组织实施、村(社区)具体操作、职能部门搞好服务”的工作机制。乡镇(街道)党(工)委书记是集体产权制度改革工作的第一责任人，乡镇长、办事处主任是主要责任人，分管领导是具体负责人。同时，市农村经营服务中心成立主任任组长，班子成员任副长，相关股室负责人为成员的农村集体产权制度改革指导组，下设5个指导小组，实行小组分片包干负责制。各乡镇(街道)相继成立相应的领导班子和工作机构，制定工作方案。出台《关于稳步推进农村集体产权制度改革实施意见》《常宁市农村集体产权制度改革试点工作实施方案》《常宁市农村集体资产清产核资工作方案》《常宁市农村集体经济组织成员资格认定指导意见(试行)》《常宁市农村集体资产股权量化管理指导意见(试行)》等5个文件。9月18日，召开全市农村集体产权制度改革动员会，参加会议人员有870余人。11月23日，召开试点乡镇(街道)党政主要负责人，各乡镇(街道)分管负责人、经管站长，试点村(社区)支部书记、秘书参加的农村集体产权制度改革推进暨业务培训会。市产权制度改革办公室编制出台《清产核资登记表》《集体经济组织成员身份摸底登记表》《股权登记表》等表册。全市印发《致全市广大村(居)民的一封公开信》29万份，编发《常宁市农村集体产权制度改革操作指南》700余份。从11月开始，各乡镇(街道)开展农村集体资产清产核资。第一批试点的4个乡镇(街道)、8个村(社区)的试点工作全面启动，进入实质性阶段。随后，将试点范围扩大到全市所有的乡镇(街道)，每个乡镇(街道)确定2～3个不同类型的试点村(社区)。

【减负监管】 2017年，认真落实“农民负担政策文件会签制”“惠农补贴备案制”“涉农收费、价格‘公示制’”“农村基础设施建设项目审核制度”“财政‘一卡通’发放制度”“农村报刊订阅‘限额制’”“涉农价格和收费公示制度”“农民负担监督卡制度”“农民负担案(事)件‘责任追究制’”“农民负担重点监控制和减负考核制度”。以坚持教育、制度、监督、改革、纠风、惩治相结合，推进和完善农村惩治和预防腐败体系建设，从制度上规范、监督、防范各类违法乱纪和损害涉农利益行为的发生。

【专项整治】 2017年，常宁市农村经营管理服务中心成立“纠‘四风’，治漏习”“雁过拔毛式”专项整治工作领导小组。配备领导班子和工作人员，构建机关、乡镇(办事处)、村(居委会)三级联动工作机制。按照整改工作的目标任务、时间步骤，积极开展清理核查，严肃查处和建立督导机制，并要求对查处的问题“举一反三”进行整改，并对问题查处情况实行“两报告”(向局党组报告的同时，要向市纪委报告)制度。

【专合组织】 截至2017年年底，全市有各类农民专业合作组织1164个，注册资本金486391万元，成员20963人，其中2017年新发展合作社380个，新增成员2280人。是年，争取省级财政合作社专项资金项目4个，其中省级示范项目1个，争取市级示范项目4个。全市有家庭农场421 家，较2016年同期增加42

家。争取国家级示范家庭农场1个 。

【农村土地承包纠纷仲裁】 2017年，依法落实现有土地承包关系保持稳定并长久不变的政策，进一步抓好《农村土地承包法》《农村土地承包经营纠纷调解仲裁法》等法律、法规的宣传和贯彻实施工作。是年，全市共组织调处土地纠纷160件，村级调处89起，市仲裁委直接参与调解46起，调处率100%，仲裁裁决25件，为维护农民的合法权益和农村社会稳定发挥积极作用。

【脱贫攻坚】 2017年，常宁市农村经营管理服务中心围绕“一对一”结对，安排18名机关工作人员“一对一”结对帮扶烟洲镇民主村、大泉村60户贫困户。通过政策扶贫，努力使每个贫困户得到不少于1项帮扶措施，做到“真扶贫、扶真贫”。为增强贫困户脱贫“造血”功能，利用“四方统贷”优惠政策，重点支持家庭农场等农业经营主体发展，创新“贫困户+大户”抱团发展方式，扩大投放规模。抓住被列为农村集体产权制度改革试点县(市)的契机，围绕“培育农业经营主体，完善农村基本经营制度”两个主题，以集中、集约、集聚发展为导向，着力推进土地向规模经营集中，保障农民的租金收益。

农业综合开发

【概况】 2017年，常宁市农业综合开发办公室内设人秘股、财务股、土地治理股、产业股、评审股、工会(4月28日正式成立)共6个股室；下辖1个农业综合开发服务中心。至年末，共有干部职工69人(在岗在职58人，退休11人)。全市农业综合开发抢抓政策机遇，倾力向上争取项目资金，创新组织开展项目建设，使农业开发工作亮点频显，产业特色日趋鲜明，呈现出新的局面。所有项目如期完工，并顺利通过衡阳市级验收。

【年度项目情况】 2017年，常宁市共完成2016年度农业综合开发项目12个。其中：土地治理项目3个(烟洲镇麻塘高标准农田建设项目，完成财政资金1666万元，完成高标准农田753.33公顷；烟洲镇烟州村农业基础设施建设项目，完成财政投资10万元，建设任务6.67公顷；烟洲镇发展农业生产基础设施建设项目，完成财政投资15万元，建设任务6.67公顷)；产业化经营财政补助项目8个(常宁市一三农贸有限公司“5000头仔猪养殖基地扩建项目”，总投资158.29万元，财政投资70万元；常宁市富康粮油实业有限责任公司“166.667公顷油茶种植扩建项目”，总投资151.17万元，财政投资70万元；湖南瑞丰茗香茶业有限公司“86.667公顷茶叶种植基地改建项目”，总投资157.31万元，财政投资70万元；常宁市福塔农业科技开发有限公司“年产50吨茶叶加工新建项目”，总投资207.83万元，财政投资70万元；常宁市幸福生态农业专业合作社“13.333公顷油茶种植基地新建项目”，总投资71万元，财政投资35万元；常宁市辉煌生态农业农民专业合作社“26.67公顷油茶林种植基地新建项目”，总投资72.20万元，财政投资35万元；常宁市千里香油茶农民专业合作社“33.333公顷油茶种植基地新建项目”，总投资77.83万元，财政投资35万元；常宁市山水林林业专业合作社“46.667公顷油茶种植基地扩建项目”，总投资71.43万元，财政投资35万元)；部门项目1个，全面完成了与水利部门主管的农业综合开发水土保持项目,工程项目建设实际完成总投资284.6万元，其中财政资金280万元。

【项目资金】 2017年，常宁市经省、市批复已下达项目7个。其中:土地治理项目1个(常宁市烟洲镇新阳高标准农田建设项目治理面积560公顷，财政资金1259万元)；产业化经营项目8个(常宁市新佳农业专业合作社“13.333公顷油茶种植基地新建项目”，财政补助35万元；常宁洪发农林农民专业合作社“20公顷油茶种植基地新建项目”，财政补助35万元；常宁市永青林业农民专业合作社“26.667公顷油茶种植基地新建项目”，财政补助35万元；常宁市瑶园生态农业科技发展有限公司“年产30吨茶叶加工新建项目”，财政补助70万元；常宁市盘古农业有限公司“40公顷油茶种植基地新建项目”，财政补助70万元；常宁市天堂山云雾茶开发有限公司“46.667公顷茶叶种植基地扩建项目”，财政补助70万元；常宁市国洪生态农业发展有限公司“33.333公顷油茶种植基地新建项目”，财政补助70万元；常宁市兴华农业开发有限公司“年产50吨有机茶叶加工新建项目”，财政贷款贴息70万元)。以及等待上级批复的梅埠桥中型灌区节水配套改造项目，财政资金1400万元，其中：2017年财政资金700万元；2018年财政资金700万元。

【脱贫攻坚】 2017年，常宁市农开办党组把扶贫工作列入头等大事、要事来抓。建立扶贫领导小组，主任重抓扶贫全面工作，副主任主管扶贫工作并担任工作队队长，设置扶贫办公室主任，由各股长担任各扶贫小分队队长，做到要人派人、要车调车、要物支物，确保扶贫工作后勤保障有力。根据市委、市政府安排，开发办驻塔山乡阳山村、板角村帮扶。塔山板角村有贫困户78户，贫困人口277人，上半年经大走访、大排查、大整改清出四类人员及外嫁、死亡共16户、17人，通过确认新增建档立卡12户、26人。易地搬迁5户、19人，建房500平方米，年底入住；帮扶责任人送给贫困户每户500元慰问金全部到位。塔山阳山村为省级重点贫困村，共19个村民小组，298户，1453人，其中贫困户78户，贫困人口277人，农开办党组采购108桶食油，折币6500元对贫困户进行慰问；完成年初规划绿化通道3公里，硬化引水渠1000米，恢复水灾公路2处，共投资金23万元；引进常宁恩源农业开发公司打通上阳片陈家冲至高岭公路2公里，解决村民肩挑脚运的困难；启动村部建设，建筑面积406平方米；组织资金10万元，修复洪水冲跨路段，恢复通车，方便群众出行。

【宣传报道】 2017年2月16日，国家级媒体《中国报道》刊登《借力农开办实事，精准扶贫解民忧》，介绍近年常宁市发挥农业开发行业优势，在精准扶贫工作上取得的成绩。2月24日，衡阳电视台《衡阳新闻联播》重点介绍常宁市油茶产业发展情况，让人们的目光聚焦到常宁的油茶产业工作上来。3月24日，《中国农业信息网》刊登《常宁市农业综合开发项目有序推进》，介绍常宁市2016年度农业综合开发工作进展情况。在湖南日报发表新闻报道4篇、华声在线发表新闻报道2篇，常宁报发表新闻报道1篇。全年累积发表新闻报道10篇 。

农村扶贫开发

【概况】 2017年，经中共常宁市委常委会研究决定，常宁市扶贫办升格为市人民政府直属正科级公益一类全额拨款事业单位，5月1日挂牌成立，办公地点位于市政府大楼8楼。根据《中共常宁市委机构编制委员会关于印发〈常宁市农村扶贫开发办公室主要职责内设机构和人员编制规定〉的通知》精神，市农村扶贫开发办公室事业编制为15名，其中主任1名，副主任2名，股级职数6名。市扶贫开发办公室设综合人秘股、计划财务股、贫困监测股、产业开发股、安居保障股、社扶培训股。完成“25个贫困村退出、10953名贫困人口脱贫、3500人易地搬迁、2193户贫困户危房改造”四大年度目标任务。在省脱贫攻坚考核中取得较好成绩，排名衡阳市第一，资金监管、健康扶贫、危房改造工作等亮点突出，产业扶贫、“三走访三签字”工作分别被省农委、省扶贫开发领导小组作为典型在全省进行推介，脱贫攻坚工作位列衡阳市先进。 塔山瑶族乡狮园村被评为“全省脱贫攻坚示范村”和“湖南十大最美茶叶村”。常宁市被中共衡阳市委、衡阳市人民政府评为“2017年度脱贫攻坚工作先进单位”。

【机构建设】2017年，调整脱贫攻坚领导小组，由市委书记任组长，市长任常务副组长，专职副书记主抓脱贫攻坚工作。领导小组下设督查巡查、特色产业、党建扶贫、金融扶贫、易地搬迁、健康扶贫、基础设施等11个专项扶贫工作组，由分管副市长任组长。加强市、乡两级扶贫机构建设，市扶贫办升格为正科级单位，从各单位抽调20名同志开展扶贫工作。乡镇和市直单位明确专人专抓，有班子、有队伍、有阵地。

【扶贫宣传】 2017年，市主要领导主持召开脱贫攻坚推进会48次，其中南门湖歌剧院千人大会4次、200人以上大会9次，多次召开市扶贫开发领导小组会、市委常委会专题研究，对脱贫攻坚工作平均每两天调度1次。在电视、报纸、广播、网站等媒体上开辟专栏，重点宣传脱贫攻坚正反典型、知识要点、政策要求等，做到天天有报道。同时，利用广告牌、宣传栏、黑板报、标语横幅和电子显示屏，在城乡路口、集市、广场等公共场所，大力宣传脱贫攻坚工作，造浓了扶贫氛围。5月23日、11月30日，市委中心组两次召开扩大会议，200多名党政负责人集中学习省“十三五”扶贫攻坚规划和精准扶贫政策，学习十九大精神并结合脱贫攻坚政策抓落实。

【压实责任】 2017年，将脱贫攻坚工作作为底线工作进行单独考核，在市委经济工作会议上进行表彰授牌。对于考核排名后3位且得分80分以下或有以下情形之一的单位列为“不合格”单位，实行“一票否决”：发生重大扶贫领域舆情的；在省、衡阳市检查中出现重大纰漏的。出台《常宁市2017年脱贫攻坚突出问题集中整改责任分工方案》《常宁市脱贫攻坚问责办法》《常宁市驻村扶贫工作队管理办法》《关于进一步抓实结对帮扶工作的通知》等一系列文件，为脱贫攻坚问题整改落实、打赢脱贫攻坚战提供坚强制度保障。成立5个脱贫攻坚督查巡查组明查暗访。全市因扶贫不力而被追责的党员干部50人次，其中立案处分12人，诫勉谈话20人，约谈18人，强化全市各级党员干部抓脱贫攻坚的工作压力。

【驻村帮扶】 2017年，按照“干部帮扶和贫困户被帮扶两个全覆盖”的要求，全市7865名机关干部与15339户贫困户结成对子。结对帮扶责任人实行小分队管理，帮扶小分队弥补“单兵作战”的不足，形成1+1>2的集约效应。各单位小分队统一时间段入户，统一用车用餐。绝大部分小分队成员进村入户都在10次以上，集中智慧，共商对策，帮扶措施提得更准更实。同时，对所有贫困村，从市直单位选派134名精兵强将，组成46个工作队，实行驻村帮扶全覆盖，并由工作队长兼任贫困村第一支书；对224个贫困人口100人以上的面上村，另选派470名干部组成工作队，驻村抓扶贫。专门出台《驻村扶贫工作队管理办法》和《抓实结对帮扶工作的通知》，明确驻村工作队由市委组织部统一管理，全部实行脱产，每月住村不少于20天。后盾单位全年共安排资金3700.65万元，协调行业部门资金12571.1万元，社会捐筹资金476.89万元，在47个贫困村实施项目338个，年内完成273个；帮助成立农村合作社121个，流转土地1266.8公顷，养殖牛羊0.81万头，发展特色种植1052.133公顷，实现贫困户人均增收0.25万元；修筑公路181.39公里，修山塘水渠131处，实施农网改造57处，新建村部34个，新建小学1所。

【产业及项目扶贫】2017年，遴选建立产业扶贫项目库，其中市级项目56个、乡级项目81个。高寒山区重点发展茶叶、旅游业，石漠化区重点发展油茶、中药材、无渣生姜，紫页岩区重点发展光伏发电、养殖业，其他贫困村重点发展油茶、烤烟、畜禽等产业。帮扶方式主要采取委托帮扶模式，财政整合涉农资金1亿元，按照贫困人口人均2000元的标准全覆盖，以贷款项目的形式投入到经营主体，经营主体每年返本20%，并按不低于7%的利息进行分红；“村社合一”模式，46个贫困村均建立贫困户参与的合作社，将上级下拨的产业扶贫专项资金和后盾单位帮扶资金以股份合作和委托帮扶的方式投入合作社，让贫困户享受分红；“公司(合作社)+基地+贫困户”模式，贫困户以土地入股，参与经营管理，在公司(合作社)稳定获得土地租金、劳务等收入。年内，申报光伏项目15.8兆瓦，一期洋泉镇新石井村2.6兆瓦光伏项目已并网发电，实现46个贫困村集体经济收入每年增加2.26万元；完成扶贫小额贷款9876万元，占年度计划6900万元的143%。当年贫困户累计贷款户数2243户，贫困户获贷比率14.3%，高于省定10%标准；对搬迁对象进一步精准识别并重点查找和整改分户、拆户等问题，排查摸清危房改造底子，易地扶贫搬迁从以前大集中安置调整为村内小集中安置为主，共完成易迁1036户3500人、贫困户危房改造2193户；核实建档立卡贫困学生为7944人，其中中职323人，高中632人，初中2349人，小学4048人，幼儿园592人，落实从幼儿园到大学的贫困生资助政策，建好工作台账，并按名单100%落实资助政策；实施家庭医生签约服务工作，每户贫困户有1名医生联系健康服务，全市建档立卡贫困人口家庭医生签约服务已全部完成，并建立完善贫困人口健康档案，对医保个人缴费部分由财政予以补贴，新农合就医报销比例提高10%，大病保险补偿起付线降低50%，先诊疗后付费方案已实施；对需要兜底保障的贫困群众实行全部保障，全市兜底救助992户2360人，从1月起，按照260元/月的标准发放低保金，实现农村最低生活保障线与扶贫标准的“两线合一”；新建贫困村电商扶贫便民服务站9个，示范网店8个，完成电商扶贫培训600人，实现网销农产品4007万元，工业品下乡12000万元。带动贫困户受益1441人，人均增收3025元；计划投资4705万元完成46个贫困村农网改造项目69个，已经投资1204万元，完成12个贫困村改造，实施的44个项目全部完成；计划总投入5010.1万元实施贫困村通畅工程，已经完成投入3000万元，其中硬化道路58.097千米，窄路加宽68.26千米；对16个信号较差的贫困村，移动公司全部新建移动基站，4G信号贫困村覆盖率100%；对8个未通光纤的贫困村，电信公司加快建设，光纤网络贫困村通达率100%，对全市46个贫困选派科技特派员“一对一”开展技术咨询服务；完成6个贫困村的村级服务平台建设，其余40个贫困村今年计划财政投入1491万元建设28个，由乡镇统一组织建设，年底全部建成，另12个村投资645万元由市农业投按程序招投标建设。10月17日，国家扶贫日期间开展“我要上学 我想有个家”公益募捐活动，发动机关干部和企业捐款180余万元，为1000名贫困学子和300户贫困户危房户改善就学安居条件，召开全市2017年度“扶贫日”表彰暨脱贫攻坚工作推进会议，对30名脱贫攻坚成效突出干部和100名自力更生群众进行表彰。按照“村村通自来水，户户饮放心水”的要求，计划投入资金5500万元，解决46个村2743户1.28万贫困人口的安全饮水。工程于10月2日开工，已完成虾塘、泉峰冠、利乐、东白、瑶寨、松塔共6个村的工程，完成投资800万元，同时为2212户已立户贫困户、低保户免收水费、立户费，优惠金额228.46万元。

【扶贫项目及资金管理】2017年，全市预算安排本级财政扶贫资金2462万元、增幅168%，贫困人口人均达400元以上。财政新增投入800万元，支付贫困户“新农合”、“扶贫特惠保”，同时整合涉农资金1亿元用于产业扶贫，整合各类资金2亿元用于贫困地区基础设施建设。年内，严格执行工程招投标等“四制”要求，由审计部门牵头，对易地扶贫搬迁、危房改造、安全饮水、交通水利等基础设施扶贫项目，既自查自纠，又依法依规处理，开展“雁过拔毛”式腐败问题专项整治，推行“互联网+监督”平台建设，坚持扶贫项目公告公示，扎牢制度笼子。6月，由市纪委牵头，组织市审计局、财政局、扶贫办等单位对乡镇、村扶贫资金使用情况进行两次全面检查，将结果进行通报，并由市纪委对存在问题单位下发整改令，各单位6月30日前限期整改并上报结果，市财政局、审计局安排人员对市扶贫办资金使用情况进行全面清理，根据有关文件精神，帮助市扶贫办建立专账专户，对部分资金使用进行科目调整。

【精准识贫】2017年，常宁市扶贫办严格按照上级文件，对照时间节点和识别要求进行摸排，对建档立卡做到“五清”，即底数清、问题清、对策清、责任清、任务清。在定贫困户时，组织乡村干部和8000余名帮扶责任人走村串户参加行动，严格履行“农户申请、村民代表评议公示、乡镇审核公示、市人民政府审定、在当地村组公告、报省备案”等程序。6月27—29日，组织全市机关干部370名，和扶贫工作队队员、联村干部、村组干部一同进村入户，对贫困对象进行复核；11月25—27日，再次组织370名机关干部对2017年脱贫人员进行复核；11月29日，从全市相关行业扶贫部门抽调人员组成13个组，对2017年拟退出25个贫困村进行检查验收。通过层层把关，其中清退“四类对象”和识别不准人员22758人，新进贫困人口14114人，确定全市贫困对象为15339户、49529人。并将基础数据发送给各乡镇(办事处)及教育、卫计、人社等行业扶贫部门共享。

【基础台账】 2017年，常宁市扶贫办先后举办乡镇、贫困村工作队和支部书记业务培训会8次，对乡村两级扶贫档案资料整理进行专题培训。特别是8月初全市贫困对象核定后，再次根据省扶贫办要求，制定乡村两级扶贫档案资料模版和PPT，对乡镇分管扶贫工作负责人、扶贫办主任进行业务培训，各地组织专业班子集中1个月时间，查漏补缺，完善乡村两级档案资料。市、乡、村三级扶贫档案资料初步完善，所有贫困户都实现了“一户一档”。

【“三化”创建】 2017年，常宁市扶贫办推进基层基础工作“三化”创建，按照“台账资料规范化、阵地建设标准化、工作流程制度化”要求，做到乡、村、贫困户各项资料台账规范统一，所有信息数据相符。10月1日前，完成狮园村、石山村、泉峰冠村、新瓦村4个衡阳市示范村的“三化”创建工作。10月底前，所有贫困村完成创建工作。

【“一单四制”】2017年，常宁市扶贫办落实《关于建立“一单四制”督查制度推动工作落实的通知》精神，推进省、衡阳市和本级脱贫攻坚突出问题集中整改。6月5日，召开省脱贫攻坚督查组交办问题整改工作部署会，将省委督查组反馈的问题细化为4个方面22个具体问题进行整改。出台《中共常宁市委办公室、常宁市人政府办公室关于印发〈常宁市落实省脱贫攻坚督查组交办问题的整改方案〉的通知》，按照“谁主管、谁负责”的原则，建立“一个问题、一名领导、一套人马、一抓到底”的工作机制，落实整改责任，明确整改时限，细化整改措施，确保整改实效。6月18日，由市委、市人民政府督查室牵头，组织市扶贫办对全市27个市直单位、23个乡镇整改情况进行了集中督查，根据督查结果下发交办令和整改令。6月30日至7月2日，根据省、衡阳市要求上报整改情况，并就有关问题提请销号。对“12317”举报电话、上级交办事项均按照“一单四制”的要求进行处理。

【“三走访三签字”】 2017年，常宁市出台《中共常宁市委办公室 常宁市人民政府办公室关于全市领导干部带头开展脱贫攻坚“三走访三签字”工作的通知》文件，对工作要求进行明确。截至11月30日，市委书记刘达祥、市长吴乐胜按要求走遍全市所有46个贫困村，并为每个村解决1～2个具体问题。走访贫困村会议记录、相片等记录资料齐全，落实痕迹化管理。其他市级领导干部和乡镇党委书记、乡镇长均按要求开展走访。严格履行程序，市、乡、村党政主要领导干部对脱贫退出层层负责、层层把关。贫困户脱贫，经贫困户本人签字和乡镇党委书记、联村乡镇干部、村支部书记与帮扶责任人共同签字；贫困村脱贫出列由市委书记、市长签字；同时市级领导对所联系的贫困村脱贫出列和贫困户脱贫摘帽签字。

农村能源建设

【概况】 根据中共常宁市机构编制委员会《关于常宁市人民政府职能转变和机构改革“三定”工作有关问题的通知》(常编发【2015】11号)精神，常宁市农村能源办公室改为常宁市农业局所属副科级参照公务员管理单位，主要负责全市农村节能知识宣传，农村新能源技术推广，农村沼气生态能源推广。2017年，常宁市农村能源办公室内设办公室、财务人事股、生产技术股、科技能源服务中心，共有工作人员10名，其中主任1名，副科级干部2名。被湖南省农业委员会办公室评为“全省农村能源建设先进单位”，被衡阳市农村能源领导小组办公室评为“全市农村能源工作先进单位”。

【光伏扶贫】 2016年10月，在柏坊镇东白村建成首座18.75千瓦光伏扶贫村级电站，到2017年末共发电16000余度，为所在贫困村和贫困户增加收入18000余元。2017年，常宁市人民政府出台《关于进一步做好光伏发电项目备案管理工作的通知》《常宁市光伏扶贫工作实施方案》等一系列文件，明确常宁市农村能源办为光伏工作的责任主体单位，制定常宁市光伏扶贫和光伏产业建设工作行动指南，从而拓展农村能源工作新职能。同时成立由市委副书记任组长，相关部门为成员的常宁市光伏扶贫领导小组，大型沼气工程建设及安全监管明确专人负责，确保建设及安全监管工作及时到位。在建设方式上实行“公司+贫困户(贫困村)”的模式，即投资企业和贫困户共同投资，按股分红，从而确保光伏电站建设的质量和效益；在管理方式上实行公司平分管理模式，由能源办成立常宁市光伏扶贫有限公司国有独资公司，负责全市的光伏扶贫电站融资、建设、管理运维，以专业的队伍，专业的形式来做好光伏扶贫工作，从而确保贫困户、贫困村的利益。是年，与湖南光聚有限公司合作在洋泉新石井村建成装机容量2.6兆瓦光伏扶贫项目，年内投入使用且并网发电，实现预分红104万元，46个贫困村村平分红2.39万元。大力发展分布式光伏电站建设，通过宣传及政策扶持的措施，中核公司、光聚公司在胜桥镇、板桥镇投资建设大型分布式光伏电站，其中湖南光聚公司投资1.4亿元已建成20兆瓦电站，6月并网发电；在兰江、烟洲、西岭、宜潭、洋泉、官岭等15个乡镇农户建成3～7千瓦的分布式屋顶光伏电站36个。

【沼气项目】 2017年8月底，总投资350万元的水口山镇红星大型沼气工程竣工并投入使用。总投资657万元胜桥镇亿成大型沼气工程基本完工，其中争取国家资金225万元。

【农村太阳能路灯亮化工程】 2017年4月，为推进全市乡村亮化工程太阳能路灯建设，市能源办对全市各乡镇太阳能路灯情况的进行摸底调查，全面掌握全市路灯安装情况。全年全市各乡镇新安装太阳能路灯4000余盏。

【沼气安全管护】 2017年，常宁市农村能源办公室继续做好大型沼气工程安全监管检查、农村户用沼气池建设及户用沼气池维修工作。加大对大型沼气池和户用沼气池安全监管检查，做到每月至少一次对大型沼气池督察和和户用沼气池的巡察，年内先后派出20多余人次，发现大型沼气池安全问题3个，户用沼气池农户不安全使用17个，全部整改到位，使全市已建沼气池保持良好安全使用状态，保证全市沼气池的的使用率和产气率在80%以上。是年，能源办进一步调动人员和技术力量，加大资金投入，加强对全市农村户用沼气池的新建、旧沼气池的维修和保养。全年新建沼气池103口，维修老旧户用沼气池519口，解决1247处问题。

社会主义新农村建设

【概况】 常宁市社会主义新农村建设领导小组成立于2006年4月，领导小组下设办公室(简称市新村办)，办公地点设市委农村工作办公室(市人民政府农业局)新农村建设股，由市委农村工作办公室(市人民政府农业局)主任(局长)兼任市新村办主任，共有工作人员4名。2017年，新农村办认真贯彻落实党的十八届六中全会和上级党委农村工作会议精神，按照“科学规划、生产发展、生活宽裕、乡风文明、村容整洁、管理民主、宜居宜业”的总要求，紧紧围绕建设“布局美、产业美、生态美、生活美、风尚美”美丽乡村的目标，调整思路、创新方法，不断加强组织领导、强化工作措施、积极开展美丽乡村示范创建，切实加快了全市新农村建设提质升级步伐。西岭镇石山村被湖南省农村工作领导小组授予“湖南省美丽乡村建设示范村”荣誉称号，并向全省通报表彰。

【调整机制】 2017年，市新村办按照重点突出、梯次推进的工作思路，经过反复研究审定，决定在塔山、胜桥、洋泉、官岭、西岭等乡镇分别新打造5个示范片，其它面上乡镇(街道)21个示范村予以保留，全市美丽乡村建设形成点片面结合有序推进的工作布局。继续坚持“市级领导联村(片)、后盾单位帮村、工作队驻村”的工作机制，市委调整和明确55名市级领导联系5个示范片(包括27个村)和面上21个示范村，安排99个后盾单位进行包村帮扶，并从后盾单位调整选派114名机关党员干部组建26个驻村工作队，分别进驻各村(片)进行指导。市里先后印发《常宁市2017年美丽乡村建设实施方案》《2017年新农村建设美丽乡村示范工程工作意见》《关于选派工作队驻村(片)开展美丽乡村建的通知》等文件；市新村办积极给予指导服务、综合协调，加强督促检查，准确掌握示范村(片)的工作动态，及时调度、督办，稳步推进全市美丽乡村建设示范创建工作。

【整合资金】 2017年，市新村办坚持和完善“政府引导，部门帮扶，社会参与、群众自筹”的筹资办法，不断整合资源、拓宽筹资渠道以保障建设资金，本级财政安排示范村和示范片财政引导资金265万元，全部用于支持试点村(片)美丽乡村建设。通过联点领导在示范村(片)现场办公，统筹调度相关职能部门资金项目向示范村(片)倾斜3400余万元，形成部门联动、合力帮扶工作机制。鼓励社会投入，按照因村、因企制宜的原则，开展村企联建活动，鼓励引导乡贤回报桑梓，充分发挥其在资金、技术、人才、市场、信息和经营管理等方面优势，参与新农村美丽乡村建设，成功打造平安村大三湘合作油茶基地、庙山台湾休闲农庄、石山村中良电子商务平台等典型。激励群众积极投资投劳，实行以奖代补、以物代扶等，用优惠政策及措施激发群众，引导群众自筹资金1600万余元，切实激活群众建设美丽乡村的热情。同时，市新村办积极探索资源整合新机制，起草《常宁市推进涉农资金整合加快建设美丽乡村的实施方案》《常宁市涉农资金整合管理使用办法》等，努力构建规范管理的涉农资金整合新机制。

【科学规划】2017年，市新村办坚持以规划为龙头，按照“彰显个性、突出特色”的要求，统筹制订各类建设规划。科学指导美丽乡村建设有序开展，努力构建一幅“一村一品、一村一景、一村一韵”的美丽景象。统筹编制美丽乡村示范片建设规划，市新村办、市规划局组织邀请省、衡阳市规划设计院相关人员组建规划设计组深入镇村调研，编制形成塔山、胜桥、洋泉、官岭、西岭等5个示范片美丽乡村建设规划“五图一书”草案。年初，新村办制订出台《2017年常宁市新农村建设示范工程工作意见》，明确目标任务，对经济发展、基础设施、人居环境、公共服务、乡村治理等提出具体的要求，并召开工作队长会议就全年的工作进行安排。各示范村(片)驻村工作队和村两委认真调查研究，深入群众、走家串户，广泛征求意见，因地宜地制订反映本地特色、符合群众意愿的年度美丽乡村建设工作规划，有力的激发群众参与新农村建设积极性和主动性。

【美丽乡村建设】 2017年，市新村办根据省、衡阳市美丽乡村示范创建任务安排，积极抓好石山、庙山、桐排等村的美丽乡村建设工作统筹协调，抓好项目落实，顺利完成3个村的美丽乡村的示范村创建任务。其中石山村改造提升荷花休闲观光园、石山生态园等乡村旅游景点，引进中良公司建设电商平台和建设拥有34个实体店铺的旅游销售中心，硬化石湾、大皂通组道路1.5千米，新修生产道路7千米，新增村组道路绿化2千米、休闲绿地2处0.1公顷，仿古改造石湾古街农民住房92户，经省里检查验收被评为“湖南省美丽乡村建设示范村”。庙山村樱花园建设加快筹备开园、新建多功能村部500余平方米，硬化整治汤市集贸市场，新安装太阳能路灯80盏，修建农民休闲广场1处。桐排村发展无渣生姜、中药材等特色产业基地66.67公顷，硬化李家、石院子等组道路1.5千米，改造提升乡村旅游1个景点——菩堤洞天，启动建设特色农产品加工厂1个、多功能村部1栋。

【办点示范】 2017年，市新村办在各示范村(片)启动实施生产发展项目97个、基础设施项目112个、环境整治项目92个、乡风文明项目105个。其中，扩宽硬化村组道路35.3千米，硬化渠道17.04千米，整修塘库16口(座)，实施饮水工程15处、农网升级改造工程6个，绿化村组道路19千米、休闲绿地5处，硬化坪地8300余平方米，修建村文化广场6个，安装太阳能路灯964盏，打造新居民小区6个，新建村级综合服务平台(村部)6个，有力推进全市美丽乡村示范村(片)建设。通过这一系列项目，初步打造出平安村、庙山村、蓬塘村、塔山示范片、西岭示范片、胜桥示范片等一批环境优美的乡村旅游示范典型，禄福村、瑶寨村、东白村、湘江村等一批补齐短板的脱贫致富示范典型，曲市村、河洲村、嵩联村、官岭示范片等一批镇村一体的共建共享示范典型；大泉村、新铺村、长江村、元山村、谭井村等一批整治环境的生态宜居示范典型。通过办点示范，在全市形成了建设美丽乡村热潮，有力推进全市乡村振兴。

农业投资

【概况】 2017年，常宁市农业投资发展有限公司内设综合部、财务部、工程部、资产部等5个部门。共有人员34人，其中班子成员10人，员工24人(合同工19人，临时工4人，聘用1人)。围绕经济发展这一目标，抓机遇、求发展，全体员工齐心协力，顽强进取，各方面工作都取得一定的成绩。

【融资总量】2017年，常宁市农业投资发展有限公司通过多种融资模式，完成金融机构融资合计29969.5万元，资金全部到位。其中：向国开行贷款7240万元，向农发行贷款7240万元，扶贫小额信贷5689.5万元，向湖南信托公司贷款9800万元。

【资产归集】2017年，常宁市农业投资发展有限公司累计归集资产约6.2亿元。通过招拍挂取得南一环曲市村17390平方米土地，资产估价4200万元；按照市委〔2016〕10号专题会议纪要精神，将洋泉、新河、官岭、宜潭4处供水工程的国有资产划入公司，资产预估约1.6亿元，变更手续尚未办理；争取常宁市和一宾馆等19处资产注入工作，资产1.2亿元。四是易地扶贫搬迁宜潭、西岭集中安置点，胜桥镇高丰村、新河镇五家围村等小集中安置房屋产权，资产预估3亿元。

【项目投资】2017年，常宁市农业投资发展有限公司计划总投资18.91亿元，其中骨干灌区建设及改造水资源配置工程项目6.49亿元，易地扶贫搬迁项目4.86亿元，新农村综合服务平台建设项目3.49亿元，耕地占补平衡项目0.6亿元，常宁无渣生姜项目0.64亿元，常宁市强制隔离戒毒所项目1.3亿元，光伏发电项目1.5亿元，尚珂伊袜子代加工厂300万元。完成投资1.49亿元。其中骨干灌区建设及改造水资源配置工程项目343.5万元，易地扶贫搬迁项目12300万元，新农村综合服务平台建设项目679.3万元，耕地占补平衡项目700万元，常宁无渣生姜项目350万元，常宁市强制隔离戒毒所项目500万元。

【项目建设】 2017年，常宁市农业投资发展有限公司树立“工期就是效益”思想，全力以赴抢工期，争分夺秒抓进度。科学安排工期，加大组织协调力度，合理安排作业面，使工程环环相扣。易地扶贫搬迁项目已全面启动，计划两年完成8100人的搬迁任务。年末，西岭、宜潭集中安置点项目搬迁入住；塔山、天堂山等15个乡镇(办事处)分散安置全面铺开。抓主动做好与市建设、国土、规划等部门沟通协调，打破常规，做到有关手续速报速办、特事特办。

【三级质量管理】2017年，常宁市农业投资发展有限公司实行施工单位自检、监理单位抽检、业主单位监督，坚持设计把关，设计院积极介入设计阶段，精益求精；施工把关，每道工序都按规范和设计要求施工，检验合格方可进入下一工序；技术把关，加强施工图设计、技术、工艺及选材审查把关。公司每月组织一次安全文明和质量检查，召开安全文明施工现场会，及时反馈，全程跟踪，有效防止工程质量、安全生产问题发生。

【安全施工检查】2017年，常宁市农业投资发展有限公司坚持“安全第一、预防为主”的方针，对施工现场安全实行全过程监控，并与各施工单位之间签订安全管理责任协议书。根据各施工单位承担项目的工程特点，及时进行安全技术专项指导及现场督查。

【工程预算审计】 2017年，常宁市农业投资发展有限公司建立健全合同预算管理为主要内容的各项制度，规范招投标、工程变更、工程款支付等环节，严格执行预算控制、集中审批、合同支付、专项审计，形成一套科学、有序、高效的运作机制，有效地控制投资成本。

【扶贫工作】 2017年，常宁市农业投资发展有限公司结对帮扶工作开展以来，公司所有负责人参加结对帮扶，并安排一名负责人在塔山乡板角村驻村帮扶，班子成员每人联系2户贫困户，对帮扶对象每月至少走访两次，送去慰问金和物质。帮助党建扶贫板角村解决困难和问题，落实扶贫资金3万元。走访慰问计生困难户6户，帮助了5户特困户家庭购买计生保险。

气象

【概况】2017年，常宁市气象局内设办公室、业务股、气象台、人工影响天气办公室、防雷中心、执法队、气球管理中心等机构。

全局有干部职工21人，其中在职气象编11人，退休干部6人，地方人影编4人。党支部现有党员11人，其中在职党员5人，退休党员6人。是年，被湖南省气象局评为“湖南省重大天气现象服务先进集体”。

【气象基础业务】2017年1～11月，常宁市气象局测报总基分13246.0分，辐射基分3416.4分，测报错情率0.0‰。区域站及时率均在99%以上。土壤水分站、GPS/MET未出现任何故障。气象探测环境没有遭到破坏。年初，修订各项业务规章制度；顺利完成县级综合气象观测业务集成平台(MOPS)使用；顺利完成业务软件的升级、降水天气现象仪的安装和使用。按照春播、汛期服务方案的要求完成区域站巡检。并于12月完成一个骨干站升级改造任务。

【气象防灾减灾】 2017年，常宁市气象局出台《常宁市突发事件预警信息发布管理办法》。全年共启动应急IV级响应4次，I级响应1次，制作服务材料合计182期，发布预警短信61737条。完成MICAPS4.0的安装试用。确保春运气象服务到位，制作春运专题气象服务材料40期。完成气象服务一体化平台的应用。继续开展空气质量预报、地质灾害预警、森林火险等级预报、农业气象服务、烟草专题服务、交通气象服务等。

【气象服务】 2017年的清明节期间和8月3日，常宁市气象局共开展2次人影作业，共发射高炮70发，火箭炮4发，有效地增大降雨量。制定2017年“三农”方案、重点工作任务及支出预算。完成常宁市汛期责任人及气象信息员资料库的更新。按照春耕春播、夏收夏种、秋收秋种服务方案开展专题气象服务，发布各类服务材料17期。

【扶贫工作】 2017年，常宁市气象局先后5次组织党员、干部职工开展结对帮扶，共与33户贫困户结对，解决扶贫资金2万元，慰问金6500元。安排一名党支部委员常驻塔山瑶族乡松塔村担任扶贫工作队员。

【气象现代化建设】2017年，3月，常宁市气象局通过衡阳市三星级文明单位验收。3月22日，与荫田镇政府联合开展了气象服务下乡活动，围绕“观云识天”这一主题，进行气象科普知识宣传。

【气象队伍建设】 2017年4月，常宁市气象局机构、编制问题通过常宁市大编委研究并报衡阳市编办审批。11月，1名同志申报气象高级工程师、1名同志申报工程师成功，有1篇论文获衡阳市局交流三等奖，有3人从12级岗位竞聘到11级岗位。

【安全生产】 2017年，常宁市气象局与安委办联合开展危爆企业防雷和宾馆、旅馆防雷整顿大检查。5月12日，按照市人民政府的统一安排，开展应急宣传周活动，在市人民政府广场开设宣传展台，制作防雷安全知识和气象防灾减灾知识宣传展板，发放防灾减灾资料2000余份。6月，启动安全生产宣传月活动，制作宣传展板4块、宣传横幅3条，印制宣传资料5000余份。6月15日，参加市水利局组织的防汛救灾演练。

移民工作

【概况】 2017年，常宁市移民开发局内设办公室、资金财务股、后期扶持股、规划计划股、政策法规股、库区管理中心、开发服务股。全局共有干部职工52人(其中退休人员1名)。各项工作有序推进。

【移民行业扶贫】 2017年，常宁市共扶持25个贫困移民村项目，投入资金194.8万元，惠及贫困移民304户、1131人。其中，基础设施建设20个、168.1万元，惠及贫困移民195户、698人；产业开发项目5个、24万元，惠及贫困移民108户、416人；移民种植培训1个、2.7万元，惠及贫困移民4户、17人。

【驻村扶贫】 2017年，常宁市移民局对口帮扶贫困村为双音村，为落实帮助双音村脱贫，明确1名班子成员负责抓具体工作，并抽调1名中层骨干作为驻村队员，长期驻村开展帮扶工作，在扶贫资金和车辆安排上给予优先保障。帮助双音村成立饲养合作社，移民局出资15万元，购买36头牛犊交由合作社饲养，贫困户按股分红，切实增加贫困人口人均收入。是年，全局50个工作人员，结对帮扶144户贫困户，并按照上级结对帮扶有关指示要求，进行全面走访，按照每户400元的标准进行慰问，共进村入户在14次以上。

【项目管理】 2017年，常宁市移民局为加强和规范移民后期扶持项目建设的实施管理，确保移民后扶项目规范、安全、高效，认真总结以往项目管理工作上的经验，从机构职责、项目立项、实施管理、竣工验收、资金报账程序、项目审计与绩效评价等方面进行了规范。明确移民资金投入5万元(含5万元)的项目，由项目所在乡镇(办事处)负责组织验收；移民资金投入5万元以上、50万元(含50万元)以下的项目，由市移民局组织验收；移民资金投入50万元以上的项目，由省、衡阳市移民局组织验收或委托验收。

【后扶项目】 2017年，通过积极争取，将三角塘镇大义山村列入省移民局确定的50个整村推进移民村，由省局安排后期扶持资金230万元。为抓好整村推进工作，市局成立全市移民村整村推进工作领导小组，结合全市库区实际，制定了重点移民村整村推进实施方案。大义山村共安排后期扶持项目11个。支持美丽乡村建设，其中扶持基本口粮田及配套水利设施项目21个、基础设施项目61个。

【移民培训】 2017年，常宁市移民局投入资金22万元，完成334人次的培训任务，其中实用技术培训3期、278人次，转移就业技能培训2期、56人次。

【巩固移民产业】 2017年，全市开发果业水果种植1处，34公顷；新建茶叶种植基地3处、33.33公顷，提质改造20公顷；新建、改造油茶种植基地4处、246.67公顷；提质改造药材种植20公顷；扶持家畜养殖场地4处、2000头。通过项目的实施，达到人均增收600元以上，为全市库区贫困移民脱贫致富提供有力保障。

【库区移民安置】 2017年5月中旬，省移民局组织专家对常宁市土谷塘航电枢纽工程进行稽查，市移民局严格按照稽查组在稽查中发现的问题进行整改，并全部整改到位。第一批、第二批抬填工程通过验收，完成移交。白甫水库、广济水库移民安置工作按市人民政府的安排展开。

【避险解困】 2017年，省移民局核定常宁市特困移民避险解困工作任务指标数为898人。通过审核认定，符合避险解困条件的为260户、898人，其中2个中心村集中安置19户、91人，进城安置36户、144人，乡镇安置5户、17人，中心村分散安置193户、638人，社会保障安置7户、8人。260户移民户建房全面启动，其中149户、655人完成建房。为确保避险解困工作顺利实施，全市成立高规格的工作领导小组。领导小组下设办公室，移民局负责日常工作的指导、督促。规范操作流程，严把本人申请关，凡愿意搬迁的对象，本人必须提交书面申请；严把民主评议关，对提出申请的搬迁对象，首先经村、支两委与移民户户主代表进行评议，由村民集体认可；严把两次公示关，经村民民主评议认可后进行第一次公示，经乡镇(办事处)审核后进行第二次公示；严把三级审核关，所有的搬迁对象必须经过移民村、乡镇、市三级审核。通过层层把关审核，确保避险解困搬迁对象的真实准确，推进集中安置点建设。经多方调查论证，确定官岭镇西塘村和西岭镇平安村为集中安置点，西岭镇平安村集中安置点确定安置移民11户、47人，建设面积约1.33公顷，基础设施拟投入资金约200万元，补偿到户约57万元；官岭镇西塘村集中安置点确定安置移民7户、36人，建设面积约0.467公顷，基础设施拟投入资金约200万元，补偿到户约43万元。2处集中安置点按照统规自建的原则，年底全面建成。

【抗洪救灾】 2017年主汛期间，常宁市移民局由局长带队，成立4个小组，到大堡乡、新河镇、水口山镇等受灾最严重的一线，24小时坚守岗位，参加库区灾情巡查，协调移民抗灾自救，妥善处置抢险救灾事宜，并在危险地带组织群众做好转移工作等。

【排渍站机组改造升级】 2017年，常宁市移民局针对全市排渍站设备老化、维护困难、排渍效果不佳等问题，经局党组研究，决定对全市排渍站设备进行更新改造。全年投入资金80万元，对排渍站设备进行增容和更换，共更换6个机组，总装机容量450千瓦。通过设备的更新，提高排渍工作效率，提升安全性能，降低作业噪音，改善排渍站人员的工作环境。

【信访维稳】2017年，常宁市移民局党组高度重视信访维稳工作，多次安排部署。坚持小事不出村、大事不出乡镇、重大疑难问题不出市，定期排查化解移民矛盾和纠纷，实现矛盾纠纷排查常态化，做到及时把问题化解在萌芽之中，早预防、早发现、早控制、早解决。全年共接访6批10人次，未发生集体上访事件和群体性事件。

商 贸

商务和粮食

【概况】 2015年7月，市委决定组建市商务和粮食局，撤销加挂在市商务局的市粮食局、市招商合作局的牌子，将其职责与市商务局的职责整合，组建市商务和粮食局，为市人民政府工作部门。不再保留市商务局和市粮食局。组建市投资促进事务中心和市粮食服务中心，为商务和粮食局所属副科级公益类事业单位。2017年，新组建的市商务和粮食正式合并完成，内设办公室、财务股、人事股、市场体系建设股、市场运行监测股、行政审批股、法规股、粮食调控和储备股、粮食行业发展股、外经外贸管理股、招商引资股、电子商务股、国有资产管理股，下辖市场服务中心、市粮食服务中心、市市场服务中心、12312商务举报投诉中心，机关党委、纪检(监察)机构按有关规定设置。全年累计实现社会消费品零售总额98.91亿元，增幅10.9%，在衡阳市县(市)排位第一。新增限上企业12家。完成进出口额243314万元，比2016年增长21.9%，在衡阳市县(市)排位第一。其中出口26152万元，比2016年增长70.1%；进口额217162万元，比2016年增长17.5%。全市有业绩的外贸进出口企业有9家，其中新增破零进出口企业4家，倍增进出口企业2家。引进招商引资项目41个，实际到位资金39.67亿元，一批高新项目和国内500强以及行业龙头企业落户常宁。国有粮食企业收购粮食3万吨。轮换储备粮1.2万吨，新增储备粮3500吨，保持全市粮食供需平衡。是年，被湖南省商务厅评为“湖南省招商引资先进单位”“湖南省商务行政执法优秀队伍”“湖南省电商扶贫专项行动考核优秀市”；被中共常宁市委、常宁市人民政府评为“全市目标管理绩效考核先进单位”“全市社会管理综合治理工作先进单位”“全市人口和计划生育工作先进单位”“全市安全生产工作先进单位”。

【内贸流通】 2017年，全市纳入统计限上商贸服务企业实有40家。预计全年全市新增限上企业12家。中国油都项目累计完成总投资2.6亿元，新增投资9000万元，项目1号楼正式投入使用，3号楼实现封顶，预计2号楼主体工程2016年上半年封顶，项目二期正式动工建设。6月，市人民政府与项目投资公司签订了正式投资协议，正式启动中国供销湖南常宁农副产品交易中心项目建设，项目总用地约46.67公顷，总投资约5亿元，项目一期用地13.33公顷。项目建设手续办理基本完成，开展市场监测工作。认真做好商务预报信息、数据整理发布工作。推进四大监测系统建设工作，督促各监测企业准确、及时上报，全年报送率在99%以上。

【外贸服务】 2017年，常宁市商务和粮食局强化服务职能，加大外贸增长点的培育。全面摸排全市生产企业经营情况，加强服务和指导，加快对生产无贸易企业转变经营方式，及时解决制约企业进出口的相关瓶颈问题，使企业尽可能有进出口业绩。狠抓“破零倍增”，促进外贸加快发展。根据省厅“破零倍增”工作方案，有针对性地开展企业走访和政策宣传工作，确定拟“破零倍增”企业名单。要求企业拿出切实可行的计划，逐月进行跟踪。树立政策意识，多元化推动外贸出口。引导企业用好用足国家、省、市出台信保，中小企业国际市场开拓资金，出口增量奖励等政策。充分调动企业扩大出口的积极性和创造性，积极开展技术创新，管理创新，提高产品质量和档次。创造良好环境，深入外贸企业开展调研。10月，对全市外向型企业进行走访调研，对企业的经营及代理进出口的情况、政策需求以及需要政府部门提供的服务等方面进行了深入的调查了解，同时传达省对外贸出口及加工贸易的鼓励政策，指导企业开展直接出口和加工贸易。对进出口业绩和发展潜力较大的企业，及时解决制约其进出口的相关瓶颈问题，确保重点外贸企业正常稳定的运转。有针对性地组织备案企业寻找境外客户资源，疏通企业自营出口渠道和程序，为企业搭建平台，寻找商机，帮助企业开拓国际国内市场。积极组织相关企业参加了各类国际国内展会，大力推介本地优势产品，拓宽企业销售渠道。

【招商引资】 2017年，常宁市商务和粮食局先后组队赴广州、深圳、中山、东莞、上海、北京等地开展专题招商活动和经贸推介活动。组织80余批次客商来常宁投资考察。组织参加全省举办的各类招商活动，依托异地商会，开拓招商引资新渠道，一批高新项目和国内500强以及行业龙头企业落户常宁，全市共引进招商引资项目41个。主要有投资100亿元的全域旅游投资建设项目、一期投资300亿元的牛仔服饰外贸出口工业园项目、投资80亿元的中国五矿·水口山铜铅锌综合基地、投资20亿元通用机场项目、投资5亿元中国供销湖南常宁农副产品交易中心、投资2.3亿元智慧农业园、投资2亿元的茶油加工园区等大项目。引进投资1.4亿元光伏发电项目，年内建成投产。

【粮食生产】 2017年，常宁全市国有粮食企业收购粮食共计3万吨。常宁市商务和粮食局在认真调研的基础上召开了夏粮收购暨安全生产会，对夏粮收购、安全生产和防汛工作进行全面细致的安排部署，分析粮情和价格走势，对收粮单位提出“五不准、四公开”要求，彻底杜绝农民“卖粮难”现象的发生。轮换储备粮1.2万吨，新增储备粮3500吨，保障上级部门粮食调控的畅通有序。加强粮食库存监管，准确掌握全市粮食库存的真实情况，确保粮食安全。重点检查粮食库存实物的数量、品种、性质情况和保管账、统计账、会计账、银行台账对应相符情况，以及账务处理是否规范、准确、及时等。常宁承担的15500吨地方储备粮账实相符、质量可靠、粮情稳定、管理规范。按照《粮食流通管理条例》赋予粮食行政管理部门职能，联系有关部门在粮食质量安全宣传日、粮食收购前夕以及重要时间节点，采取多种形式对全市原粮及成品粮流通管理进行宣传。并积极配合市食安委对食品行业进行3次突击性检查，有效保障全市粮食食品安全。特别是对2014年那批镉超标粮食的出库，组织力量，加强监管，坚决不让其流入口粮市场，只能作为饲料和工业用粮。做好粮食仓储建设工作，积极争取仓房维修资金160万元，修缮加固仓房10栋，增加有效仓容3万吨，确保新粮收购仓容。总投资3000万元在官岭、罗桥、荫田新建仓容项目30000吨，已经完成立项工作。

【成品油市场管理】 2017年，常宁市商务和粮食局完成2016年度成品油经营企业年检工作，全市所有加油(点)均按要求参加年检并通过审核；按要求上报新建、迁建加油站初审材料；对加油站(点)的日常管理和安全生产进行检查，做到一月一查，严查安全隐患，杜绝安全生产责任事故的发生；编制完成“十三五”成品油零售网点布局规划；按照环保专项督查要求，做好加油站“双层罐”改建和加油站油气回收整治工程，鼓励企业积极改建。

【安全生产监管】 2017年，常宁市商务和粮食局组织开展元旦、春节、春季、汛期等期间安全生产大检查。积极参与“安全生产宣传月”等活动。在重大节假日及党的十九大召开期间，重点加强对市内大型超市、农贸市场、加油站和直属国有粮食企业的安全生产检查力度，及时发现安全隐患，限期要求整改，并加强回访检查。全年无安全生产事件。

【电子商务】 2017年，成立常宁市电子商务工作领导小组，建立电商扶贫联席会议制度，明确全市电商及电商扶贫工作思路，划分电商相关单位责任分工。积极引导个体网店、企业网店、农业专业合作社，通过第三方电商平台推广销售常宁特色农产品。全市共有11个示范网店、3个企业示范网店，示范网店共销售农产品5100万元；建成400家便民服务站，其中47个贫困村全部覆盖，建成21个村级电商便民服务站。充分利用广播电视、互联网、电商平台、微信等信息平台和广告条幅、宣传车等渠道和方式全方位开展农村电子商务发展宣传。宣传电子商务“全天候、全方位、零距离”，宣传常宁电子商务优秀企业的成功典型，提升全市干部和群众对电子商务的认识。全年举办两届全市便民服务站电商带头人培训班；与正雄电脑职业培训学校合作组织全市返乡农民工、贫困高中毕业学生进行电商实际操作技能培训。8月，组织全市46个贫困村的第一书记和村支书及电商带头人参加电商扶贫培训。11月15日，组织全市46个贫困村的第一书记、村支部书记、电商带头人、电商企业、便民服务站负责人等召开电商扶贫工作暨业务培训会。全年参训人员800余人。创新电商物流有限公司将中通、圆通、韵达、百事等快递公司进行整合重组，总投资1000万元，公司日吞吐进1.5万单，出1万单，并在各乡镇建物流配送服务点22个，解决电子商务进农村“最后一公里”的物流瓶颈。是年，全市大件物流公司有27家，日吞吐进量7600单，出1500单。推广“互联网+公司+合作社+贫困户”电商扶贫模式，在过龙岭生态农业发展有限公司、湖南齐家油业有限公司、谷佳茶业、福塔茶业等企业推广“互联网+公司+合作社+贫困户”电商扶贫模式，与当地贫困居民签订种养殖购销合同，建立油茶、茶叶、中药材、土特产、“茶山飞鸡”等生态种养电商基地，打造常宁电商品牌。引进电商企业帮扶省级贫困村，以“旅游+农特产+电商”模式，带动贫困村共网销农产品670万元，带动3800名贫困户户平增收4600元。通过邮政邮乐购“919”活动，发动全市农产品生产加工企业、农业合作社等积极参与网销贫困村的农特产，取得成功。引导贫困户种植茶油、茶叶、无渣生姜等特色传统农产品，全面提升产品质量，着力打造特色品牌，争取到2020年建成一个百万亩的高产油茶基地。通过央视7套、4套栏目专题宣传报道常宁的油茶产业发展，提升“常宁油茶”知名度。通过举办常宁油茶旅游文化节，扩大“常宁油茶”影响力。坚持品牌源头无公害、产品标准化生产，形成“基地生产+企业加工+电商销售”的产销链。引进农产品溯源机制，有效保障农产品无公害、无污染的绿色食品上市。

【扶贫工作】 2017年，常宁市商务和粮食局按照市委市人民政府统一安排，结对帮扶村为庙前镇西湖村，局党组派出1名副局长到西湖村任扶贫队长，局机关干部职工分别与西湖村贫困户结对，帮扶干部人均结对1～2户贫困户，帮扶次数均达到12次。先后组织电商企业收购贫困户种养殖的农副产品。积极为贫困户申请各项奖补政策，想方设法提高贫困户收入和生活质量。认真完成贫困户个人档案、特色种养业奖补申报、季度收支算账、教育医疗脱贫政策落实等工作，确保扶贫帮扶工作做细做实。

【依法行政】 2017年，常宁市商务和粮食局利用“法制宣传月”等活动，开展形式多样的宣传活动，共开展法律知识学习4次，法治讲座1次，发放宣传资料500份，组织10人次参加省级以上执法培训。实行政务分开，及时更新各栏目动态，做到及时、有效公开。编制本单位公共服务清单和中介服务清单。

【存在的问题】 2017年，常宁市社零增长趋于平缓，由于电子商务进农村全覆盖工作的深入推进，限上实体商贸企业受到部分影响，零售增长乏力，限上宾馆、餐饮企业受快速发展的农家小院、农家乐的影响，经营业绩增长平缓；利用外资难度加大，随着境外招商引资难度逐年增大，受国际经济发展乏力影响，外资投资积极性减弱，一些外资项目随即推迟投资或取消，在谈和在建的项目减少；电商发展仍存在制约因素，电商公共服务能力不高，尤其是村级电商服务站服务内容单一，服务主动性不高，服务业绩不佳；物流快递成本高，利润空间小甚至亏损，快递企业不愿下乡进村；电商企业整体规模偏小，辐射带动力不足，在带动贫困户增收脱贫上成效有待提高；农产品质量标准及品牌认证不符合网销要求，开发网销农产品的速度和产品网销速度不能同步。

国有商业

【概况】 2017年，常宁市商业总公司内设办公室、机要室、财计股、人事股、信访室、监察室、计生室、保卫股、改制办及档案室。现有在职干部职工22人，离退休人员20人。总公司党委以“维护商业稳定，创建人人有责”为主线，扎扎实实、兢兢业业完成整个年度工作计划。

【精准扶贫】 2017年，总公司多次组织机关工作人员深入到泉峰冠村，逐户走访扶贫对象，了解贫困户的思想状况，进一步帮助落实各项扶贫政策，认真学习有关扶贫工作文件精神，认真填写和完善《精准扶贫手册》，并逐项核实手册上的各项内容，特别是对年度人均收入统计和拟脱贫的脱贫退出确认卡进行仔细的调查核实，确保各项数字真实无水分。对每户贫困户的资料进行分类整理、妥善保管。完成29户贫困户网上注册及贫困户需求发布工作，并将所有工作人员注册为爱心人士。全年投入到泉峰冠村的扶贫资金99800元，其中慰问金及慰问物资19800元。

【存在的困难和问题】 2017年，总公司企业改制完成，总公司无任何职能职权，系统内历史遗留问题多，短期内无法解决历史遗留问题和矛盾；信访维稳工作压力大；企业改制扫尾，财政拨款甚少，没有其他经费来源；商业系统改制企业原党政负责人提高生活待遇问题函需解决。

供销合作

【概况】 2017年，常宁市供销合作社是参照公务员管理事业单位，办公地址设群英东路2号，设理事会、监事会，下辖常宁市松柏供销社、华湘农资有限责任公司、惠农电子商务有限公司、社有资产经营管理公司。市供销社机关设办公室、人事股、业务股、财务股、审计股、信访室办公室、保卫股、计生办等职能股室。合作社核定事业编制35人，现有工作人员26人，退休人员28人。全年从上面争取资金20余万元，改善机关办公条件。被衡阳市供销合作总社评为“全市供销合作社系统综合业绩考核优秀单位”；被中共常宁市委、常宁市人民政府评为“全市社会管理综合治理工作先进单位”；常宁市松柏供销社被衡阳市供销合作总社评为“先进基层单位”。

【脱贫攻坚】 2017年，常宁市供销合作社扶贫工作坚持做到：有专门班子、专人负责、专项资金、专项时间、专项措施，确保扶贫工作落到实处。通过开展大走访、大调研，认真倾听贫困户诉求，耐心询问每户家庭情况，与贫困户交心谈心，算帐对比，深挖致贫根源，制定帮扶计划，确定目标任务对接，保证目标任务不落空。全年共结对帮扶50户，圆满完成上级党委交办的工作任务。市社党委通过从有限的办公经费挤一点，从社会各部门争取一点，干部个人拿一点，为贫困户争取资金10万余元。同时，市社党委分成4个组走访慰问下岗职工117人次，安排慰问金3万余元。

【存在的问题】 2017年，常宁市供销合作社开展党建工作方法，提高履职能力，还需进一步提高；丰富职工文化生活，需要改进；践行群众路线要求，纠“四风”还需进一步加强。

烟草专卖

【概况】 2017年，常宁市烟草专卖局(分公司)内设市场服务分部、烟叶生产经营分部、专卖监督管理股、物流中转站、办公室、综合室、财务室、监察室、内部专卖管理监督派驻组，下辖西岭烟站、盐湖烟站、兰江烟站、罗桥烟站、板桥烟站。分公司共有在编在岗员工93人，其中全日制本科生35人、硕士研究生17人。拥有固定资产9810万余元。6月，获省烟草局、省公安厅颁发“全省卷烟打假工作先进集体”称号；9月，获常宁市委、市政府颁发“目标管理绩效考核优秀单位”称号。

【党建扶贫】 2017年，常宁市烟草专卖局组织党员开展轮岗体验，共30余人次参加送货体验。烟叶收购期间，7名党员下到收购一线。党员通过轮岗体验，增强服务群众意识，提升服务群众能力。被常宁市委、市政府确定为驻村扶贫“队长单位”以来，局党组迅速安排陈建国同志驻村脱产开展扶贫，干部员工先后分5次，共有260余人次开展走访慰问。扶贫队在大堡乡排山村实施产业、党建、就业、捐赠等系列帮扶措施，均取得积极成效。

【经济运行】 2017年，常宁市烟草专卖局紧扣税利这个核心，积极作为，经济运行呈现销售收入、毛利率、税利增长，三项费用降低的“三增一降”态势。全年分公司实现销售收入8.21亿元，比2016年增长3.29%。其中，卷烟销售收入5.99亿元，烟叶销售收入2.22亿元。实现税利1.85亿元，比2016年增长1.48%。

【卷烟营销】 2017年，常宁全市累计销售卷烟26698.43箱，单箱均价26249.81元，比2016年增长493.57元，增幅1.91%；销售省内烟18607.74箱，占比为69.7%，销售省外烟8090.69箱，占比为30.3%。实施“引进+推出”的双向培训，先后引入贵州、湖南等中烟公司，开展品牌培育活动4次。同时，对客户推出分类指导，提供个性化的培训，推进自律小组建设。通过双向培训，卷烟营销结构得到一定提升，最新数据显示，常宁市场一类烟占比50.27%；二类烟占比6.82%；三类烟占比32.06%；四五类烟占比10.82%。城区进行自律小组重新划分和新一届组长改选，建设自律互助小组60个，推举产生自律组长60名，覆盖小组成员数量766户，小组成员城网覆盖率61.72%。致力于从转变思想观念，落实走访配送，完善联动机制3个方面发力，紧紧扎牢规范经营生命线。通过召开多次会议，在党组会议、局务会和内管联席会上，传达上级关于加强规范经营的工作会议和文件精神；加强营销和配送人员思想教育，每月固定时间，认真组织部门学习行业下发的规范经营文件。开展警示谈话，发现苗头性问题，立即对涉事员工谈话，对其进行警示。严格执行卷烟配送制度，内管每月对送货车组进行不定期抽查，加强对销售订单、卷烟配送等的核查、跟踪。完善营销物流、专卖内管等部门信息共享机制，构建起了事前、事中、事后的全过程监管体系。物流送货到位率100%，安全回收资金69130万元，客户配送满意度98%，实现安全、规范、客户满意的3个方面价值，通过各部门协同努力，没有发生影响较大的不规范经营案件。

【烟叶生产】 2017年，常宁市烟草专卖局从生产源头抓起，移栽前调减面积134公顷，从严从紧安排种植任务。实行合同面签制，按照衡阳市局下达的6.93万担烟叶种植计划，签订电子合同1073户，涵盖13个种烟乡镇、129个种烟村，户均规模1.5406公顷。在生产实施过程中，抓实关键环节，统一开展专业化机耕服务，翻耕、移栽、盖膜较往年进度提前、质量提升；落实中耕培土面积近1333.33公顷，早花现象得到遏制；在控肥控氮、统防统治上取得明显成效；落实上部叶4～6片一次性成熟采烤533.33公顷(因受灾原因抢烤较多)；以合作社为主体，开展采编烤分一体化、“1+N”专业化烘烤服务；组建专业化初分预检队伍，进村入户开展专业化初分。6月至7月间，常宁连续降雨，致使大面积烟田受灾，灾情发生后，先后出动120余人次赶赴灾区指导烟农生产自救。做好受灾烟农思想工作，引导渠系、田间、烤房排水，加强干烟叶保管。协调种烟乡镇统筹安排烤房，组织严重受灾烟农进行抢收抢烤。引导精干力量维修烤房，组织技术人员一对一指导雨天烟叶烘烤技术。全年完成烟叶收购6.9万担(含丰产烟)，均价1325.88元/担，上等烟比例63%。

【打假破网】 2017年，常宁市烟草专卖局查处假烟案件126起，查获涉案卷烟61.5万支(3075.4条)，比2016年增长424%，涉案金额42.37万元。查办售假网络案2起，其中国标网络案1起。是年，被评为湖南省、衡阳市“卷烟打假先进集体”，连续8年被市人民政府评为依法行政工作先进单位。

【真烟非法流通治理】 2017年，常宁市烟草专卖局查处真烟非法流通案件35起，其中5万元的大要案件12起，查获各类真品卷烟582万支(29113条)，比2016年增长469.6%，涉案金额152.16万元。有效遏制了真品卷烟非法流通。

【行政许可】 2017年，常宁市烟草专卖局建立、健全客户信息档案，坚持做到“一户一档”，并对在档客户资料进行及时更新、完善。全年共新办393户，延续398户，变更3户，补办2户，歇业48户，注销428户，责令停业9户，责令停业整顿恢复9户许可证管理工作做到手续齐全、程序合法。

【内部监管】 2017年，常宁市烟草专卖局下发规范建议书26份、整改通知书8份、异常信息反馈表42份，督促对异常经营数据执行二级考核81人次，内部监管进一步得到强化。

【企业管理】 2017年，常宁市烟草专卖局对照年初确定的75.7万元降本增效目标任务，坚持贯彻精益理念、探索精益路径，在生产和办公的各领域内广泛开展精益管理。全年累计报送精益诊断卡27份、组织精益内务检查4次、参与精益接龙分享12次、上报年度QC课题4个、完成精益改善项目1个，开展精益论坛和精益内训活动2次。通过各项活动的开展，启发精益思维、起到节约降本实效。年初召开信访综治专题会议，成立信访工作领导小组。制定信访应急预案，严格落实信访接待制度和24小时电话值班制度。同时落实好“三项”工作，即来信办理、来访接待和舆情监控。响应上做到及时迅速，流程上做到规范有序，态度上做到耐心周到，全年没有发生较大信访事件。全面落实安全生产主体责任，将安全目标分解到部门、到人。做到职责明确、责任到人。组织观看安全警示教育片5场次。定期开展车辆检查与维护，确保车辆运行状况良好。督促承揽单位每月开展驾驶员安全培训。积极开展“安全生产月”、“消防宣传月”活动。邀请专家讲座2次，组织消防应急疏散演练1次。全年共开展安全检查42次，查出各类安全隐患和问题31项，100%整改到位。严格按照省、市局专项巡察整改要求，对干部队伍进行相应调整。股级干部中，到龄免职4人，岗位调整1人，2名人员薪随岗变，免去其副股级待遇。人事调整过程严格按照程序规范执行。积极选派人员参加行业各级各类竞赛，员工代表获得行业培训师教学竞赛烟草农业组一等奖，获全市系统“十九大依法治国新征程”法律知识抢答赛一等奖，获第一届会计基础规范化技能比武二等奖，获省局、市局烟草学会优秀论文奖5篇。在全市系统的企业管理工作会上，荣获“精益十佳”1人、精益优秀QC课题2个，精益金点子1个。全年在国家局网站发稿8篇，省局网站64篇，市局221篇，较好地展现常宁烟草风采。

盐务管理

【概况】2017年，常宁盐务管理局(公司)内设人事办公室、盐政股、运销股。全年累计销售各类盐1850余吨。其中，原包盐累计销售452吨，小包盐累计销售1398余吨，高端盐累计销售366吨；非盐累计销售185632万元(税后)。各项经济指标均等同于2016年同期。

【工作创新】 2017年年初，常宁盐务管理局按照岗位的说明以及市场的要求实行人员到岗到位、片区经理责任制机制，强化“三项基础工作”，充分调动全体员工的工作能力和价值创造力，实行工效挂钩、责任到人的绩效薪酬考核制度。按衡阳市公司出台的各项政策，着眼让利于经销商，为客户提供多种利益链，实现合作双赢。同时加强合约客户的维护和管理，践行客户为尊的理念。

【建立品牌】 2017年，常宁盐务管理局推广品牌营运工作，实施品牌战略规划。尤其是在“盐改方案”出台后，及时地向社会各界宣传大量的有利信息，反复介绍衡阳盐业和“雪天”品牌。在全公司范围内以及醒目位置，以宣传海报、PVC字体、横幅等方式宣传公司品牌及主营产品。并以“扫微信二维码、送手机支架”活动，提高衡阳盐业在广大消费者心目中的知名度，切实让“雪天”品牌融入到消费者的生活中，实行品牌效应的标准化、专业化。

【加强市场监管】 2017年，常宁盐务管理局面对盐业体制改革的严峻形势，在政策红利的基础下，做到工作重心全线下移。针对市场出现的新常态及时调整思路与方法，采取普查与重点稽查相结合，稽查与访销相结合的方法。对日常市场开展经常性地毯式地检查，将重点监控区域和对象延伸到城乡，坚持配比优化、返利优化、配送优化为原则，持续争取库存最大化。以“3·15”“5·15”“食品安全宣传周”活动为载体，紧扣时节，扎实开展系列专项行动。主动与常宁市市场和质量监督局加强联系，紧密合作，依法行政，形成双管齐下的方式，确保食盐市场的占有率，食盐市场的秩序正常。

财政·税收

财 政

【概况】 2017年，常宁市财政局内设办公室、人教股、预算股、国库股、综合规划股、税政法规股、行政法规股、教科文股、经济建设股、农业股、社会股、企业股、对外经济贸易股、会计股、绩效评价股、工资发放中心、国有资产管理中心、乡镇财政管理中心、非税收入征收管理中心、财政监督检查局、教育经费核算中心、政府采购管理办公室、国库集中支付中心、交通建设投资办公室、资源枯竭型城市资金管理办公室、财政投资评审中心、农村综合改革办公室。全年实现地区生产总值(GDP)330.96亿元，较2016年增长8.7%，其中：第一产业完成53.22亿元，增长3.4%；第二产业完成122.59亿元，增长7.9%；第三产业完成117.28亿元，增长8.0%。三产业结构比重为16.1：37.0：46.9。社会固定资产投资总额完成214.84亿元，较2016年增长20.0%。社会消费品零售总额98.91亿元，较2016年增长10.9%。全市进出总额完成3.72亿美元，较2016年增长21.9%。

全市财政总收入完成14.30亿元，比2016年减少2.54亿元，下降15.11%。其中：地方一般预算收入完成9.54亿元，比2016年减少3.87亿元，下降28.86%；上划中央收入完成3.71亿元，比2016年增加1.14亿元，增长44.26%；上划省级收入完成1.06亿元，比2016年增加0.19亿元，增长21.66%。财政总收入税占比为72.3%，较2016年完成数提高17个百分点；一般预算收入税占比为58.5%，较2016年完成数提高15个百分点。全市一般预算支出完成57亿元，比2016年增加2.87亿元，增长5.31%。地方财政收入占地区生产总值的比重为4.32%。完成总收入57.85亿元，其中地方一般预算收入9.54亿元，上级补助收入31.5亿元，债券转贷收入3.19亿元，2016年滚存结余0.4亿元，政府性基金调入13.22亿元；总支出57.85亿元，其中一般预算支出57亿元，返还性支出0.33亿元，债券还本支出0.52亿元。收支两抵，年度预算平衡。

【财源建设】2017年，常宁市积蓄经济发展动能。强力助招商。五矿集团有色控股铜铅锌产业基地项目、香港泛亚绿洲集团铜杆项目成功落户水口山，湘南纺织产业牛仔小镇项目启动等等，为常宁今后经济发展和税收增长注入强劲动力。全力争资金。全年争取地方政府债券资金3.61亿元，争取专项转移支付资金9.63亿元，财力性转移支付补助资金20.56亿元。奋力推项目。加快推进政府投融资运作进度，推动产业项目、PPP模式项目建设落地见效，保障重点项目建设顺利推进，拉动税收增长。倾力扶产业。全面落实各项税费优惠政策，加大对实体经济财税扶持力度，投入中小企业发展和技术改造引导资金1.1亿元，全力扶持实体产业发展，增强财源增长后劲。

【综合治税】2017年，常宁市财政局出台《常宁市工程项目税费缴纳有关规定》，堵塞工程项目税收流失渠道，净化税收征管环境。抓好重点行业、重点项目、重点税源监控，开展税收纳税评估和清查工作，启动实施财税综合信息平台，建立健全信息共享机制。深化部门协作，加大综合治税力度。加强税费风险管理和欠税管理，有效堵漏，确保税收颗粒归仓。

【提高收入质量】 2017年，常宁市财政局共调减非税收入任务3.73亿元，消化税收红字1.75亿元，其中国税消化红字1.4亿元，地税消化红字0.35亿元。财政总收入税占比为72.3%，地方一般预算收入税占比为58.8%，比2016年分别提高17、15个百分点，分别高出衡阳市3.6、2.9个百分点。常宁财税工作在衡阳市财税目标管理考核中排名第一。

【非税征管】 2017年，常宁市财政局强化以票控税管理力度，逐步推行电子缴库，实现非税收入直接上缴财政。规范非税收入管理，挖掘非税收入潜力。严格区分不同资金内容，防止预算外资金、基金混合入库，做到不虚增非税收入，确保非税收入及时足额入库。

【脱贫攻坚投入】2017年，常宁市统筹整合资金3.41亿元全部用于脱贫攻坚。重点实施好产业扶贫、易地搬迁扶贫、健康扶贫、教育文化扶贫、光伏扶贫、社会保障兜底扶贫、基础设施建设等脱贫攻坚工作。全市25个省级贫困村顺利实现脱贫摘帽。

【三农”投入】 2017年，常宁市投入农林水事务专项支出8.09亿元，较2016年增长27.6%。做好“一卡通”发放补贴种类扩面，完成“一卡通”数据平台建设，惠农补贴发放由“一卡一折”成功升级为“两卡两折”，全年发放补贴项目54项、3.58亿元；投入财政奖补资金1523万元，实施财政奖补项目251个；投入资金485.7万元，将西岭镇石山村建成全市唯一省级美丽乡村；安排资金6459万元，专项用于村级(社区)运转经费、服务群众专项经费和社区惠民项目资金，村级平均达到16万元。投入资金3644万元，实施农村土地治理、农业产业化、农田水利设施等项目，农村基础设施逐年改善。

【教育投入】 2017年，常宁市安排教育资金9.47亿元，促进教育资源均衡发展。其中，安排城市教育扩容提质资金2286万元，均衡发展专项资金2000万元，校舍维修、薄弱学校改造、合格化学校建设、寄宿制学校条件改善等资金5971万元。全力开展教育扶贫攻坚，建档立卡家庭各类免学杂费1031万元。

【社保医疗支出】 2017年，常宁市投入社会保障和就业资金8.09亿元，企业退休人员养老金实现“° 十三连调”±。城乡居民基础养老金最低标准提高到每人每月85元。全面实施机关事业单位养老保险制度改革。农村低保标准与国家扶贫标准实现“° 两线合一”±。投入医疗卫生与计划生育资金7.25亿元。建立城乡大病保险制度，全面推开公立医院综合改革，城乡居民合作医疗保险财政补助标准提高到每人每年450元，基本公共卫生服务财政补贴标准提高到每人每年50元。

【预算公开】2017年，常宁市财政局及时完成年度预算编制工作。全面公开年度市本级财政预算草案报告、政府一般公共财政预算、政府性基金预算、社会保险基金预算、“三公”经费预算等市本级财政预算相关内容；监督全市所有预算单位公开2017年部门预算和2016年部门决算。

【乡镇国库集中支付改革】 2017年，常宁市财政局全面完成全市乡镇国库集中支付改革。国库集中支付已覆盖市乡两级264个预算单位。国库支付实现“横向到边，纵向到底”。财政资金的拨付由以前的“资金流”变为“指标流”，财政资金的支出实现了规范化、透明化、信息化。

【规范乡镇财政管理】 2017年，常宁市财政局全面贯彻落实《湖南省乡镇财政管理条例》，建立和实施乡镇财政内部控制制度，严格规范乡村财政财务管理；是年，以“六个全面”为标准，罗桥镇、水口山镇、板桥镇3个财政所成功创建省级“星级财政所”。

【财政投资评审和政府采购】 2017年，常宁市财政局出台《常宁市财政投资评审管理实施办法》。全年共审结政府性工程项目938个，送审总造价28.59亿元，审结值为24.37亿元，审减造价4.22亿元，审减率14.76%；审批政府采购项目290批次，采购金额近2亿元，累计节约财政资金1995万元，节资率在10%以上。

【财政监管】 2017年，常宁市财政局出台《常宁市财政局内部控制制度汇编》，财政防控风险能力不断增强。积极开展财政收支、会计信息质量、预决算公开、扶贫资金、“四个专项”等专项监督检查，“互联网+监督”工作稳步实施。

【政府债务管控】 2017年，常宁市财政局出台《常宁市财政局政府性债务管理风险防控办法(试行)》，建立健全地方政府性债务管理制度体系。稳妥推进地方政府存量债务置换，全面清理违法违规举债行为。全年新增债券3.19亿元，置换债券0.42亿元，政府性债务余额108.2亿元。

【廉政建设】 2017年，常宁市财政局全面落实党风廉政建设“两个责任”，坚持开展签廉政责任书、廉政谈话、上廉政党课、警示教育、述职述廉、考核评议等“六个一”活动。健全“一岗双责”责任制。全面落实“纠‘四风’、治陋习”专项整治工作要求，扎实推进作风建设，严格开展执纪问责，在重要时间节点向干部职工编发廉政短信，确保财政资金和财政干部“两个安全”。

国家税收

【概况】 2017年，常宁市国家税务局机关内设办公室、收入核算科、税源管理一科、税源管理二科、征收管理科、政策法规科、人事教育科、监察室、纳税服务科、财务管理科、机关党委办公室、工会工作委员会，下辖稽查局信息中心，派驻机构宜阳税务分局、松柏税务分局。共有正式编制人员104人。是年，被中共常宁市委、常宁市人民政府评为“2017年度全市目标管理绩效考核优秀单位”“维护社会稳定工作(社会管理综合治理)先进单位”。

【行政审批】 2017年，常宁市国家税务局落实行政审批清单制度，全面公开审批事项，取消非行政许可审批类别，继续减少行政审批事项，确需保留的审批事项依法调整为行政许可，规范行政许可的实施。只保留7项行政审批事项，其他权力事项23项，除此之外均不存在前置审批。同时，配合落实纳税服务规范和税收征管规范，加强对取消和下放审批事项的后续管理，坚决防止和纠正“明放暗不放”“一放了之”等行为，切实做到“把该放的放到位、把该管的管起来”。

【出口退(免)税管理】 2017年，常宁市国家税务局严格按照上级局的要求、遵循“安全、服务”的方针，积极支持全市外向型经济的发展。强化对出口企业的核查，通过实地核查，函调系统发函等手段，做好基础工作，保证退税的安全可靠。

【增值税优惠】 2017年，常宁市国家税务局积极落实各项税收优惠政策，包括促进残疾人就业增值税优惠政策减免税、资源综合利用增值税优惠等各项增值税优惠政策。

【企业所得税管理】 2017年，常宁市国家税务局通过开展企业所得税政策辅导和纳税人学堂等方式，积极辅导企业做好所得税汇算清缴工作。顺利完成企业所得税汇算清缴工作，企业汇缴申报率达100%。是年，认真落实扩大小型微利企业所得税优惠政策范围，切实做好纳税人的服务工作。强化日常政策的宣传辅导，及时通知纳税人享受的优惠政策；简化办税程序，为纳税人做好相关资料的报备工作；积极反馈纳税人的问询，为纳税人解答心中疑惑。

【深化改革】 2017年，常宁市国家税务局贯彻落实国地合作工作，建立联席会议，明确各部门工作职责。与地税部门合作开展所得税税种整改工作，并组织开展单管户核实工作。开展“问需求、优服务、促改革”为主题的大走访活动，深入纳税人调研座谈，征集纳税人意见和建议，了解纳税人诉求，协调涉税事项，解决实际问题,增强纳税人的认同感和满意度。是年，与地税部门成立联合纳税人学校，举办7期培训讲堂。落实“一窗一人”双系统，让纳税人真正“进一家门，办两家事”。全面推进纳税信用体系建设。

地方税收

【概况】 2017年，常宁市地方税务局有干部职工75人，其中退休人员27人。内设办公室、人教科、监察审计室、收入核算科、财务科、税政科、征管科、信息中心、稽查局、办税服务中心等机构。下设第一税务分局、第二税务分局、第三税务分局、第四税务分局、第五税务分局，1月，被衡阳市人民政府授予“衡阳市园林式单位”；4月，被中共衡阳市委宣传部、衡阳市国家税务局、衡阳市地方税务局、衡阳市科学技术局评为“衡阳市2017年企业所得税优惠政策知识竞赛团体三等奖”；10月，被衡阳市总工会、衡阳市地方税务局评为“2017年度“工会经费”调研文章三等奖”。是年，获得衡阳市地方税务局“2017年度衡阳地税系统征管质量竞赛先进单位一等奖”“2017年度衡阳地税系统企业所得税管理竞赛三等奖”“2017年度“三项制度”试点先进单位三等奖”；被中共常宁市委、常宁市人民政府评为“2017年度全市社会管理综合治理先进单位”。

【税收征管】 2017年，常宁市地方税务局累计入库各项税费47835万元，税收入库44153万元，剔除“营改增”因素、投融资平台缴纳税收和水口山有色金属责任公司消化红字的影响，实际增长21.21%。除资源税、土地增值税小幅下降外，其他地方各税种均为正增长，其中土地使用税增长105.8%，房产税增长28%。剔除房产税和土地使用税按季缴纳的因素，每月均衡入库3100万元，没有出现以前年度三、六、九和十二月份突击入库大幅增长情况。结合衡阳市政府国土资源审计，全面开展

“三清”行动，对因调整土地容积率补缴土地出让金而欠漏缴的100多万元契税基本追缴到位。开展税务稽查，检查并结案企业15户，查补入库地方各税1049.71万元，罚款38.05万元，加收滞纳金64.15万元，稽查入库税款占全局入库税款总额比达2%以上。通过基础工作、征管成效、征管技能和分享经验(成果)等四个竞赛，按月细化量化考核指标，通报到每个税管员。全年申报率、催报率、催缴率、税务行政处罚率在全衡阳市系统均名列前茅，获得2017年度全市地税系统征管质量竞赛先进单位一等奖、全市地税系统企业所得税管理竞赛优胜单位三等奖。完成风险应对579户，查补税款3833.62万元、滞纳金70.13万元。同比2016年，风险应对户次增长11.06倍，查补税款增长12.75倍，加收滞纳金增长29.79倍。为净化数据源头，对3333条数据进行清理比对，完成率99.94%，位于衡阳市地税系统前列。对常宁农村商业银行、华融湘江银行常宁支行、常宁市华兴房地产开发公司等大企业进行专项风险应对工作，通过纳税评估、税务稽查等方式，共查补税款1049.71万元，罚款38.05万元，收缴滞纳金64.15万元。

【国税地税合作】 2017年，常宁市地方税务局多次与国税部门召开联席会议，在相互委托代征税款、实名信息采集、个体户联合定税、企业所得税认定、已缴营业税补开增值税发票、关联信息比对、数据质量清理等方面积极合作，完成联合定税2921户(定税率为92.32%，在衡阳市地税系统位于前列)，实现国、地税税款同步申报、同步征纳，实现代征城市维护建设税、教育费附加、地方教育附加、个人所得税税款626.96万元。开展国、地税信息比对，完成3000余户纳税人数据比对工作，已核实征管基础信息数据10000余条。及时整改国、地税都未进行企业所得税登记的纳税人266户(其中地税完成146户，移交国税120户)，对297户国地税状态不一致纳税人进行协同管理。

【依法治税】 2017年，常宁市地方税务局在市人民政府的统一领导下，做好全市财税综合信息平台的前期准备工作，积极支持和配合矿产资源税费统征工作，实现全市搅拌企业和农村砂卵石场税费统一标准、统一征收。落实不动产登记中心先税后证、凭“一单两票”办理产权证制度，把关入库税收4300余万元。成立公安、国税、地税三方“税警”联络办公室，加强涉税违法犯罪打击力度。委托邮政代征城市维护建设税、教育费附加、地方教育费附加、个人所得税税款307.28万元。在法院强制执行环节按照税收优先的规定，追缴拍卖老检察院地段宗地税款525万元，以及华宇房地产开发公司泉峰公馆项目欠税221万元和滞纳金50余万元。面向全市78家房地产企业(项目)法人代表和财务人员召开自查申报辅导大会，在3个月内自查申报入库各项地方税收860万元。对全局的费源开展专项摸底清查，建立和完善户籍式管理办法，加强对重点税源户的管理。坚持规费与税收征管同部署、同落实、同调度、同考核，推动规费工作的良性发展。共组织入库各项规费收入(含教育“两费”)3562.5万元，比2016年同期增收728万元，增长25.68%。年内，所得12万元以上个税自行申报完成253户，比2016年增加57户；补税109万元，比2016年增收89万元，两项指标均位居衡阳地税系统前列。重点组织对10户纳税单位进行个税专项评估，查补个税16万元。经多方协调运作，落实财政工资统发中心个税代扣代缴工作，个税全员全额明细申报单位603户，比2016年增加206户，并做好催报催缴工作，月均准期申报率达99%。是年，对全市20个开发项目，建立和完善土地增值税管理台账。对1个房地产开发项目进行土地增值税清算，查补土地增值税7万元。开展房土两税清理工作，全市新增土地面积8000平方米，房产面积1000平方米，查补房产税和土地使用税50万元。为检验“两税”清查成效，积极配合衡阳市审计组，对全市近几年来的国土转让涉税情况和二级房地产开发市场税收进行清查。组织相关部门对工业园区“房土两税”征管现状进行调研。

【税收服务】 2017年，常宁市地方税务局与国税部门成立联合办税服务厅，推行“一窗一人双系统”，制订联合办税服务厅绩效考核相关办法，实现国地业务通办，达到“进一家门，办两家事”的效果。成立联合办税服务厅以来，窗口业务办理效率大幅提升，日均业务办理量较以往提升89.21%。与国税联合开展实名制办税有关工作，实名认证纳税人1085户。在全省地税系统纳税人满意度调查中，常宁获得衡阳市第四名的较好成绩。在办税厅设立综合审批审核岗，精简并下放涉税业务办理流程，减少国、地税报送资料，前台平均办理时间5分钟以内，平均等候时间比2016年同期下降41.49%。开通网厅纳税户数2047户，新增网厅使用率达到34.33%，让涉税业务“少跑公路，多跑网路”。

【税收宣传】 2017年，常宁市地方税务局开展“企业所得税汇算清缴”“通审软件使用”两期企业所得税专项培训，参训人员达360余人次。完成150户纳税单位汇算清缴，清缴面达100%，补缴企业所得税31万元。在“三项制度”试点工作中，为打消纳税人的顾虑，发放《致纳税人的一封公开信》1000余份，并真诚欢迎纳税人提意见建议。

【党建工作】 2017年，常宁市地方税务局积极开展“学雷锋”系列主题活动，以党建促团建，荣获衡阳市“青年文明号”称号。依托“红星云”党建公众号强化党员学习，开拓基层党建宣传新渠道。平时坚持税务、党务“两不误”。在为期14天的税收业务脱产培训班上安排贯彻十九大精神专题学习4场，辅导讲座2场。开展“传承好家风好家训”系列活动，收集家训16条、征文21篇。

【扶贫工作】 2017年，常宁市地方税务局落实市委市政府“脱贫攻坚”行动方案，定点联系帮扶5个村，120户贫困户，共419人，帮助贫困户发展瑶乡农家乐等各种脱贫致富项目。

金融

银行

中国人民银行常宁支行

【概况】 2017年，中国人民银行常宁支行内设办公室、人事政工股、国库会计股、业务股，有员工18人，其中经济师7人、政工师1人，助理政工师3人。是年，被衡阳市中心支行评为金融宣传先进单位、金融经济宣传先进单位，并获得衡阳中支职工趣味运动会团体一等奖。围绕衡阳市支行“337”工作总框架，认真落实上级行工作会议精神，紧密结合辖内经济金融发展实际，贯彻执行稳健的货币政策，切实维护金融稳定，努力提升金融服务水平，推动地方经济、金融持续健康发展。被衡阳市中心支行评为金融宣传先进单位、金融经济宣传先进单位，并获得衡阳中支职工趣味运动会团体一等奖。截至11月末，所辖金融机构各项存款余额为281.6亿元，比年初增加33.6亿元；各项贷款余额为131.5亿元，比年初增加26.8亿元。

【货币政策】2017年，中国人民银行常宁支行根据稳健货币政策和上级行工作会议精神，结合地方政府“人才兴市、工业强市、品牌旺市、文化活市”发展战略目标，制定《常宁市2017年货币信贷工作指导意见》，灵活运用货币政策工具，合理引导信贷增长。通过金融工作汇报会、行长联席会、信贷工作例会、经济金融运行分析会、搭建银企合作平台等方式，及时做好稳健中性货币政策内涵及宏观审慎评估的宣讲工作，增强货币政策的灵活性和可持续性，把握好信贷投放的力度和节奏。通过宏观审慎评估(MPA)工作,加强对信贷投放规划和节奏的调控。通过采取“窗口指导”、警示预报、预见谈话等措施，特别是对偏离宏观审慎管理要求的地方法人金融机构负责人采取约见谈话等举措进行约束。

【信贷管控】 2017年，中国人民银行常宁支行加强信贷产品和服务方式的创新，营造良好的信贷投入环境。健全良好的社会征信体系，扩大对社会开放个人信用报告查询服务，做好征信产品的推广使用和征信资信评级工作，探索社会守信激励和失信惩戒机制建设，扩大信用报告的使用，促进企业加强信用管理。加大征信知识宣传力度，探索针对不同群体信用宣传的长效机制，为社会信用体系建设奠定良好的基础。严格执行信贷调控措施，促使地方法人金融机构新增贷款均衡增长。在贯彻实施全省地方法人金融机构信贷调控措施中，支行根据上级行核定的合意贷款额度，将信贷规划下达给辖内两个地方法人金融机构，强化月末监测，防止金融机构突破规划。通过风险警示等方式，督促两个地方法人金融机构新增贷款控制在合意贷款额度内，有效抑制贷款投放大起大落的现象。强化支农、支小再贷款管理，有效发挥支农再贷款的示范效应，引导涉农金融机构加大农村金融服务力度和小微企业的支持力度。

【金融扶贫】2017年，常宁支行瞄准建档立卡贫困农户，指导金融机构围绕“有需求、贷得出、收得回”三个环节进行产品设计，创新实施“一授、二免、三优惠、一防控”的扶贫小额信贷运作模式，扶贫小额贷款快速增长，助力农村信用体系建设。常宁支行强化央行资金运用，通过再贷款、常备借贷便利等货币政策工具定向调控，引导金融资源向扶贫领域倾斜。同时，积极协调各方，通过制定《常宁市2017年产业扶贫资金整合方案》《常宁市金融产业扶贫贷款贴息管理办法》《常宁市金融产业扶贫风险补偿基金》《常宁市扶贫特惠保险合作协议书》等，引导包括政府资金、银行资金、保险资金等多渠道资金参与产业扶贫，变“输血”为“造血”，增强扶贫功坚的内在动力。常宁支行督促辖内农发行，加强与地方政府部门的衔接沟通，出台《常宁市易地扶贫搬迁实施意见》，搭建易地扶贫搬迁项目融资平台，主动对接年度项目的信贷资金安排，并按季对易地扶贫搬迁贷款进行监测，协助完善易地扶贫搬迁贷款条件。截至11月末，常宁46个贫困村全部建成金融扶贫服务站，建档立卡贫困户数3313户，参加农户评级户数2877户，参评率86.84%，获得有效授信户数2243户，授信率67.7%，授信额度9964.8万元；常宁金融精准扶贫贷款余额8.93亿元，比年初增加7.95亿元，增长804%，高出同期全辖金融机构各项贷款平均增速791个百分点；产业扶贫资金2.24亿元，通过入股分红、解决就业等形式帮扶带动贫困对象1.18万人；扶贫小额信贷9876万元，同比多增8172万元，增速为217.34%；争取易地扶贫搬迁项目贷款10.02亿元，为落实全市2192人的易地扶贫搬迁任务创造了条件；全市46个金融扶贫服务站已有14个实现“三站融合”；共带动居民开通网上银行1500户，开通手机支付1360户；全市农村电商交易额达3.4亿元，惠及农户10.6万户，支持当地农民“触网”转型，并通过网络电商这个“产业倍增器”让当地特色农产品走出去。同时，已整合财政涉农资金1亿元(其中上级资金8700万元，本级资金1300万元)、贷款风险补偿基金1850万元、扶贫贷款财政贴息资金140万元、金融扶贫服务站建设补贴资金24.5万元。此外，按常宁现有贫困人口4.9万人计，根据协议，由太平洋保险公司承保1.3万人、中国人寿承保3.6万人，标准为每人60元，保险公司分担10元，其余50元由财政兜底买单，有效实现常宁贫困人口风险保障全覆盖。年内，人行常宁支行加强货币政策工具使用，积极引导辖内银行业金融机构加大扶贫资金支持力度，累计向地方法人金融机构投放再贷款9.5亿元，再贴现13亿元、常备借贷便利10亿元。截至年底，尚有支农再贷余额2.5亿元、支小再贷款1.5亿元。以“金融扶贫服务站、助农取款服务点和村级电商服务站”合作共建乡村便利服务站点为核心，统筹建设乡村物流网点、网络站点及“惠农通”等服务工程，农村金融基础服务设施建设日臻完善。

【金融宣传】 截至2017年11月末，全市设立助农取款服务点909个，村级行政区实现全覆盖；办理取款业务7.85万笔，金额5405万元；电子机具的乡镇、行政村覆盖率均为100%。农户对金融的“可得性”和“满意度”进一步提高。年初，人民银行常宁市支行以农村金融服务基础设施建设为主线，以农村金融改革创新为主题，以金融精准扶贫为重点，以防范金融风险、保护金融消费者合法权益为目标，多渠道、多层面、广角度，持续打造极具特色的“333”金融宣传常宁品牌。联合常宁市委宣传部、常宁市金融办共同出台《常宁市金融宣传工作实施方案》，明确金融宣传工作总的指导思想，对金融宣传工作的总体目标和任务进行细化分工。8月8日，“333”金融宣传“启动仪式”活动现场，人行衡阳市中支党委书记、行长以及常宁市市委常委、常务副市长等领导到场讲话，并共同为常宁市新河镇湘江村金融扶贫服务站“三站融合”揭牌，活动既组织定点集中宣传，又有各金融机构营业网点的设点宣传，同时还以文艺表演方式对有代表性的贫困乡村进行下乡进村巡回宣传。是年，全辖各金融机构统一行动，共设立宣传网点70余个，累计发放宣传折页1万余份、宣传传单2万余张、张贴各类宣传海报100余份、LED屏滚动播出100余条、悬挂横幅30余条，集中宣传活动现场接受群众咨询5000余人次。取得极佳的效果。

【综合评价】 2017年，中国人民银行常宁支行根据上级行的安排，通过金融机构自我评价和人行现场评估相结合的办法，从业务合规性、风险管控能力、社会责任履职、外汇管理等4个方面对辖内金融机构2016年的经营情况开展综合评价工作，并针对存在的一些问题提出切实可行的整改意见。

【存款保险】 2017年，做好对投保机构的风险监测、预警与处置工作，加强金融机构流动性管理。对各金融机构月末、季末和节假日等特殊时点大额资金异动情况加强监测，开展风险提示，对高风险中小法人机构实行名单制管理。组织参加“存款保险评级”远程培训，所有参加存款保险风险评级工作人员全部完成网络视频课程学习并通过考核。做好全市存款保险制度宣传引导和舆情管理。

【反洗钱工作】2017年，中国人民银行常宁支行向各金融机构下达工作任务，督促开展工作，确保任务按时完成；组织辖内金融机构开展反洗钱宣传； 对辖内10家银行、11家保险公司进行2016年度反洗钱工作考核评级；组织地方法人金融机构在常宁农商银行参加衡阳市2017年法人金融机构反洗钱知识考试，参加考试人员共计51人，全部及格，平均成绩在80分以上。

【征信服务】2017年，中国人民银行常宁支行强化服务意识，树立良好形象，打造服务型窗口。积极倡导窗口服务人员阳光服务、微笑服务、规范服务、廉洁服务。坚持开展征信窗口“三零”服务(即热情服务零距离、精品服务零差错、诚信服务零投诉)，以良好的精神风貌服务广大市民。 完善服务制度，规范服务流程，打造规范型窗口。严格落实“服务承诺制”“责任追究制”等内部管理制度，规范窗口业务办理环节，畅通了 业务处理流程，提高服务效率。明确个人信用信息查询流程，严格保护个人隐私。11月末，共提供个人查询自身信用信息11394个，提供企业查询自身信用信息233户，发放机构信用代码证401户。累计办理个人查询本人信用报告收费业务230笔，累计金额2300元，发票结存、使用情况与收费查询次数完全吻合。

【安全生产】 2017年，中国人民银行常宁支行围绕业务系统信息安全重点，开展应急安全演练和应急管理评估，有效应对各类突发安全事件；加强综治管理，严格消防安全管理。积极开展消防安全检查、计算机网络与信息安全检查及保密安全自查。强化“人防”“物防”、“技防”建设，实现内部安全管理的“制度化、规范化、经济化”。6月，邀请湖南省公安消防中心消防教官到支行进行专项培训，增强全行员工的消防安全意识。

中国农业发展银行常宁支行

【概况】 2017年，中国农业发展银行常宁市支行内设办公室、会计结算部、信贷业务部，有正式员工15人，平均年龄45岁，其中，党员6人，团员

3人；全日制大学本科2人，硕士研究生1人；初级职称3人，中级职称5人，高级职称1人。全年累放各项贷款84198万元，累收各项贷款23426万元，各项贷款余额为158943.47万元，比上年末增加60772万元，增长61.9%，不良贷款继续保持零余额；各项存款117842万元，比去年末增加31182万元，增幅35.98%，超额完成任务22842万元(任务95000万元)，占任务124%，日均存款余额134958万元，比去年增长27.42%，完成任务118.38%；完成国际业务结算业务40万美元，占任务40%；实现利润4380.89万元，比上年末增加1114万元，增长34%，占利润计划3757万元的116.58%。存贷款业务发展和经营利润创造历史新高。是年，被农发行衡阳市分行评为“先进单位”；被湖南省金融工委评为湖南省金融“五一劳动奖”；被农发行总行评为“模范职工之家”。

【党建工作】 2017年，中国农业发展银行常宁市支行切实落实党支部中心组学习制度，把党员纳入支部中心组学习成员，加强理论学习，提高班子成员和党员的党性修养。全年集中进行理论学习12次，把党章党规、十九大精神、习近平总书记的系列讲话精神，以及上级行的有关文件作为主要学习内容，同时加强业务学习，人人撰写了学习笔记和学习心得。班子成员以“干实事、实干事”为党建工作的基本准则，树立求真务实的工作作风，努力提升班子成员的履职能力，增强班子的凝聚力和战斗力，带动全行员工扎实工作，推动各项工作全面发展。创建党员学习活动室，巩固宣传阵地，加强党建宣传。组织党员、团员志愿服务队，为残疾特殊教育儿童服务。是年，继续为学校15个残疾儿童送温暖，花费1500元购置书包、铅笔等学习用具，并送去慰问金3000元。6月24日，组织全体党员到水口山铅锌矿工人运动陈列馆参观。10月30日，支行党支部走访本行退休老党员，给每位老党员送去慰问金600元。

【档案管理】 2017年，中国农业发展银行常宁市支行成立由分管行长任组长、部室负责同志任成员的档案工作领导小组，明确档案管理人员，具体负责全行文书、信贷、会计档案的管理工作，使档案工作成为支行经营管理的一个历史窗口，切实发挥档案资料的历史价值作用。对2016年度的档案资料进行档案检索、统计、编目，制作规范的案卷目录，卷内文件目录等检索工具，加快档案目录检索的速度，提高档案管理的技术水平。对各部门档案资料收集、整理、归档积极督办，做到件件有着落，事事有回声。全面收集、整理全行文书、信贷、会计相关资料共238份。

【粮食收购主体业务】 2017年，中国农业发展银行常宁市支行发放粮食贷款2898万元，收购粮食1275万千克。按照《中国农业发展银行地方储备粮贷款办法》和湘粮调联[2017]21号文件要求，发放省级储备粮轮换贷款1988万元，轮换收购省级储备粮1200万千克，收回占用贷款1376万元，确保省级储备粮轮换计划工作按时保质完成。根据衡阳市人民政府办公室《关于下达2016年度地方储备粮计划的通知》等有关文件精神，及时发放地方新增县级储备粮贷款910万元，新增储备规模75万公斤，积极支持当地政府新增县级储备粮任务的落实。在粮食库存管理中，严格按照粮食库存监管要求做好查库工作，坚持客户经理每旬查库1次，支行每季度查库1次，做好管理工作。

【贷款业务】 2017年，中国农业发展银行常宁市支行以开展“春天行动”为契机，抢抓发展机遇，重点对总投资42647万元的常宁市胜桥镇、庙前镇棚户区(城中村)改造项目贷款74000万元；发放救灾应急贷款7000万元，并且贷前条件得到落实。得到省、衡阳市分行领导、常宁市委、市人民政府及相关部门的大力支持，政府多次召开各部门联席会议，协调解决项目申报的问题与困难，为项目贷款申报发放提供有利条件。

【存款业务】 2017年，中国农业发展银行常宁市支行抓住衡阳市分行与常宁市人民政府签三年投放60亿元项目贷款战略合作协议的良好契机，得到政府与职能部门的大力支持，把平台公司的发债、信托和招、拍、挂项目企业资金揽入支行，吸收企业存款14090万元。新增庙前镇、胜桥镇、水利局等多家非税执收单位，非税存款余额4644万元，在2016年4577万元的基础上，增加67万元，增长1.46%。

【国际业务】 2017年，中国农业发展银行常宁市支行对有外币结算业务的企业实行本外币一体化"一站式"服务，并积极宣传农发行金融产品与服务优势，上半年揽入外币资金存款19万美元。同时，对在常宁的湖南尚珂伊针织有限公司采取专人服务跟进，使企业达成到支行进行外币结算意向，为国际业务发展奠定良好的基础。全年实际完成40万美元，占计划任务的40%。

【基金项目投后管理】 2017年，中国农业发展银行常宁市支行对已投放到位105450万元的15个基金项目，严格按照《关于做好审计署跟踪审计有关工作的补充通知》(湘农发银办[2017]39号)要求进行全面自查，尤其对超过5000万元的民营基金项目进行重点检查，有些基金项目存在未办理行政审批手续等问题，有2个项目尚未开工，资金滞留账户半年以上。为此，向常宁市人民政府作专题汇报，并召开项目调度会，协商解决相关基金项目问题整改，并建议政府督促抓紧做好项目配套资金筹措工作，让"零支付"基金项目动工建设，防止因资金未到位而出现工程不能按期完工现象。

【风险管控】 2017年，中国农业发展银行常宁市支行召开行务专题会议，统一思想，提高对基础工作存在的薄弱环节的认识和风险防范意识，对基础管理自查工作进行全面安排；依据上级行下发的《关于开展信贷合规性自查和风险排查工作》《关于做好审计署跟踪审计有关工作的补充通知》和《关于开展贷款抵押品自查工作要求》等文件精神，制订信贷基础工作自查方案明确分工、责任到人。对现有的贷款客户进行全面自查，所查涉及金额83300万元，查阅全部贷款资料18份，发现问题2个，及时进行整改。

【内控管理】 2017年，中国农业发展银行常宁市支行根据上级行有关文件要求及内控制度规定，切实加强内控管理，严防系统操作差错和案件事故发生，实现系统安全平稳运行。在日常工作中加强出纳工作的管理，把四双制度、坐班主任卡把验收制度、查库制度等会计基本制度落到实处，全年出纳现金收付工作无一例差错事故。加强资金结算内控管理。全面落实印、押、证分管分用管理制度、查询查复制度、联行对帐等有关规定，确保资金结算的安全，杜绝结算差错和案件的发生；其次加强对日常业务的事后监督，做到按月对财会工作进行检查，重点检查系统内外资金汇划业务、大额取现等重要业务事项的监督，确保结算资金安全。开展账户清理核对工作，对综合业务系统与人行账户管理系统的开户数量、基本信息、开户资料等相关内容的全面核对，共清理核对账户93户，撤销久悬未动户11户，对违规开立使用银行结算账户进行纠正。

中国银行常宁支行

【概况】 2017年，中国银行常宁支行在衡阳市分行党委的领导下，领导班子团结带领全体支行员工同心协力、奋勇拼搏，认真贯彻执行年初制定的工作计划，紧紧围绕抓存款、增效益这一主题，取得一定成绩。

【个人存款业务】 截至2017年12月21日，中国银行常宁支行各项存款余额164508万元，较年初增加23265万元，其中储蓄存款新增10221万元，公司存款新增13044万元，储蓄存款占四大行存量份额19.22%、增量份额27.39%。完成年初制定的“存量超工行，新增超建行”的既定目标。截至12月24日，储蓄存款新增11845万元，排名居全辖前列，提前完成年末收官任务。

【个人客户金融数据】 2017年，中国银行常宁支行面对同业竞争加剧、行网点设施老化、同业率先完成网点智能化改造等不利状况，迎难而上，充分发挥员工的主观能动性，通过制定较为完善的个人客户营销和服务计划，有力地提升客户的柜台体验，增强客户的黏性。截止12月末，个人有效客户数为64592户，较年初的56881户增长13.56%，个人中高端客户数、人均资产、个人客户产品覆盖率均有不同程度的提高。

【硬件建设】 2017年8月 ，中国银行常宁支行首先完成营业部及青阳路支行防渗漏改造；10月，开始对营业部扩建及智能化改造，预计于2018年1月初完成。这些措施有效地改善银行硬件落后的状况、提升银行在常宁市人民政府和百姓心目中的形象、提高客户体验，为支行的发展奠定较好的硬件基础。

【代发薪业务】2017年，中国银行常宁支行紧跟常宁市各村民拆迁补偿款项目，展开积极跟踪营销，建立良好合作关系，从源头上抢占先机。此外，利用工薪贷、爱家分期、中银E贷等产品，先后营销常宁市广播电视网络管理中心、常宁市职业中等专业学校、常宁市地方海事处等企事业单位的代发薪业务转至中行。截止12月末，代发总金额 30161万元，新增签约代发单位16户，分别增长4.83%和45.71%。

【存在的不足】 2017年，存在的以下不足：一是个贷业务发展不理想，贷款余额出现了下跌。二是中间业务收入贡献不突出，总体业务收入增长乏力。

中国建设银行常宁支行

【概况】 2017年，中国建设银行股份有限公司常宁支行，有在职员工34人，其中党员12人。下设常宁支行营业部、常宁泉峰支行、常宁支行水口山分理处三个营业网点。是年，支行在衡阳分行党委的领导下，全面贯彻落实年初工作会议精神，坚持以市场为导向，以客户为中心；坚持以为客户提供更好的服务，为员工搭建广阔的发展平台为使命；坚持以存款增长为立行之本，统筹兼顾贷款、中收、个金等其他各项业务均衡发展；坚持实行建行由大行向强行转变的指导思想，积极开展工作。逐渐完善支行内部制度化建设，切实做好“双基”管理工作。在各项业务指标等硬实力呈快速增长态势的同时，支行的服务质量、客户满意度等软实力也得到进一步提高，在当地四大行中的影响力进一步加大，较好地完成市分行下达的各项指标均任务。获得衡阳市分行旺季营销一等奖，被评为湖南省分行先进集体、衡阳市分行先进集体、常宁市目标管理绩效考核先进单位，分别被湖南省分行、衡阳市分行评为“落实全面从严治党主体责任先进单位”。

【存款业务】 2017年，中国建设银行股份有限公司常宁支行一般性存款时点余额24.32亿元，日平余额26.75亿元，日平新增4.3亿元，完成年初计划的152%；其中个人存款16.13亿元，较年初新增1.01亿元；对公8.18亿元，日平新增2.57亿元，完成年初计划的135.97%。对公存款新增在常宁当地四大行中排名第一，个人存款新增在当地四大行中排名靠前。

【贷款业务】 2017年，全行对公贷款余额16.93亿元，其中表内余额14.59亿元，表外余额2.33亿元；大中型企业贷款余额15.68亿元，小企业贷款余额1.14亿元，小微快贷授信1056.4万元。是年在常宁支行共有授信额度的贷款客户69户，其中大中型企业8户，小企业客户26户，小微快贷客户35户；较年初新增38户，其中小微快贷客户新增35户，新增授信1056.4万元，小企业客户较年初新增3户，新增授信1478万元，小企业客户新增数完成年初计划的100%，新增授信额度完成年初计划的147.8%。在贷款取得较大增长的同时，国际业务发展也取得较大突破，全年累计发放1401.84万美元与3369.74万欧元贸易融资贷款，开立1590.28万美元与3932.73万欧元信用证，开立22518万元保函，办理950万美元内保外贷业务。在个贷方面，全行个贷余额3.912亿元，较年初新增2.8亿元，完成计划300%。个人住房贷款投放1.5亿元，完成计划100%，个人分期、车贷等消费型贷款投放近1.5亿元，较年初新增近8000万元。在加大贷款投放的同时，全行的资产质量得到了稳步提高，全行对公贷款的不良率为零，个贷不良率保持在一个较好的水平。

【中间业务】 2017年，全行实现中间业务收入1306万元，在衡阳分行系统内排名第一，在对公产品方面也取得发展，全年对公账户新增807户，完成分行计划的121.8%，其中基本户542户，完成分行计划的155%，对有效户新增230户，完成全年计划的125%；对公自助账单服务账户净增98户，完成计划130%，电子商业承兑汇票新增5户，完成计划500%。

【个金条线业务】 2017年，中国建设银行股份有限公司常宁支行信用卡帐户新增1650户，客户新增超过1300户，完成年度计划的100%。自助设备迁移率提升较快，至12月底，自助设备迁移率达到86.05%，全行排名靠前。电子产品营销保持良好发展势头，电子交易量也实现了大幅增长。基金定投以及理财产品的销售与2016年相比较有大幅增长，是年，常宁支行营销金湘通150户，营销狗钞1400套，全面完成分行下达的任务，慧兜圈完成率在分行排名前列。

【其他业务】 2017年，全行新增项目贷款2户，授信金额5.9亿元，其中常宁市交通旅游投政府购买服务授信金额2.4亿元，常宁市人民医院授信金额3.5亿元；储备项目贷款2户、金额4亿元，其中常宁市社保中心和常宁市水口山污水处理厂各2亿元。营销水口山拆迁资金1亿元，缩小与农行的个人存款的差距；营销常宁市人社局职业年金托管账户，实现职业年金在支行的全额托管；办理衡阳市分行第一笔银企直连业务，牢固确定支行作为五矿铜业主办行的地位；营销五矿铜业、泉峰大市场、人民医院和湘汇出租车四大金融生态圈，其中五矿铜业金融生态圈被划定为省分行的重点金融生态圈。营销株冶有色责任公司，使该公司基本户落户支行，为下一阶段与该公司开展业务合作奠定基础。

中国农业银行常宁支行

【概况】 2017年，中国农业银行股份有限公司常宁市支行(简称中国农业银行常宁市支行)下设5个部门，7个营业网点，3个离行式自助网点，有员工107人。各项存款余额329773万元，各项贷款余额达115566万元。被农行湖南省分行评为“文明单位”，被中共常宁市委、常宁市人民政府评为“2017年度全市目标管理绩效考核优秀单位”。

【“三农”业务】 2017年，积极响应党中央、国务院立足县域、支持三农战略，出台一系列惠农政策，大力支持当地农业生产和农村建设，对公农业贷款余额8.87亿元，个人贷款2.69亿元。加大支持农村新型经营主体的贷款投放，农户小额贷款的发放主要有家庭农场业主、专业大户等，农村生产经营贷款的发放主要有农业产业龙头企业、产业链企业及专业生产合作社等。在贷款客户中新型农业经营主体类客户逐年上升，开发新的信贷品种，惠农担——油茶贷、粮食贷、烟农贷、养老贷、农家乐贷等一系列针对性新贷款，较好地解决一些优质农业生产经营者融资难的问题。瞄准“大三农、新三农、特色三农”，强化对“三农”和县域经济社会发展的金融支持。着力拓展对农业产业化龙头企业和县域主流企业的金融服务深度。支持油茶、烟叶、茶叶等特色产业。着力调整农户贷款结构，大力开展新型农业经营主体、专业大户、家庭农场等精准营销，创新农户小额融资模式，积极依托龙头企业和产业链，打造农户贷款批量化服务模式。在产品创新和推广上，通过“公司+农户”的订单作业，大力发展烟农贷款和油茶贷款，调整农户贷款结构，促进公私联动发展。烟叶贷款实现了全覆盖，全落地。赢得了政府部门和烟农的口碑，树立良好的社会形象，加大信贷投放力度，提升“三农”服务水平。

【精准扶贫】 2017年，中国农业银行常宁市支行认真执行国务院、人民银行关于加大金融精准扶贫要求，为加大金融扶贫力度，积极向上级行申请，省行批复[精准扶贫·富农贷]产品，支持当地建档立卡的贫困户实施精准扶贫、精准脱贫工作，以惠农卡为载体，依托政府增信机制，对建档立卡贫困户发放小额信贷。重点用于贫困户从事种植、养殖、农副产品加工、流通，以及其他多种经营，或者用于带动型扶贫经营组织从事生产经营活动。与常宁市扶贫办已签订政府风险补偿基金担保贷款合作协议，发放政府风险补偿基金担保“富农贷”贷款近3000万元。本批建档立卡贫困户贷款资金投放到位后将助推及带动建档立卡农户脱贫致富。

【“小企业简式贷”】 2017年，常宁农行着力解决小微企业贷款融资难题，推出“小企业简式贷”产品，为企业解决融资慢、成本高、操作复杂的难题。

【重点项目贷款】 至2017年年末，常宁农行为广济水库、湖南高速公路投资集团等重点项目发放贷款余额25170万元，为水口山有色金属有限责任公司融资余额48400万元。

中国工商银行常宁支行

【概况】 2017年，中国工商银行常宁支行在衡阳市分行党委的领导下，结合常宁市域特点，在经济形势不太景气的大格局下，迎难而上，抓实各项工作，各项业务有了长足的发展。各项存款66484万元，其中储蓄存款49559万元，比年初增加955万元，系统内排名第八，对公存款16925万元，比年初增加4789万元，系统内排名第四；各项贷款48850万元，比年初增加1786万元，其中公司贷款5900万元，个人贷款42950万元；实现中间业务收入189万元，与2016年持平；实现净利润1249万元，比2016年增加233万元。

【拓户增存】2017年，中国工商银行常宁支行开立“常宁市交通投”“常宁市农业投”“常宁市中医院”“金鸿燃气常宁公司”等一批有影响的重点大户。抓好城乡结合部项目资金归集，充分调动一切积极因素，以农发行为纽带，通过多次走访，与该市培元、泉峰、宜阳三个办事处达成合作意向，咬定辖区内征地、拆迁补偿款，加强服务，争取大量的储蓄存款落户工行。

【优质信贷投入】 2017年，中国工商银行常宁支行重点将按揭贷款作为支行个人贷款发展的主打产品，实行搜盘活动，积极稳妥的发展个人贷款业务。个人住房按揭贷款净增2515万元，抑制下滑趋势。根据当地资源禀赋，主动向当地党委政府汇报工作争取支持，牢牢抓住医院、学校、政府采购项目，争取一批大项目的落地。发放常宁市中医院贷款4200万元。同时，为有融资意向的常宁市人民医院授信流动资金7500万元，争取常茶高速常宁段贷款2亿元意向，常宁市人民医院搬迁项目3.5亿元15年期项目贷款上报省分行。

【优化服务】 2017年，支行把优化服务环境，提升服务品质，作为一项重点工程来抓。通过一手抓员工服务素质提高，一手抓网点服务设施建设，对外服务形象大幅改善，整体服务品质迅速提升。认真落实廉政建设和案件防范工作责任制，对照年初与主管行长和各部门签订的责任状，分时段进行督导，同时将“回头看”整改情况落到实处，确保全行工作正常安全运行，内控管理水平得到提升，实现了内控案防工作的“双零”目标。

【存在的问题】2017年，中国工商银行常宁支行业务发展不均衡，部分重要业务考核指标完成不够理想；业务创新转型乏力，全行工作执行力还有待进一步增强；处置不良贷款办法不多、措施不实，施实效果不佳。

中国工商银行水口山支行

【概况】 2017年，中国工商银行水口山支行全部存款余额为99598万元，较年初增加7533万元，其中储蓄存款余额为83433万元，较年初减少360万元，完成任务4000万元的-0.09%；公司存款余额为13340万元，较年初净增5441万元；保证金存款余额1014万元，较年初增加2440万元；机构存款余额153万元，较年初增加12万元。贷款余额63335万元，较年初增加4926万元，其中公司贷款余额46560万元，较年初减少7140万元；个人贷款余额1382万元，较年初增加9万元；票据融资余额10757万元，较年初增加7422万元；外币贷款余额8008万元，较年初增加8008万元。 本外币中间业务收入为833万元，较2016年增加334万元。其中：人民币中间业务收入784万元，较2016年增加286万元；外币中间业务收入48万元，较2016年增加48万元。营业利润为 1922万元，较2016年增加1355万元；净利润为 1428万元，较2016年增加1020万元。公司不良贷款余额为零；个人不良贷款余额为30万元，较年初减少46万元；信用卡不良余额为65万元。为水口山有色金属有限责任公司办理两笔远期进口信用证658美元和471.5万美元，为五矿(湖南)铜业有限公司办理远期进口信用证649万美元，其中二笔押汇。发放社会保障卡10000张。

【基础管理】 2017年，支行就制订切实可行的《水口山支行2017年度员工揽储奖励办法》《水口山支行春节期间劳动竞赛办法》《2017年水口山支行重点产品计价表》，提高揽存考核的可操作性，落实目标任务，分解下达到人，要求全体员工按照支行下达的旺季增存任务目标，狠抓营销责任落实。常宁人民政府在水口山镇投资的项目较多，征地拆迁和配套的居民安置房建设都在有序进行中，其土地赔偿款金额不少，利用这一有利时机积极与常宁市农发行联系、协调，力争土地赔偿款更多份额转入水口山支行，同时上门与当地村支部书记联合做好居民工作，保证土地赔偿款稳步到位。年内，及时防止存款被人为挖转，工商银行大额资金流向监控平台能及时反映客户资金流向，用好这一平台，精确掌握客户资金流向，可有效防止存款被他行挖转。行领导和营业部主任每天都会利用这一平台进行监控，发现大额变化，就及时向客户了解信息，采取对策，确保存款稳步增长。为提高柜台服务水平，每天有一位行领导和一位二线人员在营业部大堂值班，协助大堂经理做好客户识别、引导和维护工作，柜台员工接待客户做好微笑服务，提高处理业务速度，要让客户高兴进门，满意而归。

【企业信贷】2017年，中国工商银行常宁支行加大对水口山有色公司和五矿铜业公司信贷投入力度，利用不同的产品组合，将年度授信得到充分利用，获得效益最大化。同时积极拓展公司优质信贷市场，重点营销株冶搬迁项目和香港泛亚绿洲集团下属的湖南衡阳绿洲铜业公司，培育新的公司客户市场，与湖南衡阳绿洲铜业公司达成开户意向。

【国际结算和国际信贷业务】2017年，中国工商银行常宁支行为拓展业务空间，充分满足企业国际结算需求，在克服人员老化、国际业务金融知识几乎为零的情况下争取到衡阳市分行专业人才支持，开通国际业务服务，在为水口山有色公司办理国际业务积累经验的基础上，积极营销五矿铜业国际业务，寻找新的增长点。全年为水口山有色金属有限责任公司办理2笔远期进口信用证658万美元和471.5万美元，为五矿（湖南）铜业有限公司办理远期进口信用证649万美元，其中二笔押汇。

【风险管控】 2017年，中国工商银行常宁支行为加强对不良贷款管理，制定《个人贷款不良清收考核办法》和《信用卡不良清收考核办法》，成立清收小组，坚持“谁营销，谁负责”，“谁清收，谁受益”的原则着力进行清收，年末不良贷款额控制在市分行控制额度以内。同时，对公司贷款加强管控，要求公司客户经理对贷前调查和贷后管理必须落到实处，随时跟踪客户经营动态和资金流向，掌控企业生产经营风险和市场风险。确保支行贷款不出现风险。

【内控案防】 2017年，中国工商银行常宁支行努力提高员工执行力，做到上级行要求的合规为本、全员有责、风险可控、稳健高效。落实案防一把手负责制，加强节假日安全防范和行级领导值班制，注重员工思想动态分析，提升案防水平。每月度对内控案防工作进行专题研究，每逢行务会、员工大会，都强调内控案防工作的重要性，使全员更加认清做好内控工作的重要性，养成按照规章制度办事的良好习惯。认真做好员工常规排查和专项排查，发现问题不遮掩、不护短。完成各个时期重要风险点防控治理、客户经理违规违纪行为排查、员工参与经商和民间融资活动专项排查，实现无重大违规事件和无案件的目标。

常宁市农商银行

【概况】 2017年，常宁农商银行内设城关支行、南门桥支行、宜潭支行、松柏支行、宜城支行、东方支行、泉峰支行、三角塘支行、兰江支行、柏坊支行、蓬塘支行、烟洲支行、荫田支行、西岭支行、白沙支行、阳加支行、罗桥支行、庙前支行、板桥支行、胜桥支行、洋泉支行、官岭支行、大堡支行、新河支行、桐黄支行、桐梓支行、田尾支行、亲仁支行、盐湖支行、车田支行、大塘支行、塔山支行、东山支行、富贵支行、到湖支行、江河支行、双安支行、城东支行、城北支行、文明支行、正街支行、群英支行、弥泉支行等44个支行。撤销了大坪分理处、双坪分理处和渔池分理处，成立了城东支行、城北支行。内设营业部、人力资源部、稽核审计部、纪检监察部、信贷管理部、会计结算部、合规监督部、电子银行部、保卫保障部、业务发展部、风险管理部、办公室、不良资产管理部、信息科技部等14个部门。现有员工428名，无技术单位列出职称。是年，常宁农商银行存款突破100亿元，市场比重34.73%。贷款突破60亿元，投放总量是常宁11家银行之和。产品突破9个系列，“短贷宝”收放超8亿元，无一逾期。3年缴税1.89亿元，系常宁本土第一纳税大户。常宁农商银行荣获2017年度衡阳市农村信用社“综合管理先进单位”。获常宁市“2017年度全市目标管理绩效考核优秀单位”“2017年度全市脱贫攻坚工作良好单位”“2017年度全市人口和计划生育工作先进单位”。

【存款业务】 2017年，常宁农商银行全行各项存款余额951072万元，比年初增加141318万元，增幅17.45%；完成市办年度任务97200万元的145.39%。低息存款余额为368945万元，比年初增加72207万元，增幅24.33%，占存款总额的38.79%；全行单位存款余额198290万元，比年初增加62806万元，增幅46.36%，占存款总额的20.85%。

【信贷营销】 2017年，常宁农商银行贷款余额544953万元，比年初增加96281万元，增幅21.46%，完成市办年度任务57500万元的167.45%。其中贴现余额125975万元，比年初增加26062万元，增幅26.08%，占比23.12%。涉农贷款310483万元，比年初增加131万元，占比56.97%，增幅0.04%。小微企业贷款190700万元，比上年增加35300万元，增幅22.72%，占比34.99%。新增“四方统贷”精准扶贫支农贷款1.96亿元。全市85%以上的中小微企业获得信贷支持发展。

【电子产品】 2017年，常宁农商银行自助银行发展到66家，年内新增5家。其中CRS自动取款机1台，ATM存取款一体机65台。POS特约商户1136户，其中POS助农取款点165个，商务POS机966户。助农金融自助服务终端37台，年内新增13台，覆盖16个乡镇，交易49.43万笔，交易金额9641万元。个人网银客户8010户，年内新增355户，企业网银客户424户，新增142户，网银交易12.06万笔，交易金额90.97亿元。福祥卡发行总量136.8万张，年内新增发行4.5万张。发行社保IC卡63.25万张，金融社保IC卡激活率95.52%，完成省联社衡阳办事处分配全年任务的119%。发行福祥便民卡12434张，年内新增1606张，便民卡贷款余额94812万元，收息5978万元。发行福祥贷记卡14864张，较年初新增11459张，其中贷记金卡4124张，贷记公务卡258张。贷记卡总授信金额160795万元，客户用信64364万元，账单逾期金额386.67万元，逾期不良率0.60%。贷记卡收入1831.57万元。发行福祥福民卡10482张，比年初增加9370张，激活率91.3%，总授信金额136648万元，客户用信58924万元，账单逾期金额14.7万元,逾期不良率0.02%。福民卡成市场“香馍馍”。手机银行客户52578户，年内新增12824户，完成全年分配任务9430户的135.99%。手机银行动户率23.1%，完成分配全年任务32%的72.2%。手机银行交易突破30万笔，交易额突破46.87亿元。福祥卡公交闪付开辟常宁支付新纪元。“立码富”和“天天掌柜”成为常宁扫码支付品牌，引领2455户商家，应用2151张立牌，引进3万客户。ETC客户2333户，年内新增营销1045户。电子银行替代率72.72%，完成分配全年任务72%的101%。实现电子银行业务收入3143.93万元。

【经营利润】 2017年，全行财务总收入58496万元，比2016年同期增加11956万元。其中账面利息收入29841万元，实际累计收息27370万元，比2016年同期增加1468万元，收息率为6.92%。表外应收利息20957万元，比年初减少1459万元。财务总支出53233万元，比2016年同期增加12327万元，其中利息支出15089万元，比2016年同期增加1352万元。中间业务收入3054万元。经营利润26463万元，完成市办年度任务17200万元的153.8%。

【核心指标】 2017年，全行系统五级分类不良贷款余额29889万元，比年初增加10063万元，不良贷款率为5.48%，比年初增加1.06个百分点。资本充足率10.51%。核心资本充足率9.44%。贷款专项损失准备余额39683万元，比2016年增加9169万元；拨贷比7.28%，比年初增加0.48个百分点；拨备覆盖率为132.77%，比年初下降20.14个百分点。存贷比57.3%，各项指标在合理区间运行。

【MPA考核】 2017年，常宁农商银行广义信贷同比增速为12.35%，逆周期资本缓冲1.08%，宏观审慎资本充足率10.51%，资本和杠杆率得分69.78分，利率定价得满分，其它五项资产负债、流动性、信贷政策执行、跨界融资、资产质量不良率为5.52%，无负分，拨备覆盖率132.77%得37.78分，宏观审慎评估结果分档为B档合格。

【客户基础】 2017年，常宁农商银行借重要节假日之机增进与客户互动，以点带面，大力拓展银行的“客户圈”。年初，专车接农民工回家过年，促乘客变储户。开展春节送春联、元宵节送元宵、端午送粽子、中秋、重阳举行“刷农商银行社保卡，大米豆油带回家”“农商银行日”利率上浮等营销活动，增进与客户粘度。开展“常宁一日游”“农商行杯”讲文明树新风知识抢答赛等活动扩大客户群体。四周年期间推广“立码富”和“天天掌柜”等扫码支付、刷卡支付优惠活动，2455商家投入运营，带动3万客户存款，扩大银行影响力的同时，发展存款市场。是年，新增对公账户410户，新增单位存款62806万元，新增个人存款客户数4702户。

【基础管理】 2017年初，常宁农商银行制订《2017年度绩效薪酬考核办法》，在全行实行存款认领，员工业绩薪酬根据对应指标按系数计算含量工资，充分调动全行员工工作积极性；下发《常宁农商银行优质服务标杆网点建设及评定服务明星考核办法》，深化规范化服务，引导员工行为。强化分层营销，增强营销合力，提升竞争能力。锁定政府主导的重点产业、重点项目、基础设施、民生工程，推行“一对一”责任和任务营销，实现营销全覆盖。年内，揽存征地款1000万元、法院集资建房款2000万元。发挥高层营销优势，揽存新农保资金3000万元、新农合资金4000万元；揽存平台公司资金1亿元，其中交通投1000万元、水务投5000万元、环保投3000万元。8月，与常宁市域108所学校对接，揽入代收学费5791万元。8个重点发展型支行主动与常宁市9大平台公司对接。举办“最美农信人”合规标兵评选，提升服务意识。先后举办新员工培训、柜面业务操作风险防范培训、信贷业务法律风险防范与不良资产化解培训、会计出纳业务知识培训、大堂副理培训、新一代业务系统培训，优化业务指导和服务技能，提高员工服务水平，为优化负债结构，拓展存款市场，筑实基础平台。开展“访客户、问需求、优服务”专项活动，先后组织信贷客户经理深入园区、企业、商铺，进行信贷业务宣传，了解有效信贷需求。各项贷款余额达到544953万元，比年初净增加投放96281万元，增幅21.46%。推进“一行一品”，实行产品化经营和专业化管理。至2017年，新发放住房按揭贷款21601万元。发放汽车按揭贷款1624.4万元。针对公职人员，开发“薪诚好”信贷产品，争揽常宁企事业单位工资代发账户182户，累计营销贷款2860万元。发行福祥便民卡12434张，新增1606张，便民卡贷款额度94812万元，占银行贷款总额的17.4%，实现利息收入5978万元。指定乡镇支行推进金融扶贫信贷工作，发放精准扶贫“四方统贷”小额信用贷款19546.9万元。成立信用卡服务中心，由东方支行对福祥贷记卡和福祥福民卡实行专营。有营销福民卡10482张，比年初增加9370张，激活率91.3%，授信金额136648万元，贷款额度58924万元，占银行贷款总额的10.81%。

【风险管控】 2017年，常宁农商银行严格贷款发放审批程序，对当月新发放贷款，实施次月全面跟踪监测检查，确保新发放贷款对象放准、资料完整有效。严格大额贷款专项检查，及时化解客户潜在信贷风险，保障全行信贷资产安全高效。优化信贷客户经理管理考核办法，严格信贷客户经理准入条件，开展了信贷客户经理考试考核，按照统一标准进行了信贷客户经理等级评定，很大程度上化解信贷管理潜在风险。同时，严格信贷资产质量专项考核，对到期贷款收回率、当期贷款利息收回率、不良贷款率纳入绩效考核，与单位评先评优，与个人加薪晋升挂钩。对“三率”不达标的支行行长实行诫勉谈话。年内对支行负责人给予下降职务半级处罚共计9人次。年初下发《常宁农商银行2017年度不良贷款清收管理办法》，将不良贷款清收任务及时分解下达，落实清收责任到人，并实行日日比，周周赛，每周一兑现奖罚。强力推动“压不良、控风险”百日攻坚清收竞赛活动，总行党委成员每人带头缴纳完成不良贷款清收任务押金2万元，部门经理和支行行长每人缴纳完成不良贷款清收任务押金1万元，机关协行人员每人缴纳完成不良贷款清收任务押金0.6万元，共同促进不良贷款清收。在全行开展清欠风暴活动，分五大战区，十条战线，280名信贷客户经理和管理人员参战，实战头一天，清收表外不良贷款527.03万元，盘活央行票据置换、政府土地置换和股东购买等不良贷款1701.37万元，签订逾期贷款催收通知书413份、还款计划书329份。全年收回不良贷款1417.21万元，其中内销外挂贷款1091.56万元，央行票据置换贷款42.6万元，股购贷款219.4万元。是年，下发催收通知单321份，律师函684份，金额6317万元。对近两年核销的贷款保全率100%。全年共受理诉讼案件204起，执行12人，收回各类不良贷款189.92万元。通过市公安局追逃收回两笔贷款，涉案金额达152万元。通过市法院执行局，将74户起诉未还贷的被执行人加入失信人黑名单，进行媒体曝光。

【中间业务】 2017年，常宁农商银行在常宁率先推出公交闪付业务，吸引大批市民来支行办福祥系列银行卡。推广“立码富”、“天天掌柜”等扫码支付业务。7月份，临时聘请28名大学生组建暑期营销团队，共营销扫码支付商家368户、天天掌柜77户。全行共营销扫码支付商家2455户，应用扫码立牌2151张，带动3万客户存款。8月，成功办理电票业务，实现网上电子化交易零突破，有效提升支付结算和融资效率，快速实现企业现金流转，全年电票业务累计交易140笔，金额12.43亿元，余额12.08亿元。10月29日，组织支行行长、委派会计认真视听省农信联社有关规范惠农补贴“一卡通”发放管理工作视频会议，为银行惠农补贴“一卡通”发放管理奠定基础。是年，布放ATM机66台，助农金融自助服务终端37台，覆盖16个乡镇，切实改善城乡支付服务环境，实现金融服务全覆盖。发行社保IC卡63.25万张，激活率达95.52，拓展了电子业务市场领域。

【企业文化】 2017年，致力湖南省农村信用社存款突破8000亿元和常宁农商银行四周年宣传。动用42个营业网点广告机、LED显示屏，电话彩铃、微信公众号、行业QQ群、常宁城乡7000个户外广播、《常宁报》进行宣传，做到了报刊有文、电视有影、电台有声、网络有论。分别就票据、债券交易、新一代业务上线、信贷精准营销与业务创新、服务礼仪、反洗钱进行培训，增强银行员工服务意识和水平，提高了企业风险管控能力。按照人民银行及有关部门要求，持续开展金融知识进校园、金融知识万里行活动、金融精准扶贫宣传推进月活动，提升企业形象。每月23日的“农商银行日”，对内开展“三欣四新”活动，全员重温从业誓词；对外增强与客户黏度，推出上浮利率，进门有礼活动。做实“五小”建设，按照省联社标准，先后对3个支行进行装修改造。

【精准扶贫】 2017年，常宁农商银行严格签署“四方协议”，做实评级授信，积极发放“分贷统还”扶贫贷款。全年发放扶贫小额信用贷款19546.9万元。在常宁47个贫困村建立金融扶贫站，布放助农金融服务自助终端37台，设立助农POS金融服务点165个，农家商务POS机966户，满足偏远地区金融需求。成立扶贫工作领导小组，建立精准扶贫办公室，安排2名骨干员工专门进驻湖关村、昆帽峰村，专业开展精准扶贫工作。开展一对一结对帮扶活动，总行党委、机关干部，先后5次深入昆帽峰村结对扶贫帮困，助力贫困户早日脱贫致富。

【党建工作】 2017年，常宁农商银行组织机关党员干部和各级党支部委员，在总行五楼会议大厅，集体收看学习党的十九大会议现场直播盛况。11月8日，总行党委成员、各党支部委员共110名党员干部，在总行五楼会议大厅庄严集会，全面传达学习党的十九大精神。总行版印《中共第十八届中央委员会第七次全体会议公报》《党的十九大报告》《十八届中纪委向中共十九大的工作报告》428本，发放到员工人手一册。总行党委书记、董事长传达学习党的十九大精神，安排部署做好学习贯彻党的十九大精神的各项工作。全行员工把学习宣传贯彻党的十九大精神作为第一堂党课、第一堂政治必修课，摆到首要位置。按新要求展示新作为，用新思想引领新担当，以新目标推动新发展，按新成果谋求新形象。2017年2月16日，召开首届董事会第十次会议，议定党的领导写进公司章程。2月17日，召开股东大会第五次会议，议定党的领导写进公司章程。2月20日，银行章程修改，党的领导写进公司章程，把党的领导融入法人治理各环节，把党组织嵌入法人治理结构，把党委会研究作为董事会、经营层决策重大问题的前置条件，明确和落实总行党委在法人治理结构中的法定地位，加强党的建设，推进改革发展。成立“两学一做”学习教育工作小组及办公室，组织党员学习《在全省农村信用社“两学一做”学习教育常态化制度化工作视频会议上的讲话》，组织开展了“两学一做”征文活动，努力将 “两学一做”学习教育融入日常抓在经常。把从严管党治党的责任延伸到每个支部，对每个党员每个岗位实行党风党纪教育管理。严格按照成熟一个发展一个的原则发展1名新党员，对2名预备党员按规定程序进行考察转正，建立好入党积极份子培养档案。对2017年要求入党的1名青年员工，经过组织讨论，列入非党积极份子名单。“七一”前夕，行党委走访慰问生活困难党员、老党员，为他们送去慰问金，带去党组织的问候与关怀。7月5日，召开庆祝建党96周年暨先进表彰大会，促进党的建设。8月1日，选派36名优秀党员、优秀党支部书记及优秀党务工作者赴井冈山轮训，提升党性修养。

【存在主要问题】2017年，常宁农商银行不良贷款清收难。全行共有不良贷款29889万元，比年初增加10063万元，比年初增加1.06个百分点，不良贷款率为5.48%，5%的监管红线已经突破；历史遗留问题悬而未决，现有村组借款共1323笔，金额3796万元，其中包括原村组垫交上交款，由个人名义立据借款。学校等行政事业单位借款由个人名义立据。2012年，政府土地置换不良贷款19068万元，政府回购尚有零头资金没有支付银行；内部管理原因，存在“重贷前调查、轻贷后管理”的情况，贷后管理不严。信贷客户经理的数量有限，个别员工素质还在提升阶段，难以进行贷款的科学决策和有效管理，信贷市场有待进一步拓展。在执行信贷政策和信贷管理方面，个别信贷客户经理愁麻烦，存在“重银行卡营销、轻抵押贷款发放”的现象。

中国邮政银行常宁支行

【概况】 2017年,中国邮政储蓄银行股份有限公司常宁市支行内设综合管理部、综合业务部。辖三个自营二级支行：支行营业部、解放路支行、群英路支行。现有员工41人。其中女员工28人，男员工13人，平均年龄33.6岁。本科文凭以上人员23人，大专文凭18人。是年，累计实现收入3837万元，完成衡阳市分行下达年计划的89.03%。各项收入完成情况分别为：完成储蓄利差收入1177.5万元；完成信贷业务收入1573.23万元；完成公司业务收入752.6万元；完成综合业务收入333.67万元。累计完成利润2487.3万元，完成衡阳市分行下达年计划的88.21%。7月，支行党支部被衡阳市分行评为“先进党支部”；12月，支行工会被被衡阳市分行评为“先进工会组织”“优秀合规先进单位”。

【个金及中间业务】 2017年，中国邮政银行常宁支行个人储蓄余额为74358万元，全年净增3152万元，完成年计划33.18%；累计完成代理保险965.45万元，完成年计划的69.96%；累计销售理财产品9105万元，完成年计划的85.60%；累计完成邮惠付业务574户，完成计划的100%；累计发展结算机具35台，完成年计划的13%；累计发展电子银行3304户,完成年计划74.92%；信用卡全年进件2564份，新增发卡1913张，完成市定计划58.86%。

【资产业务】 2017年，贷款结余67381万元，本年放款 33161万元，本年净增 13631万元，其中小企业贷款结余6042万元，年放款5460万元，年净增1037万元；小额贷款结余1600万元，年放款2119万元，年净增-347万元；个人商务贷款结余10421万元，年放款4671万元，年净增-502万元；消费类贷款结余49318万元，年放款20911万元，年净增13443万元。

【公司业务】 2017年，中国邮政银行常宁支行开立公司238户,较2016年新增40户。公司业务结余：29658万元，日净增-1545万元，月净增-11910万元，季净增-2601万元，年净增-8929万元，年净增完成比-178.58%。主要无项目支撑、加上市场冲击，常宁增加长沙银行金融机构等多方原因影响支行业务的发展。

【资产质量】 2017年，中国邮政银行常宁支行逾期总金额为490万元，逾期率为0.73%，其中不良金额为324万元，不良率为0.48%。其中小额贷款逾期金额为62万元，逾期率为3.88%，不良金额为38万元，不良率为 2.35%；个人商务贷款逾期金额148万元，贷款逾期率为1.42%，不良金额140万元，不良率为1.35%；消费贷逾期金额为280万元，逾期率为0.57%，不良金额为146万元，不良率为 0.3%；小企业贷款逾期及不良均为零元。

【消费贷款业务】 2017年，中国邮政银行常宁支行消费贷年发放贷款在衡阳市支行中排名第一，年净增绝对值在全市排名第一。具体做法：其一是加强存量楼盘的关系维护，争取市场份额；其二是拓展新楼盘的准入，在房贷额度从紧的情况下，优先选择资质较好的新楼盘准入及备案，全年支行共上报8个一手房楼盘，其中准入制的1个、备案制的7个。

【平台搭建】 2017年，中国邮政银行常宁支行多次拜访市就业局、财政局、农信担保公司相关领导，创业担保贷款、农信担保贷款取得了实质性进展，就业贷款放款100万元以上、担保贷款放款300万元。

【安全防范】 2017年，中国邮政银行常宁支行为加强对营业网点的安全防范工作，让员工熟知遇到突发事件时的正确应对程序，提高员工紧急状态下的心里承受能力，切实增强网点及网点员工的安全性，定期组织开展“防抢、防爆、消防”等安防演练，确保各项工作平安正常运营。

【基层党建和工会工作】 2017年，中国邮政银行常宁支行成立党员活动室，积极开展“两学一做”活动。并将先进党支部创建工作与支行经营管理工作相结合。工会组织参加 衡阳邮储银行“管理标准化知识抢答赛”，开展“乒乓球、羽毛球”的活动，对参赛选手进行专门培训指导，“管理标准化知识抢答赛”取得了团体二等奖，“乒乓球”取得了 团体一等奖，“羽毛球”取得了团体四等奖。为了更好的开展工作，服务职工、服务生产，增强职工的归属感、凝聚力和战斗力，促进企业稳健、持续、健康发展，常宁市支行开展“模范职工之家、芙蓉标兵岗”等创建活动，成立“职工之家”活动室，内设运动单车、桌球台、跑步机等健身器材。

【存在的不足】 2017年，中国邮政银行常宁支行个人存款净增和信用卡业务等主要指标距发展目标有较大差距；转型基础不牢，在发展转型上缺乏抓手，手机银行乏力，信贷员主观能动性不强，思想上没有危机意识，个别信贷员得过且过，做到哪里算哪里；营销意识不强，主观能动性有所欠缺，坐等客户上门；工作时效性不高，拖单的情况时有发生。发展不均衡，三个贷种除消费贷在全市排在前列外，小贷及个商全年出现了负增长，贷种之间发展极不平衡。公司业务方面：对公存款负增长10392万元， 全年没有开立一个新账户，票据业务及公司贷为零，严重缺乏新的经济增长值。

常宁市珠江村镇银行

【概况】 2017年，常宁珠江村镇银行坚持以“合规经营”为基础，以“发展业务和规范管理”为主线，以“强管理、炼团队、扩规模、控风险、增效益”为主要路径，以“股东满意、监管放心、客户喜欢、员工喜爱”为目标，规范公司治理和经营管理，推动业务发展，加强全面风险管控，提升盈利能力和市场竞争力，取得较好地成果。3月，被常宁市人民政府评为“文明单位”，被衡阳市总工会评为“芙蓉标兵岗”被中国银监会衡阳银监分局评为“2016年监管统计工作先进单位”；6月，被常宁市人民政府评为“2016年度目标管理绩效考核优秀单位”；9月，被中国村镇银行发展论坛组委会“全国支农支小先进村镇银行”。

【存贷业务】2017年年末，常宁珠江村镇银行各项存款余额129,031万元,较年初增加44031万元，增幅52%；日均存款112,012万元，较2016年增加56065万元，增幅100%；各项贷款余额64993万元，比年初增加13672万元，增幅达26%；日均贷款56,427万元，较2016年增加10952万元，增幅达24%。全口径不良率1.34%，远低于监管要求5%范围，继续保持优良水平。

【股东回报】 截至2017年年底，常宁珠江村镇银行营业净收入5055万元，较2016年增加2137万元，增幅73%。实现拨备前利润2209万元，较2016年增加1122万元,增幅达103%；实现净利润1605万元，较2016年增加934万元,增幅139%；实现股本回报率32%，较2016年增加19个百分点,增幅139%；每股净资产1.57元，较年初增加0.27元、增幅21%，实现国有资产保值增值。

【监管指标】 2017年年末，常宁珠江村镇银行资本充足率12.13%，流动性比例50.91%，拨备覆盖率190.92%，存贷比50.37%，净上存比例19.36%，不良贷款占比1.34%；主要监管指标均符合监管要求，全面达成小微的“三个不低于”和涉农的“一个不低于”要求。

保险

中国人民财产保险股份有限公司常宁支公司

【概况】中国人民财产保险股份有限公司常宁支公司是世界500强企业、中管金融企业中国人民保险集团公司在常宁设立的分支机构。目前是常宁市保险市场最大的财产保险公司，公司保费规模稳居全市行业第一位。2017年，公司内有经理室、综合部、车险部、商非部、农险部、理赔部等6个科室部门，下设官岭、荫田、柏坊、洋泉4家三农营销服务部以及宜阳、盐湖营销服务部，设有22个乡镇保险站、496个村级服务点，服务网络覆盖全市所有的乡镇和绝大多数的行政村。公司有正式员工19人，劳务协议人员11人，营销员109人。是年，被中共常宁市委、市人民政府评为“常宁市目标管理绩效考核优胜单位”，被常宁市人民政府评为“常宁市烟叶生产工作先进单位”。

【保费收入】 2017年，中国人民财产保险股份有限公司常宁支公司累计完成保费收入6569.37万元，比2016年增长17.47 %，增速高于全市平均水平，整体也跑赢市场。从各险种情况看，车险业务完成保费收入3435万元，财产险业务完成保费收入103.69万元，船货险业务完成保费收入4.67万元，责信险业务完成保费收入305.78万元，意外险业务完成保费收入253.23万元，健康险业务完成保费收入483万元，农险业务完成保费收入1884 万元。是年，累计完成各项税收343.65万元，比2016年增长10.32%，代征代缴车船税230.89万元，比2016年增长21.15%；累计支付各类直接赔款3238万元，比2016年增加489.13万元,没有出现惜赔和克扣赔款现象。较好地履行保险企业公民责任。

【保险服务】2017年，中国人民财产保险股份有限公司常宁支公司通过塑造以人为本的服务理念，以提升全员服务素质和能力为核心，把服务落实到各个环节，服务管理常态化，加大服务标准化建设力度，提高服务技巧，及时妥善处理客户投诉，维护客户正当利益，凡客户投诉，均在3日内处理完毕并给予答复，客户满意率99.5%，在上级公司组织的神秘人测评中也表现优秀。

【社会管理与服务】 2017年，中国人民财产保险股份有限公司常宁支公司拓展保险服务社会管理的广度和深度，推进诉讼保全责任保险、学平险、实责险等业务发展。在公司得发展的同时，不忘履行企业公民责任，参与和谐常宁构建，响应市委、市人民政府的号召，开展文明创建、扶贫帮困、慈善募捐、爱心助学、无偿献血等工作。组织进行“3.15”保险消费者权益日宣传活动，开展“慈善一日捐”活动，开展爱心助学活动，对口支援社区贫困学生和塔山瑶族自治乡教育发展。近三年，公司向社会捐赠的集体和个人款项累计达数百万元。认真履行纳税义务，2017年上缴各类税收343.65万元，较好地体现了企业公民责任。

【政府保险】2017年，中国人民财产保险股份有限公司常宁支公司响应市委、市人民政府构建“四化两型”社会的战略布局，主动对接政府在职能转变过程中释放出的风险保障需求，并自觉将公司的发展方向与国家大力推进城镇化和全面建成小康社会的战略决策相对接，不断加强模式创新、制度创新、管理创新和技术创新，积极参与市委、市人民政府开展的“一流转五服务”实践创新活动，深入开展政策性农业保险，加快网点布局，扩大保险覆盖面，简化参保和赔付程序，持续提升公司服务经济社会发展的能力和水平。

【理赔服务】 2017年，中国人民财产保险股份有限公司常宁支公司全面推进理赔服务升级，提升理赔工作的“速度、态度、准确度和满意度”。通过简化单证、优化流程、限定处理时效、提高理赔各环节处理速度，为客户提供快速便捷的理赔人性化服务，是年，全市所有案件理赔周期为16.21天，比2016年提速40.55%；推广移动查勘定损系统，实现小额案件现场查勘、现场定损、现场收集单证，极大地提高了服务质量；推出医疗垫付服务，坚持以人为本，公司为发生人伤事故的客户提供抢救费垫付服务，解决客户因突发事件造成的资金困难问题；推出VIP客户减免单证服务，2000元以下轻微人伤门诊案件，通过公司的调解处理，客户可以实现免票据协议理赔。

【农业保险】 2007年，中国人民财产保险股份有限公司常宁支公司全面推进三农保险基层服务体系建设，在荫田、柏坊、洋泉、官岭等乡镇设立三农营销服务部，三农保险服务站的覆盖面达到100%，三农保险服务站覆盖全市所有行政村，聘请乡镇专兼干、村级协保员共562余人，基本搭建农村区域综合保险服务平台，增强公司服务农村经济社会发展的能力。同时，在历次自然灾害中，坚持 “主动、迅速、准确、合理”的灾害理赔原则，应赔尽赔快赔，第一时间组织开展抗灾救灾，开通农业保险灾害理赔“绿色通道”，切实做到“快查勘、快理赔、快定损、快结案、快赔付”，在农业抗灾救灾、促进粮食安全、稳定“米袋子”“菜篮子”市场供应、支农惠农强农等方面发挥了重要作用，取得“政府得民心、农户得实惠、农业得发展”的良好成效。

【农村小微信贷】2017年，中国人民财产保险股份有限公司常宁支公司加强保险信贷合作，助推农户融资难题有效解决。对于涉农的一些小微企业、种养大户或专业合作社，对其贷款抵押物提供财产保险、对贷款人提供借款人意外险，然后由银行将保单的第一受益人指定为贷款银行的方式，增加贷款授信。通过农业保险与信贷的有效结合，充分发挥农业保险防范风险的作用，降低银行的贷款风险，促进金融机构发放农业贷款。

【精准扶贫】 2017年，中国人民财产保险股份有限公司常宁支公司开展精准扶贫工作。从资金、物质、技术等方面对口支援一个自然村，同时安排专人定期赴扶贫点对接落实，落实扶贫专项资金14万元。同时，在上级公司的大力支持下，推动建立小额保险与扶贫机制相结合的保险保障模式。

中国人寿保险股份有限公司常宁支公司

【概况】 2017年，中国人寿保险股份有限公司常宁市支公司有劳动合同制员工22人，劳务派遣制员工10人，代理人678人。下设水口山、西岭、洋泉、柏坊、官岭5个营销服务部。全年公司保费总收入1.76亿元，比2016年增长23.94%。新单期交保费3448.29万元，比2016年增长23.82%(其中十年期及以上保费收入1911.16万元，十年期以下保费收入1438.87万元)、趸交保费2985.40万元，短险保费916.35万元，续期保费7570.45万元，取得令人瞩目的好成绩，全面实现超常规跨越式发展。是年，续续与常宁市政府签订常宁市“新型农村合作医疗和城乡居民大病保险业务”经办协议，是继“计划生育系列保险”“老年人保险”之后，积极践行国务院《关于保险业改革发展的若干意见》的又一重大突破，开创公司与政府合作承办政策性业务的新纪元。获省公司“五好党支部”“先进支公司”称号，获常宁市人民政府“2017年度全市目标绩效管理考核优胜单位”。

【服务经济社会】 2017年，支公司共上缴各种税收193.56万元，为社会提供600多个就业机会；为全市40余万人提供各种保险保障服务。截止12月31日，共支付农合意外险赔款454.59万元，累计赔付1541余人/次；支付城乡大病二次补偿赔款1985万元，累计赔付2200余人/次。支付各项保险赔付金达8947.36万元，比2016年上升19.65%，其中满期给付5267.47万元、年金给付653.55万元，医疗给付184.80万元、伤残给付15万元、死亡给付348.32万元、赔款支出1478.22万元，理赔案件赔付率达100%。坚决强化理赔时效管理，尽可能地简化理赔手续，对社会影响较大的重大案件更是积极上门理赔和进行预赔，全年未发生一起理赔诉讼案件。

【精准扶贫】 2017年，公司全体员工结对帮扶贫困户26户，其中三角塘江南村和千家村24户，塔山西江村2户，公司成立“扶贫小分队”，每月由江湧带领全体成员赴扶贫联系村走访慰问贫困户不低于1次，全年累计走访12次，送达扶贫慰问资金和物质2万余元，在帮扶对象家中了解村民生产生活情况，与村干部共同探讨如何落实帮扶政策及措施。

中华联合财产股份有限公司常宁支公司

【概况】 2017年，中华联合财产保险股份有限公司有签约员工10人，个人代理人21人。公司提出以依法办事、合规经营为前提，以业务发展为中心，以提高服务水平和能力为抓手，制定目标和措施，贯穿各项工作。全年完成保费收入1249万元，其中农险283万元。

【项目经营】 2017年，公司主要经营除长期寿险外的各类机动车辆保险、农业保险、企业财产保险、家庭财产保险、意外保险、健康保险、责任保险、工程保险、船舶保险、国内外货物运输保险、信用保证保险和再保险业务等。开发食品安全责任险等符合市场需求的新险种，还研发一系列适合农村市场的肉鸡、肉鸭、能繁母猪、生猪、蔬菜价格指数等保险。经营的险种有180余个。

【保险服务】 2017年，按照上级公司提出的理赔效益年的目标，全方位做好保险服务，以优质的服务来提高客户的认同度，提速业务发展，提升公司形象。以加强工作人员的业精，业专，业勤，来把握查勘理赔的时效，掌控理赔的数量和质量。全年公司无一例有效投诉案例，得到相关部门的好评。

中国太平洋财产保险股份有限公司常宁支公司

【概况】 中国太平洋财产保险股份有限公司常宁支公司是中国太平洋财产保险股份有限公司在常宁设立的一家县级支公司,隶属于衡阳中心支公司。2008年正式成立开办保险业务，位于常宁市泉峰办事处青阳南路邮政局门面。主要经营人民币和外币的各种财产保险、车辆保险、短期健康保险、意外伤害保险和农业保险业务。公司在柏坊镇、水口山镇、烟洲镇、荫田镇、白沙镇、西岭镇、盐湖镇、三角塘镇、洋泉镇、庙前镇、罗桥镇、板桥镇、胜桥镇、官岭镇、新河镇、宜潭片区均设有服务网点，形成以常宁为中心，辐射整个县区及周边地区的服务网络体系，成功与常宁市人民政府政策性农业保险、政府采购统一车辆保险、水口山有色金属集团、常宁市农村商业银行、邮政公司、常宁运输公司以及常宁市一些行政事业单位建立稳定的合作关系，为常宁市经济的发展，安定人民生活，组织经济补偿，支持常宁经济发展，发挥“社会稳定器”的作用。2017年，公司有正式员工12人，营销人员20余人。面对行业竞争不断升级和自身发展转型的严峻考验，紧紧围绕总公司“固化成果、深化转型、迎接挑战”的工作方针，上下同心，奋勇拼搏，进一步巩固业务结构优化和品质发展策略，深入推进转型发展和经营管理升级，开拓新兴领域，创新技术运用，圆满完成年度目标任务。全年实现保费收入3666.08万元，其中：机动车险保费收入1770.9万元，非车险保费收入 599.95万元，农险1294.5万元，综合成本率为74.80%，综合赔付率为49.14%，简单费用率为 42.25 %，实现利润797.41万元，市场份额占比为23.76 %，当地市场排名第二。

【业务营销】 2017年，中国太平洋财产保险股份有限公司常宁支公司车险保费占到整体业务的48.63%；专业化渠道建设成效显著，渠道业务持续优化，电网销渠道保费占车险整体保费的34.2%，车商渠道占28.1%，团车渠道占22.4%。大力推广微信自助查勘、指尖查勘、“太好赔”等服务平台，提高了车险理赔效率，提升了客户体验，正成为提高公司综合竞争能力与品牌价值的重要推手。非车险业务走出困境，保费收入达599.95万元。农险业务持续挺稳定，保费收入1294.5万元，市场占比达到33%。

【基础管理】 2017年，中国太平洋财产保险股份有限公司常宁支公司加强内控管理，防范经营风险，把握公司在行业中的地位和其它兄弟的差距；建立健全各项制度，不断健全完善内控制度、管理规定、实施细则及各种管理办法，初步形成一套完整的管理制度，使整个客服工作和人的行为均在制度的管控范围之内；加强农险业务管理，高度重视合规经营，充分认识到农险合规的艰巨性，严防触碰监管红线，严格把好承保质量关，做到投保手续齐全、现场验标、逐一核实承保资料的真实准确性、承保清单的公示。

城乡建设·环境保护

住房和城乡建设

【概况】 常宁市住建局是负责全市建设行政管理的政府工作部门，主要负责牵头推进新型城镇化、市政设施建设改造、村镇建设、住房保障、建设市场、房地产市场等行业管理职责。按照机构改革要求，原建工局于2016年12月撤并整体划转住建局，原房产局于2017年6月撤并部分划转住建局。2017年，局机关内设办公室、计财股、组织人事股、勘察设计股、建设股、法规股、村镇办、燃气办、供排水办、开发办、建设市场股、招标办、稽查队、造价办、交易中心、监察队、房产测绘队、房产开发办、销售管理股、物业管理中心、维修资金中心、信息中心、中介管理所、房鉴股、住房保障办、白蚁防治所、经营公司、中介公司、物业公司、开发公司、广告公司等31个股(室)，有在职人员214人。下辖建设工程质量安全监督管理站、城建档案馆、国有土地上房屋征收管理办公室、建筑设计院、水松城建办等5个二级机构。是年，农村危房改造工作超额完成，被衡阳市推荐为"省先进单位"(排县市第一名)；项目建设、脱贫攻坚行业扶贫、计划生育综合治理等3项单项工作均被评为"常宁市先进单位"，被评为"常宁市2017年度抗洪救灾先进集体""代表建议委员提案办理工作先进单位"。

【城乡建设制度出台】 2017年，常宁市住建局提请市人民政府出台《常宁市城市双修四年行动(2017～2020年)工作实施方案》和《常宁市农村双改四年行动(2017～2020年)工作实施方案》，为解决城乡建设"不平衡不充分"问题明确了主攻方向，城乡基础设施建设的系统性、全局性不断增强。

【城市路网建设】 2017年，常宁市住建局打通绿园路等"断头路"3条，完成车站路等主次干道油化工程6个，改造背街小巷13条，补修老城区破损路面约1.45万平方米，宜阳工业走廊3条支路(常兴路、富园路、兴园路)完成路基换填、人行道建设，青阳北路完成两厢人行道铺装及油化，北外环、尚宇大道、城市一环配套支路等外环路网建设加快推进。

【公共设施建设】 2017年，青阳广场提质改造、砚池山公园一期建设完工并对外开放，宜水湾广场完成土方、护坡、平台等，谷家洲小游园完成610米护坡建设，完成路灯亮化工程9个，完成青阳北路、北一环、东一环、东三环弱电共沟建设，启动城市公共立体停车场、公共自行车项目招商洽谈工作，城市综合服务功能进一步提升。

【"两供两治"】 2017年，常宁市住建局编制市域乡镇燃气专项规划、《常宁市海绵城市专项规划》、《常宁市城区雨污分流建设和改造工作方案》、城区黑臭水整体治理方案可研初稿和夏联渠上游排水防涝改造方案等。城区新建供水管网18千米、改造7千米，新建燃气管网29.1千米，新增入户安装4555户、管网覆盖率70%、气化率30%。城区年处理污水总量1190万吨、COD削减量1370吨。雨污分流改造约10.1千米。实施南门湖、仙岭垃圾填埋场、龙家湾污水主管建设，非开挖清淤疏浚草桥街等排水管网，治理小区排水问题4处。南一环地段公厕及垃圾收集站完成基础施工。

【农村人居环境改善】 2017年，常宁市住建局完成3个国家级传统村落的保护发展规划编制，胜桥镇等特色小镇专项规划相继出台。改善农村人居环境专项规划成果正报省厅评审，为切实改善农村人居环境提供科学理论依据。争取省级引导资金150万元，纳入乡镇垃圾中转站一期建设的6个乡镇(新河、官岭、柏坊、西岭、洋泉、罗桥)全部竣工。铁塘存量垃圾场治理项目完成可研、环评等。湘江流域乡镇垃圾一体化设施建设、乡镇污水集中处理设施建设、荫田镇排污口整治等一批项目陆续上马，正在加紧开展前期工作。积极申报第五批国家级传统村落9个，全部进入国家信息库。西岭六图、罗桥下冲、白沙上游纳入中央传统村落保护资金支持范围，到位资金900万元。庙前中田村月光塘提质改造基本完成，在保护修缮古民居的同时，较好地带动当地旅游经济。

【农村危改】 2017年，省级下达危改指标209户，全年实际完成精准扶贫危房改造2193户，完成率达1049.28%，户均补助标准达2.225万元，无论是改造任务数、还是补助标准额均达到历年之最，市住建局被推荐为省农村危改工作先进单位。

【棚改建设】 2017年，全市各类棚户区改造任务2563户，投入资金6.9亿元(争取中央、省级资金1.2亿元、政策性棚改贷款到位5.7亿元)，其中：城市棚户区改造1567户为货币安置，年内完成入户调查、实物详查、拆迁方案并签订补偿协议，完成率100%，部分实施房屋拆除；国有工矿棚户区改造996户为实物安置，开工率100%。

【公租房分配】 2017年，2015年度超任务公租房全部竣工并基本分配入住。全市公租房和廉租房2017年计划为51个项目、8091户，分配入住7581户，分配率93.69%；全年执收公租房租金43.57万元，发放租赁补贴4086户，基本实现“应保尽保”。

【建设行业监管】 2017年，常宁市住建局认真审查把关企业资质和从业人员资格。全年发布《材料预算价格》六期，建设项目初步设计审查33个，纳入招标管理67个、总中标价约3.55亿元、总建筑面积约2.08万平方米，建设工程应招标、应公开招标率均100%。施工合同备案68个、总造价约21.72亿元、总建筑面积49.22万平方米。施工图审查备案31个，发放施工许可证33套，收取规费143.25万元。提请政府出台《常宁市国有投资工程项目监理规定》，施工监理合同备案7个。进一步加大了建设行业市场稽查执法力度，依法收缴罚款及规费93万元。全年办理质安监督注册手续的项目37 个、建筑面积58.5平方米，在建项目41个、面积134.5平方米，项目竣工验收备案50个、验收合格率100%。完成城市地下管网普查信息采集，建立查询平台。城建档案库房得到升级，管理服务水平得到提升。推广建筑节能新技术新标准，组织建筑设计人员开展《湖南省居住建筑节能设计标准》业务培训，年内完成项目设计60个。

【房产市场管理】 2017年，健全房地产开发企业资质和开发项目动态巡查机制，狠抓预售资金监管。全市新增开发资质企业2家(共35家)，新增开发项目6个，商品房预测5宗、测绘面积约12.5万平方米，办理商品房预售许可证30个、总面积25.96万平方米，协税护税1.5亿元。与多部门开展联合办公，集中处理城区违法建房，共受理677栋，收税2000万元，预计收税总额达2亿余元。加强商品房开发项目和营销中介机构监管，严防房地产市场风险，全年全市无一例烂尾楼和开发商卷款跑路现象。城区合法预售商品房网签率100%，全年销售备案4428套、面积53.11万平方米、金额16.68亿元，比2016年分别增长23.69%、23.04%、38.46%，其中住宅类备案3883套、面积50.23万平方米、金额14.95亿元，比2016年分别增长22.76%、23.71%、38.61%。商品房库存总量去化周期12个月、住宅类库存量去化周期9个月，楼市呈整体上升趋势。切实规范物业管理行为，优化物业服务质量。全市正常运营的物业服务企业备案27家，物业专项维修资金全年归集2352.39万元、使用63.45万元。稳妥推进国有土地上房屋征收补偿工作，签订房屋征收补偿合同140余份，拆除房屋近3万平方米，为全市各重点项目的顺利落地保驾护航。

【安全监管】 2017年，常宁市住建局围绕建筑施工、公用事业等重点领域，大力开展安全隐患排查整治。狠抓供水规范化管理、二次供水水质管理、燃气专项检查、建筑施工安全生产标准化考评。及时排查消除房屋安全隐患，全年出具房屋安全鉴定报告86份，鉴定房屋1229栋，实施白蚁灭治面积8.49万平方米、回访复查面积46.25万平方米。住建领域全年未发生重大及以上安全生产事故，确保安全平稳运行。

【扶贫攻坚】 2017年，常宁市住建局完成全市2193户贫困户危房改造安居工程。投入驻点贫困村—荫田镇双龙村扶贫资金20余万元，大力扶持水、电、路等基础设施建设。住建系统派出帮扶队员181人，结对帮扶荫田镇16个村320户贫困户1137人，送去扶贫物资累计12万余元，全年实现脱贫59户183人。

【环保整治】 2017年，常宁市住建局重拳整治住建行业环境突出问题，扎实完成中央环保挂牌督办问题整改工作。加强城区预拌混凝土企业生产和质量督查，确保环保达标。开展在建工程扬尘治理工作。城区及水口山两个生活污水处理厂顺利通过环保验收。

建筑工程质量监督管理

【概况】 常宁市建设工程质量安全监督管理站(简称市质安站)是根据《中共常宁市委常宁市人民政府印发<关于常宁市人民政府职能转变和机构改革方案的实施意见>的通知》(常发〔2015〕8号)、《关于常宁市建设工程质量安全监督管理站机构规格的批复》(衡编办〔2015〕204号)、《关于组建常宁市建设工程质量安全监督管理站的通知》(常编办〔2016〕2号)，于2016年1月组建，为常宁市住房和城乡建设局所属副科级公益一类事业单位。主要职能是负责全市建设工程质量、安全监督管理工作。2017年，质监站内设七个股室，分别是办公室、财务审计股、质量安全监督技术股、建筑工程质量股、建筑工程安全股、市政工程质量安全股、建设工程设备股。有在编人数36人，其中：站长1名、副站长3名、内设机构职数7名，有专业技术职称人员12名，。全年新办理质量安全监督注册手续的工程 37 个，建筑面积58.5万平方米；在建项目41个，面积134.5万平方米。办理产权备案的塔吊30台，施工电梯15台；经检测合格正在使用的物料提升机42台。完成工程项目竣工验收备案22个，建筑面积62.9万平方米，私人建房竣工备案28个，建筑面积4.9万平方米，验收合格率100% 。在对工程质量安全的监督过程中，先后发出书面整改通知91份，停工通知40份，整改回复率74.6%。行政执法处罚项目15个，处罚金额37.4万元，下达行政处罚决定书15份，结案13份，2起正在处理中。

【工程质量管理】 2017年，市质安站按照《湖南省住房和城乡建设厅办公室转发住房和城乡建设部办公厅关于严格落实建设工程质量终身责任承诺制的通知》要求，认真落实工程质量终身责任承诺书，设立永久性标牌和建立质量信用档案等3项制度，确保新开工工程全覆盖。规范各方主体质量行为，重点是狠抓施工单位五大员的人员到岗履职，整治监理人员不作为，乱作为等突出问题。加大对工程结构实体质量的现场检测，确保工程结构安全。按照市住建局的要求，落实城市规划区内禁止工程现场搅拌混凝土的工作，对商品混凝土的质量和商品混凝土厂家的生产进行严格监督管理，每季度对商品混凝土厂家检查，并约谈7家预拌商品混凝土企业法人。开展工程质量安全提升行动和工程实体质量常见问题专项治理。加大对住宅工程质量通病防治的监督管理。督促施工单位制定切实可行的质量通病防治措施，并严格实施，减少或杜绝工程质量通病发生。强化对工程实体质量和工程质量控制资料的监督管理。

【施工安全监管】 2017年，市质安站改善工程安全监督模式,规范工程安全监督工作程序,确保建设工程安全生产；继续开展安全隐患排查治理工作，进一步强化施工现场动态安全管理的监管，加强日常安全监督和巡查力度；加强对塔机、外用施工电梯、高大模板、深基坑、脚手架和临时用电等存在安全隐患的部位进行重点监督管理；规范施工现场安全管理行为；加大安全生产宣传教育力度，全年对全市开展3次建设工程安全大检查，每季度开展安全生产标准化考评，多次对全市在建工程进行安全巡查，在专项检查和安全巡查中共下发停工整改通知书23份,下发隐患整改通知书42份，约谈5家施工企业法人和项目经理。

【扬尘项目治理】 2017年，市质安站结合安全生产标准考评，有效开展扬尘治理，对全市各建筑工程施工现场和预拌商品混凝土企业的扬尘防治工作开展一次专项检查，每月巡查一次，共检查97个在建项目和7家商品混凝土企业，其中对扬尘治理严重不落实、不到位的7家商品混凝土企业下发停工通知书，对在建项目存在问题的项目下发32份整改通知书，要求在规定的时间内完成整改。通过专项开展扬尘治理，对推进建筑施工和预拌商品混凝土企业的扬尘污染防治工作起到积极的促进作用。

【竣工验收备案】 2017年，市质安站为方便建设业主,根据《工程竣工验收备案通知》和《关于催办工程备案的通知》及时告知相关单位,并力求简化备案程序,及时为其办理备案手续。全年办理竣工备案的工程22个，建筑面程62.9万平方米。

【技术培训】 2017年，市质安站定期或不定期组织全站干部职工学习政治理论和专业知识，加大对专业技术人员人才的培养力度，提高队伍的整体素质。组织一线监督人员到衡阳、衡东县学习观摩标准化工地。

【投诉处理】 2017年，市质安站对群众投诉做到必受理、必调查、必回复。并将信访工作做为党和政府与群众联系的纽带和化解矛盾的有效手段，全年共收到信访37起，到站反映问题32起，通过12345热线平台反映问题5起，做到件件都有调查回复，对于涉及群体性投诉，组织勘察、设计、施工、监理、业主各方责任主体协调处理，加强沟通，协调双方委托中介机构进行鉴定，并对后期的维护工作进行质安监督。

【精准扶贫】 2017年，市质安站领导班子重视帮扶结对工作，多次召开会议研究商讨有关事宜，制订扶贫方案、确定扶贫方式，并将帮扶结对工作进行细化，帮扶对象具体落实到个人，确保帮扶责任个个有担子，贫困户家家有帮手。成立帮扶结对领导小组，组长由站长担任，分管领导担任副组长负责日常工作，具体工作事宜由办公室负责，从而做到人人有责任，事事有要求。按照市扶贫办统一部署，结对帮扶荫田镇泉塘村和官陂村77户贫困户，上半年组织在职职工每月四次和下半年两次走访活动。建立帮扶结对工作台账，详细记录帮扶结对对象、事项和需要解决的实际问题。特别是端午节和中秋节组织所有在职人员给贫困户送去米和油等慰问品。

【存在的问题】 2017年，部分监督一线人员对施工现场工程质量常见问题防控措施落实情况监督把关不严，对存在工程质量问题督促整改力度不足，受检项目存在的工程质量方面的问题未及时得到整改，特别是市政工程和园区工程建设项目问题还是较为突出，主要是规划建设手续办理滞后，施工图变更大以及部分建设业主单位质量安全意识不强；专项整治工作开展不够深入，安全生产标准化考评工作开展不全面、不规范；建筑施工企业扬尘治理工作抓得不细、不实，建筑节能工作推进缓慢。

城乡规划

【概况】常宁市城乡规划局位于常宁市青阳南路179号。2017年，有在编在岗干部职工220人(含村镇、水山分局)，其中注册规划师3人、高级工程师2人、工程师15人、助理工程师30人。局机关内设办公室、财务室、用地股、工程股、市政股、村镇股、信访室、法规股、总工室、设计股、人事股、宜阳管理站、培元管理站、泉峰管理站、宜潭管理站，下辖常宁市水口山规划分局、常宁市规划设计院、常宁市城市规划服务中心(含测量队、代办中心)以及18个乡镇规划管理所。

【总体规划】2017年，经省政府批复同意修改后，常宁市编制《常宁市城市总体规划(修改)》《常宁市城镇体系规划(修改)》，规划成果已经省直部门联席会审查通过。根据修改的城市总规，城市发展方向为北扩、东拓，向西控制发展，向南适度发展。规划至2020年城市规模为25万人、25平方千米。

【乡镇总规修编】 2017年，除三角塘除外，全市其他17个乡镇新一轮总规修编全面完成。水口山、胜桥、庙前、兰江、大堡、荫田、塔山、罗桥8个乡镇总规完成审批，另外9个乡镇总规经市规委会审查通过后在审批当中。

【控制性详细规划】 2017年，常宁市中心城区控规修改定稿。有针对性地编制荫田、新河、官岭、洋泉、庙前、西岭、烟洲、罗桥、兰江9个乡镇镇区控规。

【专项规划】 2017年，常宁市城乡规划局配套编制中心城区绿化、中心城区亮化、两江路饮食风情街与解放路商业步行街、中心城区近期建设、培元湿地公园周边区域城市设计等专项规划初步方案。

【重点项目设计与修建性详规】 2017年，常宁市城乡规划局编制人民医院、培元社区医院、茶箭小学、水岸明珠6期、南庭悦府等项目修建性详细规划；完成市委大院停车场、常宁市军警训练场、西门湖公园等规划；编制2017年常宁市城市规划年度计划、常宁市城市双修双补(2017～2020)四年行动项目计划表、中心城区停车场选址方案。

【村庄规划】 2017年，常宁市城乡规划局编制塔山茶旅融合、胜桥休闲、西岭特色产业、洋泉生态保护、官岭城乡一体五个“美丽乡村”示范片及塔山东江“美丽村庄”规划，覆盖28个村，面积30平方千米。

【规划审批与服务】 2017年，常宁市城乡规划局采取局领导班子成员分管与业务股室责任制相结合、网络审批与代办服务相结合、集中审批与分散审批相结合、技术审查与行政审批相结合等方式，强化对建设用地和建设工程的审批，规范权力运行，提高行政效能。至年末，城市规划区内，办理《选址意见书》22份、《建设用地规划许可证》145份、《建设工程规划许可证》293份；乡镇范围内办理“一书三证”100份。

【控违拆违】 2017年，常宁市城乡规划局全面推行“分区划格、责任包干、同奖同罚”的管理模式，城市规划区分成4片17格，将60多名规划执法人员相应分配到17个格区，上至局长下到一般工作人员实行同奖同罚，规划管理日常巡查做到全天候、全方位。全年查处违法建设59户，开展联动执法行动14次，拆除违法建设48户，总占地面积5537平方米，总建筑面积5684平方米。推进城市建成区违法建设专项治理工作，截止11月30日，接受业主申报645户，用地面积11.45万平方米，建筑面积62.42万平方米，办理规划手续15户，用地面积0.39万平方米，建筑面积3.05万平方米。

环境保护

【概况】 2017年，常宁市环保局共有在编干部职工178人。局机关内设办公室、政策法规股、自然生态保护股、人事股、计划财务股、环境影响评价股、总量控制股、污染防治股、行政审批服务股、核与辐射管理股、监测科技股和环境应急办公室；下设市环境监察大队、市固体废物管理站、市环境监测站、重金属污染防治办公室和机动车排气污染监控中心；外派宜阳、松柏、盐湖、柏坊、罗桥、洋泉、新河7个环境监督中心管理站(由环境监察大队负责管理)；在市政务服务中心派驻1个环保窗口；另成立有环境科学学会、工会、共青团、妇联4个群团组织。是年，被市委、市人民政府评为“全市目标管理绩效考核优秀单位”“全市项目建设先进单位”“全市安全生产工作先进单位”“全市脱贫攻坚工作优秀单位”“全市人口和计划生育工作”。

【非法砖厂整治】 2017年，常宁市环保局对全市的砖厂开展二次专项整治行动。第一次是对全市不符合产业政策和非法的砖厂进行整治，关闭6个粘土砖厂，查封和停产9个非法砖厂；第二次是对超标排放和环保手续不全的砖厂进行整治，责令全市36个手续不全和超标排放的砖厂进行停产整治，要求所有砖厂在未整治到位和未经环保部门“三同时”验收之前不得恢复生产。

【乱采乱挖企业和非法洗涤厂整治】 2017年，由市国土局牵头，关停大义山自然保护区内的8个采矿企业和6个瓷泥加工厂；联合市公安局治安大队对城区的非法洗涤厂进行了突击检查，关停全市3家非法餐具消毒公司和3家非法洗涤厂。

【全市塑料加工行业整治】 2017年4月29日，常宁市环保局组织全市所有塑料加工厂法人代表，召开塑料加工行业的整治行动告知会，明确整治时间和整治要求，从5月3日开始，对全市塑料行业进行专项整治，共停产12家塑料加工厂，其中9家塑料颗粒加工厂，3家塑料破碎厂。

【信访件交办】 2017年，中央环保督察期间，共接到中央环保督察组转交的信访件15批28个，重点交办件7个，普通交办件21个，其中涉及畜牧养殖4个，餐饮油烟污染3个，生态环境破坏、乱采乱挖11个，大气污染2个，噪音污染2个，重金属污染1个，水污染1个，其他4个。在市委、市人民政府的统一调度下，市环保局与相关职能部门协同合作、联合行动，对标对表严格履行监管职责，及时建立交办信访件整治台账，实现规定时限内所有交办信访件的及时处置和整改到位。是年，中央环保督察组向湖南省反馈的意见中涉及常宁市的7个问题全部整改到位，其中6个是共性问题，1个是个案问题。个案问题为水口山有色金属集团多家冶炼企业清污分流不彻底、跑冒滴漏严重，废水外渗直排环境，重金属污染物严重超标。接到反馈意见后，市人民政府积极协调水口山有色金属集团整改重金属超标排放问题，督促湖南水口山有色金属集团第三、第四、第六冶炼厂在规定时限内完成了整改工作。年末，以上3个冶炼厂全部整改到位，并向省环保厅上报申请销号台账进行问题销号。

【历史遗留污染治理项目】 2017年，为全面整治重金属污染，常宁共向国家和省财政争取21个历史遗留污染治理项目专项资金支持。在10个项目完成的基础上，完成水松地区大渔村化工冶炼聚集区历史遗留涉重金属废渣治理工程、常宁市水松地区康家溪III号地块重金属污染场地治理工程和水口山沿江居委会杨家湾重金属污染场地治理工程等3个项目，项目完成总数达到13个。年末，常宁市松渔居委会镉工业污染源治理项目和常宁市水口山地区曾家溪和康家溪含重金属底泥污染治理工程建设完工。剩余6个项目，有5个向省环保厅报告，申请延期至2018年底完工；有1个在进行招投标工作。

【农村环境综合整治项目】 2017年，顺利完成一期工程量后，二期项目得到有序推进。二期已完成15个乡镇85个行政村的项目建设，已完成90个村的整治任务，配置发放户用分类垃圾桶20000个，配置180升和240升垃圾桶3500个，年末，完成剩余15个村的整治。

【水污染防治】 2017年，常宁市环保局完成的氮肥、印染、制药等行业的清洁化改造，按国家要求完成氮肥行业的生产废水循环利用整治。实施松柏生活污水处理厂和水口山工业污水处理厂建设，其中松柏生活污水处理厂日处理生活污水1万立方/天，水口山工业污水处理厂日处理工业废水1万立方/天，2个污水处理厂均实现在线监测联网。全市县级以上饮用水源保护区完成划分，开展乡镇饮用水源保护区划分方案的报批工作和市城区宜水饮用水源保护区规范化建设工作。全市规模化畜禽养殖场完成粪污防治设施建设，禁养区内的26家规模养殖场和养殖户完成退养19家，调整划入适养区7家。开展加油站地下油罐防渗改造，40个加油站完成防渗改造25个。

【大气污染治理】 2017年，常宁市环保局联合经信部门摸清全市10蒸吨以下的燃煤小锅炉的基本情况，制订燃煤锅炉淘汰整治清单。是年，在淘汰原有22家燃煤锅炉的基础上，新增淘汰常宁市王朝商务酒店等5家城区生活燃煤锅炉，全市27台燃煤锅炉淘汰23台。2016年以来，按照《衡阳市挥发性有机物综合整治实施方案》的要求，对全市八大行业60家企业开展VOCs排放基数调查，建立重点监管企业名录。截至2017年11月，完成40个加油站的油气回收改造工作，湖南诚创鑫科技有限公司挥发性有机物综合治理全面完成。农村废气污染控制。一方面全面禁止秸秆焚烧，严格执行秸秆焚烧工作目标管理责任制，确保责任落实到各乡镇、街道办事处；另一方面开展砖瓦行业专项执法行动，对全市50个砖厂全面摸底排查，责令停产整改16家，淘汰关闭7家粘土砖厂，安装脱硫、除尘设施27家。

【土壤污染防治】2017年，常宁市环保局按照上级要求，结合常宁实际，编制完成《常宁市土壤污染防治工作方案》。按照省里统一部署，对下辖的水口山、柏坊等14个镇，蓬塘、兰江、大堡、塔山瑶族4个乡以及宜阳、泉峰、培元3个街道办事处的土壤污染状况进行详查。完成1731个农用地土壤污染状况前期点位的核实工作；完成51个化学原料和化学制品制造业、有色金属冶炼和压延加工业等重点行业企业用地的前期污染源、污染地块调查，及疑似污染地块信息系统录入工作。常宁市水松地区曾家溪Ⅱ号地块重金属污染场地治理工程在11月完成业主变更，业主为常宁市环境保护投资公司，项目现进入招投标程序。

【污染减排】 2017年，常宁市环保局抓好市内相关建设项目的总量受理、上报、审批工作。严格项目总量审批，做到不越权越级受理、审批实行“阳光”操作。全年受理市级总量审批项目6个；完成企业的排污许可证颁(换)证、年审工作；完成排污权指标市场交易5例，产生交易金额达到120万元，排污权有偿使用费缴纳1664918元。

【饮用水源地及水域功能区环境质量监测】2017年，常宁市环保局对饮用水源地洋泉水库、常宁市自来水取水口断面每月监测一次，共获取有效监测数据1016个，水质达标率均为100%。水域功能区监测2个断面，即舂陵水荫田桥断面和宜水常宁一中下游断面，每月监测一次，共获取有效监测数据891个，2个断面水质达标率均为100%。

【固体废物监管】2017年，常宁市环保局组织固废、辐射管理专业人员深入全市冶炼、化工、医院、汽车维修和制鞋厂等70余家企业，对危险废物产生、贮存、运输、处置等过程进行检查。根据检查情况提出整改要求，并按要求进行专项申报登记，实现固体废物产生、贮存、运输、处置的全过程管理。加大固体废物环境执法，有效遏制环境违法行为。检查企业主要污染防治责任制、管理计划、识别标志、分类管理、转移备案，转移联单、应急预案、事故报告、贮存等危险废物管理制度的执行情况。对逾期仍未改正的33家企业下达责令改正违法行为决定书，查处倾倒医疗废物案件1起。全年共受理危险废物转移备案106批91731吨，跨省转移审批12批11100吨，有效防止一般固体废物、危险废物对环境造成二次污染。

【环境监管】2017年，常宁市环保局对金志页岩砖厂、长沙威保特环保科技股份有限公司等38家企业的环境违法行为进行立案查处，下达处罚决定书38份，处罚标的共200多万元；对五矿铜业(湖南)有限公司、新五丰常宁宜潭分公司等90家企业环境违法行为下达责令改正违法行为决定书；查封水口山镇二一七队吕长征塑料袋清洗作坊等4家企业的违法生产设施；将新五丰常宁宜潭分公司、常宁市阿凡石材厂等6家企业的环境违法案移送公安机关，对4人实施行政拘留；报常宁市人民政府关闭了常宁市兰江乡常发砖厂、常宁市莲花砖厂等7家不符合国家产业政策的砖厂。

【环境许可】 2017年，市政务中心环保窗口始终坚持依法行政、按章办事、规范文明、程序完善、公开透明的原则，全年核发排污许可证79个，其中换证42个，临时证16个，新办证21个，收缴噪音超标排污费217801元。

【环境应急处置】2017年，常宁市环保局落实上级规定，按照接访、办理、督查3个环节的办理程序，对能够在短时间内解决的，限时限质立即办理，不能即时解决的报请上级，限期解决。及时处置了群众环境投诉信访件71起，结案71件，结案率达100%；全市环境安全隐患排查治理期间，对本辖区72家企业进行全面排查，包括32家一般企业、3家污水处理厂、1个固体废物填埋厂、1个垃圾填埋厂、4个尾矿库企业、8个集中式饮用水源地和23家涉重、涉危企业，共组织20家企业进行环境应急预案备案。5月26日，处置水口山氯气罐氯气泄露事件；7月23日，组织和参加五矿铜业(湖南)有限公司环境应急演练。

【环境宣传】2017年，常宁市环保局在全市范围内传播“绿水青山就是金山银山”理念，广泛凝聚社会共识，营造全社会共同参与生态文明建设的良好氛围。6月5日，在东风广场开展以“携手打造生态市共建美丽新常宁”为主题的宣传活动，设立环保咨询台，组织绿色骑行；在水口山工园区企业、水口山有色金属集团等各主要排污企业在厂区布置新环保法宣传专栏，悬挂宣传横幅。向全市生态委员会成员单位、各乡镇、街道办事处发放《环境保护工作应知应会手册》；在全市各主要路口，安装大型环保宣传专栏，制作永久宣传标语；在衡桂高速常宁出口租用户外大型广告位开展环保法律法规和生态文明等方面的宣传。全年共展示宣传展板16块，发放宣传资料1500余册，接受群众咨询300余人次，出动LED流动宣传车2台。在全市各主要路口，安装大型环保宣传专栏14块，永久宣传标语3块。

【存在的主要问题】2017年，常宁市环境治理资金缺口大，由于环境保护涉及面广，整治任务重，各方面治理均需投入大量资金，尤其是重金属污染治理、燃煤锅炉淘汰、挥发性有机污染物治理等方面，但是地方财政有限，预算不足，急需上级给予资金支持；部门协同配合有待加强，境内环境质量不断改善，离不开各级职能部门的大力支持，但是由于职责分工不同，不同部门的协同配合仍需进一步加强，明确主体责任，逐步形成环保牵头，各部门配合的大环保格局；环保专业队伍建设薄弱。人才总量不足、整体素质不高，尤其高层次专业技术人才缺乏等问题，依然难以满足新时代环保工作的要求。

城市管理行政执法

【概况】2017年，常宁市城市管理行政执法局下辖9个二级单位，其中副科级单位4 个(城管执法大队、市政处、园林处、环卫处)，正股级单位4个(泉峰、宜阳、培元三个环卫所和渣土办)，国有企业单位1个(市政工程公司)；内设办公室、财务股、监察室、信访室、人事股、团委、妇联(计生办)、城市管理股、法规股9个股室。局机关有干部职工52人，其中领导班子成员7人，副主任科员2人；局系统有干部职工1330名，其中正式工645名，临时工685名。是年，被中共常宁市委、市人民政府评为“扶贫攻坚工作先进单位”。

【中央、省市环保督查交办件办理】2017年4月24日，中央第六环境保护督察组进驻湖南，开展为期1个月的环境保护督察工作。对于督察组转交的群众信访投诉的问题，按照督察组和市生态环保保护委员会的要求，立行立改、边督边改、重拳出击，全力推进整改落实，解决群众关心的城管领域突出环境问题。环保督查期间，共接到中央环保督察组转交信访交办件5件，按期结案5件；共接到省市环保督查交办件3件，办理结案3件。

【城区环卫作业】2017年，常宁市城区日产垃圾量230～250吨，垃圾无害化处理率为100%。除城区外，新增松柏、柏坊、新河镇、官岭镇、洋泉镇、公路沿路收集的垃圾等无害化处理。日处理量350余吨。2017年1至10月的数据统计：垃圾产生量为76720吨，垃圾无害化处理量为76720吨；渗沥液产生量为45750吨，渗沥液处理率为100%。为做好城区环境卫生工作，不断加强环卫职工队伍建设，有效提升环卫工人的作业水平；采购环卫设备，提高机械化作业率，同时加强环卫基础设施建设，创造良好的硬件环境。对城区公厕、背街小巷，城乡车辆开展4个专项整治活动，对城市主次干道实行全天保洁；对公厕，进行全面冲洗，道路街道实行17小时工作制，社区实行全覆盖保洁时间不低于8小时，坚决做到“五无五净(道路无垃圾、无杂物、无积泥、无积水、无污迹，路面干净、绿地和树圈干净、边角侧石干净、井沟井盖干净、果壳箱等环卫设施干净)”，全年共清洗洒水35869.5万千米，清洗垃圾箱26650次，护栏清洗2218千米，维修果皮箱垃圾箱289个。

【行政执法】2017年，常宁市城市管理行政执法局对青阳路、群英路、东正街、解放北路、泉峰东西路、交通路、西一环、西二环等路段门店进行整治，实行规范经营秩序，做到主干道店内经营；对南门市场、西门市场、青宜市场、常荫路市场、北外街市场等市场周边强化巡查、规劝、执法力度。全年共组织集中整治行动40余起，累计规劝、纠正出店经营、占道经营行为10000余人次，暂扣物品工具600余起。查处违章户外广告活动600余起，进一步规范户外广告活动的审批行为。查处乱发广告宣传纸、乱设立户外广告、节假日擅自搞商业促销活动300余起，收缴小广告纸20000余份。仅上半年，共规劝、查处违规燃放烟花爆竹行为400余起。组织人员扎实开展每周五的全民劳动卫生日活动。加强人行道车辆停放管理和配合交警大队进行城区交通秩序整顿，共计规劝乱放各类车辆5000余台次。

【市政设施维护】2017年，常宁市城市管理行政执法局发挥疏通管道车的作用，对全城各路段进行下水道清淤，累计清理检查井2100座、雨水井4300座，更换雨水井盖87座、更换检查井盖73座、新砌雨水井20座。完成西二环香格里拉下水道抢险工程，翻安Φ600砼管12米；完成青阳南路人行道及基础设施维修工程。修复青阳南路人行道上道板砖，铺设条纹道板砖面积362平方米、铺设麻石道板砖面积1569平方米，修复后的青阳南路，面貌焕然一新。市政处组成巡查小分队，每天上街巡查。清查破损雨水井盖和缺失井盖，做到每天发现问题及时处理上报。对城区主要街道路灯设施进行检修，共更换灯泡320个、镇流器130个、触发器67个、经纬度定时钟19个、更换主街道LED灯罩4000盏，安装社区小巷路灯156盏，确保路灯常年亮灯率在95%以上，；安装南丰北路路灯11盏；更换电缆线300米；架设临时故障路灯线400米；对全城路灯安全隐患检修，更换800米*1200米不锈钢配电箱4个，100安交流接触器4个。

【园林绿化】2017年，常宁市城市管理行政执法局完成城区各路段的补植工作，补植红叶李、红叶石楠、杜鹃等小灌木1万余平方米，补植樟树、桂花、银树树等乔木600余株；完成沿河风光带、泉峰广场等的提质改造工作；配合完成青阳广场、东风广场的提质改造工程，使园林景观更加整洁美观。全力做好花卉培育工作，培育6～8公分桂花树400余株、红桎木球500余株，楠木小苗2000余株，培育万寿菊、一串红、孔雀草等草花10000余株，为城区的公园、广场、街道的美化提供足够的苗源。全年完成草坪修剪6次，灌木修剪8次；完成花带除草松土5次；完成树木蚜虫、红蜘蛛等的防治工作10余次；修剪行道树3000余株，清理死树200余株；并对影响电力、电信等通讯设施的树枝进行专门的修剪。加强公园公共设施维护，对园林设施逐项检查，及时维修，做到功能基本完好。同时做好公园清扫保洁和绿地日常管护工作，增加清扫次数，做到一日两清扫全日保洁，保证泉峰公园日常卫生干净、整洁，公园综合服务功能明显改善。加强对各种违法毁绿案件的查处力度，第一时间到达毁绿现场，做好毁绿情况调查与现场堪查工作，共处理破坏树木、乱钉乱挂等损绿、毁绿事件10余起、处理因交通肇事导致绿化损坏事件5起。2016年上报的21家市级园林单位(小区)通过验收，全部正式授牌，省级园林式单位(小区)进入复查阶段。

【渣土处置管理】 2017年，常宁市城市管理行政执法局对工地渣土处置实行“六不开工(即未硬化建筑工地出入口路面不得开工，未设置洗车平台、配置洗车设施不得开工，建设、施工、运输单位未落实建筑渣土倾倒场点的不得开工，未使用核准运输单位及车辆的不得开工，未签订建筑渣土规范处置承诺书并交纳保证金的不得开工，现场管理人员不到位的不得开工)”“四不出门(即运输单位及车辆在运输建筑渣土驶出工地时渣土装载过量的不能出门，车辆密闭不严的不能出门，车体不整洁带泥上路的不能出门，手续不齐全的不能出门)”措施。对全市城区的41家在建工程、8家混凝土公司、6家渣土运输公司进行全面排查摸底，对不符合要求的及时下达整改通知，要求围档施工，并对进、出建材车辆进行清洗保洁，从源头上防止渣土扬尘污染；对无规划、国土等手续的项目坚决不予办理许可手续；对城区私人建房，严格审查规划、国土手续，防止违法违规建设；对办理审批手续的，严格按标准收取渣土处置费，并建立档案，实行一工地一档案，做到有据可查。全年办理渣土处置手续96处，收取渣土处置费60万余元。加强渣土运输管理，要求渣土公司必须申报运输方案，明确运输时间(晚上21时至凌晨5时)和路线及倒土地点，确定参运车辆和保洁人员，并与施工所在地环卫所协调搞好卫生保洁。要求所有混凝土公司施工前上报施工计划，包括施工项目、施工时间及路线，从而清楚掌握这些车辆沿途撒漏情况，防止违规给“两违”工地提供混凝土施工。针对部分社会运输车辆利用下班时间不盖篷布、撒漏和未经许可运输渣土的问题，采取分片、分班、分时段在城区主要路段实行全天候、无缝隙管理，发现问题，及时查处。全年共查处未经许可擅自处置渣土的违法行为106起，散装货物运输车辆带泥上路、未盖篷布等污染环境卫生的行为121起，处罚金额16万余元；对76起轻微的违法行为进行宣传教育。

【精准扶贫】 2017年，精心组织人员入户开展“五问、六看、两查”活动。协同帮扶结对的10多个村分别召开村级座谈会，调查“五项内容”；进行个别访谈，调查“四类人”；查看“两个扶贫现场”；查阅“四类扶贫档案”。主动联系扶贫结对乡镇，进行乡镇调查，与蓬塘乡党政主要负责同志、分管同志开展个访谈，掌握乡镇贫困状况、乡镇脱贫攻坚安排部署情况、脱贫计划落实情况等内容。根据各贫困户不同情况，制订就业扶贫、安居扶贫、教育扶贫、健康扶贫和兜底扶贫措施。

【信访维稳】 2017年，常宁市城市管理行政执法局树立“群众利益无小事”的思想意识，贯彻“首访负责制”“首访归零制”，坚持为群众释疑解惑、排忧解难，全心全意为人民服务的宗旨。全年累计接待信访案件80余起，并做到件件有回复。

城乡建设投资

【概况】 常宁市城市和农村建设投资有限公司

(简称市城乡投)成立于2003年8月，注册资本100100万元，隶属常宁市人民政府。内设综合管理部、法律与招投标协调部、人力资源部、规划设计部、工程管理部、财务管理部、融资部、资产管理部、社会服务部、监察室、企业发展部、广告部。下设常宁市融资和投资有限公司和常宁市融通投资有限公司。全体在职人员71人。9月，获常宁市目标管理绩效考核优秀单位、先进基层工会、项目建设先进单位。

【资金争取】2017年，市城乡投成功融资16.68亿元，已达成合作意向融资额14亿元。发挥常宁市融与投和融通投的辅助作用，为融资工作的顺利开展提供筹融资平台；与国开行、农业银行、工商银行、长沙银行、北京银行、中航国际租赁有限公司、中远海运租赁等多家银行及金融机构进行洽谈，通过银行贷款、信托、基金、租赁等方式融资累计约100亿元；在极度紧张的融资政策环境下，寻求突破口，以市采煤沉陷区域周边乡镇安置小区建设项目发行债券12亿元。

【资产优化】2017年，市城乡投超值完成市委、市人民政府安排的资产增值的目标任务，全年资产增值约9.6亿元。其中，收储土地107.2公顷，总价值约5.82亿元；办理9本不动产权证书，总面积36.829公顷，总价值约3.78亿元。

【项目建设】2017年，市城乡投抓住项目建设这个关键，按照“开工一批、建成一批、储备一批”的思路，围绕“项目建设年”实施计划，完成年度总投资约14.7亿元。竣工项目10个，开工项目19个，储备项目12个。砚池山公园一期工程、松柏新园路提质改造工程、青阳广场、青阳北路提质工程、莲花小学建设全面竣工。尚宇大道、宜阳工业走廊(东外环)提质改造、城市环线绿化亮化工程、西一环(南段)支干道、北二环中段、市府路(提质)、维尔学校、宜水小学、第二中学迁建、人民医院扩建、华岁国际配套基础设施一期工程、泉峰街道社区卫生服务中心等12个开工在建项目顺利推进。“三馆”项目、“两馆一场”项目、市府路(新建)、西门湖公园等8个项目完成立项，正在进行相关设计工作；政务中心、北湖公园、南门湖新增工程、华岁商贸城基础设施项目配套项目二期等12个项目也在办理立项及前期其他相关手续。宜潭两水防洪风光带及“三馆”项目、人民医院扩建项目和第二中学迁建项目已进入财政部PPP项目库，城市环线项目完成项目立项手续和一方案两报告，准备入库。

文化·体育·新闻出版·广播电视

文化·体育·新闻出版

【概况】 2017年，常宁市文体广电新闻出版局机关内设办公室、人事宣教股、行政审批服务和市场管理股、艺术和文化遗产管理股、群众体育股、竞赛训练股、新闻出版版权管理股、产业发展股、规划财务股。有在职干部职工40人，退休人员22人，中共党员28名。下辖文物管理局、全民健身服务中心、文化市场综合执法大队、文化馆、图书馆、歌舞剧团有限责任公司、电影放映有限责任公司、广播影视管理中心、体校、体育场及23个乡镇(办事处)文化站，共有干部职工298人。在衡阳市文体广新系统年度考核中连续8年被评为先进单位，在常宁市年度综合目标管理考核中，连续三年被评为先进单位。

【重大项目建设】 2017年，“三馆”建设项目已规划立项并完成选址、概念性设计方案、编制和评审等前期工作；水口山工人运动纪念园建设完成选址、立项、总体设计等工作；体育运动中心(二馆一场)建设取得国土用地许可；局机关整体搬迁全面完成。

【艺术精品创作】 2017年，在衡阳市级以上参展、发表、获奖作品共34件，其中国家级创作奖2件，省级金奖2件、银奖2件、铜奖2件、优秀奖2件，衡阳市级金奖1件，各级入选作品共16件。报送34件版画作品参加中国工业版画院第五届年展，获奖入选总数11件，居全国之首。

【文体惠民工作】 2017年，常宁市文体广电新闻出版局继续开展农村公益电影放映、“送戏送图书送书画下乡”“四馆一站”免费开放等系列文体惠民工程。电影公司全年免费放映农村公益电影8000多场，社区广场电影1800多场；歌舞剧团以“精准扶贫、送戏下乡”“宣传党的十九大精神”为重点，为广大群众免费送戏100多场；文化馆、图书馆、工人运动陈列馆、体育场馆继续全面实施免费开放；在泉峰广场新建一个24小时自助图书室；开展“欢乐潇湘·幸福衡阳·魅力常宁”群众文化活动，活动历时2个月，惠及群众10万人次以上，其范围覆盖之广、持续时间之长、演出规模之大、参与群众之多前所未有，复赛演出首次进行电视、网络直播，当晚，仅观看网络直播的观众就达4万多人，网络点击率在260万次以上，刷新常宁多项第一。

【文化保护】 2017年，中田村古建筑群文物维修于4月开工；中田村、下冲村成功申报省级经典文化村镇；开启江洲遗址和新平城址的考古发掘工作；在全市范围内开展石刻文物调查与拓片工作；建立文物巡查机制；成功推荐“常宁字灯”“常宁田尾豆油”入选衡阳市第六批非遗保护项目名录；成功承办衡阳市非物质文化遗产代表性传承人培训班；成功举办常宁市首次非物质文化遗产和奇石博览会，现场销售额突破千万元，被国内多家主流媒体报道。

【全民健身事业】 截至2017年，在240个行政村安装体育健身器材，占行政村总数的65.4%。在161个行政村配置全民健身路径，占行政村总数的43.9%。组织“珠江银行杯”篮球赛、羽毛球赛、乒乓球赛、围棋赛、环城跑等系列赛事活动。参加湖南省第五届武术大赛，获金牌15枚、银牌8枚、铜牌6枚。

【精准扶贫】 2017年，常宁市文体广电新闻出版局按照省、衡阳市和市委、市政府精准扶贫工作要求，按标准为全市707个农家书屋全部补充配送图书，通过本级和乡镇文化站，对全市农家书屋管理员进行不少于两次的培训。严格按照《贫困地区百县万村综合文化服务中心示范工程方案》和《湖南省基本公共文化服务实施标准(2015～2020年)》要求，通过多种途径，自筹资金100万余元，对34个省级贫困村参照“七个一”基本标准进行建设，即1个文化活动广场，1个文化活动室(90平方米)，1个简易戏台(长10米、宽5米、高0.8米)，1个宣传栏，1套文化器材(含1套音响和部分乐器)，1套广播器材，1套体育设施器材(含1个篮球场，2个乒乓球台，1套体育健身器材)，设备设施全部到位。在结对帮扶工作上，大力支持驻村扶贫工作队工作，为新河镇吕坪村配备专门的扶贫工作电脑，为驻村人员添置一整套生活用品。按照市委、市政府要求，定期组织干部职工进村入户开展扶贫慰问送温暖活动。全体干部职工多次实地上门走访帮扶对象，详细了解家庭的生活情况、询问脱贫需求，送去慰问金共计164000元；在洪灾中，联点村新河镇湘江村受灾严重，局里组织干部职工，连续5天为受灾群众送“爱心餐”，每餐500余份，帮助村民渡过难关。

【市场管理】 2017年，开展非法地面卫星接收设备专项检查，收缴非法地面卫星接收设备50余套，机顶盒100余个。对违规设置频道进行整治，确保全年安全播出。全面安装文网卫士监控设施设备，建立12318举报中心和文网卫士监控平台。开展“清源”“净网”“秋风”“护苗”“固边”等专项整治行动，对全市演出、娱乐场所、互联网营业场所进行整治，全年共巡查780余次，发现违规行为115起，排查安全隐患120处，发出整改通知80余份，对违规接纳未成年人进入互联网营业场所的行为给予从严处罚。是年，全市共减少网吧76家，从根本上解决校园周边网吧接纳未成年人上网的社会问题，从而净化文化市场环境。对游泳场所进行专项整治。

【新华书店】 常宁市新华书店是国有图书发行企业，全称为湖南省新华书店有限责任公司常宁市分公司，隶属湖南省出版投资控股集团和常宁市委宣传部双重管理，是党和政府的宣传文化“窗口”、输送精神食粮的前沿阵地。公司经营场地分别位于常宁市青阳中路95号和青阳南路121号，经营范围主要包括：中外文图书、教材、电子产品、音像制品、文化用品、数码产品、家用电器、教育服务等。

2017年，常宁市文体广电新闻出版局坚持为教育服务、为广大师生服务的理念，克服一切困难，做好本职工作。春、秋两季教材的发行做到“课前到书，人手一册”，在广大师生及家长心中树立了负责任的企业形象。全年常宁书城开展多次营销活动，其中最为突出的是与中共常宁市委宣传部共同主办的“4.23世界图书日暨常宁市全民读书月”读书公益活动。活动的开展为偏远乡镇学校募集图书100余万元，赢得社会的广泛赞扬。年内，送书下乡，完成全市706个村的“农家书屋”配送工作。在常宁市塔山乡浦竹村建立两个科技扶贫图书室。每个员工分配2～3名扶贫对象。

广播电视

【概况】 2017年，常宁市广播电视台内设办公室、人事股、财务统计股、总编室、广播电视规划发展办公室、广播电视转播室、安全保卫股、公共服务股(科技股)、经营管理办公室、新媒体中心等10个股室。下辖常宁电视台、常宁人民广播电台、常宁广播电视宽带网络中心、常宁市广电文化传媒有限责任公司4个二级机构。常宁市广播电视台机关事业编制为144名，广播电视从业人员137 人，其中广播电视宽带网络中心98人。积极践行“诚信、服务、创新、快乐”广电人价值观，把“典型引导、安全播出、智慧跨越，特色发展”广电理念紧密地运用到工作实践中，围绕中心、服务大局，各项工作取得可喜成绩。7月，被中共衡阳市委宣传部、衡阳新闻工作者协会评为“2017年度防汛抗灾优秀新闻单位”；被中共常宁市委、市人民政府评为“2017年度常宁市安全生产先进单位”“常宁市目标管理绩效考核优秀单位”“常宁市脱贫攻坚工作优秀单位”“常宁市抗洪救灾先进集体”“常宁市人口和计划生育工作先进单位”。

【理论学习】 2017年，深入开展“两学一做”学习教育活动。组织台班子成员完成80课时在线学习。积极组织党员干部参加“红心网”理论学习。先后安排7名支部书记参加市委组织部集中学习培训。每周五中心组理论学习坚持不懈，班子成员轮流授课，参加学习人员扩大到全体正股级，用理论武装头脑，解放思想，更新观念，自感压力。在学习中，广泛开展“深刻领会中国梦，努力实现广电梦”征文活动，每个干部职工积极撰文，把所学到的理论知识与实践工作结合起来，深思熟虑为转型升级建言献策，让广电精神、广电理念和广电价值观真正融入到了每一个人的日常工作当中。全年共举办“智慧城市”“新闻创优”等专题讲座4场次，组织中层干部外出考察培训10余人次，组织采编制作人员跟班学习20余人次。对新闻从业人员坚持每周一小考，每月一大考，并奖励考试成绩优异者，这样的倒逼方法，使干部职工的思想观念得到根本性改观，由原来的“要我学”变成了“我要学”，学习积极性高涨。

【活动开展】 2017年，常宁市文体广电新闻出版局先后举行5次大型活动，每次活动或时段工作结束时，及时总结表彰。全年共表彰30余人次，特别是5万元重奖央视上稿记者，极大地激发广电人向先进看齐、向榜样学习的热情，让比学赶超成为一种习惯。“五一”劳动节前夕，在大义湖畔举行篝火晚会，表彰劳动模范，开展互动联欢，增进干部职工的情谊。首次自排自演一台高质量的“八一”晚会节目，晚会现场掌声不断，嘉宾领导赞不绝口，结束时观众久久不愿离场，其效果震撼全市。为庆祝记者节，创新思路，别具一格地举行定向越野活动，为了适应新形势的发展，开展台标征集活动。共征集来自湖北、江苏、安徽、广东、湖南、云南等多个省市作品44件，在全国引起了广泛关注。新台标形象展了常宁人文资源地貌，巧妙运了电视三基色的原理，具有灵动感，引起社会广泛关注，特别是得到业内人士高度评价，提升了常宁电视品牌的形象，满足了广大观众对电视台标审美的需求，增进电视观众的亲切感 。4月至7月，举办“常宁辣妈”评选活动。活动共吸引100余名“辣妈”参与，反响热烈。电台微信公众号由此增涨了两万实粉。

【扶贫工作】 2017年，常宁市文体广电新闻出版局先后召开17次会议，研究和部署脱贫攻坚工作，挤出帮扶资金13万余元，派出11个扶贫小组55名帮扶干部(其中党代表3人)，结对帮扶三角塘镇湖边村等10个村143户贫困户419人。按照“六个一”要求有序推进脱贫攻坚，8月前每周入户不少于一次，8月起每月入户不少于2次，在密集的结对走访中新闻工作者更接地气。中秋节自发送月饼走访贫困户传为美谈，带动全市帮扶干部节日“走亲戚”。全面落实“低保、五保”对象有线电视优惠政策，为贫困户优免有线电视收视费644832元。全市18个乡镇46个贫困村补点安装广播喇叭510套，“村村响”扶贫，平均每个村都在10个以上，让党的声音响彻常宁每一个角落。1～10月，电视《常宁新闻》和微信《天下常宁》精准扶贫分别发稿281条，在省市台上稿33条，准确、及时、全面宣传党的扶贫好政策，推介常宁市扶贫好做法、好经验、好典型，为凝聚脱贫力量、鼓舞脱贫信心、打赢脱贫攻坚战，全面建成小康社会营造良好的舆论氛围。同时，积极开展新闻援助，扶贫济困。柏坊镇宜元村李德杰、老职工遗孀谭甫容家庭生活困难，广播电视台积极组织力量，展开新闻报道和援助，凸显主流媒体的责任担当。

【新闻报道】 2017年，常宁市文体广电新闻出版局通过广播、电视、新媒体等宣传平台共发稿3000余篇，在中央、省、衡阳市级媒体上稿200余篇，传播常宁好声音，展示发展新成果。是年夏天，常宁遭遇暴雨和特大洪灾，全市万众一心抗洪救灾，广电记者采写《常宁：城区内涝 紧急转移受灾群众》在中央电视台《新闻联播》和《新闻直播间》播出，让全国人民及时看到了常宁抗洪壮举，也开了常宁台在中央电视台上稿的先河。仅第三季度就在《衡阳新闻联播》发稿47条，上稿数相当于上年1年的总和，全年在湖南卫视《湖南新闻联播》上稿5条，是前两年的总和。

【文化宣传】 2017年，常宁市文体广电新闻出版局将电视文化栏目《常宁故事》在官方微信公众号推送后，朋友圈内掀起热议。其中《如歌岁月：洋泉水库修建记忆》《柏坊：千帆过后再行舟》《洋泉风物志》等，一经推出马上刷屏。4月，协助中央电视台“发现之旅”栏目组拍摄《山水大义》，彰显常宁地方特色文化，引起社会广泛关注；5月，邀请省级主流媒体专题调研策划推介大义文化，在《红网》《时刻新闻》《今日头条》等热门网络媒体推出报道100余篇，让常宁的大义文化走向全国；十九大召开前第四天，央视以10分钟专题播出《传统文化彰显现代魅力》，让常宁大义文化耀眼海内外。被新华网评价为常宁大义文化已经成为全国地方特色文化的标杆！

【主题宣传】 2017年，常宁市文体广电新闻出版局开展“大项目建设”“精准扶贫”“两学一做”“四城同创”“落实市委经济工作会议精神”“喜迎十九大”“十九大时光”等多项有关经济、政治、文化、社会、生态方面的大型宣传报道活动，共播发消息1000余条。结合民生热点，组织记者深入基层接地气，走进企业农村、田间地头摸乡情，采写了一批来自一线的鲜活新闻。其中《常宁：冬种蘑菇成为农民增收新亮点》《常宁：今年水利建设计划完成投资2亿元》《常宁：2016年油茶产值超11亿元》《常宁：放飞1000万头烟蚜茧蜂 助力瑶乡生态有机茶生产》等稿件在上级台刊播后深受好评。推出《最美半边天 李昱岚：在呵护亲情中诠释担当》《荫田镇最美夫妻 自掏腰包清路障》《天使剪影汪东胜:病人如亲人 三十年守护初心》等报道反响良好。

【专题栏目】 2017年，常宁市文体广电新闻出版局首次采用电影手法和三维技术制作《生态强市绿色崛起》《政协扶贫工作纪实》《砥砺前行 脚步铿锵奔小康》等10个高质量专题片。先后推出《来读书吧》《国学堂》《健康》生活百事通》《交通时刻表》《爱尚生活》《推理课堂》《成语画廊》等12档直播和线型栏目，满足不同听众需求，全年共制播《早安常宁》《朝闻天下》《三农中国》《交警直播室》等广播节目1000余期。电视台对电视剧、电影、广告等节目和栏目，不断优化调整播出时段，根据观众需求适时调播影视热剧，全年共播出优质高清主旋律题材电视剧4000余集，荧屏不断活跃。台联合市纪委，重点策划推出一档全新的舆论监督类电视栏目《廉政视窗》。栏目于11月下旬首次播出后，社会反响良好。广播电台依托节目平台，推出《交警直播室》等各类生活服务类节目，进一步增加受众粘度。FM103.4常宁幸福之声公众号粉丝由3300多人升至33500多人，点击量由过去的日平均60～70次，升至170～200次。最大日浏览量达到28000多次，广播影响力明显提升。

【官方微信公众号开通】2017年4月，常宁市文体广电新闻出版局开通“天下常宁”“大美常宁”两个官方微信公众号，并使之成为推荐常宁、宣传常宁的重要窗口。其中《常宁新闻早报》日渐成为广大群众获取资讯的重要平台，业内专家盛赞并归纳具有“快、短、准、文字活、针对性强”五大特点；有些老人听说《早报》办得好，以为是纸质报纸，特来我台申请订阅。多条正能量内容被数10万人观看、转发、留言，最多时留言达300条，极大地提升常宁广播电视台的传播力和影响力。

【“天下常宁”手机台筹建】 2017年，常宁市文体广电新闻出版局将“智慧跨越”作为破颈自救的重要途径，组织人员辗转北京、上海、广州、长沙、祁东、耒阳、衡山、衡阳等地学习先进经验，紧贴市场做概念，采用资金125万元全部由第三方公司承担，建成后产权常宁广播电视台所有的方式建设“天下常宁”手机台项目，该项目被列入全市转型发展重大项目，并正在积极组织实施。

【数字电视全面推进】2017年10月18日，中央无线数字电视地面覆盖工程全部完成，拓展农村地区电视信号的覆盖范围。信号覆盖范围内可分别接收12套中央台、5套省台、1套衡阳台、1套常宁本地等19套无线数字电视节目，丰富农村群众的精神文化生活。

【传播力突破强化】 2017年，常宁市文体广电新闻出版局在衡阳地区的电视台中率先添置高清摄、录、编、播设备，节目传输质量和效果实现历史性飞跃，为转型跨越奠定了坚实的基础。加快推进并全面完成扶贫村“村村响”广播补点工作，改集中维护为专人管理，每个乡镇办事处安排专职维修人员，完善运行维修考核机制，确保广播“天天响、优质响、安全响”。十九大开幕会当天，全市11510个喇叭同时响起，转播大会报告和大会盛况。在建军90周年、香港回归20周年、党的十九大召开等重大纪念和庆祝活动中，始终紧绷导向正确、安全播出这根弦，着力抓好安全生产工作。重新调配两名年富力强的同志充实安全保卫岗位；积极开展安全生产大排查活动，整改、排除安全隐患10余处，实现安全生产“零事故”；认真落实重要保障期“领导带班制”和“一岗双责”制，实现安全播出“零差错率”。

【经营创收】 2017年，电视广告以深化广告策划为抓手，拉住老客户，拓展新业务，在逆境中实现经营收入170多万元。电台则以社会活动为抓手，不断提升节目质量，线上线下互动，积极抢占广告市场份额，全年实现经营收入60多万元。网络公司在市场竞争“白热化”、有线用户流失严重的情况下，着力加强网络基础建设，努力提升服务质量，极力控制收入不呈现断崖式下滑。全年完成经营创收2100万元。

【文明创建】 2017年，常宁市文体广电新闻出版局在《常宁新闻》中开辟“城管瞭望台”专栏报道，对全市文明创建工作的动态、成绩进行主动宣传报道，对不文明行为和创建不力的个人和单位进行深刻剖析和公开曝光。全年共发稿件100余篇，为全市创建工作的开展营造了浓厚氛围。积极开展机关净化、美化、绿化工作，添置文化宣传栏、宣传墙4处；共组织评选“十佳劳模”“优秀新闻工作者”20余人次，评选常宁市“文明家庭”1户，“常宁好人”1名。按照上级部门工作要求，大力开展志愿者招募、登记注册工作，共发展会员10余人。

旅　　游

旅　游

【旅游宣传】 2017年，在常宁市人民政府“5·12”抗灾减灾活动中，印山景区应急处突演练，省市各大媒体争相报道，提升旅游应急能力，宣传常宁市旅游处置能力。组织各景区景点、乡村旅游区、农家乐、旅行服务网点参加衡阳市茶山坳乡村旅游文化节、2017年湖南夏季乡村旅游节(株洲炎陵)、湖南省(第八届)旅游产业博览会等活动，在各项活动现场派发宣传资料5800份。组织筹办“畅游天堂山乐赏杜鹃花”活动、“5·19”中国旅游日主体系列活动，扩大常宁旅游的知名度。邀请《湖南日报》、《衡阳日报》、《衡阳晚报》等多家媒体对常宁市旅游进行采风和宣传报道；与湖南卫视签约旅游形象宣传片。6月12日，开展为期1年的常宁景区景点为主题的旅游报道进驻湖南省金鹰频道和都市频道《天气预报》栏目；携手联通公司开展“E信通”业务，向来常人员推介常宁旅游资源。全年发布旅游宣传等信息200余条。

【“旅游+”工程】 2017年，常宁市交通旅游局推进旅游与文化、体育、农业等产业融合发展，与版画、剪纸、字灯等常宁传统文化搭桥融合；授牌常宁市兰亭创客电子商务管理有限公司及常宁市梦源农业发展公司为旅游电商示范基地，加大培育力度；以常宁的历史文化为主题，与市文化执法局合作拍摄微电影《复辙》，实行文化旅游，让常宁旅游走向广州，走进青少年心里，走进旅游教育基地；与常宁常讯网络科技有限公司合作摄制《你来过常宁没有》音乐短片，在百度视频、今日头条、新浪微博、优酷视频等网站及本地有影响力的自媒体平台进行宣传，让常宁旅游走进人们的视野。

【项目建设】 2017年，常宁市交通旅游局与北京大地风景旅游公司合作，完成《常宁全域旅游发展规划》编制工作。出台《常宁市全域旅游产业发展奖励实施细则》《中共常宁市委、常宁市人民政府关于实施全域旅游战略建设旅游强市的决定》，全市投入旅游发展资金3000万元。旅游公路国道234线、省道347线前期工作基本完成；罗桥樱花园、西江瑶寨风景旅游区、西岭、塔山等旅游名镇，桐排村等旅游名村等旅游项目上报省市主管部门并纳入实施方案；水口山红色工矿旅游区启动征迁工作；庙前景区征迁进入实质性阶段，印山创AAAA级景区前期工作基本就绪，财富大道已开工建设；天堂山入口(狮园村)完成旅游厕所、游客集散中心、旅游长廊、旅游门牌、旅游停车场建设；庙前、西岭、塔山、胜桥打造乡村旅游热门区、美丽乡村示范区的思路和规划基本完成；与北京大地、东方园林等公司(集团)就投资建设形成合作意向协议。

【行业安全管理】 2017年，按照上级的要求，为防范印山景区出现塌方、山体滑坡、泥石流等地质灾害，年内对庙前印山景区进行地质灾害隐患排查，共发现隐患3个，并要求景区立即提出整改意见并制定应急预案。根据省市文件精神，以旅游包车安全整治、高风险项目安全规范、景区流量控制治理、出境游安全提升为抓手，开展安全月活动，对景区、旅行社网店进行安全隐患排查。组织工作人员对全市景区景点、农家乐、乡村旅游区、旅游宾馆、旅行社进行20余次安全大检查、大管控、大整治活动；组织安全培训、安全教育8次；积极参加全市安全日宣传。对全市旅行服务网点、宾馆及景区的经营情况进行排查摸底，严厉查处不规范甚至是违法的操作行为。出台《常宁市人民政府办公室关于开展打击整治户外QQ群、俱乐部等非法经营旅游业务专项活动的通知》(常政办函【2017】68号)，集中整治常宁户外俱乐部、车友会等组织经营旅游活动，支持并引导其合法规范与旅游融合。

【“AAAA”创建】 2017年，印山文化旅游区创AAAA景区，征迁工作进入实质性阶段。财富大道即将验收，中田古民居正在进行保护性修缮，印山景区进行扩容提质，财神洞进行提质改造，游客中心完成选址、旅游厕所修建完成。

【旅游专线建设】 2017年，常宁市交通旅游局推进省道347线、国道234线旅游高等级通道建设。提质改造串联大义山、庙前景区、罗桥樱花园、天堂山国家森林公园、西江漂流等旅游道路。国道234线计划年内投资6.48亿元，省道347线计划年内投资3.2亿元，并全部开工建设。

交通旅游投资

【概况】 常宁市交通旅游建设投资有限公司注册成立于2013年9月，2015年10月正式组建运作，注册资本金5.003亿元，下属全资子公司4家，公司地址：宜阳办事处青阳北路A29区。现有班子成员8人，各类专技人员13人。公司按现代企业管理要求设有董事会和监事会，日常工作采取董事长负责制。董事会由政府相关部门人员组建而成，其他人员按公司法规定聘任。2017年，公司有董事长、总经理、监事长各1人、副总经理3人、纪检组长1人、财务总监1人、员工42人。公司账面资产达到11亿元，启动项目建设27个，其中做好前期项目7个，开工项目11个，进入招标项目6个，完成项目3个，完成融资10亿元，完成投资4.1319亿元，通过资产归集、土地收储，办理相关手续的实际净资产3.94亿元，较2016年实际净资产2.65亿元增长48.7%，至12月底，国有固定资产市场溢价率达33.9%，全面完成年度工作任务。

【项目推进机制】 2017年，常宁市交通旅游建设投资有限公司承建的城市、交通、旅游及小城镇基础设施建设项目共27个，其中重点项目13个，筹备项目6个，其他项目8个，总投资近80亿元。为加大项目推进力度、提升效率。将项目建设任务分解落实到具体责任人，确保每个项目都能按时序有效推进。逐个项目建立工作台账，每周及时上报项目推进情况。准确把握项目推进工作节点，明确每个项目的工作目标，按照项目建设计划，确保项目的开工、建设、推进。实行周会办、月公布、季点评、年考核。每周组织一次项目推进工作调度会，并跟进服务与督查，对需要解决的问题，由公司领导协调会办；每月公布项目推进情况，对进展缓慢未达节点的项目进行督办，对需要市里协调的事项，报市主要领导、分管领导及相关职能部门。发扬“五加二、白加黑、晴加雨、好加快”的精神，加强项目建设目标管理和施工现场的管理，积极主动与相关职能部门单位协调。通过多措并举，多法齐施，项目建设推进效果非常明显。国道

356线(原省道320线)提质改造项目，官岭至祁阳柏树下完工，城区至官岭段(宜官大道)按一级公路高标准改造，完成大部分路基工程，达到预期工程进度目标。庙前景区提质改造项目顺利通过省住建厅的审批、评审、授权，一期工程即创国家AAAA级景区工程项目开工建设，部分子项目如旅游公厕已完工，财神路公路提质改造工程已正式开放通车，中田古民居保护性开发取得实质进展，其他子项目近期内全面开工，预计2018年4月全部完工。虎溪小学扩建项目完成主体工程，青市车站站前广场新建项目年底完工。城市公交综合停车场、新河至大堡公路提质改造项目开工建设。大义山-罗桥樱花园——印山旅游专线项目已完成立项工作，进入施工图评审阶段。宜阳至依湖段公路提质改造项目完成工可编制，进入立项工作。原省道214线北门桥至大立桥提质改造工程项目进入招投标阶段。塔山风车口至天堂山道路提质改造项目开工建设，庙前至桂阳辉山旅游道路项目完成立项工作。

【前期工作】 2017年，常宁市交通旅游建设投资有限公司针对项目立项、规划、环评等前期工作，为进一步提高效率，为项目建设提供优质高效的服务，确保项目快速、合法开工建设，公司对重大项目建设实行项目分级储备和动态管理，对项目前期工作进行日常调度管理和综合协调推进。建立任务清单制度，每周列出任务清单，坚持问题导向，切实补好项目前期工作短板，全力以赴攻坚破难。在项目前期手续审批方面提速提效，从完成立项到初步设计批复，实现超快审批。省道347线庙前至塔山公路项目、国道234线新河至蒲竹公路项目位于“三区两园”范围内，前期工作复杂，土地调规、风景选址、环评、林评、规划选址、水土保持、设计评审、立项批复等相关手续都需要国家或省厅审批同意，协调难度非常大。省交通厅行业批复、省住建厅风景选址批复在短时间内高效率、低成本完成，省国土资源厅土地调规、预审和规划选址，环评、林评、水土保持等手续资料已全部上报国家和省厅、市局相关部门审批，并完成立项批复工作，勘察和设计工作同步推进，初步设计成果已进行评审。樟木岭车站工可、规划选址和土地调规工作完成，环评、用地预审、水土保持、行业批复等手续正在办理。印山文化旅游区全域旅游暨创AAAAA项目完成省住建厅总规评审及泉井游客中心、潭水风光带、海已湾石林、中田古民居、石马地质公园详规评审工作。省道338线烟洲至城区段公路项目启动工可、初勘初设工作。南岳机场至常宁(云常快线)公路项目进入工可、初勘初设阶段，力争尽快挤入发改委PPP项目库。农村道路提质改造项目已全部纳入农发行和国开行PSL项目库，工可、立项及规划设计正常进行。新能源美丽乡村建设项目完成工可和立项，并通过衡阳市发改委报送省PPP项目库。

【微小项目建设】 2017年，天堂山游客服务中心及配套设施项目顺利完工，并投入使用。常洋路兰江段改道项目开工建设。县道075线田尾至蓬塘段大修项目完成招投标工作，11月16日施工单位已进场开工建设。烟洲小城镇建设项目和塔山西江漂流提质改造项目前期手续全部办理完成，因未纳入考核，工程暂停。三角塘镇渔池桥、西岭镇西岭桥危桥改造项目开工建设，年底完成大部分工程量。

【融资工作】 2017年，常宁市交通旅游建设投资有限公司向长沙银行、建设银行、中信、民生、农发行等多家金融机构进行融资，累计融资10亿元，较好地保证项目的资金需求。宜官道路项目与长沙银行达成2.8亿元项目建设资金融资，并通过质押向长沙银行衡阳分行融资5000万元；庙前景区提质改造项目与建行和农发行分别达成2.4亿元的工程贷款及1.36亿元棚的改资金，按进度拨付；银行流动资金贷款4亿元，其中中信银行流动资金贷款1亿元，长沙恒丰银行融资租赁贷款1亿元，长沙华夏银行流动资金贷款1亿元，中电投资管理有限公司融资租赁1亿元；积极包装申报PPP项目，解决省道234、347线、338线等即将实施的重点项目资金问题；落实市委、市人民政府产业扶贫、脱贫攻坚战略部署，争取到庙前景区产业扶贫资金2098万元、罗桥樱花园产业扶贫资金1975万元。

【保值存量】 2017年，常宁市交通旅游建设投资有限公司完善手续，做实一批资产，将政府注入的医学会地块等5宗国有资产，通过合规合法程序，全部做入公司有效净资产。有选择性地从市场购入一批资产，瞄准升值潜力，对较大的土地、房产，组织资金以竞拍方式购入。年内竞买庙前生态农庄房产1050平方米,土地1.1公顷；富贵集贸市场地块21.83公顷，南一环中地地段地块1.47公顷,共计0.4亿元，现市场价值0.52亿元，增值29.5%。通过建设开发控制一批资产，以印山景区创AAAA旅游区为契机，通过征地、流转、竞拍方式控制林地35.61公顷，水田18.47公顷，开发用地25.90公顷，市值估算5.8亿元。兼并重组注入一批资产，积极争取市人民政府和交通部门的支持，将收费公司公交公司并入交通旅游投，年内前期工作取得实质性效果。

【旅游产业】 2017年，常宁市交通旅游建设投资有限公司按照打造“旅游名市”的战略要求，依托庙前景区丰富的旅游资源，立足打造国家AAAA级景区的近期目标，以打造国家AAAAA级景区为远期目标，以印文化体验、地质观光、乡村休闲为主题，着力打造常宁旅游精品。项目建设资金全部到位；景区涉及到的国土、规划、环评等手续办理到位；涉及老百姓拆迁、安置补偿等工作稳步推进；景区征地、拆迁、土地流转等工作基本完成。年末，完成征地9.1333公顷、拆迁房屋25幢3672平米、土地流转60.54公顷。同时，项目顺利通过省住建厅风景规划选址、初步设计评审、施工图审查等手续报批，顺利通过2017年省住建厅风景名胜区保护管理执法检查验收。年内，景区建设一期工程(创国家AAAA景区)各子项目如期施工：印山旅游厕所提质改造工程全面完成，通过验收并投入使用，正在申报衡阳市旅游公厕质量等级评定工作；财神路公路提质改造工程全面完成并通车；中田古民居房屋修缮(一期)工程全面完成，与老百姓圆满达成古民居及翠微峰租赁协议；景区标识标牌工程完成招标；景区网站建设、电子购票网站等智能化系统全面完成；景区安置区(三通一平)工作全面施工；其他子项目包含印山内外广场、印山游步道提质改造、印山和财神洞游客接待中心改建、潭水河风光带(金龙河段)提质改造、财神洞广场景观、财神洞内土建及灯光、印山大道强弱电下地、省道214线至金龙村岔路口道路油化、印山景区内棚户区改造等前期工程全部完成。

【存在的问题】 2017年，常宁市交通旅游建设投资有限公司优质资产不足，持续融资能力不足，公司作为市人民政府的交通旅游融资平台，投资项目集中为公益性基础设施项目，规模较小、实力较弱，暂无实质性收益，土地资产在当前政策条件并不能作为融资资产，缺少可抵押、可经营的有效优质融资资源，现金流薄弱，可持续融资能力较弱；资产盈利能力较差，公司成立以来，政府投入交通旅游投公司的资产大多资产不实，产权固定到交通旅游投资公司的资产十分有限，资产盈利能力差，还未能通过市场化经营，形成盈利能力强的资产，而这些资产恰恰又是公司融资的载体，承担着巨额的债务。由于自身“造血”功能不足，没有稳定的收入来源，严重制约项目融资和建设进度；工程专技人员引进难，公司正在开展省道347线、国道234线、356(原S320)线等众多重点工程建设，交通建设任务十分繁重，由于种种原因，公司难以吸引高技术高素质的工程管理技术人才，工程技术力量相对不足，将影响后续工程的开展；项目前期准备工作复杂，手续办理难度大，公司所承建的交通旅游项目前期工作与其他投融资平台有所不同，大多位于“三区两园”范围内，如印山景区创AAAA、省道347线、国道234线前期工作复杂，土地调规、风景选址、环评、林评、规划选址、水土保持、设计评审、立项批复等相关手续都需要国家或省厅审批同意，协调难度非常大。

湖南天堂山国家森林公园管理处

【概况】湖南天堂山国家森林公园位于常宁市南部，地处衡阳、郴州、永州三市交界处，总面积6695.8平方千米。其中，林地面积5723.4平方千米，森林覆盖率85.90%。境内物种资源十分丰富，被誉为水的源头、林的海洋、云的故乡、天然氧吧、摄影师的天堂，是衡阳市占地面积最大的国家级森林公园，也是湘江一级支流白水和宜水的发源地，更是常宁市乃至衡阳市一块重要“绿肺”和天然绿色屏障。公园由弥泉景区和庙前景区两个部分组成。弥泉景区包括弥泉国有林场4个管理区、原弥泉乡4个村和塔山瑶族乡5个村。庙前景区包括中国印山、财神洞、庙前古民居。2017年，湖南天堂山国家森林公园管理处内设综合科、经营管理科、资产管理科、资源保护科，下辖国有弥泉林场、九龙塔、铜钟岭、印山3个管理所。

【产业建设】 2017年，湖南天堂山国家森林公园完成林相改造项目66.667公顷造林，省级森林经营示范基地项目的133.82公顷森林抚育，现代林业产业园森林旅游产业园项目的5.7千米旅游步道修缮。维修盐茶古道6.2千米，发展景观茶园20公顷，各类标识标牌120块，建设环保公厕和生态停车场两处。完成湖南天堂山国家森林公园智慧旅游APP系统建设。申报欧洲银行贷款的湖南森林提质增效示范项目和湖南天堂山国家森林公园省级近自然森林经营示范基地项目，已通过省林业厅评审。成功申报第三批“中国森林氧吧”、湖南省第二批森林康养示范基地和衡阳市森林防火综合治理建设项目。通过向省旅发改委、省扶贫办、省林业厅申报湖南旅游精准扶贫示范项目，为森林公园的发展和旅游开发提供良好的平台。通过常宁市交通旅游投资公司投资9120万元，修建印山大道、修缮中田古民居、改造财神洞灯光设施、修建停车场、环保公厕和休憩长廊，升级提质景区建设；常宁市旅游服务中心投入36万元，用于塔山停车场和狮园村公厕建设；衡阳市驻塔山狮园村扶贫工作队投资1200万元用于园区公路、桥梁和亭子的维修和建设；衡阳市林业局投资400万元用于狮园村绿化；衡阳市水务投投资300万元修建停车场，常宁市交通旅游局投资800万元用于园区4.2公里公路和油化和提质改造；常宁市兴华农业开发有限公司、常宁市瑶园农业有限公司共投入4500万元用于景观茶园、休闲山庄、接待中心的建设；宜家、谷佳、琴瑶等农民专业合作社共投入1200万元用于园区道路、茶园和休闲设施建设。通过省林科院的科技支撑和实地调研，以林下经济模式发展园区风药种植与生产基地，初步规划和引导种植基地23.334公顷，并计划将瑶族风药通过省专家评审认证，规模发展。同时，结合扶贫，引导当地合作社和农户发展生态种养和土特产品营销，计划通过合作社和电商平台，做好扶贫产业。以生态特色申报商标，推广当地土特产品，带动当地发展致富。

【森林防火】 2017年，湖南天堂山国家森林公园配合市林业森林公安，加大森林防火宣传力度，做好园区森林防火宣传工作，实行森林防火“网格化”管理体系，形成齐抓共管、群防群治的工作格局。同时全力构建森林防火体系，完善森林防火设施建设。通过向衡阳市林业局申请森林防火综合治理项目建设，在森林公园范围内建设森林防火瞭望台及安装监测系统五处，组织成立30人的扑火应急分队。

【旅游安全】2017年，湖南天堂山国家森林公园严格落实节假日值班制度。特别是在“五一”“十一”和天堂山观赏杜鹃花期间，成立领导小组，出台安保措施和实施方案，维护观花期、旅游期安保和保洁工作。同时，协助市委、市政府，完善风景名胜区的环境综合治理，提高园区生态环境质量。强化林政管理，努力保护园区内森林资源。充分发挥森林公园的生态功能，改善动植物的生存环境、增加生物多样性、维持生态平衡和实现生态系统良性循环。积极排查非法占用林地，完成园区旅游规划红线。

【精准扶贫】 2017年，湖南天堂山国家森林公园共投入资金10万元，结对帮扶塔山瑶族乡双河边村帮扶34户贫困户。对其进行认真摸底调查、建档立卡，制定切实可行的帮扶措施，并成功让3户脱贫。

【存在的问题】 2017年，园区旅游基础设施落后，森林公园的旅游开发还处于起步阶段，园区内旅游基础设施和旅游服务设施十分落后，财政投入力度不够，招商引资开发旅游难度大；公园管理有待进一步理顺，虽然已将印山—天堂山西江风景名胜区和原弥泉乡所属的双河、更新村划回由森林公园管理，但森林公园与庙前、塔山等乡镇办事处位置的交叉重叠，国土、规划等职能部门在园区无下设机构，公园的统一管理、保护和建设难度较大；机关运行困难，机关一般工作人员还未全部到位，招考专业人员将在明年完成，公园的规划和建设方面进展慢；管理处下属的三个管理所和风景办机构还未成立，相关职能履行难度大；单位各项支出较大，资金缺口大。

教　育

教　育

【概况】 2017年，常宁市教育局内设办公室、人事股、普教股、职教成教股、教师工作股、体卫股、法规股、计财股、审计股、民办教育股、毕业生就业管理股、教育督导股、纪检组、工会、妇委会，下辖二级机构有教育经费管理中心、教育教学研究室、电化教育技术装备站、勤工俭学管理站、招生考试委员会。全市现有中小学校、职业学校215所，普通高中4所；完全中学1所；职业高中3所；农广校1所；义务教育阶段学校206所，其中九年一贯制学校13所、初中35所、小学157所(含片完小74所，村联小83所)、特殊教育学校1所)。全市各中小学校、职业学校在校学生127510人，其中普通高中在校学生15506人，义务教育阶段在校学生106445人(初中生33889人，小学生72556人)，职业高中在籍学生5559人；有在编教职工7289人(含特岗教师468人)。现有幼儿园210所(其中公办幼儿园及学前班62所，民办幼儿园148所)，在园幼儿23256名。1月，常宁市教育局被湖南省教育厅授予“全省教育通联二类通联站”；2月，常宁市教育局被衡阳市教育局、衡阳市教督委办授予“2016年度教育行政部门工作评估考核优秀单位”，被衡阳市教育局授予“衡阳市教育阳光工作先进单位”；10月，宜阳小学被湖南省教师教育学会授予“2017年教师教育宣传工作先进单位”；12月，宜阳小学被授予“全国中小学中华优秀文化艺术传承学校”，常宁市被湖南省教育督导委员会授予“湖南省中小学校责任督学挂牌督导创新县进单位”，宜阳小学被国家教育部授予“全国中小学中华优秀文化艺术传承学校”。

【重视教育】 2017年，常宁市四套班子主要领导先后多次专题调研教育工作，召开1次市委常委会专题研究教育，多个专题会议纪要涉及，形成人大审议决议1个，其内容均是强化教育稳步发展。积极化解义务教育阶段学校及一中、二中等学校债务。市财政继续安排1000万元，用于缓解高中学校因取消择校生带来的经济压力。市委决定教师节期间召开全市表彰大会，在全市营造浓厚重教氛围。为化解城区学校“大班额”，市委、市政府决定建设10所学校，一次性解决城区“就学难”问题。常宁市对教育经费的保障、教育环境的优化、教育发展的规划、教师的补充及待遇的落实不打折扣，走在衡阳市的前列。财政对教育的投入按照政策，实现“两个比例，三个增长”，投入总资金逐年增加。为加快推进“教育黄线专项规划”和城区学校扩容提质项目的落实，市委、市人民政府预算安排2000万元建设资金，确保城区学校建设的顺利推进。

【规范管理】 2017年，常宁市各级各类学校安全意识明显增强，安全措施更加有效，安全教育实现常态化，安全隐患及时排除，安全防患更加到位，安全事故大幅下降。是年，全市中小学校严格按照要求，认真抓好落实，切实加强教学视导，建立健全教学常规检查机制，实现常规管理工作规范化、精细化，增强课堂教学的有效性。各中心学校对所辖中小学的教学常规检查实行“月检查月通报”已成常态。各学校教风、学风、校风进一步好转。各校认真开展“教育规范管理年”活动。9月，对“教育规范管理年”活动进行总结，收效非常明显。是年，以抓考纪考风为突破口，强化质量意识，落实提升教学质量的各项措施。高考、学考组考工作实现“三杜绝一减少”目标，中考组考工作规范有序，得到省、市巡视组的充分肯定。全年高考本二及以上上线人数为1253人。高二学考九科平均及格率为93.65%。小学合格率从2016年的37.81%提升到2017年的46.74%；人平总分从2016年的181.57分，提升到215.36分。

【师资队伍建设】 2017年，全市计划招聘470名(含特岗)教师，实际到岗418人，其中特岗教师105人，回常免费师范生69人，本级招聘244人。全市的免费师范生定向培养计划为196名，完成190人。这些途径招聘的教师都无一例外地分配到乡镇学校工作，特别是贫困地区所在的学校，以强化贫困地区所在学校的师资力量。

【教育帮扶】 2017年，常宁市学前教育贫困幼儿享受每期500元的资助；义务教育阶段贫困寄宿生享受小学每期500元，初中每期625元的生活补助；高中贫困学生享受每期500元、1000元、1500元不等的助学金；中等职业学校的学生每人每期享受1000元的国家助学金和国家免学费政策；贫困大学生(含大学专科、本科和高职)和研究生，享受国家财政贴息每年每生8000～12000元不等的助学贷款。2017年上期，全市有1360名幼儿享受入园补助，共计68万元；有16506人享受初中小学寄宿生生活补助，共计926万元；有2290人享受普高国家助学金补助，共计180万元；有912人享受普高免学杂费，共计80.24万元；有551人享受中职国家助学金，共计55.1万元。是年暑假，开展大学生生源地贷款工作，全年有近950名大学生享受到生源地国家贴息贷款，贷出金额约750万元。2017年下期的贫困学生资助资金安排幼儿园扶贫资金68万元，义务教育阶段898万元，普高免学费60万元、助学金180万元，中职免学费500万元、助学金60万元。

【义务教育】 2017年，常宁市迎接全国义务教育发展基本均衡县评估认定工作非常顺利，并通过实地验收。相关工作得到教育部评估专家组的充分肯定。常宁市总得分为99.5分，名列衡阳市第一，湖南省第二。

学校建设

【常宁二中新校区建设】 2017年，常宁二中新校区建设累计完成投资4500万元。学校占地面积24.7066公顷，建筑面积13万多平方米，规划建成150个教学班、7500人规模的全寄宿制、全封闭式的高中学校。学校预计投资3.9亿元。《建设项目选址意见书》《建设项目用地预审意见书》已办理，项目可行性研究报告、固定资产投资项目节能评估报告和环评报告通过，总规图已经大规委会审议通过。产权登记证正在办理，征地拆迁工作进展顺利，“三通一平”及地基勘察工作在紧锣密鼓地进行。单体物设计和招投标也在进行。

【尚宇学校建设】 2017年，衡阳市八中尚宇中学建设完成项目立项、环境评估报告、地质灾害危险性评估报告；完成农民预征地工作和省、衡阳市报批工作；学校总体方案设计已获规划局批准，施工设计已基本完成；完成项目用地范围内迁坟工作的85%；一期建设土方工程基本完成。项目总用地面积16.546公顷，其中学校用地面积12.387公顷，道路及配套建设用地面积4.158公顷；总建筑面积97955.74平方米。总投资约2.5亿元人民币。总学位5000人。学校由湖南尚宇教育投资有限公司与衡阳市第八中学共同举办，规划建成集小学、初中、高中十二年一贯制全日寄宿制。

【学墙小学建设】 2017年，学墙小学教学楼建设办理相好关手续，完成立项批复和土地预审，并申报国土使用证。该校于2009年升格为完小，有25个教学班、1800名学生。按照城区学校扩容提质规划，对学校进行扩建，规划占地面积为0.8633公顷。预计建成30个班、可容纳1800人规模的教学楼。

【虎溪小学建设】 2017年，虎溪小学建设学进展迅速。已完成征地、青苗补偿、业主变迁、招标、三通一平等各项工作。该校规划占地面积为1.27公顷，计划建成24个教学班，可容纳1200名学生就读。学校主体工程由市交通投资公司负责建设，围墙外(含校门、围墙)项目以市教育局为业主单位建设。

【宜水小学建设】 2017年，宜水小学建校规划手续基本完成，施工许可、规划许可计划办理顺利。国土证件办理、环评手续及地勘工作进展顺利。学校规划总用地面积30412.4平方米，其中净用地面积29466.2平方米。总建筑面积19918平方米，宿舍建筑面积7200平方米。

卫生和计划生育

卫　生

【概况】 2017年，常宁市卫计局机关内设办公室、人事股、财务股、规划与信息股、法规股、药物政策与基本药物制度股、疾病预防控制股、医政医管股、中医药管理股、基层卫生股、妇幼健康服务股、综合监督股、爱国卫生工作股、计划生育基层指导股、计划生育家庭发展股、流动人口计划生育服务管理股、宣传及科教股、计划生育市直机关指导股、机关党总支、纪检监察室、工会、妇委会、信访室、计生协会、计划生育药具管理站、红十字会。全市卫生计生工作以医药卫生体制改革为主线，以加强医疗业务能力建设、强化卫生基础建设、落实计划生育基本国策为重点，狠抓各项卫生计生重点业务工作，取得一定成绩。

【卫生基础设施建设】 2017年，市人民医院扩建项目用地规划选址红线控制图审定通过，征地环节完成，年底动工建设，用地总面积19.27公顷，计划总投资约8亿元。宜阳、泉峰、培元三个社区卫生服务中心建设项目稳步推进，规划用地分别为3.2公顷、1.76公顷、2.02公顷，经市人民政府批准同意，三个社区卫生服务中心项目由市城乡投公司以融资代建的方式打捆建设，并解决建设资金1.2亿元。市妇幼保健院计生服务大楼、第二人民医院扩建项目、疾控中心建设项目正在办理前期手续。

【规范实施基本药物制度】 2017年，常宁市卫计局加大对基本药物运行的监管力度。由市医改办牵头，组织物价、卫生等部门共同参与，对全市各乡镇(社区)卫生院的基本药物制度运行情况开展多次督查，重点检查基本药物的采购、配送、价格、临床应用等。全市基层医疗机构无网外采购基本药物和乱收费的现象。在市人民医院、中医院、妇幼保健院、二医院、水口山职工医院等5所医院推行公立医院改革，实施基本药物零差率销售，运行情况良好。8月1日起，对全市村卫生室全部推行基本药物制度，至年末，全市新老村合并后的367个行政村现有340个行政村实施基本药物制度，覆盖率92%，由乡镇(社区)卫生院网上统一代购，一并实行药品零差率销售。根据省、衡阳市相关文件精神，常宁市出台《常宁市公立医疗机构落实药品采购“两票制”实施方案》，规定全市公立医疗机构从10月1日起全面实行药品采购“两票制”。

【人才队伍建设】 2017年，提高全市卫生计生队伍的整体素质，市卫计局举办各类培训班，组织广大业务人员集中学习。同时加大考试考核力度，不断提高队伍业务水平。3月16日，组织召开计划生育工作业务培训会，全市各乡镇、办事处卫计办人员主要参加学习半年计生报表填写和下阶段各项计生业务工作。6月9～10日，举办2017年度全市计生业务培训暨技能竞赛，重点对流动人口管理、政策法规、利益导向、计生协会、出生缺陷防控等业务内容进行培训和考试，考试成绩将作为年终绩效考核的重要依据，全市各乡镇(街道)办事处卫计办约300余人参加学习考试。6月28～30日，举办全市基本公共卫生培训考试和乡村医生培训，共1500余人参加培训，业务能力和技术水平得到全面提升。同时，各医疗卫生单位加强对医务人员基础知识、基本理论、基本技能的训练，选派年轻骨干医生到上级三家医院进修学习，持续提升医疗质量和服务能力。7月底，派出代表队参加衡阳市卫生应急技能竞赛，获得团体一等奖。

【医疗质量管理】 2017年，常宁市卫计局落实《医疗质量管理办法》，完善医疗服务质量管理与控制指标体系，强化市级质控中心(常宁市院感质控中心)建设与动态考核。抓医疗质量、医疗安全管理，落实好巡查、点评、约谈、通报、处罚制度，持续提升医疗服务质量。3月，市卫计局组织专家对多起医疗纠纷进行调查和处置，并对相关责任人进行通报和处罚，约谈相关医疗机构主要负责人。同时，召开通报大会，要求全市医疗机构主要负责人及二级医院科主任、护士长参加，在会上将几起纠纷事件予以点评和通报。推进急诊质量管理。各二级医疗机构急诊科按《湖南省医院急诊科质量控制评价标准和要求》建设，并逐步达标；各基层医疗机构设立了急诊(抢救)室，配备必要的急救药品和设备设施，所有一级以上医疗机构均实行24小时应诊，及时有效救治急诊病人，对急危重症患者适时转诊。督促各医疗机构落实好18项医疗核心制度，对几起纠纷中部分核心制度落实不到位的情况予以剖析，责令相关的医院认真组织医务人员学习医疗护理核心制度及相关医疗规范、指南、操作规程，切实加强对重点部门、重点环节和重点操作的安全风险管理，杜绝医源性因素医疗事故发生，提高诊疗服务能力。

【妇幼卫生工作】 2017年，全市全年活产数8628人，产妇8526人；孕产妇系统管理8179人，系统管理率91.26%，住院分娩8626人，住院分娩率99.98%。7岁和3岁以下儿童分别为62097人、28609人，保健管理率分别为95.2%、90.79%。规范实施妇幼健康服务项目。实行农村孕产妇住院分娩基本医疗全免费政策。2016年10月1日至2017年8月，农村孕产妇住院分娩5223人，补助资金156.70万元。各乡镇对辖区内的孕产妇进行摸底和系统检查，严格按照高危妊娠评分标准进行筛查与管理，全年共筛查高危孕产妇2055人，筛查率23.93%，管理率100%，高危评分≥20分的孕产妇全部进行面访，并全部住院分娩。落实出生缺陷三级干预措施。认真开展免费婚前医学检查、孕前优生检查、叶酸增补工作。全年婚检人数9598人，婚检率为90.58%，检出疾病人数为928人，检出率9.67%。农村适龄妇女“两癌”免费检查项目工作有序开展。4月20日，全面启动全市农村适龄妇女“两癌”检查，到8月底完成“两癌”初筛。累计完成乳腺癌检查10003人，发现可疑乳腺癌病例664例，检查出癌前病变10例、癌症病人6例，均进行全程追访和有效干预、治疗。开展妇幼健康优质服务示范工程创建工作，严格落实首诊负责、三级医师查房、疑难病例讨论、术前讨论、交接班等核心制度，加强对群众的健康教育，强化妇幼卫生知识、妇幼保健惠民政策宣传，为创建活动营造浓厚的氛围。9月21～22日，创建妇幼健康优质服务示范工程接受省级评审。

【医疗纠纷处置】 2017年3～6月，常宁市境内先后出现6起医疗纠纷和事件：市妇幼保健院“3·20”、“4.30”、“5.14”医疗纠纷，市人民医院120急救中心“5.8”医疗纠纷，西岭镇“5.16”非法行医，中医院“6.12”医疗纠纷。对这些纠纷和事件，市卫计局在市委、市政府的领导和相关职能部门的支持下进行妥善处置，严厉打击在医院挂横幅、堵大门等恶性“医闹”行为。对全市医疗卫生单位进行“回头看”，对存在的问题逐一排查、限期整改；全面加强行业作风建设，加强医德医风教育；加强医疗质量和医疗安全管理，努力提高医务人员的职业道德素养和专业技术水平；全面落实医疗护理核心制度，内强素质，外树形象，为人民群众健康提供优质服务。在处置医疗纠纷和事件时，及时报告市委、市政府，由市政府办牵头，市卫计、公安、司法、宣传、信访部门及患者所在地的乡镇党委政府、村两委干部参与，成立调解领导小组。公安干警第一时间介入，维持医院公共秩序，调解人员与患者家属进行沟通，引导家属走法律程序解决问题。宣传部门及时关注、回复舆情舆论。公安部门对主要闹事人员予以行政拘留，遏制恶性事件的发生。9月18日，召开全市“维护医疗秩序、创建平安医院”动员大会，出台一系列打击医闹和处置医疗纠纷的工作方案。市政府成立医疗纠纷应急处置领导小组，政法、卫计、司法、公安等部门协作成立医疗纠纷调解中心和人民调解委员会，引导医患双方依据事实和法律公平解决纠纷。

【精准扶贫】 2017年，常宁市卫计局组织所有乡镇(社区)卫生院对全市21402户、57757人建档立卡贫困人口进行精准核实，全部建立健康档案，将11795人因病致贫、因病返贫对象建立健康帮扶台账，并同步开展重点人群健康管理和基本公共卫生服务。通过精准识别，全年建档立卡15693户、49113人；各医疗单位为最新核实的6310户、18142人全部建立健康帮扶台账。根据工作实际情况，下发《常宁市农村建档立卡贫困人口住院先诊疗后付费工作方案》，明确“先诊疗、后付费”具体操作办法，并在市直医疗卫生单位、乡镇(社区)卫生院全面推行。为建档立卡贫困人口提供基本医保、大病保险、民政求助、商业补充保险“四重保障”，对特困人口实施兜底保障。主要抓好五项政策的落实：对全市未参加城乡居民医保的建档立卡贫困人口实行财政兜底代缴，实现建档立卡贫困人口城乡居民医疗保险参保率达100%；建档立卡贫困人口参与城乡居民医保就医报销比例提高10%；建档立卡贫困人口大病保险补偿起付线降低50%，报销比例提高5%；贫困户参加家庭综合保险，最高给予90%的保费补贴；贫困患者在市域内医院住院实行“先诊疗、后付费”。至年底，农村贫困人口“先诊疗后付费”共5693人次，住院总费用910.86万元，提高报销比例减少的费用为86.65万元，平均报销比例85.5%。6月，在湖南省内率先启动家庭医生为建档立卡贫困人口签约服务，实行基础包服务全免费，提供基本医疗、公共卫生、预约诊疗、家庭病床等免费服务。由服务团队组织家庭医生对建档立卡贫困人口进行免费健康体检，完善健康档案，建立“一对一”的家庭医生联系。全市建档立卡贫困人口家庭医生签约服务全面完成。

计划生育工作

【概况】 2017年，全市出生12488人，出生率为12.88‰，符合政策生育率为91.76 %，政策外多孩率为8.23%。下发《常宁市2017年度全员人口数据清理清查方案》，经过集中清理，重复数据、逻辑错误、空填比例大幅下降，怀孕上报、出生上报、避孕措施上报及时率明显提高，办证率和协查率、管理关系移交等相关数据质量均有明显提升。每月对乡镇进行1次计生督查，每季度对市直计生综治单位进行一次督查。每月对平台数据指标进行监测分析并考核。落实“一票否决”制度。3月底4月初，市人口计生领导小组已经直接对2016年度人口计生工作被“黄牌警告”的8人进行诫勉谈话，同时责令天堂山办事处、烟洲镇、荫田镇、白沙镇、三角塘镇、庙前镇分别对本辖区2016年度人口计生工作被“黄牌警告”的村及其相关村干部进行约谈和其他处理。各计生综治部门积极履行综合治理职责，及时落实计生审查、协同管理、信息共享、政策兼容工作任务，完善台账，及时上报资料，形成了齐抓共管计生工作的格局。公安部门通报出生上户信息11619条，已婚育龄妇女迁入迁出信息1755条，民政部门通报婚姻信息6199条；教育部门通报新生入学信息10621 条；人社部门通报退休人员信息1087条；住建部门通报施工工地流入育龄妇女信息21条。全市党政线综治考核资料上传及时有序、完整规范。对省人大代表、政协委员候选人20人进行计生审查，对拟提拔重用领导干部、事业单位公开招考、各类评先评优人员计生审查3900余人次。另外，开展其它各项计划生育审查5360人次。全年政策外生育多孩905人，征缴系统全部按时完成立案、审批，各乡镇(街道)卫计办根据违法生育性质及时按标准下达处罚决定，应征收社会抚养费1956万元，已征收社会抚养费292万元。市人民法院全年累计立案受理计生非诉案件135例，完成年初分配任务。

【计生协会】 2017年，常宁市卫计局坚持将计生协工作纳入全市卫计工作整体部署和计划生育目标管理责任制考核内容，推进计划生育基层群众自治和生育关怀行动。抓好“5·29”会员活动日活动、“7·11”世界人口日宣传活动。印发政策宣传手册2万册，“致流动人口的一封公开信”5万份、生产、生活常识宣传单3万份。春节期间，市乡两级慰问计生贫困户707户。“5·29”会员活动日活动期间，与教育局联合举行“关爱计生家庭留守儿童”现场发放帮助资金发放仪式、开展走访慰问留守儿童活动。全市共慰问103名留守儿童，资助5.15万元。开展救助贫困母亲服务活动，每个乡镇救助3～5户，全市共救助86户，发放救助金21.8万元。全年已发放生育关怀资金148.48万元。

【存在的问题】 2017年，存在的问题主要体现为项目建设进度偏慢，卫生队伍整体素质不高，医疗质量安全和服务监管还有待加强和改善等。

市中医院

【概况】 2017年，常宁市中医院设有急诊急救、普通门诊、专病门诊和骨伤科、普外科、脊柱外科、关节病科、心血管内科、消化内科、内分泌内科、肾内科、妇产科、儿科、精神病科、中风病科、针灸推拿科、眼科、康复科、重症医学科、急救中心、健康管理中心和麻醉科等临床科室，放射、检验、功能检查等医技科室，其中中风病科、针灸推拿科、骨伤科、精神病科、急诊科等6个科室为国家级重点建设专科。医院总占地面积23064平方米，其中业务用房面积36800平方米；有职工人数795人，其中卫生专业技术人员629人，具有高级技术职称人员50名，中级技术职称人员216名、有省市名中医8名。开放病床900张，开设临床科室24个，拥有价值5800余万元的医疗仪器设备，其中处于国内先进水平的高精诊疗设备有GE1.5T磁共振、GE16排32层螺旋CT、骨密度仪、彩色超声诊断仪、数字化X光机、电子胃镜、彩色多普勒、全自动生化分析仪、放免检测仪、血细胞分析仪等共计60余台件。全年完成门诊164058人次、出院14122人次，业务收入2亿元。医院各项工作取得显著成绩，先后荣获“全国百姓优质放心医院”、“湖南省农村示范中医院”、“十一五湖南省中医药工作先进集体”，被誉为三湘中医一面旗帜。

【制度建设】 2017年，常宁市中医院由办公室牵头，各职能科室配合，创办“医院管理通讯”，每月1次公布当月医院业务情况；对医院原有的各项工作制度和各类人员工作职责，特别是医疗护理核心制度和员工手册进一步修改完善，并保证人手一册，使医院各项工作进一步规范有序；医院各级领导干部认真学习国家有关卫生工作的法律、法规，熟悉掌握医院各项管理制度，更新管理理念，增强管理能力，提高管理效率，促进医院管理工作；细化临床科室分科，使各临床科室权威性、专业性明显增强，提升全医院的医疗质量水平。

【财务与后勤管理】 2017年，常宁市中医院完善内部稽查、审计制度和各项财务管理制度。严格控制各项非医疗性支出，加强医院成本核算，增收节支，开源节流，降低运行成本。规范水、电、气、电梯的管理，完成医疗综合大楼的污水处理工程，并达到国家有关规范要求。加强各项工程质量管理，严格按照工程计划与预算控制工程费用，杜绝贪大求全、超标透支事件发生。

【基础设施建设】 2017年4月，常宁市中医院重症医学科开业，随后完成按针灸推拿科建设要求对老门诊楼改建的工作。年末，“治未病”科(健康管理中心、体检中心)以及肾病科(血透中心)建设等处于紧张施工阶段。“南詹正骨”研究院、全国基层名老中医肖运生传承工作室在按计划实施建设当中。

【中医药特色发挥】 2017年，常宁市中医院将原骨伤研究室更名为“南詹正骨研究院”，并正式挂牌。以落实“全国基层名老中医药肖运生传承工作室”为重点，全面推进南詹正骨传承工作。积极配合市非遗办，在2016年南詹正骨被列入湖南省第五批非物质文化遗产医药卫生类目录的基础上，南詹正骨疗法被授牌为“湖南省非物质文化代表性项目”。严格遵循国家药物基本制度，加强中药饮片、中成药使用管理。按照三级中医医院标准完善医院药学部基本设施建设。加强中医药服务能力建设，积极配置符合中医诊疗的各项设备。强化医院中医药诊疗手段，同时医院绩效考核方案制定向使用中医、中药方面倾斜，规范使用中药饮片和中药制剂，使中药(中药饮片、中成药、中药制剂)处方各项比例指标达到相应标准。严格规范医务人员的诊疗行为，对所有就医患者应坚持“能中不西”“能闭合不开放”的诊疗原则，不断巩固提高医院的中医药治疗率、中医药参与率、传承手法复位率和中医药临床应用比例。继续开展“治未病”服务，发挥中医药在预防疾病上的优势，充分利用中医药优势参与高血压、冠心病、支气管炎、糖尿病等慢性疾病的治疗，积极开展中医预防保健服务。积极开展中医对口支援，大力推广中医药适宜技术，配合市卫计局开展针灸、中药敷帖等5项中医适宜技术培训，举办2期乡村医生培训班，免费培训学员582人次。先后对大堡、庙前、官岭等乡镇卫生院进行对口支援，针对群众的常见病和多发病，建立双向转诊，分派重点科室和专人驻点，捐款3万元。

【医疗质量】 2017年，常宁市中医院严格落实新入院工作人员的岗前培训(如核心制度、相应职责、病历书写规范、医院相关规定等)及轮科轮训考核工作制度，强化重点人员、重点科室的管理意识，提高其执行各项规章制度和各级各类人员岗位职责的执行力，尤其是严格执行医疗护理核心制度的自觉性。不断完善医疗安全防范机制，加强对医疗不良事件的预警和防范，建立医疗缺陷管理工作制度，落实医疗安全责任制和责任追究制，严格处理医疗缺陷当事人和科室。组织开展了4次“提高医疗质量、保障医疗安全工作”的专题研讨活动，确立质量与安全工作的重点目标，开展经常性专项检查，及时进行疑难、危重病人讨论，针对存在问题持续落实改进措施，并及时反馈质量检查信息。组织4次行政大查房和6次业务大查房，严格各项医疗核心制度落实，规范医疗行为，防范医疗安全事故的发生。充分发挥院科两级质量管理组织的作用，调整和充实院级质控力量。强化科级质量管理组织，落实环节质量控制的各项措施。在认真做好各科日常质量监督检查的基础上，定期对医疗、医技、药品、病案等进行监督、检查、分析、评价，并提出改进意见和整改方案。继续抓好急诊、围手术期病人、输血、有创诊疗操作、药品不良反应监测等医疗环节中关键过程的管理及急诊科、手术室、手术科室的质量监督，促进医疗质量稳步提高。终末质控每月通报1次，纳入绩效管理。根据三级医院评审标准，完善有关制度及相应考评体系。加强业务知识培训，强化医务人员“三基三严(三基：基本理论、基本知识、基本技能。三严：严格要求、严密组织、严谨态度。)”训练，提高应急能力。严格执行各项院感规章制度，认真落实手卫生和安全注射，及时上报医院感染病例、食源性疾病病例，防范重大院感事件发生。

【规范医疗行为】 2017年，常宁市中医院落实国家卫计委“九不准”和上级卫生行政部门关于整顿行业作风、规范医疗行为的会议精神。院领导带头执行“九不准”及《常宁市卫计系统党风廉政建设主体责任和监督责任追究办法实施细则》，严以律己，积极发挥正能量，开展创先争优，让医院时时处处保持风清气正的良好态势。完善医院《医德医风管理制度》，对医疗服务行为作出明确规定和奖罚细则。认真履行病人的各种知情同意书、授权委托书、特殊检查特殊治疗同意书、重大手术计划报告书、危重病人通知单签收制度等，尊重病人知情权和选择权，避免医疗纠纷发生。严格规范执业行为，医院无聘用非卫生技术人员从事诊疗活动和医师跨类别、跨专业执业等现象。完善服务措施，简化服务流程，加强导医服务及门诊窗口科室管理，规范服务用语。开展“满意服务，从我做起”活动，实施“首问负责制”，继续开展“一日清单”“病人满意度调查”“病人出院后随访”，杜绝医院工作人员的生、冷、硬、顶、推现象。加强医患沟通，构建医患和谐关系。主动接受社会和病人对医疗费用的监督。

【队伍建设】 2017年，常宁市中医院以华医网为平台，落实在职医务人员的继续教育工作，坚持以“自学为主、院内外相结合、短期学习与进修相结合”的原则，定期组织全院性的业务学习活动，鼓励和支持在职医务人员接受学历教育，参加院外学术专题讲座、短期培训及各种形式的业务学习，不断提高业务素质。同时积极开展医疗业务培训班，多次邀请上级医院的专家教授来医院讲课、查房、巡诊，开展“专家示范日”活动，并承办湖南省社会心理学会2017年学术年会。在医务科的组织下，主要针对心肺复苏、经口气管插管、电除颤、休克抢救流程等方面进行相关急诊急救能力培训工作。护理部率先尝试“互联网+”，运用手机对护理人员三基理论进行无纸化考试考核，与传统考试考核方式相比，不仅能确保考试客观性、公正性、实时性，又具有提高管理工作效率、节约考试资源、规范考试管理、方便应考人员等不可替代的优势。加强院科两级教学管理，完善师资队伍，定期做好评教评学，不断提高教学质量。根据医院实际，接受医学实习生和基层医务人员来院临床实习和进修学习。并按照计划每月召开一次院内学术交流会，每季度安排一次全院性学术专题讲座。

【中医护理】 2017年，常宁市中医院坚持“以人为本”，立足临床，广泛应用中医特色护理技术，进一步完善和优化中医护理方案，增强中医护理服务能力，提高患者满意度。配置中医综合治疗室所需设施设备，进一步推进各临床科室中医特色护理技术的开展，并要求每个科室实际开展的中医护理技术不少于4项。通过实施规范化培训，壮大和发展中医护理队伍，不断继承和发扬中医护理技术。继续开展“优质护理服务”，坚持以“病人为中心”，加强护理人力配备，规范临床护理工作，切实加强基础护理，改善护理服务，提高护理质量，保障护理安全。加强对新上岗护士和低年资护士的理论、技术考核，制定年度护理人员规范化培训计划，选送护士长和护理骨干参加全国、省、市护理学会及中医药学会的各种学习班，提高全院护理业务水平。开展优质服务竞赛，评选服务明星，提升医院的服务水平。

【中医文化】 2017年，常宁市中医院严格执行国家《关于加强中医医院中医药文化建设的指导意见》，要充分体现医院服务宗旨，把“大医精诚，患者至上，温馨中医，服务百姓”落实到具体工作中；要求医院的环境建设要充分体现中医药文化，根据各不同科室特点，在各候诊区、各病区走廊显赫位置设置中医药科普知识及科室专业技术宣传橱窗；成功举办第三届“南詹正骨”杯羽毛球赛，参加常宁市老年体协太极拳联谊活动；按照市委工作安排，落实对官岭镇中康村的精准扶贫工作，通过对贫困户的结对走访，每户帮扶责任人对帮扶对象的家庭情况、主要收入情况和劳动力情况进行详细的了解，并针对性地制定脱贫帮扶计划。对贫困户来院就诊，提供优惠政策，降低贫困户就医门槛，缓解贫困人口参保交费负担。

乡镇概貌

宜阳街道办事处

【概况】 宜阳街道办事处位于常宁市东北部，驻北外街龙家小区40号，地处常宁市区中心，常宁市人民政府座落在其辖区内，是全市政治、经济、文化中心。东与宜潭片区接壤，南与泉峰街道为邻，西与培元街道以宜水为界；宜水、潭水在境内交汇，属丘陵地区。辖城东、城北、群英、嵩宜4个社区和万寿、嵩联、石洲3个村，23个居民小组、47个村民小组，总人口41000余人。辖区总面积9.27平方千米，其中陆地面积8.2平方千米，水域面积1.07平方千米。2017年，按照“产业主导、工业主打、统筹城乡和全面发展”的总体思路，全力以赴推进各项工作，圆满完成全年经济社会发展各项目标任务。

【村(居)“两委”换届】 2017年，宜阳街道办事处所属村(居)“两委”严格按照法律法规，在全市率先完成换届，选举产生新一届年富力强的班子成员。村级综合服务平台建设有序推进。嵩联村村级综合服务平台建设进入施工阶段，万寿村和石洲村综合服务平台改扩建计划顺利实施。

【机关管理】 2017年，宜阳街道办事处将机关全体工作人员分成4个综合组和1个机关后勤组，按照“两级管理、分组作业、分块考核、打捆包干、奖罚并举”的原则对全年工作进行谋篇布局，出台《宜阳办事处工作方案》《宜阳办事处目标管理绩效考核办法》《宜阳办事处村(社区)目标管理绩效考核办法》及《机关财务管理制度》《办文制度》《公务用车管理制度》等10余个文件，并实行指纹打卡和组里签到相结合的考勤方式，以制度管人，用制度管事，奖优罚劣，激发干部爱岗敬业和干事创业的热情。

【党员教育】 2017年，宜阳街道办事处实行党员量化积分管理，敦促和监督党员自觉遵守党章，服从党组织管理，做好党组织安排的工作，做一名合格的党员。“七·一”前夕，党工委组织机关和村(社区)全体党员赴红色教育基地参观学习，回顾党的光辉历程，品味红色经典，重温入党誓词。通过开展活动，增强党员的政治觉悟，提升政治修养，坚定共产主义理想信念，做到在党爱党、在党言党、在党优党和在党为党，以实际行动为党旗增光添彩。

【扶贫工作】2017年，宜阳街道办事处按照“街道搭平台、企业家唱戏和贫困户受益”的总体理念，举行一次社会扶贫心连心茶话会，邀请辖区内有能力的人士为贫困群众奉献爱心，助力脱贫攻坚。活动募集的爱心款58.3万元，全部用于贫困户。

【项目建设】 2017年，北二环项目完成全部拆迁任务，拆除房屋49栋，面积7300平方米；宜水新城项目完成嵩联村张家组、嵩宜社区九莲塘组的征地任务，共征地7.529公顷；东一环项目完成石洲村吴家组房屋拆迁60余户，未拆10户；嵩宜社区龙家组污水管道完成安装，城中村改造有序推进；潭水风光带、培元湿地公园和嵩塘小学的建设前期工作有序进行。

【安全生产】 2017年，宜阳街道办事处落实“党政同责、一岗双责、失职追责”、“政府领导责任、部门监管责任和企业的主体责任”的安全生产责任制和“三管三必须”的机制，推进“一单四制”落实落地，开展烟花爆竹专项整治、三大一严、安全生产日、安全大检查、危化品整治及打非治违活动。7月，在青阳大酒店组织辖区内企业主学习安全生产法律法规，积极落实企业的主体责任，增强安全生产意识。按照“一周一重点、一月一计划”的工作模式，对辖区内烟花爆竹、水上安全、交通安全、消防安全、建筑工地、燃油站点、学校的安全隐患进行集中排查，加强监管。建立安全生产突发事件应急预案，科学稳妥地 处置“7·22”广告牌坠落伤亡事件，将负面影响降到最低程度。以迎接国检为契机，对辖区内环保不达标的企业和餐饮店铺进行集中整治关停，以对人民高度负责的态度维护良好。

【信访维稳】 2017年，宜阳街道办事处出台《信访维稳考核办法》《关于进一步明确重点信访对象包案负责人的通知》和《十九大安保维稳九项规定》等文件，传导工作压力，压实工作责任，特别是主要领导利用晚上和周末休息时间深入重点信访对象家中了解情况、调处矛盾，一批历史遗留问题实现重大突破。全年共投入信访维稳工作经费突破20万元。经过努力，取得全年特别是“十九大”特护期赴省进京零非访的成绩。

【司法调解】 2017年，宜阳街道办事处共协调处理各类民事纠纷43起，让当事人带着希望而来，满意而归，有效预防和减少民转刑事案件的发生。全年共接收社区矫正38人，其中解除13人，在册25人。组织全体机关工作人员参加学法普法考试，实现参考率和合格率均达到100%。

【犯罪打击】 2017年，宜阳街道办事处共侦破刑事案件45起，刑事拘留48人，逮捕18人，移送起诉42人；行政结案102起，行政拘留90人，强制戒毒11人，社区戒毒9人。

【控违拆违】 2017年，由市政府牵头，职能部门分工协作，街道、村(社区)两级积极配合，形成控违拆违的高压态势，对嵩联村、石洲村村民违规建房问题进行集中整治，取得较好效果，为规范城市建设秩序和提升城市形象贡献了宜阳力量。

【计划生育】 2017年，宜阳街道办事处坚持“三个不变”风向标，积极稳妥推进全面二孩政策在宜阳的实施，完善全员数据质量，育龄妇女电话号码采集60%以上，流动人口电话号码采集90%以上；积极配合国家生育状况调查；全年征收社会抚养费30多万元。

宜潭片区服务中心

【概况】 宜潭片区服务中心，原名宜潭乡，2015年末机构改革时并入宜阳街道办事处，更名为宜潭片区服务中心，行政级别不变，管辖范围不变。东与蓬塘乡接壤，南接三角塘镇、泉峰办街道事处，西邻新河镇、培元街道办事处，北与柏坊镇临界，从东、西、北三面环绕着常宁城区，系城郊结合部。省道214线、320线、衡桂高速贯穿辖区，与乡道乌长、乌田、桐江、桐西公路构筑成辖区交通枢纽。总面积101平方千米，2017年，辖福禄、新建、船山、石桥、黄桥、新和、义田、乌联、书泉、紫阳、虎洲、迴江、长塘、金塘、塘湾、茶园、大屋、上洞、漕塘、由市20个行政村，412个村民小组，总人口47000余人。境内为丘陵地区，宜水、潭水纵贯境内，沿河两岸地势开阔，土地肥沃，气候宜人，年日照在1500小时以上，年均气温17.9摄氏度，年降雨量1800毫米。是常宁市重点产粮地区之一。东部和南部为丘岗，多油茶林，北部以紫色页岩为主，主要经济来源或产业为种植业和养殖业两大类。粮食作物有水稻、大豆、高粱、红薯、玉米等近600余个品种，经济作物有油菜、烤烟、花生、西瓜、辣椒、芝麻、湘莲等。辖区有优质水稻、瘦肉型生猪、高质油菜、檀桥板栗、良种葡萄、美国红提、冬枣和反季节蔬菜等种植基地，具有“水果之乡”美称。工业走廊、中粮集团、天衡儿童玩具有限公司等市重点项目落户宜潭。

【农业产业化】 2017年，宜潭片区服务中心大力培育新型农业经营主体，构建社会化服务体系，探索农村融资渠道，支持“三农”发展，引导农民走合作化道路，着力解决筹集资金难、生产集约难、实现增收难等问题；在葡萄准备大量上市的关键时机，继续加强技术指导，确保葡萄产量和品质，加强宣传工作，为葡萄销售拓宽渠道，加大对葡农的支持力度，搞好采摘销售服务，确保葡萄上市推广有序开展；继续大力发展蜜橘、翠冠梨等精品农业；稳定生猪、山羊、肉牛、水产养殖等特色农业；推广新型实用技术，提升农业生产机械化程度，提高农业生产能力。

【招商引资】 2017年，宜潭片区服务中心加大宣传力度，广泛宣传招商优惠政策，加大对外推介力度，展示宜潭发展前景，提高知名度；注重内外兼修，充分利用工业园区平台，积极将项目引入工业园区，同时引进片区在外成功人士回乡创业；优化招商环境，加强对引进企业服务，加大扶持力度，提高外来投资者满意度。

【扶贫工作】 2017年，宜潭片区服务中心落实以改善民生为基本理念的工作要求，积极向上跑项目、争资金，重点解决事关群众利益的突出问题。全面启动了“精准扶贫攻坚计划”，合理使用扶贫资金，实行一户一策、精准扶贫，动员全片区党员干部“结穷亲、帮穷户、拔穷根”，对全片区帮扶人员作具体分工，并发动企业及优秀党员结对帮扶。在片区干群的努力下，建成禄福村、新建村2处易地扶贫搬迁安置点，禄福安置点搬迁7户、17人，新建安置点搬迁9户、25人。

【社会管理】 2017年，宜潭片区服务中心完善社会保障体系。落实低保政策，抓好贫困救济工作；加大大病救助力度，解决群众因病致贫问题；提高新农保参保率，实现应保尽保；抓好危房改造工程建设，改善困难群众居住条件。健全公共服务体系，提高新农合参合率，解决农民看病难、看病贵问题；加大教育投入力度，改善办学条件，全面提升教学质量；继续控制人口自然增长率和性别比，稳定低生育水平。创新社会管理体系，高度重视安全生产，严格落实安全生产责任制，坚决杜绝重特大事故发生。

【维稳机制】 2017年，宜潭片区服务中心党委、政府在抓经济发展的同时，牢固树立“稳定压倒一切”的理念。抓好信访维稳工作，落实好信访工作责任制，拓宽民意反映渠道，引导群众依法依规表达自己的利益诉求，妥善处理好关乎农民切身利益的热点问题。扎实推进和谐平安创建活动，完善乡村组治安防范网络，加强队伍建设，提高整体防范水平，积极采取有效措施，严厉打击各类违法犯罪活动，提高群众安全感和满意度，不断优化发展环境。认真做好矛盾纠纷排查工作，建立健全矛盾纠纷排查调处机制，制订各类应急预案，把矛盾纠纷化解在基层，化解在内部和萌芽状态，确保宜潭经济在社会稳定中更好更快发展。

培元街道办事处

【概况】 培元街道办事处位于常宁市城区西部，是全市政治、经济、文化中心之一。东以宜水为界，与泉峰街道办事处毗邻，西与兰江乡相连，南与胜桥镇交界，北与宜阳街道办事处、宜潭片区接壤。2017年，辖有虎溪、莲花、培元3个农业行政村及桃江、西上、两江3个社区居民委员会，共84个村（居）民小组。户籍人口59000余人。辖区面积15.59平方千米。

【项目建设】 2017年，培元街道办事处莲花小学新教学楼建设完成并于9月投入使用，坐落于莲花村的宜水湾小区2号楼商住楼全面竣工，华岁商贸城一期工程如期完成。新注册有卓立学校、图书馆等三馆建设、西门湖公园、华侨碧桂园等项目；新开工的有润东学校、虎溪小学、宜水广场、宜水湾小区3、4号楼、南门湖环湖亮化工程及两江路建设、宜官大道等项目。

【城市管理】 2017年，成立城市管理组，出台《常宁市培元街道办事处“城市管理年”活动实施方案》，使全处环境治理工作制度化、规范化、常态化。投入资金15.5万元，用于城市管理和环境卫生城乡同治的奖补专项经费；新增垃圾收集池3个、垃圾桶1389个、垃圾收集机动车辆2辆、电动车11辆、人力斗车53辆；实行市场化保洁马路1.7千米、市场化保洁街道面积79.31万平米、市场化保洁小区面积35.07万平米。全年共清扫清运生活垃圾4万多吨，清理道路沟边淤泥500多吨，整治河道水源地垃圾10处800平方米，拆除乱搭乱建100余处10000余平方米，清理乱堆乱放80余处，关闭砖厂1家、洗涤厂1家，城区硬化背街小巷、道路9条，疏通了两江路管网并维修路面，安装周家巷、双江巷、李家巷、白果山等小巷的路灯。

【民生工作】 2017年，培元街道办事处对扶贫攻坚高度重视，加强对贫困对象的精准识别，对所有贫困对象实行一对一帮扶，实现结对帮扶全覆盖。开展“2+1”联系帮扶贫困户活动，扶贫水平不断提升，切实做到了“户有卡、村有簿、办有档、帮有人、进退明”。全年共有16户47人脱贫，年末核定贫困户为89户、73人。为86户、178人办理农村低保，为307户、384人办理城市低保。15人享受“五保”待遇。危房改造9户，下拨资金20.25万元。

【计生服务】 2017年，培元街道办事处人口和计划生育工作在全市名列前茅。计生率95%，男女性别比控制在107，节育措施落实率为100%。各类计生奖扶政策均落实到位，各项指标全面完成上级的要求。

【综治稳定】 2017年，培元街道办事处把维护社会安全稳定工作摆在突出位置，强化各项措施的落实，并制订一系列工作方案。紧紧依靠政法队伍，发挥基层群众治保调解组织的作用，把矛盾消灭在萌芽状态。全年共查处吸毒案件21起，抓获吸毒人员32人；查处容留吸毒案件2起，抓获犯罪嫌疑人2人。

【基层组织建设】2017年，培元街道办事处先后16次召开党工委会议，研究部署党建工作，制订印发培元街道办事处《2017年基层党建工作要点和年度工作计划》，把基层党建工作纳入村(社区)、学校、医院工作目标管理考核范围，与19个基层党组织签订党建工作责任状，开展村(社区)党组织书记“双述双评”活动，对2016年述职评议考核排末位的村级党组织书记进行约谈，并作相关处置。建立软弱涣散党组织联系点、社区“三联一帮”联系点。组织21名非党积极分子参加入党前集中培训，选送9名农村党员参加远程教育操作员学习培训班，开展36名新任村(社区)两委干部培训工作。严格按程序发展预备党员12名，按期转正7名。开展基层党组织和党员基本信息采集工作，682名党员电子信息全部入库。

泉峰街道办事处

【概况】 2017年，泉峰街道办事处下辖夏联、南水、曲市、学墙4个农业行政村及劳动路、城南、泉峰、东宜、胜利5个城市社区居委会，共计107个村(居)民小组。深入贯彻学习党的十九大和习近平总书记系列重要讲话精神，认真领会“秉持泉峰精神，干在实处、走在前列、勇立潮头”的新要求，紧紧围绕“服务泉峰街道，全面建成小康社会”这条主线，落实全面从严治党要求，聚焦主责主业，顺利推进街道各项工作，经济社会发展水平进一步提升。

【党的基层组织建设】2017年，泉峰街道办事处积极推进“两学一做”学习教育常态化制度化全面落实，举办村(社区)基层干部培训班，强化干部的政治纪律和政治规矩教育。十九大会议后，基层开展学习好、宣传好、贯彻好党的十九大精神学习宣讲活动。圆满完成村(社区)组织换届，选优配强村(社区)领导班子。通过调整城南社区书记、主任职务，狠抓软弱涣散组织整顿，提升社区党组织凝聚力、战斗力。实施机关干部职工双向选择及“口袋助理”全天候考勤制度，加强机关干部作风管理。优化“村民说事”制度体系，在农村深入落实“135”(即强化村党组织这一领导核心，充分发挥村民委员会、村民议事会、村务监督委员会三个组织的作用，落实岗位承诺、村干部值班和周例会、为民服务全程代理、党员管理积分、四议两公开五项制度)治理模式，社区落实“一体三化”(各种信息和资源融合一体，集数字化管理、信息化支撑、全程化服务的“一体三化”社会治理新模式)治理模式。通过抓党员“一网一云”的注册推广和“三会一课”(是指定期召开支部党员大会、支部委员会、党小组会和按时上党课的制度)及支部书记双述双评制度(双述：即党组织书记对上述职、对下述职，双评：即上级党组织考评、党员群众评议)的落实，全面加强党员的管理和培训，夯实泉峰街道办事处基层党建基础。

【基层阵地建设】2017年，泉峰街道办事处出台《关于基层党建示范点创建工作方案》，在东宜社区、夏联村、南水村、城南社区开展先期基层党建工作示范创建工作，街道39个党支部全面实施支部规范化建设，党建工作制度化规范化水平进一步提高；建立劳动路社区、泉峰社区等党代表工作室；搭建党员“三亮三比”(亮标准、亮身份、亮承诺，比致富能力、比带动能力、比奉献精神)平台，在各窗口单位均设立“党员示范岗”，898名党员资料全部在红星云或党务公开栏公示；持续抓好新业态、新领域党建工作；新成立南都物业、惠万家超市、利群门业“两新”党组织3家，为党员充分发挥先锋模范作用提供重要平台。

【从严治党】 2017年，泉峰街道办事处出台《关于落实党风廉政建设党委主体责任和纪委监督责任的意见》《关于执行“三重一大”集体决策实施办法》《集中清理“吃空饷”和在编不在岗专项工作实施方案》《“倡廉政、树清风”廉政文化宣传活动工作方案》等文件，完善党风廉政建设责任制等相关制度。加强廉政风险点分析，与村(社区)签订2017年度《党风廉政建设和反腐败工作责任书》9份，将党风廉政责任制向村(社区)延伸，从而拓宽监督范围。建立廉政档案，与街道中层以上党员干部、村和社区主要负责人等共30余人进行廉政谈话。加强机关干部管理和监督，开展国家公职人员违规参与涉矿等经营性活动专项整治清理，做好科级以下干部个人出境等有关事项报告。严控“三公经费”使用，1～11月，“三公经费”与2016年同期相比下降30%。发挥人大的监督作用和政协的参政议政作用，做好人大议案、政协提案的办理进度追踪工作。

【机关形象提升】 2017年，泉峰街道办事处出台《泉峰街道办事处机关干部管理制度》《办事流程》《为民服务指南》，规范机关、村(社区)干部工作和服务行为；建立首问责任制和投诉机制，强化服务意识、纪律意识、规矩意识；调动干部职工的积极性、主动性和创造性。在“72”夏联渠流域洪灾抢险中，涌现一大批优秀机关、村(社区)党员干部、先进事迹，得到中央电视台等多家主流媒体的表彰推介，其后续的灾后防疫、恢复生产生活秩序等工作得到衡阳电视台、常宁电视台、常宁手机报的推介。其他各项工作，也得到在街道实地检查和调研领导的一致好评。

【征地拆迁】 2017年，泉峰街道办事处辖区内共有大大小小项目37个，任务繁重，矛盾交织，发展不平衡。全年完成征地36.24公顷，迁坟1599座，拆迁40户。其中，尚宇学校、人民医院、常宁二中、南市小学、东一环及南延工程、南一环扩征、冷水小学的征地及迁坟任务基本完成；“西一环”二期朱家山路拆迁成功签订协议21户，拆除2户；“南三环”安置地置换工作正在全力推进；全年完成存量土地的征地6宗；印山大道、保障房的改建等全面启动；南二环、尚宇大道、泉峰社区卫生服务中心全面完成征地工作，工程进展顺利；村(社区)阵地建设扎实推进，4个村和4个社区办公用房的选址和“三通一平”工作有序开展。

【服务项目建设】 2017年，泉峰街道办事处以项目建设“零干扰”为目标，出台《泉峰街道办事处集中整治“村霸”和宗族恶势力专项行动实施方案》《泉峰街道办事处项目建设工作考核及奖惩办法》。按照“一事一策、定时定责”的原则细化37项重点任务责任分工，强化督查督导。重点为西一环二期、人民医院、南市小学、南一环扩征、东一环南延、印山大道等一批重大项目的动工推进提供有力保障。招商引资工作卓有成效，齐家茶油、兆美加气站等项目顺利落地，尚宇学校等项目取得重大进展。全年共引进各类企业5家，注册资金合计约5000万元，完成固定资产投资约3.5亿元，实现经济实力大幅增强。

【生活环境优化】 2017年，泉峰街道办事处开展市容市貌整治工作和农村环境专项治理，积极完善基础设施，推动环境卫生综合治理。出台《泉峰街道办事处环境保护工作实施方案》《泉峰街道办事处2017年秸杆和垃圾禁烧工作方案》；发放《禁止焚烧垃圾和秸杆，让蓝天常在！》公开信2000份，《环境卫生城乡同治工作简报》12期共120份。同时，加强对城市餐饮业烟囱的整治，开展市自来水厂等饮用水源头保护和治理工作。整治违规烟花燃放50余起。实现街道辖区生活垃圾无公害化率100%。城乡环境面貌显著改善。

【社会保障】 2017年，泉峰街道办事处以“惠民生、谋福利、促发展”为工作主线，做好保障民生、脱贫攻坚、为民服务等工作。扎实推进扶贫攻坚工作，切实做好夏联、曲市、南市等失地农民养老保险工作。严格按照程序办理农村、城镇“两低”家庭年度申报。是年，街道共有贫困户43户109人，通过产业扶贫、结对帮扶等措施，共脱贫7户18人。全年共发放产业扶贫及结对帮扶物质资金约300万元。办理农村低保126户208人，新办理城市低保21户30人，总计1328户1678人。全办事处月最低生活保障总额达到335000余元。发放7月2日夏联村、东宜社区因洪灾受损户等临时救济资金56.8万元。积极服务残疾人，为30名残疾人造配辅助器具，20名贫困残疾人享受免费体检，为15名白内障患者联系免费手术。社会救助机制不断完善，扶贫帮困各项政策落实到位。

【科教文卫工作】2017年，泉峰街道办事处科教文卫事业全面发展，成果丰硕。坚持教育事业优先发展，教学质量明显提高。辖区内小学、初中入学率和升学率进一步巩固提高。教师爱岗敬业，业务水平不断提升，让孩子们享受到优质教育资源。加大教育基础设施建设力度，对南市小学、冷水小学扩征，建设学墙小学运动场，切实改善教学条件。努力化解城区学校教育大班额难题；启动青山书院修缮工程，弘扬中华优秀文化和民族精神。坚持开展捐资助学活动，全年募集资金 94000 元，资助贫困学子 58 名。卫生医疗条件和服务显著改善，人民医院、四医院等工程项目有序推进；辖区居民全面建立健康档案，60岁以上老人享受一年两次免费体检。人口计生工作全面提升，积极鼓励提倡生育二胎，防止人口老龄化和性别比加大。全年人口出生率为17.24‰、计生率为94.81%，性别比趋于平衡。

【农村经济培植】2017年，泉峰街道办事处通过土地流转，集约经营，发展种植大户2户，成立农民专业合作社2家，在夏联村成立全市首所田间学校。发放耕地地力保护资金443205元，实现农业产值3亿余元。

【社会环境】2017年，泉峰街道办事处推进“平安泉峰”“法治泉峰”建设，加大平安宣传力度，坚持定期会商研判和隐患排查。完善大调解机制，全年共调处纠纷55件，为困难群众提供法律援助23件，调解成功率100%；加大矛盾纠纷化解力度，化解初信初访，落实化解稳控措施，出台《泉峰街道办事处信访“积案清零、百日攻坚”行动化解实施方案》，清理积案旧访。街道办事处及村(社区)通过“控人压事”与解决问题并重，盯死看牢等措施，实现政法综治和信访维稳两项工作在城区3个办事处中均排名第一，群众安全感和平安创建参与率明显提升。在党的十九大、各级“两会”及重大节日期间，境内没有发生一起突发事件，社会和谐稳定。

【安全生产】 2017年，围绕“安全生产监管执法年”活动这条主线，全面落实安全生产“属地监管”和“行业监管”“一岗双责”责任制度；积极贯彻落实重大事故隐患“一单四制”；全面开展安全生产大排查、大整改行动。全年检查发现各类安全隐患70多起，现场整改50多起，限期整改20多起，隐患整改率100%。重点对烟花爆竹、煤气、交通运输等安全行业检查80余次，其中检查工业企业20余家，学校、幼儿园7所，建筑企业16家，其他单位10家。分别与泉峰中心校、城市执法局联合开展校车安全隐患、乱摆乱放广告牌的集中整治。强化村、社区食品药品安全监管体系，做好食品安全综合协调工作。

【存在的问题】 2017年，泉峰街道整体面貌与群众的期盼还存在一定的差距，2017年是泉峰街道办事处成立第10年，在交通、教育、医疗、就业等方面实施了一系列的民生工程，整体情况有所改善，但农村面貌还有部分没有改观；社会治理前瞻性还不够，社会面管控薄弱环节多，随着泉峰街道各项建设的不断推进，道路交通不畅日益加剧，农村消防问题凸显，外来人口管理压力增大；攻坚破难的勇气和担当有所欠缺，对难点问题缺乏行之有效的办法。比如拆迁清零扫尾项目完成进度缓慢，对于征而未用土地的管理缺乏效力，基层民主建设相关制度的执行还存在一些差距等等。

天堂山办事处

【概况】 2017年，常宁市天堂山办事处辖谭井、黄洞、白竹、六宝、黄江、江龙、广济7个村，120个村民小组，总人口8000余人，其中瑶族110人，总面积53.6平方千米。境内气候适宜、土壤肥沃，盛产杉木、楠竹、茶叶、蓼叶、板栗、山苍子和中药材等，粮食作物有红薯、高粱、粟米、黄豆等。境内资源丰富、风景优美、民风纯朴。常宁市主要水系之一宜水从桂阳流入，穿境而过进入天堂湖。天堂山办事处认真贯彻党的十八大、十八届四中、五中、六中全会和十九大精神，以市委经济工作会议精神为指引，以脱贫攻坚工作为总揽，以组织建设为保障，以平安创建为基础，以绿色发展为理念，以提高群众幸福指数为目标，开创工作新局面，全面完成各项工作任务。

【“两学一做”学习教育】 2017年，常宁市天堂山办事处把“两学一做”学习教育常态化、制度化工作与从严治党工作结合起来，学习党章党规，学习习近平的重要讲话，做合格党员。党政负责人到各支部上党课，并对党员学习情况进行考核。各党支部开展主题党日、集中学习日、专题组织生活会等活动，及时处置违纪违规党员，认真整顿软弱涣散党组织。以创建学习型机关和学习型党组织为抓手，完善领导干部学习机制。党工委开创“廉政党课十分钟”制度，即在党政负责人会议结束时，组织党政负责人系统学习党章、习近平系列讲话精神、廉政准则和监督条例，把党风廉政建设和干部作风建设贯穿到工作的始终。同时，积极开展农村电商、党建知识、致富带头人和贫困户劳动力就业技能培训工作，培植先进典型，努力提高机关干部的政治思想素质和农民发家致富的能力。完善机关干部工作下移与村干部互教互学机制，利用乡村干部的优势互补形成机关干部和村干部“学教互动”的良好格局。

【村“两委”换届】 2017年，常宁市天堂山办事处根据市委的安排，依法依规有序进行了村“两委”换届工作，选出了素质过硬、作风优良、能带领群众脱贫致富的好干部、好班子，高标准、高质量地按时完成换届选举工作，为办事处经济社会发展打下坚实的基础，提供有力的组织保障。

【制度建设】 2017年，常宁市天堂山办事处制订了《村干部管理办法》，强化村干部规范化管理。坚持和完善民主集中制原则，建立健全党风廉政建设和工作制度，做到用制度管事管人。

【非公经济组织建设】 2017年7月，办事处组建非公经济组织联合党支部，实现党的组织和党的工作“两个覆盖”。非公组织中11个农民专业合作社与75户贫困户签订劳务输出和土地流转合同，为贫困户增收6万余元。在此基础上成立爱心基金会，对贫困户和特困人员进行资金帮扶，为全处脱贫攻坚和经济发展注入活力。

【林业产业】 2017年，天堂山常宁市天堂山办事处完成杉木造林45.067公顷，茶树造林36.67公顷，通道绿化6公里，总共投入苗木近100万株。秋季完成退耕还林管理和抚育工作，对分配的66.667公顷中幼林抚育项目进行施工和验收。

【落实惠农政策】 2017年，造林补贴项目涉及全处每家每户林农，中幼林抚育项目逐村完成，不留死角；积极推广世行贷款项目，提高广大林农的造林积极性，让林农确实得到实惠。是年，市财政拨付维护天堂湖湿地公园资金累计180余万元。

【扶贫工作】 2017年，办事处有省定贫困村3个，市级贫困村1个，建档立卡贫困户329户、1016人，2014～2016年已脱贫101户、341人。是年，办事处全力推进脱贫攻坚工作，强化组织领导，完善基础资料，抓实结对帮扶，做好易地搬迁，全面完成市委、市人民政府交办的脱贫攻坚工作任务，脱贫217人，1个贫困村摘帽。

【党管武装】 2017年，常宁市天堂山办事处全面落实党管武装指示，充分提升全民国防意识，以经费保障为前提，积极开展全民国防教育活动，在完成民兵整组、兵役登记工作的基础上，还以临战姿态制定应急维稳、抗洪抢险、森林防火、兵员动员、参战支前等战备方案。

【新农保和新农合收缴】 2017年，办事处继续加大对新农保和城乡居民医疗保险工作的宣传和基金收缴力度。全面完成新农保任务，城乡居民医疗保险基金收缴顺利推进。在医疗卫生方面，卫生院为病人看病住院提供了良好的环境，手足口病等重大传染疾病得到有效防治。有效地解决农民老有所养、病有所医问题。

【治安综合治理】 2017年，常宁市天堂山办事处根据市委、市政府的部署，制订打击非法集资活动工作方案，成立领导小组，推进依法行政，严格执行《中华人民共和国行政许可法》，规范行政执法程序，建立权责明确、行为规范、监督有效、保障有力的行政执法队伍；加强法制宣传，全面实施普法教育，引导社会学法、知法、守法、用法。开展大走访活动，联系本辖区所有村组，走访人员采取谈心、座谈、帮扶、慰问等方式，全面排查化解矛盾纠纷，全力做好解释和疏导工作，消除潜在的隐患，并引导群众依法、合理地解决问题。

【安全生产管理】 2017年，天堂山党工委、政府始终将安全生产工作摆在重要议事日程，组织力量对消防、交通、森林防火、地质灾害、烟花爆竹等重点领域进行安全大检查。做好学校周边环境整治工作，对非法车辆营运、三轮车非法接送学生进行专项清理，学校与家长签订了责任状，并向家长发放“致家长的一封信”，与家长共同遏制乘坐无牌无证的非法车辆上下学现象。

【存在的问题】 2017年，常宁市天堂山办事处财力有限，资金筹措困难，创建规模产业基地难度大；由于地理位置的特殊性，小城镇建设步伐跟不上；农业科学技术推广经费欠缺，种养业科技含量不高，制约农业生产和经济的发展；历史遗留问题和发展中遇到的新情况、新问题导致的信访案件时有发生，较大程度影响正常工作的开展。

水口山镇

【概况】 常宁市水口山镇，位于湘江与舂陵河交汇的黄金三角地带，北依湘江，东临舂陵河，距衡阳市区39千米，距常宁市区30千米。地处常宁市东北角，与衡南县廖田镇、耒阳市大和乡隔河相望。2017年，辖双发、大渔、金联、舂陵、水邻、新同、独石、小洲、南阳、松阳、松柏、新华、三香、朱陂14个行政村，松渔、水口山、开航、松柏、青园、文明、沿江、松阳8个社区。辖区总面积94平方千米，耕地面积1600余公顷，城区建成面积10余平方千米，规划控制面积30平方千米，辖区常住人口9万余人。水口山镇素有“世界铅都”“中国铅锌工业的摇篮”“有色金属之乡”之美誉，地下蕴藏铅、锌、金、银、铜、硫、碳、铋、铀等20多种矿产资源。闻名世界的水口山有色金属有限责任公司就坐落在镇内。境内的水口山工业园为国家级铅锌循环经济产业试点园区。是年，完成社会总产值86.79亿元，比2016年增长10.63%，其中工业总产值63.24亿元，比2016年增长11.65%，规模以上工业总产值61.07亿元，比2016年增长11.96%；农业总产值7.89亿元，比2016年增长4.9%；第三产业总产值15.66亿元，比2016年增长6.4%；固定资产投资总额18.65亿元，比2016年增长58.9%；财政收入4.58亿元，比2016年增长2.87%。

【园区建设】 2017年，水口山工业园园区主干道新园路全面竣工，其他道路也都做好了前期准备工作。循环经济工业园的路网、供水、供电等基础设施和配套设施不断完善，园区承载功能更加强大，产业集聚效应更加明显。

【项目建设】 2017年，水口山镇有重点项目48个，其中省级重点项目4个，衡阳市级重点项目2个，常宁市级项目18个，镇级重点项目4个；新建项目10个，续建项目38个。金铜项目二期的安置进入最后攻坚阶段；循环经济工业园、金铜项目防护区的征地拆迁圆满完成任务；湘江流域重金属污染综合治理项目的房屋拆迁工作接近尾声；新园路、大桥路、常青路、渡口路城区道路提质改造工程基本完成，冶金路改造完成前期准备工作；康家溪、曾家溪改道和底泥治理等几个环保工程全面完成；大宇公司、金翼粗铅、华新冶化等企业相继入园；水口山棚户区改造二期基本完成，三期建设接近尾声，红旗焦厂棚户区改造已启动；水口山铜铅锌综合基地正式落户水口山，征地拆迁工作基本完成，于11月29日正式举行开工仪式。全年共完成各类征地任务200多公顷，拆迁房屋2000多栋，圆满完成市委、市人民政府交办的征地拆迁目标任务，确保铜铅锌产业综合基地、循环经济工业园、环保、棚户区改造等一大批省、市重点项目用地需求。

【城镇建设】 2017年，常宁市水口山镇结合

"创文"、"创卫"工作，抓好城镇绿化、美化建设，对城区主要街道进行环境综合整治，进一步优化了城区的人居环境。新园路、大桥路、常青路、渡口路改造工程全面完工，路灯、人行道板砖、行道树等基础设施不断完善。生活污水和工业污水排水管网及处理循环利用系统建设基本完成。为改善城区环境状况，投入130余万元添置了一辆垃圾清运车、2辆洒水车和200个果皮箱。

【新农村建设】 2017年，村级清洁卫生"五个一"活动深入推进，建设了大渔村、小洲村、春陵村3个美丽乡村；镇村两级便民服务中心(站)建设深入推进，全年为群众办理事项3168件；村民小组财务延伸审计工作全面开展；农村土地承包经营权登记颁证和第三次全国农业普查等工作稳步推进。投入10多万元，完成水利"五小"建设工程；上仁塘、叉路口病险水库已上报申请立项。全面完成湘江、春陵河沿岸禁养区范围内的规模养殖场拆迁工作；节能减排工作。顺利通过中央环保督查组的检查，为全市迎接中央环保督查提供很好的现场。做好中央环保督查交办的5宗案件办理工作，停产整改企业2家，查出环境违法案件2宗，完成3个环保违法违规建设项目清理，清理率100%。

【精准扶贫】 2017年，常宁市水口山镇通过党建扶贫、产业扶贫、医疗扶贫等方式，共帮助94户贫困户254人脱贫；扎实推进农村危房改造工作，共投入118万多元完成52户危房修缮加固及拆除重建任务。

【民生保障】 2017年，常宁市水口山镇累计发放低保供养金540万元、五保供养金39万元；发放大病关爱基金11万元，关爱120人次；发放高龄津贴8万元，发放各类救济救助资金17万元；城乡低保扩面提标并实现应保尽保，城乡低保对象月人均分别达到300元和180元；加强职业技能培训，组织农村劳动力技能培训2期共360人次；城乡居民养老保险工作持续推进。

【社会治安】 2017年，全镇共排查396起重点矛盾纠纷和69个重点人员；接待群众来信来访和上级转来298件，接访处访245起840余人次；化解各类矛盾纠纷328起。成功调处新同村男孩意外死亡、水口山职工医院、二医院多次医闹事件等一系列极易引起群体性突发矛盾纠纷案件。深入开展安全生产大排查大整改"百日会战"专项行动，共排查整改各类安全隐患76处；成功应对"5·26"氯气泄漏事件；落实安全生产"一岗双责"。深入开展各类安全隐患排查整治工作。

【接待来信来访】 2017年，常宁市水口山镇开展领导干部普遍直接联系群众工作，发展重点联系户266户，共收到群众咨询及反映的问题462件，解决答复453件，办结率98%。全年办复政府服务热线问题150条。聘请专业律师作为政府法律顾问，深入推进依法行政工作；逐步落实解决一批历史遗留问题，处理一批沉积多年的矛盾纠纷，维护群众的切身利益。

【存在的问题】 2017年，常宁市水口山镇存在的问题主要表现在5个方面：经济发展结构不够优；经济综合实力不够强；经济发展环境不够优；城镇建设管理不够好；政府自身建设水平不够高。

水口山铅锌矿社区服务中心

【概况】 水口山铅锌矿社区服务中心位于享有"世界铅都"和"中国铅锌矿工业摇篮"的水口山

铅锌矿境内，距离原松柏镇8千米。境内有原国务院副总理耿飚参加革命时亲手栽下的大枫树，水口山工人运动俱乐部旧址—康家戏台，水口山工人运动陈列馆，国家重点文物保护单位忆苦窿、苏联专家楼、五坑井口、老鸦巢冶炼旧址等矿冶旧址，水口山有色金属集团公司铅锌矿和康家湾铅锌金矿选矿厂。2017年，社区服务中心内设综合股、社会事务股、财务股、工会、妇联等机构。

【党建工作】2017年，水口山铅锌矿社区服务中心牢固树立“以党建促发展，以发展惠民生”的工作理念，按照全面深化改革工作要点，对照深化基层党建的工作要求，全面压实党建工作责任，不断强化党的领导，不断推进基层党建发展。党委多次专题研究基层党建工作，加强对党员的教育。根据不同类型、不同层次、不同岗位党员实际需求，开展好党员教育培训工作，全面提升党建能力水平，优化党建工作力量，挖掘“两学一做”学习教育榜样，组织有爱心、有公益心、有责任心的党员参与到脱贫攻坚结对帮扶、美丽水口山工矿社区建设、文明平安创建等中心工作上来。积极组织支委成员参加专题培训班，全面提高基层党务工作者综合素质。严格规范党内组织生活，定期开展“党支部主题党日”活动等。

【扶贫工作】2017年，水口山铅锌矿社区服务中心成立以党委书记、主任唐百才为组长的扶贫工作领导小组，坚持做到“四有”“五落实”(即有组织领导、有阶段性计划、有实施方案、有检查督导；落实时间、落实地点、落实人员、落实主题、落实资金)，协作镇、村两级，动态调整新识别贫困户24户71人、精准识别删除8户24人。重点突出抓好产业扶贫、健康扶贫两大重点工作，制定切实可行的帮扶计划，实打实开展帮扶工作，确保各项帮扶措施落到实处。按照市委、市政府和水口山镇党委、政府的统一安排部署，无偿为康继社等13户贫困户每户提供鸡苗30只；为水口山镇金联村阳家岭组贫困学生刘灿每年解决生活补助1250元；帮扶刘斌等10户贫户享受医疗救助政策，报销比例提高10%；先后共为32户结对帮扶贫困户赠送慰问物资和慰问金共计14140元。开展“我要上学，我想有个家”公益募捐活动，共捐款1400元，交市慈善总会；帮助帮扶23户贫困户100%注册社会扶贫网；为天堂山办事处白竹村支助扶贫资金3万元。

【社会治安综合治理】 2017年，水口山铅锌矿社区服务中心共排查调处矛盾纠纷25起，成功调处25起，调处率100%，成功率100%。共受理网上信访1起，均在规定时间内予以办结。全力推动信访积案化解，取得突破性进展。对平安创建活动进行深入宣传，倾听群众意见建议。扎实开展网格化管理工作，建立平安社区微信群。在民情大走访中，共为群众解决困难问题32个，政策解答120余人次。强化治安管控，提升群众安全感。强化治安巡逻防控，坚持做到每夜必巡，每次形成详细巡逻记录，并由群众签字认可。

【安全生产】 2017年，水口山铅锌矿社区服务中心坚持每月召开一次安全生产例会，及时贯彻传达上级有关安全生产会议及文件精神，分析总结和布置落实阶段性安全生产工作，开展各项专项整治，对重点领域、重点部门做到“查深、查细、查透、查实”，对发现的问题及时采取整改措施，确保安全生产各项工作落到实处。

【服务工作】 2017年，水口山铅锌矿社区服务中心为68名企业工亡职工家属落实抚恤费提标政策，全年新增支付4万余元；帮助因病去逝的退休职工的遗孀到省人力资源和社会保障厅办理一次性补偿费180多万元；为80户无房困难户落实棚户区改造；投入15万余元对社区机关食堂进行改造；为168名高龄、病、残的离退休人员养老金领取资格认证做好服务工作。

【走访慰问】2017年，水口山铅锌矿社区服务中心在矿区内走访慰问70岁以上的老人28名，发放慰问金0.6万元；看望走访慰问生病住院的离退休人员95人，慰问金额0.95万元；为蒋汉卿等4名贫困学子捐款助学共计4000元。

【存在的问题】2017年，水口山铅锌矿社区服务中心内部管理还需要进一步加强提高；基层小区党组织建设要进一步深化，党风廉政建设要进一步加强；离退休人员社会化管理服务工作需创新工作方法；脱贫攻坚结对帮扶工作还要扎实深入。

白沙镇

【概况】 常宁市白沙镇位于湘江支流舂陵河的上游，东与耒阳隔河相望，西南依大义山与桂阳接壤，东南与永兴毗邻，是常宁、耒阳、桂阳、永兴四县市边境上的重要集镇。白沙镇在常宁境内与西岭、荫田镇夹角相邻，位于常宁市东南部，距市区53公里，东经112° 35′ 22″ ～112° 41′ 31″ ，北纬26° 06′ 04″ ～26° 16′ 49″ ，镇人民政府驻下洲村。辖和谐、茭河、阳市、毗帽峰、黄源、观坪、南陵、向阳、光荣、阳兴、杜西、徐州、杜阳、上洲、下洲15个村和白沙、阳市社区，共有204个村(居)民小组8800余户37000余人，辖地总面积为78.4平方千米，山地4000公顷，田土面积1489.134公顷，其中水田841.33公顷，旱地647.5333公顷。山多地少人多，人平耕地面积0.02公顷，是典型的山区乡镇。白沙镇历史悠久，境内物产丰富，是柑桔、大豆、黄花、药材、棕片、生姜等多种农副产品的重要产区。出产的无渣生姜列入《中国名优特新产品大全》；水豆腐、烧饼、黄牛肉是全市的特产，远近闻名。主要矿藏资源有金、银、铜、锡、钨、铅、锌、砷等28种。

【农业生产】2017年，在阳市村完成集中育秧面积3.34公顷，在光荣、阳兴、阳市、徐洲、黄源、南陵等村落实早稻面积约140公顷。引进农业大户8个，其中种粮大户益阳刘定波流转土地46.67公顷、刘树明流转26.67公顷、徐平桃流转20公顷、王冬友流转6.67公顷。邓玉金的丰泽生态农业有限公司新增种植面积6.67公顷。投资80余万元，完成光荣村6.667旱改水田项目。

【造林绿化】 2017年，全镇新造油茶190.67公顷，杉树200公顷。镇财政拿出12万元用于“阳观”村道两边绿化，种植樟树5200余株。

【特色产业】 2017年，白沙镇扶持发展以昆帽峰、杜西村土地为主要场地的畜牧养殖基地，巩固杜阳、杜西、光荣等以山塘为主的淡水养殖基地。加大支持国洪生态农业发展有限公司继续在观坪村流转土地66.67公顷，种植白芍、丹皮、尾生等药材。继续巩固胜利农林合作社在和谐、昆帽峰等村连片133.34公顷的种植无渣生姜基地。增强对白沙无渣生姜生产的支持力度，大力推行生产、加工、销售有机结合的产业经营，提高无渣生姜的品牌效益。

【矿业经济】 2017年，白沙镇继续完善忠家岭和麻石岭两家矿业有限公司的手续，加强安全生产监管。5月份以来，全镇集中力量开展10次打非治违活动，累计出动了360人次，关闭所有矿山、沙场。通过整合矿点，变非法采矿为合法采矿，使白沙矿业经济向着安全、合法、有序的方向发展。

【项目建设】 2017年，白沙镇35千伏变电站建设完工并投入使用，1100万元渡改桥项目的主体工程进展正常，有望在2018年全面竣工使用。

【安全生产】 2017年，白沙镇依法有序开展“隐患大排查”“安全生产月”“深化巩固月”专项整治活动，配合上级部门开展“三大行动”“九打九治”等打非治违行动，实现安全生产零死亡事故。是年，先后10次组织镇安监、公安、国土、农机、水利等部门对辖区范围内非法开采砂石、高岭土、农用车等车辆的非法营运和载客行为进行打击处理，累计出动人员360余人次、车辆50余台次，查处一般性隐患30余处、重大隐患5处，并及时采取整改措施。

【综治维稳】 2017年，全镇受理化解网上信访案56起，其中上级交办件3起，政府热线“12345”受理化解30起，办结率98%；共排查受理各类民事纠纷26件，调解成功23件。把矛盾化解在基层，维护了白沙和谐稳定。

【城乡同治】 2017年，白沙镇加强环境卫生治理力度，落实综合措施，形成长效机制。以改善人居环境质量为目标，狠抓环境整治，城乡面貌得到了新的改善。加大财政投入，新建一个垃圾场，用于白沙、阳加集镇周边环境卫生保洁工作。加强保洁员队伍建设与管理，各村(社区)结合实际，共配备60多名保洁员，并将保洁员工资与考核挂钩。

【精准扶贫】 2017年，白沙镇注重发挥市场主体帮带作用，利用专业合作社、农业大户等资源优势，通过吸纳就业、股份合作等有效方式帮助贫困户脱贫致富。全镇29个专业合作社，贫困户致富630余人。其中昆帽峰村的养殖合作社、向阳村的油茶合作社、观坪村的猕猴桃专业合作社、茭河村的药柑种植基地、光荣村的圆梦渔业养殖合作社等带动作用明显。5月，全镇贫困户建档立卡853户2842人，比2014年建档立卡1142户3312人减少289户470人，其中兜底贫困户61户131人，金融信贷96户460万元，医疗救助485人，教育资助666名学生37万元。对全镇756户1176人农村低保在保对象进行“地毯式”清查。截至12月底，全镇兜底对象44户88人，比2016年61户138人减少17户50人。全镇共完成集中安置调查摸底对象162户660人，其中杜西村、昆帽峰村集中安置点年内动工，可望2018年初竣工入住。经过认真调查摸底全镇有危房户共有119户，其中D级无房户重建23户，C级修缮户96户。共投入资金268万元，改造工程全部完工。

【路灯安装】 2017年，白沙镇向阳村投资15万元，安装路灯60余盏；阳市村投资13万元，安装路灯50余盏；阳兴村投资12万元安装路灯40余盏；杜西村投资5万元安装路灯33盏；镇财政积极向上争取13万元，在白沙新街安装路灯48盏。

【水利工程】 2017年，白沙镇徐洲村投资16万元，加固莆塘堤200米；光荣村投资30万元，修建两处水渠；杜西村投资9万元，修建1、2组水渠600米，投资10万元修建雷家塘1200多平方米；向阳村猴子冲水库投资29万元加固维修，保证白沙上片2万余人的生活用水安全；南陵村投资18万元，修建四清渠道1000多米；阳兴村投资22万元，修建红卫水渠1200米；上洲村投资30万元，修建过水塘200多平方米。

【电网改造】 2017年，白沙镇与市电力部门衔接，启动白沙上片南陵、向阳、上洲、下洲、杜西、杜阳、茭河、黄源、白沙社区等9个村的农村电网改造，年底8个村电网改造完成，移交村里接管，余下1个村2018年初可望全面供电。

【人居环境】 2017年，白沙镇昆帽峰村旅游活动中心动工兴建；光荣村官坡吴家，整体推进项目完成立项，前期投资40万元的绿化工程基本完工；上游村、上洲村的古民居保护已完成立项。

【道路维修】 2017年，白沙镇上游村投资19万元，扩宽村道1.3公里；杜西村投资12万元，修建8组道路0.3公里；观坪村投资140万元，硬化观音到福坪2.3公里村道。

【两委换届与村部建设】 2017年，白沙镇15个村2个社区两委换届完成。昆帽峰村、观坪村、杜西村、杜阳村、阳市社区办公房建设的全部竣工，下洲村、光荣村的村部建设进展顺利。

【存在的问题】2017年，白沙镇农田水利基础设施差；村集体经济薄弱；一些重大的民生工程还未建成；特别是农网改造进度缓慢，尚有1个村没接管；镇农电站职工尚未安置；上渡大桥尚未竣工等。

柏坊镇

【概况】柏坊镇地处衡阳市南部，距常宁市城区18公里，原省道214线贯通全境，湘江北面环绕，顺流而下直至衡阳。古代曾建有驿站，清咸丰三年(1853)开设墟场，以四通八达得名“八方”。境内丘陵起伏，东南部油茶翠绿，西部紫色页岩山丘多，盛产油菜、豌豆、红枣、甜橙，中部田垄开阔，土质肥沃，传统以种植水稻为主。柏坊新街的湘南蛋品以市场吞吐量大、品种花样繁多而名扬省内外。境内矿产资源丰富，素有“八宝之地”的美誉。有金、银、铜、铁、锰、煤、耐火泥、石灰石等矿产，储量大、埋藏浅。主要工业产品有铜、煤、锰、水泥、机压砖、耐火材料、化工产品等。同时也是常宁市农业大镇之一。辖地总面积128平方千米，耕地面积2628.33公顷，其中水田2338公顷，旱土183公顷。2017年，辖柏坊、东白、斗岭、新柏、鲤鱼、沙水、大坪、联合、万松、议泉、红泥、宜元、桐市、大新、新富、袁益、小柏、荆林、新建、易塘20个村和杨家湾、柏坊、新街3个社区委员会。共585个村民小组，总人口65000余人，其中常住城镇人口12000余人，城镇化率18.5%。

【理论学习】 2017年，柏坊镇党委、政府认真开展“两学一做”学习教育，落实“三会一课”制度，广泛开展学习活动，组织全镇党员开展“红星网”“红星云”网络平台学习，组织镇村干部集中学习《党章》《党规》《十八届六中全会精神》《党的十九大精神》，组织观看《将改革进行到底》，开展镇村干部脱贫攻坚业务培训，邀请市委宣讲团来境内召开“学习宣传贯彻党的十九大精神”报告会。通过学习，传递党的新思想新理论，加强机关干部的党性修养和廉洁意识，增强镇、村干部的执政本领和改进工作方式方法。

【基层班子建设】 2017年，镇党委、政府将基层党建作为第一要务来抓，规范化建设党建工作站，配备镇党建组织专干2名，村级党建专干23名，各项党建工作顺利推进。3月，启动村(社区)“两委”换届工作，全镇23个单位共选举产生村(社区)支部(总支)书记23人，支部委员49人，村(居)委会主任23人，村(居)委会委员54人，其中两委交叉任职33人，新当选10人。杨家湾社区两委换届作为常宁市社区换届试点单位，高标准高规格完成换届选举工作，为全市社区换届工作树立了榜样。是年，将党建工作纳入年度目标管理考核，制订党建年度工作计划、工作要点，加强党建指导。各村联点干部和支部书记作为党建责任人，严格落实党建要求，落实“三会一课”，开展双述双评和民主评议，为支部党员上好党课，建立支部微信群、QQ群，充分利用网络媒介，加强流动党员管理。

【扶贫工作】2017年，调整镇扶贫工作领导小组，配备镇扶贫专干4人、村扶贫专干22人；成立业务、产业、易迁、危改、政策落实、基础设施建设、宣传、资金监管8个工作组；派出10个扶贫驻村工作队。做到每个村“一室二站一点”有办公场所，设备设施齐全，永久性宣传横幅每村不少于5幅，完善村政策宣传栏、公示栏、扶贫作战图。4～6月，开展贫困户精准核查，共清理“四类对象”339户1194人，新增贫困户139户463人，由原来的989户3180人精准到772户2572人。因地制宜制定《柏坊镇产业扶贫实施意见》，东白村建设18千伏发电工程，每月收入在2000元以上。全镇贫困户创业典型69户，全镇发放产业奖补资金53万元。推荐贫困人口到尚珂依、东升食品、碧翔、锦莹等企业就业岗位40余个，安排贫困户为生态护林员2人，保洁员5人。发展6个农业合作社，创办石崖山产业扶贫基地，带动产业发展，入社贫困户达360余户。小集中住房安置6个点安置68户221人，分散安置29户101人，实施危房改造114户。镇安排专门危改组实地察看、验收，易迁户和危改户均在12月份前实现搬迁入住。全镇共有436人参与帮扶，召开帮扶人培训会2次，每人按“六个一”要求月走访2次，发放帮扶联系卡700余张，送慰问金30余万元。中国社会扶贫网注册率在85%以上，产业、医疗措施全覆盖，教育、兜底等措施落实到位率100%。组织捐资助学和“我想有个家，我要上学”募捐活动，共捐资6万余元，主要对53户贫困家庭在就学和住房上予以帮助。村级集体收入在4万元以上。实现了2个省级贫困村退出，166户572人脱贫。

【综治维稳】 2017年，柏坊镇成立“全国两会”和“十九大”特护期信访维稳领导小组，制定信访积案清零方案，落实包案到人，管控到位。深入开展“平安柏坊”“平安社区”“平安校园”“平安出行”等创建活动，压实大走访。通过挂横幅、立永久宣传栏、填平安创建承诺书等宣传形式，增强群众平安意识，融洽了干群关系，社会治安明显好转，社会大局保持稳定，全镇无较大刑事、治安案件发生，无越级上访，民调结果位置上升。

【基础设施建设】2017年，柏坊镇垃圾中转站投入使用，全镇垃圾得到妥善处置。对全镇县、乡、村公路进行全面养护，创造“省级示范乡镇”。万松、鲤鱼村道路面加宽硬化6.7千米，柏坊至大坪公路换板1.7千米，大坪村硬化公路3.5千米，东白村硬化公路2.9千米。有两个村完成农网改造工程，完善安全饮水项目。

【抗洪救灾】2017年7月，常宁境内发生特大洪水，给柏坊镇造成巨大损失。洪水无情人有情，镇村干部积极组织群众抗洪抢险，不分白昼转移群众，设立应急避险安置点，安排受灾群众食宿，发放救灾物资，积极开展灾后重建，把洪灾损失降到最低。

【社会保障】2017年，全镇城乡居民养老保险参保率在75%以上，缴费参保人数19600余人；社会保障卡发放率100%；养老金发放8302人747.18万元。全镇新增就业357人，再就业人数200人，其中，困难群众再就业70人。安排公益性岗位就业13人，农村新增转移就业398人。

【安全生产】 2017年，柏坊镇坚守安全底线，深入打非治违，强化安全生产各项措施，推进安监站和企业标识化建设，开展水上交通、农用车非法载客重点领域整治，实施占家垅、桂鱼滩、龙王庙路段安全隐患治理工程，遏止安全生产事故发生。

柏坊铜矿社区服务中心

【概况】 常宁市柏坊铜矿社区服务中心成立于2008年，2011年设立党委。2017年，内设3个股室，下设8个党支部。有机关工作人员16名，其中党员15名，管理服务对象1023人，7个老工人党支部，有党员242人。

【服务工作】 2017年，常宁市柏坊铜矿社区服务中心共接待离、退休人员及家属35人次，其中处理解决各类问题20人次。走访慰问特困退休人员以及看望住院病人40余次，给18人办理老年优待证，完成年度退休工人人脸认证工作。

【基层党建】 2017年，常宁市柏坊铜矿社区服务中心配齐配强8个党支部班子成员，强化工作责任制，健全规章制度，形成工作合力；以“两学一做”学习教育活动为契机，组织242名党员扎实开展学教活动，增强党员意识，坚定理想信念，实现“两学一做”工作常态化、制度化；以开展创建“学习型、服务型”党组织活动为载体，狠抓工作作风和思想作风建设，严格执行民主集中制，坚持民主议事、科学决策。在“七·一”前夕表彰2个基层党组织和28名优秀党员，发挥和肯定基层组织堡垒作用。

【中心工作】 2017年，常宁市柏坊铜矿社区服务中心按照市委、市政府的要求，派出扶贫工作队长驻柏坊镇大坪村，结对帮扶22户贫困户，多次上门走访调查。全面实施脱贫攻坚战略方针，落实脱贫政策，帮助结对户脱贫奔小康。

【沟通联动】 2017年，加强与水口山集团公司及柏坊铜矿、驻地政府、居委会、派出所等单位的紧密协作，形成合力推进平安社区、和谐社区的建设。参与全方位管理服务，努力实现多下访、零上访。

蓬塘乡

【概况】 常宁市蓬塘乡位于东经112°27′47″～112°35′43″，北纬26°23′28″～26°32′35″。地处常宁市东北部，东临烟洲镇、荫田镇，南接盐湖片区、宜潭片区，西靠柏坊镇、北依水口山镇。距常宁市城区22千米。辖区东西最大距离12千米，南北最大距离16千米，总面积112.25平方千米。其中陆地104.62平方千米，占93.2%；水域7.63平方千米，占6.8%。全乡总面积112平方千米，有耕地面积2266.67余公顷，有林地面积3106.33公顷。

辖易头、蓬塘、黄岐、先锋、虎泉、平洲、蓬兴、高新、福兴、杨塘、生塘、满江、大市坪、官水、芝江、新梅、金山、新田、李井19个村民委员会和田尾居民委员会。下设2个居民小组，524个村民小组，总人口44500余人。境内土地肥沃，素有常宁“粮仓油海”之称。水稻是主要农作物，茶油是传统特色农副产品，全乡油茶林面积4000余公顷，形成县道075线和衡桂高速公路两条“油茶走廊”。盛产葡萄、柑桔、奈李等水果。渔业以淡水养鱼为主，养殖水面160余公顷，水产品常年总产量150吨左右。境内矿藏有煤、铅、锌、锰、金、银等。其中仙人岩矿区的黄金储藏量为亚洲最大。2017年，实现财政收入 883 万元，占全年任务的 110 %;农民人平纯收入实现 5200 元。

【招商引资】 2017年，蓬塘乡坚持招商引资为第一要事，推进产业招商、以商招商。积极拜访蓬塘籍在外知名人士洽谈项目，开展“引老乡、回故乡、建家乡”事业。招商引资实现新成效。在建的项目有蓬塘乡文化广场和蓬塘乡农耕木艺展览馆。

【环卫同治】 2017年，乡集镇卫生做到“六个好”，即垃圾解决好，污水处理好，街道路面好，广告管理好，乱搭乱建清理好，门前三包落实好。居民生活垃圾入箱入池，定点存放，定时搬运，及时处理。投资 300 万元，在蓬田村建垃圾处理厂1个，全乡放置垃圾桶 1500余个，乡村垃圾日产日清；拆除乱搭乱建 30余处，拆除户外不规则广告牌20余个。号召乡、村党员、干部群众参与到卫生清洁家园工作中来。在三个市场成立专门的保洁队伍，聘请12名保洁员，建立梅江乡垃圾处理场、蓬田村垃圾中转站，新建垃圾池200余座，保证每个自然村至少有1座，定期将垃圾运送到市垃圾处理场集中处置，形成较为完备的环卫保洁网络。同时，加强村庄道路，庭前院后的环境清理，清理主干道及乡村道路沿线视野内堆放的柴草，简易厕所、猪舍，清理村庄池塘垃圾，制止乱建乱放。

【乡村道路】 2017年，蓬塘乡对县道075线及所有乡村公路两侧的生活垃圾、废弃物进行彻底清理、清运。在道路两旁栽植樟树1000余棵、桂花树1000棵、对道路两旁进行绿化、美化。重点对县道075线沿线10个村进行集中整治和日常管护行动，实现视野内基本实现无可视有色垃圾，并逐步延伸到全乡各村各自然湾场，农村环境整治步入规范化、制度化、经常化的轨道。

【农业生产】 2017年，按照依法、自愿、有偿的原则，引导农民土地承包经营权以土地托管、租赁经营、股份合作等形式流向农村能人。加快农业现代化生产模式，推进土地流转，积极争取项目补助，落实好各项支农惠农政策，以新型农业产业为主体，推进农业科技的应用。全乡粮食作物春夏播总面积1504.13公顷，其中早稻882.27公顷，中稻643.53公顷，冬油843.67公顷。有农民专业合作社36个，家庭农场4个，种粮大户180户，科技示范户70户。种植烤烟面积100 公顷，共产烟叶 3550 担。

【计划生育】 2017年，蓬塘乡人口出生率为12.4‰，计划生育率为90.52%，性别比控制在107内，违法多孩生育率控制在9.5%内，人口自然增长控制在6‰内，综合管理和服务水平跃上新台阶，全面完成各项责任目标。

【社会保障】 2017年，全乡共保障 572户1038人，共为95人申请临时救助款9万元，为78人提供大病医疗救助，发放医疗救助款15万元。全乡有重点优抚对象132人，60周岁以上退伍军人156人，按上级要求及时，足额发放各种定补和优抚金。“八·一”期间开展军人座谈，慰问困难退伍军人120人次，发放慰问金2万余元。新型农村合作医疗参合人员35928人，参合率99%，新农保参保率90%。有农家书屋20个。支持村级文化娱乐室添置设施器材，实施一事一议财政奖补项目13个，完成农村危房改造57户。

【干部队伍建设】 2017年，蓬塘乡继续开展“创先争优”“十八大学习教育”“十九大精神学习”“学习型党组织”活动，完善班子成员联系点制度，开展“干部监督管理教育”“党风廉政教育”活动。加强党员的教育管理，开展“双培双带”“双述双评”活动，把优秀分子吸纳到党的组织，共培养积极分子21名，发展新党员18名。加强党风廉政建设，开展“转作风、提效能”活动和党风廉政教育，开展廉政风险防控，继续实施村务监督、民主管理，全年共结案卷14卷，其中转立案5件。

【产业扶贫】 2017年，蓬塘乡产业发展以油茶种植、粮食和烤烟生产为主，以农副产品加工为辅，覆盖全乡。以委托企业帮扶实现产业扶贫全覆盖，人平2000元。全乡企业帮扶资金共计 3964000元，签约市农投公司五年。是年，人均返本400元、分红35元，共计862170元。非贫困村发放产业扶持奖补资金42万元。

【易地搬迁和危房改造】 2017年，蓬塘乡易地搬迁15户46人，其中新田村11户30人为集中安置，另4户16人为分散自建。完成危房改造57户。通过数据比对，上门宣讲政策，签订承诺书，其中37户新建，20户修缮。

【其他扶贫】 2017年，市人民政府为贫困户代缴医疗保险和“扶贫特惠保”，实行家庭医生签约，住院先诊疗后付费，并提高10%报销比例。蓬塘乡贫困户在乡医院就医304人次，兑付资金305307元。全乡教育助学764人次，补贴金额311125元。全乡兜底扶贫贫困户66户144人，补贴金额449280元。

【存在的问题】 2017年，蓬塘乡由于财力限制，对部分外商要求的道路、交通、排水等条件不能满足，影响项目的落地；干群中存在思想解放不够的问题，缺乏敢闯敢试敢拼敢干的“精、气、神”，大发展、快发展的愿望不够强烈。

烟洲镇

【概况】 烟洲镇位于常宁市东北部，距离常宁市区45千米，与耒阳市隔河相望。辖区总面积72.9平方千米。四条交通主干道分别是烟荫线、烟龙线、烟水线、烟松线。有耕地面积2073.67公顷，其中水田1918.27公顷、旱土155.4公顷。有山地5200余公顷，其中公益林2733.34公顷，油茶种植2666.67公顷(其中原始油茶林666.67公顷)。辖烟洲、大泉、新阳、石泉、万众、枫山、向星、良和、大众、亲仁、民主、石岭、火田、跃进、苍冲、麻石、矮岭17个村1个社区，396个村民小组。2017年，按照建设新农村的总体目标，开展各项工作，确保把经济工作做强，把基础建设做硬，把公益事业做好，把党建工作做实，把党风廉政建设和市委问责规定的相关工作做细，使全镇经济社会实现突破性发展。

【基层党建】 2017年，镇党委多次召开专题会议研究党建工作，每个行政村均选派“第一书记”具体指导党建工作。新建民主村、亲仁村两个村级便民服务中心；坚持基层党组织书记抓党的建设，扎实抓好“三会一课”“三议三公”、专项承诺、专题民主(组织)生活会、党员积分制管理、民主评议党员等制度的落实，实行村“两委”干部坐班制；继续开展“两学一做”学习教育活动，党委中心组坚持每月开展一次集中学习，依托经济工作会议、“七一”庆祝大会等时机，由党委书记上专题党课，加强对全镇广大党员干部的教育，其他党委成员定期到各自联系点上党课，定期举办党员干部培训班，重点搞好农村党员干部冬春训、基层党组织书记轮训和入党积极分子培训；推进“一进二访”工作机制，开展“五服务两争创”活动，重点加强对困难党员的帮扶。全镇形成空前重视基层党建、全面大抓基层党建的良好氛围。是年，完成村两委换届，劝退不符合换届要求的14名原村干部，吸收9名想干事的优秀村干部，村级班子得到强化。

【项目建设】 2017年，烟洲镇完成烟荫线水泥硬化，加宽跃进村、民主村、矮岭村等通村公路及多处断头路；完成自来水厂建设，直接供应集镇、学校、医院等镇直机关生活用水；通过“一事一议”等形式支持各村水利工程建设，对水毁设施进行修复；设立供电所，完成了4个村农网改造工程，境内生活用电得到有效保障；公租房建设基本完工，镇机关和原计生办老院子焕然一新；亲仁卫生医疗点投入使用；新建垃圾中转站投入使用；新敬老院搬迁入住，成为全省示范性敬老院。

【产业发展】 2017年，烟洲镇种植油菜1400余公顷，新造油茶146.67公顷，种植烤烟128公顷，上缴烟叶5000担；引进上古城草食动物基地落户石岭村，投资1000万元，养殖黄牛200多头；利用各种机会宣传推介烟洲农产品，新增农村专业合作社和家庭农场4家，三湾农场被评为衡阳市农业产业化龙头企业。

【教育事业】 2017年，烟洲镇倡导烟洲爱心人士成立“春蕊教育助学协会”，评选表彰“最受烟洲人民欢迎教师”，资助一批困难学生，发放奖学金8万余元。在全市中小学两级毕业会考中，烟洲中心学校综合成绩排名第二。

【脱贫攻坚】 2017年，烟洲镇清理“四类人员”531人，结对帮扶528户，成立11个帮扶工作队，建成13个扶贫产业基地，完成3个村的易迁安置点建设，搬迁贫苦困152人，发放帮扶资金，落实帮扶措施，通过国检、省检、市检，取得阶段性胜利。

【民生保障】 2017年，烟洲镇通过“安全生产月”开展烟花爆竹打非治违专项行动、农用车非法载客运营整治活动；集中整治全镇所有违规运营的加油站，对违规经营的个体户实行处罚甚至吊销执照；全年保障低保户453户、五保户255户、农村危房改造92户；处理信访案件22件。

【存在的问题】2017年，烟洲镇农村经济发展后劲不足，农民增收难度仍然较大，发展和壮大农村集体经济缺少有效抓手；基础设施建设资金投入不足，农村基础设施需要加快完善；产业发展不快，特别是拉动经济增长的支柱性产业缺乏，需要打造适合本地发展的重点产业；各类群体利益诉求难以满足，少数以牟利为目的的非正常上访仍呈多发态势，维稳压力较大。

荫田镇

【概况】 常宁市荫田镇地处常宁市城区东部，东与耒阳市南京乡、仁义乡隔春陵河相望，南与白沙、西岭两镇接壤，西与盐湖片区毗邻，北与烟洲镇、蓬塘乡相连，拥有“福荫德田”之美誉。镇政府驻荫田村西门皂20号，距常宁市城区24公里。2017年，下辖官陂、新华、泉塘、斛林、丛保、荫市、小泉、双龙、丰源、松塘、联塘、中山、小栗、上涪、衡市、红星、张力等17个村和荫市社区，共330个村民小组，全镇总人口50000余人。省道320纵横全镇，地处春陵河下游西岸，往东可至耒阳市西站，各村村道基本贯通，集镇道路全部硬化，整体上交通便利，出行、运输方便。荫田镇依山傍水，景色优美，气候宜人，有江山公司上万亩茶油园和多家特色农家乐，境内资源丰富，主要矿藏有铜、锡、锰、砷、煤炭、碳酸钙等，因东临舂陵河，砂、石资源丰富。有“张飞古渡”“福荫石桥”“白马宋代古窑址”等历史遗迹。境内土质肥沃，多为红壤，传统农作物种植以水稻、花生、黄花菜、红薯、凉薯、茅薯、马铃薯、萝卜、生姜、板栗、柑橘等为主，其中“衡头萝卜”以个头浑圆、质脆汁甜不空心等独特优点闻名遐迩。林业品种有松、杉、柏、樟、栎、椿等。尤以油茶为最，占有林地90.2%以上，为常宁市最大产油区，有“油茶之乡”的美誉。烟叶产业是荫田新兴的“支柱产业”。荫田镇坚持以粮食、烟叶、油茶为三大支柱产业，树立农业立镇、农业兴镇的发展理念。是年，全镇农村经济总产值1.85亿元，农村人均年纯收入5620元，实现地区生产总值增长9%，财政总收入增长10%。

【油茶产业】2017年，荫田镇党委、政府按照市委、市政府工作要求，全年以优化非公有制企业经营环境为契机，通过召开镇村两级会议、村企对接会议等方式，处理油茶企业与村历史遗留问题260余件，有效缓解村、企紧张关系；通过联合市公安、国土等部门，积极组织镇村两级干部在油茶收摘期间采取分组作业、包村包山头的方式，有序开展维护油茶收摘秩序工作，极大改变全镇油茶收摘乱象。全年共种植油茶林面积4348.67公顷，油茶籽产量达到0.33万吨。

【粮食生产】 2017年，荫田镇以土地流转为抓手，以“一流转五服务”工作为契机，全镇共发展种粮大户108户、专业合作社21个、家庭农场11家，新建水稻高产示范区200公顷，新建千亩油菜示范区3个，土壤有机质提升333.333公顷，粮食总产量达到2.2万吨、粮油总产量2.6万吨。

【烟叶生产】 2017年，荫田镇在全国烤烟种植面积压缩的情况下，种植烟叶143.47公顷，缴售烟叶7000余担，实现产值900余万元，诞生一大批职业烟农。烟叶基础设施完善，常宁市种烟规模乡镇地位更加巩固。

【党的基层组织建设】2017年，镇党委始终把提高基层党组织执政能力贯穿于党建工作始终，在村(居)两委换届工作中严把认识关、政策关、程序关、纪律关，打击处理了中山村漏票事件、周某成破坏选举案、廖某富贿选案，以“零容忍”的态度打造风清气正的换届环境。全镇18个村(居)有序完成换届工作，并选举一批优秀年轻干部，配齐配强村两委干部队伍，为各项工作的开展提供强有力的组织保障。

【党员教育管理】2017年，荫田镇以提升村级组织活动阵地建设为契机，要求各村因地制宜的重建、修缮村部阵地，为基层党组织教育工作提供有力的场地保障。全年召开党委会议30余次，专题研究党建工作18次，严格落实各村“双述双评”“三会一课”“一会五评”、远程教育等工作常态化建设，并定期对各村党员教育工作开展情况进行检查、公示。十九大召开以来，多次召开党政负责人学习会议及镇村两级干部会议，传达贯彻学习党的十九大精神。通过组建宣讲团进村入户、发放党建应知应会口袋书等方式，营造良好的学习氛围。

【安全生产】2017年，荫田镇牢固树立安全理念，认真落实各行各业安全生产责任制。组建专门领导小组，与村、企逐级签订责任状，形成齐抓共管的工作格局；以观看宣传片、开展安全演练为契机，革新镇村两级干部安全理念，规范企业生产秩序；每月开展常态化安全检查2次，全年组织开展安全生产大检查4次，联合市交警大队联合执法2次，排查整治安全隐患100余起，打击违法行为20余起，关停非法砂场11家，关闭非法采矿点2处，大大消除集镇交通、煤气、烟花爆竹销售等行业安全隐患。

【综治维稳】 2017年，荫田镇始终保持高度警惕、常抓不懈的工作心态，扎实开展综治维稳工作。加大矛盾调处力度，维护大局稳定。党的十九大等特护安保期间，做到“零报告”。全年接待来访群众78批次，处理网上信访件7件，12345转交投诉件12件。全力推动信访积案化解，进一步调解了徐冬福、吴定生、刘冬现、刘其元等信访积案。同时，强化治安管控，提升群众安全感。全年共破获治安案件11起,打击处理17人,行政拘留4人。坚持做到每夜必巡，每次巡逻入户10户以上，形成详细巡逻记录，并加强重点人员管理，有力震慑违法犯罪分子，打造良好的治安环境。

【计划生育】 2017年，以规范镇村业务、澄清底子为目标，有序开展计生工作。流动人口电话清查清理率达90%，非诉案件结案6起，通过全员人口数据清查清理工作，肃清了底子，及时修正人口出生、死亡信息，为全镇计生工作开展打下坚实业务基础。

【民生保障】2017年，荫田镇低保工作实现动态管理。同时根据国家相关精神，重新对低保台账进行清理，做到应保尽保，应退尽退，严格核查民政救助对象死亡名单，追回死亡人员享受民政救助资金18000余元，医疗救助158人次。

【精准扶贫】 2017年，荫田镇在精准识别上，通过进村入户走访式核查，共清理识别不准贫困户589户，新纳入贫困户203户，做到应纳尽纳、应清尽清。在精准帮扶上，全年易地搬迁84人，危房改造173户；全镇852户贫困户均纳入产业扶贫计划，采取“公司＋农户＋合作社”的运作模式，实现年底人均增收475元，各村合作社年底分红每户500元；教育、医疗等扶贫政策均有序落实到位。在精准脱贫上，严把程序关，采用组、村、镇、市四级核实的方式，确保程序到位、公平公正，全年脱贫160户。

【教育、医疗事业】 2017年，荫田镇教育启动撤点并校工程，共合并7所中小学校，通过整合教师资源、合理规划布局、加大资金投入，极大改善了教学条件，提升教育质量。全年考取重点高中升学率较2016年提升20%。通过成立教育基金会、汇聚社会力量爱心助学等方式，打造良好的尊师重教氛围。围绕“改善民生、服务健康”这一目标，加强医疗队伍、服务水平建设，积极开展医疗扶贫、爱心献血等活动，提升医疗队伍整体形象。

【作风建设】 2017年，荫田镇机关作风建设主要抓了两个方面：一是抓实制度建设，坚持和完善民主集中制，先后制定和完善《干部请销假制度》《党委中心组学习制度》等规章制度，做到以制度管人。二是抓紧班子成员集中学习，建立健全党委中心组学习制度，组织领导班子成员认真学习党的十九大精神、党在各个时期的方针政策以及深入推进“两学一做”学习教育。三是实行目标管理考核，出台详细的目标管理考核制度，对镇、村干两级干部的工作进行亮化打分，定期公开公示，并将考核结果与经济待遇挂钩，年终兑现奖罚。

【党风廉政制度建设】2017年，荫田镇完善《财务公开制度》和《财务会审制度》等，从源头上遏止违法违纪案件的发生。以镇党委为第一责任主体，实行镇、村两级联动，由镇纪委牵头，对镇直单位和各村财务账目及强农惠农资金管理与发放情况进行全面清查，做到账目清晰，程序到位。在扶贫、换届等重要领域出重拳，打击处理尹某美、陈保民“雁过拔毛”式腐败案件；在“纠四风、治陋习”中，以违规公款吃喝、违规发放津贴、违规收礼、涉赌涉毒为重点突破口，有序开展专项整治工作。出台镇、村干部就餐、公务宴请规定，纠正镇、村干部吃、喝陋习。

【存在的问题】 2017年，荫田镇府前街历史遗留问题化解速度慢，非公有制企业经营环境需优化；全镇综治维稳形势依然严峻；部分村的村道、环境卫生等基础设施还有待改善。

西岭镇

【概况】 常宁市西岭镇位于常宁市东南部，地接衡郴，鸡鸣三县。东边是河，西边是山。辖大洪、六图、小松柏、五冲、西冲、西塘、车荷、桐江、平安、中坪、青竹、桐排、石江、清冲、上安、石山16个村和1个社区，总人口4万余人，总面积124平方公里，有山林11333余公顷、耕地1333余公顷。全镇“七山一水两分田”，经济来源为“油茶烟叶加矿产”，享有“油茶之乡”“非金属之乡”美誉。西岭环境优美。境内山高林茂，植被覆盖率达88％以上。大义山中，怪石嶙峋，溪水淙淙，飞瀑轰鸣，溶洞遍布，藏而未露原生气象，是旅游休闲的好去处。境内资源丰富。有色金属种类繁多。非金属储藏丰富，尤以高岭土，硅灰石为最，其储量居华南之首，开发潜力巨大。境内特产驰名。2017年，镇党委和政府团结带领全镇人民以“树地标、强产业、促发展、惠民生”为总体思路，以全力打造“12345”工程为抓手，以“树地标、强产业、促发展、惠民生”为目标，以“产业促发展、以发展促民生”为统领，强化基础设施建设，切实改善生态环境；切实加强招商引资和项目建设，全镇经济建设持续发力。全年地区生产总值5.7亿元，较上年增长11.2％；财政总收入2617万元，增长14.8％。居民人均可支配收入14215元，比2016年增长11%。是年，石山村成功申报成为衡阳市美丽乡村、湖南省美丽乡村建设示范村。

【农业产业】2017年，全镇种植早稻133.334公顷,晚稻466.67公顷,一季中稻1000余公顷；种植油菜800余公顷，种植药材、生姜、棉花等经济作物200余公顷，种植无渣生姜26.67公顷，主导产业不断夯实。依托大三湘茶油、齐家茶油等公司在平安村、小松柏村和大洪村流转土地打造万亩油茶林，年末共种植油茶568.57公顷。全镇油茶产业规模继续壮大，林下经济发展迅速，“茶山飞鸡”品牌深入人心，年产值上千万元。是年，全镇种植烟叶313.33公顷，占全市种植面积的十分之一，是全市最大的规模种烟乡镇，创年产值1200余万元，创税120余万元。桐江村烟水配套投入资金200万元，推动了烟叶生产的发展。全镇共种植无渣生姜26.667公顷，种植牡丹、芍药、枳壳133.33公顷。成立常宁无渣生姜专业合作社，形成“公司+基地+农户”模式。引进“湖南省良中电子商务有限公司”，对贫困户种植的无渣生姜和其他土特产进行深加工并通过互联网销售，解决农产品销售难题。同时与多个客商进行洽谈，打开了销路。

【旅游产业】 2017年，西岭镇将平安村按照“文化创意、民居民宿、产业发展、商业创业”的理念划为四大区域，以“一江、两街、三园、四基、五风”为总体思路，绘制平安村美丽乡村提质改造蓝图，结合平安福文化、孝文化、油茶文化，打造十万亩油茶观景台、“油茶花谷”和“十里沙江”“爱莲堂”理学文化展览厅建设，实现平安村文化、旅游、产业的优质化、品牌化。拓宽桐排村旅游道路，成立无渣生姜专业合作社；五门村村民种植牡丹和芍药，并“自筹”成立常宁“空中花园”旅游发展公司，打造“五门牡丹”景点，花季到该村赏花游客超过20万人。桐排村旅游被“凤凰新闻网”、人民网、《衡阳日报》、衡阳电视台等多家媒体报道。五冲村被定为全国旅游扶贫重点村，该村旅游资源丰富，滴水冲瀑布、溶洞奇观成为热门景观，该村联通庙前“中国印山”的道路即将竣工通车；山村以旅游作为集中扶贫安置点产业扶贫的主导产业，以“六园、两街、一区”为总思路，建设以集中安置区为中心的石山地质公园、石山荷花园、石山水上乐园、特色古文化街等，被湖南省和衡阳市评为“美丽乡村建设示范村”；国家级传统古村落六图古民居、牛踩石、瑶仙浴池等景点也逐渐打响旅游品牌。全年全镇入境游客40余万人次，农民增收达2500万元。

【乡村公路】 2017年，全镇乡村公路硬化率100%。加宽并硬化桐排村、大洪村、桐江村道路66.9公里，修建公路桥梁5座，正在打通西岭镇至庙前镇的常宁南部经济旅游圈旅游专线。全年新建泥结碎石路15千米，向上级争取项目硬化石山村水泥路3.5千米。

【水利设施】 2017年，全镇共维修山坪塘5口，疏通引水渠7800米，新建山坪塘3口。在石山村、五冲村建饮水工程2处。解决了当地村民集中饮水困难问题。

【环境绿化】 2017年，西岭镇五冲村在公路两旁种植樟树8公里；青竹村在公路两旁种植樟树1.5千米；桐江村在公路两旁种植樟树2.5公里。全镇绿化村道共计11公里。全年在常白公路沿线植树25000余株；在集镇新种树木600株，集镇绿化覆盖率在25%以上。

【精准扶贫】 2017年，西岭镇通过清查清理动态调整，全镇共有4个省定贫困村，分别为青竹、桐排、五冲、石山村，贫困户人口739户2368人。通过结对帮扶，发展扶贫产业、落实教育医疗等政策，脱贫159户486人。4月，易地扶贫搬迁石山集中安置点工程建设全面完成，96户299人搬迁入住。同时，通过本人申请、入户核实、村民主评议及公示、市扶贫办审核一系列程序，确定搬迁对象为21户81人，其中3户11人为分散自建，春节前夕全部搬迁入住。按照危房改造要求，确认危改户107户。镇村两级统筹农户自建和村级统建两种方式进行施工，年内竣工。镇卫生院成立健康扶贫工作领导小组，下设办公室，设置固定健康扶贫政策宣传栏各1处、发放宣传册1000本。通过宣传，群众对健康扶贫政策知晓率、满意度均达到90%。严格落实“先诊疗、后付费”的惠民政策和贫困人口“三个一批”行动计划，落实对贫困人口住院报销比例提高10%政策及五保户低保户优惠政策。在西岭卫生院贫困人口住院平均报销达到90%，全镇9种大病救治率达100%。对全镇贫困人口实行建档立卡和家庭医生上门签约服务，完成率高达100%。

【社会保障】 2017年，西岭镇新增农村贫困劳动力转移就业639人次，完成目标任务100%。全镇农村低保户612户2011人，享受五保待遇149人，残疾人生活补贴全面发放到位，基本实现应保尽保。新农保参保15269人，新农合参保人数30429人，均完成总额的95%。新农保、新农合征收工作均排在全市前茅。规范办事流程，严格按照操作规则，进行小额担保贷款工作，累计发放贷款210万元。

【教科文卫事业】2017年，西岭镇新建中坪中心幼儿园一所，争资跑项500多万元，重新装修西岭中学、双安完小的教职工宿舍楼，改善了教学环境；教育教学质量提高，其中双安中学中考成绩在全市排名靠前。西岭镇综合文化站重新装修，成立西岭诗词老年协会和老科协，为退休老干部提供了文化活动阵地。实施文化惠民工程，各村设立人口学校，各农村书屋新添科技图书2万多册；配置村村响播放器，发放音像资料，开通远程教育；全镇16个行政村和1个社区均建立了规范化卫生室，新建成双安分院，新设中医诊疗馆，不断完善农村初级医疗保障体系。贫困户免费体检、妇女“两癌”筛查、儿童防疫等工作有序开展。

【计划生育】 2017年，西岭镇落实计划生育基本国策，全面落实“两孩政策”，计划生育率达93%，人口自然增长率2‰。全年两次组织镇、村两级人员进行无偿献血，全面完成上级交办的任务。

【金融工作】 2017年，由西岭镇党委和镇政府牵头，对全镇17个行政村不良贷款进行清收，全年共收回不良贷款129万元，依法送达不良贷款《催收通知单》和《函告函证通知》131张。

【城乡同治】 2017年，投入资金350万元，开展城乡同治。要求各村配备环卫队伍，定期对各村环境卫生情况进行评比，激励各村做好环境卫生工作。成立镇环卫队，实行环卫社会化管理，落实领导包片责任制，形成城镇环境综合治理工作长效机制。美化村庄环境，有效治理脏、乱、差，人居环境得到明显改善。新购置洒水车2台、垃圾车2台，新建成西岭垃圾中转站，增添垃圾桶(池)750个。是年，被评为“衡阳市环卫城乡同治十佳乡镇”。

【食品安全与质量监管】 2017年，西岭镇在西岭中学、西岭中心小学开展一次专题讲座，1000余师生参加，主要传授疾病预防、食品安全知识。同时，发放相关知识宣传册子800余份。联合食药工商质监所、派出所、镇卫生医院等单位进行食品卫生安全大检查5次，检查生产加工经营户46户，检验检测食品制售商贩15户，发现违规经营摊点6个，无证从业4人，下达责令整改意见书6份，罚没违规销售食品个案11起，价值金额2080元。

三角塘镇

【概况】 常宁市三角塘镇位于常宁市东南部，北距市中心6公里，镇政府机关驻地幸福村牛市坪。1995年撤区并乡，并原罗桥区的渔池乡、宜阳区的瑶塘乡、三角塘镇，建立三角塘镇。2016年4月，原三角塘镇与原盐湖镇合并，组建新三角塘镇。北接蓬塘乡，南抵罗桥镇、西岭镇，西临板桥镇，东靠荫田镇。2017年，辖石岭、三角塘、江南、双湾、长江、瑶塘、朱田、市塘、毛市、幸福、千家、塘冲、渔池、老屋、群富、大合、官冲、新铺、湖边、大义山、玄塘、七坪、小湖、盐湖、连江、梅花26个村和三角塘、裕民两个社区。总人口57800余人，其中非农业人口9000余人。辖区总面积121.3平方千米，耕地面积2256.07公顷，其中水田2095.73公顷。全镇各村(居)均实现“五通”，即通自来水、通电、通广播电视、通电话、通公路。辖区内大义山山脉最高峰五子行孝峰海拔900余米，为境内最高处。古刹义山庵(至圣寺)位于镇西南，修建于明末崇祯年间，是闻名遐迩的省内外佛教圣地。省道214、320线、衡桂高速公路穿境而过，潭水自南向北纵贯全境。潭水河上有全省最早的拦河坝—鸭婆堰水利枢纽工程。潭水两岸地势平坦，土地肥沃，国家大型商品粮生产基地和万亩优质稻高产优质种植示范基地均坐落于此，是常宁市重点产粮地区之一，盛产稻谷、大豆、红薯、高粱、玉米、茶油、奈李、茶叶、黄花菜、杉木、楠竹、香圩、柑桔。近年来，镇党委、政府大力扶持烟叶生产，面积、产量均位列全市首位。境内矿产资源丰富，已探明的矿种有18种，其中煤、锰、锡、瓷泥储量丰富，居全市前列。是年，在市委、市政府的正确领导下，镇党委、政府扎实深入开展“两学一做”学习教育活动，狠抓班子和基层组织建设。着力实现“三个转变”，即“工业大镇向农业强镇转变、边缘小镇向城郊新镇转变、财政穷镇向财政富镇转变”，打造“产业强镇、经济重镇、乡村美镇、旅游新镇”，以为常宁“争当县域经济发展排头兵”加油鼓劲的工作思路，团结带领各级党组织和广大干部群众，务实拼搏，迎难而上，实现全镇经济社会各项事业和党建工作的平稳较快发展，取得较好成绩。

【烟叶生产】2017年，全镇烤烟种植面积继续稳居全市第一，面积为289.333公顷。为确保烟叶品质，提高烟农素质，对不按照烟办技术要求栽培的烟农，一律不签订收购合同。镇烟办和各村两委干部着力搞好烟叶烘烤保障工作，确保烟叶产业健康发展和烟农利益。全年烟叶产量11000担，产值1670万元，创利税200余万元。

【粮食生产】 2017年，三角塘镇在2016年的基础上打造样板和示范片，以江南峒万亩高产优质稻种植示范基地和柳三公路、省道214线瑶塘片区高速公路沿线“三线”双季稻种植面积为重点，大力扶持鸿丰、农发等专业合作社；发展种粮大户230户，其中26.667公顷以上的10户，6.667公顷以上的110户；鼓励土地流转，新增流转面积333.333余公顷，全镇耕地流转面积在80%以上，实现稳定粮食总产在1.5万吨以上的总目标。为改善土壤结构和促进农民增收，免费提供湘杂油188种子8000包、绿肥草籽种1000公斤，全镇油菜种植面积达800余公顷。

【蔬菜产业】 2017年，三角塘镇千家、江南、双渔三个村沿河连片蔬菜基地面积增加12%，面积32公顷；在老屋、南岭、何曹、青合等村扒行大棚种植蔬菜，试扩种优质反季节蔬菜瓜果，面积33.333公顷。

【油茶产业】2017年，三角塘镇按照市委、市政府建设“绿色常宁”“三年绿化”的要求和部署，全年荒山造林200公顷，其中油茶林栽植面积100公顷，生态造林100公顷。村镇绿化1个（长江村），通道绿化20公里。

【项目建设】2017年，衡阳市八中尚宇中学项目建设部分座落在三角塘镇千家村与泉峰办事处青市村交界处，其中三角塘镇需要征地2.67公顷全部完成，已开工建设。对所征地的泉峰办事处青市村置换坟山2.55公顷，也全部完成。瑶草国有工矿企业棚户区改造项目建设，一期完成征地拆迁任务12公顷，18栋楼房主体已经完工。常盛物流项目建设接近完工。投资300万元的潭水流域综合治理已初见成效。朱田、大合村的土地整理项目已经完成。官冲村的搬迁扶贫安置点年末投入使用。

【计生生育】 2017年，三角塘镇建设“四优一满意”的计生服务站，完成镇国策楼维修并添置部分器材。加强各村“三位一体”建设和计生队伍业务培训，共召开计生专干培训会7次。完成“两癌”(宫颈癌和乳腺癌)筛查和产妇孕前筛查，提高育龄妇女身心健康指数。

【综治维稳】 2017年，三角塘镇开展严打专项整治工作，深入打击“二抢一盗”(指抢劫、抢夺、盗窃，包括入室盗窃和盗窃机动车)等三类多发性侵财案件、流氓斗殴和涉恶势力，全力扫除“黄、赌、毒”，持续推进“平安三角塘”建设。开展道路交通秩序专项整治工作。全年无重大群体性事件发生，无明显突出的治安问题。是年，调整镇信访领导小组，成立“便民服务中心”和“群众接待室”，实行镇领导信访接待日制度。全年镇主要领导接访200余起，亲自处理重大信访案件19起；接待群众来访 45批 164人次。民事调解率100%，调成率98%。没有一起进京进省上访案件。

【安全生产】 2017年，三角塘镇强化“一岗双责”，开展“打非治违”，建立安全生产巡查制度，多次对辖区内的重点场所进行安全生产大检查。对学校等重点区域坚持每周检查1次，发现问题及时整改或限期整改。全年常规安全检查10余次，整改安全隐患12处；全面禁停非法采砂，采取不同形式的整治行动共20次，拆除多家非法砂场，清理辖区内的潭水、沙水河道砂石尾堆，确保河道畅通。4月26日和5月4日，镇党委书记带队现场查处非法开采行为各1起，缴获铲车1台，拆卸挖机线路板1块价值10余万元。

【民生保障】 2017年，三角塘镇开展脱贫攻坚精准识别工作，全镇贫困户识别前1248户3420人，通过走访识别清理，清退358户1084人，新增87户250人，家庭人员增加610人，识别后贫困户总数为963户3021人。 以村为单位安排帮扶队员，因户施策，落实“五个一批”扎实推进发展产业、劳务输出、易地搬迁、生态补偿、教育脱贫、医疗救助、兜底保障“七大行动 ”。

【党建工作】 2017年，镇党委认真学习贯彻市委组织工作会议精神，自觉增强党要管党、从严治党的意识，落实党委书记“第一责任”、分管书记“具体责任”，党员领导干部“基本责任”，基层党支部负责人“直接责任”的职责，建立健全党委定期研究基层组织建设工作制度和班子成员党建联系点等项制度，做到定时开会、定时检查、定时解决难题。全面提高基层党建工作水平，强化领导班子自身建设，稳步推进村两委换届工作。组织党员干部学习新党章和各项农村政策法规;组织党员观看电教片，教育党员干部树立正确的人生观、世界观和价值观。全年组织28个村(居)的党支部书记、村委会主任及其他基层干部集中培训学习2次。按照“坚持标准，保证质量，改善结构，慎重发展”的方针，针对全镇党员年龄老化、文化结构偏低、妇女比例偏小的情况，要求各党支部做好党员“入口”关、把好预审关，争取将有能力有文化的年青人吸收到党员队伍中来，特别是把致富能手吸收到党员队伍中来。全年新发展党员26名。

【制度建设】 2017年，三角塘镇修订农村基层党组织考核细则，细化基层党组织的目标任务，并围绕工作重点与各支部签订目标管理责任状，把各项工作任务层层分解，落到实处。进一步健全民主理财制度，财务公开制度、村账镇管制度和定期集中记账等相关制度。同时结合新农村建设工作，镇党委组织各村理财小组对村干部在任期间的账务进行彻底清理，并及时向群众进行公布。

【存在的问题】 2017年，三角塘镇在结构调整、产业升级、项目建设等方面仍需要攻坚克难；在发展现代高效农业，农民增收致富等方面还需要进一步探索；机关及职能部门的创新意识还需要进一步强化。

罗桥镇

【概况】常宁市罗桥镇位于常宁市南部，其位置距郴州桂阳县约10千米，处于衡阳市的最南端；南与庙前镇毗邻，西与板桥镇、弥泉林场接壤，北与三角塘镇相连。2017年，辖石盘、大枫树、新屋、罗市、荆坪、三合、湖波、三联、依波、羊山、红旗、阳家、马桥、利群、东桥、和群、庙山、南坪、瑶寨19个村，另辖罗市社区。共378个村(居)民小组，10211户，总人口40593人。镇域面积106.33平方公里，土地面积10883.4公顷，其中耕地面积1924余公顷，林地面积8080.8公顷。省道214线和岳临高速自南向北穿境而过。境内矿产蕴藏丰富，金、银、铜、铁、瓷泥等矿产资源储量丰富，硼矿石、硅灰石储量居湘南之首，镇属六合村就有明清时期采矿的坑道遗迹。农业得天独厚。享有“常宁粮仓”之称，是国家重要的商品粮生产基地，石盘贡米在南宋时期作为“皇室贡品”而享誉全国。茶油、烟叶、油菜等农业产业在常宁市对应产定中处于重要位置。镇东南大义山脉和西南天堂山脉南北延绵，形成原始森林屏障。全镇森林覆盖率达52%。潭水河汇集涓涓细流，由南往北流经罗桥全境，与宜水汇合流入湘江。是年，在市委、市政府的领导下，以党的十九大精神为指引，坚持“创新、协调、绿色、开放、共享”发展理念，大力推进生态罗桥、美丽罗桥、实力罗桥、幸福罗桥建设，各项工作取得可喜的成绩。

【精准扶贫】 2017年，镇成立以党委书记为组长，镇长、副书记为副组长，全体班子成员和相关行业及部门负责人为成员的扶贫工作领导小组，下设扶贫办公室，配有主任和扶贫专干2名。市委派出2个扶贫工作队常住贫困村帮助脱贫脱帽，镇党委、政府对2个贫困村和17个非贫困村选派帮扶工作队长、配备了工作队员，各村、各行业扶贫单位配备了扶贫专干、管理员、信息员，形成了从上至下网格式的强有力的脱贫攻坚工作队伍，为脱贫攻坚提供了组织保障。2017年，按照脱贫攻坚基础工作“三化”标准要求，投入20万元，用于阵地建设。镇扶贫办配备办公专用房4间，80平方米，并重新装修，购置电脑3台、复印机2台、装订机1台、资料柜6个、写字台4张。抓好村级“两站一室一点”建设，做到有房子、有牌子，每个村用于脱贫攻坚办公用房不少于2间，60平方米；每个村配备了至少1台电脑，1台打印机，3张办公桌和办公椅，2个文件柜和相应数量档案文件盒。抓实各项制度、各项扶贫政策、各项工作流程，扶贫阳光台、信息牌的上墙工作，让扶贫工作在阳光下开展；收集归档资料，完善一户一档，规范装订成册，入盒入柜；在全镇交叉路口做大宽幅铁架宣传栏300平方米，永久性墙上宣传标语100首，粘贴性宣传标语2000张，每村配置3个固定性宣传栏。通过阵地建设和抓实宣传工作，形成真扶贫、扶真贫的浓厚工作氛围。

2017年5月，依据《衡阳市脱贫攻坚突出问题集中整改方案》和《常宁市贫困对象精准识别实施方案》，共清理四类对象、不符合条件贫困户261户765人。其中，因自然死亡、婚迁、拆分户原因删除88人，整户新纳入56户190人；因自然人口增长、嫁入、拆分户等原因增补413人。11月，再次甄别清除不符合条件贫困户16户88人，减少自然人口202人，新增自然人口18人，返贫35户91人。通过两次精准识别，实现了应进尽进、应出尽出，为下步脱贫攻坚奠定了基础。

按照“四跟四走(资金要跟着贫困户走，贫困户跟着能人走，能人跟着项目走，项目必须跟着市场走)”的产业扶贫路子，实施市级产业扶贫全覆盖，每个贫困人口全年可以从市级产业分得红利435元；实施镇级旅游、农业产业扶贫地域大辐射，田野绿世界(百万樱花园)在庙山、南坪、和群三村租地373.33公顷。3个村有贫困人口108户387人，其中62户贫困户在园区有土地租金，58个贫困劳动力为百万樱花园常年务工，68户贫困户租金和劳务两收合一，户平增收在4000元以上，50户贫困户增收脱贫。全镇65%以上贫困户，在中联油茶公司、依波千亩茭白基地、常宁市泰茂千亩优质稻无公害基地、欣欣向荣合作社、常宁市志合农林专业合作社、湖南省雨霖园林专业合作社、常宁市罗杰宾利原生态种养专业合作社的土地流转、劳务、产业链次生产业中，增加了收入、摆脱了贫困。19个村均成立专业合作社，所有贫困户都加入合作社。利群村专业合作社投入产业发展资金69万元，筹建果园6.667公顷，全村28户贫困户全部入股。目前，果苗已全部栽植，预计两年后贫困户将每年从果园分得红利。

完成易地搬迁17户55人；投入资金268万余元，危房改造119户381人；政府代支人平240元，实施医疗救助和扶贫特惠保760户2664人；教育助学582人，其中雨露计划65人；社会兜底68户158人；生态补偿(保洁员)2人。

【农业生产】 2017年，罗桥镇巩固湖波洞333.334公顷全省双季稻粮食核心示范区，推行大户种植，实施产业化、机械化和无污染粮食生产，探索稻田公园运行模式。支持常宁市泰茂农业发展有限公司在石盘、大枫树建立66.667公顷无公害绿色生态优质水稻种植基地。全镇粮食生产种植面积1733.334公顷，粮食产量2.2万吨。常宁市菲禾茭白种植专业合作社，种植面积66.67公顷，实现茭白全部电商销售。种植烤烟面积173.33公顷，交售烟叶6200担，实现产值806万元，保持全市种烟大镇地位，为实现产业持续发展提供保障。全镇油菜种植面积突破了666.67公顷，创办大枫树、阳家两个千亩油菜基地，以样板带动全镇油菜产业的大发展。全年新造油茶林113.33公顷，油茶林整地33.33公顷，油茶垦复56.67公顷。

【项目建设】 2017年，罗桥镇百万樱花园项目被市委、市政府列为重点扶贫扶持项目，绿都玫瑰园交接顺利。南坪、新屋两村土地开发项目竣工验收，新屋、依波、大枫树3村旱改水和荆坪土地开发项目完成评审，庙山省级综合整治项目已经立项，石盘土地整理项目已经开工建设，荆坪垃圾中转站建设年末完成。引进常宁市思源生态农业发展有限公司生态农庄和湖南丽都三业生态农业发展有限公司两个农业旅游项目。这些各具特色的生态农业旅游景点，将形成田园旅游圈，构筑新的经济体，为旅游富镇提供源动力。

【公路建设】 2017年，全镇共投入公路建设资金354.9万元。利群、大枫树、和群等11个村投入资金258.9万元，硬化村、组道11条，里程7.427千米。三联、红旗等4个村投入资金96万元，加宽村、组道4条，里程7.96千米。

【水利设施】 2017年，罗桥镇投资300万元的骨干水利工程雷侯堰开工建设。4座小Ⅱ型水库完成勘测申报工作，有望在2018年实施改造。投资660.6万元，硬化罗市、南坪、马桥、石盘等11个村13条渠道，里程10.2公里。投资37万元，整修荆坪、罗市5个村山坪塘8口。投资13.92万元，维修闸门16处，安装涵管15处，维修电排1座。投资26万元，新建电排2座，新增装机30千瓦。投资88万元，修河提护坡900米。全镇共投入水利建设资金1133.52万元。在解决安全饮水上，投资50万元，为全镇贫困户都装上了自来水。利群、瑶寨等村自来水入户率达100%，全镇饮水安全得到保障。

【农网改造】 2017年，罗桥镇投入资金210万元，完成利群、瑶寨、罗市3个村农网改造，增容800千瓦。计划其他村在2020年内全面完成农网二轮改造任务。

【人居环境】 2017年，罗桥镇投资117.5万元，在三联、新屋、三合、湖波、东桥等12个村新装452盏路灯。投资204.8万元，在庙山、东桥、南坪、三联等7个村，建成硬化群众文化广场，硬化广场面积15130平方米。投资17.9万元，对罗桥农贸市场全面提质改造，安装下水道480米；投资24.8万元铺设套板砖、安装路檐石1380平方米；投资9.6万元新装特色路灯16盏；投资56万元，硬化街面6240平方米；投资10万元，绿化植株100株。全年完成通道绿化9.8公里，新植树木6500余株。

【教育卫生事业】 2017年，罗桥镇筹集资金150万元，成立罗桥长湖教育基金会。罗桥中心学校被教育局评为教育教学先进单位，财务管理先进单位，安全综治先进单位。完成“两癌筛查”，完成65岁以上老人健康检查和贫困户的健康建档立卡工作，计划免疫。镇医院全年收治门诊病人13360人，住院病人4566人，完成健康档案36800人(份)，下乡体检2168人次。全镇有30120人参加新农合，收缴基金451.8万元，参保率98.2%，基本实现参合全覆盖。

【社会福利事业】 2017年，罗桥镇16500余人参加新农保，征缴保费164.5万元，参保率80.81%，农村60岁以上老人基本退休金得到及时发放。7月，对全镇低保情况进行全面清理，清退不符合低保条件的228户442人，新纳入符合低保条件的130户229人，由原来的低保人口占农业人口的3.23%，降为2.68%。农村五保标准逐年提高，残疾人补贴、优抚对象定额补贴有所增加。全年发放劳动、民政、农业补助款项1032.918万元。其中发放耕地地力补贴资金353.41万元；60岁老人5460人，发放养老金46.4万元；农村低保资金345.8万元；城市低保资金18.558万元；特困人员生活费93万元；一二级残疾人补贴33.6万元；优抚对象补贴121万元；孤儿补贴款5.04万元；临时救助金3.8万元；大病医疗救助5.31万元；救急难3万元；高龄补贴4万元。

【综治工作】 2017年，罗桥镇深入开展平安创建活动，创新“联动、引导、预防、惩治”相结合的系统性维稳机制，强化信访办理，开展领导干部值班接访、信访包案和户籍属地管理相结合，与各村签订综治维稳责任状，出台综治信访工作考核方案，纳入全镇重点、底线工作考核，构建大综治格局，有效促进社会稳定。全年综治部门共接处警242起，调处各类矛盾纠纷155起，调处交通事故42起，刑事立案18起，破案5起，刑事拘留7人。共受理治安案件20起，办结10起，治安拘留5人，法院共收案220件，结案200件。在两会特别防护期间，成功调处4月27日南坪村陈志失足掉入水库溺亡等6起群体性案件，遏制群体事件影响的扩大。

【安全生产】 2017年，罗桥镇建立“一岗双责”安全生产责任制，出台环境保护安全生产工作方案和责任分解书考核等文件7个，开展安全生产大检查、大整治活动，采用多种形式广泛宣传安全知识，组织安全生产培训、演练4场次。建立隐患排查处置机制，组织相关部门开展联合执法，多次对非法采砂和农用车、三轮车载客、烟花爆竹、加油站等进行专项检查整治。全年开展安全生产检查113次，开展集中检查6次，集中整治非煤矿山、沙场6次，捣毁非法沙场现场设施4个，非煤矿山现场设施3个，排查安全隐患29处，下发整改函29处，通过回头看全部整改到位。

【计划生育】 2017年，全镇有计划生育两扶对象210个，发放资金21万元；有计划生育特扶对象23人，发放资金17.8万元；有独生子女保健对象35人，发放资金0.84万元；有生育关怀对象70人，发放资金3.6万元。征收社会抚养费22万元，完成非诉案件26例，免费孕前检查240对，产前筛查220例。全面落实放开二胎政策，引导罗桥人口合理增长，不断提高人口优生优育。

【保护耕地】 2017年，罗桥镇为进一步加大农村控违拆违的力度，出台最严厉的考核办法，深入开展综合执法活动。坚决杜绝占用耕地和无序、无规建房乱象。全年查处违法用地115宗，立案115宗，下达行政处罚决定书110起，拆除违法占地房屋基础7户。

【基层党建】 2017年年初，罗桥镇出台《罗桥镇2017年度基层党建工作要点》《罗桥镇2017年度基层党建工作考核方案》等14个党建工作文件。成立党委书记任组长的党建工作领导小组，下设办公室，配备专职人员4名，一对一选派五基督导员，形成“党委书记负主责，班子成员分工抓，联村干部具体抓，支部书记直接抓，各支部分管党建的具体抓”的工作格局。镇党委与35个党(总)支部签订党建工作责任状，对党建工作实行月督查、月考核。把考核结果作为全年目标管理考核的主要指标和配备村书记的重要依据。全年召开党政联席会议68次，基层党建督查考核专题讲评调度会13次。围绕基层党建“四个覆盖”和“四个提升”大力推进基层党组织“五化”建设。结合“两学一做”开展正常组织生活；扩大便民服务大厅、各村便民服务站服务范围，提高服务质量，镇村两级全年为民代办27255件；出台村(社区)两委班子议事决策制度，村干部岗位承诺制度，村干部轮流值班制度，村干部管理暂行办法等12项制度；加大党建工作设施投入力度，全镇党(总)支部均按党建工作要求配齐了写字台、课桌、凳子、电脑、复印机、宽屏电视或投影仪、资料柜等设施，村平投入办公经费2万元以上，落实支部书记和分管党建的负责人50元/月的党建经费补助，为党建工作常态化提供了保障；投入资金216万元，建成镇便民服务大厅建设，建筑面积800平方米。东桥、庙山、利群的村级服务中心主体年末进入装修阶段；马桥、红旗、三合、荆坪的村部完成“三通一平”；三联投入资金150万元，填筑村部建设场地2500平方米，完成土方4250立方米。

【换届选举】 2017年6月25日，罗桥镇全面完成村两委换届，共选出村两委委员119人，其中村支部委员62人，村委委员57人，实现交叉任职22人，较换届前减少了33人，精简干部22%。根据工作需要配备工作专干9人，调整支部书记5人、村主任3人，对不符合任职条件的原任4名村干部不予提名。按照上级要求，对12个村50名党员以上的支部改建为党总支，并完成总支下设24个支部筹建选举工作，为推动罗桥发展提供组织保障。组织新一届村两委干部普训和支部书记培训，出台《罗桥镇村干部管理暂行办法》，建立村干部“三问两评”考核评价机制。配齐了村务监督委员会、村民议事会、小组组长、村民代表，制定村规民约等12项制度。完成全镇妇联改革换届工作。在罗桥镇第一次妇女代表大会上，选举产生了妇联主席1名、副主席2名、执委15名。各村(社区)分别召开会议，共选举产生村妇联主席20名，副主席40名，执委300名。

【党组织建设】 2017年，罗桥镇针对红旗村和石盘村并村后村情复杂，社会矛盾突出，党组织战斗力不强的问题，镇党委召开专题会议研究，制订整改方案。市委选派优秀党员到村任第一书记，梳理问题原因6项，并建立了台账。针对石盘村账务不公开的问题，镇经管站和镇纪委派出专门班子进行清理，将清理结果在公示栏公开的情况下，又召开村组干部、村民代表、群众座谈等形式予以公开说明。在此基础上，组织群众大办公益事业，新修护砌渠道2000米，新建涵闸2处，修路700米，硬化农民健身广场300平方米，对村小学进行修缮，组织申遗等。村两委积极争取上级对泰茂公司石盘贡米基地、罗杰宾利合作社的支持。红旗村党支部争取村级活动中心建设项目，落实资金72万元，镇财政帮扶资金8万元，修通断头路600米，打通红旗村最后的交通瓶颈。全镇共选派第一书记3人，撤换支部书记5人，处分党员1人，整顿软弱涣散党组织2个。

【党风廉政建设】 2017年，镇党委制订党风廉政建设责任分解工作方案，把责任分解到班子成员和相关单位，与各党支部签订党风廉政建设责任书，把落实党风廉政建设作为各单位年终绩效考核的重要内容。全年立案3件，结案3件，给予党纪处分3人，其中党内严重警告处分1人，警告处分2人。下发作风通报13期，通报28人次，约谈镇干部2人、村干部3人，其中书面检讨2人、停职1人。落实“一岗双责”和“一票否决”目标管理考核，村两委换届后，组织全体新任村两委干部和全体机关工作人员到常宁看守所倾听在押人员现身说法。印发各类典型案件通报和党纪党规宣传资料5000余份，使反腐倡廉意识深入人心，以党风政风带动民风好转。

【存在的问题】 2017年，罗桥镇主要存在3个方面的问题：一是发展基础还相对薄弱，基础设施还有待于完善，产业持续发展机制还不够健全，还没有建立具有罗桥特色和独具优势的产业链条，产业后续发展压力很大；二是发展的环境还有待优化，镇、村干部还需要进一步解放思想，转变观念，改进作风；三是发展还存在短板，特别是小城镇建设严重滞后，影响和制约全镇经济发展。

庙前镇

【概况】 常宁市庙前镇地处常宁市南部，天塘山下，潭水上游，是“常桂百里画廊”的中心地段。东与桂阳县桥市乡相邻，南与桂阳县莲塘镇接壤，西靠塔山民族自治乡，北接罗桥京珠复线衡桂高速S61线，该高速在庙前镇有一个互通，省道214线贯穿全境。辖区面积78.6平方千米，耕地面积1217.4公顷，林地4213.33公顷。2017年，辖西湖、庙前、金龙、泉井、弥泉、双凤、双桥、长春、春和、石铺、中田11个建制村和1个居委会，171个村民小组。是年，庙前镇在市委、市政府的领导下，以打造中国旅游名镇为目标，以党建为总抓手，团结带领广大干部群众，大力实施项目建设，扎实有效地推动经济社会全面协调发展。

【农业生产】 2017年，全镇落实粮食直补和政策性农业保险，完善土地流转机制，维护农民合法权益。粮食种植面积800公顷，实现全镇粮食播种面积应播尽播。新增专业合作社8家、家庭农场2家。

弥泉村吸引外资700余万元，建成香榧基地，种植面积53.34公顷。

【景区建设】 2017年，庙前镇为了推动AAAA景区创建工作，成立专门领导小组和拆迁工作组，多次召开专题会议，研究征地拆迁的具体事项。共征地13.4公顷；完成土地流转88.67公顷；签订拆迁协议58户，完成拆迁30户；财富大道如期竣工通车。投资800余万元完成中田村古民居和月光塘的修缮工程；投资300万元修缮中田村公祠；9月，投资700万元修建千竹岭水厂，解决镇区和景区的饮水问题。全面完成对古民居的租赁和管理工作。

【项目建设】 2017年，庙前镇投资400余万元完成公租房建设；双凤村、长春村的综合公共服务中心竣工并投入使用；投资720万元实施棚改综合整治项目全面完工；投资100万元完成庙前村危房改造工程；投资400万元完成潭水沿河治理工程。

【小城镇建设】 2017年，庙前镇坚持规划先行、保护耕地、一户一宅等基本原则，严格建房审批程序。镇国土、规划部门采取定期或不定期对新建房屋进行巡查，发现问题及时上报，实行统规统建，加大控规拆违力度，确保镇区建设符合总体规划。

【环卫同治】 2017年，庙前镇在加强镇区环境卫生管理的同时，在每个村开展环境卫生竞赛活动，为每个村购置活动垃圾箱，设置流动红旗和流动黄旗，每月进行一次卫生检查，使环卫保洁工作形成你追我赶的良好氛围，为创建AAAA景区打下基础。是年11月，创建省级卫生镇工作通过省级卫生专家评估验收，成为衡阳市第一个创建省级卫生镇的乡镇。

【教育事业】 2017年，庙前镇党委、政府提高办学质量和办学效益，加大对教育的扶持。全镇适龄儿童入学率达到100%，大学本科升学率较2016年增长20%。投资60万元对春和完小的围墙和运动场进行修建，对校园道路进行了硬化；投资50万元对庙前中学的运动场、围墙进行维修，对教学楼、宿舍进行维修改造；投资97万元完成公租房建设。

【精准扶贫】 2017年，全镇有贫困户408户1320人。已脱贫235户828人；未脱贫173户492人；返贫17户58人。是年，共清理“四类人员”及其他识别不准贫困户170户581人。教育助学扶贫162户；社会兜底扶贫26户，危房改造62户，易地搬迁32户，就业培训76户，小额信贷60户。西湖村投资10万元，其他5个非贫困村各投资3万元，用于产业扶贫。年末，省级贫困村西湖村及全镇通过省验收组零问题验收，实现66户237人脱贫。

【安全生产】 2017年，庙前镇坚持“抓早抓小抓了”，与各单位签订责任状，建立健全“党政同责，齐抓共管”的责任制，实行精细管理、“网格化”管理，责任到人。8月，镇党委、政府组织安监站、派出所等站所人员，在境内开展一次农用车非法载客整顿行动，共查处三轮车、改装农用车和未成年人驾驶摩托车5辆；组织有关人员，整顿非法售卖烟花爆竹、天然气及非法采矿；组织农村包工头和工匠进行业务和安全知识培训，共培训61人次；镇政府与建房对象签订安全施工承诺书。

【森林防火】 2017年，庙前镇境内森林防火实行网络化管理，严格控制野外用火，定期组织防火员进行巡查，提高群众的防火意识。清明节期间，组织安监站和林业站进行森林防火检查，打击处理违规野外用火和案件3起，依法罚款1万元。

【综治维稳】 2017年，庙前镇定期召开信访联席工作会议，研究解决信访工作具体问题，做到小事不出村、大事不出镇。开展创建“平安创建”和“打黑除恶”专项活动，严厉打击吸毒贩毒，保持对违法犯罪行为的严打高压态势。

【廉政建设】 2017件，庙前镇牢固树立“四个意识”(忧患意识、创新意识、宗旨意识、使命意识)，认真贯彻《中国共产党廉洁自律准则》和《中国共产党纪律处分条例》，严肃党内政治生活，强化党内监督。定期对党员干部进行思想政治教育和党风廉政教育，提高党员干部思想素质，增强党员干部拒腐防变的能力。

【存在的问题】 2017年，庙前镇干群发展与创新思维滞后，项目推进、征地拆迁、土地流转等方面面临的矛盾处理与利益平衡较为复杂；综治维稳任务仍然艰巨；行政效能、机关作风等与社会经济的发展及群众的盼望仍存在一点的差距。

板桥镇

【概况】 常宁市板桥镇位于常宁南部，距常宁市城区16.8公里。北与泉峰街道办事处相接，南与罗桥镇、弥泉乡接壤，西与胜桥镇、兰江乡相连，东与三角塘镇相邻。板桥镇山清水秀、人杰地灵、物华天宝，是湖南石灰石储存量最大的乡镇之一，是最大生产水泥的原料基地。板桥镇素有“水果之乡”、“剪纸艺术之乡”美誉。镇内有浆衣寺、西华庵、伏龙庵、三仙姑名胜古迹四处，小二型水库四座，在建大型水库一座，鸡公塘猴子洞列为常宁市八大景点之一，1310米长的引水渡槽横跨板桥两岸。2017年，辖黄山、鸡公塘、太坵、太星阳、西洞、群益、先锋、仙塘、仙桥、樟塘、高桥、合塘、丫田、南洋、干沙巷、板桥、石塘、长冲铺、五坳、新桥20个行政村、1个社区，共有400个村民小组9780户43000余人。辖区总面积82.2平方千米，有耕地1080.67公顷，其中水田1400公顷、旱土406.67公顷。省道214线南北贯穿，乡、村公路四通八达，有线电视、通讯网络覆盖全镇。

【党委建设】 2017年，板桥镇多次召开党委会议，专题研究班子建设问题，着重抓好班子的学风和作风建设，班子成员主动把个人学习贯彻于日常工作之中，主动参加双重组织生活，落实“三会一课”“一岗双责”“五个日子”等组织制度，提高个人素质，用实际行动践行组织生活正常化要求。着重注意班子廉政建设，严格执行上级廉政规章制度，坚持开好民主生活会，认真开展批评与自我批评，增强廉洁自律意识，使班子成员树立正确的价值观、纪律观、责任观、金钱观和态度观，自觉履行党风廉政责任制，提高班子成员廉政意识，提升党委班子战斗力。全年镇党委书记带头上党课6次，各支部开展主题党日活动100余次，十九大开幕当天组织全体党员干部集中观看。十九大胜利闭幕以后，镇党委召开专题会议学习十九大精神，并外请市委党校讲师为授课，为工作开展提供理论支持。

【村“两委”换届】 2017年，全镇20个村1个居委会在6月底之前完成换届工作。选举前，召开专题党委会，按照要求进行“八联审”，对不符合条件的候选人直接除名。全镇共有选民29642人，参加投票选举26678人，投票率90%。选举产生村“两委”班子成员99人，其中党组织书记21人、副书记20人、村主任21人、委员37人，平均年龄47岁。新一届村“两委”成员中，有中共党员88人，占89%；

高中以上文化的32人，占32.3%；妇女干部22人，占22.2%，30岁以下的青年干部4人，占4%，占比均比上届有所提高。

【扶贫工作】 2017年，镇党委发动党代表、机关干部、镇直单位工作人员，结穷亲帮扶贫困户。镇机关工作人每人结对帮扶3户，共结成帮扶对子92对，给贫困户送去慰问金、大米和食用油。其中党代表每人结对帮扶1人，共结成帮扶对子113对，送去慰问金56500元、大米100袋、食用油100桶、棉被80床。在深入开展结对帮扶的同时，不断提高精准识别准确度。通过进村入户走访式核查，共清理识别不准贫困户523户1488人，新纳入贫困户158户531人。全年易地搬迁125人，危房改造220户。所有贫困户均纳入产业扶贫计划，全年脱贫贫困户187户618人。

【党风建设】 2017年，板桥镇党委认真贯彻落实中纪委十八届六中、七中全会精神和中央“八项规定”精神，主动适应反腐倡廉新常态。在明确职责、强化廉政建设主体责任上抓落实，在建章立制、健全完善工作管理机制上下功夫，严格落实党委主体责任、纪委监督责任。加大对违纪案件的查处力度，加强对基层“雁过拔毛”式腐败和“四风”问题的整治，共查处各类违法违纪案件9起，结案8起，对8名违法违纪的党员干部进行党纪处分。

【农业生产】 2017年，板桥镇发展32公顷以上种植大户141户，流转土地933.33公顷，发展6.67公顷的大户共42户，其中13.34公顷以上的大户15户。烟叶种植面积173.33公顷，缴售烟叶7800余担，产值1000余万元。培养一大批懂技术的职业烟农，种烟规模乡镇地位更加巩固。

【环境卫生治理】 2017年，进一步加强镇村环境整治，把常板线、洋板线沿途村打造成板桥镇环境卫生示范村，完成部分通村公路绿化，建设山清水秀新板桥。实行镇干部包村、村干部包户的责任体系，强力推进农村清洁工程，建立长效保洁管理机制，加大对农村环境卫生、集贸环境卫生的整治力度，加大环保宣传力度和环境卫生经费的投入。镇干部每周下村对环境卫生进行抽查，每月组织各村进行环境卫生评比，将比分排名公示，对排名靠后的村按年初工作方案罚款并追究村干部的责任。是年，共购置垃圾转运车1辆、大型垃圾箱12个，新建大型垃圾填埋场1个，新建村组垃圾池18个，聘请专职环卫工6人，每个村聘请村级保洁员2名。

【社会管理】 2017年，板桥镇做好信访、维稳工作，尤其是十九大期间，全镇工作人员取消休假，主动进村入户，重点关注上访人员较多、问题密集的村，提前化解矛盾，为十九大的顺利召开保驾护航。高度重视并切实抓好食品药品质量安全和安全生产监管，各村加强对村内企业的安全隐患排查，掌握情况并及时上报镇党委。多次开展安全生产和消防安全大检查，对不符合要求的场所发出整改通知书，限期整改。积极推进平安创建活动，开展综治民调，入户走访了解民情民意，深入开展打黑除恶斗争，打击农村村霸、沙霸等强买强卖行为，确保人民群众安居乐业，矛盾纠纷得到有效化解。开展“七五”普法教育，发放法制宣传资料1000余份，组织机关干部参加法律法规考试65人次。开展交通安全宣传活动3次，组织开展打击农用车非法载客行动3次，全力保障人民生命安全。民间纠纷得到有效的处理，未发生任何集体械斗事件。完善村规民约，深化“网格化管理、组团式服务”，实现“琐事不出网格、小事不出村、大事不出镇、矛盾不上交”的工作目标。

【民生事业】 2017年，全镇共有农村低保户636户1196人，五保户280人，集中供养35人，城镇低保户40户46人；享受残疾人“两项补贴”775人，其中生活补贴262人，护理补贴513人；申报临时救助600余人，累计发放临时救助资金46000余元；完成新农合基金收缴580余万元，新型农村合作医疗保险逐步扩面，参合率为95%，参加农村新型合作医疗39000余人，群众“看病难、看病贵”的问题得到缓解，就医负担有所减轻。

【村务管理】 2017年，板桥镇按照市纪委要求，建立村级财务“三资”管理系统，村级财务更加公开透明，村级财务监督更加严格。严格执行“四议两公开”制度要求，严格落实各项村务公开要求，坚持一月一公开，涉及要公开的内容及时张榜公布，对于公开不及时不真实不准确的责任人进行问责处理。为提升农村人口文化素质，提高村干部工作能力，积极响应市委组织部“一村一大”的号召，全镇有6人参加专科教育，1人参加本科教育。为发挥农村广大党员先锋模范作用，深入开展创先争优活动，涌现出一大批先进集体和先进个人，培养基层服务型党组织后备力量，建立农村党员后备人才库制度。

胜桥镇

【概况】 胜桥镇位于常宁市西南部，东南与板桥镇相连，西南与洋泉镇相接，北与兰江乡相交。镇域面积77.8平方千米，有耕地2400公顷(水田2066.67公顷，旱土333.33公顷)，山地2400公顷、水面186.67公顷。辖高峰、大塘、港子口、同裕、前进、胜桥、泉峰冠、留田、苍坪、利乐、文堰、玉泉、新元、株树、尹桥、高田、竹和、泉桥、渣石、合泉、相丰、石溪、到塘、田元24个行政村和胜桥社区，461个村民小组12856户48697人，行政村数在全市位居第二，人口数在全市位居第三。有38个党支部，党员1482人，机关工作人员共53人，机关院子占地面积1公顷。境内特色旅游产业有泉峰冠三处宗教文化场地，即山顶的泉峰寺、山腰的弥峰寺、山下的印心寺；留田村大茅坪村崔家古民居和400年铁树；苍坪村千亩荷花基地；高田村龙王牌民间信仰场所；渣石村红米田48口塘、33.333公顷水域休闲场所；文堰村涌泉水井；田元村3.333公顷超美水库；非物质文化遗产传承“人龙舞”。2017年，被市委、市政府评为“全市维护社会稳定工作先进单位”“全市抗洪救灾先进集体”“全市脱贫攻坚工作优秀单位”“全市项目建设先进单位”。

【项目建设】 2017年，胜桥镇制订“五个一”的小城镇开发构想：即瞄准一个目标：江南水乡特色休闲旅游名镇、绘好一张蓝图：规划设计详图、抓住一个重点：棚户区改造、打造一个品牌：宜水豆腐、落实一揽子基础工程：搬好一个学校(胜桥完小)；拉通振胜大道、综合整治老街、孵化一批小微企业、建设机关公租房、引进一两家规模企业、建造一个广场、建设沿河风光带。

【党建工作】2017年，胜桥镇坚持“以脱贫攻坚为载体抓党建，聚力抓党建促脱贫”，实现基层党建与精准脱贫深度融合，有力的推进脱贫攻坚进程。坚持把学习宣传贯彻党的十九大精神作为首要政治任务，通过多种形式，让十九大精神“入脑入心”；发挥党员在帮扶联系、创业带富等方面的先锋模范作用，凝聚强大发展合力，营造做合格党员的浓厚氛围。组织各村严格落实“双述双评”“三会一课”“一会五评”、远程教育等工作常态化建设，并定期对各村党员教育工作开展情况进行检查、公示。

【精准识别】 2017年，胜桥镇按照“应进尽进、应出尽出、动态管理、进出平衡、据实调整”的原则，将全镇分为8个组，由管片领导、联点干部、各村两委组织大型摸底清查，填好入户调查表，摸清贫困户底子，层层把关。一方面通过整改排查清理“四类对象”及“识别不准”对象428户1002人。其中2014年脱贫44户116人，2015年脱贫199户421人；2016年脱贫45户132人，未脱贫户140户333人。另一方面整户新纳入173户537人。其中低保户38户106人，大病、重病户74户237人，残疾人户16户56人，重灾户8户19人，移民户1户4人，其他困难户36户115人。

【精准帮扶】 2017年，全镇共有结对帮扶单位12个，帮扶责任人438人。按每人结对不超过3户贫困户的原则与全镇1053户贫困户进行结对帮扶，“一户一策”制定和落实帮扶措施，建立帮扶台账。每月进行两次以上走访宣传和政策落实。

【易地扶贫搬迁】 2017年，全镇易地扶贫搬迁户共58户216人，全部按照程序进行评议、公示，签订搬迁协议。其中胜桥村集中安置点安置32户142人，高峰村小集中安置点安置19户48人，泉峰冠村小集中安置点安置6户22人，泉峰冠村分散安置1户4人。

【产业扶贫】 2017年，全镇共为456户贫困户发放鸡苗22800只、鸭苗12000只，鸡苗长成后贫困户可以自行出售，也可以由村合作社回收，为贫困户解决销路问题，真正实现由“输血”向“造血”的转变。贫困人口超过100人的11个村分别建立由全体贫困户参与的农村合作社，实现村社合一。发放公开信1400余份，积极宣传小额信贷政策，全镇落实四方统贷共188户824万元。

【完善社会保障体系】 2017年，全镇共完成100户危房改造；清理整改农村、城镇低保，实行动态管理下的“应保尽保、应退尽退”；突破新型农村合作医疗筹资工作困难瓶颈；抓实强农惠农政策，100%发放种粮补贴、油菜补贴、生态公益林补偿、母猪补贴等；创造3000个以上返乡农民工家门口就业机会；组织346人次参加市劳动局举办的就业培训及现场招聘会；无偿献血公益事业得到宣传推广，镇直机关干部及村(社区)参加无偿献血100人次。

【教育事业】2017年，胜桥完小于11月28日搬入新校区；长松助学基金会奖扶对象291人，奖扶师生资金共计30.6万余元。组织公安、交通等部门对学校周边环境进行整治，维护学校正常教育教学秩序。是年，胜桥镇教育教学质量综合评价位列全市农村乡镇的第1名。

【综治维稳与信访】 2017年，胜桥镇坚持“预防为主、打防并举、标本兼治、重在治本”的方针，从源头着手，认真开展排查、调解、帮教、禁毒、打黑除恶、反邪教等工作，积极推进社会治安综合治理各项工作措施的落实。是年，全镇没有出现1例群体性斗殴事件。按照“属地管理”和“谁主管、谁负责”的原则，对辖区内茅盾隐患进行定期排查，对于排查出的不稳定因素及时汇总，重要情况及时上报，并采取有效措施，及时防范。

【安全生产】 2017年，结合胜桥镇实际，落实领导责任、夯实基层基础、宣传教育培训，开展安全生产大检查、大督查、大整改的“三大行动”，开展“六打六治”打非治违，确保全镇无大的安全生产事故发生。

洋泉镇

【概况】 洋泉镇位于常宁市西南部，东接胜桥镇，南接弥泉林场和天堂山办事处，西连官岭镇、祁阳县，北邻兰江乡。辖地面积180平方千米，有耕地面积2394.13公顷，其中水田2074.2公顷，林地面积11779.27公顷。辖祁元、香湖、杉桥、洋洲、严冲、坦冲、西南、高林、乐元、杉树、同心、东塘、两益、土桥、庄泉、水龙、新石井、陈桥、洋泉、巷坪、阳桥、东山、泰山、四泉、兰田、新瓦26个村和洋泉社区，有676个村民小组64000余人。是常宁市地域面积最大，人口最多的乡镇。境内自然资源丰富，农林特产种类多。全镇80%的村以农业为主，主要种植水稻、红薯、高粱、黄豆等。境内兴源、杉树两个片有60%的村组以林业为主，主要生产杉树、楠竹、茶叶、土纸、蓼叶、山苍子、药材、竹笋、茶油等。杉树年采伐量在1万立方以上，森林蓄积量、年采伐量居衡阳市乡镇之首。地下矿产资源有煤、锡、铅等。境内水力资源丰富，有衡阳市最大的中型水库洋泉水库，另有小(一)型水库1座，小(二)型水库1座。2017年，实现地区生产总值7.1亿元，比2016年增长12%;固定资产总投资5.96亿元，比2016年增长12.6%；财政总收入2180万元，比2016年增长8.6%；偿还老欠款400余万元，其中个人欠款全部偿还到位。

【招商引资】 2017年，洋泉镇引进规模企业4家。煜文农业综合开发公司投资1000万元，落户洋洲；御赐集团矿泉水厂投资5000万元，落户香湖；光伏发电项目投资2200万元，落户新石井；风力发电项目投资5亿元，落户祁元。全年引进加工企业3家，发展小作坊5家。

【产业发展】2017年，洋泉镇新增规模农业专业合作社12家，其中万只以上养鸡场两个，千头养猪场3个。全镇种植油菜1000公顷、茶油1400公顷、茶叶193.34公顷、烟叶120公顷、湘莲90.67公顷，新建果园150公顷。

【集镇旧区改造】2017年，洋泉镇投资1200万元用于集镇改造，项目年末基本完工。四条老街的地下管网工程、道路美化亮化工程全部竣工。投资2.6亿元的棚户区改造项目，年末全面启动。通过旧区改造，人居环境得到极大改善。

【集镇新区建设】2017年，洋泉镇重点抓住国道234线过境机遇，规划建设洋泉集镇新区。规划拓宽城镇骨架，路网建设实施三纵五横布局：三纵即常洋路、国道234线和新建的环洋东路；五横即环洋西路，拉通泉塘路，延伸莲花塘路，老街路和太白路。同时健全完善集镇功能，提升城镇品位，把农贸市场的改扩建、广场建设、车站、停车场、公厕、中心幼儿园等设施纳入了新区规划。规范集镇土地市场，杜绝土地乱买、乱卖、乱占现象。

【集镇管理】2017年，洋泉镇聘请9名保洁人员、3名秩序维持人员、2名垃圾清运工、1名管理人员，专门负责集镇的环境卫生和维持交通秩序。节假日期间，党委和政府加大人力、物力的投入，组织集镇村的两委干部，在主要街道全天候值勤，维护好交通秩序和化解日常矛盾。是年，投入资金50多万元，用于添置环卫设施及垃圾清运费用；投入300多万元，建设洋泉镇垃圾中转站；投入5万多元，完成了洋泉镇污水处理厂的规划、选址和立项工作。在市委、市政府的关心支持下，洋泉镇成立了交警中队，新增警力11人，加大对集镇交通的管理力度。

【民生工程】 2017年，洋泉镇争取“一事一议”资金114万元，移民项目资金240万元，新建村道15.2千米，加宽道路22千米，重建危桥2座，水渠砌护18千米，山塘维修9口，安装路灯280盏。有20个村敷设自来水主管网，各村农网改造基本完成。移民避险解困建房170户，公租房建设30套。

【民生保障】 2017年，洋泉镇发放低保资金300多万元、临时救济资金29万余元；发放救灾大米1500公斤、棉被40床；发放粮补、直补资金330余万元；发放生态公益林资金42万多元。农合农保参合率均在90%以上。农村低保标准提高到270元／月，五保分散和集中供养分别达到340元／月、550元／月。

【社会事业】2017年，洋泉镇成立洋泉“爱心助学”协会，募集资金180多万元。8月，召开洋泉镇第一次奖扶大会，发放助学资金21.6万元。是年，争取项目建设资金500余万元。洋泉镇中心小学教学楼建设征地0.453公顷；洋泉医院东山分院原址重建，年末交付使用；洋泉敬老院建设完成选址工作。

【扶贫工作】 2017年，全镇5个贫困村，其中4个村脱贫退出，脱贫贫困人口1043名，完成418人易地搬迁、41户危房改造。顺利通过省脱贫攻坚考核评估。落实“五个一批”，发展茶油、烤烟、茶叶以及光伏发电和特色养殖等富民产业。是年，贫困学生全部得到资助，贫困人口医保缴费全部补贴到位，扶贫资金全部发放到位，扶贫政策全部落到实处。

【基础设施】 2017年，洋泉镇共争取上级资金5000多万元，用于改善镇村水、电、路、网等基础设施建设。5个贫困村的安全饮水工程全部完成。新建村部7个，贫困村光纤网络和4G信号实现全覆盖。

【安全生产】 2017年，洋泉镇道路交通、水上交通、食品、烟花炮竹等重大领域的安全工作全面加强。成功化解一批矛盾纠纷和信访积案。开展“大排查、大管控、大整治”以及“扫黑除恶”等专项活动和文明创建活动。全镇重要路口、重点地段监控实现全覆盖。在2017年度的考核中，安全生产和信访维稳工作均被评为衡阳市先进单位。

【存在的问题】 2017年，城镇管理有待加强，城镇功能不齐全，人居环境还存在不尽人意的地方，个别干部担当意识不足，作风建设与群众期待有差距，政府自身建设还需进一步加强。

兰江乡

【概况】 兰江乡位于常宁市西南部，距市区7公里，传说因流经境内的宜水支流两岸树木四季常青，映水成蓝，而得名兰江。东邻市区，南与洋泉、胜桥两镇相接，西与官岭、新河两镇接壤，北与宜潭片区交界，辖地面积77.2平方千米。交通便利，省道S320线贯穿东西，县道常洋、常新公路纵贯南北，乡村公路星罗棋布，与省、市道交错构成完整的交通网络。2017年，辖兰江、珠琳、应伏、南枫、八一、老鸦桥、湖塘、波江、元山、芭梨、上庄、铁塘、太子塘、洞山、新山、景星、正同、砂华、双合19个行政村和兰江社区，406个村民小组，总人口34000余人。是年，全乡种植烟叶118公顷，产值672万元，创税70余万元；新造油茶林20公顷；发展6.67公顷以上种粮大户8户，2公顷以上的59户；争取上级资金投入650万元,其中用于公路、水利等基础设施建设255万元，新农村建设27万元，一事一议55万元，转移支付313万元。

【农业生产】 2017年，全乡共完成机械插秧66.67公顷，其中早稻37.333公顷，中晚稻22.67公顷；油菜直播226.7公顷；耕翻起垄烟田118公顷。全年农机作业产值达到667.9万元。全年新增土地流转面积45.2公顷，签订流转合同97份，发展专业合作社16个，家庭农场8个。完成造林面积86.67公顷，培育各种苗木122000株。完成水利工程建设投入580万元，渠道清淤89.5公里，兴建水利工程219处，为全乡农业发展打下了坚实的基础。

【民生设施建设】 2017年，兰江乡完成兰江和波江两个村的电网改造升级；争取天然气站落户兰江，完成选址工作；完成湘江五龙山提水工程的选址和征地工作；完成新建垃圾中转站的选址和征地工作。

【交通路网建设】 2017年，兰江乡做好356国道兰江段的征地、补偿、杆线搬迁工作。356国道兰江段全长9.6公里，涉及7个村41个村民小组。年末，征地补偿款、青苗补偿款发放完毕，杆线搬迁任务基本完成。成立兰江乡常洋公路改道服务小组，常洋公路兰江段的前期规划工作已经完成。

【精准扶贫】 2017年，成立兰江乡脱贫攻坚工作领导小组，由党委书记任组长，乡长任副组长，其他党政负责人为领导小组成员。领导小组下设扶贫工作办公室，配齐了1名扶贫办主任、3名扶贫专干，配齐了村级扶贫专干。加强精准识别精度，根据规定的程序，共删除有房、有车、有公职人员、有个体工商登记等不符合纳入的四类对象141户577人，清退外嫁、死亡等人口自然减少人员426人，增加家庭成员687人，整户新纳入共84户267人。按照村社合一的要求，完善产业扶贫，全乡共上报村社合一产业扶贫企业4个，年末共发放产业扶贫资金52万元。全乡贫困户人均2000元共计620万元都纳入光伏公司产业发展，5年返本，每年7%的利息分红。实现生态种植、养殖帮助贫困户自身脱贫致富。共计划易地搬迁贫困户58户196人，其中波江村牛歧岭安置点15户58人、应伏村山塘冲安置点9户29人，面上分散安置29户93人，宜潭安置点5户16人。波江安置点已完工，年末搬迁入住。

【综治维稳与信访】 2017年，兰江乡共排查化解矛盾114起。4起矛盾实行一位包案领导、一套工作专班进行跟踪处置。全年派出所接到各类报警240起，其中刑事立案13起，破案6起，移送起诉5人(容留他人吸毒1人、盗窃2人、故意伤害2人)，受理行政治安案件11起，结案6起，行政处罚8人；清理整顿11个出租房屋、场所，将111名重点人员纳入管控对象。全年共接待群众来访31次，其中当场回复的20次，安排立案调查11起，处理信访案件11起，结案9起，比2016年同期信访量减少40%。同时，受理网上信访件30起，结案29起。

【安全生产】 2017年，兰江乡建立以党政一把手为安全生产负总责制，分管领导为具体责任人，落实领导干部“一岗双责”“党政同责”安全生产责任制。全年共张贴标语300余张，利用宣传车4次宣传到村组农户，悬挂横幅8条，组织村级安全联络员培训3次。开展各类排查整治，共检查重点单位、场所企业33个，消除安全隐患33起，处罚1起消防行政案件。全年进行各类检查共145次，发放整改通知书35次，现大部分都已整改到位。

【计划生育】 2017年，全乡已婚育龄妇女6762人，户籍人口出生460人，其中政策内生育427人，政策外生育33人，政策符合生育率92.82%，出生率为12.85‰，总性别比为108，死亡237人，死亡率6.58‰，初婚率7.65‰，已婚育龄妇18.23%;人口自然增长率6.27‰。

【环境卫生与城乡同治】 2017年，兰江乡对各村实施三个“统一”，即各村必须统一建立一支清扫队伍；环境卫生检查实施统一的标准；环境卫生评比统一实行奖罚。加大对全乡环境卫生整治工作的巡查和督查力度，对发现的问题要求各村立即整改，对存在的突出问题进行重点整治。

【民生事业】2017年，兰江乡规范和完善农村最低生活保障制度，全乡农村低保年检复核如期完成，共清退203户435人。复核后，全乡共有农村低保户451户，保障897人。全年发放各类灾害救济资金共152000元，转移安置69人。投入20万元绿化美化中心校。

【基层党建】 2017年，兰江乡坚持“围绕经济抓党建，抓好党建促脱贫”的工作思路，对症下药整顿软弱涣散党组织，重点整顿3个整体战斗力不强、班子不团结的村支部。圆满完成20个村(社区)两委的换届工作，选举产生两委干部86名。依托市远程教育站点，培养了一批村级后备干部。

塔山瑶族乡

【概况】 2017年，常宁市塔山瑶族乡辖更生、双河、松塔、阳山、板角、敖头、东江、西江、蒲州、塔山、狮园11个村，共142个村民小组。全乡有10个贫困村。辖地总面积146.32平方公里。是常宁人口最少、面积第二的乡镇。为衡阳市唯一的少数民族乡，境内有瑶族、哈尼族、黎族、苗族、土家族等多个少数民族。全乡瑶族1170户6300余人，占总人口的50.5%。常宁市塔山瑶族乡“一脚踏三市，一鸡鸣四县”，位于三市(衡阳、永州、郴州)四县(常宁、新田、祁阳、桂阳)的交界处，与永州市的祁阳县晒北滩瑶族乡、新田县门楼下瑶族乡和郴州市的桂阳县白水瑶族乡山水相连。境内地广人稀，村均面积13.3平方千米，为常宁村均面积的2.6倍。贫穷，曾被称为“自然条件极为恶劣、生产资料极为欠缺、瑶民生活极为贫困”的三极地区，素称“衡阳的西藏、常宁的湘西”。属高寒山区，平均海拔823米，土质贫瘠，山高路险。境内主要山脉属南岭山系，南部山脉被列入环保部“南岭山地水源涵养重点生态功能区”。以杉木、楠竹等为主的山林面积13333.367公顷。衡阳市第二峰、常宁最高峰天塘山坐落境内(海拔1265米，比衡阳市第一峰—南岳祝融峰1296米仅低31米)，境内杜鹃花是省内发现的连片面积最广、品种最多、花期最长、海拔最高的天然花海。空气每立方厘米负氧离子浓度5.3万个。有全省平均海拔最高的有机茶园基地，盛产“塔山山岚”茶，有“天堂山、西江漂流、东江峡谷、盐茶古道、瑶俗风情”等旅游资源，已建成西江天堂、阳山福塔两个瑶寨。有瑶乡腊肉、干笋、干蕨、瑶家风药、塔山山岚茶等系列产品和瑶寨篝火晚会等旅游项目。乡党委认真贯彻落实党的路线、方针、政策，团结带领全乡干群齐心协力、刻苦奋进，各项工作进展顺利，较好完成年初预定目标。

【产业发展】 2017年，塔山瑶族乡以塔山为茶叶主产区的常宁获评全国百强重点产茶县、湖南十强生态产茶县；10里茶旅观光园初步形成，盐茶古道整修完成，2处地热勘探完成；湖南中惠旅游制订《湖湘高原塔山瑶乡全域旅游策划书》，以旅游扶贫为主题的瑶家风情游概念已经形成；杨梅、黄桃基地进入收获期，猕猴桃、中药材基地扩大，超级稻品质和产量稳步提升，竹鼠、娃娃鱼、豪猪等特色养殖业初具规模；一二三产业融合效益显现；全乡第一家电商投入运营，并实现销售额300余万元；交通运输、物流、旅游服务业蓬勃发展。

【基础设施】 2017年，塔山瑶族乡完成弥塔公路风车口至狮园段6.8千米油化；完成狮园村至天堂山登山入口处公路及停车场油化；完成板角至茶群公路硬化、板角至东江公路拓宽提质改造(由3.5米拓宽至6米)；完成近5千米的组级公路硬化。实现“村村通公路”和95%以上组级公路硬化。积极推进安全饮水工程，完成10个村的贫困户安全饮水工程。完成3个贫困村农网增容提质改造。架通各村电信宽带网络，实现村村通宽带。狮园村综合服务平台高标准建成，6个贫困村的综合服务平台建设如期启动和推进。

【民生事业】 2017年，塔山瑶族乡农村低保、特困供养人员实现应保尽保，特困供养人员集中供养率达90%。城乡居民医保参保率达98%。做好劳动力就业培训，举办茶叶生产加工、贫困户技能、党员致富带富能力等培训班4次。改善农村教育设施，完成狮园完小维修改造。全乡376名贫困家庭学生全部落实教育扶贫政策，17名在读职校贫困生享受“雨露计划”，连续4年全乡实现义务教育“零辍学”，没有出现高中以上学生因贫辍学现象。全乡有23名学子考上大学。人口计生工作获评衡阳市先进。完善部分健身场所设施，添置了健身器材。大力发展科技文化等各项社会事业，建好了7个村的村级文化活动服务中心和村级文化戏台。

【生态建设】 2017年，塔山瑶族乡完成板角至狮园道路绿化。新造林57.467公顷，实现国家级生态公益林全覆盖。完成狮园村350户民居改造工程，将其打造成“留得住青山绿水，记得住乡愁”的美丽村庄。完成大部分村庄瑶式风格的节能路灯安装。西江瑶族风情园进行改造提质，增加瑶元素，提升瑶味。加大生态立乡乡规民约执行力度，开展农村环境整治，实施源头监管，生态环境优化，获评衡阳市文明村镇。以塔山瑶族乡为核心区域的天堂山国家森林公园成功获评“中国森林氧吧”“湖南省森林康养示范基地”。

【扶贫工作】 2017年，全乡11个村有26个市直后盾单位，由市委选派扶贫工作队和第一书记。市、乡两级426名干部与全乡661户贫困户(含双河、更生两村)结对帮扶，开展“六个一”活动。实现全乡所有贫困户产业发展、健康扶贫、生态补偿3个全覆盖。首编《脱贫攻坚工作指南》《贫困户脱贫攻坚工具书》，成为党员干部帮扶和贫困群众脱贫的“活字典”。“七一”表彰16名脱贫致富模范党员、17名脱贫攻坚先进个人。基本完成135户446人易地扶贫搬迁工程和安置小区配套设施建设，全面完成37户贫困户危房改造，完成4个贫困村退出、544名贫困人口脱贫，贫困率由2014年建档立卡27.25%降至是年末的1.65%。脱贫攻坚工作顺利通过省“半年考”“年终考”和衡阳市委主要领导4次现场督导及衡阳市委4次常态化督查，以及上级多层面、多部门、多批次的视察调研。是年，全乡农民人均纯收入11400元，比2016年增加1120元；塔山农商行存款余额8448万元，较2016年净增2050万元，贷款余额1650万元，贷款净放410万元。

【基层党建】 2017年，塔山瑶族乡坚持“两学一做”常态化、制度化，11个村“两委”换届任务完成，对软弱涣散更生村进行整顿和转化提高。约谈21人，诫勉谈话5人，党纪立案8件。持续抓好支部“五化”达标创建。在全乡党员中连年开展

“亮身份、做表率、践承诺”及“12个模范”评选，推行“戴党员徽章、用口袋党章、编党性教育资料”常态化；连续4年开党代会年会，连续5年办支书培训班；坚持乡村干部正月初给乡亲拜年；推行包村乡干部参与村级财务支出审核，举办1期村财务培训班，修订乡机关管理“口袋制度”和村财务管理“文件汇编”。首次表彰11名优秀村民小组长；第一时间学习传达党的十九大，自主编印3套1200册学习资料。《中国民族报》新闻·综合版头条以“塔山瑶乡新气象”为题，图文并茂地报道塔山党建。

【民族团结】 2017年，塔山瑶族乡科级干部中瑶胞有4名，较2016年增加1名。新一届村“两委”支部书记、村主任，瑶胞占5名，较上届净增4名。新一届村民代表中有瑶胞93人，占36.7%。瑶胞盘久仁成功当选新一届省政协委员。举办“瑶族谈笑”培训等瑶文化培训班6期，组建民间乐队3个、业余剧团2个、腰鼓队2个。持续开展日常瑶语、瑶族知识进课堂活动。塔山中学获评全省民族团结进步创建示范单位。“瑶族谈笑”被列入湖南省第一批非物质文化遗产保护名录。在瑶乡工作的老领导刘满衡编著的《世界瑶族——寻找失落深山的脚印》一书，重点介绍塔山瑶乡，该书由民族出版社出版发行，塔山瑶族开始走向世界。瑶乡人盘文琇主编的《瑶歌情缘——瑶族谈笑》一书正式出版发行。在湘南三市六县十瑶族乡“坐歌堂”活动中，塔山瑶族乡取得男队第一、女队第二、团体二等奖的好成绩。

【瑶乡美誉】 2017年年初，《人民日报》报道塔山的扶贫工作；5月，中央电视台第七频道乡土栏目对塔山进行25分钟的《古道千年茶飘香》专题报道；5～6月，衡阳日报、湖南红网对塔山生态建设、脱贫攻坚，进行1个月连续报道。塔山乡目标管理绩效综合考核再获常宁市优秀，脱贫攻坚、水利、林业、村级财务管理再获常宁市先进。

官岭镇

【概况】 常宁市官岭镇位于常宁市西部边陲，东连兰江乡，南接洋泉镇，西抵祁阳县，北临大堡乡和新河镇，素有常宁市“西大门”之称，境域总面积81平方公里。2017年，辖官岭、中康、岩门、锡盆、虾塘、七龙、麦元、富贵、竹塘、江边、太平、福寿、双溪、鹅峰、鹅院、金源、石龙、马王塘、西塘19个行政村和官岭社区，共433个村民小组、3个居民小组、9090户。耕地面积1860公顷，其中水田1752公顷，旱土228公顷。农业以种植水稻为主。全镇以省道320线为纽带，以官岭集贸市场和富贵集贸市场为主体，形成官岭“经济走廊”，为发展、繁荣该镇经济建设起到积极作用。是年，在市委、市政府的领导下，镇党委、政府以推动项目建设为重点，以调整产业结构为主线，以增加农民收入为目标，抢抓机遇，振奋精神，团结奋斗，开拓创新，迎难而上，扎实工作，顺利完成各项预定的发展目标，全镇经济持续健康发展，人民群众安居乐业。

【农业机制盘活】 2017年，官岭镇在坚持依法自愿有偿的基础上，引导和鼓励农户采取转包、出租、互换、转让、股份合作等形式流转土地承包经营权，促进农业适度规模经营和土地利用效益最大化，有效遏制耕地抛荒。全年全镇双季稻种植面积在95%以上，集中育苗5.33公顷。持续巩固有胆识有资本的能人创办的粮食、烟叶、林业合作经济组织，探索技术合作、劳务合作和资金合作的互助合作模式，农业走上机械化、规模化发展道路，有效地降低了劳动强度，减少了劳动力。一批种粮大户，如张日红、胡新荣、胡友成等村民种植面积的超过6.67公顷。

【产业结构调整】 2017年，官岭镇以“建基地、抓龙头、创特色、打品牌”为基本工作思路，以优质化、专业化、品牌化为主攻方向，进一步巩固中康、竹塘等村的优质稻基地，七龙、麦元等村的油菜基地，官岭、富贵等村的蔬菜基地，勒塘村的药材基地，打造“一村一品、分区域布局”的现代化农业生产格局。在推动传统农业向现代农业转型升级进程中，做大做强烟叶朝阳产业。全镇烤烟生产创新管理模式，注重技术培训示范，重点抓好“五度”关键环节，即翻耕期间抓烟田深度，移栽期间抓株距密度，生产期间抓烟叶长度，烤制期间抓烟叶成熟度，收购期间抓烟叶纯度。全年全镇烟叶产值800多万元，创利税500余万元。全年通道绿化120余公顷，完成中幼林抚育333.333公顷，垦复油茶66.667公顷。

【农业投入】 2017年，官岭镇积极争资跑项，多方筹集农业发展资金，掀起“四冬”生产高潮。油菜生产以省道320线、七龙片、竹塘片为重点，种植1200公顷；种植蔬菜253.33公顷、绿肥380公顷、冬粮266.67公顷。全年投资220余万元完成渠道防渗4000米，渠系清淤6800米，山塘清淤整修20处。

【招商引资】 2017年，官岭镇强化“人人都是投资环境”和“引老乡、建家乡”的观念，努力做到力量上聚合、措施上激励、要素上倾斜、环境上优化，实现招商工作的良性循环和引资层次的不断提升，着力打造四个官岭：“农业官岭”“文化官岭”“山水官岭”“休闲官岭”，促进了“亲商、安商、富商”环境的形成。是年初，引进常宁市蓝莓基地有限公司落户官岭镇中康村，投资2000万元于3月开工投产。在招商引资的同时，树立“服务是第一环境”的理念，及时妥善处理投资企业与周边群众纠纷，消除不安定因素，为投资企业营造安心、舒心的生产经营环境，让投资者有宽松感、诚信感、优越感、安全感和服务感。一批针织加工企业安心、舒心、放心扎根官岭，飞速发展。

【城镇建设】 2017年，官岭镇按照《常宁市官岭镇总体规划(2012—2030)》，全镇形成“一心一主两次多点”的镇域空间结构，以“政府主导，市场运作”为发展模式，激活民间资本，凝聚人气、集聚财气、汇聚商气，完善集镇承载功能，提升集镇内涵，推动官岭经济社会新一轮大发展。强力抓好发展规划的实施，有序做好准备性基础工作，全面完成官岭镇提质改造任务，依法依规搞好原富贵乡政府机关大院招拍挂工作。加快集贸市场建设步伐，完善基础设施建设，年前前期规划设计已完成，三杆搬迁完成、下水管网及自来水管网改造开始启动。在官岭、富贵农贸市场推进“三大管理”，即健康生活安全管理、市场良好秩序管理、清洁美化亮化管理，官岭市场、富贵市场百日整治工作有序开展，整治了市场乱源，取缔马路市场，提升了城镇品位。

【居住环境美化】 2017年，官岭镇在抓城乡环境卫生同治工作，完善环卫设施，净化亮化镇村环境。镇财政投入200万元，购置压缩式垃圾清运送车1台，车载垃圾桶200个，清运垃圾小三轮10辆，分类垃圾桶100个；投资350多万元，购买桂花树、银杏树、杨柳树，绿化镇区主干道、机关大院、湣水河风光带。广泛开展宣传工作，形成人人搞卫生、户户讲卫生、村村比卫生的浓厚氛围。全年共印发《“洁净官岭大行动”倡议书》12000余份，签订村级责任书20份。

【社会保障】2017年，官岭镇新农保参保共17109人，征缴金额171.09万元，征缴率达80.1%，发放养老金553.86万元；秉着“老有所养，老有所乐，老有所住”的理念，立足长远规划，建设全省一流的敬老院，于重阳节投入使用；按照上级要求落实60 户危房改造工作；做好农村低保户评审工作，增加对困难户的扶持力度；抓住市委、民政府重教支教的机会，争取上级教育部门加大对官岭镇教学设施、教育资金的投入和加强师资力量的培训，助推全镇教育教学质量的提高。同时，官岭镇教育工作代表常宁，顺利通过省督导评估工作。

【医疗服务】 2017年，官岭镇新农合筹资工作进展顺利，全镇参合率为95 %。基本公共卫生服务落到实处，共建立健康档案32119份，其中65岁以上老年人3715人，系统护理高血压1500人、糖尿病151人、精神病145人、孕产妇455人，为全镇人民提供方便、快捷、廉价高效的服务。

【精准扶贫】 2017年，全镇精准识贫654户1888人，拟脱贫135户399人。制订科学可行的精准帮扶措施和计划，通过产业帮扶、兜底、教育、医疗、易地搬迁、基础设施建设等措施，高质量完成2017年度的脱贫攻坚任务高质量的完成。

【计划生育】2017年，官岭镇针对计生客观事实，找准“软肋”，实行调度、督查、评议，充分调动镇村两级干部的主动性、积极性，增强其责任意识、争先意识，形成齐抓共管的浓厚氛围。对清理出的问题，重点突破，难点攻坚，逐人逐户盘点销号，着力在“两非”、流动人口监管、二孩性别比治理和社会抚养费征收上抓突破，清理旧账到位，杜绝新增失控户。深入宣传计生新政，认真落实国家“二孩”生育政策。

【信访工作】 2017年，官岭镇树立“发展是第一要务，是硬道理；稳定是第一责任，是硬任务”的思想，严格落实领导包案和属地管理的原则。高度重视群众普遍关心和反映强烈的热点问题，对苗头性事件，及时摸清底子、弄清情况、把握敏感时段、做好预案。

【安全生产】 2017年，官岭镇把非法工矿企业和烟花炮竹小作坊作为重点取缔对象；把道路交通安全和农用车非法载客作为重点整治范围；把富贵和官岭两个市场存在的马路市场、车辆通行混乱局面、商品营销布局不合理、以及消防设施不健全等问题作为重点整治区域。狠抓安全责任细化、安全应急预案制度、安全隐患排查整治等工作。对存在的突出问题，采取有效措施限期整改，确保全镇不发生一起安全事故，群众生命财产安全得到有力保障。是年，镇政府共开展64次大检查，查处各类安全隐患23处，全部整改到位，同时联合市交警队对全镇农用车载客进行2次打击取缔活动，扣留载客农用车10台，收到很好的效果。坚持抓治安就是抓发展的思想，主动保平安，防范促平安，服务创平安，抓住治安源头和关键环节，全面落实“打、防、控、疏”的方针，形成多层次、立体化、全时空的社会治安防控体系，营造良好的社会氛围。全年受理各类刑事案件30起，破案7起；受理治安行政案件15起，查处6起；司法调解 16件。

【村级班子建设】 2017年上半年，镇党委根据各村的实际情况，按照德才兼备的要求，突出工作业绩和执行力，通过村两委换届配齐配强村党支部。同时，注重村干部日常管理，把全镇的工作细化到每个村干部，制订奖惩措施，加强日常调度，形成干事创业的工作氛围。举办各类培训班三期，7个村的村干部参加“一村一大”学习，39名村干部参加为期3天的远程教育培训。

【党员发展工作】 2017年，官岭镇加强日常管理，坚持每季度召开一次座谈会，督促村两委坚守岗位、扎实工作。以培养年轻的、有素质、文化程度高的对象为重点，做好党员发展工作。选送8名镇直单位工作人员参加入党积极分子培训班。组织镇入党积极分子培训班1期，共有44 名入党积极分子参加学习，“七一”期间发展新党员19名。

【远程教育】 2017年，全镇19个村1个居委会均已建立远程教育站点，并全部更新设备，各站点都明确管理员和操作员。根据各村实际划分四个片区进行管理。加大红星视频积分考核力度，对村级站点开展远教工作实行动态管理。镇远教红星视频网站参学率每月都保持在95%以上。

【宣传工作】2017年，镇党委把学习、宣传、贯彻十九大精神作为统揽全局的工作来抓，稳步推进全镇工作。党委中心组带头学习；邀请市委党校老师来镇给镇村干部讲课辅导；镇干部组织各支部党员系统学习。全镇镇村干部党员原原本本学习十九大、习总书记关于治国理政重要论述以及系列重要讲话精神，用党的新思想、新理论、新政策武装、指引、服务“三农”工作。

【党风建设】 2017年，官岭镇加强党训党风党纪教育，充分利用党风廉政建设宣教月，集中学习《中国共产党问责条例》《关于新形势下党内政治生活的若干准则》和《中国共产党党内监督条例》。以落实责任为核心，有效构筑廉政防线。积极推行民主监督管理，严格执行责任追究制度。以服务中心为平台，强化机关效能建设。以制度建设为重点，完善和创新工作机制，努力开创工作新局面。深入开展镇干部联村工作，严格执行中央八项规定和常宁市十项规定，窗口单位集中机关一楼开门办公，阳光服务，全镇不断加强作风建设。

【存在的问题】 2017年，官岭镇交通路况较差，严重制约了官岭镇经济社会的发展；农业结构调整步伐较慢，群众增收困难；小城镇建设用地审批难度大，严重影响小城镇开发；农技推广经费欠缺，培训工作不力，种养业科技含量低，严重影响农业生产和经济的发展；农村党员干部还未跟上全面从严治党的节奏和步伐。

新河镇

【概况】 常宁市新河镇位于常宁市西北部，湘江中游南岸，与祁东县河洲镇、粮市镇隔江相望，衡枣高速公路连接线穿境而过。辖地总面积137.28平方公里，总耕地面积2331.866667公顷。境内以紫色页岩丘陵山地为主，水陆交通较为便利。传统产业以种植水稻为主，以塘库稻田养鱼而闻名，是境内渔业生产基地之一。主要农作物有水稻、西瓜、油茶、油菜、豆类；水果有柑橘、柰李、夏橙、冬枣等；养殖业有鸡、鸭、鹅、猪、羊等。2017年，辖太江、陶岭、中华、相时、柏洲、河州、高朋、兴旺、塘头、石畔、合心、五家围、八正、灯坪、清泉、茶山、湘江、吕坪、湖关、大禾坪、双坪、坳霞等22个村，2个社区委员会。共有542个村民小组，44000余人。全年全镇粮食作物和经济作物实现总产值8000万元。

【党建工作责任制】 2017年，新河镇镇党委把党建工作作为“责任田”，加强管理，带领全镇党员干部加强政治理论和党建知识的学习，提高思想认识和主业观念。建立健全定责、考责、问责机制，层层传导压力。年初与各村党总支签订党建目标管理责任书，制定党建工作计划，年中进行督查，年末进行考核。先后召开镇党委会8次、镇村干部大会6次、村书记座谈会2次，专题研究讨论党建工作。对2016年述职评议工作考核排名末位的支部书记作了组织调整，对当年基层党建工作推进不力的3名支部书记进行约谈。

【村两委换届】 2017年，全镇24个村(社区)全部如期换届，共选举产生新一届村“两委”成员122人。其中支部书记、主任“一肩挑”3人；交叉任职40人，兼职率32.7%。换届后，全镇村两委领导班子年轻干部数量进一步增加，组织结构优化，整体素质明显提高，战斗力增强。

【组织阵地建设】 2017年，新河镇重点抓“村级综合服务中心”建设，相时村、五家围村、中华村、凹霞村的“六小一中心”设施齐全、服务周到，深受群众好评；纳入2016年建设计划的1个村级综合服务平台全部完工；纳入2017年建设计划的3个村级综合服务平台，1个村完工、2个完成招标。发放党员远程电教设备29套，实现远教设备全覆盖。

【基层党建】 2017年，新河镇按照党建工作“五基”要求，全镇共制定16项工作、学习、管理制度，并汇编成册，供各基层党组织执行。建立党政负责人微信群，定期组织培训，帮助党员领导发挥好以上率下的示范带动作用。开展村干部述职测评会，以真述职、真测评推动工作；全面落实“三会一课”、细化党费的收缴、使用和管理；推进“两学一做”学习教育。全镇党员干部党性得到锻炼，凝聚力得到进一步提升。

【脱贫攻坚】 2017年，新河镇开展党员干部结对帮扶“六个一”活动，落实驻村帮扶、结对帮扶100%覆盖，工作队队员每月住村时间不得少于20天。全镇共结对帮扶对象1110户3619人，所有的结对帮扶人员，5～7月每周走访1次，8～12月每月走访2次，帮扶人员每次走访，均广泛宣传扶贫惠民政策，分析贫困根源，制定一户一策的脱贫措施。4月，对建档立卡贫困户进行全面清理，共清理四类对象、不符合条件的贫困户533户1497人(因自然死亡、婚迁、拆分户等原因删除1497人)；整户新纳入181户627人，因自然人口增长、嫁入、拆分户等原因增补514人；自然人口减少206人，自然人口增加514人。通过精准识别，实现应进尽进，应退尽退，为脱贫攻坚政策的落地和扶贫工作的推进奠定基础。是年，全镇实施易地扶贫搬迁134户460人,其中当年完成搬迁任务105户368人，2018年任务提前实施1户7人，年末全部搬迁入住。是年，实施危房改造157户503人，主要对危房贫困户房子进行修缮和新建，工程全部完工。全年帮助贫困户学子申请雨露计划83人，享受“两免一补”的贫困学生801人；重度残疾护理补贴665人，残疾生活补贴367人，特困供养人员460人；为贫困户办理个人自主小额信贷、“四方统贷”605笔2771万元，其中“四方统贷”达到516笔2394万元，个人自主小额信贷89笔377万元，贫困户不仅享受着无息贷款，还能每年分红3500元。

【公路建设】 2017年，新河镇中凹公路、五家围至柏洲公路全部完工；高朋至大禾坪沿江公路年末进入工程扫尾；常宁至新河的快车道、常茶高速、国道234等项目全面启动；镇中心路修缮工程也着手准备施工。

【水利建设】 2017年，新河镇总投入800余万元用于水利建设，动工145处，投入劳动力6000多个，硬化渠道1600米，渠道清淤45条1.4万米。

【项目建设】2017年，新河镇投资100余万元新建高标准临武鸭生产项目，将核电厂址半径五千米范围设为保护区，为项目落户做好铺垫。

【农业生产】 2017年，新河镇粮食播种面积超过3067公顷，油菜种植面积8667公顷；山塘养鱼面积560公顷，新增养殖专业户22户，渔牧养殖业总产值达2800万元。荒山造林333.33公顷，新造油茶林200公顷。深入推进土地确权工作，基本完成农户合同签订和证书打印。

【民生事业】2017年，新河镇重点解决残疾人、五保户、极贫户、二女户、独生子女户等弱势群体的生产生活问题，严格执行标准发放农村低保、社会救助金。全镇有城镇低保户79户91人，农村低保户807户1544人，共发放补助资金7652360元；有五保户390人，共发放补助资金132600元；兜底54户121人，共发放补助资金31460元。7月，对农村低保进行大整治、大清理。共清退不符合低保条件的低保户203户、515人；新纳入符合低保条件的低保户166户210人，低保率由原来农业人口的3.5%，下降为2.5%。是年，新型农村合作医疗参合率在98%以上，大病医疗救助112人。

【抗洪救灾】 2017年7月，新河镇遭遇有史以来最大洪水灾害，湘江中浯洲岛被洪水淹没，新河镇街上水深达2米，道路被淹，房屋进水。镇领导率领全镇党员干部始终坚守抗洪抢险第一线，坚持做到洪水不退、人员不撤离，共转移安置群众5000余户，挽回百姓财产数千万元。先后投入800余万元资金用于灾后重建，保障人民群众生命财产安全。

【社会治安】 2017年，新河镇加大对综治工作经费的投入，集中处理信访突出问题，积极化解社会矛盾，建立书记、镇长“大接访”和党政负责人信访“一岗双责”制，切实为民解决困难和问题。针对太江村涉军、集镇土地纠纷、城区直饮水工程征地拆迁阻工、鲜鱼市场一期用户水电落户、浯州岛非法集资案等相关问题，多次召开联席会议研究，制定方案，由镇主管领导、包片负责人牵头，部门协作，将矛盾纠纷逐一调处。全年排查处理各类矛盾纠纷、信访案件20起，成功调处20起；受理群众来信来访30次，成功调处30起；受理上级信访交办案件3件，成功结案3件。

【安全生产】2017年，新河镇依法打击非法经营烟花爆竹商铺10户，配合市安监局执法大队查处3户非法储存烟花爆竹案件，涉案金额11万余元；打击三轮车、农用车非法载客16起，移送无牌无证机动车3辆到交警队强制报废。年内，全镇没有发生较大安全生产责任事故。

【环境保护】 2017年，新河镇全面推进“河长制”，由党委书记担任总河长，实地巡查河道，履行治水主体责任，切实加大镇域范围内河湖保护管理力度，提升镇内水安全、水资源、水环境、水生态保障水平。实施绿化荒山行动，全年义务植树7万余株，荒山造林133.34公顷，完成封山育林333.34公顷，森林覆盖率53.5%，比2016年提高1.5个百分点。先后投入资金300万元，组建镇村两级环卫保洁队伍，添置环卫设施，市场化运作集镇环卫所，整顿马路市场，脏乱差的镇村环境面貌得到有效改善。对镇区规划道路两侧的所有违障建筑物、构筑物、堆积物、垃圾等进行清理清除，实现镇区垃圾的定线、定位、定时清扫。对镇主要干道的环卫保洁，实行市场化运作模式，主要干道卫生得到较大改善。

【作风建设】 2017年，新河镇党委、政府要求保持求真务实、真抓实干的工作作风，深入村、单位部门，征求基层意见，确保工作决策合法合理；严格执行中央“八项规定”和省、市“十项规定”，组织党员干部集中学习《中国共产党廉洁自律准则》《中国共产党纪律处分条例》《中国共产党党内监督条例》，旗帜鲜明讲政治，严格按制度办事，按程序办事，按规矩办事，热情对待来访群众，认真倾听和记录群众反映的问题，为群众排忧解难，树立党委政府良好形象和威望。

【存在的问题】 2017年，镇域经济特色不明显，受土地资源、环境容量等要素瓶颈制约，缺乏发展后劲；镇村基础设施仍然薄弱，与群众对美好生活需要、生产需求存在差距；工作上统筹兼顾还不够，相关优势不能完全凸显。

大堡乡

【概况】 常宁市大堡乡位于东经112° 07′56″～112° 14′38″，北纬26° 23′06″～26° 30′38″。地处常宁市西部，湘江中游南岸，东与新河镇毗邻，南与官岭镇接壤，西与祁阳县黄泥塘镇交界，北与祁东县河洲镇隔江相望，素有“一脚踏三县”之称。2017年，辖乔木、高竹、大堡、排山、檀山、到湖、联丰、桥头、元目、复兴、培龙、龙凤、枫树、麻洲、双音15个村，另辖大堡社区。共有339个村民小组。总区域面积为78.9平方公里，其中林地面积4800公顷，耕地面积1833.334公顷，旱土面积733.334公顷。农产品以种植杂交水稻、花生、油茶、烟叶、大豆、油菜等传统产品为主，以茶油、芙蓉花生为特色农产品。境内矿产资源有铅、锌、铜、锰、煤炭等。是年，全乡地区生产总产值增长率约为8.5%，财税收入约增40%。全乡社会固定资产投资较2016年增加20个百分点，人平纯收入增加980元，小城镇建设的加快推动了第三产业的发展。

【脱贫攻坚】 2017年，大堡乡多次层层召开会议，对脱贫攻坚政策进行广泛宣传。挨家挨户发放宣传资料，在乡村主干道旁安装宣传栏、悬挂横幅和在村组书写标语，全方位进行宣传，做到让广大老百姓都懂政策，帮扶干部能实际操作。年内，全乡共举办扶贫业务培训班10期，针对市直机关联村帮扶干部、乡扶贫办工作人员和包村干部及村两委干部，实时更新培训模式，让扶贫干部能把知识运用到实际工作中去，能够把握脉搏，因人施策。同时，落实省级贫困村和一般贫困村的产业扶贫政策，帮助解决双音村的基础设施建设和产业发展，如修好断头路、规划村部建设。帮助贫困户发展养牛、养鸡。帮助解决排山村村部建设；依靠本村的阳光专业合作社发展养殖和种植产业，帮助解决贫困户就业50余人；帮助贫困户建设生猪养殖示范场；启动贫困村安全饮水工程，为两个贫困村解决安全饮水资金130万元，受益人口3000余人。是年，实行包村干部包村、市直部门和乡干部包贫困户的方式，落实结对帮扶机制，党政主要负责人走访全乡所有贫困户；开展“三走访三签字”活动，包村干部和村干部每个季度走访一次贫困户，结对帮扶干部每个月走访帮扶对象两次。按照“一不愁、两保障”和落实“四个切实”“五个一批”“六个精准”和“三率一度”的要求，全乡完成四方统贷183户844万元；易地搬迁集中安置22户50人，分别在元目、永安、排山和龙凤建立安置点，年末有三个安置点完成工程并启动贫困户搬迁；全乡农村危房改造118户，户平2.25万元，经验收合格，按工程造价，及时再发放到对象头上。在教育、医疗救助、民政兜底、就业和生态等方面加大了扶贫力度。

【农业生产】2017年，大堡乡粮食生产继续丰收，再次被评为常宁市先进单位；通过土地流转，新增油茶林面积1000余公顷，主要集中在桥头、复兴、枫树、元目、枫林等村；种植烤烟108公顷，烤烟种植范围为麻洲、枫树、龙凤、排山、檀山、到湖、桥头、乔木等村，大大增加乡财政和村集体组织及种植户的收入；小王子专业合作社、鸿德生态养殖专业合作社大力发展集养鸡、养鱼、养青蛙、养孔雀于一体的生态养殖业，双音村从外地引进肉牛50余头，排山村建立养鸡、养牛、养羊为一体的综合养殖基地。

【综治和信访维稳】2017年，大堡乡“一手抓发展、一手保稳定”，根据“一岗双责”和“谁包案、谁负责、谁处置”及属地管理原则，开展矛盾隐患大排查，全乡共排查出矛盾隐患29个，结合民调走访、安全生产、精准扶贫等工作，及时开展下访，与信访人面对面，做好处理、解释和引导工作。加强对全国、省市“两会”“一带一路”和党的十九大期间等特别防护期的安保维稳工作，对重点对象实行包案和落实24小时专人“盯、观、跟”，确保特护期间不出现一起进京赴省上访事件、不出现一人越级上访；开展信访“百日攻坚”积案化解工作，认真做好工作，及时化解雷某生、胡某辉、谢某元、袁某云、郭某义等一批“老、大、难”信访积案，做好欧某花等人的稳控工作。

【民生保障】 2017年，大堡乡完成危房改造138户，易地搬迁22户。城乡居民医疗保险和养老保险体系形成，医疗保险完成率98%，在全市靠前，养老保险完成80.89%。对镇域内交通、卫生实行网格化管理，重点整治集镇内乱停、乱建、乱倒等“三乱”现象，环境卫生保洁实行常态化管理和专人专段负责。

【安全工作】 2017年，大堡乡开展整顿农用车载客行动5次，扣留和没收非法车辆10台；开展烟花炮竹整治行动3次，没收非法销售品15件；开展食品、药品卫生检查10次，重点检查学校、医院等行业部门，加强农产品质量安全监管和食品药品管理。

【宣传工作】2017年，大堡乡结合精准扶贫，开展送戏下乡活动5次、为贫困村专场演出2场，并开展文化扶贫“七个一”活动，为村组送电影下乡500余场。大堡广场舞队编演的《平等之歌》参加市委、市政府组织的“迎接十九大、建设新常宁”的文艺汇演，并获得奖牌。村村通、村村响工程覆盖全乡。全年开展党委中心组学习12次，组织机关党员学习党的十八届七中全会、党的十九大和习近平总书记系列重要讲话精神8次，交学习心得50篇，在《新湖南》上稿2篇、《新常宁》和《常宁报》上稿10篇。

【党建工作】2017年，大堡乡党建工作研究14次，调研3次，督查4次，约谈3人；抓实班子成员“一岗双责”，建立党建工作联系点；与各支部签订党建“责任状”，形成“用责任制管责任人，用责任人带一班人”的工作体系；建立党建工作站和党员档案室，配备组织干事3名，返聘1名，每个村配备1名负责党群工作的副书记；按季度落实村干部工资待遇；完善村级活动阵地功能，统一制订制度、门牌和宣传栏，对远程教育站点升级提质。

【党员教育】2017年，大堡乡各基层党组织按照乡党委的要求，以支部为单位，以“三会一课”为基本制度，深入推进“两学一做”学习教育常态化制度化工作。对中组部2016年部署的7项重点任务全面开展“回头看”，建立防止党员失联长效机制等3项制度，取消1名违纪违法乡人大代表的代表资格。进一步细化、规范党费收缴办法。全面落实党性教育“三员”制度。全面推行支部主题党日活动，开展无职党员设岗定责活动，在机关企事业单位开展“岗位作贡献、合格见行动、共建新衡阳”活动，全面落实党员积分管理制、流动党员登记年检制。

【制度建设】 2017年，大堡乡实行村干部周一集中办公和工作日值班制；建立乡、村便民服务场所，实行村民事务代办制；选齐配强村民小组长，指导各村成立议事和监督委员会；抓实“四议两公开”制度；规范村级财务管理，实行工程项目预算制、招标制、验收制和回访制、捆绑制对村级财务定期公示；贯彻八项规定，落实党委主体责任和纪委监督责任，打造风清气正的干事创业环境。查处违纪案件4起，处分7人。

【项目建设】2017年，全乡新增和竣工规模300万元以上的社会投资产业项目3个，其中到湖中学公租房建设项目1个，总投资600万元；基础设施项目2个，其中麻洲湘江桥建设项目，总投资750万元；交通项目2个，大堡至祁阳九洲沿江公路建设，项目前期投资300万元，后续投资80万元，已完成路基工程建设，大堡至新河公路已完成立项。新增农业100万元以上的项目4个：常宁市鸿德生态农业专业合作社项目养鸡场1个；特色(孔雀)养殖场1个，集养殖、种植与生态开发和休闲观光山庄于一体；咏胜农场新征地133.33公顷，主要开发油茶和养殖业，投入1600万元；排山阳光专业合作社在本村和外地开发大棚蔬菜、旱稻和油茶产业，建养殖场1座，实行山地养鸡；安民种养专业合作社新建养牛场1个，投入100万元进行油茶种植和规模养殖开发。程教育站点，培养了一批村级后备干部。

机构和领导班子名录

中国共产党常宁市委员会

书　记 刘达祥
副书记 吴乐胜　唐奇林
常　委 刘达祥　吴乐胜　唐奇林　周晓侣　谌惠渝(女)　张　斌　陈苏杭　邹雄杰　郭松青　张　昕　梁宇琦
正县级干部 许群光
副县级干部 贺幸禄
委　员（以姓氏笔划为序）：
王一花(女)　王志华　王若君　王学辉　王经余　王胜利　邓志军　刘达祥　刘湛艳(女)　许智维　许群光　李新华　吴乐胜　何　军　邹远国　邹雄杰　张　昕　张　斌　张永灵　陈苏杭　周林文　周晓侣　封红伟　段　鸣　段曙辉　郭文峰　郭松青　唐奇林　曹诗鹏　梁宇琦　谌惠渝(女)　彭　评　彭晓洪　曾小春　廖　勇
候补委员(以得票多少为序)：
罗格文　王晓斌　袁立明　彭文忠　彭旭大　曹行贻　刘晓梅(女)　胡光文

常宁市人民代表大会常务委员会

主　任 李新华
副主任 彭芳楠　唐高峰　肖孝慈　李支农　张志斌
正县级干部 刘德华（12月退休）
委　员(以姓氏笔画为序)：
王元春　邓桂平　吕　锋(女)　刘　荣　刘春华　刘秋生　刘晓梅(女)　刘喜文　肖孝慈　李支农　李新华　吴　攀　何　锋　陈　伟　陈春宏　张志斌　胡　凡　胡观宝　贺建文　唐　辉　唐高峰　黄　璐(女)　蒋　毅(女)　彭芳楠　詹时机　詹辉云　褚书福　廖　宁(6月28日辞)　廖聪敏（12月29日辞）　颜昌军

常宁市人民政府

市　长 吴乐胜
常务副市长 郭松青
副市长 阳　青　蒋　隽(挂职)　王一花(女)　邹远国　廖　勇　段　鸣　彭晓洪　李锦明（6月任，挂职）
正县级干部 黎才发　阳永军
副县级干部 雷楚云　何志雄　彭新霖　吴文明　胡　鑫
市长助理 秦　斌（挂职）

政协常宁市委员会

主席、党组书记 王若君
副主席、党组副书记 肖荣望　郭秀清
副主席 谭云峰　郭云金　盘　芳
秘书长 江月华
常务委员（排名不分先后）：
周继成　廖云华　谢　琼　王小林　方富贵　邓远钢　朱桂虎　刘　妍　刘文玲　刘东华　刘启林　刘国华　李兰玉　李明喜　李国儒　杨建华　肖志勇　吴志成　何　若　邹少文　邹晓魏　汪浩澜　许　奔　陈开宝　陈桂容　欧文质　欧阳红华　周春国　胡巧生　姚　宏　袁慧卿　唐华国　唐晓霞　唐雷霆　盘玖仁　董少文　释怀龙　廖有佐　廖桂荣　谭方平　谭志明　熊崇悦　彭南忠(1月辞职)　黎　明

中国人民解放军常宁市人民武装部

部长、党委副书记 谭盾钢（7月免）　邹文兵（7月任）
政治委员、党委书记 陈苏杭
政工科科长、军事科长 熊　晶
政工科干事 唐　斌
军事参谋 彭建荣

常宁市公安消防大队

大队长、党委副书记　曹令福
政治教导员、党委书记　王科磊

中国共产党常宁市纪律检查委员会

书　记　邹雄杰
副书记　刘国生（4月免）　许智维（4月任）　廖聪敏　朱桂虎（4月免）　周晓华（4月任）
常　委　邹雄杰　许智维（3月任）　廖聪敏　朱桂虎（3月免）　周晓华（3月任）　胡楚荣　肖红洲　雷秀群　晏晓辉（3月免）　郭　莉　李华山（3月任）

中共常宁市委巡察工作领导小组办公室

主　任　秦小乔（3月任）
副主任　黄小华（3月任）
第一巡察组组长　李亚东（3月任）
第二巡察组组长　彭秋桂（3月任）
第三巡察组组长　邓　珂（3月任）
第四巡察组组长　梁武钢（3月任）
第五巡察组组长　漆詹洪（3月任）
第六巡察组组长　李勇民（3月任）

常宁市人民检察院

检察长、党组书记　王胜利
副检察长、党组成员　唐福元
副检察长　曾嫒娉（女，8月免）
纪检组长、党组成员　尹邵宁（8月免）
政工科长、党组成员　廖小英（女）
党组成员　黄春华（8月免）
检察委员会专职委员　刘鹏程（8月免）

常宁市人民法院

院长、党组书记　张永灵
党组副书记　阳允仲（3月免）
副院长、党组成员　刘祝融（8月免）　陈社教　罗　荣　欧小文
纪检组长、党组成员　陈　奇（8月免）
党组成员　张永勇（8月免）　张素成（8月免）　刘双荣（8月免）
专职委员　傅鹿鹏（8月免）　滕　军（8月免）　吴碧荣（8月免）
工会主席　吴云飞
政工室主任　廖三伢

市委工作部门

中共常宁市委办公室

主　任　梁宇琦
常务副主任　邓仁和
副主任　曹四军（3月免）　吴时衡（3月免）　吕晓毛（3月免）　秦韶峰　王学辉　阳宏斌（5月免）　张晓军（3月免）　雷荣华（3月任）
工会主席　贺清生（8月免）
正科级督查员　黄志华　吕　岗（8月免）
正科级干部　刘清河（12月调入）
副科级督察员　廖　欢
秘书组组长　刘恒熠（8月调出）
行政组组长　彭　度
政工组组长　李仁聪

中共常宁市委组织部

部　长　周晓侣
常务副部长　郭秀清
副部长　贺建文　谭方平　袁国胜　管志善（12月任，兼）
部务会成员、纪检组长　曹诗鹏（9月任）
部务会成员、基层办主任　易金熬
部务会成员　曾小青
正科级组织员　刘志刚　白尤军
办公室主任　郭剑华
政研室主任　邓喜生
组织组组长　孙小伟
干部一组组长　郭系凭
干部二组组长　蒋抒芳
干部档案室主任　龙俊宏（9月离任）
干部监督组组长　肖啸月

中共常宁市委宣传部

部　长　谌惠渝
常务副部长　吕小宝
副部长　方富贵　刘　华　吴　薇（3月任）

中共常宁市委统战部

部　长　张　斌

常务副部长 王元春

副　部　长 熊崇悦　姚 宏（3月免）　李尤生（3月任）

中共常宁市委政法委员会

书　　　记 张　昕

常务副书记 欧厚娣(3月免)　周永雄(3月任)

副　书　记 唐旭胜　刘兴华　段岳松(3月免)

易美艳(3月任)

工会主席 尹黎明(8月免)

市委610办公室

主　任 易美艳（兼）

副主任 张经辉　张耀文(8月免)　尹丽华(8月免)

市政法委政工室

主　任 何　勇

市社会治安综合治理委员会办公室

主　任 尹黎明(12月任)

副主任 尹黎明(12月免)　尹丽华(8月任)　李　宙

市委维护社会稳定领导小组办公室

主　任 刘富喜

副主任 廖冬生　雷淑娟　张耀文(8月任)

市社会管理综合治理中心

主　任 邓文华

副主任 尹志平

市委政法委执法监督室

主　任 吴双喜（主任科员兼）

市法学会办公室

主　任 杨　颖（12月任）

市委农村工作办公室（新农村办公室）

主　任 郭文峰

副主任 周立峰

市委群众工作部

部　长 段　骁（3月免）　邓清华（3月任）

副部长 彭　文　吴建国

市委编制委员会办公室

主　任 汪　华

副主任 黄松林　张晓华（3月免）　彭文瑞（8月免）

廖志红（8月任）　曾友子（8月任）

工会主席 廖志红（8月免）

市委党校

校长、党总支书记 曾小春(党总支书记3月免)

党总支书记 颜　青(3月任)

副 校 长 吕志勇　张荣国(8月免)　刘金星(8月任)

工会主席 刘金星(8月免)

市直属机关工作委员会

书　记 曹诗鹏（3月免）　王 勇（12月任）

副书记 王振旗（女）　李军晖（女）

“两新”工作委员会

副书记 廖子月（女，12月任）

市委直属单位

市委老干局

局　　长 唐贵琳(12月免)　管志善(12月任)

副 局 长 谷爱民(8月免)　雷秋来(8月免)　李　斌

唐红梅(8月任)

工会主席 唐红梅（8月免）

老干部活动中心主任 李玉花

市委离退休干部工作委员会

（2017年9月成立）

书　　　记 唐贵琳(12月免)　管志善(12月任)

专职副书记 李　斌

兼职副书记 王振旗　陈祖运

委　　　员 吕小宝　廖敏蛟　孙桂荣　李运成　贺小华

刘志家　唐国雄

市档案局

局　长、党组书记 姚小明

副局长、党组成员 尹　平　唐国强

市史志办

主　任 廖爱国(3月免)　吕晓毛(3月任)

副主任 阳　芳(女)　陈洁英(女，12月任)

市台办

主　任 尹书成（3月免）　邓承华（3月任）

副主任 董少文

市委部门管理机构

市委全面深化改革领导小组办公室

主　任 梁宇琦

副主任 吕　岗

市委机要局

局　长 徐富胜

副局长 曾仕成　周　琼

市保密局

局　长 李运喜

副局长 李艾青

市委、市政府督查室

主　任 阳小迪

副主任 柏洋林　蒋谷毅

市委政策研究室

主　任 阳明勇

市委应急管理办公室

主　任 李孝辉（3月任）

市委、市政府接待处

主　任 朱俊清（女，3月免）　吴时衡（3月任）

市非公有企业工作委员会

书　记 谭德葵（8月免）

副书记 吴代胜（8月免）

市委基层办

主　任 易金敖

副主任 吴柏林(3月免)　肖啸月(8月免)
廖子月(女，12月免)

市委文明办公室

主　任 吴　薇（3月免）　谭德葵（3月任）

副主任 刘　艳（8月免）　邹　芳（8月免）

市委、市政府新闻管理办公室

主　任 方富贵（3月免）　吕小宝（3月任）

副主任 陈其礼（8月免）

市网络新闻宣传管理办公室

主　任 王振宇

市文化产业管理办公室

主　任 廖启华

市委宣传部宣传组

组　长 欧　军

常宁报社

社　长 王学辉

副总编 刘朝文　封志良

市事业单位登记管理局

局　长 彭文瑞

市机构编制信息中心

主　任 刘三成

市纪委工作部门

办公室主任 邓　威

组织部长 李国宝(9月免)　黄是瑛(9月任)

宣传部长 周小勇

党风政风监督室主任 谭航华(9月免)　胡　嵬(9月任)

信访室主任 邓美娟(9月免)　汤　斌(9月任)

案件监督管理室主任 蒋仕杰

纪检监察干部监督室主任 贺智宏(9月免)　周　荣(9月任)

第一纪检监察室主任 贺青松(3月免)　罗　笑(9月任)

第二纪检监察室主任 刘杰军

第三纪检监察室主任　胡　兰
第四纪检监察室主任　王　玺(9月免)　胡衡峰(9月任)
第五纪检监察室　吴小凯(9月免)　汪　琨(9月主持工作)
第六纪检监察室　陈建军(9月主持工作)
第七纪检监察室　周上斌(9月主持工作)
审理室　王世盛(9月主持工作)
驻市委办纪检组组长　阳德明(9月任)
驻市委办纪检组副组长　曾辛保(9月任)　阳小凤(9月任)
驻市人大机关纪检组组长　谭航华(9月任)
驻市人大机关纪检组副组长　唐一可(9月任)　王　玺(9月任)
驻市政府办纪检组组长　吴　豪(9月任)
驻市政府办纪检组副组长　杨　逵(9月任)　廖翠华(9月任)
驻市政协机关纪检组组长　吴小凯(9月任)
驻市政协机关纪检组副组长　尹小丽(9月任)
王新龙(9月任，12月免)
梁小芳(9月任)
驻市委组织部纪检组组长　曹诗鹏(9月任)
驻市委政法委纪检组组长　周孝华(9月任)
驻市教育局纪检组组长　李国宝(9月任)
驻市卫计局纪检组组长　许　峰(9月任)
驻市公安局纪检组组长　王国生(9月任)
驻市住建局纪检组组长　左　霖(9月任)
驻市财政局纪检组组长　贺智宏(9月任)
驻市农业局纪检组组长　粟仁成(9月任)
驻市食品药品工商质量监督管理局纪检组组长　邓美娟(9月任)
原第二纪工委书记、监察分局局长　邬小军(5月调出)
原第三纪工委书记、监察分局局长　秦小乔(5月调出)

市人大工作机构

办公室

主　任　赵桂文
副主任　詹时机　邓雅悠

内务司法工作委员会

主　任　唐　辉(5月免)　刘秋生(5月任)
副主任　胡少华(5月任)

财政经济工作委员会

主　任　邓桂平
副主任　邓凤英(5月免)　蒋　毅

预算工作委员会

主　任　邓凤英(5月免)　文志新(5月任)
副主任　蒋　毅

科教文卫工作委员会

主　任　刘小咏(5月免)　朱俊清(5月任)

农业和农村工作委员会

主　任　陈　伟
副主任　刘秋生(5月免)

城市建设与环境保护工作委员会

主　任　吴　攀
副主任　黄　璐

联络工作委员会

主　任　胡观宝(3月免)　褚书福(3月任)
副主任　徐晨峰

信访室

主　任　刘春华(3月免)　詹时机(3月任)
副主任　陈春宏

研究室

主　任　褚书福(3月免)　袁诗月(3月任)
副主任　李春林

市人大法制委员会

主任委员　胡观宝
副主任委员　刘春华　胡爱华　刘　衡

市人大常委会法制工作委员会

主　任　刘春华(3月任)

市政协工作机构

办公室

主　任　江月华
副主任　许　奔(12月免)

研究室

主　任　许　奔(12月任)

副主任　杨立军

提案和委员联络委员会

主　任　陈远菊（3月免）　谢　琼（3月任）
副主任　孟志清（3月免）　雷爱平（12月任）

科教文卫体委员会

主　任　谢　琼（3月免）　胡观清（3月任，8月免）
副主任　刘　影

人口资源环境和法制委员会

主　任　周继成（3月免）　刘珺媚（3月任）
副主任　胡　翔

财政经济委员会

主　任　廖云华（3月免）　陈志刚（3月任）
副主任　段小刚

文史学习委员会

主　任　陈　燕（3月免）　唐天任（3月任）
副主任　唐天任（3月免）　李孝华（3月任）

市人民政府机构

市人民政府办公室

主任、党组书记　梁宇琦(3月离任)
易泽忠(3月任党组成员、5月任主任)
副主任、党组副书记　李爱平(女)　雷发清(3月任副主任、党组成员，12月任党组副书记)
副主任、党组成员　李东徽　张小红　周永雄(3月免)　段　骁　刘文成(3月免)　孙明华　张石玉(3月免)　邓清华(4月任)　段晓宏(3月任)
纪检组长、党组成员　吴　豪(3月任)
正科级督查员　刘小芬(女，8月免)　滕卫平（12月任)
副科级督查员　袁石山

市发展和改革局

局长、党组书记　王经余
党组副书记、原市发展和改革局副局长　李运成
原市物价局党组成员、副局长　许　军　刘贻军　张永忠　何亮均　廖　杰
原市发展和改革局党组成员、副局长　朱俊洪　郭　凌　滕佳斌
原市物价局副局长　龙杰斌
原市物价局党组成员、工会主席　左　霖（9月免）
原市发展和改革局党组成员、工会主席　刘训斌
原市物价局党组成员　雷新华
副科实职干部　郭志成

市经济科技和信息化局

局长、党委书记　刘文春
副局长、党委副书记　吴蜀魏
副局长、党委委员　邓勇军　刘晓菊　朱　炜　阳青松　周祖昭
工会主席、党委委员　彭　伟
副 局 长　刘丽艳

市教育局

局长、党委书记　封红伟
副局长、党委委员　伍志方　欧索漫　欧和平(8月免)　李冬茂(8月免)　李启越(8月免)　李小平(8月任)
党委委员、纪检组长　李国宝
总会计师　王小林
工会主席、党委委员　孙桂荣(8月免)
党委委员、主任督学　唐绍峰
副主任督学　毛国华

市公安局

局长、党委书记　廖　勇
政委、党委副书记　袁丰力
副局长、党委副书记　欧文质(8月免)　陈福生　李运松　尹和平(8月免)　陈黎明　陈细柳　崔琼璋(8月免)
党委委员、纪检组长　王国生
工会主席、党委委员　阳纯卫(8月免)
党委委员　尹邵芳

市监察局

局　长　刘国生(3月免)　许智维(3月任)
副局长　谭云峰(3月免)　刘君媚(女，3月免)

市民政局

局长、党组书记　肖卫东
副局长、党组副书记　陈祖运
副局长、党组成员　刘国花（女，8月免）　詹伟民（8月免）
徐富孚　宁丽艳（女）
工会主席、党组成员　唐章华（8月免）
党组成员　刘德义（8月免）　胡吉虎（8月免）
总会计师　陈祖生（8月免）

市司法局

局长、党组书记　周晓华（3月免）　朱桂虎（3月任）
副局长、党组副书记　贺小明
副局长、党组成员　周世成（8月免）　李雪峰　阳　群
副 局 长　刘　健
工会主席、党组成员　易志华（8月免）
政工室主任、党组成员　魏中生

市财政局

局长、党组书记　滕　文（3月免）　罗更生（3月任）
副局长、党组副书记　刘东华　曹英健（8月免）
副局长、党组成员　李双平　刘茂斌（8月免）
徐晓华（8月免）　贺晓华（8月免）
袁基球
副 局 长　王立成
总会计师、党组成员　李国平
党组成员　曹良斌（8月免）　彭文雅（8月免）
易小毛（8月免）
市纪委驻市财政局纪检组组长、党组成员　贺智宏（9月任）

市人力资源和社会保障局

局　长、党组书记　罗更生（3月免）　滕　文（3月任）
副局长、党组副书记　陈建湘　卢耀平（12月免）
副 局 长、党组成员　刘志家　肖复昌　滕　辉
欧爱萍（女）　魏慈明
副 局 长　唐晓霞（女）
工会主席、党组成员　欧德发
党组成员　刘水清　陈兴钊　段圭晴

市国土资源管理局

局长、党组书记　颜　青（3月免）　刘荣辉（3月任）
副局长、党组副书记　贺红文
副局长、党组成员　刘先云　胡志平　易金华　胡巧生
秦　胜（3月免）
工会主席、党组成员　廖桂成
党组成员　滕爱国　贺小红
副 局 长　李启强
总工程师　曹芳卿

市住房和城乡建设局

局长、党委书记　邓耀龙
副局长、党委副书记　张至君
班子成员　谭祖启　尹开春　吴晓成　屈天志　江中杰
梁清华　朱诗柏　袁贵金　左　霖　刘向东
周绍初　王元生　周荣辉　唐绍荣　刘名智
唐苏里　周祥富　刘良厚　李艳红　肖晓国
黄小华（7月由房产局并入）
李新民（7月由房产局并入）
王白石（7月由房产局并入）
尹国成（7月由房产局并入，9月改为三遇干部）

市交通运输和旅游局

局长、党委书记　张志斌（3月免）　李国儒（3月任）
副局长、党委副书记　张国平　陈　杰　郭龙成　刘洪涛
郭云妃　徐瑞宏
副局长　雷　斌
工会主席、党委委员　谢元君
党委委员　蒋晓荣　肖贻成　廖志林　谷文闻
滕忠艳

市公路管理局

局长、党组书记　李国儒（3月免）　周建新（3月任）
副局长、党组副书记　颜家辉
副局长、党组成员　廖元生（12月免去党组成员职务）
高　岚　谢爱民
工会主席、党组成员　王　超

市农业局

局长、党委书记　郭文峰
原市委农村工作部副部长、市农办副主任、党组成员
彭爱华　周立峰

副局长、党委委员　孟严湘　谷成生　邓映桂　谭伍生　尹冬玉　雷　英
纪检组长、党委委员　粟仁成(9月任)
工会主席、党委委员　胡常斌
党委委员　徐章聂　曾志辉
总农艺师　刘小洋

市水利局

局长、党委书记　雷荣华(3月免)　欧秋生(3月任)
副局长、党委副书记　蒋红军
副局长、党委委员　廖富贵　陈仲斌　曾小安
副局长　何　雪(8月免)
工会主席、党委委员　刘成秀(女)
总工程师、党委委员　徐云灵
班子成员　唐　雄(12月调入)

市林业局

局长、党委书记　谢金山
副局长、党委委员　周群江(8月免)　何小江　郭秋桂
副局长　唐华国
工会主席、党委委员　李春桥(8月免)
总工程师、党委委员　罗秋铭(8月免)
党委委员　张爱球(8月免)　刘冬云　邓宏清(8月免)　张　斌(8月免)

市商务和粮食局

局长、党委书记　张建军(3月免)　刘湛艳(3月任)
原商务局副局长、党委委员　胡铁军　胡卫华　陈洪斌　朱常丽(女)
原商务局工会主席　蒋　旭
原招商局副局长、党委委员　左　丞　刘　华　陈　云(女)
原招商局副局长　刘忠庆
原粮食局党委副书记　彭常开
原粮食局副局长、党委委员　郭秀山
原粮食局副局长　唐先荣
原粮食局党委委员　刘桂成

市文化体育广播电视新闻出版局

局长、党组书记　邹求荣(3月免)　殷庆忠(3月任)
副局长　王　瑛(女)　许建华　段建林　唐宏志　唐国雄　吴湘衡　易　铭(女)
工会主席　阳　莉(女)

市卫生计划生育局

局长、党委副书记　雷青元
副局长、党委副书记　廖敏蛟　段尚圭
副局长、党委委员　吴晓荣　彭后发(9月免)　邓旭龙　张世桂　吴　超　谢治平　尹雨佳
副局长　周春国　廖晓娟(女)
党委委员、纪检组长　许　峰(9月任)
工会主席、党委委员　樊岳衡
党委委员　阳柏秀(女)　尹卫国　张照成
总会计师　吴　戈

市审计局

局长、党组书记　詹先辉
副局长、党组副书记　邓悟平
副局长、党组成员　祝宇明(8月免)　倪子瑜(8月任)　肖　熔
副局长　刘　辉(8月免)
局长助理、党组成员　倪子瑜(8月免)
工会主席、党组成员　滕文正(8月改任经济责任审计中心主任)
总审计师、党组成员　刘雅宁
党组成员　李国华(8月免)　雷文君(8月免)

市环境保护局

局长、党组书记　吕秋明
副局长、党组成员　王德春　谢主德　吴洪武　刘爱武
副局长　阳红华
党组成员　邵阳秀(女，8月免)　高冬茂(8月免)　李建群(8月免)
总工程师、党组成员　尹忠福
工会主席　刘志坚(8月免)

市统计局

局长、党组书记　唐　彬(3月免)
党组书记　周林文(4月任，主持全面工作)
局长　廖　宁(3月任)
副局长、党组成员　潘　建　易明福　周群安

总统计师　胡国蓉

市安全生产监督管理局

局长、党组书记　许智维(3月免)　张建军(3月任)
领导班子成员　朱晓晖　邱云丽(女)　曹仲赞　彭南忠(5月免)
张晓青　雷松林　夏小平　夏常彬
唐冬文(1月并入)　张天成(1月并入)
雷凤元(1月并入)　彭松荣(1月并入)
袁力军(1月并入)

市食品药品工商质量监督管理局

局长、党组书记　段曙辉
副局长、党组副书记　阳林林
原市工商行政管理局党组成员、副局长　欧阳华(3月免)
周国伸　周发伟　朱晓鸿　刘湘伟
原市质量技术监督局副局长　龙　英(女)　王耀群
原市食品药品监督管理局党组成员、副局长　雷海鹰　徐小军
原工商行政管理局党组成员　许　峰(9月免)
原市质量技术监督局党组成员　夏常云　袁运桥
原市食品药品监督管理局党组成员、工会主席　刘　宁
原市食品药品监督管理局党组成员　唐　晴　李冬桂

市人民政府法制办公室

主　任　王　颂(3月免)　张晓军(3月任)
副 主 任　杨正茂(3月免)　陈曙华　邓文姣(8月免)
副科级督察员　李　俊

市人民防空办公室

党组书记　尹国文(3月任，主持全面工作)
主　任　尹国文(3月免)　李秀英(3月任)
副 主 任　刘红胜(8月免)　邓　萍　方　归
工会主席　谷　穗(8月免)

市人民政府直属单位

天堂山国家森林公园管理处

主　任　谢小平
党委书记　刘国生(9月任)
副 主 任　廖武生　贺志鸿　刘　瑜
综合科科长　贺山江
资源保护科科长　邹友成
经营管理科科长　彭利国
资产管理科科长　彭秋艳

市广播电视台

台长、党组书记　吴岳清(3月免)　方富贵(3月任)
副台长、党组副书记　陈新民
副台长、党组成员　白　云(12月免)　周松青　彭运庆
陈孟江
工会主席、党组成员　黄晓慧

市信访局

局长、党组书记　段　骁(3月免)　邓清华(3月任)
副局长、党组成员　彭　文　吴建国

市移民开发局

局长、党组书记　邓承华(3月免)　刘云华(3月任)
副局长、党组成员　秦卫平　雷积德　李　刚
曾友子(9月免)
副 局 长　周绿萍(女)

市农业机械管理局

局长、党组书记　唐雍钧
副局长、党组成员　邓小立　刘晓华　张小云
副 局 长　郭文胜
工会主席、党组成员　周晓燕
党组成员　郭　平

市畜牧水产局

局长、党组书记　刘志刚
副局长、党组成员　龙仕震　唐明生　张亚琼
副 局 长　肖启群
总水产师、党组成员　关键生
工会主席、党组成员　吴振文
党组成员　肖春红

市农业综合开发办公室

主任、党组书记　黄小南
副主任、党组成员　肖　荣　董寒梅(8月免)　尹恒生
龙瑞球
工会主席、党组成员　陈三毛(8月免)

市农村经济经营服务中心(管理局)

局长、党组书记　盘玖余
副局长、党组成员　阳龙生　詹先国　黄建国　吴小东
工会主席、党组成员　李向东
党组成员　徐春容（女）

市预防腐败局

局　长　刘国生(3月免)　许智维(3月任)
副局长　李华山(3月免)　贺青松(3月任)

市城市管理行政执法局

局长、党委书记　雷知生
副局长、党委委员　左华云　彭知桥　曹文辉　陆元春
工会主席、党委委员　郭　杰

市城乡规划局

局长、党组书记　阳　磊
副局长、党组成员　吕书清　廖小群　黄振湘　谢元德
副 局 长　廖有佐
工会主席、党组成员　郭水清(女)
总工程师、党组成员　刘建国
党组成员　陈东位

市弥泉林场

场　　长　陈辉华
党支部书记　吕飞宏
副 场 长　尹　俊　何海斌
总工程师　徐春林

市优化经济发展环境办公室

主任、党支部书记　张志军
副主任　彭志忠

市烟叶生产领导小组办公室

主任、党组书记　管志善(12月免)　唐贵琳(12月任)
副主任、党组成员　肖明红　董志华　黄国秦
工会主席、党组成员　王　超(8月免)

总公司(集团)经济转体机构

市轻工业总公司

总经理、党委书记　陈海华
副总经理、党委委员　谭志刚　胡勤学
工会主席、党委委员　尹金福

市商业总公司

总经理、党委书记　彭秋桂(3月免)　段　骁(3月任)
副总经理、党委委员　杜和平

市供销合作联合社

理事会主任、党委书记　段晓宏(3月免)　吴瑞嵘(3月任)
监事会主任　段湘云
理事会副主任　郭跃武　郭　军　徐章桥(12月任)
工会主席　李雪容(8月免)

常宁市人民政府派出机构

常宁市水口山经济开发区

管委主任　尹建恒(5月任)
党工委书记　颜晓曦(3月任副书记，7月任书记)
党工委副书记　胡观清(3月免)　曹廷文(12月任)
纪委书记　周　斌
管委副主任、工委委员　彭玉晔　李正平　尹建勋
李　杰(12月免)
工会主席、工委委员　刘岳生
党政办主任、机关党支部书记　李晓牛
财政局局长　黎春生
企业党委副书记　阳继文(12月任)
产业发展局局长 、非公党总支书记　朱红军
建设局局长　徐富艳
社会事务管理局局长　聂鹏峰
政务服务部部长　张丽华
招商局局长　刘定军(12月免)
监察室主任　雷　萍

宜阳工业园区管委会

党工委书记　刘云华(3月免)　廖云华(3月任)
党工委副书记、主任　邓　珂(3月免)　龙学军(3月任)
党工委委员、副主任　钱文辉　刘　佳(女，3月任)　刘泽丰

群众团体

市总工会

主　席　何　军
党组书记　彭文忠(3月任，主持全面工作)
副主席、党组成员　张泽喜　吴芳林(12月免)
副主席　何　若
党组成员　彭伟林(8月免)　唐英华(女，8月免)

共青团常宁市委员会

书　记　彭　波
副书记　邓欣蓉

市妇女联合会

主　席　刘晓梅
副主席　吴常青　吴　慧

市工商业联合会

主　　席　盘　芳
党组书记　熊崇悦
副 主 席　何小容(8月免)
党组成员　陈开才(8月免)
秘 书 长　刘 华

市科学技术协会

主　　席　唐高峰
副主席、党组书记　周芙晖(3月免)
唐　彬(3月任，主持全面工作)
副主席、党组成员　陈　波
副 主 席　伍　荣
秘书长、党组成员　陈小华(8月免)

市文学艺术界联合会

主席、党组书记　陈坤山
副主席、党组成员　詹　瑛　刘志坚(8月任)

市残疾人联合会

理事长、党组成员　周建新(3月免)　曹仕军(3月任)
副理事长、党组成员　肖　荣
副理事长、工会主席、党组成员　贺桂冬

市归侨侨眷联合会

主　席　李秀英(3月免)　彭南忠(3月任)
党组书记　龙学军(3月免)　周芙晖(3月任，主持全面工作)

省、市、厅、局垂直管理单位

五矿铜业(湖南)有限公司

党委书记　刘国文
总经理、党委副书记　马立明
常务副总经理、党委委员　王学军
副总经理、财务总监、党委委员　李成华
副总经理　王锦鸿　王　璐
总经理助理　熊德辉

水口山有色金属集团有限公司

董事长、党委书记　王明辉
总经理、党委副书记　肖富国
副总经理　何从行　胡清华　彭曙光
党委副书记、纪委书记、工会主席　吴保华
副总经理、八厂厂长　唐志波
总会计师　翟富明

湘运常宁分公司

经理、党支部书记　张旭宁
副 经 理　李小勇　詹　辉
工会主席　唐朝阳

衡阳市公安局水口山分局

局长、党委书记　崔琼璋(8月任)
党委副书记、纪委书记　王　成
副局长、党委委员　黄晓平(8月免)　唐远途　谭振华
政工室主任、党委委员　吕　旋

市邮政分公司

总 经 理　肖永红(6月离任)　洪生和(6月任)
副总经理　阳桂林(6月离任)　喻淼光(6月任)　黎　军(6月任)

中国电信常宁分公司

总经理、党委书记　邓卫民
副总经理、工会主席、党委委员　崔建华
副总经理、纪委书记、党委委员　吴　军(4月离任)

廖江宁(4月任)
综合部主任、党委委员　阳　辉
销售服务部主任、党委委员　贺　春

市气象局

局　长　宾素芝
副局长　蒋永辉(4月离任)　曹慧晴

市国家税务局

局长、党组书记　欧阳成
副局长、党组成员　张照柏　陈新云　罗亚华
纪检组长、党组成员　刘志平
市国税局稽查局局长　谭清明
市国税局宜阳税务分局局长　王生元
市国税局松柏税务分局局长　李治平

市地方税务局

局长、党组书记　陈全红(8月离任)　曹　阳(8月任)
副局长、党组成员　匡梦雯　曾文斌　李小茅
纪检组长、党组成员　李太平
工会主席　邓春荣

市水文局

副局长　施冬奇

市供电公司

经理、党委副书记　彭　坚
党委书记、副经理　廖兴华
党委副书记、纪委书记、副经理、工会主席　肖春茂
副经理　李先伟(5月离任)

市烟草专卖局(公司)

局长(经理)、党组书记　唐海峰
副局长(副经理)、党组成员　康志勇　詹　良
纪检组长、党组成员　宋秋生(7月离任)

市盐务管理局

局　长　段　俊
副局长　张双衡

中石化常宁分公司

经　理　阳桂元(3月离任)　黄　华(3月任)
书　记　欧小平
副经理　许文剑

衡阳市住房公积金管理中心常宁管理部

主　任　杨伫风
副主任　刘忠良

中国人民银行常宁支行

行　　长　罗俊意
副 行 长　欧运礼　袁诗章
纪检组长　廖建华(11月离任)　罗志(11月任)

中国工商银行股份有限公司常宁市支行

行　长　张孔昭
副行长　吴　岳　李建华

中国工商银行股份有限公司水口山支行

行　长　申顺国
副行长　于　成(9月离任)　汪　明　唐建荣(9月任)

中国建设银行股份有限公司常宁支行

行　　长　高　辉
副 行 长　资必能(9月离任)　文　毅(12月离任)
杨月君(9月任)　曹良华(9月任)
营业主管　王玉成

中国银行常宁支行

行　长　刘志伟
副行长　李孝武　罗　璇

中国农业银行常宁支行

行长、党委书记　胡　炜
纪委书记、副行长　伍劲松
副行长、党委委员　李晓宁　李远芳

中国农业发展银行常宁支行

行　长　李爱民(2月离任)　彭晓林(2月任)
副行长　廖春清

中国邮政储蓄银行常宁支行

行　长　李小林(8月离任)　贺　勇(8月任)

副行长　任　虹(女)　凌　玺(10月任)

珠江村镇银行

董事长　车　铭

行　长　江显锋

监事长　吴贵明

副行长　郑明星

常宁市农商银行

董事长、党委书记　黄敦福

党委副书记、副董事长、行长　申建人

监事长、纪委书记　夏柏承

副行长、党委委员　何羽发　肖旭光

市移动公司

经　理　李　晖

经理助理　侯雪凤　曾红青

市联通公司

营销总监　李　建

综合中心主任　彭　艳(女)

市场中心主任　曹　娜(女)

集客中心主任　廖玲艳(女)

建维中心主任　唐昇春

固网中心主任　龙　元

中国人民财产保险股份有限公司常宁市支公司

经　理　杨　明

副经理　肖庆华　肖　晶

中国人寿保险股份有限公司常宁市支公司

经　理　江　湧

副经理　朱国华

经理助理　杨勇斌

中华联合财产保险股份有限公司常宁市支公司

经　理　吴传平

副经理　谭　滔　唐谋湘

中国太平洋财产保险股份有限公司常宁支公司

经　理　陈永华(女)

副经理　贺志骞

新华书店

经理、书记　袁　峰

副经理　廖柏云　雷　虹　邓立群

国家统计局常宁调查队

队　长　彭运瑞

副队长　张泽云

监察员　高志刚

市人民政府管理机构

市人民政府电子政务管理办公室

主　任　刘伟华

副主任　谭贵荣　张小玲

工会主席　欧玲艳

市人民政府经济研究中心

主　任　袁毅华(12月任)

市文化市场综合执法大队

大队长、党总支书记　何许清

市文物管理局

局　长　唐伍华

书　记　刘志林

市全民健身服务中心

主　任　阳少华

市投资促进事务中心

主　任　邓欣蓉(12月任)

市粮食服务中心

主　任　廖源楚(12月任)

市煤炭生产服务中心

主　任　袁力军(12月任)

市公安局交通警察大队

大 队 长 崔琼璋(8月免) 阳纯卫(8月任)

教 导 员 贺运国

副大队长 袁诗林(8月免) 王耀辉(8月免) 周小明 李敬群 詹振华

市公安局森林公安分局

局　　长 戴文灿

政　　委 周 斌

市公安局政工室

主 任 尹邵芳

教导员 黄发荣

市公安局指挥中心

主 任 刘芳礼

教导员 吕三妹

市公安局警务保障室

主 任 王岳林

教导员 尹红华

市公安局法制大队

大队长 邓学礼

教导员 李清艳(12月免)

市公安局国内安全保卫大队

大队长 尹建民

教导员 周 炜

市公安局网监大队

教导员 刘永宏

市公安局巡特警大队

大队长 詹纯智

教导员 陆峥嵘

市公安局治安管理大队

大队长 曹诗红

教导员 尹宁华

市公安局刑事侦查大队

大队长 胡 斌

教导员 颜福斌

市公安局经济犯罪侦查大队

大队长 李国富

教导员 吴元璋

市公安局人口与出入境管理大队

大队长 彭运舟

教导员 龙陆生

市公安局禁毒大队

教导员 邓龙华

禁毒工作社会化办公室

主 任 曹贵伢

市拘留所

所 长 雷卫国

教导员 崔永东

市看守所

所 长 滕文明

教导员 阳聪贵

市公安局宜阳派出所

所 长 黄 程

教导员 邓先贵

市公安局泉峰派出所

所 长 尹少彬

教导员 陈德忠

市公安局培元派出所

所 长 左轮顺

教导员 李盛富

市公安局松柏派出所

所 长 雷俊杰

教导员 管春茂

市公安局白沙派出所

所　长 李广友

教导员 胡苏亮

市公安局洋泉派出所

所　长 陈永铭

教导员 邓中平

市公安局宜潭派出所

所　长 李业强

教导员 李　勇

市公安局兰江派出所

所　长 易志中

教导员 刘爱成

市公安局三角塘派出所

所　长 刘　洪

教导员 周长江

市公安局柏坊派出所

所　长 吴智华

教导员 丁小林

市公安局蓬塘派出所

所　长 刘渔芳

教导员 尹桂平

市公安局烟洲派出所

所　长 黄文华

教导员 周　斌

市公安局荫田派出所

所　长 邓华龙

教导员 赵顶峰

市公安局西岭派出所

所　长 徐仲衡

教导员 王丽华

市公安局盐湖派出所

所　长 郭祥春

教导员 汪桂军

市公安局罗桥派出所

所　长 何　勇

教导员 王友勇

市公安局庙前派出所

所　长 邓尹辉

教导员 杨小东

市公安局蒲州派出所

所　长 邓建军

教导员 李昭庆

市公安局板桥派出所

所　长 雷旭东

教导员 周向军

市公安局胜桥派出所

所　长 周迎春

教导员 周明星

市公安局官岭派出所

所　长 刘振辉

教导员 刘诗章

市公安局新河派出所

所　长 张晓武

教导员 李小荣

市公安局大堡派出所

所　长 罗军华

教导员 胡国华

市公安局江河派出所

所　长 周立伟

教导员 王海鸥

水口山经济开发区公安分局

局　长　尹　洪

教导员　张立强

衡阳市公安局水口山分局政工室

主　任　吕　旋

衡阳市公安局水口山分局办公室

主　任　郭劲松

教导员　廖松平

衡阳市公安局水口山分局经侦大队

大队长　杨　钧

教导员　周维钊

衡阳市公安局水口山分局刑侦大队

大队长　尹　盛

教导员　易　勇

衡阳市公安局水口山分局治安大队

大队长　郭小元

衡阳市公安局水口山分局渡口派出所

所　长　于爱民

教导员　杨国平

市检察院反贪污贿赂局

局　长　邓义元

教导员　陈建军

市检察院反渎职侵权局

局　长　刘　峰

教导员　王世盛

市检察院公诉局

局　长　周亦芬(女)

市检察院法警大队

大队长　崔　伟

市人民法院监察科

科　长　申欢群

市人民法院执行局

局　长　张　智

市人民法院立案信访局

局　长　谷文军

教导员　李华林

松柏法庭

庭　长　曹诗田

柏坊法庭

庭　长　欧　胜

官岭法庭

庭　长　廖雪峰

市公证处

主　任　刘　健

市社区矫正工作局

局　长　朱和军

市法律援助中心

主　任　阮　维

培元司法所

所　长　谢阳宝

泉峰司法所

所　长　吴婷婷(女)

宜阳司法所

所　长　彭德运

柏坊司法所

所　长　刘顺理

水口山司法所

所　长　易国辉

蓬塘司法所

所　长　刘志刚

烟洲司法所

所　长　阳建林

白沙司法所

所　长　黄秀云

西岭司法所

所　长　李玉华

荫田司法所

所　长　刘岳峰

三角塘司法所

所　长　何小红

庙前司法所

所　长　刘春利

板桥司法所

所　长　何泽荣

胜桥司法所

所　长　李甫林

洋泉司法所

所　长　何英剑

塔山司法所

所　长　王小荣

天堂山司法所

所　长　李　睿

兰江司法所

所　长　杨　颖

官岭司法所

所　长　雷　树

新河司法所

所　长　李晓白

大堡司法所

所　长　雷立生

兴常律师事务所

主　任　王国勇

明正律师事务所

主　任　朱晓云

功崇律师事务所

主　任　唐红宝

宜阳法律服务所

主　任　吴尚阳

宜城法律服务所

主　任　孙寿锋

东风法律服务所

主　任　谭辉东

洋泉法律服务所

主　任　邓建军

水口山规划分局

局　长　王芳寿

宜阳规划管理站

站　长　唐金龙

市人民政府金融工作办公室

主　任　谭炎文

副主任　罗德盛(3月任，8月免)　邓文娇(8月任)

　　　　吴诗强(8月任)

市矿产品税费征收管理办公室

主　任　龙　华(12月免)

市政务服务中心

主任、党支部书记　刘振华

副主任　彭　辉　刘　娜

市市场服务中心

主　任　胡铁军

副主任　滕　毅

市重点工程项目前期办公室

主　任　张富文

市城市调查队

队　长　邓云宏(主任科员)

常宁一中

校　　长　张永康

书　　记　肖贻华

副 校 长　袁诗军　李志刚　詹先文　胡　绳

工会主席　谭　静

常宁二中

校　　长　易　昕

书　　记　徐富仁

副 校 长　陈　鹏　吕巧云(女)　李时清　邓家亮　刘国平

工会主席　雷少林

常宁三中

代 校 长　李昌运

副校长　王端生　夏明静　管少仁

工会主席　刘碧华(女)

市职业中等专科学校

校　　长　郝绍华

书　　记　谭楚荣

副 校 长　陈海涛　唐文斌　刘明华

工会主席　刘国生(12月免)

市教师进修学校

校　　长　滕仲春

党支部书记　雷向林(8月免)

副 校 长　谭德意　胡彦新　唐永红

工会主席　王桂生

督　　学　周洪文

市农业广播电视学校

校长、书记　刘朝晖(女)

市第七中学

校　长　李小林

书　记　吴玉发

市第八中学

校　长　周洪文(12月免)

市宜阳小学

校长、书记　杨开生(12月免)

市双蹲小学

校长、书记　彭　昶

市幼儿园

园　长　欧芙萍

宜阳办事处中心学校

校　长　唐玉龙

水口山松阳小学

校　长　吕如成(12月免)

市人民医院

院　长　刘志坚

党总支书记　彭后发(12月任)
副院长　刘春荣　吴国英　杨　峰　吕长青　杨　军

市中医院

院　长　邓芳文
党总支书记　吴四平
副院长　吴仕辉　孙德贵　欧　礼　尹新生　陈玉英(女)

市妇幼保健院

院　　长　胡　凡
党总支书记　张晓春(12月免)
副 院 长　段秋凤　邓芬玲

市疾病预防控制中心

主　　任　郭秀连
党总支书记　滕小荣

市卫生计生综合监督执法局

局　　长　尹献忠
党总支书记　李爱武
副 局 长　孙朝晖

市第二人民医院

院　　长　黄　明
党支部书记　尹宜福

市第三人民医院

院　长　肖高武

市第四人民医院

院　长　胡军平

市自来水公司

经　理　邹少文
书　记　唐　珂(12月任)

市环卫处

主　任　尹国家
书　记　左丽萍

市城建开发总公司

总 经 理　邹　胜(12月免)　李立军(12月任)
副总经理　张久林

市城市和农村建设投资有限公司

董 事 长　郭　雄
总 经 理　邹　胜(12月免)　唐绍东(12月任)
监事会主席　唐绍东(12月免)　向　鑫(12月任)
副总经理　李建国　尹爱东　何　俊　陈玉菡　王湘军
纪检组长　刘　丽(12月免)　邓德军(12月任)
总工程师　欧曙良
财务总监　李志宏

市农业投资有限公司

董 事 长　黄建国
总 经 理　李和平
监事会主席　唐屏奇(12月免)　陈碧娅(12月任)
副总经理　刘志刚　阳传桂　徐田生
纪检组长　吴能文
财务总监　刘益平
总工程师　邓佳成
工会主席　陈碧娅(12月免)

市瓦松铁路建设投资有限责任公司

董事长、党委书记　何志雄
总经理、党委副书记　熊德辉
常务副总经理、党委委员　曹新春
副总经理、党委委员　刘自成　尹金华
总经理助理、党委委员　喻远光
董事会秘书、党委委员　袁耀辉
财务总监　匡友俄

市环境投资有限公司
(12月撤并)

董 事 长　吴良忠
总 经 理　唐忠智
监事会主席　汤明兴
副总经理　向　鑫　吴生喜　吴世雄　陈小勇　滕灿阳
纪检组长　朱春琪
工会主席　廖运龙

市交通旅游建设投资有限公司

董 事 长 陈开宝
总 经 理 欧志强
监事会主席 刘振远
副总经理 李海华 刘建新 唐忠智 肖文锋(3月任)
总经理助理 尹 毅
纪检组组长 周恒斐(女，12月免) 彭勇坚(12月任)
总工程师 彭勇坚
工会主席 肖文锋(3月免)
财务总监 黎 黎(女)

市水口山开发建设投资有限公司

董 事 长 段 鸣(12月离任) 吴良忠(12月任)
总 经 理 李立军(12月免) 贺国斌(12月任)
监 事 长 王志峰(12月免) 唐屏奇(12月任)
常务副总经理 陈 实(4月任)
副总经理 廖国华(12月免) 谭祖民 邓德军(12月免) 谭祖民 吴生喜(12月任) 吴世雄(12月任) 陈小勇(12月任)
财务总监 李运成
纪检组长 袁 雄(12月免) 陈小勇(12月任)
工会主席 陈 实(4月免)

市环境卫生管理处

主 任 尹国家

市棚改投资有限责任公司

总经理 肖恒军(12月任)

市城市管理执法大队

大队长 李永红
书 记 刘国瑞

市园林绿化管理处

主 任 谭孝忠

市建筑设计院

院 长 胡卫民

市建设工程质量安全监督管理站

站长、总支书记 刘四成

市城市建设档案馆

馆长、党支部书记 李主平

市环境监察大队

大队长 李建群(8月改非)
教导员 郭秀恒

市固体废物管理站

站 长 陈向东

市重金属办

主 任 唐 茵

市环境监测站

站 长 何向华

市土地开发整理中心

主 任 颜志勇

市土地矿产交易中心

主 任 石海鹰

市地质公园管理所

所 长 贺少芳

市土地收购储备中心

主 任 彭耀恒

市地质环境监测站

站 长 吴 强

市国土资源执法监察大队

大队长 吴胜利

市水口山国土资源分局

局 长 谭才荣

市宜阳国土资源中心所

所　长　汤友柳

市培元国土资源中心所

所　长　吴世伟

市泉峰国土资源中心所

所　长　尹银生

市洋泉国土资源中心所

所　长　王长贵

市罗桥国土资源中心所

所　长　尹　成

市非税收入管理局

局　长　吴国平

市乡镇财政管理局

局　长　肖立峰

市国库集中支付中心

主　任　詹丽华(女)

市国有资产管理中心

主　　任　郭云金
党支部书记　邹　胜(12月任)
副 主 任　陈　彬　谢　慧
纪检组长　刘茂明

市财政评审投资中心

主　任　谢阳剑

市农村综合改革办公室

主　任　吴洪琪

市教育核算中心

主　任　宁和平

市资源枯竭城市经济转型办公室

主任、党支部书记　罗德盛(8月任)
副主任、党支部委员　胡振华　周　晖

市资源枯竭型城市资金管理办公室

主　任　文志生(3月免)

市重点工程项目前期工作办公室

主　任　张富云

市经济责任审计办公室

主　任　雷文君(8月免)　滕文正(8月任)

市固定资产投资审计中心

主　任　蒋小宁

市社会养老保险中心

主　任　郭端平

市机关事业单位社会保险中心

主　任

市医疗保险基金管理中心

党支部书记　肖国飞

市劳动保障监察大队

大队长　张　斌

市劳动人事争议仲裁院

院　长　雷江鹏

市工伤保险基金管理中心

主　任　刘海涛

市就业服务中心

主　任　阳光辉

市人力资源服务中心

主　任　李金娇
书　记　张永德

市城乡居民社会养老保险中心

主　任　李玉亮

市城乡居民医疗保险管理服务中心

主　任　褚美东

市公务员管理办公室

主　任　阳纯斌

市公共交通道路运输管理处

主任、党总支副书记　刘建国

副主任、党总支副书记　阳生南　易　辉

市农村公路管理所

所　长　郝凌峰

市交通工程质量与安全监督所

所长、党支部书记　廖福林

副所长、党支部副书记　黎小林

副所长　滕新杰　雷发云

工会主席　张春晖

市交通运输和旅游执法大队

大队长、党支部书记　廖金生

市旅游服务中心

主　任、党支部书记　滕　旺

市农村能源开发办公室

主　任　滕德胜

副主任　尹黎明　邓　原

市扶贫办

主　任　周奉龙(5月改非)、阳宏斌(5月任)

副　主　任　吴筱灵(女，9月任)

党支部委员　吴传厚

市农业科学研究所

所　长　滕梅花

市农业技术推广中心

主　任　肖月英

市农业行政执法大队

大队长　彭克林

市原种繁殖场

场　长　徐志生

市牲畜定点屠宰管理办公室

主　任　吴晓靖

市林业行政执法大队

大队长　吴　睿

市林业产权管理服务中心

主　任　朱向阳

市退耕还林领导小组办公室

主　任　张　斌(8月免)

市大义山自然保护区管理局

局　长　李亚东(3月免)姚宏(3月任)

副局长　阳新平　郭　凯

市林业技术推广中心

主　任　雷孝斌

市油茶管理办公室

主　任　何万裕

副主任　朱　鹏　李君华(女)

市农机监理站

站　长　欧慕军

洋泉水库管理局

局长、党总支书记　谢爱平

副 局 长　郑爱生

纪检组组长　谢金生

工会主席　　李祥和

市亲仁水利水电站管理所

所长、党总支书记　阳　生

市水土保持站

站　长　唐柳青

市防汛抗旱指挥部办公室

主　任　何文祥

市梅埠桥水库管理所

党支部书记　张永志

市西塘水库管理所

党支部书记、副所长　贺佰圭

市水利水电技术推广中心

主　任　曾易军

常宁市水松供水管理所

所　长　周晓鸿

市地震局

局　长　李初发

市房屋产权登记服务中心

主　任　袁春龙

书　记　徐富健

市国有土地上房屋征收管理办公室

主　任　王　涛

书　记　王玉华

市城乡社会救助管理局

局　　长　李盛青

党支部书记　朱美玲(女)

市老年人服务中心

主　任　何　辉

市慈善总会办公室

主　任　雷严汉

市军队离退休干部休养所

所　长　刘晓辉

市民间组织登记服务中心

主　任　邓　琳(女)

市社会组织综合委员会

专职副书记　谭　萍(女)

市墙改办

主　任　陈陶明

书　记　陈　宏

宜阳街道办事处

党工委书记　周林文(3月离任)

党工委第一副书记　唐　辉(3月任，主持全面工作)

党工委副书记、办事处主任　张明武

人大工委主任　魏圣银

政协工委主任　廖继成

党工委副书记　蹇永旭

党工委委员、纪工委书记　贺海娟

党工委委员　王承军　李文彬　王　军

办事处副主任　刘秋成

人大工委副主任　吴　诚

宜潭片区服务中心

党总支书记、主任　周　泉

人大主席团主席　吴毅勇

政协联络工委主任　唐　晖(5月离任)

总支副书记　李　宇

党总支委员、纪委书记　周　荣(10月离任)

党总支委员、武装部部长　欧耕耘

党总支委员　何桂成

副主任　廖成生　李福章　周艳梅

雷卫华　陈治国

人大主席团副主席　陆　勇

培元街道办事处

党工委书记　罗格文
党工委副书记、主任　刘劲松
人大联工委主任　吴煜斌(4月免)　陈春雷(4月任)
政协联工委主任　陈春雷(4月免)　孟志清(4月任)
党工委副书记　汤岳华
党工委委员、纪委书记　张志成
党工委委员、武装部长　廖建军
党工委委员　尹国锋　彭民正
党工委委员、副主任　周　青
人大联络工委副主任　朱艳云

泉峰街道办事处

党工委书记　曹行贻
党工委副书记、主任　李芳林
人大联工委主任　贺国斌　(12月免)
政协联工委主任　李启红
党工委副书记　刘继荣
党工委委员、纪委书记　黄小林
党工委委员　尹晓晖　郭少华
党工委委员、武装部长　彭凌峰
副 主 任　彭水芳　何　超

天堂山办事处

党工委书记　彭益玲(4月离任)　晏晓辉(4月任)
党工委副书记、主任　李尤生(4月离任)
邓运香(4月任)
人大工委主任　吴志红
政协工委主任　朱先锋
党工委副书记　周　平
党工委委员、纪委书记　肖智华
党工委委员、武装部长　何　刚
党工委委员　雷湘珑
副主任　满　勇

水口山镇

党委书记　彭文忠(3月离任)　袁立明(3月任)
党委副书记、镇长　刘政兵
人大主席团主席　徐运成
政协联络工委主任　黎　元
党委副书记　蒋　奇（挂职）
党委委员、纪委书记　粟仁成
党委委员、武装部部长　李毛芽
党委委员　刘明月　柏　平　聂家科　刘美玲　张月升
副镇长　柏　平　廖珍容
人大主席团副主席　黄顺利
工会主席　尹文政

水口山铅锌矿社区服务中心

党委书记、主任　唐百才
副主任　周志华　彭秀贞　彭　嵩

白沙镇

党委书记　欧伯春
党委副书记、镇长　雷金荣（4月免）吴煜斌（4月任）
人大主席团主席　雷爱平（12月免）刘定军（12月任）
政协联络工委主任　段国刚（4月免）　陈风顺（4月任）
党委副书记　贺林贵
党委委员、纪委书记　刘志平
党委委员　刘振东(12月免)　李长喜(12月免)
李　娟(12月免)　贺　平(12月任)
正科干部　李　娟（12月任）
副镇长　贺　平（12月免）　陈建军（12月任）
人大主席团副主席　陈建军（12月免）　欧国军（12月任）

柏坊镇

党委书记　刘清河
党委副书记、镇长　谢春桂
人大主席团主席　崔春红
政协联络工委主任　胡同文
党委副书记　孟双成
党委委员、纪委书记　张伯生
党委委员　李　娟　詹志方
党委委员、武装部长　尹孟林
副镇长　刘利红
人大主席团副主席　尹红星

柏坊铜矿社区服务中心

党委书记、主任　梁武钢(3月调出)　张小华(3月任)
党委副书记、副主任　曹廷文　陈利华

副主任　　肖志甫

蓬塘乡

党委书记　颜晓曦(4月离任)　唐　成(4月任)
党委副书记、乡长　阳韶清
人大主席团主席　段良奇
政协联络工委主任　刘仁谷
党委副书记　陈小辉
党委委员、纪委书记　何年鸿(12月离任)　刘运忠(12月任)
党委委员、武装部长　欧展林
党委委员　王　艳　欧德胜
副乡长　欧德胜　雷卫华
人大主席团副主席　陈志军

烟洲镇

党委书记　袁立明(4月离任)　张良相(4月任)
党委副书记、镇长　李　平
人大主席团主席　罗鹏志
政协联络工委主任　邓雄君
党委副书记　唐　锐
党委委员、纪委书记　易　楠
党委委员、武装部长　滕　锐
党委委员　肖　媛(12月改非)　陈洁英(12月免)
副镇长　滕　锐
人大主席团副主席　刘春勇

荫田镇

党委书记　刘向阳
党委副书记、镇长　刘扬倈
人大主席团主席　雷鹏辉
政协联络工委主任　刘政宏
党委委员、纪委书记　蒋能宇
党委委员、武装部长　周玉文
党委委员　肖启标　肖　峰
副镇长　周玉文　陈钟宇(6月借调至衡阳市人民政府)
人大主席团副主席　周承志

西岭镇

党委书记　刘新华
党委副书记、镇长　周志强
人大主席团主席　黄小华(3月离任)　徐剑波(3月任)
政协联络工委主任　徐剑波(3月离任)　赵治成(3月任)
党委副书记　赵治成(三月免)
党委委员、纪委书记　吴劲草
党委委员、武装部长　秦贵华(3月任)
党委委员　詹行发　阳继文　李国平(3月离任)
朱志毅(3月离任)　李经瑞(3月离任)
副镇长　秦贵华
人大副主席　褚　芬

三角塘镇

党委书记　雷发清(4月调出)　彭益玲(4月任)
党委副书记、镇长　漆詹洪(4月调出)　吴柏林(4月任)
人大主席团主席　胡青春
政协联络工委主任　刘金芳
党委副书记　彭胜昔
党委委员、纪委书记　刘　勇
党委委员、武装部长　杨英文
党委委员　尹小芳
副镇长　杨英文　詹克成
人大主席团副主席　周三生

罗桥镇

党委书记　彭晓洪(4月离任)　汪　珀(4月任)
党委副书记、镇长　汪　珀(4月离任)　张　涛(4月任)
人大主席团主席　陈　青(4月离任)　刘文锋(4月任)
政协联络工委主任　何　晖
党委副书记　何卓建
党委委员、纪委书记　唐晓宁
党委委员、武装部长　彭德金
党委委员　陈振华　刘书生
副镇长　彭德金　刘先开
人大主席团副主席　肖桂松

庙前镇

党委书记　彭国喜
党委副书记、镇长　张　涛（4月免）　陈　青（4月任）
人大主席团主席　易金平
政协联络工委主任　尹运华
党委副书记　王　祯

党委委员、纪委书记　唐智明
党委委员　尹　灿　刘　斌　彭　艳
副镇长　满　勇

板桥镇

党委书记　刘湛艳
党委副书记、镇长　段　立
人大主席团主席　李　恒
政协联络工委主任　徐章桥
党委副书记　曾国辉
党委委员、纪委书记　张小华
党委委员、武装部长　刘忠辉
党委委员　廖金爱　刘同春
副镇长　曾昭才　陈昌贵
人大主席团副主席　李文保

胜桥镇

党委书记　张静扬
党委副书记、镇长　张良相(4月免)　孟小广(4月任)
人大主席团主席　李文彬
政协联络工委主任　刘　伟
党委副书记、纪委书记　徐富贵(12月免)袁　瑛(女，12月任)
党委委员、武装部长　李文现
党委委员　曹艳丽(女)(12月免)　曹晓蔚(12月免)
袁　瑛(女)
陈利华(12月任)
副镇长　李文现　曹晓蔚(12月免)　贺美玉(女)
人大主席团副主席　朱　健

洋泉镇

党委书记　王志华
党委副书记、镇长　刘朝阳
人大主席团主席　段满福
政协联络工委主任　刘新志
党委副书记　陈风顺(6月离任)　欧爱民(11月任)
党委委员、纪委书记　刘运忠(11月离任)　李　波(11月任)
党委委员、武装部长　廖青峰
党委委员　张云香　唐孝忠
副镇长　廖青峰　许桂华
人大主席团副主席　邓少文

兰江乡

党委书记　彭　评
党委副书记、乡长　邓运香（4月免）　雷金荣(4月任)
人大主席团主席　雷云峰
政协联络工委主任　龙文章
党委委员、纪委书记　李　华
党委委员、武装部长　朱志毅
党委委员　王旭芳
副乡长　段　军
人大主席团副主席　彭耀军

塔山瑶族乡

党委书记　彭小冬
乡长　盘凤成
人大主席团主席　尹　辉(12月离任)　左晓林(12月任)
政协联络工委主任　左晓林(12月离任)　滕卫华(12月任)
党委副书记　滕卫华(12月免)　尹建成(12月任)
党委委员、纪委书记　张克勤(12月离任)　谭小林(12月任)
党委委员、武装部长　吴　函
党委委员　赵　玲　盘开成　徐正东(12月任)
副乡长　赵　玲　徐正东
人大主席团副主席　盘开成(12月改非)

官岭镇

党委书记　彭旭大
党委副书记、镇长　唐　成(4月离任)　唐　晖(4月任)
人大主席团主席　彭贵华
政协联络工委主任　孟小广(4月离任)　段国钢(4月任)
党委副书记　郭怀宏
党委委员、纪委书记　欧爱明
党委委员、武装部长　廖启云
党委委员　李　宙　尹峥嵘
副镇长　廖启云　冯　霞
人大主席团副主席　黄　青

新洲镇

党委书记　邓智军
党委副书记、镇长　刘卫菊
人大主席团主席　唐建军
政协联络工委主任　刘文锋(4月离任)　刘云平(4月任)

党委副书记兼纪委书记 刘云平(4月离任) 周爱国(4月任)

党委委员、武装部长 詹　彪

党委委员 雷建林　曾春龙

副镇长 詹　彪　陈　红

人大主席团副主席 欧　敏

大堡乡

党委书记 王元成

党委副书记、乡长 吴瑞嵘（3月免） 张文斌（3月任）

人大主席团主席 阳秋生

政协联络工委主任 尹　松

党委副书记 罗　贻

党委委员、纪委书记 李　波

党委委员 唐春华　唐晓兰　谢柠泽

副乡长 谢柠泽　罗志国（4月免） 阳春生

人大主席团副主席 詹小军

常宁市2017年高考录取名录

姓名	档分	录取院校		录取专业	批次
段嘉	587	4246	海军工程大学	船舶与海洋工程(舰船维修与管理)	非指挥类本科(男)
谢斯斯	460	4348	湖南第一师范学院	小学教育(师范)	其他类本科
刘丽	442	4348	湖南第一师范学院	小学教育(师范)	其他类本科
梁晟	508	4305	湖南农业大学	车辆工程(就业去向：常宁市)	其他类本科
张薇	481	4348	湖南第一师范学院	英语(师范)	其他类本科
杨吕	479	4348	湖南第一师范学院	数学与应用数学(师范)	其他类本科
雷宁	510	4305	湖南农业大学	车辆工程(就业去向：常宁市)	其他类本科
黄颖	439	4348	湖南第一师范学院	小学教育(师范)	其他类本科
谭雨娟	468	4348	湖南第一师范学院	小学教育(师范)	其他类本科
胡磊	467	4348	湖南第一师范学院	小学教育(师范)	其他类本科
刘娜	473	4348	湖南第一师范学院	英语(师范)	其他类本科
颜旺	436	4348	湖南第一师范学院	小学教育(师范)	其他类本科
滕红	495	4348	湖南第一师范学院	汉语言文学(师范)	其他类本科
张玉慧	491	4348	湖南第一师范学院	小学教育(师范)	其他类本科
廖琳	494	4348	湖南第一师范学院	汉语言文学(师范)	其他类本科
谭可叶	494	4343	湖南警察学院	刑事科学技术	刑警公安类本科
肖明民	470	4343	湖南警察学院	刑事科学技术	刑警公安类本科
李嘉意	437	3309	中国美术学院	设计学类(上海设计学院所有专业)	艺术类本科
王秀灵	278	3410	合肥学院	环境设计	艺术类本科
李佳	347	1411	中北大学	音乐表演	艺术类本科
邓晶晶	429	5210	遵义师范学院	音乐学(师范)	艺术类本科
彭敏	422	3319	温州大学	音乐学(师范)	艺术类本科
张丹	360	5254	六盘水师范学院	音乐学(师范)	艺术类本科
郭鑫	333	5103	西南交通大学	音乐表演(声乐)	艺术类本科
吴思澄	434	4235	三峡大学	音乐学	艺术类本科
李丹萍	368	5259	凯里学院	音乐学(师范)	艺术类本科
张朱叶	378	5107	四川师范大学	舞蹈学	艺术类本科
王文娟	335	6133	咸阳师范学院	舞蹈学(师范)	艺术类本科

郭奕衡	336	4302	中南大学	舞蹈表演	艺术类本科
刘彦君	378	5107	四川师范大学	舞蹈表演	艺术类本科
朱丽	390	4237	湖北师范大学	美术学(师范)	艺术类本科
谢菲菲	343	5129	绵阳师范学院	视觉传达设计	艺术类本科
龚婷	353	4506	广西艺术学院	绘画	艺术类本科
胡艺	481	4303	湖南师范大学	服装与服饰设计	艺术类本科
雷皓辰	356	4549	广西民族师范学院	美术学(师范)	艺术类本科
胡镇涛	416	5107	四川师范大学	数字媒体艺术	艺术类本科
胡楚涵	343	4544	河池学院	环境设计	艺术类本科
刘宇娇	417	4215	华中师范大学	美术学类	艺术类本科
毛倩茹	331	3739	山东工艺美术学院	产品设计	艺术类本科
刘奥	368	3310	浙江理工大学	设计学类	艺术类本科
尹欣然	413	4105	郑州轻工业学院	设计学类	艺术类本科
张斌	592	4327	国防科技大学	信息对抗技术(电子对抗技术与指挥)	指挥类本科(男)
段海妮	568	4302	中南大学	护理学	综合评价录取
谢宇	602	4302	中南大学	微电子科学与工程	综合评价录取
孙琪	600	4302	中南大学	光电信息科学与工程	综合评价录取
刘烨	581	4302	中南大学	采矿工程	综合评价录取
张悦菲			洛阳师范学院	武术与民族传统体育	传统体育
胡智嘉	488	1208	中国民航大学	飞行技术	单独招生本科提前
阳攀	458	4348	湖南第一师范学院	数学与应用数学(师范)	其他类本科
陈思宇	489	4348	湖南第一师范学院	数学与应用数学(师范)	其他类本科
王凤	433	4348	湖南第一师范学院	小学教育(师范)	其他类本科
刘健	467	4326	湘南学院	临床医学	其他类本科
史佳鹏	469	4348	湖南第一师范学院	数学与应用数学(师范)	其他类本科
刘茹芯	505	4348	湖南第一师范学院	英语(师范)	其他类本科
万敏	543	4348	湖南第一师范学院	英语(师范)	其他类本科
阳雨晴	511	4348	湖南第一师范学院	小学教育(师范)	其他类本科
易菁	528	4348	湖南第一师范学院	汉语言文学(师范)	其他类本科
张洋	530	4348	湖南第一师范学院	汉语言文学(师范)	其他类本科
占辉	450	4343	湖南警察学院	刑事科学技术	刑警公安类本科
周英华	448	4343	湖南警察学院	禁毒学	刑警公安类本科
段琦	439	4343	湖南警察学院	禁毒学	刑警公安类本科
黄昌	442	4343	湖南警察学院	交通管理工程	刑警公安类本科
姚理剑	458	4343	湖南警察学院	刑事科学技术	刑警公安类本科
易莉惠	393	3609	宜春学院	广播电视编导	艺术类本科
周游	275	2337	大庆师范学院	音乐表演(器乐)	艺术类本科
伍思慧	439	5307	云南艺术学院	数字媒体艺术	艺术类本科

张红玲	372	1135	北京工商大学	设计学类	艺术类本科
吴泽鸿	368	4605	海南师范大学	音乐学(器乐)	艺术类本科
刘丽芳	381	3425	黄山学院	音乐学	艺术类本科
何静	367	5123	西华师范大学	音乐学(师范)	艺术类本科
熊慧	357	2338	黑河学院	音乐表演	艺术类本科
李汝欣	343	3734	泰山学院	音乐与舞蹈学类	艺术类本科
李为	335	4513	玉林师范学院	音乐学(师范)	艺术类本科
易顺	364	5107	四川师范大学	音乐学	艺术类本科
吴娜	339	4125	周口师范学院	音乐表演	艺术类本科
刘鹏	353	2338	黑河学院	音乐学(师范)	艺术类本科
雷若敏	318	2315	佳木斯大学	音乐表演	艺术类本科
邹杨波	345	3223	江苏师范大学	音乐表演	艺术类本科
唐于钫	380	5107	四川师范大学	音乐学	艺术类本科
何一明			吉林体育学院	运动训练	运动训练
刘胜	606	4327	国防科技大学	信息对抗技术(电子对抗技术与指挥)	指挥类本科(男)
吴漾	530	5139	武警警官学院	指挥信息系统工程(武警执勤分队指挥)	指挥类本科(男)
唐浩然	610	4327	国防科技大学	信息对抗技术(电子对抗技术与指挥)	指挥类本科(男)
邓承发	565	4246	海军工程大学	指挥信息系统工程(指挥信息系统运用与保障)	指挥类本科(男)
刘骞	604	4302	中南大学	新能源科学与工程	综合评价录取
陈文婷	475	1155	首都师范大学	美术学类	艺术类本科
王湘	413	3720	山东艺术学院	视觉传达设计	艺术类本科
陈绍凤	501	4348	湖南第一师范学院	英语(师范)	其他类本科
张荷花	509	4348	湖南第一师范学院	英语(师范)	其他类本科
段芊	524	4348	湖南第一师范学院	汉语言文学(师范)	其他类本科
董敏	436	4348	湖南第一师范学院	小学教育(师范)	其他类本科
雷琳	441	4343	湖南警察学院	交通管理工程	刑警公安类本科
谢孟轩	312	4421	星海音乐学院	音乐表演(美声演唱)	艺术类本科
雷庭	342	5107	四川师范大学	音乐学	艺术类本科
唐子俊	387	6132	西安音乐学院	音乐学	艺术类本科
欧鑫	321	3618	江西科技师范大学	动画	艺术类本科
伍守琦	356	4302	中南大学	音乐表演(声乐表演方向)	艺术类本科
邓初荣	364	4252	江汉大学	音乐学(音乐教育)	艺术类本科
陈彩红	374	4241	黄冈师范学院	音乐表演	艺术类本科
张惠珍	330	5301	云南大学	绘画	艺术类本科
罗震荃	365	6205	西北民族大学	数字媒体艺术	艺术类本科
左成龙	364	4422	嘉应学院	美术学(师范)	艺术类本科

詹胜	276	2337	大庆师范学院	音乐表演(声乐)	艺术类本科
刘喜	333	3239	淮阴师范学院	书法学	艺术类本科
易梦	296	3239	淮阴师范学院	舞蹈编导(体育舞蹈)	艺术类本科
滕东鑫	315	2354	绥化学院	音乐表演	艺术类本科
曹乐	337	2338	黑河学院	音乐表演	艺术类本科
陈玉莹	319	3609	宜春学院	表演(体育表演)	艺术类本科
黄丽	358	3230	南京工业大学	产品设计	艺术类本科
万纯	386	1305	石家庄铁道大学	视觉传达设计	艺术类本科
肖亮	356	1305	石家庄铁道大学	视觉传达设计	艺术类本科
廖慧玲	321	2315	佳木斯大学	美术学类	艺术类本科
李熙	330	4119	南阳师范学院	雕塑	艺术类本科
刘丹	553	4303	湖南师范大学	应用电子技术教育(就业去向：常宁市)	其他类本科
周心妍	633	4201	武汉大学	计算机类	本科一批
王志坚	551	4308	长沙理工大学	土木工程	本科一批
张静	568	3203	中国矿业大学	建筑类	本科一批
邓丽	538	4754	长沙理工大学(农村专项)	电子信息科学与技术	本科一批
欧阳德辉	520	4305	湖南农业大学	物联网工程	本科一批
唐盈	545	4304	湘潭大学	旅游管理类	本科一批
刘育园	595	4215	华中师范大学	化学类	本科一批
张芸莉	530	4312	中南林业科技大学	环境科学与工程类	本科一批
夏阳	544	4308	长沙理工大学	能源与动力工程	本科一批
褚康佳	512	4305	湖南农业大学	物联网工程	本科一批
刘利军	553	4408	华南农业大学	经济学	本科一批
肖海元	543	4309	南华大学	核工程与核技术	本科一批
王颂	558	4308	长沙理工大学	电气工程及其自动化	本科一批
周攀	571	3404	合肥工业大学	集成电路设计与集成系统	本科一批
刘诗亮	514	2306	东北石油大学	给排水科学与工程	本科一批
谭佳慧	541	4304	湘潭大学	汉语国际教育	本科一批
贺存国	604	2102	大连理工大学	软件工程	本科一批
易凯	534	4304	湘潭大学	能源动力类	本科一批
周阳	583	6201	兰州大学	物理学类	本科一批
周亚辉	573	4303	湖南师范大学	机械设计制造及其自动化	本科一批
刘杰姣	509	4307	湖南中医药大学	药学	本科一批
雷静	592	3105	华东理工大学	材料类	本科一批
詹翔宇	530	4305	湖南农业大学	土木工程	本科一批
张宏斌	556	4601	海南大学	计算机类	本科一批

关康彪	513	4305	湖南农业大学	车辆工程	本科一批
陈志艳	519	4307	湖南中医药大学	康复治疗学	本科一批
蒋志	518	4762	中南林业科技大学(农村专项)	自动化	本科一批
滕洋洲	518	4306	湖南科技大学	安全工程	本科一批
曾维嘉	547	4308	长沙理工大学	电子信息科学与技术	本科一批
刘世伟	531	2202	延边大学	物理学	本科一批
刘东灵	590	3210	苏州大学	物理学	本科一批
谭蓄	556	4308	长沙理工大学	交通运输类	本科一批
余振东	524	4306	湖南科技大学	电子商务	本科一批
付强	554	4308	长沙理工大学	土木工程	本科一批
李映	551	4308	长沙理工大学	物理学	本科一批
李金玲	591	4435	南方医科大学	生物技术	本科一批
陈俊旭	582	3211	江南大学	英语	本科一批
徐佳	580	3704	哈尔滨工业大学(威海)	电子信息类	本科一批
黄瑶	553	4308	长沙理工大学	机械类	本科一批
谭小林	567	6102	西北大学	勘查技术与工程	本科一批
贺颖	534	4304	湘潭大学	网络工程	本科一批
胡婉	592	4101	郑州大学	临床医学	本科一批
谭涛	556	5012	重庆邮电大学	物联网工程	本科一批
邓声文	528	4309	南华大学	核工程与核技术	本科一批
滕优	599	4301	湖南大学	软件工程	本科一批
许晶	598	4301	湖南大学	工商管理	本科一批
唐浴鹃	560	4311	湖南师范大学	临床医学	本科一批
王可婕	580	3208	中国药科大学	药学类	本科一批
刘耀鹏	564	4101	郑州大学	安全工程	本科一批
陈志丹	538	3318	浙江师范大学	机械类	本科一批
吴仕龙	550	5110	成都理工大学	物流管理	本科一批
王晨宇	506	4305	湖南农业大学	动物药学	本科一批
廖芝权	579	3103	东华大学	机械工程	本科一批
刘澳	537	3235	江苏科技大学	粮食工程	本科一批
刘惠琳	510	4307	湖南中医药大学	康复治疗学	本科一批
康亮	509	4305	湖南农业大学	植物保护	本科一批
刘涛	552	5105	四川农业大学	物联网工程	本科一批
廖茂棱	532	2215	长春理工大学	材料化学	本科一批
吴泯江	608	4302	中南大学	自动化	本科一批
周鹄	511	4305	湖南农业大学	物联网工程	本科一批
张耀文	579	3103	东华大学	机械工程	本科一批

段伟强	554	1401	太原理工大学	测绘工程	本科一批
段韶斌	539	4305	湖南农业大学	生物工程	本科一批
唐丽华	514	4309	南华大学	护理学	本科一批
陈颜如玉	543	6301	青海大学	计算机科学与技术	本科一批
黄家玺	562	4101	郑州大学	生物医学工程	本科一批
李怡	556	3215	江苏大学	金属材料工程	本科一批
刘榕	529	1411	中北大学	机械类	本科一批
唐小娜	553	4304	湘潭大学	会计学	本科一批
张可	571	2302	哈尔滨工程大学	核工程与核技术	本科一批
周明华	558	5110	成都理工大学	机械工程	本科一批
周旭	514	4305	湖南农业大学	信息与计算科学	本科一批
彭辕	559	4311	湖南师范大学	临床医学	本科一批
徐彬	550	4308	长沙理工大学	土木工程	本科一批
邓倩	521	4305	湖南农业大学	土木工程	本科一批
欧阳湘清	576	3601	南昌大学	工商管理类	本科一批
徐浩	541	4308	长沙理工大学	能源与动力工程	本科一批
魏宁波	542	4304	湘潭大学	土木工程	本科一批
曹辉	522	4312	中南林业科技大学	材料成型及控制工程	本科一批
彭鑫	507	4752	湖南科技大学(农村专项)	材料化学	本科一批
邱倩	524	4305	湖南农业大学	工程管理	本科一批
邓丹	624	4402	华南理工大学	经济学	本科一批
徐湘	538	4304	湘潭大学	电子信息工程	本科一批
刘珂	568	4303	湖南师范大学	生物科学(师范)	本科一批
舒政杰	578	3601	南昌大学	电气工程及其自动化	本科一批
邓力	542	4308	长沙理工大学	港口航道与海岸工程	本科一批
肖文刚	531	4219	中南民族大学	法学	本科一批
廖聪	507	4313	中南林业科技大学	物流管理	本科一批
何彤	580	1115	北京中医药大学	中医学(卓越中西医班)	本科一批
李清	511	4305	湖南农业大学	机械电子工程	本科一批
肖坤	544	4308	长沙理工大学	化工与制药类	本科一批
周刚	505	4376	湖南农业大学(农村专项)	水产养殖学	本科一批
欧广洋	512	4307	湖南中医药大学	中医学	本科一批
董昭锋	543	4308	长沙理工大学	能源与动力工程	本科一批
蒋依	533	4304	湘潭大学	制药工程	本科一批
杨敏慧	529	4312	中南林业科技大学	通信工程	本科一批
吴小莉	505	4363	南华大学(农村专项)	预防医学	本科一批

夏先华	519	4309	南华大学	土木工程	本科一批
徐鸿富	547	4304	湘潭大学	数学类	本科一批
谭方君	562	4308	长沙理工大学	电气工程及其自动化	本科一批
胡灯望	540	4104	河南大学	电子信息类	本科一批
蒋佳玲	543	3318	浙江师范大学	软件工程(全英文班)	本科一批
李慧婷	526	4312	中南林业科技大学	材料类	本科一批
陈广宏	527	4363	南华大学(农村专项)	土木工程	本科一批
周洁	522	4312	中南林业科技大学	食品科学与工程类	本科一批
刘伟	528	4375	湘潭大学(农村专项)	安全工程	本科一批
吴小兵	531	4375	湘潭大学(农村专项)	材料化学	本科一批
彭石玉	524	4306	湖南科技大学	电子信息工程	本科一批
王蓉	509	4305	湖南农业大学	茶学	本科一批
郭荣泽	509	4376	湖南农业大学(农村专项)	信息工程	本科一批
曹琨	533	4306	湖南科技大学	土木工程	本科一批
吴易兵	532	4305	湖南农业大学	动物医学	本科一批
罗豪	535	4309	南华大学	医学影像学	本科一批
欧芬	530	4306	湖南科技大学	会计学	本科一批
詹惠如	510	4324	湖南农业大学	食品科学与工程(国际课程实验班)	本科一批
彭成	546	4308	长沙理工大学	光电信息科学与工程	本科一批
谭孝晴	517	4305	湖南农业大学	市场营销	本科一批
曾凡结	507	4305	湖南农业大学	公共管理类	本科一批
刘畅	500	4763	湖南科技大学	建筑类(中外合作办学)(建筑学)	本科一批
郭嘉莉	536	4304	湘潭大学	工业设计	本科一批
李树胜	378	5301	云南大学	体育教育	本科一批
何李飞	506	4363	南华大学(农村专项)	机械设计制造及其自动化	本科一批
陈凯	527	1411	中北大学	电子信息类(信息与通信)	本科一批
张为栋	567	3404	合肥工业大学	化学工程与工艺	本科一批
廖俊棋	521	4307	湖南中医药大学	中医学	本科一批
彭凡	538	4304	湘潭大学	高分子材料与工程	本科一批
吴广	510	4376	湖南农业大学(农村专项)	园艺	本科一批
欧娟	549	1128	北京联合大学	金融学	本科一批
谷宇峰	512	4307	湖南中医药大学	药物制剂	本科一批
周志鹏	524	4306	湖南科技大学	土木工程	本科一批
滕慧明	520	4306	湖南科技大学	土木工程	本科一批
廖声龙	531	4312	中南林业科技大学	国际经济与贸易	本科一批
王有鹏	582	4308	长沙理工大学	电气工程及其自动化	本科一批

袁杰	512	4307	湖南中医药大学	信息管理与信息系统	本科一批
李坤	580	3404	合肥工业大学	车辆工程	本科一批
李丹	523	4309	南华大学	化学工程与工艺	本科一批
刘昌林	574	1110	北京化工大学	化学工程与工艺	本科一批
尹增阳	517	4306	湖南科技大学	车辆工程	本科一批
张枚	529	4306	湖南科技大学	市场营销	本科一批
罗建平	560	4308	长沙理工大学	电子科学与技术	本科一批
陈如	601	4303	湖南师范大学	汉语言文学	本科一批
陈贻俊	605	4407	广东外语外贸大学	公共管理类	本科一批
胡窈	571	4308	长沙理工大学	汉语言文学	本科一批
徐珊	557	4762	中南林业科技大学(农村专项)	市场营销	本科一批
贺怡	557	4397	中南林业科技大学(班戈学院)	金融学类(中外合作办学)(金融学)	本科一批
廖璟	567	4312	中南林业科技大学	国际经济与贸易	本科一批
刘茜	585	3713	青岛大学	英语	本科一批
汤亚军	558	4306	湖南科技大学	法学	本科一批
李珺	548	4397	中南林业科技大学(班戈学院)	工商管理类(中外合作办学)(会计学)	本科一批
王逸	631	4216	中南财经政法大学	经济管理试验班	本科一批
彭凝曦	563	4754	长沙理工大学(农村专项)	汉语言文学	本科一批
吴清晖	599	4303	湖南师范大学	法学	本科一批
郭锦文	566	4312	中南林业科技大学	旅游管理类	本科一批
唐娣	411	4306	湖南科技大学	体育教育(师范)	本科一批
曹书涛	558	1401	太原理工大学	光电信息科学与工程	本科一批
彭守荣	620	4301	湖南大学	土木类	本科一批
阳玉洁	557	4325	湖南师范大学(农村专项)	法学	本科一批
罗泽中	599	4301	湖南大学	机械类	本科一批
曹群德	591	4203	武汉理工大学	机械类(车辆)	本科一批
彭昕	612	4302	中南大学	冶金工程	本科一批
唐仁	580	6201	兰州大学	计算机类	本科一批
李升	550	5010	重庆交通大学	管理科学与工程类	本科一批
贺经华	553	6127	西安理工大学	机械设计制造及其自动化	本科一批
蒋文涛	529	4235	三峡大学	建筑类	本科一批
李天明	539	4308	长沙理工大学	测控技术与仪器	本科一批
欧阳晟	623	3501	厦门大学	航空航天类	本科一批
吴虹欣	576	3502	福州大学	机械设计制造及其自动化	本科一批
张文爵	572	1113	北京林业大学	机械设计制造及其自动化	本科一批

封阳高	535	4104	河南大学	应用化学	本科一批
陈欣	607	4301	湖南大学	土木类	本科一批
李伟	519	4306	湖南科技大学	机械电子工程	本科一批
李菊	539	4308	长沙理工大学	机械类	本科一批
刘聪	597	5101	四川大学	工程力学	本科一批
刘俊	537	4754	长沙理工大学(农村专项)	环境工程	本科一批
刘岳华	526	4762	中南林业科技大学(农村专项)	土木工程	本科一批
毛纯芝	527	4306	湖南科技大学	地质类	本科一批
李罡龙	553	4308	长沙理工大学	土木工程	本科一批
邓科	582	2101	东北大学	理科试验班	本科一批
郭子荣	559	4303	湖南师范大学	地理科学(师范)	本科一批
邬洁	555	5012	重庆邮电大学	生物医学工程	本科一批
欧科	550	4308	长沙理工大学	计算机科学与技术	本科一批
刘思	522	4312	中南林业科技大学	物流工程	本科一批
黄诗倩	547	4308	长沙理工大学	机械类	本科一批
张航艳	513	4752	湖南科技大学(农村专项)	自动化	本科一批
刘南阴	532	4312	中南林业科技大学	市场营销	本科一批
吕不悔	576	4427	广州大学	物理学	本科一批
李贤辉	533	4309	南华大学	软件工程	本科一批
周苗	517	4309	南华大学	通信工程	本科一批
唐佳	545	3603	华东交通大学	软件工程	本科一批
滕林静	604	5101	四川大学	信息管理与信息系统	本科一批
谭应鹏	566	6102	西北大学	过程装备与控制工程	本科一批
唐铖	511	4305	湖南农业大学	公共管理类	本科一批
张盼	586	2201	吉林大学	工商管理(商学院)	本科一批
欧剑珺	551	4308	长沙理工大学	交通运输类	本科一批
匡烨	542	4304	湘潭大学	材料科学与工程	本科一批
詹毅	550	4308	长沙理工大学	土木工程	本科一批
汪洋	530	4312	中南林业科技大学	材料类	本科一批
彭帅妮	580	3204	河海大学	广播电视学	本科一批
唐贤斌	564	5012	重庆邮电大学	计算机类(计算机与智能科学类)	本科一批
刘琪敏	518	4762	中南林业科技大学(农村专项)	物流工程	本科一批
吴泽芬	535	4754	长沙理工大学(农村专项)	无机非金属材料工程	本科一批
周粤建	599	4301	湖南大学	材料科学与工程	本科一批

吴南萱	540	4304	湘潭大学	材料科学与工程	本科一批
欧晗怡	580	3604	江西财经大学	工商管理类(01)	本科一批
李斌	543	4309	南华大学	机械设计制造及其自动化	本科一批
廖海波	575	6201	兰州大学	地理科学类	本科一批
曹承辉	640	4302	中南大学	临床医学(八年制)	本科一批
谢文山	585	3110	上海大学	电子科学与技术	本科一批
周维罂	569	4303	湖南师范大学	信息与计算科学	本科一批
陆毛珂鹏	588	3206	南京航空航天大学	材料科学与工程	本科一批
何欢	544	4308	长沙理工大学	港口航道与海岸工程	本科一批
刘军	541	4308	长沙理工大学	工程力学	本科一批
尹微	561	5110	成都理工大学	土木工程	本科一批
占瑾琪	522	4306	湖南科技大学	电子信息工程	本科一批
陈友东	616	6101	西安交通大学	工科试验班(机类)	本科一批
詹志君	557	4311	湖南师范大学	预防医学	本科一批
周薇	526	4312	中南林业科技大学	物流工程	本科一批
李浩	526	4312	中南林业科技大学	材料类	本科一批
谭丹丹	553	1304	燕山大学	电子商务	本科一批
曹溢	505	6531	中国石油大学(北京)克拉玛依校区	软件工程	本科一批
刘逸丰	540	4304	湘潭大学	测控技术与仪器	本科一批
董洁	560	4325	湖南师范大学(农村专项)	人文地理与城乡规划	本科一批
龙春来	509	6502	石河子大学	种子科学与工程	本科一批
曾舸峰	552	4308	长沙理工大学	电子科学与技术	本科一批
张立京	582	4303	湖南师范大学	数学与应用数学(师范)	本科一批
李炘钇	565	1120	中国石油大学(北京)	测控技术与仪器	本科一批
尹造	565	3314	浙江工业大学	材料类	本科一批
曾辉	519	4752	湖南科技大学(农村专项)	数学与应用数学(师范)	本科一批
张明缘	548	4308	长沙理工大学	轨道交通信号与控制	本科一批
谢广宇	579	2316	哈尔滨医科大学	临床医学("5+3"一体化)	本科一批
谭灿东	578	3103	东华大学	纺织类	本科一批
彭丽南	581	3204	河海大学	广播电视学	本科一批
郭宽	537	4754	长沙理工大学(农村专项)	机械类	本科一批
刘善缘	514	4309	南华大学	电子信息类	本科一批
段鑫	526	4312	中南林业科技大学	材料类	本科一批
杨泽铸	534	3721	山东科技大学	交通工程	本科一批
尹铭秋	560	1307	东北大学秦皇岛分	机械类	本科一批

			校		
彭颖茹	522	4312	中南林业科技大学	食品科学与工程类	本科一批
章志强	533	4312	中南林业科技大学	机械设计制造及其自动化	本科一批
王杰	538	4304	湘潭大学	土木工程	本科一批
胡希红	535	4309	南华大学	电子信息工程	本科一批
李兴华	616	4301	湖南大学	土木类	本科一批
郭弘荣	527	4312	中南林业科技大学	材料类	本科一批
徐教亮	517	4306	湖南科技大学	电子信息科学与技术	本科一批
邓昊	599	5103	西南交通大学	电气工程及其自动化	本科一批
张品	561	4304	湘潭大学	机械设计制造及其自动化	本科一批
廖柏秀	538	5105	四川农业大学	农学	本科一批
刘峰	523	4306	湖南科技大学	土木工程	本科一批
袁仕杰	519	4305	湖南农业大学	土木工程	本科一批
曹巧丽	562	4601	海南大学	工商管理类	本科一批
黄婷	533	4306	湖南科技大学	会计学	本科一批
詹弘扬	573	4308	长沙理工大学	能源与动力工程	本科一批
尹红骄	543	4104	河南大学	电子商务	本科一批
滕雄	529	4309	南华大学	电子信息工程	本科一批
陈林	580	3208	中国药科大学	中药学类	本科一批
邓辉雄	540	4304	湘潭大学	机械设计制造及其自动化	本科一批
龙廷源	584	1112	中国农业大学	水利类	本科一批
段文平	546	4753	湖南中医药大学(农村专项)	中西医临床医学	本科一批
廖秀禄	542	4308	长沙理工大学	港口航道与海岸工程	本科一批
陈芳	620	4302	中南大学	临床医学(五年制)	本科一批
曹金鹏	590	2201	吉林大学	材料科学与工程	本科一批
王成勇	555	5201	贵州大学	机械类	本科一批
朱芝椰	551	4308	长沙理工大学	网络工程	本科一批
陈瑛	528	4235	三峡大学	制药工程	本科一批
吴婕	574	2103	大连海事大学	法学	本科一批
邓迪	510	4307	湖南中医药大学	医学影像学	本科一批
周滔	553	1411	中北大学	弹药工程与爆炸技术	本科一批
阳智伟	598	4301	湖南大学	机械类	本科一批
曹韬	533	4304	湘潭大学	人力资源管理	本科一批
尹旺	602	5101	四川大学	医学信息工程	本科一批
杨媛	554	4308	长沙理工大学	物理学	本科一批
吴志敏	534	4309	南华大学	核物理	本科一批
康泽乾	596	5103	西南交通大学	土木类	本科一批
廖喜秀	534	2202	延边大学	药学类	本科一批

曾聪爱	523	4306	湖南科技大学	物联网工程	本科一批
肖璇	555	4308	长沙理工大学	交通运输类	本科一批
谭应阳	526	4307	湖南中医药大学	药学	本科一批
刘宁	582	5103	西南交通大学	土木工程	本科一批
陈亚楠	521	4306	湖南科技大学	化学(师范)	本科一批
徐香	539	4104	河南大学	环境科学	本科一批
李文涛	525	1411	中北大学	复合材料与工程	本科一批
张祖恩	520	4309	南华大学	自动化	本科一批
褚启吉	550	4308	长沙理工大学	能源与动力工程	本科一批
刘代东	590	3205	南京理工大学	计算机类	本科一批
李艳琼	506	4305	湖南农业大学	农业资源与环境	本科一批
邹芬	513	4363	南华大学(农村专项)	药学	本科一批
李午成	518	4752	湖南科技大学(农村专项)	机械设计制造及其自动化	本科一批
李义栋	516	4306	湖南科技大学	日语	本科一批
刘寒	520	4309	南华大学	土木工程	本科一批
周华增	510	4307	湖南中医药大学	中医学	本科一批
雷俊	507	4305	湖南农业大学	烟草	本科一批
朱聪	550	4309	南华大学	口腔医学	本科一批
尹林志	561	4501	广西大学	计算机类	本科一批
黄泽钢	513	4305	湖南农业大学	机械设计制造及其自动化	本科一批
夏广宏	529	4753	湖南中医药大学(农村专项)	中西医临床医学	本科一批
刘喜龙	528	4752	湖南科技大学(农村专项)	机械设计制造及其自动化	本科一批
贺石锋	518	4306	湖南科技大学	电子信息科学与技术	本科一批
郭敏	517	4306	湖南科技大学	制药工程	本科一批
滕石山	522	4363	南华大学(农村专项)	医学检验技术	本科一批
李友洪	534	4375	湘潭大学(农村专项)	网络工程	本科一批
雷广	601	4302	中南大学	电气工程及其自动化	本科一批
刘旭	509	4305	湖南农业大学	环境科学	本科一批
欧阳思	564	3705	中国石油大学(华东)	应用物理学	本科一批
欧林波	543	4308	长沙理工大学	机械类	本科一批
尹诗怡	576	4308	长沙理工大学	金融学	本科一批
李标	559	4305	湖南农业大学	公共管理类	本科一批
刘云昇	548	4309	南华大学	汉语言文学	本科一批
尹菁	567	4305	湖南农业大学	金融学	本科一批
廖银晖	587	3222	南京邮电大学	财务管理	本科一批
雷明宇	621	5101	四川大学	法语	本科一批

尹慧菁	604	1110	北京化工大学	法学	本科一批
陈水珍	558	4309	南华大学	会计学	本科一批
廖金伟	532	4312	中南林业科技大学	生物技术	本科一批
周欢	548	4309	南华大学	国际经济与贸易	本科一批
唐鑫华	507	4752	湖南科技大学(农村专项)	化学工程与工艺	本科一批
徐丽林	513	4305	湖南农业大学	信息与计算科学	本科一批
董可	531	4312	中南林业科技大学	信息与计算科学	本科一批
奉广	535	4752	湖南科技大学(农村专项)	英语	本科一批
李振松	419	4757	湖南信息学院	电子信息工程	本科二批
李贤慧	435	4323	怀化学院	物理学(师范)	本科二批
唐颖	447	4342	湖南女子学院	汉语国际教育(师范)	本科二批
吴硕宇	496	6202	兰州交通大学	建筑环境与能源应用工程	本科二批
邓仁	458	4316	衡阳师范学院	旅游管理	本科二批
曾娟	488	4316	衡阳师范学院	英语(师范)	本科二批
刘文杰	497	4314	湖南商学院	工程管理	本科二批
吴璇	499	4348	湖南第一师范学院	英语	本科二批
彭剑	505	2128	大连大学	机械设计制造及其自动化	本科二批
曾袁任	476	4317	湖南理工学院	电气工程及其自动化	本科二批
邓丹	484	4337	长沙学院	物流管理	本科二批
肖圆	504	4314	湖南商学院	工商管理类	本科二批
贺一川	444	4351	湖南工学院	材料物理	本科二批
沈梓琳	452	4351	湖南工学院	英语	本科二批
周洋	520	4314	湖南商学院	会计学(卓越会计 ACCA 班)	本科二批
朱冰	425	6508	塔里木大学	食品科学与工程	本科二批
周欢	510	2128	大连大学	软件工程	本科二批
王少勇	463	4319	湖南工程学院	高分子材料与工程	本科二批
陈逢合	494	4602	海南医学院	药学	本科二批
秦都	504	3121	上海电机学院	自动化	本科二批
陈霓	457	4316	衡阳师范学院	新闻学	本科二批
姚媛	488	4106	河南科技大学	生物医学工程	本科二批
何艳	482	2159	大连财经学院	会计学	本科二批
吴芸宏	481	4315	吉首大学	电子信息工程	本科二批
阳帆	474	3410	合肥学院	工程管理	本科二批
褚荣莎	499	4106	河南科技大学	测控技术与仪器	本科二批
雷双成	487	4310	湖南工业大学	法学	本科二批
陈小芳	455	4316	衡阳师范学院	财务管理	本科二批
黄诗逸	468	4345	长沙师范学院	财务管理	本科二批

朱芬	462	5318	曲靖师范学院	会计学	本科二批
刘莉莉	500	4230	武汉轻工大学	信息与计算科学	本科二批
刘阳娇	497	4314	湖南商学院	法学	本科二批
罗方宏	454	4320	湖南城市学院	机械设计制造及其自动化	本科二批
雷煜兰	433	4323	怀化学院	生物制药	本科二批
龙珍	492	4344	湖南财政经济学院	金融学	本科二批
段德兴	472	4320	湖南城市学院	建筑学	本科二批
胡宇璇	456	4318	湖南文理学院	环境工程	本科二批
陈洁	504	6122	西安邮电大学	电子商务	本科二批
李久盛	508	3507	集美大学	水生动物医学	本科二批
张俊武	483	3419	安徽建筑大学	地理信息科学	本科二批
谭恩	505	4314	湖南商学院	计算机科学与技术	本科二批
刘尚武	463	4105	郑州轻工业学院	能源与动力工程	本科二批
张婷婷	487	4344	湖南财政经济学院	商务英语	本科二批
曾婷	455	4326	湘南学院	数学与应用数学(师范)	本科二批
刘子祯	480	4317	湖南理工学院	数学与应用数学(师范)	本科二批
何易通	451	4321	邵阳学院	机械设计制造及其自动化	本科二批
雷洛琪	459	4318	湖南文理学院	国际经济与贸易	本科二批
刘婷	425	4339	湖南涉外经济学院	市场营销	本科二批
张敏	461	4318	湖南文理学院	农学	本科二批
周子微	465	4338	湖南医药学院	临床医学	本科二批
廖小欢	481	2314	黑龙江科技大学	会计学	本科二批
颜杰峰	455	4316	衡阳师范学院	计算机科学与技术	本科二批
朱志远	495	4314	湖南商学院	经济统计学	本科二批
刘柏利	499	4310	湖南工业大学	化学工程与工艺	本科二批
刘琪琳	489	6121	西安石油大学	过程装备与控制工程	本科二批
刘文韬	476	4326	湘南学院	医学影像技术	本科二批
黄岿	479	4315	吉首大学	计算机科学与技术	本科二批
李炳辉	452	4351	湖南工学院	电气工程及其自动化	本科二批
尹栋	450	4351	湖南工学院	建筑学	本科二批
李沁	440	4322	湖南科技学院	化学(师范)	本科二批
周志强	460	4351	湖南工学院	机械设计制造及其自动化	本科二批
贺俊文	514	4310	湖南工业大学	计算机类	本科二批
尹冬	446	4351	湖南工学院	化学工程与工艺	本科二批
谢明	494	3708	山东理工大学	生物科学	本科二批
周恬逸	462	4351	湖南工学院	工程造价	本科二批
肖力铖	441	4322	湖南科技学院	工程管理	本科二批
蒋小梅	450	4338	湖南医药学院	临床医学	本科二批
贺志远	440	6303	青海民族大学	药物制剂	本科二批

贺芳	465	4316	衡阳师范学院	应用心理学(师范)	本科二批
黄柏丽	458	4318	湖南文理学院	旅游管理	本科二批
何琪琛	462	4318	湖南文理学院	应用化学	本科二批
唐忠亮	437	4333	湖南人文科技学院	信息与计算科学	本科二批
周欢欢	428	4362	湖南交通工程学院	国际经济与贸易	本科二批
刘威	525	4314	湖南商学院	金融学类	本科二批
尹贵	477	4317	湖南理工学院	信息与计算科学	本科二批
周海鹏	503	4314	湖南商学院	金融学(卓越金融 CFA 班)	本科二批
钟垂	469	4319	湖南工程学院	机械电子工程	本科二批
吴广荣	494	4310	湖南工业大学	计算机类	本科二批
李富成	458	4137	洛阳理工学院	无机非金属材料工程	本科二批
陈铭源	439	4323	怀化学院	财务管理	本科二批
罗晓	485	4344	湖南财政经济学院	物流管理	本科二批
李彦栋	437	4321	邵阳学院	机械设计制造及其自动化	本科二批
欧琪	431	2319	牡丹江师范学院	信息与计算科学	本科二批
贺姣姣	449	4351	湖南工学院	酒店管理	本科二批
段维	469	4319	湖南工程学院	机械设计制造及其自动化	本科二批
廖丽明	457	4345	长沙师范学院	工业设计	本科二批
余志平	486	3411	安徽理工大学	信息与计算科学	本科二批
颜俊杰	497	4310	湖南工业大学	计算机类	本科二批
张华	430	4362	湖南交通工程学院	市场营销	本科二批
周自民	433	4323	怀化学院	制药工程	本科二批
王彬丞	432	5240	铜仁学院	水利水电工程	本科二批
雷雨菲	343	4316	衡阳师范学院	美术学(师范)	本科二批
邓康颖	476	4317	湖南理工学院	通信工程	本科二批
张洋	453	4326	湘南学院	物联网工程	本科二批
王威	460	4326	湘南学院	网络工程	本科二批
廖娟	444	4322	湖南科技学院	化学(师范)	本科二批
周莎	457	4326	湘南学院	通信工程	本科二批
陈荣丹	487	4310	湖南工业大学	广告学	本科二批
易华	455	4318	湖南文理学院	化学(师范)	本科二批
龙湘华	442	4322	湖南科技学院	通信工程	本科二批
谭广	509	3605	南昌航空大学	电气工程及其自动化	本科二批
王磊	460	4326	湘南学院	电气工程及其自动化	本科二批
邓佳丽	458	4318	湖南文理学院	新闻学	本科二批
邓洪伟	433	4323	怀化学院	电子信息科学与技术	本科二批
黄志海	467	4319	湖南工程学院	机械设计制造及其自动化	本科二批
雷思思	476	3730	鲁东大学	食品质量与安全	本科二批
阳宇玲	426	4840	武汉设计工程学院	计算机科学与技术	本科二批

詹敏	462	4318	湖南文理学院	机械电子工程	本科二批
陈铭	433	4323	怀化学院	食品质量与安全	本科二批
蔡志娟	467	4319	湖南工程学院	市场营销	本科二批
李辉	446	2209	吉林化工学院	化学工程与工艺	本科二批
刘中全	435	4333	湖南人文科技学院	应用心理学	本科二批
张永旺	408	4362	湖南交通工程学院	交通运输	本科二批
李俊杰	461	4319	湖南工程学院	材料成型及控制工程	本科二批
陈湘粤	434	4323	怀化学院	风景园林	本科二批
谷霜	425	6117	宝鸡文理学院	地理科学(师范)	本科二批
吴丽	450	4321	邵阳学院	临床医学	本科二批
李豪	472	4317	湖南理工学院	应用化学	本科二批
肖秀丽	501	4314	湖南商学院	法语	本科二批
刘齐英	455	4326	湘南学院	商务英语	本科二批
周洁	463	4316	衡阳师范学院	财务管理	本科二批
彭琳	474	4337	长沙学院	通信工程	本科二批
王洁	451	4351	湖南工学院	工商管理	本科二批
刘冲	454	4318	湖南文理学院	物联网工程	本科二批
李莉	463	4319	湖南工程学院	化学工程与工艺	本科二批
吕诗恒	452	4318	湖南文理学院	土木工程	本科二批
李姿	447	4351	湖南工学院	网络工程	本科二批
吴政钢	451	4322	湖南科技学院	生物工程	本科二批
陈茂林	493	4317	湖南理工学院	电子信息工程	本科二批
郭凡	451	4351	湖南工学院	网络工程	本科二批
雷盛宇	482	4317	湖南理工学院	软件工程	本科二批
尹婷	429	4339	湖南涉外经济学院	英语	本科二批
何振	418	4757	湖南信息学院	电子信息工程	本科二批
段规超	460	4323	怀化学院	物流管理	本科二批
阳胜	499	4220	长江大学	临床医学(含教育部卓越医生教育培养计划、省荆楚卓越人才协同育人计	本科二批
徐素相	479	4316	衡阳师范学院	化学(师范)	本科二批
徐慧	463	4318	湖南文理学院	机械电子工程	本科二批
郭晓庆	487	4316	衡阳师范学院	英语(师范)	本科二批
彭慧	450	4342	湖南女子学院	商务英语	本科二批
汪裕函	448	4320	湖南城市学院	给排水科学与工程	本科二批
阳梁	469	4319	湖南工程学院	机械设计制造及其自动化	本科二批
许波	432	4333	湖南人文科技学院	通信工程	本科二批
管薇	494	4310	湖南工业大学	广告学	本科二批
廖宁	469	4319	湖南工程学院	英语	本科二批

彭涛	442	4320	湖南城市学院	高分子材料与工程	本科二批
胡威	482	4317	湖南理工学院	机械设计制造及其自动化	本科二批
吴双	498	4314	湖南商学院	经济统计学	本科二批
欧升	495	4314	湖南商学院	物联网工程	本科二批
阳敏松	438	4321	邵阳学院	机械设计制造及其自动化	本科二批
李孝斌	485	4315	吉首大学	计算机科学与技术	本科二批
李婉毓	472	4317	湖南理工学院	广告学	本科二批
江玲	337	4333	湖南人文科技学院	体育教育	本科二批
邓承伟	434	4323	怀化学院	生物工程	本科二批
魏博文	425	4339	湖南涉外经济学院	财务管理	本科二批
吴灿	427	4339	湖南涉外经济学院	国际经济与贸易	本科二批
王婷	496	4315	吉首大学	物理学(师范)	本科二批
董柏成	438	4542	广西科技师范学院	软件工程	本科二批
胡剑洋	454	4351	湖南工学院	机械设计制造及其自动化	本科二批
周纯	456	4351	湖南工学院	土木工程	本科二批
尹健	466	4319	湖南工程学院	网络工程	本科二批
张晟	421	4339	湖南涉外经济学院	物联网工程	本科二批
贺健	473	3730	鲁东大学	农学	本科二批
蒋文	443	4322	湖南科技学院	机械设计制造及其自动化	本科二批
邬梦娟	444	4360	长沙医学院	口腔医学	本科二批
王丹	435	4323	怀化学院	园林	本科二批
肖辉界	447	4351	湖南工学院	化学工程与工艺	本科二批
杨柯	436	4321	邵阳学院	网络工程	本科二批
吴玲	462	4316	衡阳师范学院	统计学	本科二批
陈梦姣	469	4317	湖南理工学院	信息与计算科学	本科二批
陈友林	478	4317	湖南理工学院	计算机科学与技术	本科二批
雷超	441	4322	湖南科技学院	测绘工程	本科二批
刘婷	437	4321	邵阳学院	测绘工程	本科二批
张璇	428	4339	湖南涉外经济学院	会计学	本科二批
雷雨轩	446	4338	湖南医药学院	药学	本科二批
陈星儒	477	1410	太原科技大学	冶金工程	本科二批
陈功	487	4317	湖南理工学院	机械电子工程	本科二批
吴美丽	421	4362	湖南交通工程学院	国际经济与贸易	本科二批
刘韬	502	4310	湖南工业大学	通信工程	本科二批
陈红艳	450	4322	湖南科技学院	财务管理	本科二批
詹攀	453	4318	湖南文理学院	材料科学与工程	本科二批
白嘉新	331	4339	湖南涉外经济学院	产品设计	本科二批
吕诗文	439	4321	邵阳学院	电子信息工程	本科二批
欧阳胜	445	4320	湖南城市学院	通信工程	本科二批

刘斌	474	4319	湖南工程学院	工业工程	本科二批
李超	482	4315	吉首大学	土木工程	本科二批
陆丹	430	4339	湖南涉外经济学院	商务英语	本科二批
胡容	452	4320	湖南城市学院	工商管理	本科二批
滕杰	445	4360	长沙医学院	临床医学	本科二批
谭欢	437	4321	邵阳学院	自动化	本科二批
刘帅	451	4351	湖南工学院	工程管理	本科二批
李基文	462	4351	湖南工学院	机械设计制造及其自动化	本科二批
邓常	421	4757	湖南信息学院	软件工程	本科二批
李仁花	424	4339	湖南涉外经济学院	投资学	本科二批
张军	478	4315	吉首大学	电子商务	本科二批
崔广辉	446	4322	湖南科技学院	金融工程	本科二批
董杰	474	3416	安徽工程大学	工业设计	本科二批
董先丽	441	4333	湖南人文科技学院	商务英语	本科二批
郭衡	480	4337	长沙学院	市场营销	本科二批
贺庆	427	4360	长沙医学院	市场营销	本科二批
段娟	485	4317	湖南理工学院	金融工程	本科二批
周芝	439	4342	湖南女子学院	物流管理	本科二批
刘威	438	4321	邵阳学院	生物工程	本科二批
廖升中	451	4360	长沙医学院	临床医学	本科二批
彭德广	500	3121	上海电机学院	软件工程	本科二批
吕诗祈	457	3321	台州学院	物理学(师范)	本科二批
崔厚望	462	4316	衡阳师范学院	财务管理	本科二批
易嘉星	475	4337	长沙学院	通信工程	本科二批
彭惠	444	4320	湖南城市学院	城市地下空间工程	本科二批
吴海丽	464	4319	湖南工程学院	工业工程	本科二批
尹诗思	481	4315	吉首大学	商务英语	本科二批
唐嫣	462	4319	湖南工程学院	焊接技术与工程	本科二批
吴亮	446	4338	湖南医药学院	康复治疗学	本科二批
杨清	483	4315	吉首大学	自然地理与资源环境	本科二批
吴淑敏	465	3707	山东农业大学	水产养殖学	本科二批
廖鹏	433	4323	怀化学院	投资学	本科二批
徐艳玲	481	4317	湖南理工学院	物理学(师范)	本科二批
朱豪峰	463	4319	湖南工程学院	材料成型及控制工程	本科二批
郭云峰	459	4320	湖南城市学院	测绘工程	本科二批
陈书兴	459	4345	长沙师范学院	电子信息工程	本科二批
刘志强	478	4315	吉首大学	环境工程	本科二批
陈世龄	497	4314	湖南商学院	新闻传播学类	本科二批
孟鑫	436	4321	邵阳学院	轨道交通信号与控制	本科二批

郛加斌	496	4310	湖南工业大学	机械类	本科二批
雷亮	503	4315	吉首大学	计算机科学与技术	本科二批
雷梦思	415	4362	湖南交通工程学院	国际经济与贸易	本科二批
周萍	475	4316	衡阳师范学院	生物科学(师范)	本科二批
雷雨帆	413	4362	湖南交通工程学院	机械设计制造及其自动化	本科二批
罗培	441	4322	湖南科技学院	工程管理	本科二批
滕蔚宁	474	1312	河北工程大学	测控技术与仪器	本科二批
陈云	499	4314	湖南商学院	物流管理	本科二批
吴志恒	476	4337	长沙学院	机械设计制造及其自动化	本科二批
徐思远	477	4337	长沙学院	市场营销	本科二批
曹亮福	455	4351	湖南工学院	计算机科学与技术	本科二批
廖佳鹏	448	4351	湖南工学院	化学工程与工艺	本科二批
刘远程	440	4322	湖南科技学院	金融工程	本科二批
蒋松林	424	4360	长沙医学院	药学	本科二批
谭德侨	344	4319	湖南工程学院	服装与服饰设计	本科二批
雷秀峰	494	4310	湖南工业大学	机械类	本科二批
徐琳	452	4318	湖南文理学院	生物科学(师范)	本科二批
吴鹏	475	3416	安徽工程大学	应用化学	本科二批
张永	470	4317	湖南理工学院	电子信息工程	本科二批
刘琼	481	4337	长沙学院	应用化学	本科二批
李勇	432	4362	湖南交通工程学院	软件工程	本科二批
杨旭环	488	4310	湖南工业大学	土木类	本科二批
李恒彪	418	4757	湖南信息学院	软件工程	本科二批
夏强	479	4315	吉首大学	物理学(师范)	本科二批
刘澳	447	4322	湖南科技学院	计算机科学与技术	本科二批
邹杰	488	4310	湖南工业大学	机械类	本科二批
廖文波	445	2224	吉林华桥外国语学院	电子商务	本科二批
段飞燕	496	4314	湖南商学院	税收学	本科二批
刘敏登	435	4321	邵阳学院	测绘工程	本科二批
彭博钦	409	4362	湖南交通工程学院	电子商务	本科二批
欧贝	460	4326	湘南学院	英语(师范)	本科二批
闫婷	448	4351	湖南工学院	网络工程	本科二批
李富江	404	4745	湖南应用技术学院	电子商务	本科二批
李江	451	4320	湖南城市学院	电子信息工程	本科二批
吴婷	453	4318	湖南文理学院	生物科学(师范)	本科二批
吴雅芳	468	6153	西安文理学院	应用心理学	本科二批
梁美香	452	4318	湖南文理学院	应用化学	本科二批
董宗坤	439	4333	湖南人文科技学院	人力资源管理	本科二批

胡桥	462	4319	湖南工程学院	化学工程与工艺	本科二批
曹婷	454	4318	湖南文理学院	金融数学	本科二批
陈荣梯	436	4321	邵阳学院	临床医学	本科二批
陈望	445	2218	长春工程学院	水利水电工程	本科二批
方达	412	4745	湖南应用技术学院	机械设计制造及其自动化	本科二批
龙敏	431	4333	湖南人文科技学院	材料成型及控制工程	本科二批
郭媛	432	4333	湖南人文科技学院	食品科学与工程	本科二批
舒乐	442	4320	湖南城市学院	电子信息工程	本科二批
胡洋铭	484	4337	长沙学院	数学与应用数学	本科二批
邓兴宇	456	2216	吉林农业大学	农业机械化及其自动化	本科二批
段伟	438	4339	湖南涉外经济学院	物联网工程	本科二批
钟威	439	5321	红河学院	电气工程及其自动化	本科二批
吴黎峰	449	4323	怀化学院	物理学(师范)	本科二批
袁伟强	418	4745	湖南应用技术学院	行政管理	本科二批
周悦	462	4319	湖南工程学院	生物工程	本科二批
陈振民	479	4315	吉首大学	金融工程	本科二批
王英	438	4125	周口师范学院	计算机科学与技术	本科二批
杨志	492	4310	湖南工业大学	无机非金属材料工程	本科二批
袁书东	474	5309	西南林业大学	农业资源与环境	本科二批
欧燕	416	4360	长沙医学院	妇幼保健医学	本科二批
毛立峰	493	4310	湖南工业大学	计算机类	本科二批
何瑞	440	4322	湖南科技学院	土木工程	本科二批
贺良	480	2207	长春工业大学	资源循环科学与工程	本科二批
高琼	503	4310	湖南工业大学	计算机类	本科二批
毛益发	434	4323	怀化学院	电子信息科学与技术	本科二批
谢宇芳	422	4757	湖南信息学院	财务管理	本科二批
姚孟锋	463	4321	邵阳学院	化学工程与工艺	本科二批
吕慧	475	4337	长沙学院	机械设计制造及其自动化	本科二批
朱和利	460	6116	延安大学	生物技术	本科二批
蹇琳娟	487	4315	吉首大学	会计学	本科二批
刘登广	416	4360	长沙医学院	计算机科学与技术	本科二批
何美娟	448	6401	北方民族大学	数学与应用数学	本科二批
陈亚萍	464	4316	衡阳师范学院	学前教育(师范)	本科二批
陈南贵	480	6206	兰州财经大学	信息管理与信息系统	本科二批
李雨洁	440	4322	湖南科技学院	工程管理	本科二批
刘思	459	4338	湖南医药学院	药学	本科二批
滕文彬	416	4360	长沙医学院	工商管理	本科二批
吴圣娟	500	4310	湖南工业大学	英语	本科二批
郭亚雯	440	4322	湖南科技学院	土木工程	本科二批

李时龙	472	4317	湖南理工学院	法学	本科二批
陈佳敏	473	4337	长沙学院	生物工程	本科二批
廖芝颖	438	4321	邵阳学院	化学工程与工艺	本科二批
黄倩	484	4315	吉首大学	统计学	本科二批
吴琼	427	4339	湖南涉外经济学院	市场营销	本科二批
刘巍	449	4351	湖南工学院	材料成型及控制工程	本科二批
周波	451	4318	湖南文理学院	自动化	本科二批
吴丽	420	4757	湖南信息学院	电子商务	本科二批
周翰为	451	4351	湖南工学院	工业设计	本科二批
李子木	461	4319	湖南工程学院	轻化工程	本科二批
李达	459	4326	湘南学院	计算机科学与技术	本科二批
唐斐扬	467	4319	湖南工程学院	自动化	本科二批
尹萌霖	433	4323	怀化学院	通信工程	本科二批
尹瑞杰	446	4351	湖南工学院	工程管理	本科二批
张高琪	458	4320	湖南城市学院	计算机科学与技术	本科二批
张金丽	453	4322	湖南科技学院	广告学	本科二批
谢先伦	460	4318	湖南文理学院	土木工程	本科二批
石莉婷	408	4362	湖南交通工程学院	护理学	本科二批
罗秀	408	4362	湖南交通工程学院	财务管理	本科二批
冯文涛	511	1207	天津工业大学	轻化工程	本科二批
周苗	420	4339	湖南涉外经济学院	国际商务	本科二批
刘摇	488	4345	长沙师范学院	学前教育(师范)	本科二批
蒋丹妮	474	4337	长沙学院	酒店管理	本科二批
曾深平	453	4446	广东白云学院	机械设计制造及其自动化	本科二批
邓松林	456	4318	湖南文理学院	机械电子工程	本科二批
朱泽康	460	2216	吉林农业大学	粮食工程	本科二批
阳玉麟	440	4323	怀化学院	电气工程及其自动化	本科二批
李维	476	4317	湖南理工学院	电气工程及其自动化	本科二批
董鹏	468	4318	湖南文理学院	软件工程	本科二批
范海华	407	4362	湖南交通工程学院	软件工程	本科二批
谭应佳	407	4362	湖南交通工程学院	电子商务	本科二批
魏媛媛	485	4344	湖南财政经济学院	商务英语	本科二批
罗超	422	4360	长沙医学院	生物技术	本科二批
唐帅	499	4326	湘南学院	临床医学	本科二批
廖湘衡	503	4219	中南民族大学	智能科学与技术	本科二批
彭杰	423	4757	湖南信息学院	软件工程	本科二批
刘珂	341	4337	长沙学院	环境设计	本科二批
邬志东	494	4337	长沙学院	计算机科学与技术	本科二批
刘莲	537	5019	重庆文理学院	商务英语	本科二批

曾红	522	3329	丽水学院	汉语国际教育	本科二批
廖洁	506	3516	福建农林大学	自然保护与环境生态类(中外合作办学)(农业资源与环境)	本科二批
杨蔚椽	489	4342	湖南女子学院	学前教育(师范)	本科二批
雷琼丽	508	4319	湖南工程学院	商务英语	本科二批
李姗	551	4314	湖南商学院	英语	本科二批
刘茜	516	4316	衡阳师范学院	经济学	本科二批
刘蔓	501	4322	湖南科技学院	国际经济与贸易	本科二批
张琴	498	4342	湖南女子学院	人力资源管理	本科二批
滕媛媛	500	4351	湖南工学院	翻译	本科二批
段广丽	515	4318	湖南文理学院	商务英语	本科二批
欧洁	521	4317	湖南理工学院	英语	本科二批
滕慧艳	484	4360	长沙医学院	护理学	本科二批
夏广萍	531	4315	吉首大学	金融工程	本科二批
唐瑶	547	4314	湖南商学院	工商管理类	本科二批
欧沂欣	511	4345	长沙师范学院	学前教育(师范)	本科二批
秦瑞斌	494	4342	湖南女子学院	汉语言文学	本科二批
彭丽	493	4339	湖南涉外经济学院	国际经济与贸易	本科二批
尹杏	517	4316	衡阳师范学院	法学	本科二批
陈心怡	570	1214	天津外国语大学	汉语国际教育	本科二批
周华	359	5318	曲靖师范学院	体育教育(师范)	本科二批
左熹	488	4757	湖南信息学院	国际经济与贸易	本科二批
魏思诗	494	6146	西安航空学院	商务英语	本科二批
欧阳彪	488	4362	湖南交通工程学院	市场营销	本科二批
董策鹏	389	4320	湖南城市学院	体育教育(师范)	本科二批
袁丽红	544	4314	湖南商学院	法语	本科二批
肖心怡	516	4317	湖南理工学院	英语	本科二批
何侣莲	539	5115	成都信息工程大学	汉语国际教育	本科二批
杨腾	390	4310	湖南工业大学	社会体育指导与管理	本科二批
吕佳	495	4342	湖南女子学院	英语	本科二批
雷豪	508	4319	湖南工程学院	英语	本科二批
肖鸽	504	4326	湘南学院	商务英语	本科二批
罗婷	533	4316	衡阳师范学院	汉语言文学(师范)	本科二批
袁婷	532	4419	佛山科学技术学院	会计学	本科二批
杨桃桃	513	4345	长沙师范学院	财务管理	本科二批
詹辉	504	4320	湖南城市学院	广告学	本科二批
尹丹	483	4362	湖南交通工程学院	汽车服务工程	本科二批
刘铭洁	504	4322	湖南科技学院	财务管理	本科二批

段洛	505	2317	齐齐哈尔大学	汉语国际教育	本科二批
蒋思	520	4316	衡阳师范学院	财务管理	本科二批
雷梦瑶	485	6508	塔里木大学	英语	本科二批
唐瑶	486	4360	长沙医学院	医学影像学	本科二批
李瑞敏	513	4318	湖南文理学院	商务英语	本科二批
唐君萍	507	4319	湖南工程学院	旅游管理	本科二批
何芝	544	4314	湖南商学院	贸易经济	本科二批
邹国林	533	4310	湖南工业大学	工商管理类	本科二批
刘阳阳	545	4314	湖南商学院	法语	本科二批
曾志雄	487	4339	湖南涉外经济学院	国际经济与贸易	本科二批
帅素瑶	487	4360	长沙医学院	汉语言文学	本科二批
张静	494	4338	湖南医药学院	健康服务与管理	本科二批
彭琳艳	518	4317	湖南理工学院	朝鲜语	本科二批
吴婵	487	4360	长沙医学院	汉语言文学	本科二批
贺亮	490	4339	湖南涉外经济学院	金融学	本科二批
李郴	516	4319	湖南工程学院	会计学	本科二批
滕清华	486	4339	湖南涉外经济学院	英语	本科二批
段祖源	514	4318	湖南文理学院	国际经济与贸易	本科二批
黄博	552	4314	湖南商学院	金融学(卓越金融 CFA 班)	本科二批
邓娟	543	4344	湖南财政经济学院	会计学	本科二批
袁焰	540	6131	陕西中医药大学	针灸推拿学	本科二批
彭瑞芬	510	4326	湘南学院	汉语言文学(师范)	本科二批
周丽	503	4322	湖南科技学院	旅游管理	本科二批
刘心仪	531	4344	湖南财政经济学院	金融学	本科二批
刘锦钰	495	4321	邵阳学院	英语	本科二批
郭云成	502	4326	湘南学院	旅游管理	本科二批
陆欣	529	4316	衡阳师范学院	汉语言文学(师范)	本科二批
夏丽	544	4605	海南师范大学	汉语言文学(师范)	本科二批
李雨纹	542	4314	湖南商学院	新闻传播学类	本科二批
廖宇	537	4538	广西财经学院	会计学	本科二批
刘思倩	526	4315	吉首大学	网络与新媒体	本科二批
李琢	498	4835	武汉学院	会计学	本科二批
王婷	522	4316	衡阳师范学院	知识产权	本科二批
李倩	521	4420	岭南师范学院	汉语言文学(师范)	本科二批
李敏	530	4310	湖南工业大学	汉语言文学	本科二批
王慧	498	4321	邵阳学院	国际经济与贸易	本科二批
李文庆	494	4321	邵阳学院	护理学	本科二批
袁敏洪	360	4631	海口经济学院	音乐表演(声乐(南海音乐学院))	本科二批

邓晶元	369	4345	长沙师范学院	舞蹈学	本科二批
欧雨晴	338	4757	湖南信息学院	音乐表演	本科二批
尹沁朋	405	4316	衡阳师范学院	美术学(师范)	本科二批
周子毅	429	4316	衡阳师范学院	环境设计	本科二批
欧婷	353	4339	湖南涉外经济学院	视觉传达设计	本科二批
张粤湘	356	4339	湖南涉外经济学院	服装与服饰设计	本科二批
龙诗麒	375	4345	长沙师范学院	工艺美术	本科二批
袁巧玲	367	4564	北海艺术设计学院	环境设计	本科二批
吴宜桑	398	4316	衡阳师范学院	视觉传达设计	本科二批
陈治宏	360	4339	湖南涉外经济学院	环境设计	本科二批
李浩	430	1364	河北美术学院	环境设计	本科二批
彭洁	507	4314	湖南商学院	会计学	本科二批
吕舰	477	4337	长沙学院	电气工程及其自动化	本科二批
李子尧	459	4320	湖南城市学院	工商管理	本科二批
彭正邦	436	4333	湖南人文科技学院	数学与应用数学	本科二批
陆元智	496	4310	湖南工业大学	计算机类	本科二批
谭旭勇	483	4315	吉首大学	化学	本科二批
张琼	490	4344	湖南财政经济学院	会计学	本科二批
段帅玲	516	3610	江西师范大学	物理学(师范)	本科二批
陈启成	468	4318	湖南文理学院	光电信息科学与工程	本科二批
胡斌	483	3410	合肥学院	网络工程	本科二批
周海龙	452	4351	湖南工学院	机械设计制造及其自动化	本科二批
郭怀湘	487	4310	湖南工业大学	粉体材料科学与工程	本科二批
李志伟	511	4504	桂林电子科技大学	计算机类	本科二批
孟彧	485	4344	湖南财政经济学院	信息管理与信息系统	本科二批
吕云贵	444	4322	湖南科技学院	机械设计制造及其自动化	本科二批
李慧	455	4112	南阳理工学院	土木工程	本科二批
刘慧佳	458	4322	湖南科技学院	数字媒体技术	本科二批
尹梅	497	4314	湖南商学院	物流管理	本科二批
章厚宇	462	2221	吉林建筑大学	机械工程	本科二批
李孟俊	496	4314	湖南商学院	物流管理	本科二批
李彭家骏	499	2128	大连大学	机械设计制造及其自动化	本科二批
伍荣兴	484	6126	西安工程大学	测控技术与仪器	本科二批
刘雍	451	2317	齐齐哈尔大学	机械类	本科二批
曹誉恒	490	3141	上海应用技术大学	化学类(中外合作办学)(应用化学(分析与监测方向))	本科二批
李计锴	462	4343	湖南警察学院	计算机科学与技术	本科二批
谭淑文	497	4605	海南师范大学	化学(师范)	本科二批

曾淑娟	467	4316	衡阳师范学院	电子商务	本科二批
邓宇	433	4185	中原工学院	电气类(中外合作办学)(电气工程及其自动化)	本科二批
唐奇	510	3513	福建工程学院	建筑学	本科二批
胡洁利	498	4314	湖南商学院	工商管理类	本科二批
段雯慧	495	4314	湖南商学院	经济统计学	本科二批
蹇淑珍	484	4344	湖南财政经济学院	计算机科学与技术	本科二批
邓智英	466	2216	吉林农业大学	园艺	本科二批
毛湘颖	454	4318	湖南文理学院	食品科学与工程	本科二批
曹紫彧	482	3635	南昌工程学院	电子商务	本科二批
谭丽	497	4314	湖南商学院	工商管理类	本科二批
阳洁	476	4338	湖南医药学院	药学	本科二批
刘娟	463	4316	衡阳师范学院	商务英语	本科二批
蔡青青	489	4344	湖南财政经济学院	会计学	本科二批
廖林波	480	4321	邵阳学院	能源与动力工程	本科二批
廖秀芝	489	4538	广西财经学院	市场营销	本科二批
郭泽寰	491	4310	湖南工业大学	通信工程	本科二批
李蓓莹	446	4351	湖南工学院	物流工程	本科二批
秦涛	486	4337	长沙学院	计算机科学与技术	本科二批
汤嘉思	446	4342	湖南女子学院	会计学	本科二批
罗久淞	514	3409	安徽财经大学	管理科学与工程类	本科二批
郭芳	466	4319	湖南工程学院	统计学	本科二批
王晖元	502	5204	遵义医学院	医学影像学	本科二批
李敏	470	4111	中原工学院	金融学	本科二批
易明艳	483	4344	湖南财政经济学院	电子信息工程	本科二批
吴潼	494	4344	湖南财政经济学院	会计学	本科二批
刘思洁	496	4432	仲恺农业工程学院	园林	本科二批
易明广	486	4310	湖南工业大学	无机非金属材料工程	本科二批
唐倩	455	4630	三亚学院	会计学	本科二批
罗顺	426	4362	湖南交通工程学院	机械设计制造及其自动化	本科二批
李生梅	448	4322	湖南科技学院	市场营销	本科二批
邓君助	445	4360	长沙医学院	临床医学	本科二批
陈素萍	478	4315	吉首大学	化学工程与工艺	本科二批
董志鹏	501	5127	川北医学院	临床医学	本科二批
徐敏	496	4344	湖南财政经济学院	会计学	本科二批
曾明友	444	4321	邵阳学院	临床医学	本科二批
胡伟	476	4326	湘南学院	临床医学	本科二批
范春雨	435	4323	怀化学院	通信工程	本科二批
滕丽沙	468	4316	衡阳师范学院	旅游管理	本科二批

张志毫	466	4326	湘南学院	经济统计学	本科二批
吴佳	422	4745	湖南应用技术学院	英语	本科二批
邓淑娟	434	4333	湖南人文科技学院	电子商务	本科二批
李佐专	476	4317	湖南理工学院	网络工程	本科二批
刘素琼	424	4339	湖南涉外经济学院	西班牙语	本科二批
刘粤湘	479	4317	湖南理工学院	数学与应用数学(师范)	本科二批
邓兴晖	465	4318	湖南文理学院	计算机科学与技术	本科二批
詹柯	474	4338	湖南医药学院	临床医学	本科二批
何倩莹	460	4316	衡阳师范学院	电子信息工程	本科二批
余江	472	5014	重庆三峡学院	化学工程与工艺	本科二批
楚凌	496	4315	吉首大学	机械设计制造及其自动化	本科二批
彭丽	474	4317	湖南理工学院	机械设计制造及其自动化	本科二批
唐慧慧	466	4316	衡阳师范学院	教育学(师范)	本科二批
周铭勋	440	5128	攀枝花学院	土木工程	本科二批
陈浩东	466	4320	湖南城市学院	机械设计制造及其自动化	本科二批
周泉	445	4338	湖南医药学院	药学	本科二批
万谱德	424	4360	长沙医学院	中医学	本科二批
周富	443	4320	湖南城市学院	建筑环境与能源应用工程	本科二批
肖云祥	425	4757	湖南信息学院	电子信息工程	本科二批
张田文	468	4318	湖南文理学院	电子信息科学与技术	本科二批
周和	437	4321	邵阳学院	电子科学与技术	本科二批
李臣	482	4316	衡阳师范学院	软件工程	本科二批
李葱	458	4316	衡阳师范学院	计算机科学与技术	本科二批
张星	459	4316	衡阳师范学院	软件工程	本科二批
孙靖	453	4318	湖南文理学院	土木工程	本科二批
胡晟	431	4362	湖南交通工程学院	物流工程	本科二批
张荣康	407	4362	湖南交通工程学院	机械设计制造及其自动化	本科二批
廖伟	436	4321	邵阳学院	电子信息工程	本科二批
彭守屹	424	4757	湖南信息学院	物流管理	本科二批
周智仁	457	4318	湖南文理学院	电子信息科学与技术	本科二批
谷吉祥	480	4315	吉首大学	统计学	本科二批
邓冬丽	432	4321	邵阳学院	临床医学	本科二批
谭明丽	473	4316	衡阳师范学院	数学与应用数学(师范)	本科二批
乔文青	434	4277	武汉生物工程学院	医学检验技术	本科二批
谢石雨	437	4323	怀化学院	英语(师范)	本科二批
廖鸿康	445	4333	湖南人文科技学院	电子信息工程	本科二批
李旖琳	420	4393	邵阳学院	电子信息类(中外合作办学)(通信工程)	本科二批
彭炜锋	435	4323	怀化学院	电气工程及其自动化	本科二批

吴芳	415	4757	湖南信息学院	金融工程	本科二批
易卓舟	486	4310	湖南工业大学	通信工程	本科二批
徐敏	460	4318	湖南文理学院	建筑电气与智能化	本科二批
谭琼	433	4323	怀化学院	通信工程	本科二批
廖帅	414	4757	湖南信息学院	软件工程	本科二批
邓慧	465	4326	湘南学院	国际经济与贸易	本科二批
汤莎露	433	4342	湖南女子学院	酒店管理	本科二批
张健	425	4339	湖南涉外经济学院	机械设计制造及其自动化	本科二批
朱红娟	475	4318	湖南文理学院	会计学	本科二批
伍茂源	482	4337	长沙学院	通信工程	本科二批
袁虎成	451	4323	怀化学院	生物制药	本科二批
吴洋	496	4310	湖南工业大学	仪器类	本科二批
唐谋胜	498	4317	湖南理工学院	应用化学	本科二批
李缓	461	4318	湖南文理学院	商务英语	本科二批
罗辉荣	444	4321	邵阳学院	电气工程及其自动化	本科二批
何婷	435	4323	怀化学院	生物制药	本科二批
刘尚成	425	4757	湖南信息学院	电子信息工程	本科二批
董策经	442	4321	邵阳学院	物联网工程	本科二批
刘奕	458	4326	湘南学院	计算机科学与技术	本科二批
蒋丽	466	4345	长沙师范学院	工业设计	本科二批
王乐	442	4333	湖南人文科技学院	计算机科学与技术	本科二批
谢云斌	475	4317	湖南理工学院	机械设计制造及其自动化	本科二批
王琪	487	4310	湖南工业大学	土木类	本科二批
张云柯	459	4318	湖南文理学院	数学与应用数学(师范)	本科二批
吴广艳	468	4316	衡阳师范学院	生物科学(师范)	本科二批
陈雯	412	4745	湖南应用技术学院	物流管理	本科二批
雷颖	502	4314	湖南商学院	商务英语	本科二批
王彪	468	4318	湖南文理学院	旅游管理	本科二批
王璐	501	4314	湖南商学院	商务英语	本科二批
邓仕明	419	4757	湖南信息学院	通信工程	本科二批
段智华	463	4318	湖南文理学院	机械设计制造及其自动化	本科二批
杨小平	491	4108	河南工业大学	食品科学与工程	本科二批
秦湉	452	4323	怀化学院	生物科学(师范)	本科二批
尹涛	440	4321	邵阳学院	测绘工程	本科二批
詹媛媛	493	4344	湖南财政经济学院	商务英语	本科二批
秦兴信	446	4351	湖南工学院	自动化	本科二批
徐丽娟	480	4344	湖南财政经济学院	劳动与社会保障	本科二批
黄路婷	407	4362	湖南交通工程学院	护理学	本科二批
尹靓	430	4339	湖南涉外经济学院	商务英语	本科二批

卢亮	455	4316	衡阳师范学院	电子信息科学与技术	本科二批
彭德智	428	4360	长沙医学院	药物制剂	本科二批
何辉	484	4315	吉首大学	软件工程	本科二批
周广林	429	4757	湖南信息学院	自动化	本科二批
周彬	472	4337	长沙学院	功能材料	本科二批
陈建平	499	4343	湖南警察学院	计算机科学与技术	本科二批
滕奇金	439	4333	湖南人文科技学院	数学与应用数学	本科二批
刘广英	459	4326	湘南学院	数学与应用数学(师范)	本科二批
龚云静	484	4344	湖南财政经济学院	网络与新媒体	本科二批
唐顺	460	4326	湘南学院	电气工程及其自动化	本科二批
谭乔木	428	4730	湖南工学院	电气类(中外合作办学)(电气工程及其自动化)	本科二批
李美玲	432	4342	湖南女子学院	数字媒体技术	本科二批
彭月	487	4344	湖南财政经济学院	审计学	本科二批
张斌	480	3635	南昌工程学院	电子商务	本科二批
李顺	435	4321	邵阳学院	物联网工程	本科二批
吴桂华	407	4362	湖南交通工程学院	工程造价	本科二批
陈泽根	432	2343	哈尔滨信息工程学院	电子信息工程	本科二批
管胜利	452	4318	湖南文理学院	城乡规划	本科二批
张慧	459	4316	衡阳师范学院	电子信息科学与技术	本科二批
周娟	464	4316	衡阳师范学院	化学(师范)	本科二批
吴剑雄	469	4316	衡阳师范学院	化学(师范)	本科二批
刘小艳	416	4362	湖南交通工程学院	护理学	本科二批
李盼	425	4757	湖南信息学院	自动化	本科二批
彭先桂	407	4362	湖南交通工程学院	机械设计制造及其自动化	本科二批
蹇孟玲	459	4321	邵阳学院	国际经济与贸易	本科二批
李昭贤	489	4310	湖南工业大学	机械类	本科二批
曾祥强	434	4323	怀化学院	信息与计算科学	本科二批
李红玉	460	4326	湘南学院	金融工程	本科二批
胡林芳	458	4318	湖南文理学院	机械设计制造及其自动化	本科二批
谭强	517	5011	重庆理工大学	软件工程	本科二批
罗洁	454	4318	湖南文理学院	电子信息科学与技术	本科二批
王志英	458	4316	衡阳师范学院	计算机科学与技术	本科二批
袁阳	422	4339	湖南涉外经济学院	机械设计制造及其自动化	本科二批
廖铁钢	458	4318	湖南文理学院	机械电子工程	本科二批
廖翠	491	4310	湖南工业大学	新闻学	本科二批
刘轩	424	4362	湖南交通工程学院	交通工程	本科二批
刘敬友	410	4362	湖南交通工程学院	电子信息工程	本科二批

毛磊	424	4362	湖南交通工程学院	机械设计制造及其自动化	本科二批
骆传强	436	4333	湖南人文科技学院	自动化	本科二批
詹萍	452	1507	内蒙古师范大学	心理学(师范)	本科二批
何健	423	4745	湖南应用技术学院	机械设计制造及其自动化	本科二批
詹妮	468	4236	湖北科技学院	数学与应用数学(理学工学双学位实验班)	本科二批
张石玉	425	4339	湖南涉外经济学院	电子信息工程	本科二批
黄蕾林	449	3386	衢州学院	物联网工程	本科二批
邓婉玲	469	4317	湖南理工学院	物理学(师范)	本科二批
张玉兰	451	4320	湖南城市学院	计算机科学与技术	本科二批
彭灵凤	459	4326	湘南学院	财务管理	本科二批
刘娜	481	4315	吉首大学	金融工程	本科二批
邓莞玲	474	4337	长沙学院	通信工程	本科二批
彭姣姣	456	4316	衡阳师范学院	计算机科学与技术(师范)	本科二批
贺石鹏	456	4316	衡阳师范学院	食品科学与工程	本科二批
郭涛	421	4339	湖南涉外经济学院	国际商务	本科二批
董浩	425	4757	湖南信息学院	电子信息工程	本科二批
吴伟	483	4337	长沙学院	应用化学	本科二批
徐富玲	438	4342	湖南女子学院	社会工作	本科二批
唐佳	454	4326	湘南学院	翻译	本科二批
刘娟	426	4757	湖南信息学院	财务管理	本科二批
王敏娜	421	4339	湖南涉外经济学院	物流管理	本科二批
贺德鹏	472	4317	湖南理工学院	信息与计算科学	本科二批
廖丰	489	6207	甘肃中医药大学	临床医学	本科二批
唐磊	472	4319	湖南工程学院	软件工程	本科二批
谢康	451	4351	湖南工学院	土木工程	本科二批
刘正	430	4631	海口经济学院	土木工程	本科二批
管高平	457	4338	湖南医药学院	药学	本科二批
谭婕	446	4322	湖南科技学院	物理学(师范)	本科二批
李玖	447	4351	湖南工学院	电子信息工程	本科二批
郑帅	428	3639	江西科技学院	计算机科学与技术	本科二批
吴坤宇	452	4322	湖南科技学院	数学与应用数学(师范)	本科二批
刘晶	474	4337	长沙学院	生物制药	本科二批
李欣	432	4339	湖南涉外经济学院	自动化	本科二批
胡娆	431	4360	长沙医学院	临床医学	本科二批
章厚祥	450	4320	湖南城市学院	机械设计制造及其自动化	本科二批
曾福成	475	4317	湖南理工学院	通信工程	本科二批
龙晓倩	482	4315	吉首大学	计算机科学与技术	本科二批
周凡清	450	4320	湖南城市学院	网络工程	本科二批

郭楚宏	445	4320	湖南城市学院	通信工程	本科二批
黄怀庆	489	4310	湖南工业大学	机械类	本科二批
李韬聪	451	4351	湖南工学院	工业设计	本科二批
廖婷	501	4333	湖南人文科技学院	市场营销	本科二批
吴家琪	513	4318	湖南文理学院	信息管理与信息系统	本科二批
周锦文	535	4344	湖南财政经济学院	会计学	本科二批
龙鲸全	526	5125	成都学院	旅游管理	本科二批
王娟	486	6508	塔里木大学	广播电视学	本科二批
廖慧倩	524	4315	吉首大学	商务英语	本科二批
彭晶晶	523	4315	吉首大学	自然地理与资源环境	本科二批
张佳佳	499	4342	湖南女子学院	财务管理	本科二批
尹婷	534	5022	重庆科技学院	英语	本科二批
邓炜赛	495	4323	怀化学院	法学	本科二批
万思思	500	4323	怀化学院	网络与新媒体	本科二批
唐言芳	516	4319	湖南工程学院	商务英语	本科二批
朱晔	554	5112	西南民族大学	英语	本科二批
王瑶瑶	504	4339	湖南涉外经济学院	英语	本科二批
李小洁	527	4315	吉首大学	汉语言文学	本科二批
尹曦敏	516	4316	衡阳师范学院	广告学	本科二批
李婷	493	4323	怀化学院	园林	本科二批
彭丽萍	515	4323	怀化学院	商务英语	本科二批
朱娜西	522	4343	湖南警察学院	法学	本科二批
刘利娟	514	4318	湖南文理学院	地理信息科学	本科二批
阳丽平	485	4360	长沙医学院	英语	本科二批
滕青	517	4316	衡阳师范学院	国际经济与贸易	本科二批
邓淑瑶	540	4348	湖南第一师范学院	英语(师范)	本科二批
李洋妃	491	4333	湖南人文科技学院	秘书学	本科二批
何振	493	4322	湖南科技学院	国际经济与贸易	本科二批
吴比	417	4348	湖南第一师范学院	体育教育(师范)	本科二批
周小凤	542	1151	中华女子学院	英语	本科二批
谭诗思	538	4315	吉首大学	针灸推拿学	本科二批
张寒玉	506	4830	武汉工商学院	人力资源管理(HRP)	本科二批
黄淑平	512	4345	长沙师范学院	学前教育(师范)	本科二批
殷薇	485	6508	塔里木大学	历史学	本科二批
张建成	497	5213	贵州师范学院	应用心理学(师范)	本科二批
彭毅	509	4319	湖南工程学院	物流管理	本科二批
雷楚艳	519	5308	昆明医科大学	劳动与社会保障	本科二批
贺梦洁	540	4605	海南师范大学	英语(师范)	本科二批
廖红艳	496	3796	齐鲁医药学院	护理学	本科二批

王飞	504	4320	湖南城市学院	商务英语	本科二批
李辉	488	6508	塔里木大学	学前教育	本科二批
周也群	522	3575	福建江夏学院	国际经济与贸易	本科二批
陈娴	507	4342	湖南女子学院	电子商务	本科二批
尹宁丰	505	4320	湖南城市学院	旅游管理	本科二批
邓鹏	497	4322	湖南科技学院	旅游管理	本科二批
詹艳玲	509	4322	湖南科技学院	英语(师范)	本科二批
吕珍	495	4342	湖南女子学院	财务管理	本科二批
刘雅莉	500	4333	湖南人文科技学院	英语	本科二批
阳斌	486	4339	湖南涉外经济学院	法学	本科二批
邓亚莉	486	4360	长沙医学院	护理学	本科二批
吴雨梦	527	4315	吉首大学	文化产业管理	本科二批
肖婷	502	4326	湘南学院	康复治疗学	本科二批
阳婷	486	1508	呼伦贝尔学院	英语	本科二批
彭晶	488	4342	湖南女子学院	家政学	本科二批
周丽	517	4316	衡阳师范学院	商务英语	本科二批
胡佳烨	534	4310	湖南工业大学	日语	本科二批
曹馨月	521	1182	华北科技学院	市场营销	本科二批
尹志方	492	4323	怀化学院	英语(师范)	本科二批
廖羽晟	480	4339	湖南涉外经济学院	电子商务	本科二批
周慕琴	515	4318	湖南文理学院	商务英语	本科二批
徐富兴	503	4321	邵阳学院	金融工程	本科二批
徐富平	494	4321	邵阳学院	国际经济与贸易	本科二批
尹婕	487	4757	湖南信息学院	财务管理	本科二批
周佳	504	4360	长沙医学院	药物分析	本科二批
张辰	478	4360	长沙医学院	英语	本科二批
邹雨琦	472	4314	湖南商学院	环境设计	本科二批
张铮	348	4339	湖南涉外经济学院	产品设计	本科二批
吕腾彬	372	4345	长沙师范学院	美术学	本科二批
廖淑辉	388	4345	长沙师范学院	工艺美术	本科二批
孟丹	365	4339	湖南涉外经济学院	音乐学	本科二批
罗嘉伟	461	4316	衡阳师范学院	计算机科学与技术	本科二批
李林峰	448	4323	怀化学院	计算机科学与技术	本科二批
朱胜毕	480	4315	吉首大学	机械设计制造及其自动化	本科二批
朱弋	497	1213	天津城建大学	机械电子工程	本科二批
谷日鑫	431	4333	湖南人文科技学院	食品科学与工程	本科二批
王凌峰	436	4145	新乡学院	土木类	本科二批
朱贤淇	439	4321	邵阳学院	物联网工程	本科二批
邹逸嘉	462	4319	湖南工程学院	化学工程与工艺	本科二批

曾斌	350	4348	湖南第一师范学院	环境设计	本科二批
陈逢倩	393	4321	邵阳学院	美术学	本科二批
周聪	509	4319	湖南工程学院	市场营销	本科二批
陈自航	515	3442	安庆师范大学	国际经济与贸易	本科二批
阳文群	529	4315	吉首大学	会计学	本科二批
方毅发	476	4362	湖南交通工程学院	国际经济与贸易	本科二批
罗慧	501	4322	湖南科技学院	汉语言文学(师范)	本科二批
吴婉婷	493	4541	梧州学院	汉语国际教育	本科二批
徐文君	537	4315	吉首大学	汉语言文学(师范)	本科二批
尹萍	533	4315	吉首大学	汉语言文学	本科二批
易彬	516	4316	衡阳师范学院	新闻学	本科二批
贺致君	501	4333	湖南人文科技学院	财务管理	本科二批
夏陆艳	503	4338	湖南医药学院	康复治疗学	本科二批
蒋丹丹	509	4326	湘南学院	财务管理	本科二批
邹洁	487	2233	吉林农业科技学院	园林	本科二批
邓李花	514	4318	湖南文理学院	英语(师范)	本科二批
李江南	506	2261	吉林工商学院	物流管理	本科二批
李佳丽	496	4333	湖南人文科技学院	英语	本科二批
吴敏	528	4344	湖南财政经济学院	商务英语	本科二批
李涵	491	4125	周口师范学院	市场营销	本科二批
欧诗云	485	6511	喀什大学	旅游管理	本科二批
刘志	515	4318	湖南文理学院	历史学(师范)	本科二批
吕广能	504	6505	新疆师范大学	思想政治教育(师范)	本科二批
王欣	496	4342	湖南女子学院	学前教育(师范)	本科二批
刘淼	500	4322	湖南科技学院	财务管理	本科二批
刘艳	512	4318	湖南文理学院	思想政治教育(师范)	本科二批
段冰艳	518	1416	太原师范学院	法学	本科二批
朱小所	487	6148	西安培华学院	财务管理	本科二批
唐露露	520	4316	衡阳师范学院	编辑出版学	本科二批
雷丽	490	4323	怀化学院	广播电视学	本科二批
邓伟峰	518	4316	衡阳师范学院	思想政治教育(师范)	本科二批
曾杰	350	4339	湖南涉外经济学院	服装与服饰设计	本科二批
李周瑶	446	4315	吉首大学	视觉传达设计	本科二批
吴珍珠	490	4125	周口师范学院	人力资源管理	本科二批
周石宁	445	4322	湖南科技学院	土木工程	本科二批
阳云军	463	4319	湖南工程学院	工业工程	本科二批
王馨欣	437	4321	邵阳学院	药学	本科二批
邱婵	484	4315	吉首大学	环境工程	本科二批
刘翔	497	4314	湖南商学院	新闻传播学类	本科二批

欧阳超	425	6508	塔里木大学	化学工程与工业生物工程	本科二批
滕官松	438	4321	邵阳学院	电子信息工程	本科二批
杨泽友	428	2369	黑龙江东方学院	土木工程	本科二批
刘俊杰	442	4321	邵阳学院	材料成型及控制工程	本科二批
方志康	436	4323	怀化学院	信息与计算科学	本科二批
詹峥嵘	476	4315	吉首大学	食品科学与工程	本科二批
蒯维	416	4362	湖南交通工程学院	软件工程	本科二批
肖慧玲	442	4321	邵阳学院	电子科学与技术	本科二批
谢宏伟	453	4326	湘南学院	物联网工程	本科二批
欧钰岐	415	4757	湖南信息学院	软件工程	本科二批
尹秀青云	341	4337	长沙学院	环境设计	本科二批
李晨光	429	4339	湖南涉外经济学院	网络与新媒体	本科二批
唐湘贤	457	4326	湘南学院	光电信息科学与工程	本科二批
刘波	424	4745	湖南应用技术学院	机械设计制造及其自动化	本科二批
刘建宏	475	4337	长沙学院	土木工程	本科二批
张磊	485	4315	吉首大学	生物科学	本科二批
王胜	452	4323	怀化学院	法学	本科二批
袁晖翔	462	4319	湖南工程学院	纺织工程	本科二批
刘敏	433	4323	怀化学院	材料化学	本科二批
何园	420	4393	邵阳学院	电子信息类(中外合作办学)(通信工程)	本科二批
刘峰	472	4345	长沙师范学院	数学与应用数学(师范)	本科二批
陈欣	418	4745	湖南应用技术学院	电子商务	本科二批
陈慧姣	475	4316	衡阳师范学院	化学生物学	本科二批
陈忆	453	4343	湖南警察学院	行政管理	本科二批
唐安荣	461	4316	衡阳师范学院	电子商务	本科二批
胡红贵	502	4314	湖南商学院	软件工程	本科二批
刘市林	418	4745	湖南应用技术学院	行政管理	本科二批
吴韶兵	458	4318	湖南文理学院	电子信息科学与技术	本科二批
谭晴	487	4315	吉首大学	药学	本科二批
余细妹	446	1504	内蒙古农业大学	水产养殖学	本科二批
刘懿桓	443	4322	湖南科技学院	工程管理	本科二批
刘旭艳	475	1321	河北北方学院	医学影像学	本科二批
高誉风	427	4360	长沙医学院	临床医学	本科二批
龙杏兰	500	4310	湖南工业大学	会计学	本科二批
雷文晖	429	4394	湖南文理学院	管理科学与工程类(中外合作办学)(信息管理与信息系统)	本科二批
管国伟	489	4344	湖南财政经济学院	会计学	本科二批

谭晴	434	4323	怀化学院	通信工程	本科二批
刘广燕	477	4337	长沙学院	信息与计算科学	本科二批
郭娟	456	4316	衡阳师范学院	翻译	本科二批
吴美静	440	4322	湖南科技学院	生物工程	本科二批
姚桦	441	4323	怀化学院	数学与应用数学(师范)	本科二批
易力欢	429	4362	湖南交通工程学院	机械设计制造及其自动化	本科二批
胡维	462	4319	湖南工程学院	化学工程与工艺	本科二批
刘粤	434	4333	湖南人文科技学院	环境工程	本科二批
贺敏	441	4322	湖南科技学院	统计学	本科二批
王伟	495	4337	长沙学院	光电信息科学与工程	本科二批
陈辉	460	4326	湘南学院	电气工程及其自动化	本科二批
李兴	445	4338	湖南医药学院	医学检验技术	本科二批
尹康	442	6204	甘肃农业大学	生物技术	本科二批
唐贤群	450	4322	湖南科技学院	软件工程	本科二批
唐欣	498	4310	湖南工业大学	印刷工程	本科二批
李嘉伦	455	4318	湖南文理学院	信息管理与信息系统	本科二批
徐春芝	430	4339	湖南涉外经济学院	西班牙语	本科二批
彭文港	432	4360	长沙医学院	临床医学	本科二批
谭文兵	463	4319	湖南工程学院	建筑环境与能源应用工程	本科二批
欧韬	424	4339	湖南涉外经济学院	机械设计制造及其自动化	本科二批
彭祥凤	439	4360	长沙医学院	医学影像学	本科二批
尹娟	489	4315	吉首大学	计算机科学与技术	本科二批
尹海桃	444	4322	湖南科技学院	食品质量与安全	本科二批
陈源	446	4320	湖南城市学院	地理信息科学	本科二批
周文	475	4319	湖南工程学院	软件工程	本科二批
廖晴	437	4342	湖南女子学院	旅游管理	本科二批
吴霜	428	4360	长沙医学院	护理学	本科二批
雷柯馨	418	4393	邵阳学院	电子信息类(中外合作办学)(通信工程)	本科二批
肖琼艳	472	3618	江西科技师范大学	制药工程(含职教师范)	本科二批
匡杰	490	4310	湖南工业大学	高分子材料与工程	本科二批
徐运敏	478	3714	山东工商学院	电子信息科学与技术	本科二批
李丹	507	4319	湖南工程学院	旅游管理	本科二批
王海艳	380	4339	湖南涉外经济学院	音乐学	本科二批
欧祺	508	4322	湖南科技学院	汉语言文学(师范)	本科二批
欧林炜	394	4316	衡阳师范学院	环境设计	本科二批
曹碧莲	429	4315	吉首大学	数字媒体艺术	本科二批
尹政	486	4317	湖南理工学院	应用化学	本科二批
李丽婷	447	4342	湖南女子学院	旅游管理	本科二批

尹东元	454	4326	湘南学院	新闻学	本科二批
王冬红	423	4360	长沙医学院	护理学	本科二批
王逸明	445	4321	邵阳学院	临床医学	本科二批
唐雪丽	446	4321	邵阳学院	英语	本科二批
易升	484	5147	成都工业学院	软件工程	本科二批
张悦	436	4321	邵阳学院	物联网工程	本科二批
吴世权	439	4126	安阳师范学院	数学与应用数学(师范)	本科二批
李光耀	449	4360	长沙医学院	医学影像技术	本科二批
郭思远	626	4326	湘南学院	计算机科学与技术	本科二批
刘斯敏	489	4757	湖南信息学院	自动化	本科二批
蒋粤喜	490	4333	湖南人文科技学院	农学	本科二批
周洋娟	538	4362	湖南交通工程学院	护理学	本科二批
邓艳	533	4362	湖南交通工程学院	护理学	本科二批
周亮能	545	4360	长沙医学院	卫生检验与检疫	本科二批
陈平常	643	4321	邵阳学院	会计学	本科二批
曹恒	406	4733	衡阳师范学院南岳学院	数学与应用数学	本科三批
廖书婷	385	6512	新疆财经大学商务学院	税收学	本科三批
张如兵	387	4735	湖南文理学院芙蓉学院	电子信息科学与技术	本科三批
屈新元	394	4729	中南林业科技大学涉外学院	金融学	本科三批
袁湘泉	395	4734	湖南理工学院南湖学院	制药工程	本科三批
蒋友科	415	4725	长沙理工大学城南学院	水利水电工程	本科三批
高天祥	398	4729	中南林业科技大学涉外学院	计算机科学与技术	本科三批
段涛	423	4460	广州大学华软软件学院	物联网工程	本科三批
唐佳瑶	413	4721	湘潭大学兴湘学院	机械设计制造及其自动化	本科三批
黄贝贝	401	4729	中南林业科技大学涉外学院	市场营销	本科三批
陈博闻	411	4727	湖南工业大学科技学院	机械设计制造及其自动化	本科三批
廖诚斌	393	2240	长春工业大学人文信息学院	工商管理	本科三批
殷惠	401	4733	衡阳师范学院南岳学院	英语	本科三批

陆木荣	265	4731	湖南商学院北津学院	环境设计	本科三批
周涛	395	4732	吉首大学张家界学院	电子商务	本科三批
阳香芝	395	4735	湖南文理学院芙蓉学院	国际经济与贸易	本科三批
雷满艳	401	4732	吉首大学张家界学院	英语	本科三批
易欣	397	4727	湖南工业大学科技学院	电气工程及其自动化	本科三批
吴群	390	4735	湖南文理学院芙蓉学院	英语(师范)	本科三批
曾悦	420	4725	长沙理工大学城南学院	土木工程	本科三批
周琦	402	4732	吉首大学张家界学院	计算机科学与技术	本科三批
廖洋	415	1335	华北电力大学科技学院	工程管理	本科三批
汤玲	387	4734	湖南理工学院南湖学院	工程管理	本科三批
王丹	403	3536	福建师范大学闽南科技学院	食品科学与工程	本科三批
谭稳	420	5148	四川大学锦城学院	通信工程	本科三批
易泽斌	390	4736	湖南工程学院应用技术学院	计算机科学与技术	本科三批
李赟	423	4443	中山大学新华学院	软件工程	本科三批
奉丹	402	4726	南华大学船山学院	护理学	本科三批
唐慧琼	387	4732	吉首大学张家界学院	英语	本科三批
刘艳莉	416	4721	湘潭大学兴湘学院	工商管理	本科三批
彭凌可	398	4729	中南林业科技大学涉外学院	土木工程	本科三批
刘雯	387	4732	吉首大学张家界学院	工商管理	本科三批
曹洁	395	4729	中南林业科技大学涉外学院	国际经济与贸易	本科三批
龙坤良	399	4729	中南林业科技大学涉外学院	国际经济与贸易	本科三批
谭力源	403	4726	南华大学船山学院	麻醉学	本科三批
雷发宇	415	4722	湖南农业大学东方科技学院	环境工程	本科三批

蒋陶然	405	4731	湖南商学院北津学院	国际经济与贸易	本科三批
彭湘艳	400	3228	江苏师范大学科文学院	英语	本科三批
姜真	399	4727	湖南工业大学科技学院	会计学	本科三批
张丽容	390	4729	中南林业科技大学涉外学院	国际经济与贸易	本科三批
廖华	391	4735	湖南文理学院芙蓉学院	财务管理	本科三批
欧可以	419	4721	湘潭大学兴湘学院	自动化	本科三批
陈静	425	4721	湘潭大学兴湘学院	制药工程	本科三批
彭茜	396	4735	湖南文理学院芙蓉学院	英语(师范)	本科三批
袁惠康	401	4722	湖南农业大学东方科技学院	土木工程	本科三批
李瑞玲	410	4722	湖南农业大学东方科技学院	会计学	本科三批
郭颖	410	4726	南华大学船山学院	土木工程	本科三批
谷志远	394	6513	新疆农业大学科学技术学院	计算机科学与技术	本科三批
陈磊	388	4732	吉首大学张家界学院	电子商务	本科三批
朱盈盈	415	4720	湖南师范大学树达学院	会计学	本科三批
付湘	402	5343	昆明理工大学津桥学院	英语	本科三批
刘丽	405	4723	湖南科技大学潇湘学院	财务管理	本科三批
王阳	399	4733	衡阳师范学院南岳学院	学前教育	本科三批
张兴宝	418	4722	湖南农业大学东方科技学院	计算机科学与技术	本科三批
郭欣	401	4899	广东海洋大学寸金学院	工商管理	本科三批
尹小翠	405	4726	南华大学船山学院	护理学	本科三批
廖珍	388	4732	吉首大学张家界学院	英语	本科三批
李小龙	405	4723	湖南科技大学潇湘学院	建筑学	本科三批
易辉	404	4734	湖南理工学院南湖	计算机科学与技术	本科三批

			学院		
陈铧	418	4720	湖南师范大学树达学院	计算机科学与技术	本科三批
廖斌	403	4734	湖南理工学院南湖学院	应用化学	本科三批
阳琳	393	4731	湖南商学院北津学院	信息管理与信息系统	本科三批
李荷凤	411	4731	湖南商学院北津学院	国际经济与贸易	本科三批
易金辉	389	4736	湖南工程学院应用技术学院	工程管理	本科三批
谭涛	415	4720	湖南师范大学树达学院	机械设计制造及其自动化	本科三批
邓承志	401	4727	湖南工业大学科技学院	国际经济与贸易	本科三批
周艳	395	4735	湖南文理学院芙蓉学院	英语(师范)	本科三批
肖桥丽	397	4729	中南林业科技大学涉外学院	市场营销	本科三批
唐柯	422	4720	湖南师范大学树达学院	计算机科学与技术	本科三批
汪岳权	422	4720	湖南师范大学树达学院	计算机科学与技术	本科三批
朱丽	401	4734	湖南理工学院南湖学院	英语	本科三批
雷文倩	400	4733	衡阳师范学院南岳学院	英语	本科三批
李宝川	395	4735	湖南文理学院芙蓉学院	财务管理	本科三批
吴玲娇	390	4735	湖南文理学院芙蓉学院	英语(师范)	本科三批
陈诗华	454	4732	吉首大学张家界学院	园林	本科三批
李振	452	4732	吉首大学张家界学院	电子商务	本科三批
刘朵华	467	4733	衡阳师范学院南岳学院	地理科学	本科三批
胡春雄	482	4720	湖南师范大学树达学院	计算机科学与技术	本科三批
阎偈	478	4727	湖南工业大学科技学院	会计学	本科三批

徐腊梅	474	3169	上海外国语大学贤达经济人文学院	英语	本科三批
杨庭斌	481	4731	湖南商学院北津学院	市场营销	本科三批
段红艳	471	4731	湖南商学院北津学院	会计学	本科三批
唐舒婷	454	4735	湖南文理学院芙蓉学院	英语(师范)	本科三批
欧阳声辉	463	4729	中南林业科技大学涉外学院	会计学	本科三批
彭敏	473	4733	衡阳师范学院南岳学院	英语	本科三批
欧庆昀	466	4731	湖南商学院北津学院	广告学	本科三批
吴春	482	4720	湖南师范大学树达学院	英语	本科三批
黄婷	451	4732	吉首大学张家界学院	会计学	本科三批
周豆	483	4720	湖南师范大学树达学院	地理科学(师范)	本科三批
周丽	484	4720	湖南师范大学树达学院	地理科学(师范)	本科三批
张智倩	465	4723	湖南科技大学潇湘学院	汉语言文学(师范)	本科三批
吕艳芳	463	1250	北京科技大学天津学院	法学	本科三批
廖鑫霖	460	4726	南华大学船山学院	国际经济与贸易	本科三批
王丽婷	472	3644	江西财经大学现代经济管理学院	财务管理	本科三批
欧娟	478	4720	湖南师范大学树达学院	思想政治教育(师范)	本科三批
刘赍凯	444	6513	新疆农业大学科学技术学院	税收学	本科三批
谭依晴	471	4724	湖南中医药大学湘杏学院	护理学	本科三批
胡彦文	342	4733	衡阳师范学院南岳学院	体育教育	本科三批
雷亦婷	481	4443	中山大学新华学院	工商管理	本科三批
刘亚丽	449	4735	湖南文理学院芙蓉学院	国际经济与贸易	本科三批
邓幸丰	462	3228	江苏师范大学科文	秘书学	本科三批

			学院		
熊美佳	469	4727	湖南工业大学科技学院	财务管理	本科三批
李静	460	4726	南华大学船山学院	护理学	本科三批
李春丽	453	4732	吉首大学张家界学院	汉语言文学	本科三批
阳晶	456	4732	吉首大学张家界学院	会计学	本科三批
汪成辉	477	4725	长沙理工大学城南学院	国际经济与贸易	本科三批
陈信	480	4725	长沙理工大学城南学院	英语	本科三批
吴校梅	469	4723	湖南科技大学潇湘学院	汉语言文学(师范)	本科三批
肖文凤	447	4736	湖南工程学院应用技术学院	工商管理	本科三批
王婷	464	3339	嘉兴学院南湖学院	工商管理类	本科三批
张丽莎	463	4733	衡阳师范学院南岳学院	汉语言文学	本科三批
徐教楚	479	4732	吉首大学张家界学院	工商管理	本科三批
郭倩	473	4721	湘潭大学兴湘学院	金融学	本科三批
徐林昕	460	4729	中南林业科技大学涉外学院	市场营销	本科三批
封开发	459	4734	湖南理工学院南湖学院	国际经济与贸易	本科三批
彭昭莉	453	4732	吉首大学张家界学院	护理学	本科三批
陈楚妮	457	4734	湖南理工学院南湖学院	英语	本科三批
孙晓艳	453	4553	桂林电子科技大学信息科技学院	电子商务	本科三批
毛映蓝	447	4553	桂林电子科技大学信息科技学院	人力资源管理	本科三批
谭凯文	445	4555	广西科技大学鹿山学院	资产评估	本科三批
滕晋岚	453	4734	湖南理工学院南湖学院	英语	本科三批
杨韬	459	4734	湖南理工学院南湖学院	电子商务	本科三批
王谱超	466	4731	湖南商学院北津学	行政管理	本科三批

			院		
房金凤	467	4723	湖南科技大学潇湘学院	工商管理	本科三批
谭进	456	4732	吉首大学张家界学院	法学	本科三批
欧妍芳	455	4732	吉首大学张家界学院	护理学	本科三批
常雅佳	473	4721	湘潭大学兴湘学院	汉语言文学	本科三批
贺倩	350	4733	衡阳师范学院南岳学院	音乐学	本科三批
李涛	317	5345	云南艺术学院文华学院	戏剧影视美术设计	本科三批
张慕雨	350	4726	南华大学船山学院	环境设计	本科三批
李源成	343	4735	湖南文理学院芙蓉学院	环境设计	本科三批
郭珑慧	409	5153	四川大学锦江学院	英语	本科三批
刘瑜	389	4732	吉首大学张家界学院	英语	本科三批
占顺	389	4735	湖南文理学院芙蓉学院	数学与应用数学(师范)	本科三批
尹玮健	398	4726	南华大学船山学院	软件工程	本科三批
蒋慧萍	396	4729	中南林业科技大学涉外学院	国际经济与贸易	本科三批
欧亮	406	4731	湖南商学院北津学院	工商管理	本科三批
吴阳英	419	4726	南华大学船山学院	护理学	本科三批
李诗逸	415	4721	湘潭大学兴湘学院	金融学	本科三批
唐雯婷	416	4720	湖南师范大学树达学院	护理学	本科三批
廖艳婷	405	4726	南华大学船山学院	医学检验技术	本科三批
刘伟	420	4725	长沙理工大学城南学院	水利水电工程	本科三批
李善梅	430	4733	衡阳师范学院南岳学院	数学与应用数学	本科三批
吴沅江	414	4733	衡阳师范学院南岳学院	数学与应用数学	本科三批
雷钰菱	398	4729	中南林业科技大学涉外学院	国际经济与贸易	本科三批
洪琴欣	408	4735	湖南文理学院芙蓉学院	数学与应用数学(师范)	本科三批
曹茂林	427	4721	湘潭大学兴湘学院	土木工程	本科三批

姚芝	419	4723	湖南科技大学潇湘学院	土木工程	本科三批
谭仕杰	405	4731	湖南商学院北津学院	金融学	本科三批
刘红丽	409	4726	南华大学船山学院	医学检验技术	本科三批
谭鑫	406	4729	中南林业科技大学涉外学院	计算机科学与技术	本科三批
王志宏	401	4726	南华大学船山学院	机械设计制造及其自动化	本科三批
李炜灵	398	4724	湖南中医药大学湘杏学院	市场营销	本科三批
谢娜	389	4735	湖南文理学院芙蓉学院	英语(师范)	本科三批
刘敏婷	388	4735	湖南文理学院芙蓉学院	国际经济与贸易	本科三批
张九强	400	4727	湖南工业大学科技学院	电气工程及其自动化	本科三批
王运平	390	1145	北京邮电大学世纪学院	计算机科学与技术	本科三批
王恩	393	4732	吉首大学张家界学院	土木工程	本科三批
刘佳妮	397	4729	中南林业科技大学涉外学院	会计学	本科三批
张浩	398	4733	衡阳师范学院南岳学院	地理科学	本科三批
尹佳华	394	4729	中南林业科技大学涉外学院	风景园林	本科三批
李书峰	393	4732	吉首大学张家界学院	计算机科学与技术	本科三批
李亚沂	391	4735	湖南文理学院芙蓉学院	数学与应用数学(师范)	本科三批
詹文坤	399	4726	南华大学船山学院	电气工程及其自动化	本科三批
刘翠群	415	4721	湘潭大学兴湘学院	人力资源管理	本科三批
谭仲考	396	4734	湖南理工学院南湖学院	机械设计制造及其自动化	本科三批
唐石玉	418	4722	湖南农业大学东方科技学院	计算机科学与技术	本科三批
廖启斌	407	4723	湖南科技大学潇湘学院	机械设计制造及其自动化	本科三批
刘广	406	4733	衡阳师范学院南岳学院	数学与应用数学	本科三批
唐忠美	404	4733	衡阳师范学院南岳	学前教育	本科三批

			学院		
张震宇	389	4732	吉首大学张家界学院	软件工程	本科三批
黄志强	414	6175	西安交通大学城市学院	经济学类	本科三批
谭花开	392	4734	湖南理工学院南湖学院	人力资源管理	本科三批
何文斌	390	4732	吉首大学张家界学院	计算机科学与技术	本科三批
唐云	398	4553	桂林电子科技大学信息科技学院	计算机科学与技术	本科三批
唐斌	399	4726	南华大学船山学院	机械设计制造及其自动化	本科三批
雷阳	395	4729	中南林业科技大学涉外学院	国际经济与贸易	本科三批
雷小峰	409	4731	湖南商学院北津学院	法学	本科三批
尹露	411	4731	湖南商学院北津学院	电子商务	本科三批
彭胜	401	4726	南华大学船山学院	软件工程	本科三批
廖婷	412	4731	湖南商学院北津学院	会计学	本科三批
曹芙	449	4726	南华大学船山学院	国际经济与贸易	本科三批
肖晗	387	4899	广东海洋大学寸金学院	工商管理	本科三批
雷美华	417	4722	湖南农业大学东方科技学院	英语	本科三批
尹浩楠	390	4732	吉首大学张家界学院	电子商务	本科三批
张书铨	409	4722	湖南农业大学东方科技学院	机械设计制造及其自动化	本科三批
贺曦骋	408	4726	南华大学船山学院	会计学	本科三批
夏佳丽	386	4735	湖南文理学院芙蓉学院	电子信息科学与技术	本科三批
陈瑶	417	4726	南华大学船山学院	土木工程	本科三批
周文烽	407	4733	衡阳师范学院南岳学院	数学与应用数学	本科三批
黄琼	413	4733	衡阳师范学院南岳学院	数学与应用数学	本科三批
左坤	466	4722	湖南农业大学东方科技学院	应用心理学	本科三批
谢煜梓	456	4732	吉首大学张家界学	电子商务	本科三批

			院		
刘佳京	467	4733	衡阳师范学院南岳学院	英语	本科三批
邓惠芬	468	4733	衡阳师范学院南岳学院	汉语言文学	本科三批
徐莉欣	458	4729	中南林业科技大学涉外学院	金融学	本科三批
易智慧	463	4729	中南林业科技大学涉外学院	法学	本科三批
张京	486	4720	湖南师范大学树达学院	英语	本科三批
夏叙钦	467	3631	东华理工大学长江学院	国际经济与贸易	本科三批
胡婷	453	4732	吉首大学张家界学院	工商管理	本科三批
尹琳	484	1395	北京中医药大学东方学院	中医学	本科三批
欧兰香	459	4732	吉首大学张家界学院	护理学	本科三批
潘贵玉	445	2251	长春大学旅游学院	旅游管理	本科三批
谢超	482	4731	湖南商学院北津学院	商务英语	本科三批
徐柏丽	457	4729	中南林业科技大学涉外学院	市场营销	本科三批
徐雯雯	449	4735	湖南文理学院芙蓉学院	国际经济与贸易	本科三批
邓正鹏	464	4723	湖南科技大学潇湘学院	工商管理	本科三批
蒋钟锋	469	4731	湖南商学院北津学院	旅游管理	本科三批
张悦	465	4733	衡阳师范学院南岳学院	英语	本科三批
廖宁宁	465	4552	广西师范大学漓江学院	金融学	本科三批
雷瑕玉	479	4721	湘潭大学兴湘学院	国际经济与贸易	本科三批
吴量	463	3654	江西农业大学南昌商学院	新闻学	本科三批
汤丹	463	4732	吉首大学张家界学院	工商管理	本科三批
胡常菁	467	4733	衡阳师范学院南岳学院	英语	本科三批

曹烨	467	4733	衡阳师范学院南岳学院	英语	本科三批
袁静	449	4736	湖南工程学院应用技术学院	旅游管理	本科三批
李佳雨	376	5345	云南艺术学院文华学院	环境设计	本科三批
刘怡	340	4729	中南林业科技大学涉外学院	环境设计	本科三批
邓华丹	345	4732	吉首大学张家界学院	美术学	本科三批
李自然	421	4725	长沙理工大学城南学院	土木工程	本科三批
王欣怡	422	5192	西南财经大学天府学院	会计学	本科三批
唐文杰	275	4735	湖南文理学院芙蓉学院	视觉传达设计	本科三批
李文姣	467	4732	吉首大学张家界学院	会计学	本科三批
陈宁	451	4736	湖南工程学院应用技术学院	市场营销	本科三批
胡智	466	4723	湖南科技大学潇湘学院	法学	本科三批
郭琪	468	4722	湖南农业大学东方科技学院	金融学	本科三批
张冬臣	451	4727	湖南工业大学科技学院	国际经济与贸易	本科三批
尹朝红	449	4736	湖南工程学院应用技术学院	会计学	本科三批
周瑶	452	4732	吉首大学张家界学院	旅游管理	本科三批
张琼	487	4721	湘潭大学兴湘学院	会计学	本科三批
曹廷群	459	4734	湖南理工学院南湖学院	人力资源管理	本科三批
廖倩	445	4727	湖南工业大学科技学院	会计学	本科三批
张爱珍	482	4720	湖南师范大学树达学院	数学与应用数学(师范)	本科三批
雷佳	349	4735	湖南文理学院芙蓉学院	体育教育(师范)	本科三批
李垚宸	472	4733	衡阳师范学院南岳学院	汉语言文学	本科三批

王麒	407	4731	湖南商学院北津学院	财务管理	本科三批
彭瑜航	397	4727	湖南工业大学科技学院	机械设计制造及其自动化	本科三批
张为伟	405	4734	湖南理工学院南湖学院	计算机科学与技术	本科三批
谭佳	411	4722	湖南农业大学东方科技学院	机械设计制造及其自动化	本科三批
郭佳琪	404	4723	湖南科技大学潇湘学院	计算机科学与技术	本科三批
雷康平	398	1145	北京邮电大学世纪学院	计算机科学与技术	本科三批
袁源	394	4735	湖南文理学院芙蓉学院	日语	本科三批
郭波	401	4733	衡阳师范学院南岳学院	化学	本科三批
李金玉	406	4724	湖南中医药大学湘杏学院	药学	本科三批
杜明晖	412	4555	广西科技大学鹿山学院	食品科学与工程	本科三批
李佳	396	4726	南华大学船山学院	会计学	本科三批
唐文涛	388	4735	湖南文理学院芙蓉学院	计算机科学与技术	本科三批
欧阳超智	399	4733	衡阳师范学院南岳学院	物理学	本科三批
阳平秀	414	4723	湖南科技大学潇湘学院	英语(师范)	本科三批
刘穗	389	4732	吉首大学张家界学院	护理学	本科三批
李婷	403	4723	湖南科技大学潇湘学院	英语(师范)	本科三批
胡文杰	413	4729	中南林业科技大学涉外学院	电子信息工程	本科三批
周勇	408	4724	湖南中医药大学湘杏学院	中医学	本科三批
袁旺	414	4736	湖南工程学院应用技术学院	电气工程及其自动化	本科三批
陈尹琛	393	6427	中国矿业大学银川学院	机械工程(机械设计制造及自动化)	本科三批
廖宏开	396	4732	吉首大学张家界学院	法学	本科三批

欧超	417	4721	湘潭大学兴湘学院	土木工程	本科三批
罗丽	412	4726	南华大学船山学院	药学	本科三批
唐优	414	4721	湘潭大学兴湘学院	材料成型及控制工程	本科三批
刘萍	418	4720	湖南师范大学树达学院	化学(师范)	本科三批
李玉姣	408	4727	湖南工业大学科技学院	财务管理	本科三批
谭穗	419	4720	湖南师范大学树达学院	生物科学(师范)	本科三批
陈小丽	422	4720	湖南师范大学树达学院	化学(师范)	本科三批
贺琪英	409	4723	湖南科技大学潇湘学院	工商管理	本科三批
王鑫	419	4723	湖南科技大学潇湘学院	计算机科学与技术	本科三批
滕睿君	409	3277	南京理工大学泰州科技学院	计算机科学与技术	本科三批
邓利娟	410	4722	湖南农业大学东方科技学院	市场营销	本科三批
李珂维	456	4734	湖南理工学院南湖学院	英语	本科三批
唐娟	472	5192	西南财经大学天府学院	会计学	本科三批
李凯文	413	4723	湖南科技大学潇湘学院	计算机科学与技术	本科三批
何欢	407	4726	南华大学船山学院	护理学	本科三批
李泽港	403	4724	湖南中医药大学湘杏学院	护理学	本科三批
张志灵	397	4733	衡阳师范学院南岳学院	食品科学与工程	本科三批
刘小英	404	4733	衡阳师范学院南岳学院	数学与应用数学	本科三批
邓康	414	4720	湖南师范大学树达学院	电子信息科学与技术	本科三批
欧智珍	332	4729	中南林业科技大学涉外学院	产品设计	本科三批

人物选介

【尹建恒】 男，汉族，1974年10月出生，湖南常宁人，中共党员，大学学历。1992年8月参加工作，历任常宁县人大常委会干部、新河镇镇长助理（挂职）、常宁市人大常委会办公室副主任、常宁市人大常委会内司委副主任；2002年9月任常宁市人大常委会内司委主任；2008年8月任常宁市柏坊镇党委书记；2013年7月任常宁市水口山街道办事处党工委书记。2017年5月任常宁市水口山经济开发区管委会主任。

【张永龙】 男，汉族，1961年4月出生，常宁市胜桥镇渣石村人，中共党员，大校军衔。1977年9月从常宁二中被招为湖南省衡阳滑翔学校学员，1978年7月特招入伍，在空军长春飞行学院学习；1979年3月在空军新疆某飞行学院学习，1981年2月毕业分配到云南某独立运输大队工作，1984年至1988年参加老山、者阴山对越自卫还击战，担负首长专机、空中伤员救护、物质运输等重要任务，先后荣立个人二等功3次、三等功5次，曾被评为“西部空军十佳感动人物”和“正确处置空中特情‘英雄机长’”荣誉称号。1988年7月调成都军区空军某师任飞行大队副师职大校飞行员。

【李锦明】 男，汉族，1980年4月出生，湖南衡阳人，中共党员，湘潭大学全日制本科毕业，2003年7月参加工作。历任湖南省理工专修学院教师，衡阳市建工局建协秘书处干事，衡阳市城市建设投资有限公司科员、办公室副主任、发展部副部长、科研部副部长、科研部部长、发展部部长、办公室主任（其中2014.01—2015.06借调衡阳市滨江新区投资有限公司工作），衡阳市滨江新区投资有限公司常务副总经理、党组成员。2017年6月任常宁市人民政府副市长（挂职）。

【刘国生】 男，汉族，1964年8月生，常宁市宜潭乡人，中共党员，大专学历。1993年4月参加工作，历任常宁县依湖乡秘书、副乡长，罗桥镇党委委员、党政办主任、党委副书记、政协主任、镇长，板桥镇党委书记，常宁市人民政府党组成员、市纪委副书记、监察局局长。2017年5月任常宁市国家森林公园管理处党委书记。

【邹文兵】男，汉族，1974年10月生，湖南衡阳人，中共党员，大学学历。1995年7月毕业于西安陆军学院乌鲁木齐分院。1997年7月，任甘肃省军区临夏军分区积石山县人武部参谋、干事；2000年5月任甘肃省军区临夏军分区司令部参谋；2003年11月调湖南省军区衡阳警备区工作，历任衡山县人武部参谋、衡东县人武部后勤科科长、衡山县人武部副部长、雁峰区人武部副部长。2017年6月任常宁市人武部部长。

【颜晓曦】 男，汉族，1975年2月生，湖南常宁人，中共党员，大学学历。

1993年7月在湖南省机电学校毕业，1993年9月～1994年11月在庙前镇工作，1994年11月～

1996年6月任共青团常宁县委干事，1996年～1997年2月任共青团市委副书记，1998年2月～2003年3月任宜阳镇副镇长，2003年3月～2006年4月任宜阳镇党委委员、副镇长，2006年5月～2008年8月任宜阳镇政协主任，2008年8月～2013年7月任常宁市培元办事处党工委副书记、主任，2013年7月～2017年4月任常宁市蓬塘乡党委书记，2017年4月调入常宁市水口山经济开发区任党工委副书记、书记。

重要政策法规选编

常宁市人民检察院司法体制改革试点方案

根据省检察院、衡阳市检察院工作部署，市检察院自2017年4月18日起，全面推进以落实司法责任制为核心、以检察业务科学构建与运行为重点的司法体制机制改革。为确保改革工作有序进行，特制定本实施方案。

一、指导思想

认真贯彻落实中央关于人民检察院司法体制改革精神和任务，在湖南省人民检察院、衡阳市人民检察院、常宁市委的领导、市人大的监督、市政府的支持下稳步开展，有序推进，并商请相关职能部门配合实施。

二、基本原则

(一)坚持党对改革工作的领导。

(二)严格执行中央司改政策。

(三)遵循检察规律，有序推进各项改革。

(四)保障检察人员在改革中的知情权、参与权、监督权、权利救济权。

三、工作任务

本次改革主要完成如下任务：

(一)对全院检察人员严格实行分类管理。

(二)构建办案组，重构内设机构。确保办案组的配置符合检察工作需求，机构设置实现检察工作公平、公正与效率的最大化。

(三)构建检察业务科学运行机制，切实落实检察官各项司法责任。

(四)构建科学的检察业务监督制约机制，确保检察权在严格的监督制约下，依法有效运行。

四、工作目标

在全面完成办案工作量测算、检察人员分类管理、内设机构和办案组织重构、人员职责分工和职能权限重新配置等基础性工作的基础上，力争全面建立并有效实施符合司法责任制要求的办案组织、办案责任、办案管理、办案监督、考核评价、奖励惩戒、履职保障等系列配套措施。

五、工作步骤

(一)统一思想，成立领导小组。(完成时间：4月18日)统一党组一班人认识，形成协调一致、坚定不移推进本院实施司法体制改革试点的思想基础。建立改革工作领导小组，由院党组书记、检察长王胜利任组长，全体班子成员为副组长，现任各内设机构主要负责人为成员。改革试点工作领导小组下设办公室，由党组成员黄春华兼任办公室主任，政工科副科长周武德任副主任，具体负责改革日常事务工作。

(二)制定方案，拟定推进时间表。(完成时间：4月19日)

(三)建立工作机构。(完成时间：4月19日)工作机构分成四个工作小组：(1)思想政治工作组，由唐福元任组长、廖小英任副组长，组员为范金蓉、李娟；(2)政策法律研究工作组，由黄春华任组长，刘鹏程任副组长，组员为蒋芬；(3)联络保障工作组，由曾媛娉任组长，尹志超任副组长，组员为周孝华、包振国；(4)综合事务工作组，由尹邵宁任组长，周武德任副组长，组员为胡钰红。上述领导机构和工作机构，根据各组性质、任务，按照整体方案，拟定推进改革的路线图、时间表。

(四)提请常宁市委成立常宁市司法体制改革领导小组。(完成时间：4月22日)建议由市委书记刘达祥任组长，由市委副书记、市长吴乐胜任副组长，市委常委、组织部长周晓侣、市委常委、政法委书记张昕和市编办、市人社局、市财政局负责人为成员。

(五)建立指导组。(完成时间：4月23日)省检察院、衡阳市检察院将对市检察院的改革试点工作进行对口指导，省检察院领导包括刘清生、汤维骏、乐冰玉等同志。衡阳市检察院领导包括刘孙承、费旭东、张知义、周辉、李优生等同志。

(六)工作量测算。(完成时间：4月25日)对检察资源需求摸底，从4月19日下午开始，争取5天完成。测算的关键点在于将案件的重大、疑难、复杂、新颖情况进行量化测算，为业务部门公平合理地配置员额检察官、检察官助理、书记员提供决策参考和依据。

(七)构建以员额检察官为中心、以充分授权为原则的办案组织。(完成时间：5月10日)。根据省检察院制定的检察官权力清单，制定《司法办案权力配置方案(试行)》，综合考虑人员素质结构、案件复杂程度、办案成本、案件数量增长趋势等因素，合理确定检察官、检察官助理、书记员之间的配置比例，确定检察官办案组设置形式和数量，明确办案组内不同人员的职能权限。

(八)建立完善其他配套制度。(完成时间：5月16日)

1.根据新的办案模式和权力运行规则，制定受案、分案、办案、结案等各个环节的办案运行配套机制。

2.以防止办案权力滥用，构建多层次、多维度的监督制约机制。建立健全办案管理监督体系，强化对司法办案活动的全程、实时动态监管。

3.构建科学、合理、高效的履职保障机制和行政管理服务机制(完成时间：5月17日)。

(九)重构内设机构。(完成时间：5月10日)以契合司法需求为核心重构司法办案部门、司法监管部门、司法保障部门，确定机构名称、机构级别、理顺职责分工，形成《内设机构整合改革方案》，报编制部门审批后实施。

内设机构设置主要思路是：坚持传承与发展并重，充分考虑检察业务运行规律，采用“必设机构＋X”的方式，必设机构为侦查监督部、公诉部、民事行政检察部、刑事申诉与执行检察部、检务监管部，政治部、办公室。X机构根据常宁实际，拟设“专项业务检察部”，统筹考虑内设机构改革和办案组织建设。根据上级改革精神，考虑到转隶因素，反贪局、反渎局、预防科维持现有机构、人员、及办案模式不变。整合后的内设机构级别以副科为基本构架，配少量正科部门。

(十)完成人员配置工作。(完成时间：机构整合方案批复后15个工作日内)在完成办案组织建设的基础上，根据工作需要、人员基本情况，在适当考虑个人意见的基础上，统筹配置三类人员到各个内设机构和办案组，确保员额检察官全部配置到办案一线。

六、工作要求

(一)加强思想政治工作。坚持把思想政治工作贯穿于改革试点全过程，做细做实所有人员的思想政治工作，对改革试点过程中出现的各类思想问题，要高度重视，及时发现、及时研究、及时解决。

(二)提高思想认识。通过多种形式组织全体干警学习司法体制改革重要文件和领导讲话精神，使全院干警能准确理解和深刻把握改革政策，确保在改革的重大问题上，全院上下都能积极支持改革，形成改革合力，确保本院司法体制改革各项试点工作任务扎实推进、按期完成。

(三)深入调研论证。制定试点方案要深入调研，科学论证，以多种方式听取各方面意见。做好前期资料收集及论证工作，借鉴其他先行改革试点院的成功经验，确保改革工作的科学性和可操作性。

(四)注重统筹推进。严格按照改革路线图和时间表，推进各项工作，推进各部门内部管理运转机制，强化各项工作的衔接对接，确保司法体制改革试点工作出成绩、出实效。

七、工作纪律

(一)不得违背中央司改宗旨、目标、政策。

(二)不得违反对外宣传的禁止性规定。

(三)不同意见可以充分发表，但不能以此为由干扰、阻碍、掣肘改革，对阻挠改革顺利推进的行为将依法依纪严肃处理。

常宁市人民检察院内设机构整合改革方案

为切实落实司法责任制，根据最高人民检察院《关于完善人民检察院司法责任制的若干意见》的文件精神和相关法律法规的规定，结合本院实际，制定本方案。

一、工作思路

坚持以党的十八大和十八届三中、四中全会精神为指导，认真贯彻落实最高人民检察院和省检察院关于全面深化司法体制改革的各项部署，以全面落实司法责任制为核心，以突出检察官办案主体地位为重点，科学配置检察权，优化整合检察资源，建立和完善符合司法规律和检察权运行规律、具有检察职业特点的内设机构设置。

二、基本原则

(一)坚持党的领导原则。

(二)坚持检察权依法独立公正行使原则。

(三)坚持精简高效原则。

(四)坚持检察权与司法行政事务管理权分离原则。

(五)坚持传承与发展并重原则。

三、工作步骤

本院内设机构改革试点工作按以下步骤进行：

(一)形成框架

1. 充分调研论证，提出机构运行框架。搜集各级司改政策文件和相关机构编制资料，全面掌握上级关于内设机构整合的总体要求，通过调研论证，结合本院实际，提出机构整合和运行初步方案。

2. 严格测算工作量，优化配置内设机构。组织测算各部门工作量，统筹以案定额、以岗定额的人员分配方案，科学拟定机构名称、职责、编制。

3. 积极沟通协调，争取上级支持。及时向省检察院、衡阳市检察院和常宁市委、政府汇报，力争把司改工作纳入市委工作部署，建议市委成立司改领导小组，争取市委、市人大、市政府支持，形成合力，推动编制方案审批落地。

(二)动员部署

召开全院干警会议，动员部署机构改革工作。

(三)定岗定员

1. 召开党组会议，研究确定内设机构人员岗位配置。

2. 征求检察人员岗位意见，组织员额检察官、检察官助理、书记员等其他检察人员填写岗位意向表，根据征询意见情况，结合工作实际和需要，由党组研究决定人员分类定岗方案。

3. 召开党组会议研究各负责人人选，按组织程序报相关部门任命。

(四)运行准备

由各部门分管领导负责，细化员额检察官工作职责。对办案组织组成人员进行培训。

(五)正式运行

根据工作安排，调整业务应用系统相关管理权限，各内设机构和员额检察官根据检察权配置方案开展工作。

四、主要内容

(一)内设机构数量

本院现有编制76人，其中行政政法专项编制73人，地方事业编制3人；本院现有14个内设机构拟整合为9个内设机构。

(二)内设机构称谓

全院拟整合的9个内设机构，内设机构名称按最高人民检察院的要求统一称“部”，为“8部1室”，即：侦查监督部、公诉部、职务犯罪侦查与预防部、民事行政检察部、专项业务检察部、刑事申诉与执行检察部、检务监管部、政治部和办公室。司法警察单列，归口政治部管理。

(三)内设机构职能

1.侦查监督部

负责刑事案件的审查批捕，决定逮捕；负责公安机关刑事立案监督和侦查活动监督等工作。

2.公诉部

负责刑事犯罪案件审查起诉，决定是否提起公诉，出庭公诉；代表国家提起刑事附带民事诉讼；审查决定是否追诉，决定是否抗诉或者提请抗诉；负责侦查监督、审判监督；办理刑事诉讼法规定的违法所得没收、精神病人强制医疗等特殊程序案件等工作。未成年人刑事检察工作。

3.职务犯罪侦查与预防部

负责对国家工作人员的贪污、贿赂、挪用公款、巨额财产来源不明等职务犯罪案件进行立案侦查；负责对国家工作人员的渎职犯罪和国家机关工作人员利用职权实施的非法拘禁、刑讯逼供、报复陷害、非法搜查、暴力取证、破坏选举等侵犯公民人身权利和民主权利的案件进行立案侦查；负责研究分析典型职务犯罪的特点规律，得出防范对策，并协助有关单位落实，开展预防咨询和警示教育，管理检察机关行贿犯罪档案系统并受理查询等工作。

4.民事行政检察部

负责对民事诉讼、行政诉讼实施法律监督，民事执行活动、行政执行活动实施法律监督；办理支持起诉、督促履职(行政违法行为监督)、公益诉讼案件等工作。

5.专项业务检察部

负责对环境资源保护、知识产权保护、食品药品管理、金融等特定领域案件实施监督；办理检察长特别授权的案件和事项。

6.刑事申诉与执行检察部

负责刑事申诉、国家赔偿和司法救助；负责对公安看守所监管活动实行法律监督，对社区矫正等刑罚执行活动实行法律监督；负责羁押必要性审查等工作。

7.检务监管部

负责接待群众来访，处理群众来信，诉讼监督和办案工作；负责案件统一受理、流程监控、案后评查、统计分析、信息查询、综合考评等，对办案期限、办案程序、办案质量等进行管理、监督、预警；负责检务督查，司法统计，检委会日常工作，文证审查，“双录”等工作。行政监察工作。

8.政治部

负责机关党建、党群工作、思想政治工作、工青妇工作；机构编制管理，人员招录、遴选、审核、任免调配、人员分类绩效考核、教育培训、晋级、晋衔、奖励、工资、福利；法警管理；离退休干部的管理与服务等工作。

9.办公室

负责协助院领导处理检察政务；组织协调重要工作部署、重大决策的贯彻实施；组织安排重要会议和重大活动；起草重要文件、报告、编发内部刊物；负责公文处理、机要保密、法律政策研究、档案工作、机关管理工作；负责新闻宣传，行财装备和网络维护管理等工作；负责人大代表、政协委员联络工作。

(四)内设机构职级规格

整合后内设机构行政级别建议以副科级为基本构架，根据改革后思想政治工作和办案工作的需要，政治部、公诉部、职务犯罪侦查与预防部等3个内设机构配备为正科级；侦查监督部、民事行政检察部、专项业务检察部、刑事申诉与执行检察部、检务监管部、办公室等6个内设机构为副科级。

(五)领导职数和内设机构职数

1.领导职数

检察长1名，副处级实职；副检察长4名(含党外副检察长1名)，根据中共湖南省委《关于进一步加强人民法院、人民检察院工作的决定》(湘发〔2007〕4号)文件规定，副职按同级党政部门正职配备，为正科级实职；检察委员会专职委员3名，为正科级待遇。院党组由检察长、3名党内副检察长、纪检组长、政治部主任、办公室主任等7人组成，其中党组书记为检察长，另从党组成员中明确2名党组副书记。

院检察委员会由检察长、4名副检察长、3名专职检委委员和侦查监督部、公诉部、职务犯罪侦查与预防部负责人共11人组成。

2.内设机构职数

全院各内设机构设主任1名，为负责人，其中政治部、公诉部、职务犯罪侦查与预防部各设副主任2名，为副科级实职，其他部室根据工作需要，配置副主任，协助主任开展工作。

(六)内设机构整合的说明

根据检察权运行规律对原有内设机构整合重构，按照司法办案、司法监管、司法保障三大系统设置9个内设机构。

1.司法办案系统。在司法办案系统设置6个内设机构，分别为：侦查监督部、公诉部、职务犯罪侦查与预防部、民事行政检察部、专项业务检察部、刑事申诉与执行检察部。

(1)侦查监督部、公诉部、职务犯罪侦查与预防部、民事行政检察部、刑事申诉与执行检察部为必设机构；专项业务检察部为特色机构。

(2)反贪局、反渎局、预防科整合为职务犯罪侦查与预防部，3个部门原机构编制、办案模式、人员配置维持现状不变。

(3)专项业务检察部，是根据当前检察工作的实际需要和将来检察工作的发展趋势设立，旨在负责办理环境资源保护、知识产权保护、食品药品管理、金融等民生民利领域案件，办理检察长特别授权的其他案件和事项，拓展检察业务空间，延伸检察职能。

(4)整合后司法办案系统的部主任除履行员额检察官办案职责外，主要职责为：①组织研究涉及本部门业务的法律政策问题；②组织对本部门办案工作的业务指导，不再对员额检察官承办的案件行使审核权；③召集检察官联席会议；④负责本部门司法行政管理工作；⑤根据检察长或分管副检察长授权和委托，办理其他交办事项。

(5)部主任办案数量应达到本部门员额检察官办案数量的50%以上。

(6)办案业务部门根据专业化、职业化需要，设置若干专门职责检察官工作室。

2.司法监管系统。司法监管系统设置1个内设机构，名称为检务监管部。检务监管部属综合业务部门，设部主任1名，设副主任1名，负责案件管理、办案监督和行政监察工作。司法监管系统应配置适当员额检察官。

3.司法保障系统。司法保障系统设政治部、办公室两个内设机构，属综合保障部门，其中政治部主要负责党建和队伍建设，以及工青妇等工作，设副主任2名。办公室主要管理机关日常性事务，设副主任2名。

五、办案组织形式

根据履职需要、案件类型及复杂难易程度，办案部门实行独任检察官或检察官办案组的办案组织形式。

⑴独任检察官是指由一名检察官独自承办案件，并配备必要的检察辅助人员协助的组织形式。

按照分案规则，普通刑事案件、民事行政案件，原则上由一名检察官承办案件的，承办检察官即为该案件的独任检察官。业务部门主要负责人应当为独任检察官配备必要、合适的检察辅助人员协助办案。

⑵检察官办案组是指由两名以上检察官组成，配备必要的检察辅助人员协助的组织形式。根据司法办案需要临时设置。

⑶因工作需要设置的检察官办案组，由业务部门主要负责人提出设置方案，报副检察长决定。检察长也可以根据办案工作需要指定若干名检察官组成临时办案组，并指定其中一名检察官为主办检察官，对承办重大、疑难、复杂、新颖案件的办案组，指定其中一名检察官担任主任检察官主持办案组工作。

⑷检察长、副检察长、检委专职委员加入临时办案组的，作为主任检察官主持办案组工作，办案组成员由检察长、副检察长、其他检察委员会委员决定。

中共常宁市委关于成立“北斗卫星导航应用管理学院”的请示

中国卫星导航系统管理办公室：

在党中央、国务院、中央军委和习主席的正确领导下，在贵办的具体组织推动下，我国北斗卫星导航事业历经多年艰苦奋斗，取得了举世瞩目的建设成就，为国家安全、国防建设和社会经济发展提供了坚实基础和重要保障，在国际上已成为我国继高铁、核电之后的第三张国家名片，北斗导航应用已向高技术、深层次、规模化、产业化的趋势发展。近期，湖南省制定出台了《关于促进湖南卫星应用产业发展五年行动计划》，根据行动计划，湖南省将在“十三五”期间持续大力推进以北斗导航、卫星遥感、卫星通信等为核心的卫星应用产业发展，建立卫星地面设备与用户终端制造、卫星应用系统集成及信息综合服务产业链，培育和壮大卫星应用产业规模，深度拓展北斗卫星导航芯片终端研制生产、典型行业应用示范、导航空位精度增强等应用解决方案，建成千亿级北斗应用信息化产业，突破和掌握一批核心先进技术。

随着北斗应用产业和技术迅猛发展，市委深深感到，加强应用型人才培养教育已经成为当务之急，初步统计看，截止到2016年全国卫星导航应用行业从业人员约15万人左右，很多企业管理人员和一线业务人员是由机械制造、电子、通信等行业转型过来，缺乏对北斗导航的深度理解认识和必要学习培训，在发展战略、产品研发、市场推广、用户服务等方面存在较大短板，盲目竞争、低水平等现象屡现，长期以往必将严重影响国内外用户信心和北斗导航的核心竞争力。同时，随着国家“一带一路”战略推进和北斗全球化发展，丝路国家了解北斗、使用北斗的需求日益迫切。鉴于此，在省领导大力支持下，经市委、市政府充分研究和反复论证，拟发挥常宁市在地理、经济、人文和经济等方面优势，充分发掘自身潜力并联合相关院校、企事业单位力量，自主筹建“北斗卫星导航应用管理学院”，目的是建设全国首个专业培养卫星导航应用人才的民办高等专业技术学院，为国家北斗产业发展提供人才支撑。目前学院已完成基本筹建工作及规划设计，有关情况汇报如下：

一、选定建校地址

1. 地理交通条件。常宁市位于湖南省南部，居衡阳、永州、郴州等城市地理几何中心，是湖南省重点发展战略“一点一线”中线地带，辐射人口3000余万，交通网络便利。学院选址拟定于常宁市东门湖片区范围内，该地块位于常宁市城区东南方，常宁大道以北，东一环以东，占地面积约2000亩，依山傍水，风景秀丽。市委拟为学校建设校区至市区专用道路，校区毗邻京港澳高速复线(岳临高速)，距武广高铁衡阳站、衡阳南岳机场约半小时车程，交通便利。

2. 经济基础及生态环境条件。常宁市土地总面积2046平方公里，总人口101万人，辖21个乡镇(街道)。境内物产资源丰富，有全国“有色金属之乡”“油茶之乡”“版画之乡”(联合国粮棉组织油茶基地)等美誉。市内水口山经济开发区是国家循环化改造示范试点园区。

3. 教育科研和工业基础条件。常宁市是国家重要有色金属产地和生态农业基地，水口山地区矿业为国家核能、武器制造和载人航天等提供了重要特殊的材料供应，近年来智能制造、电子信息等产业发展迅速，在教育科研方面与长沙、衡阳等地院校和科研院所广泛合作，形成了优势互补。

二、主要筹备情况

1. 完成土地调规：该项目已完成前期土地规划调整，拟选址常宁市东门湖片区范围内，按照在校学生2万人的规模规划设计，拟征建设用地2080亩，规划建筑面积约100万平方米。

2. 明确办学方案：该学院经与国家教育部高教司、湖南省教育厅等单位协商，明确不使用国家教育经费，采取校企合作独立办学的创新模式，由政府联合北斗恒通等有关北斗产业企业、院校等共同出资建设并运行管理，常宁市制定了相应政策予以倾斜扶持。

3. 完成规划设计：学院目前已完成基本规划设计，拟设立七大专业学科系，即：①卫星导航与应用工程系；②空间测控技术与应用工程系；③光电科学与应用工程系；④地理信息与应用工程系；⑤空间信息与应用工程系；⑥智慧城市管理与应用工程系；⑦信息安全技术与应用工程系。两个中心，即：远程网络教育服务中心、科技与培训国际交流中心。一个研究院，即北斗卫星导航应用产业发展研究院。学院采取整体设计分期建设，一期规划建筑面积50万平方米，二期规划建筑面积49万平方米，逐步形成能容纳2万学生的综合性学校，并按北斗七星星座开展了建设布局和园林特色设计。

4. 启动教材编写：为夯实“北斗卫星导航应用管理学院”办学基础，为学员提供专业、优质的精品教材，2017年5月，常宁市牵头成立了学院教材编撰机构，邀请和组织北斗领域从事教学、科研、建设、应用、保障的一线专家学者进行撰写，由杨元喜等担任总顾问，六位院士担任顾问，北斗各大分系统总师担任各分册编委主任，以突破北斗基本教材在国内的权威性、科学性、专业性、唯一性和针对性。现已完成了教学大纲的编撰工作，同时启动了各专业教材的编写。

5. 资金基本到位：学院建设约需投入约30亿元，现筹建资金已部分到位，在市委、市人民政府和相关企事业单位、社会资本共同努力下，后续建设资金筹备工作正在顺利进行。

三、意见建议

(一)“北斗卫星导航应用管理学院”是充分发挥社会资源作用和企业积极性，通过民间办校支持北斗发展新模式的创新探索，恳请贵办作为国家卫星导航系统主管部门，给予顶层指导和支持。

(二)为进一步优化学院发展路线图设计，拟于近期召开“北斗卫星导航应用管理学院”战略发展咨询会议，届时将邀请国家和军队有关单位领导、院士和专家参加，特请贵办参加指导。现将学院基本规划文稿及汇报片提交贵办审阅。

(三)建议贵办组织实施的北斗军民融合应用、“稳步推进北斗导航系统走出去”等工作中，能够将“北斗卫星导航应用管理学院”统筹纳入任务范畴。市委、市人民政府将倾全力保障任务落实，特别是在北斗教育培训领域能够做出应有贡献。

妥否，请示。

中共常宁市委办公室 常宁市人民政府办公室关于常宁市农村集体产权制度改革试点工作实施方案

为贯彻落实《中共中央国务院关于稳步推进农村集体产权制度改革的意见》，市委、市人民政府决定在全市开展农村集体产权制度改革工作，根据《农业部中央农村工作领导小组办公室关于商请确定农村集体产权制度改革试点有关事项的函》(农经函〔2017〕2号)精神，结合常宁市实际，制定如下实施方案。

一、指导思想

全面贯彻落实党的十八大和十八届三中、四中、五中、六中全会精神，以明晰农村集体产权归属、维护农村集体经济组织成员权利为目的，以推进集体经营性资产改革为重点任务，以发展股份合作等多种形式的合作与联合为导向，坚持农村土地集体所有，坚持家庭承包经营基础性地位，探索集体经济新的实现形式和运行机制，不断解放和发展农村社会生产力，促进农业发展、农民富裕、农村繁荣，为推进城乡协调发展、巩固党在农村的执政基础提供重要支撑和保障。

二、基本原则

(一)坚持正确方向。充分发挥市场在资源配置中的决定性作用和更好发挥政府作用，明确农村集体经济组织市场主体地位，完善农民集体资产股份权能，把实现好、维护好、发展好广大农民的根本利益作为改革的出发点和落脚点，促进集体经济发展和农民持续增收。

(二)坚持改革底线。坚持农民集体所有不动摇，防止集体资产流失；坚持农村基层党组织的领导核心地位不动摇，巩固党在农村的执政基础；坚持依照法律政策办事不动摇，妥善处理各种利益关系，防止集体资产被侵占，守住农民利益不受损的底线。

(三)坚持尊重民意。走群众路线，让群众选择，把公开、公平、公正贯穿于改革的全过程，把民主决策、民主监督、民主管理贯穿于改革的各环节，通过民主协商解决矛盾纠纷，真正让农民成为改革的参与者和受益者。

(四)坚持分类指导。根据各地经济发展水平和现实情况，从实际出发，因地制宜，选择农民群众普遍认可的改革方式，实行一村一策，先易后难，循序渐进，不搞一刀切，不搞齐步走。

(五)坚持稳妥推进。坚持试点先行，示范引领，探索可复制、能推广的途径和办法，积累经验，着力在关键环节、重点领域突破，配套推进相关改革，防控和化解各种风险，确保改革顺利实施，确保农村社会稳定。

三、总体要求

(一)改革目标。在坚持家庭承包经营的基础上,探索推进以股份合作为主要形式的农村集体产权制度改革工作。构建归属清晰、权能完整、流转顺畅、保护严格的中国特色社会主义农村集体产权制度；建立符合市场经济要求，有利于管好用好集体资产，实现集体资产保值增值的农村集体经济运行新机制；形成有效维护农村集体经济组织成员物质利益和民主权利，较为完善的农村集体经济治理结构。

(二)改革范围。农村集体产权制度改革的范围限于集体经济组织内部，不能打破原集体经济组织界限。改革一般以村级集体经济组织为主，属合并村的，经民主协商同意，既可以合并前的村为单位进行改革，也可以合并后的村为单位进行改革，合并的村与村之间资产价值悬殊较大的，原则上以原村为单位进行改革；组级集体经济组织财务账目完整，产权归属清晰且群众有要求的，可以组为单位进行改革。改革的资产范围是本级集体经济组织的全部资产，包括资源性资产、经营性资产和非经营性资产。

(三)改革重点。各乡镇(街道)在普遍抓好“清产核资、确认成员身份、设立集体经济组织、强化资产管理、发展集体经济”等工作的基础上，要突出改革重点，根据村(社区)集体资产类型和存量，选择不同的改革方向：1.对经营性资产较大的城中村、城郊村、经济发达村，重点是将经营性资产折股量化到集体经济组织成员，组建股份经济合作社或股份经济合作联社；2.对经营性资产较少或没有经营性资产的村，鼓励组建经济合作社；3.对集体资源性资产较大且群众有改革意愿的村，可对资源性资产进行股份量化，组建土地股份合作社；4.对未承包到户的资源性资产，重点是确权到集体经济组织，做好确权登记颁证；5.对非经营性资产，重点是确权到集体经济组织，不宜折股量化到户。

四、工作任务

(一)全面开展清产核资。清产核资是顺利推进农村集体产权制度改革的前提。各村(社区)要在乡镇(街道)党(工)委，乡镇人民政府、街道办事处统一领导下，成立清产核资工作组，对集体所有的各类资产进行全面清理核实，摸清集体家底。一是全面清查资产。农村集体所有的各类资产包括三类：①资源性资产，主要为农民集体所有的农用地、森林、草原、荒地、滩涂等；②经营性资产，主要为用于经营的房屋、建筑物、机器设备、工具器具、农业基础设施、集体投资兴办的企业及其所持有的其他经济组织的资产份额、无形资产等；③非经营性资产，主要为用于公共服务的教育、科技、文化、卫生、体育等资产。在摸清农村集体三类资产整体情况的基础上，重点对未承包到户的资源性资产，经营性资产以及现金、债权债务等查实存量、价值和使用情况，并依照国家有关规定，对农村集体所有的各种资产，经估价或价值重估后，重新核实资产的实际存量，确定集体资产的价值总额，做到账证、账实、账表三相符。已完成农村土地(含林地)确权登记颁证的，资源性资产可直接登记造册。二是界定产权归属。依据国家法律、法规和规章，按照“谁投资，谁所有”的原则，对农村集体所有的各种资产的所有权归属关系进行确认。并根据农村集体资产所有权界定结果，对农村集体经济组织成员集体占有的各种资产依法进行所有权归属登记。属于村集体所有的，由村集体经济组织代表集体行使所有权，未成立集体经济组织的由村民委员会代表集体行使所有权；属于组集体所有的，由组集体经济组织代表集体行使所有权，未成立集体经济组织的由村民小组代表集体行使所有权。三是公示清查结果。清产核资结果要向全体成员公示，公示期不少于10天，并经成员(代表)大会确定，报乡镇(街道)审核、市农村经营管理部门备案。四是规范处置资产。对清查出的应入账但未登记入账的资产，经核对公示后登记入账；对有账无物或者核算不准确的资产，经核对公示后调整账目；对长期借出或者未按规定程序租赁转让的资产，要清理收回或者补办相关手续；对侵占集体资产的，要督促当事人如数退赔，涉嫌违规违纪的要严格追责，构成犯罪的移送司法机关追究法律责任。五是确权登记颁证。在清产核资的基础上，把非经营性资产和未承包到户的资源型资产确权到集体经济组织，按照

“应确尽确、能确尽确”原则，加快农村土地承包经营权、林权、集体土地所有权、集体建设用地使用权、宅基地使用权、水利设施所有权及其它非经营性资产等农村各类产权确权登记颁证进程。六是搭建监管平台。清产核资工作基本结束后，要建立健全集体资产登记、保管、使用、处置等制度，并通过农村集体“三资”网络监管平台，建立集体资产台账及数据库，搞好信息化平台建设，实行动态管理。(牵头单位：集体产权改革办；责任单位：乡镇(街道)；配合单位：农业局、农经服务中心、林业局、水利局、教育局、财政局、审计局、民政局、司法局、卫计局、文体广新局、经科信局、住建局、不动产登记中心。

(二)科学确认成员身份。科学界定成员身份涉及每个农民的切身利益，是农村集体产权制度改革的关键环节和基础工作。各乡镇(街道)要指导村(社区)制定好集体经济组织成员确认方案，明确成员确认的时间节点和具体标准、程序、办法等事项，提倡由本集体经济组织成员民主商定或由市统一设置界定成员身份的截止时点。村集体经济组织成员确认方案，需经本村(组)集体经济组织成员(代表)会议通过并报乡镇(街道)审核、市农村经营管理部门批准后实施。确认成员身份应坚持有法依法，有政策按政策，没有法律法规和政策依据的由成员民主协商解决。一般应按照尊重历史、兼顾现实、程序规范、群众认可的原则，统筹考虑户籍关系、农村土地承包关系、对集体积累的贡献等因素，采取原始取得、依法取得、申请取得等方式，经过“收集意见、酝酿讨论、会议议决”的民主程序形成决定，合理确认集体经济组织成员身份，做到全面、准确、不遗漏。成员身份的确认要注意协调平衡各方利益，既得到多数人认可，又防止多数人侵犯少数人权益，切实保护妇女合法权益。对成员身份界定有异议的，由集体经济组织成员(代表)大会讨论决定，确保成员利益不受侵害。集体经济组织成员确认结果须进行三轮公示，每轮公示期不少于10天。成员身份确认后，要建立成员登记备案制度，编制集体经济组织成员名册，集体成员的基本信息经乡镇(街道)审核，报市农村经营管理部门备案。今后的新增人口，通过分享家庭内拥有的集体资产权益的办法，按章程获得集体资产份额和集体成员身份。牵头单位：集体产权改革办；责任单位：乡镇(街道)；配合单位：农业局、农经服务中心、民政局、公安局、妇联。

(三)有序推进经营性资产股份合作制改革。经营性资产股份合作制改革是农村集体产权制度改革的重点。凡经营性资产较大的村(社区)，都要将经营性资产折股量化到集体经济组织每个成员，发展农民股份合作。一是折股量化。在清产核资和确认成员身份的基础上，将经全体成员确认的集体经营性资产总额扣除负债后的净资产数额以股份或份额的形式确定到每位股东。对经营性资产的折股量化范围、折股量化方式等事项，必须提交村集体经济组织成员(代表)大会讨论决定后方可实施。折股量化到人的方式，以将集体经营性净资产的价值总额落实到人为主；也可以不对集体经营性资产以价值形态体现，仅是明确每位股东将来参与集体资产收益分配的份额。二是股权设置。股权设置以成员股为主，村(社区)可以根据实际情况，由本集体经济组织成员(代表)大会讨论决定是否设置集体股及所占比例和股权管理办法。成员股是将集体资产净额的总值或一定比例折股量化到成员个人的股份，由符合条件的集体经济组织成员按份享有，原则上不少于总股份的70%(含70%)。集体股是由集体行使所有权的股份，集体股收益主要用于处理遗留问题、偿还债务、公共服务管理、基础设施、公益事业建设和处理突发问题。股权设置方案，要依据有关法律法规和政策，实行民主决定，张榜公示，并报乡镇(街道)审核，市农村经营管理部门批准后实施。三是股权管理。股权管理应遵循“确权到户、户内共享、社内流转、动静结合”的原则。可采用静态(即“生不增死不减”)或动态管理(即按年限滚动管理)的方式，由村集体经济组织召开成员(代表)大会讨论决定，对土地等资源性资产入股组建的土地股份合作社只能采用静态管理方式，对土地多数被征用的村(社区)鼓励采用静态管理方式。四是机构设置。完成清产核资、成员确认、资产量化等环节后，要及时成立新的集体经济组织，制定组织章程，建立股东大会、理事会和监事会，可与村(社区)“两委”同时换届，可连选连任。股东大会是集体经济组织的最高权力机构，实行一人一票表决制度，重大事项须经股东(代表)大会三分之二以上审议通过后方可实施。理事会、监事会由股东(代表)大会选举产生，理事长是法定代表人，从理事会成员中选举产生。监事会组成人员不得少于三人，监事长列席理事会会议。理事及财务负责人不得兼任监事。改革后农村集体经济组织要完善治理机制，涉及成员利益的重大事项实行民主决策，防止少数人操控。村干部被选举为理事长的，原则上兼职不兼薪。五是股权登记。要建立集体资产股权登记制度，健全农村集体资产股权名册和管理台账。农村集体资产股权登记，由农村集体经济组织向乡镇(街道)统一提出。原则上以户为单位向成员出具量化股权的股权证书。办理农村集体资产股权登记需提交农村集体资产股权登记申请、集体资产股份量化方案、集体资产股份量化决议、股权人身份证明(身份证或户口簿)等资料。乡镇(街道)按照经公告无异议的登记方案建立农村集体资产股权登记簿，并报市农村经营管理部门备案。股权证书由市农经中心监制，乡镇(街道)填写，农村集体经济组织颁发。六是资产运营。对集体资产应采取市场化运营方式，可以由改制后新的集体经济组织自主经营，也可以通过承包、租赁、拍卖、托管、联营、股份合作等多种方式由其他主体经营或与其他主体联合经营。无论采取哪种经营方式，都要有利于集体资产完全完整、保值增值，并实现可持续利用。七是收益分配。改革后的新型集体经济组织，年度收益分配要依据当年经营收益情况，合理确定分配方案，明确收益分配范围和顺序，确定收益分配及提取公积金、公益金的比例，按其成员拥有股份的权重进行分配，实行同股同利。坚持效益决定分配原则，无效益不分配，严禁举债分配。年度收益较少，经股东(代表)大会讨论通过，当年可不分配，收益结转下年。年度分配方案需经股东(代表)大会讨论通过，报乡镇(街道)审核，市农村经营管理部门批准。(牵头单位：集体产权改革办；责任单位：乡镇(街道)；配合单位：农业局、农经服务中心、财政局、国土资源局、林业局、民政局、水利局、市场和质量监管局、金融办、人民银行常宁支行)。

(四)积极探索资源性资产股份合作制改革。选择土地确权登记颁证工作彻底完成、流转土地收益相对较高、农村劳动力就业比较充分的村(社区)进行试点，按照依法、自愿、有偿的原则，推进集体资源性资产股份合作制改革。一是扎实推进集体未承包到户资源股份合作。支持集体经济组织利用未承包到户的集体“四荒”地(荒山、荒沟、荒丘、荒滩)、果园、养殖水面等资源性资产，采取股份合作的形式，进行资源开发、产业化经营，提高农村资源的有效开发利用力度；对集体未承包到户资源性资产较大的村，可对资源性资产进行股份量化，组建土地股份合作社组；对中心村建设复垦出的耕地以及农村闲置宅基地整理、土地整治中新增的耕地，可采取确权确股不确地的办法，入股经营主体进行规模经营。二是积极探索农户承包土地股份合作。积极引导农户把承包土地(含林地)的经营权转化为股权，组建土地股份合作社，或入股现代农业园区、农业产业化龙头企业、农民专业合作社等，获取保底收益和按股分红。三是引导开展农宅股份合作。在集体经济组织引导下，探索农户以宅基地使用权及农房财产权入股发展农宅合作社。在不改变农村集体土地所有权和农民宅基地使用权的前提下，鼓励农村居民与城镇居民合作建房、合作开展美丽乡村建设。四是鼓励发展旅游资源股份合作。支持景区附近、历史文化名村等有旅游资源的村，以旅游资源经营权、生态权入股成立股份合作制经济组织，发展休闲、度假、文化、观光等产业，增加农民的财产收益。(牵头单位：集体产权改革办；责任单位：乡镇(街道)；配合单位：农业局、农经服务中心、财政局、国土资源局、林业局、民政局、水利局、交通旅游局、扶贫办、市场和质量监管局、住建局、不动产登记中心、金融办、人民银行常宁支行)

(五)赋予农民集体资产股份权能。深入开展赋予农民对集体资产股份占有、收益、有偿退出及抵押、担保、继承权改革试点。一是赋予农民集体资产股份占有、收益权能。折股量化的股权要落实到人，确权到户。要建立集体资产股权登记制度，记载农村集体经济组织成员持有的集体资产股份信息，出具股权证书，作为其占有集体资产股份、参与管理决策和享有收益分配权的有效凭证。健全集体收益分配制度，明确公积金、公益金提取比例，把农民集体资产股份收益分配权落到实处。二是赋予集体资产股份有偿退出和继承权能。量化的股权可以继承，现阶段应在家庭成员中继承。在特殊条件情况下可有偿退出，但应严格控制在本村集体经济组织范围内，可以由村集体经济组织赎回，也可以转让给本村集体经济组织其他成员(但每户持股比例最高不超过10%)。各村集体经济组织的股权有偿退出和继承办法，由各村(社区)依法结合实际制定，并报乡镇(街道)、市农村经营管理部门备案。三是赋予集体资产股份抵押、担保权能。在国家法律法规允许的情况下，审慎开展农村集体经济组织成员股权抵押、担保，实行封闭运行，严格防范风险，避免集体经济产权结构受到冲击和严防金融风险。(牵头单位：集体产权改革办；责任单位：乡镇(街道)；配合单位：农业局、农经服务中心、财政局、国土资源局、林业局、民政局、水利局、市场和质量监管局、住建局、不动产登记中心、金融办、人民银行常宁支行)

(六)发挥农村集体经济组织功能作用。农村集体经济组织是集体资产管理的主体，它代表成员集体行使资产的所有权、管理权和经营权，是具有法人地位的组织载体。其名称可以为经济合作社或经济合作联社，也可以为股份经济合作社或股份经济合作联社。目前常宁市所有村(社区)都没有设立农村集体经济组织。凡是开展经营性资产股份合作制改革的村(社区)，必须设立集体经济组织，其他地方，提倡设立。一是发放组织登记证书。现阶段由县级以上主管部门负责向农村集体经济组织发放组织登记证书，集体经济组织可据此向有关部门办理银行开户等相关手续，以便开展经营管理活动。并按照农业部统一制定的组织证明书的样式、编码、流程等规定具体进行操作。二是维护集体经济组织合法权益。改革后农村集体经济组织要完善治理机制，制定组织章程，依法维护农村集体经济组织及其成员的权益，保证农村集体经济组织平等使用生产要素，公平参与市场竞争，同等受到法律保护。赋予村集体经济组织对集体承包地发包、调整、收回及监管权能。承包农户转让、互换土地承包权应在本集体经济组织内进行且需发包方同意，采取出租、转包或其他方式流转土地经营权的，须报发包方书面备案。集体土地被征收的，集体经济组织有权就征地补偿安置方案等提出意见并依法获得补偿。在农村土地征收、集体经营性建设用地入市和宅基地制度改革试点中，探索正确处理国家、集体、农民三者利益分配关系的有效办法。对于经营性资产，要体现集体的维护、管理、运营权利；对于非经营性资产，要体现统一运行管护权利。三是探索政经分设体制。要妥善处理好村(社区)党组织、村(居)民委员会和农村集体经济组织三者之间的关系，探索新型农村治理结构。发挥好农村集体经济组织在管理集体资产、开发集体资源、发展集体经济、服务集体成员等方面的功能作用。在基层党组织领导下，探索农村集体经济组织与村(居)民委员会的职能分工，支持有条件的村(社区)实行政经分离，各自设账，独立核算。(牵头单位：集体产权改革办；责任单位：乡镇(街道)；配合单位：市委组织部、监察局、农业局、农经服务中心、财政局、审计局、民政局、司法局、公安局、国土资源局、林业局、水利局、市场和质量监管局、人民银行常宁支行)

(七)进一步加强农村集体资产管理。改革后的集体经济组织要成立财务管理机构，按照国家有关财务会计制度进行会计核算，建立健全各项财务管理制度，配备专职财务人员，稳定农村财会队伍。及时建立集体资产登记、保管、使用、处置等台账。落实民主理财，规范财务公开，保障集体成员的知情权、监督权、管理权和决策权。对非经营性资产，要根据其不同投资来源和有关规定统一运行管护，保持非经营性资产的完整和使用服务价值，探索有利于提高公共服务能力的运营管理机制。加快农村集体资产监督管理平台建设，实现集体资产管理制度化、规范化、信息化。加强市乡两级农村经营管理体系建设，强化对集体经济组织的指导监督，做好日常财务收支等定期审计以及任期和离任经济责任等专项审计，建立问题移交、定期通报和责任追究制度，防止侵占集体资产。对集体财务管理混乱的村，各乡镇(街道)要及时组织力量进行整顿，防止和纠正发生在群众身边的腐败行为。(牵头单位：集体产权改革办；责任单位：乡镇(街道)；配合单位：监察局、农业局、农经服务中心、财政局、审计局)

(八)发展壮大农村集体经济。农村集体经济是集体成员利用集体所有的资源要素，通过合作与联合实现共同发展的一种经济形态，是社会主义公有制在农村的具体体现。农村集体产权制度改革，不能把集体经济改弱了，改小了，改垮了。要贯彻落实《中共湖南省委、湖南省人民政府关于加快发展村级集体经济的意见》(湘发〔2014〕6号)，多种形式发展，多种措施并举，探索发展集体经济的有效途径。一是盘活资产，发展物业。对闲置或低效使用的村部、学校、旧厂房、生产设施等资产进行整合及二次开发，并利用集体建设用地兴办物业项目，通过出租或入股形式参与经营，实现集体存量资产增值。依法依规整合相关帮扶资金，采取“单村独建、合作联建”形式，在经济基础较好、人口集聚明显的新城区、工业园区、旅游度假区、乡镇集镇等地建设标准厂房、物业楼，或置办商铺门面、市场摊位、仓储设施、厂房等物业，增加村集体收入。二是开发资源，产业带动。通过资源变资产、资金变股金、农民变股东，农村集体经济组织以股权为纽带，把各种资源要素整合到产业平台，激活农村自然资源、存量资产、人力资本等，培育壮大一批特色优势产业，促进集体经济发展。支持利用未承包到户的集体“四荒”地、果园、养殖水面等资源，集中开发或者通过公开招投标等方式发展现代农业项目；支持利用生态环境和人文历史等资源发展休闲农业和乡村旅游；支持在符合规划前提下，探索利用闲置的各类房产设施、集体建设用地等，以自主开发、合资合作等方式，发展现代设施农业、林下经济，建设特色农产品种养基地。要以地生财，抓住新农村建设契机，推行宅基地竞投机制，或兴建产业发展配套项目，利用“地级差”，发展壮大集体经济。三是转变职能，服务创收。支持农村集体经济组织为农户和各类农业经营主体提供产前产中产后服务，以及旅游、商贸流通与市场管理等服务。鼓励领办创办农家乐统一管理服务中心、生产服务型合作社等各类社会服务组织，为农民提供技术、信息、物资、流通、仓储等服务。大力发展农村电子商务，建立农产品网上交易平台，开展农超对接、直采直配等服务。四是合股联营，借力发展。各村(社区)要以农村集体产权制度改革为契机，利用村集体经济组织载体，按现代企业制度开展资产管理和运营，整合利用集体积累资金、政府帮扶资金等，通过入股或者参股农业产业化龙头企业、农民专业合作社等经营主体，发展集体经济。五是政策支持，合力推动。各级各部门要从市场准入、资金支持、财政奖补、税费减免、土地使用、人才引进、金融保险等方面加大扶持力度，通过村与村合作、村企联手共建、扶贫开发等多种形式推动农村集体经济发展。要切实抓好集体经济组织债权回收和债务化解工作，严控新债，营造集体经济发展的良好环境。(牵头单位：市委组织部；责任单位：乡镇(街道)；配合单位：农业局、农经服务中心、林业局、水利局、财政局、国土资源局、人社局、发改局、扶贫办、地税局、国税局、金融办、人民银行常宁支行)

(九)引导农村产权规范流转交易。依托集体资产监管、土地经营权流转等平台，建立符合农村实际需要的产权流转交易市场，开展农村承包土地经营权、集体林权、“四荒”地使用权、农业类知识产权、农村集体经营性资产出租、担保、抵押等流转交易。一是搭建农村产权流转交易平台。整合农村土地承包经营权流转服务中心和林业产权交易机构等各类农村产权流转交易机构的职能，成立常宁市农村综合产权交易中心，配齐工作人员。依托乡镇(街道)便民服务中心，成立乡镇(街道)农村产权交易服务平台。二是开展农村产权流转交易服务。要提供发布交易信息、受理交易咨询和申请、协助产权查询、组织交易、出具产权流转交易鉴定书，协助办理产权变更登记和资金结算手续等基本服务。三是加强农村产权流转交易的监管。成立常宁市农村产权交易监督管理委员会,加强农村产权交易监督和管理，规范农村产权交易行为。探索制定必须公开交易的农村集体资产购置或处理的标的额标准，以及必须公开交易的大宗的农村承包土地经营权、林权的流转交易的限额标准，建立健全规范的市场管理制度和交易规则。维护进城落户农民土地承包权、宅基地使用权、集体收益分配权，探索支持引导其依法自愿有偿转让上述权益的有效办法。四是建立农村产权流转交易服务标准化体系。在试点基础上，建立农村资产资源评估体系，制定农村产权评估办法和操作细则，开展农村土地等资产资源评估业务。农业、林业、住建、国土、水利等相关部门分类出台相应的农村产权评估细则及评估技术规程，定期发布不同区域评估指导价，让评估机构有统一、科学的参考标准。制定并实施农村产权流转交易服务行业及地方规范，建立农村土地承包经营权确权登记颁证服务，农村土地经营权流转服务，农村产权流转交易市场建设等标准化体系，形成市、乡、村三级联动的农村产权流转交易服务标准化格局，实现农村产权流转交易的公开、公正、规范运行，使服务对象满意。五是开展农村产权抵押贷款业务。利用产权交易中心的信息管理平台和评估定价平台，建立抵押价值认定和抵押登记制度，创新农村信贷产品，全面开展“四荒”地使用权、小型水利设施使用权抵押贷款业务，探索开展农村承包土地经营权、农民住房财产权、大中型农机具抵押贷款业务。加大对农村土地股份合作制经济组织的财政金融扶持力度，准许合作制经济组织以农民的土地承包经营权设定抵押。建立抵押债权风险保障机制。申请试点建立独立运营的市级农业信贷担保机构，或者申请省级农业信贷担保机构在全市设立分支机构开展农业信贷担保业务，加快建立财政支持的多元化、多层次的农户信贷担保体系。(牵头单位：集体产权改革办；责任单位：乡镇(街道)；配合单位：农业局、农经服务中心、林业局、水利局、住建局、国土资源局、农机局、监察局、财政局、审计局、市场和质量监督管理局、司法局、金融办、人民银行常宁支行)

五、实施步骤

整个产权制度改革工作分两年完成。2017年启动试点，完成清产核资，2018年全面推进，总结提升。

(一)动员部署阶段(2017 年9月至 2017 年 10月底)。

1.成立组织机构。成立市农村集体产权制度改革试点工作领导小组，领导小组下设办公室，具体负责农村集体产权制度改革日常工作。乡镇(街道)成立相应工作机构。村(社区)成立工作班子。

2.制定工作方案。根据《中共中央国务院关于稳步推进农村集体产权制度改革的意见》等有关法律法规及政策文件制定本市农村集体产权制度改革实施意见及相关文件；乡镇(街道)也要结合实际情况和群众意愿，制定集体产权制度改革实施方案。村实施方案交由本集体经济组织成员(代表)大会讨论，三分之二以上集体经济组织成员(代表)同意后，报乡镇(街道)备案。

3.广泛宣传发动。要层层召开会议，进行动员和安排部署，通过进村入户走访，召开村组干部、党员会议及村民小组座谈会、村民代表会议等形式，广泛收集干部群众意见，做好不同对象的思想工作，统一广大干部群众的思想认识，调动参与改革的热情和积极性。要充分发挥宣传媒体的作用，通过在常宁电视台集中宣传改革试点政策，利用乡镇(街道)、村(社区)公开栏、广播、入户一封信、流动宣传车、宣传册等形式进行广泛宣传，营造良好的改革氛围。

4.开展业务培训。市集体产权改革办开展对乡镇(街道)业务人员的培训，各乡镇(街道)要对村组工作人员进行业务培训。通过集中培训、专题讲解等形式，使各级相关人员切实掌握产权制度改革的相关政策规定和具体操作方法。培训内容主要包括清产核资、成员界定、股份量化、集体经济组织注册登记及章程等关键环节的操作办法。市集体产权改革办、市农业局、市农经服务中心、市林业局等单位要分阶段给予政策指导，制定推动改革的政策指导意见、编发《常宁市农村集体产权制度改革知识问答》手册等通俗易懂的政策宣传材料。

5.启动改革试点。由试点乡镇(街道)负责，市集体产权改革办、市农业局、市农经服务中心指导，在宜阳、柏坊、洋泉、西岭等 4个乡镇(街道)的8个村(社区)，开展农村集体产权制度改革试点工作。通过试点，进一步完善清产核资、成员认定、折股量化等相关配套办法和制度，总结出成功可复制的经验。

(二)组织实施阶段(2017 年 11月至 2018年9月底)。

在全面完成各类农村产权确权登记颁证工作，试点取得成功，积累经验的基础上，向全市全面铺开农村集体产权制度改革工作，分四个阶段：

1.2017年11月—2017年12月底，完成清产核资。

2.2018年1月—2018年3月底，完成成员身份确认。

3.2018年4月—2018年7月底，完成股权量化、股权设置、股权管理、组织机构、股权登记、资产运营、收益分配等推进经营性资产股份合作制改革，探索农村土地股份合作制改革，以及赋予农民集体资产股份权能。

4. 2018年8月—2018年9月底完成发挥农村集体经济组织功能作用、规范农村集体资产管理、发展壮大农村集体经济、引导农村产权规范流转交易等探索农村集体经济有效实现形式改革。

(三)验收总结阶段(2018 年 10月1日至 2018年10月底)。

1.完善提高。试点改革工作完成后，各乡镇(街道)要及时对改革试点工作进行自评及总结，对照上级的要求，查漏补缺、总结提高。股改村要对改制过程中形成的有关文件、决议、人口调查登记表、实施方案、股东清册等重要纸质、影像资料进行全面整理归档，装订成册后报乡镇(街道)和市农经服务中心。

2.验收总结。试点改革工作完成后，市领导小组将组织相关部门对各乡镇(街道)试点工作进行自查验收。同时，认真做好总结验收准备工作，提交总结报告，迎接上级的检查验收。

六、保障措施

(一)加强组织领导。市委、市政府成立了由市委书记任组长，市长任常务副组长，市委、市政府分管领导任副组长，相关单位主要负责人为成员的市农村集体产权制度改革试点工作领导小组，负责制定出台政策文件，定期听取工作汇报，研究解决重大问题。领导小组下设办公室，设在市农经服务中心，负责对改革试点工作进行指导、协调、督查。各级各部门要充分认识农村集体产权制度改革的重要性，将此项工作作为全面深化农村改革的重要内容，切实摆上重要议事日程，成立相应工作机构，做到主要领导亲自抓，分管领导具体抓，并明确责任人及完成时限。

(二)强化工作机制。要建立“市级领导牵头、乡镇(街道)组织实施、村(社区)具体操作、职能部门搞好服务”的工作机制。乡镇(街道)党(工)委书记是集体产权制度改革工作的第一责任人，乡镇长、办事处主任是主要责任人，分管领导是具体负责人。各成员单位要积极支持配合，充分发挥职能作用，对试点工作提供政策支持和业务指导。要建立月报表、季调度、半年督查、年底总结评估制度。领导小组每月召开一次会议，专项听取农村产权制度改革工作情况汇报，并不定期对重点、难点工作进行现场调试；集体产权改革办每月要组织召开一次工作例会，交流工作进展情况，编发农村产权改革信息，及时传达市领导对改革工作要求，交流各部门和乡镇(街道)的工作经验，反映农村产权制度改革推进动态；乡镇(街道)每月末书面向市集体产权制度改革办报送进度情况，改革工作中遇到的重大问题随时报告。要严格实行考核，把农村集体产权制度改革试点工作纳入全市各单位年终目标管理绩效考核。

(三)落实政策支持。在农村集体产权制度改革中，免征因权利人名称变更登记、资产产权变更登记涉及的契税，免征签订产权转移书据涉及的印花税，免收确权变更中的土地、房屋等不动产登记费。财政支持发展农村集体经济专项资金重点投向各类农村集体产权制度改革试点村。对政策拨款、减免税费等形式的资产归农村集体经济组织所有，可以量化为集体成员持有的股份。逐步增加政府对农村的公共服务支出，减少农村集体经济组织的相应负担。支持新型集体经济组织作为申报实施主体参与农业综合开发、农业产业化等农业和农村经济建设项目。鼓励金融机构将依法取得法人资格的农村集体经济组织纳入评级授信范围，并提供信贷支持。加强农村金融担保体系建设，扩大农村集体资产抵押担保物范围，探索开展生产设施、集体股权抵押贷款。统筹安排农村集体经济组织发展所需用地，允许改革后的股份经济合作社、股份经济合作联社利用集体建设用地搞开发经营。

(四)保障工作经费。农村集体产权制度改革工作不得向农民收取费用。为保障此项工作顺利进行，按照中央要求，市财政要设立农村产权制度改革专项经费，把工作经费纳入市财政年度预算予以保障。

(五)严肃工作纪律。加强对农村集体产权制度改革全过程的监督检查，特别是加强对清产核资、成员及产权界定、股份量化等重要环节的指导和监管，防止任何单位或个人利用改革之机低价变卖、转移财产，挥霍浪费等造成集体资产的流失。对在改革中非法侵占、哄抢、平调、挪用、私分、损坏或变卖集体资产的，要如数退赔，涉嫌违规违纪的移交纪检监察机关处理，构成犯罪的移交司法机关依法追究责任人的刑事责任。对因在产权制度改制过程中不民主、不公开、不透明引发群众集体上访等社会矛盾的，除追究本集体经济组织责任人的责任外，还将追究上一级有关责任人的责任。对农村集体产权制度改革工作推动不力、进展不快、大局不稳的乡镇(街道)，约谈乡镇(街道)委(工)书记、问责相关人员。

中共常宁市委常宁市人民政府关于深化供销合作社综合改革的实施意见

(2017年6月26日)

为贯彻落实《中共中央国务院关于深化供销合作社综合改革的决定》(中发〔2015〕11号)、《中共湖南省委、湖南省人民政府关于深化供销合作社综合改革的实施意见》(湘发〔2016〕3号)和《中共衡阳市委衡阳市人民政府关于深化供销合作社综合改革的实施意见》(衡发〔2016〕22号)文件精神，立足常宁实际，坚定不移贯彻“产业主导、工业主打、统筹城乡、全面发展”思路，针对全市供销社系统现状，提出如下实施意见。

一、深化供销合作社综合改革的总体要求

(一)指导思想。树立“创新、协调、绿色、开放、共享”的五大发展理念，积极参与全市农村“精准扶贫”工作，紧紧围绕“三农”工作大局，强化基层社建设和创新联合社治理机制，进一步激发供销合作社系统内生动力和发展活力，密切与农民利益联结为核心，提升为农服务能力，在发展现代农业、促进农民致富、繁荣城乡经济中发挥好独特优势，担当起更大责任，努力将供销合作社打造成各级党委政府抓得住、用得上的为农服务骨干力量和服务农民生产生活的综合平台。

(二)基本原则。按照中央和省委关于“供销合作社是中国特色农村工作体系和农村服务体系的重要组成部分”的文件精神，“湘供改组办〔2016〕1号”文件决定将供销合作社统一纳入到农村工作体系实行归口管理。供销合作社在综合改革中，要扎根农业、农村、农民服务之中，依据合作制要求，充分尊重农民意愿，推动多种形式的联合与合作，推行民主管理、互助互利；在综合改革中，允许采取差异性、过渡性的制度和政策安排，不搞“一刀切”，不追求一步到位；鼓励大胆尝试、积极探索、勇于突破、试点先行、推陈出新，以适应社会经济发展新常态。

(三)目标任务。通过综合改革，恢复重建全市供销合作社基层社和经营服务网络。按照新型经营服务管理模式，把供销合作社系统打造成为农服务的综合平台和社有资本营运平台的“两大平台”；建立供销合作改革发展基金和基层组织体系建设专项发展基金的“两大基金”，全力实施惠农综合服务工程和基层组织建设工程“两大系统工程”。到2021年，全市重点构建起供销合作基层组织体系、农业生产服务体系、农产品流通服务体系、城乡社区综合服务体系、农村合作金融服务体系、社有企业经营管理体系等服务体系；做大做强农资、农副产品、日用消费品、再生资源回收、电子商务、合作金融等产业。供销合作社基层社实现乡镇全覆盖，村级综合服务社覆盖80%以上的行政村。

二、拓展供销合作社经营服务领域

(四)建立新型农业社会化服务体系，实施惠农综合服务工程。加快构建生产合作、供销合作、信用合作“三位一体”和侧重在县、乡、村的全市上下贯通的惠农综合服务体系，组建惠农服务有限公司，推动供销合作社由流通服务向全程农业社会化服务延伸，向全方位城乡社区服务拓展；创新发展方式，着力创造条件支持农资经营企业和农产品经营大户，创办市、乡、村“三级”惠农服务中心和托管服务机构，建立新型农业现代化服务平台，采取大田托管、代耕代种、股份合作、以销定产等多种方式，为农民和各类新型农业经营主体提供农资供应、配方施肥、农机作业、统防统治、收储加工等系列化服务，推动农业适度规模经营。启动常宁农资商品大市场建设，把市政府2010年12月31日会议纪要精神落实到位。(市供销合作社、市委研究室、市农委、市发改委、市财政局、市商务局和粮食局。排在第一位的为责任分工牵头单位，其他为主要参加单位，下同)

(五)完善农产品现代流通服务体系，提升农产品流通服务水平。供销合作社要以开发建设乡镇农贸市场、县(市)级农产品批发中心、农产品电子商务平台为重点，建立农产品现代流通网络服务体系，在集散地建设大型农产品批发市场和现代物流中心；在产地建设农产品收集市场和仓储设施，大力发展冷链物流；在城市社区建设生鲜超市等零售终端，形成布局合理、联结产地到消费终端的农产品市场网络；在有条件的地区，政府控股的农产品批发市场可交由供销合作社建设、运营、管护。鼓励符合条件的社有企业参与大宗农产品政策性收储，强化仓储建设，发展冷链物流、网络网点，构建县(市)、乡、村完整的农村物流服务体系；加快发展供销合作社农村电子商务，实现线上线下融合发展。(市发改委、市委政研室、市财政局、市商务和粮食局、市供销合作社)

(六)健全城乡社区综合服务体系，打造城乡环保服务平台。在城镇社区和农村要逐步建立城乡社区惠农服务中心(站)和村级惠农综合服务社，为城乡居民提供日用消费品、文体娱乐、养老幼教、就业培训等多样化服务以及政府委托的公益性服务。积极参与“美丽乡村”建设，规范建设再生资源回收网点，促进资源循环和高效利用，改善城乡生态环境，尤其加快再生资源回收利用网络建设，重组“常宁市再生资源回收公司”，集再生资源回收分拣、汽车拆解、废旧家电拆解为一体的再生资源回收分拣中心，为全市人民打造一个干净清爽的工作生活环境。(市供销合作社、市公安局、市农委、市商务和粮食局、市发改委)

(七)构建农村合作金融服务体系，稳步开展农村合作金融服务。供销合作社要按照社员制、封闭性原则，在不对外吸储放贷、不支付固定回报的前提下，允许符合条件的供销合作社企业依照法定程序积极稳妥发展农村资金互助合作，依法设立农村互助保险组织，开展互助保险业务，在先行试点、严控风险的基础上，积极构建以资金互助为基础、以农信担保为支撑、以合作保险为补充的农村合作金融服务体系。积极与商业银行务实合作，为广大基层农户提供“金融下乡”服务，打通“金融服务”最后一公里，解决农民融资难的问题，拓展为农服务领域。供销合作社联合社、金融监管部门等相关部门要按照职责分工，承担起监管职责和风险处置责任，切实防范和化解金融风险。(市金融办、银监会常宁监管分局、常宁保险行业协会、市商务和粮食局、市供销合作社)

三、强化供销合作社基层组织建设

（八）推进市社加强行业指导能力建设，规范市社组织构架。县（市）级社是引领县（市）域内供销合作经济发展，构建政府主导的农业社会化服务体系和城乡综合服务体系，实施“基层组织建设工程”的主要载体，要不断提升工作指导技术服务能力，充实经营、技术、管理力量，加强面向农民生产生活的网络网点建设，打造县（市）域性并具有引领和辐射带动力的惠农服务公司，承接政府转移的为农服务职能等。规范建设好县（市）级社理事会、监事会组织，优化机关机构设置、职能配置，再次明确市供销合作社联合社机关参照公务员法管理，不断加大政策扶持和工作支持力度。（市供销合作社、市委组织部、市编办、市人力资源社会保障局）

（九）加强基层社组织建设，加大对基层社的扶持。要加强基层供销社建设，把完善基层社组织体系作为深化供销合作社综合改革的重中之重，在农业生产资源整合上下功夫，积极主动向中央、省、市级财政争取资金；要通过劳动合作、资本合作、土地合作等多种途径，把基层社打造成农民出资、农民参与、农民受益的综合性合作社。完善基层社治理结构，落实社员代表大会、理事会、监事会制度，建立健全按交易额返利和按股分红相结合的分配制度。各级各部门要制定具体办法，支持基层社作为相关涉农政策和项目的实施主体，承担公益性服务，允许财政项目资金直接投向注册后的基层社，允许财政补助形成的资产转交注册后的基层社持有和管护。（市供销合作社、市财政局、市农委、市市场和质量监督局、乡镇政府）

（十）加快发展农民合作社，积极领办创办农民专业合作社。供销合作社可以创办、参股、领办农民专业合作社，通过共同出资、共创品牌、共享利益等方式，创办引领一批管理民主、制度健全、产权清晰、带动力强的农民专业合作社；要立足地方特色产业，加快发展包括农机、土地流转、大田托管、消费、文化、信用互助、种养业、加工业等农民专业合作社；要整合茶叶、茶油、食用菌、蔬菜、果品、粮食油料、蜂业畜牧产品等特色产业，发展农产品加工流通企业，推进农产品加工和产销对接，为农民增收节支创造条件。（市供销合作社、市财政局、市农委、市市场和质量监督局）

（十一）发展农村综合服务社，加快普及村级（社区）惠农综合服务社建设。充分发挥供销合作社经营网络优势和服务平台优势，与村（社区）党组织和村委会的组织优势互补互利，大力推进“党建引领、社村共建”活动，构建党建、村建、社建“三建结合”和党务、村务、商务“三务合一”的村级（社区）惠农综合服务新格局，推动各项惠农政策落地，切实解决农村（社区）综合服务“最后一公里”问题。抓住乡村布局建设调整的有利时机，力争把村级惠农农村综合服务社建到每一个村（社区）。（市供销合作社、市委组织部、市农委、市财政局、市场和质量监督局、乡镇政府）

四、加快社有企业结构调整和转型升级

（十二）构建联合社主导的行业指导体系，理顺联合社之间关系。逐步完善联合社机关主导的行业指导体系和社有企业支撑的经营服务体系，形成社企公开、上下贯通、整体协调运转的双线运行机制；研究制定供销行业发展战略和规划，就产业布局、投资收益、履行社会责任等提出明确要求，指导服务全市供销系统改革发展；加强对本区域内供销合作社的行业管理、政策协调、资产监管、教育培训，组织实施好基层社重建，抓好惠农综合服务工程建设，落实对成员社的资产监管职责，建立工作评价机制和工作考核机制，防止社有资产流失。在供销社综合改革期间，每年市财政要安排一定资金，市供销合作社每年从经营收入中提取20%以上的收入作为配套资金共同设立市级供销合作发展基金和基层组织建设基金。抓紧制定合作发展基金运行和管理办法，确保出资成员权责明确，基金运行公开透明，规范高效。(市供销合作社、市财政局、市法制办)

(十三)创新资本营运方式，促进社有企业转型升级。明确市供销合作社理事会是本级社属资产和所属企事业单位资产的所有权代表和管理者，理事会要落实社有资产出资人代表职责，监事会要强化监督职能，成立社有资产管理会，完善社有资产出资人制度，建立社有资本经营预算制度，按市场机制提升资本运营效果，以社管资本为主加强对社有资产的监管，促进社有资产保值增值；社有企业要面向市场自主经营、自负盈亏、创新发展，在保持农资经营、粮油棉花、农产品流通、再生资源回收、日用消费品销售等传统经营业务优势的同时，参与发展现代农业、休闲农业、旅游观光、健康养生、电子商务、现代物流、农村金融服务、城乡公共服务等新兴业务，加快由单纯农资经销商向农业综合服务商转型，将服务链条延伸到农业生产经营的全过程，一手抓上游生产基地建设，一手抓下游物流配送体系建设，进一步形成连锁化、规模化、品牌化经营格局，深耕农村市场。要积极依托市委、市政府支持市供销合作社系统恢复重建基层社的有利时机，整合产业体系，促进企业转型升级。(市供销合作社、市委政研室、市发改委、市市场和质量监督局、市财政局)

(十四)创新联合社治理结构。按照建设合作经济联合组织的要求，进一步落实社员代表大会、理事会、监事会制度，建立健全按交易额返利和按股分红相结合的分配制度，切实履行加强行业指导、落实为农服务职责、承担宏观调控和公益性服务任务，逐步把县(市)级联合社办成基层社共同出资、各类合作经济组织广泛参与、实行民主管理的经济联合组织。大力发展行业协会，实现协会与联合社融合互补、协同发展。(市供销合作社、市编办、市民政局、市人力资源社会保障局)

五、加强对供销合作社综合改革的组织领导

(十五)落实领导责任。要站在加快推进中国特色农业现代化、巩固党在农村执政基础的战略高度，树立重视供销合作社就是重视农业、扶持供销合作社就是扶持农民的理念，把供销合作社综合改革纳入全面深化改革的大局统筹谋划、协调推进；要把供销合作社惠农综合服务工程建设列入新农村建设和精准扶贫工程的重要项目；要把供销合作社综合改革纳入对乡镇政府的绩效考核，建立督导机制，强化督导检查，落实工作责任，定期进行考评；要积极稳妥推进供销合作社综合改革试点，努力形成可复制、可推广的经验做法；要高度重视供销合作社领导班子和干部人才队伍建设，按照综合改革的要求和合作经济组织特点选好配强市供销合作社联合社领导班子。市供销合作社改革实施方案要报市委、市政府深化供销合作社综合改革领导小组审批。(市委办公室、市委组织部、市编办、市委政研室、市政府办公室、市农委、市人力资源社会保障局、市供销合作社)

(十六)解决历史遗留问题。市政府按照有关规定，抓紧落实处理供销社财务挂账、金融债务等历史遗留问题。要保持供销合作社经济组织体系和社有资产的完整性，任何部门和单位不得违法违规平调、侵占供销合作社财产，不得将社有资产纳入地方政府融资平台，不得改变供销合作社及其所属企事业单位的隶属关系。(市财政局、市金融办、市人力资源社会保障局、市国土资源局、市供销合作社)

(十七)加大财政支持力度。继续支持新农村现代流通服务网络工程建设，通过现有资金渠道支持供销合作社组织实施农业社会化服务惠农工程。市财政从2017起至2021年每年安排预算、设立并落实供销合作发展基金100万元、基层社组织建设专项基金100万元和深化供销合作社综合改革工作经费50万元，加大国家农业综合开发对供销合作社新型农业社会化服务体系和产销对接等项目建设的支持力度。加强对财政投入资金的管理和审计监督。(市财政局、市农委、市供销合作社)

(十八)优化政策环境。各级各部门要按照职能分工，落实好相关配套政策，加强协同配合，形成改革合力。农业部门要出台支持供销合作社开展农业社会化服务的相关措施办法；发改、财政部门要支持供销合作社建设农村农产品集散批发市场、仓储设施、物流中心，支持继续承担化肥、棉花、防汛物资等国家、省级储备任务和大宗农产品政策性收储；经信、人力资源社会保障、农业、商务、扶贫等部门，要支持供销合作社开展新农村示范基地和扶贫产业发展基地建设，开展农民经纪人和农民技能培训、拓展“互联网”业务和农村新能源经营业务；组织、人力资源社会保障、民政等部门要支持供销合作社加强行业协会建设，承接政府转移职能，承接政府购买服务项目；金融管理部门要支持供销合作社开展各种金融服务，加大对供销合作社重点涉农项目贷款支持力度，开展资本运营；国土资源、住房城乡建设、规划等部门要加强对供销合作社重点建设项目和用地的支持，鼓励供销合作社利用旧经营场所、闲置仓库等建设符合规划的流通设施和职工保障性住房；税务、市场和质量监督部门在基层社资产重组合并、出售、置换和注册、登记等方面要提供支持。(市供销合作社、市委政研室、市农委、市委组织部、市发改委、市财政局、市人力资源社会保障局、市国土资源局、市民政局、市国税局、市住房城乡建设局、市金融办、市市场和质量监督局、市商务和粮食局)

(十九)加强供销合作社自身建设。市供销合作社要切实增强深化综合改革的自觉性、主动性，强化市场思维、开放思维、创新思维、法治思维，破解体制机制难题，激发内在活力；要加强供销合作社人才队伍建设，着力培养一批懂市场、会管理的优秀企业家，造就一支对农民群众有感情、对合作事业有热情、对干事创业有激情的高素质干部职工队伍。大力弘扬“扁担精神”、“背篓精神”等优良传统，推进供销合作社文化建设，汇聚起供销合作事业发展的强大精神力量。在改革过渡期内，联合社机关参照公务员法管理的人员确因工作需要，经有关机关批准可到本级社有企业兼职，但不得在企业领取报酬。

(市供销合作社、市委组织部)

中共常宁市委办公室常宁市人民政府办公室关于从严管理科级领导班子和领导干部的意见

全面从严治党，关键在从严治吏。根据《关于新形势下党内政治生活的若干准则》《中国共产党党内监督条例》等文件精神，为落实衡阳市《关于从严监督管理党员干部的十项措施》，打造政治素质好、团结协作好、工作业绩好、作风形象好的科级领导班子，建设忠诚、干净、担当的领导干部队伍，结合常宁实际，特制订本意见。

一、严格遵守政治规矩

1. 注重提高政治修养。加强政治理论学习，坚定理想信念，突出抓好党章党规和习近平总书记系列重要讲话精神的学习。各单位党委(党组)全年安排集体学习不少于6次，全年学习时间不少于15天。牢固树立“四个意识”，坚持个人服从组织、少数服从多数、下级服从上级、全党服从中央。认真贯彻执行党的路线和方针政策，不妄议党中央，不信谣、不传谣、不造谣。坚决落实市委市政府的决策部署，不得自行其是、阳奉阴违。对服从意识不强、贯彻执行不力的，严肃追责问责。

2. 贯彻执行民主集中制。强化党委(党组)集体决策作用，落实好党委工作条例和党组工作条例。健全集体领导和个人分工负责相结合的制度，完善领导班子议事规则和决策程序，对重大问题决策、重要干部任免、重大项目投资决策、大额资金使用等实行领导班子集体研究，严格执行“一把手”末位表态。对违背党的民主集中制原则，独断专行，拒不执行或者擅自改变党组织作出的决定，在领导班子中闹无原则纠纷的，及时进行组织调整。

3.认真执行请示报告制度。各单位党委（党组）每年至少向市委作1次全面报告。执行中央、省委、衡阳市委和常宁市委重要决定的情况应及时专题报告。研究涉及全局的重大事项或做出重大决策及时请示报告。遇有突发性重大问题和工作中重大问题及时请示报告，情况紧急必须临机处置的，要尽职尽责做好工作，并迅速报告。单位党政正职因事外出(原则上不能同时离开本地)，要提前向市委、市政府主要领导和分管市级领导报告，并向市委办公室请示报备。单位其他干部外出要提前向单位主要负责人报告。单位领导干部外出，要主动及时将去向告知本单位办公室，并保持通讯畅通。对执行请示报告制度不力的，按相关规定进行追责。

4.自觉参加组织生活。单位党组织负责人要履行本单位党建工作第一责任人的责任，班子其他成员要履行分管领域的党建工作责任。党员领导干部要自觉参加领导班子民主生活会，以普通党员身份参加所在党支部活动，带头参加组织生活会，带头讲党课，带头交纳党费。对落实党建工作责任不力，造成重大影响的，予以组织处理。

二、严肃组织人事纪律

5.规范干部初始提名。认真贯彻执行省委组织部《关于加强干部选拔任用纪实工作的实施意见》，加强选人用人全程监督和倒查追责。坚持“谁推荐、谁负责”，所在单位党组织向市委推荐人选应出具书面材料，由主要负责人签字并加盖党委(党组)印章；领导干部个人向市委推荐人选(含个人自荐)，必须向市委或组织部门书面署名推荐，推荐材料应当递交组织部门，不得向个人推荐或私下打招呼。

6.严格执行干部调配规定。严格遵守选拔任用党政领导干部“十不准”纪律规定，坚决执行干部交流和回避制度。对无正当理由拒不服从组织调动或者交流决定的，依照法律及有关规定予以免职或者降职使用。

7.认真落实干部退休制度。严格执行干部到龄退休规定，退休人员必须在退休文件下发之日起1个月内办好退休手续。对超过1个月未办或故意延迟办理退休手续人员，由市财政追缴其额外所得工资和停发工资，并严肃追究当事人及单位主管领导责任。对采取弄虚作假、伪造相关材料等手段延迟退休获取不当利益的，按有关规定严肃处理。

三、严格日常监督管理

8.严肃财政纪律。认真落实党政正职“三不直接分管”，重大支出集体研究。加大经济责任审计、财政监督和财政专项检查力度，规范领导干部财务审批行为，实行谁审批谁负责。严格执行公务接待和公务用车制度。对违反财经纪律的依法依规处理。

9.实行领导干部干预和插手重大事项留痕备案制度。领导干部不得干预和插手工程事宜、执纪执法、公共资源交易、司法活动、金融活动、征地拆迁、财政评审、选人用人等重大事项，不得向项目单位推销材料、设备及商品。对领导干部干预和插手重大事项的，实行留痕备案，按规定进行处理。

10.落实谈心谈话和领导干部上门家访制度。落实谈心谈话“七必谈”要求。单位党政正职要深入党员干部家中进行家访，全面了解其家庭、婚姻及生活状况等，建立家访台账。对党员干部存在的苗头性、倾向性问题，及时谈话提醒、批评教育、抓好整改。召开家属座谈会，掌握党员干部“八小时之外”的情况。

11.执行提醒谈话和函询制度。市委市政府领导干部对分管单位党政正职、单位党政正职对班子其他成员，每年至少开展1次提醒谈话，并根据需要随时开展谈话。凡涉及科级干部的反映举报，需要开展提醒谈话或函询的，由市纪委、市委组织部等相关职能部门落实。

12.注重巡察结果运用。被巡察单位党组织和党员干部要配合支持巡察工作，认真整改巡察反馈的问题。对阻止、干扰巡察工作或反馈问题整改不到位的，予以严肃问责。加大巡察结果运用，将巡察结果和巡察整改情况作为干部评价、选拔任用、奖励惩处和对干部进行调整、免职、降职等组织处理的重要依据。对巡察中发现的领导干部涉嫌违纪违法问题，依法依规进行处理。

四、严明工作作风要求

13.加强调查研究。党员干部要深入基层、贴近群众，大兴调查研究之风，紧扣重大决策、重要任务、重点改革、重大项目、热点难点问题等开展调查研究。各单位班子成员要精选调研课题，组建调研班子，每年领衔开展2至3项重点调研，形成高质量的调研成果。

14.杜绝“慵懒散拖”。强化责任担当，主动作为，切实解决好工作中存在的落实不力、敷衍塞责、群众观念淡漠等问题。对领导干部应当履职而不履职、不及时履职或履职不到位，贻误工作，造成不良影响及后果的，依照有关规定给予党纪政纪处分；涉嫌犯罪的，依法移送司法机关处理。

15.抓实底线工作。切实抓好计生、安全生产、环境保护、扶贫攻坚、综治维稳等底线工作，坚持谁主管谁负责，按职负责、明确分工、责任到人。对职责范围之内的工作，不得推诿拖延、不得把矛盾上交。对因思想不重视、工作落实不力、造成不良影响的，进行严肃追责。

五、严守廉洁自律底线

16.落实“两个责任”。党委(党组)书记是党风廉政建设的第一责任人，要担负起亲自主抓、直接推动、全面落实的总责、主责。领导班子其他成员按照“一岗双责”要求，根据工作分工，对职责范围内的党风廉政建设负主要领导责任。纪检监察部门负责人要聚焦主责主业，切实履行好监督、执纪、问责的职责。对“两个责任”和“一岗双责”落实不力的，严格按照《中共常宁市委党风廉政建设主体责任和监督责任追究办法》进行追责。

17.坚持廉洁从政。禁止利用职权和职务上的影响假公济私、化公为私，收送红包礼金，违规从事营利性活动，违规操办婚丧喜庆事宜。禁止利用职权和影响力为亲属、身边工作人员和其他特定关系人谋取不正当利益。禁止参与超标准、超范围接待或者借机大吃大喝，不得违规发放各项津补贴。严禁违反规定选拔任用干部。禁止违反规定干预和插手市场经济活动，谋取私利。对违反规定的，依照有关规定给予批评教育、组织处理或者纪律处分，涉嫌违法犯罪的，依法追究其法律责任。

18.净化“生活圈”。单位党委(党组)要加强对党员干部“八小时”以外廉政教育和监督，聚焦党员干部“生活圈”，建立党员干部廉政档案和业绩档案。党员干部要自觉净化自己的“生活圈”，严明生活纪律，严禁认“干亲”，坚决抵制“小圈子”“小团体”“小山头”。自觉遵守互联网“七条底线”，净化“微信朋友圈”，自觉抵制非法娱乐活动，拒绝黄赌毒，杜绝酒驾、醉驾。党员干部的“生活圈”情况要在民主生活会或组织生活会上进行说明。

中共常宁市委办公室常宁市基层妇联组织改革实施方案

为贯彻省委、衡阳市关于加强和改进党的群团工作的意见，不断推进基层妇联组织的改革创新，着力破解妇联基层基础薄弱、工作力量不足、基层妇联组织成员广泛性、代表性不够等问题，根据《中共湖南省委组织部、湖南省妇女联合会印发〈关于坚持党建带妇建全面推进服务型基层妇联组织建设的意见〉的通知》(湘组发〔2016〕9号)和《湖南省妇女联合会印发〈湖南省基层妇联组织改革实施方案〉的通知》(湘妇字〔2016〕44号)文件规定，特制定本实施方案。

一、指导思想

坚持以邓小平理论、“三个代表”重要思想、科学发展观为指导，深入学习贯彻习总书记系列重要讲话特别是在中央党的群团工作会议上的讲话精神，立足“强三性去四化”，不断增强基层妇联组织的吸引力、凝聚力、战斗力，把基层妇联组织建设成为党开展妇女工作的坚强阵地和深受广大妇女信赖和热爱的“温暖之家”。

二、目标要求

(一)健全乡镇(街道)妇联组织，完善乡镇(街道)妇女代表大会，健全乡镇(街道)妇联执委会。扩大乡镇(街道)妇联组织成员，根据辖区内妇女人数配备相应的妇联执委力量，执委人数一般不少于25人，注意考虑妇联执委的广泛性和代表性。扩大乡镇(街道)妇联副主席数量，乡镇(街道)妇联兼职副主席不少于3人。执委和兼职副主席任期与同级妇联换届同步。

(二)推动村(社区)妇代会改妇联，完善村(社区)妇女代表大会，健全村(社区)妇联执委会。扩大村(社区)妇联组织成员，根据辖区内妇女人数配备相应的妇联执委力量，执委人数一般不少于15人。扩大村(社区)妇联副主席数量，村(社区)妇联兼职副主席不少于2人。执委和兼职副主席任期与同级妇联换届同步。2017年全市所辖村(社区)妇联换届与村(社区)换届同步，在新的村(居)民委员会产生后20天内，组织完成村(社区)妇联换届，妇代会改妇联。

三、实施步骤

(一)准备阶段(2017年5月31日前)。主要任务：建立机构、调查摸底、制定方案、宣传发动。要在同级党组织的领导下，深入调查，摸清本地妇联组织、女干部和妇女的基本情况，并根据现行的政策法规，制定实施方案、工作流程、选举办法和程序，要充分在妇女群众中宣传基层妇联组织建设及妇女参选参政的相关政策文件，为基层妇联改革的顺利推进营造良好氛围。

(二)实施阶段(2017年6月1日—6月30日)。主要任务：在党组织的领导下推荐提名人选，召开妇女代表大会完成选举。选配优秀女干部任乡镇(街道)妇联主席，重视村(社区)候选人的推荐工作，大力推荐热爱妇女儿童事业、热心公益服务、自愿参与妇联工作的优秀女性作为村(社区)妇联主席候选人，村(社区)妇联主席候选人原则上要作为“两委”成员候选人。要严格程序，严肃纪律，开好换届大会，选举产生乡镇(街道)、村(社区)妇联班子。

(三)总结阶段(2017年7月1日-7月10日)。主要任务：选举结果备案、材料归档，开展新任妇联干部培训。乡镇(街道)、村(社区)妇联主席及班子成员的选举结果须报同级党组织和上级妇联组织备案，做好换届选举工作各类材料的收集归档和总结，各乡镇(街道)要有计划地对新任村(社区)妇联干部进行培训，使其尽快熟悉情况，开展工作。

四、工作要求

(一)加强组织领导。市委成立基层妇联组织改革工作领导小组，由市委副书记唐奇林任组长，市委常委、市委组织部长周晓侣、市人民政府副市长彭晓洪任副组长，市政协副主席、市委组织部常务副部长郭秀清、市妇联主席刘晓梅、市民政局局长肖卫东、市委基层办主任易金鳌、各乡镇(街道)党(工)委书记任成员。各乡镇(街道)要成立相应的领导小组，统筹规划改革工作。要高度重视支持基层妇联组织改革，在人员和资金上给予支持，要指导村(社区)妇联改革工作，及时研究解决改革工作中出现的新情况、新问题。

(二)加大宣传发动。要采取多种形式，广泛宣传加强基层妇联组织建设的重要性和必要性，宣传妇女在经济社会发展中的地位和作用、在基层妇联组织建设方面的成效，宣传服务妇女儿童的女性先进典型和优秀事迹，为基层妇联组织改革的顺利推进创造有利条件。

(三)严肃换届纪律。要严格基层妇联组织改革工作流程，严格换届纪律，维护改革工作的正常秩序，营造风清气正的良好氛围，真正把愿做妇联工作、能做妇联工作、会做妇联工作的女性吸纳到基层妇联队伍中来，增强基层妇联的代表性和凝聚力。

索 引

说明：

一、本索引把年鉴的专稿、条目、表格用主题分析的方法，按汉语拼音字母顺序排列。

二、概况条目和名称相同的条目未作索引。

三、类目、分目、专稿标题和地名用黑体字标明。

A

B

C

D

F

G

K

L

M

N

P

Q

R

S

T

W

X

Y

Z